辽宁省职业教育“十四五”首批规划教材

铁道车辆动态检测技术

主　编 \ 王　婷　赵柏阳

副主编 \ 陶丹丹　赵连刚

主　审 \ 施一宁

西南交通大学出版社

·成　都·

图书在版编目（C I P）数据

铁道车辆动态检测技术 / 王婷，赵柏阳主编. —成都：西南交通大学出版社，2021.3（2025.8 重印）
ISBN 978-7-5643-7865-3

Ⅰ. ①铁… Ⅱ. ①王… ②赵… Ⅲ. ①铁路车辆－动态测定 Ⅳ. ①U27

中国版本图书馆 CIP 数据核字（2020）第 243891 号

Tiedao Cheliang Dongtai Jiance Jishu
铁道车辆动态检测技术
主编 王 婷 赵柏阳

责任编辑	刘 昕
封面设计	何东琳设计工作室
出版发行	西南交通大学出版社 （四川省成都市金牛区二环路北一段 111 号 西南交通大学创新大厦 21 楼）
发行部电话	028-87600564 028-87600533
邮政编码	610031
网 址	http://www.xnjdcbs.com
印 刷	四川森林印务有限责任公司
成品尺寸	185 mm × 260 mm
印 张	24.25
字 数	603 千
版 次	2021 年 3 月第 1 版
印 次	2025 年 8 月第 4 次
书 号	ISBN 978-7-5643-7865-3
定 价	58.00 元

课件咨询电话：028-81435775

前　言

随着铁路的飞速发展，铁路运输安全压力日益增加，针对铁路车辆的检测与监控工作也越来越重要，这就需要先进的技术装备来支撑，以保障铁路运输的安全。

本书根据铁道车辆技术专业培养目标，重点阐述车辆无损检测技术和动态检测技术。无损检测技术是在工件无损的条件下，检查工件宏观缺陷或测量工件特征的各种技术方法的统称。无损检测的意义在于保障零件、组件的安全使用，节约材料，在零件无损的条件下检测零件、部件、组件、设备、材料和大型工程项目，使之安全有效地生产和工作。无损检测技术在铁路运输部门发挥着重要的作用，用于对重要的钢制零部件进行定期检查，以发现使用中所产生的疲劳裂纹等缺陷，防止设备在继续使用中发生灾害性事故。无损检测方法以磁粉探伤和超声波探伤最为广泛，书中无损检测技术部分，主要介绍这两种常见探伤方式的相关内容。车辆动态检测技术简称为 5T 系统：车辆轴温智能探测系统（THDS）、车辆运行品质轨边动态监测系统（TPDS）、车辆滚动轴承故障轨边声学诊断系统（TADS）、货车运行故障动态图像检测系统（TFDS）、客车运行状态安全监测系统（TCDS）。如今，5T 系统还扩充出动车组运行故障图像检测系统（TEDS）、客车运行故障轨边图像检测系统（TVDS）、轮对尺寸动态检测系统（TWDS）等。车辆动态检测技术部分重点阐述 5T 系统的功能、原理、设备、运用管理、设备检修等内容。为了铺垫书中的两大重点内容，编者将相关基础知识——传感器技术以言简意赅、够用为度的方式编入此书，帮助读者更加全面深入地理解相关内容。

本书由辽宁铁道职业技术学院王婷、赵柏阳担任主编，辽宁铁道职业技术学院陶丹丹、中国铁路沈阳局集团有限公司锦州车辆段赵连刚担任副主编，辽宁铁道职业技术学院任莉莉、辽宁轨道交通职业学院谢禄济、吉林铁道职业技术学院包丽静参与编写了本书，中国铁路沈阳局集团有限公司沈阳车辆段施一宁担任主审。其中，王婷编写了项目三；赵柏阳编写了项目五、项目六任务 6-2、6-3、项目九任务 9-2；陶丹丹编写了项目二、项目四、项目七任务 7-2、7-3；赵连刚编写了项目八；任莉莉编写了项目一；辽宁轨道交通职业学院谢禄济编写了项目六任务 6-1、项目七任务 7-1；吉林铁道职业技术学院包丽静编写了项目九任务 9-1。在编写过程中，还得到了中国铁路沈阳局集团有限公司锦州车辆段乔鑫路、闫非，以及沈阳动车段安剑等同志的大力支持，编者在此表示衷心的感谢。

限于编者的水平，书中难免有疏漏和不妥之处，敬请广大读者批评指正。

数字化资源包　　　　国家在线精品课程

编　者

2020 年 10 月

数字资源目录

目 录

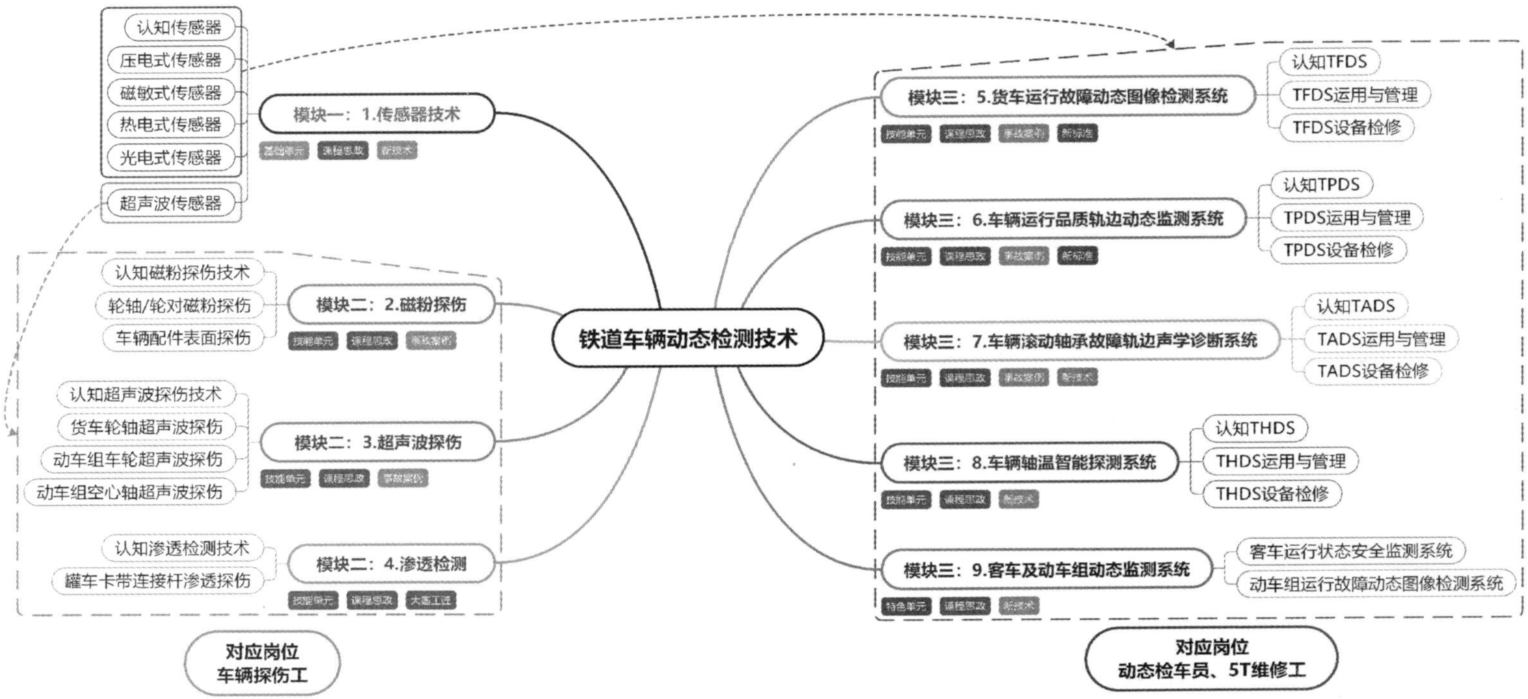
铁道车辆动态检测技术
模块一：1.传感器技术
基础单元
课程思政
新技术
认知传感器
压电式传感器
磁敏式传感器
热电式传感器
光电式传感器
超声波传感器
模块二：2.磁粉探伤
技能单元
课程思政
事故案例
认知磁粉探伤技术
轮轴/轮对磁粉探伤
车辆配件表面探伤
模块二：3.超声波探伤
技能单元
课程思政
事故案例
认知超声波探伤技术
货车轮轴超声波探伤
动车组车轮超声波探伤
动车组空心轴超声波探伤
模块二：4.渗透检测
技能单元
课程思政
大国工匠
认知渗透检测技术
罐车卡带连接杆渗透探伤
对应岗位
车辆探伤工
模块三：5.货车运行故障动态图像检测系统
技能单元
课程思政
事故案例
新标准
认知TFDS
TFDS运用与管理
TFDS设备检修
模块三：6.车辆运行品质轨边动态监测系统
技能单元
课程思政
事故案例
新标准
认知TPDS
TPDS运用与管理
TPDS设备检修
模块三：7.车辆滚动轴承故障轨边声学诊断系统
技能单元
课程思政
事故案例
新技术
认知TADS
TADS运用与管理
TADS设备检修
模块三：8.车辆轴温智能探测系统
技能单元
课程思政
新技术
认知THDS
THDS运用与管理
THDS设备检修
模块三：9.客车及动车组动态监测系统
特色单元
课程思政
新技术
客车运行状态安全监测系统
动车组运行故障动态图像检测系统
对应岗位
动态检车员、5T维修工

知识图谱

第一篇　传感器技术

人类从外界获取信息必须要借助于感觉器官。而在研究自然现象、规律以及生产活动过程中人类自身感觉器官的功能远远不够，为适应这种情况，就需要传感器。可以说，传感器是人类五官的延伸，又称之为“电五官”。

随着新技术革命的到来，世界开始进入信息时代。在利用信息的过程中，首先要解决的就是获取信息的准确性，而传感器是获取自然和生产领域中信息的主要途径与手段。

在现代工业生产尤其是自动化生产过程中，要用各种传感器来监视和控制生产过程中的各个参数，使设备工作在最佳状态，并使产品达到最好的质量。因此可以说，没有众多的优良的传感器，现代化生产也就失去了基础。

在基础学科研究中，传感器更具有突出的地位。现代科学技术的发展，进入了许多新领域，例如在宏观上要观察上千光年外的茫茫宇宙，微观上要观察小到飞米（fm）的粒子世界，纵向上既要观察长达数十万年的天体演化，也要观察短到秒（s）的瞬间反应。此外，还出现了对深化物质认识，开拓新能源、新材料等具有重要作用的各种极端技术研究，如超高温、超低温、超高压、超高真空、超强磁场、超弱磁场等。显然，要获取大量人类感官无法直接获取的信息，没有与之相适应的传感器是不可能的。许多基础科学研究的障碍首先就在于对象信息的获取存在困难，而一些新机理和高灵敏度的检测传感器的出现，往往会导致该领域内的突破。一些传感器的发展，往往是一些边缘学科开发的先驱。

传感器早已渗透到诸如工业生产、宇宙开发、海洋探测、环境保护、资源调查、医学诊断、生物工程甚至文物保护等极其广泛的领域。可以毫不夸张地说，从茫茫的太空，到浩瀚的海洋，以至各种复杂的工程系统，几乎每一个现代化项目，都离不开各种各样的传感器。

由此可见，传感器技术在发展经济、推动社会进步方面的重要作用是十分明显的，世界各国都十分重视这一领域的发展。相信在不久的将来，传感器技术将会出现一个飞跃，达到与其重要地位相称的新水平。

项目一　传感器技术

知识图谱

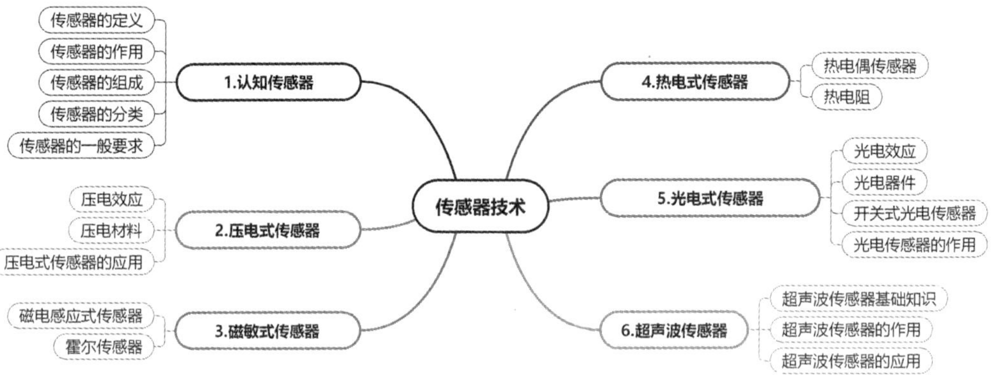

学习目标

【知识目标】

掌握传感器的定义和作用；

掌握传感器的组成和分类；

掌握压电式传感器、磁敏式传感器、热电式传感器、光电式传感器、超声波传感器的一般要求和特性。

【技能目标】

具备传感器的应用能力。

【素质目标】

培养学生严谨认真的工作作风。

课程思政

支撑“复兴号”高速平稳运行的科技利器——智能传感器

2021 年 10 月 27 日，为期一周的国家“十三五”科技创新成就展在北京展览馆闭幕。本次展览共设展项 1740 项，重点展出了“十三五”期间我国取得的一批重大标志性科技成果。展览中，新一代高速列车“复兴号”的多项科技利器也集中亮相，其中就包括很少同公众见面的先进智能传感器。

在这节“复兴号”高铁模拟车厢最不起眼的小角落，却隐藏着支撑“复兴号”高速平稳运行的科技利器——智能传感器，列车运行中产生的轻微震动，成为其能量和信息的来源。在精密的高铁列车上进行长距离布线十分困难，采用智能传感器就能节约出更多的空间，每节车厢加装多路感知和边缘计算设备采集识别不同的列车健康状态信息，助力“复兴号”平稳运行。

图 1　复兴号

“复兴号”是我国自主研发、具有完全知识产权的新一代高速列车，它集成了大量现代高新技术，牵引、制动、网络、转向架、轮轴等关键技术实现重要突破，于 2017 年正式亮相，是“十三五”期间我国科技创新的又一重大成果。

目前，智能传感器、健康状态诊断技术已经应用在复兴号等列车上，与空中的全自动巡检无人机共同构成了一体化主动安全监控体系，为列车平稳运行保驾护航。

任务 1-1　认知传感器

任务书

<table>
<tr><td>任务编号</td><td>1-1</td><td>任务名称</td><td>认知传感器</td></tr>
<tr><td colspan="4">任务目标</td></tr>
<tr><td colspan="4">【知识目标】
掌握传感器的定义和作用；
掌握传感器的组成和分类；
掌握传感器的一般要求和特性。
【技能目标】
具备传感器的应用能力。
【素质目标】
培养学生严谨认真的工作作风</td></tr>
</table>

续表

知识图谱
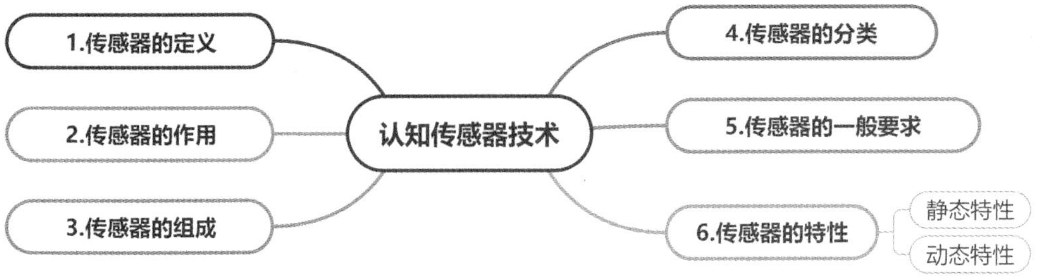
任务描述
本次任务是为了全面了解传感器的相关基础知识，以小组为单位汇报传感器的定义、作用、组成、分类、一般要求和特性，为后续任务的实施奠定理论基础
实施说明
（1）以小组为单位认真学习任务 1-1 的引导材料，做好知识准备； （2）结合知识准备和小组汇报情况，教师填写“任务检查单”

引导材料

一、传感器的定义

国家标准对传感器的定义是能感受规定的被测量，并按照一定的规律转换成可用信号的器件或装置。

二、传感器的作用

传感器的作用是将来自外界的各种信号转换成电信号。

传感器所检测的信号近来显著地增加，因而其品种也极其繁多。为了对各种各样的信号进行检测、控制，就必须获得尽量简单、易于处理的信号，这样的要求只有电信号能够满足。电信号能较容易地进行放大、反馈、滤波、微分、存储、远距离操作等。因此，作为一种功能模块的传感器也可狭义地定义为“将外界的输入信号变换为电信号的一类元件”。

传感器的功能常常与人类 5 大感觉器官相比拟：

① 光敏传感器——视觉；

② 声敏传感器——听觉；

③ 气敏传感器——嗅觉；

④ 化学传感器——味觉；

⑤ 流体传感器——触觉。

三、传感器的组成

传感器一般由敏感元件、转换元件、转换电路 3 个部分组成，如图 1-1-1 所示。

图 1-1-1　传感器的组成

（1）敏感元件：直接感受被测量，并输出与被测量成确定关系的某一物理量的元件。

（2）转换元件：以敏感元件的输出为输入，把输入转换成电路参数的元件。

（3）转换电路：将电路参数接入转换电路，便可转换成电量输出。

实际上，有些传感器结构比较简单，仅由一个敏感元件组成，它感受被测量时直接输出电量，例如后续项目会学习到的热电偶；而有些传感器由敏感元件和转换元件组成，没有转换电路；还有些传感器，转换元件不只一个，要经过若干次转换。

四、传感器的分类

传感器的分类方法很多，主要有如下几种：

（1）按被测量内容分类，可分为力学量、光学量、磁学量、几何学量、运动学量、流速与流量、热学量、化学量、生物量传感器等。这种分类有利于选择和应用传感器。

（2）按照工作原理分类，可分为电阻式、电容式、电感式、光电式、光栅式、热电式、压电式、红外线、光纤、超声波、激光传感器等。这种分类有利于研究、设计传感器，有利于对传感器的工作原理进行阐述。

（3）按敏感元件的材料分类，可分为半导体传感器、陶瓷传感器、石英传感器、光导纤维传感器、金属传感器、有机材料传感器、高分子材料传感器等。

传感器中敏感元件可根据其基本感知功能分为热敏元件、光敏元件、气敏元件、力敏元件、磁敏元件、湿敏元件、声敏元件、放射线敏感元件、色敏元件和味敏元件 10 大类型。

（4）按照传感器输出量的性质分类，可分为模拟传感器和数字传感器。其中，数字传感器便于与计算机联用，且抗干扰性较强，例如脉冲盘式角度数字传感器、光栅传感器等。传感器数字化是今后的发展趋势。

（5）按照应用场合分类，可分为工业用、农用、军用、医用、科研用、环保用和家电用传感器等。若按具体使用场合还可分为汽车用、船舰用、飞机用、宇宙飞船用、防灾用传感器等。

（6）按照使用目的分类，可分为计测用、监视用、位查用、诊断用、控制用和分析用传感器等。

五、传感器的一般要求

由于各种传感器的原理、结构不同，使用环境、条件、目的不同，其技术指标也不可能相同，但是有些一般要求却基本上相同：

（1）足够的容量。传感器的工作范围或量程足够大，具有一定的过载能力。

（2）灵敏度高，精度适当。即要求其输出信号与被测信号成确定的关系（通常为线性），且比值要大，传感器的静态响应与动态响应的准确度能满足要求。

（3）响应速度快，工作稳定，可靠性好。

（4）使用性和适应性强。体积小，质量轻，动作能量小，对被测对象的状态影响小；

内部噪声小而又不易受外界干扰的影响；其输出力求采用通用或标准形式，以便于系统对接。

（5）使用经济。成本低，寿命长，且便于使用、维修和校准。

当然，能完全满足上述性能要求的传感器是很少的，我们应根据应用的目的、使用环境、被测对象状况、精度要求和原理等具体条件作全面综合考虑。

六、传感器的特性

传感器的特性主要是指传感器输入与输出之间的关系，包括静态特性和动态特性。

1. 静态特性

传感器的静态特性是指测量静态信号时，传感器的输出量与输入量之间所具有的相互关系。因为这时输入量和输出量都和时间无关，所以它们之间的关系，即传感器的静态特性可用一个不含时间变量的代数方程，或以输入量作横坐标，把与其对应的输出量作纵坐标而画出的特性曲线来描述。表征传感器静态特性的主要参数有线性度、灵敏度、重复性、分辨力、迟滞、漂移和阈值。

（1）线性度。

线性度是指传感器输出量与输入量之间的实际关系曲线偏离拟合直线的程度。其定义为在全量程范围内实际特性曲线与拟合直线之间的最大偏差值与满量程输出值之比。

（2）灵敏度。

灵敏度是传感器静态特性的一个重要指标。其定义为输出量的增量与引起该增量的相应输入量增量之比。

（3）重复性。

重复性是指传感器在输入量按同一方向作全量程连续多次变化时，所得特性曲线不一致的程度。

（4）分辨力。

当传感器的输入从非零值缓慢增加时，在超过某一增量后输出发生可观测的变化，这个输入增量称为传感器的分辨力，即最小输入增量。

（5）迟滞。

传感器在输入量由小到大（正行程）及输入量由大到小（反行程）变化期间其输入输出特性曲线不重合的现象称为迟滞。对于同一大小的输入信号，传感器的正反行程输出信号大小不相等，这个差值称为迟滞差值。

（6）漂移。

漂移是指在一定时间间隔内，传感器输出量存在着与被测输入量无关的、不需要的变化。产生漂移的原因有两个方面：一是传感器自身结构参数；二是周围环境（如温度、湿度等）。

（7）阈值。

当传感器的输入从零值开始缓慢增加时，在达到某一值后输出发生可观测的变化，这个输入值称为传感器的阈值。

2. 动态特性

动态特性是指传感器测量动态信号时，输出对输入的响应特性。传感器测量静态信号时，由于被测量不随时间变化，测量和记录过程不受时间限制。而实际中大量的被测量是随时间变化的动态信号，传感器的输出不仅需要精确地显示被测量的大小，还要显示被测量随时间变换的规律，即被测量的波形。传感器测量动态信号的能力用动态特性表示。

最常用的标准输入信号有阶跃信号和正弦信号两种，所以传感器的动态特性也常用阶跃响应和频率响应来表示。

任务检查单

任务编号	1-1	任务名称	认知传感器		
序号	检查内容			是	否
1	掌握传感器的定义和作用				
2	掌握传感器的组成和分类				
3	掌握传感器的一般要求和特性				
评语					
评分					

任务 1-2　压电式传感器

任务书

任务编号	1-2	任务名称	压电式传感器
任务目标			
【知识目标】 掌握压电效应的基本原理； 掌握压电材料的应用； 掌握压电传感器的应用。 【技能目标】 具备压电传感器的应用能力。 【素质目标】 培养学生严谨认真的工作作风			
知识图谱			

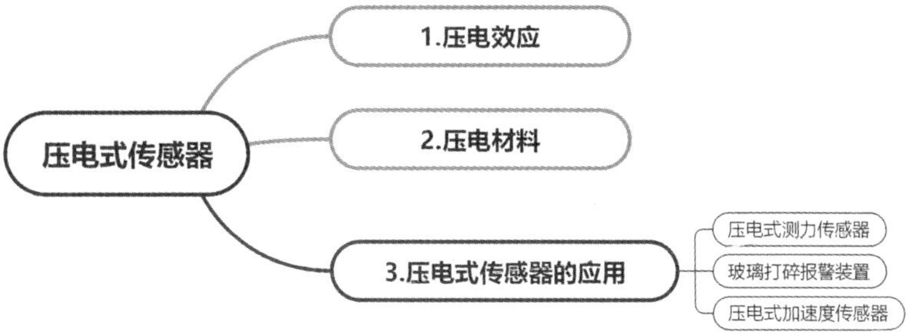

续表

任务描述
本次任务是为了全面了解压电式传感器的相关基础知识，以小组为单位汇报压电传感器的原理和基本应用，为后续任务的实施奠定理论基础
实施说明
（1）以小组为单位认真学习任务1-2的引导材料，做好知识准备； （2）结合知识准备和小组汇报情况，教师填写“任务检查单”

引导材料

压电式传感器是基于压电效应的传感器，是一种自发电式和机电转换式传感器。它的敏感元件由压电材料制成，压电材料受力后表面产生电荷，此电荷经电荷放大器与测量电路放大并变换阻抗后就成为正比于所受外力的电量输出。

压电式传感器可以测量最终变换为力的非电物理量，例如动态力、动态压力、振动加速度等。

它的优点是频带宽、灵敏度高、信噪比高、结构简单、工作可靠和质量轻等；缺点是某些压电材料需要采取防潮措施，而且输出的直流响应差，需要采用高输入阻抗电路或电荷放大器来克服这一缺陷。

一、压电效应

压电效应可分为正压电效应和逆压电效应。

正压电效应是指当晶体受到某固定方向外力的作用时，内部产生电极化现象，同时在某两个表面上产生符号相反的电荷；当外力撤去后，晶体又恢复到不带电的状态；当外力作用方向改变时，电荷的极性也随之改变；晶体受力所产生的电荷量与外力的大小成正比。压电式传感器大多是利用正压电效应制成的。

逆压电效应是指对晶体施加交变电场引起晶体机械变形的现象，又称电致伸缩效应。用逆压电效应制造的变送器可用于电声和超声工程。压电敏感元件的受力变形有厚度变形型、长度变形型、体积变形型、厚度切变型、平面切变型5种基本形式。压电晶体是各向异性的，并非所有晶体都能在这5种状态下产生压电效应。例如石英晶体就没有体积变形压电效应，但具有良好的厚度变形和长度变形压电效应。

压电效应是压电传感器的主要工作原理，由于外力作用，在压电元件上产生的电荷只有在无泄漏的情况下才能保存，这实际上是不可能的，因此压电式传感器不能用于静态测量。压电元件在交变力的作用下，电荷可以不断补充，可以供给测量回路一定的电流，故只适用于动态测量。

二、压电材料

压电材料可分为压电单晶、压电多晶和有机压电材料。压电式传感器中用得最多的是属于压电多晶的各类压电陶瓷和压电单晶中的石英晶体。其他压电单晶还有适用于高温辐射环境的铌酸锂以及钽酸锂、镓酸锂、锗酸铋等。压电陶瓷包括属于二元系的钛酸钡陶瓷、锆钛酸铅系列陶瓷、铌酸盐系列陶瓷和属于三元系的铌镁酸铅陶瓷。压电陶瓷的优点是烧制方便、易成型、耐湿、耐高温；缺点是具有热释电性，会对力学量测量造成干扰。

有机压电材料有聚二氟乙烯、聚氟乙烯、尼龙等10余种高分子材料。有机压电材料可大量生产和制成较大的面积，它与空气的声阻匹配具有独特的优越性，是很有发展潜力的新型电声材料。

20世纪60年代发现了同时具有半导体特性和压电特性的晶体，如硫化锌、氧化锌、硫化钙等，利用这种材料可以制成集敏感元件和电子线路于一体的新型压电式传感器，很有发展前景。

三、压电式传感器的应用

1. 压电式测力传感器

压电式测力传感器是利用压电元件直接实现力电转换的传感器，在拉、压场合通常采用双片或多片石英晶片作压电元件，它刚度大，测量范围宽，线性及稳定性高，动态特性好。当采用大时间常数的电荷放大器时，可测量准静态力。

按测力状态分，有单向、双向和三向传感器，它们在结构上基本一样。

压电式测力传感器是利用压电材料所具有的压电效应制成的，如图1-2-1所示为压电式测力传感器的基本结构。由于压电材料的电荷量是一定的，所以在连接时要特别注意，避免漏电。

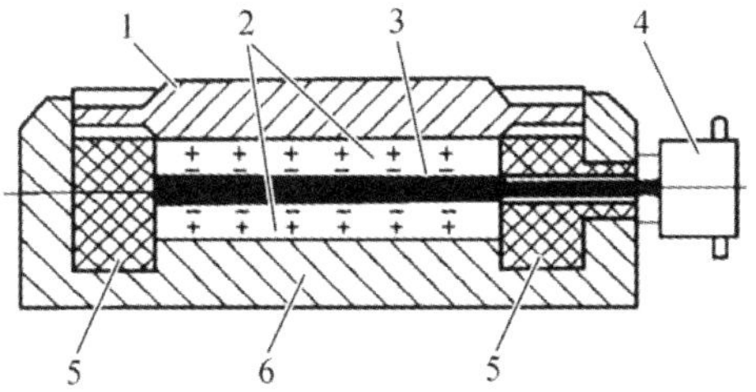

1—传力上盖；2—压电片；3—电极；4—电极引出插头；5—绝缘材料；6—底座。

图1-2-1　压电式测力传感器

压电式测力传感器的优点是具有自生信号，输出信号大，较高的频率响应，体积小，结构坚固；其缺点是只能用于动能测量，需要特殊电缆，在受到突然振动或过大压力时，自我恢复较慢。

如图1-2-2所示为利用压电式陶瓷传感器测量刀具切削力的示意图。金属切削时，刀具切入工件，使被加工材料发生变形而产生切削力。

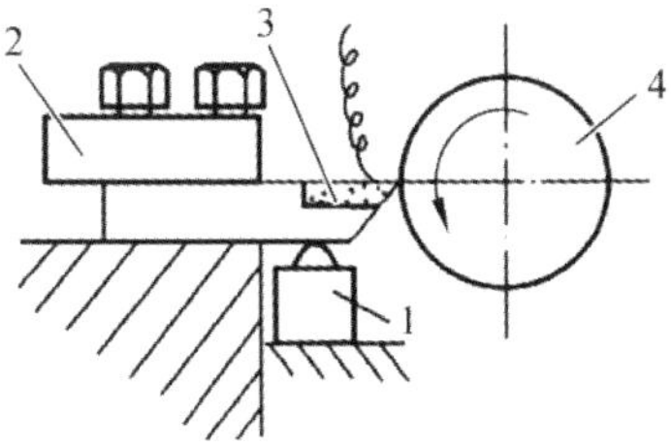

1—压电式传感器；2—刀架；3—车刀；4—工件。

图1-2-2　压电式陶瓷传感器

由于压电陶瓷元件的自振频率高，特别适合测量变化剧烈的载荷。图中压电式传感器位于刀具前部的下方，当进行切削加工时，切削力通过刀具传给压电式传感器，压电式传感器将切削力大小转换为电信号输出，记录下电信号的变化便可测得切削力的变化。

2. 玻璃打碎报警装置

将高分子压电测振薄膜粘贴在玻璃上，可以感受到玻璃破碎时发出的振动，并将电压信号传送给集中报警系统。

将探测器贴在门窗玻璃上，上下表面分别用导线连接到控制电路上，一旦玻璃被重力打击或破裂，压电效应产生，经控制电路处理，报警器将产生声光报警。另外，汽车经过、人走路、刮风等引起的振动需要进行排除，只有打击玻璃才会报警。这样就减少了大量的误报警。

3. 压电式加速度传感器

如图 1-2-3 所示为压缩式压电加速度传感器的结构原理，压电元件一般由两片压电片组成。在压电片的两个表面上镀银层，并在银层上焊接输出引线，或在两个压电片之间夹一片金属，引线就焊接在金属片上，输出端的另一根引线直接与传感器基座相连。在压电片上放置一个密度较大的质量块，然后用一个硬弹簧或螺栓、螺帽对质量块预加载荷。整个组件装在一个厚基座的金属壳体中，为了隔离试件的任何应变传递到压电元件上去，避免产生假信号输出，所以一般要加厚基座或选用刚度较大的材料来制造。

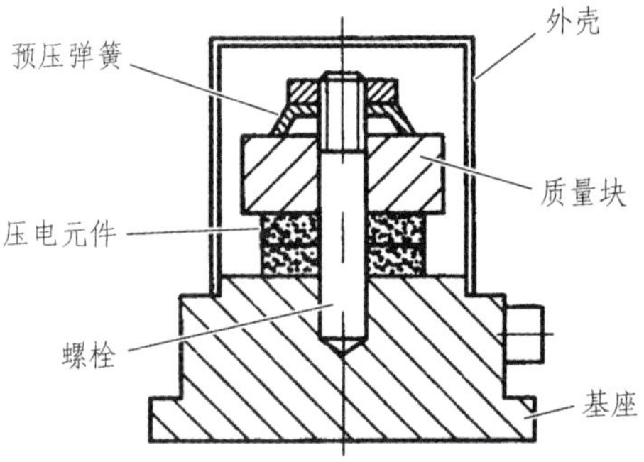

图 1-2-3　压缩式压电加速度传感器

测量时，将传感器基座与试件刚性固定在一起。当传感器感受到振动时，由于弹簧的刚度相当大，而质量块的质量相对较小，所以惯性很小，因此质量块感受到与传感器基座相同的振动，并受到与加速度方向相反的惯性力作用。这样，质量块就有一正比于加速度的交变力作用在压电片上。由于压电片具有压电效应，因此在它的两个表面上就产生了交变电荷（电压），当振动频率远低于传感器固有频率时，传感器的输出电荷（电压）与作用力成正比，即与试件的加速度成正比。输出电量由传感器输出端引出，输入到前置放大器后就可以用普通的测量器测出试件的加速度，如在放大器中加进适当的积分电路，就可以测出试件的振动加速度或位移。

压电式加速度传感器是一种常用的加速度计，它具有结构简单、体积小、质量轻、使用寿命长等优点。压电式加速度传感器在飞机、汽车、船舶、桥梁和建筑的振动和冲击测量中已经得到了广泛的使用，特别是在航空和宇航领域中更具有特殊地位。压电式传感器也可以用来测量发动机内部燃烧压力与真空度，也可以用于军事工业，例如测量枪炮子弹在膛中击发的一瞬间的膛压变化和炮口冲击波压力。它既可以用来测量大的压力，也可以用来测量微小的压力。

任务检查单

任务编号	1-2	任务名称	压电式传感器	
序号	检查内容		是	否
1	掌握压电效应的基本原理			
2	掌握压电材料的应用			
3	掌握压电式传感器的应用			
评语				
评分				

任务 1-3　磁敏式传感器

任务书

任务编号	1-3	任务名称	磁敏式传感器
任务目标			
【知识目标】 掌握磁电式传感器的基本原理； 掌握磁电式传感器的应用； 掌握霍尔效应的原理； 掌握霍尔传感器的应用。 【技能目标】 具备磁敏式传感器的应用能力。 【素质目标】 培养学生严谨认真的工作作风			
知识图谱			
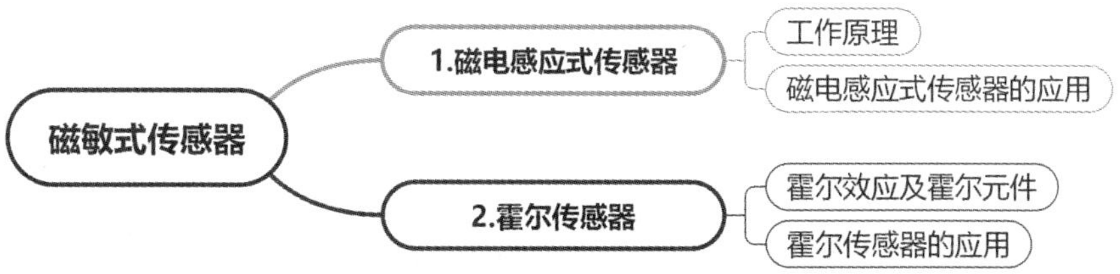			

续表

任务描述
本次任务是为了全面了解磁敏式传感器的相关基础知识，以小组为单位汇报磁敏传感器的原理和基本应用，为后续任务的实施奠定理论基础
实施说明
（1）以小组为单位认真学习任务 1-3 的引导材料，做好知识准备； （2）结合知识准备和小组汇报情况，教师填写“任务检查单”

引导材料

磁敏式传感器是通过磁电作用将被测量（如振动、位移、转速等）转换成电信号的一种传感器。磁敏式传感器种类不同，其原理也不完全相同，因此各有各的特点和应用范围。

一、磁电感应式传感器

1. 工作原理

磁电感应式传感器是利用导体和磁场发生相对运动产生电动势的，因此它不需要辅助电源就能把被测对象的机械量转换成易于测量的电信号。

磁电感应式传感器输出功率大，性能稳定，具有一定的工作带宽（10 ~ 1 000 Hz），因此应用较为普遍。

根据电磁感应定律，当 w 匝线圈在恒定磁场内运动时，如果穿过线圈的磁通为 Φ，则线圈内的感应电动势 E 与磁通变化率 $\mathrm{d}\Phi/\mathrm{d}t$ 有如下关系：

$$E=-w\frac{\mathrm{d}\Phi}{\mathrm{d}t} \tag{1-3-1}$$

根据这一原理，可以设计成两种不同结构的磁电传感器，即变磁通式和恒磁通式磁电传感器。

变磁通式磁电传感器可以用来测量旋转物体的角速度。如图 1-3-1（a）所示为开磁路变磁通式磁电传感器，线圈、磁铁静止不动，测量齿轮安装在被测旋转体上，随之一起转动。每转动一个齿，齿的凹凸引起磁路磁阻变化一次，磁通也就变化一次，线圈中产生感应电动势，其变化频率等于被测转速与测量齿轮齿数的乘积。这种传感器结构简单，但输出信号较小，但因高速轴上加装齿轮较危险而不宜测量高转速。

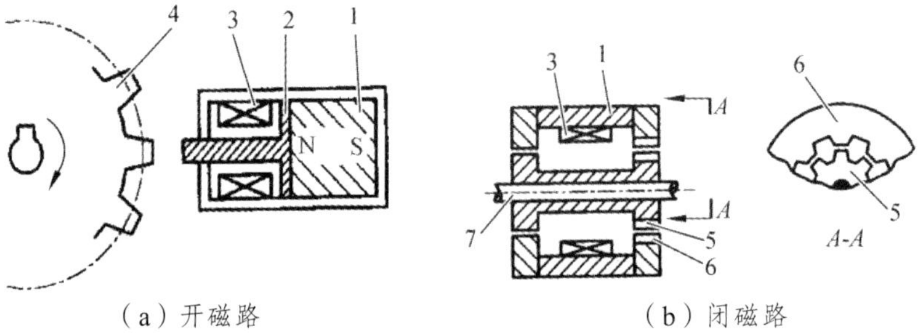

（a）开磁路　　（b）闭磁路

1—永久磁铁；2—软磁铁；3—感应线圈；4—铁齿轮；5—内齿轮；6—外齿轮；7—转轴。

图 1-3-1　变磁通式磁电传感器

如图 1-3-1（b）所示为闭磁路变磁通式磁电传感器，它由装在转轴上的内齿轮、外齿轮、永久磁铁和感应线圈组成，内、外齿轮齿数相同。当转轴连接到被测转轴上时，外齿轮不动，内齿轮随被测轴转动，内、外齿轮的相对转动使气隙磁阻产生周期性变化，从而引起磁路中磁通的变化，使线圈内产生周期性变化的感生电动势。显然，感应电动势的频率与被测转速成正比。

如图 1-3-2 所示为恒定磁通式磁电传感器结构图。它由永久磁铁、线圈、弹簧、金属骨架等组成。磁路系统产生恒定的直流磁场，磁路中的工作气隙固定不变，因而气隙中磁通也是恒定不变的。其运动部件可以是线圈（动圈式），也可以是磁铁（动铁式），动圈式如图 1-3-2（a）所示，动铁式如图 1-3-2（b）所示，两者的工作原理是完全相同的。当壳体随被测振动体振动时，由于弹簧较软，运动部件质量相对较大，振动频率足够高时，运动部件惯性很大，来不及随振动体一起振动，近乎静止不动，振动能量几乎全被弹簧吸收，永久磁铁与线圈之间的相对运动速度接近于振动体振动速度，磁铁与线圈的相对运动切割磁力线，从而产生感应电动势。

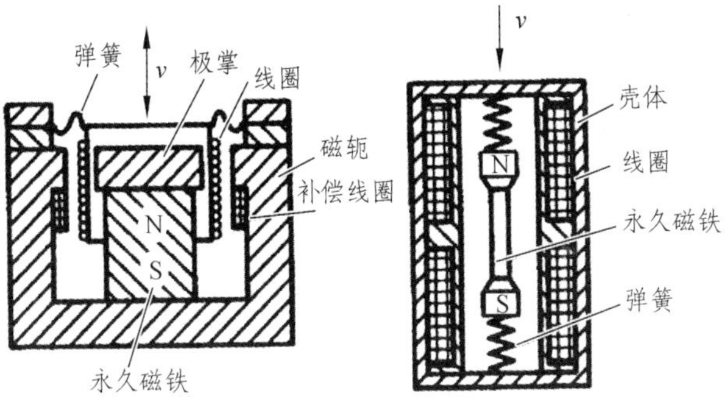

（a）动圈式　　（b）动铁式

图 1-3-2　恒定磁通式磁电传感器

2. 磁电感应式传感器的应用

（1）动圈式振动速度传感器。

如图 1-3-3 所示为动圈式振动速度传感器。其结构的主要特点：钢制圆形外壳，里面用铝支架将圆柱形永久磁铁与外壳固定成一体，永久磁铁中间有一小孔，穿过小孔的芯轴两端架起线圈和阻尼环，芯轴两端通过圆形膜片支撑架空且与外壳相连。工作时，传感器与被测物体刚性连接，当物体振动时，传感器外壳和永久磁铁随之振动，而架空的芯轴、线圈和阻尼环因惯性而不随之振动。因此，磁路气隙中的线圈切割磁力线而产生正比于振动速度的感应电动势，线圈的输出通过引线输出到测量电路。该传感器测量的是振动速度参数，若在测量电路中接入积分电路，则输出电势与位移成正比；若在测量电路中接入微分电路，则其输出与加速度成正比。

（2）磁电式扭矩传感器。

如图 1-3-4 所示为磁电式扭矩传感器的工作原理图。在驱动源和负载之间的扭转轴的两侧安装有齿形圆盘，在它们旁边装有相应的两个磁电传感器。

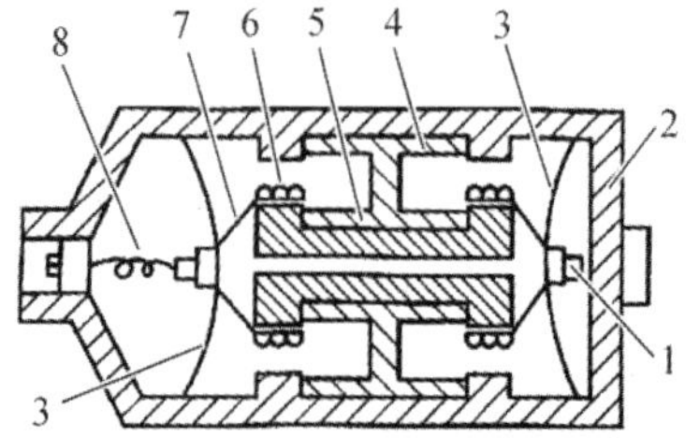

1—芯轴；2—外壳；3—弹簧片；4—铝支架；5—永久磁铁；6—线圈；7—阻尼环；8—引线。

图 1-3-3　动圈式振动速度传感器

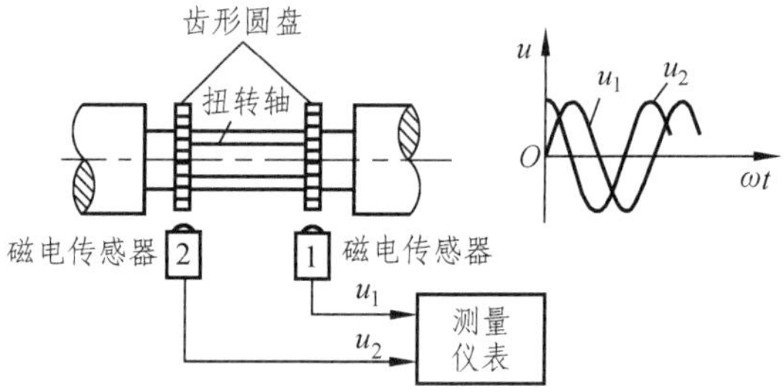

图 1-3-4　磁电式扭矩传感器

磁电式扭矩传感器的结构如图 1-3-5 所示。传感器的检测元件部分由永久磁铁、感应线圈和铁心组成。永久磁铁产生的磁力线与齿形圆盘交接。当齿形圆盘旋转时，圆盘齿凸凹引起磁路气隙的变化，于是磁通量也发生变化，在线圈中感应出交流电压，其频率在数值上等于圆盘上齿数与转数的乘积。当扭矩作用在扭转轴上时，两个磁电传感器输出的感应电压 U_1 和 U_2 存在相位差，这个相位差与扭转轴的扭转角成正比。这样，传感器就可以把扭矩引起的扭转角转换成相位差的电信号。

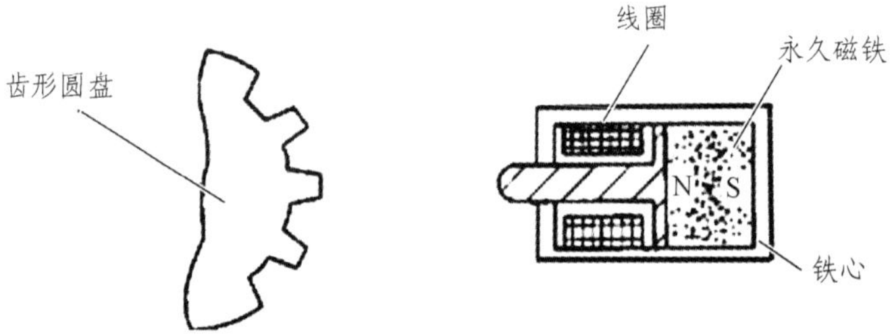

图 1-3-5　磁电式扭矩传感器结构图

二、霍尔传感器

霍尔传感器是基于霍尔效应工作的传感器。随着半导体技术的发展，逐渐开始使用半导体材料制成霍尔元件，由于它的霍尔效应显著而得到应用和发展。

霍尔传感器广泛用于电流、磁场、压力、加速度、振动等方面的测量。

1. 霍尔效应及霍尔元件

置于磁场中的静止载流导体，当它的电流方向与磁场方向不一致时，载流导体上平行于电流和磁场方向上的两个面之间产生电动势，这种现象称为霍尔效应，该电势称为霍尔电势，半导体薄片称为霍尔元件。

如图 1-3-6 所示，在垂直于外磁场 B 的方向上放置一个导电板，导电板通以电流 I。导电板中的电流使金属中自由电子在电场作用下做定向运动，此时，每个电子受洛伦兹力 f_1 的作用，f_1 的大小为

$$f_1=eBv \tag{1-3-2}$$

式中 e——电子电荷；

B——磁场的磁感应强度；

v——电子运动平均速度。

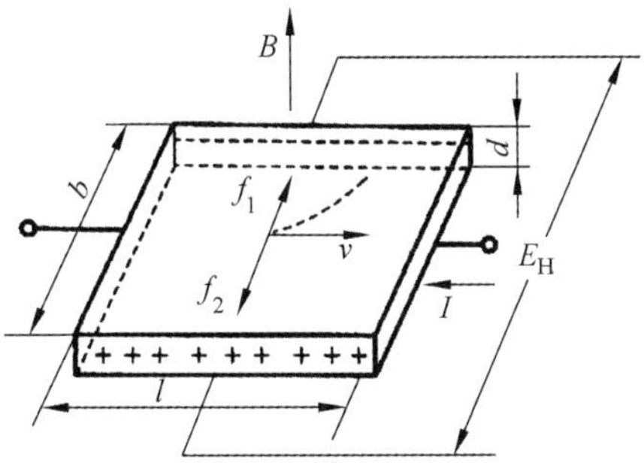

图 1-3-6　霍尔效应原理图

f_1 的方向在图 1-3-6 中是向内的，此时电子除了沿电流反方向作定向运动外，还在 f_1 的作用下漂移（漂移指在一定时间间隔内，传感器输出量存在着与被测输入量无关的、不需要的变化），结果使金属导电板内侧面积累电子，而外侧面积累正电荷，从而形成了附加内电场 E_H，称为霍尔电场，该电场强度为

$$E_H=\frac{U_H}{b} \tag{1-3-3}$$

式中 U_H——电位差。

霍尔电场使定向运动的电子除了受洛伦兹力作用外，还受到霍尔电场力的作用，其力的大小为 eE_H，此力阻止电荷继续积累。随着内、外侧面积累电荷的增加，霍尔电场增大，电子受到的霍尔电场力也增大，当电子所受洛伦兹力与霍尔电场作用力大小相等方向相反时，即

$$eE_H=eBv \tag{1-3-4}$$

则有

$$E_H=Bv \tag{1-3-5}$$

此时，电荷不再向两侧面积累，达到平衡状态。

若金属导电板单位体积内电子数为 n，电子定向运动平均速度为 v，则激励电流 $I=nevbd$，即

$$v=\frac{1}{nebd} \tag{1-3-6}$$

将式（1-3-6）代入式（1-3-5）得

$$E_H=\frac{IB}{nebd} \tag{1-3-7}$$

将式（1-3-7）代入式（1-3-3）得

$$U_{\mathrm{H}}=\frac{IB}{ned} \tag{1-3-8}$$

式中，令 $R_{\mathrm{H}}=1/ne$，称之为霍尔常数，其大小取决于导体载流子密度，则

$$U_{\mathrm{H}}=\frac{R_{\mathrm{H}}IB}{d}=K_{\mathrm{H}}IB \tag{1-3-9}$$

式中，$K_{\mathrm{H}}=R_{\mathrm{H}}/d$，称之为霍尔片的灵敏度。

由式（1-3-9）可见，霍尔电势正比于激励电流和磁感应强度，其灵敏度与霍尔系数 R_{H} 成正比，与霍尔片厚度 d 成反比。为了提高灵敏度，霍尔元件通常制成薄片形状。霍尔元件激励极间电阻 $R=\rho l/(bd)$，同时，$R=U/I=El/I=vl(\mu nevbd)$（因为 $\mu=v/E$，μ 为电子迁移率），则

$$\frac{\rho l}{bd}=\frac{1}{\mu nebd} \tag{1-3-10}$$

得

$$R_{\mathrm{H}}=\mu\rho \tag{1-3-11}$$

从式（1-3-11）中可知，霍尔常数等于霍尔片材料的电阻率与电子迁移率的乘积。若要霍尔效应强，则希望有较大的霍尔系数 R_{H}，因此，要求霍尔片材料有较大的电阻率和载流子迁移率。一般金属材料载流子迁移率很高，但电阻率很小；而绝缘材料电阻率极高，但载流子迁移率极低，故只有半导体材料才适合制造霍尔片。目前，常用的霍尔元件材料有锗、硅、砷化铟、锑化铟等半导体材料。其中 N 型锗易于加工制造，其霍尔系数、温度性能和线性度都很好。N 型硅的线性度最好，其霍尔系数、温度性能同 N 型锗相似。锑化铟对温度最敏感，尤其在低温范围内温度系数大，但在室温时其霍尔系数较大。砷化铟的霍尔系数较小，温度系数也较小，输出特性线性度好。

如图 1-3-7（a）所示为霍尔元件。霍尔元件的结构很简单，它由霍尔片、4 根引线和壳体组成。霍尔片是一块矩形半导体单晶薄片，引出的 4 根引线：1、1′两根引线加激励电压或电流，称为激励电极（控制电极）；2、2′两根引线为霍尔输出引线，称为霍尔电极。霍尔元件的壳体是用非导磁金属、陶瓷或环氧树脂封装的。在电路中，霍尔元件一般可用两种符号表示，如图 1-3-7（b）所示。

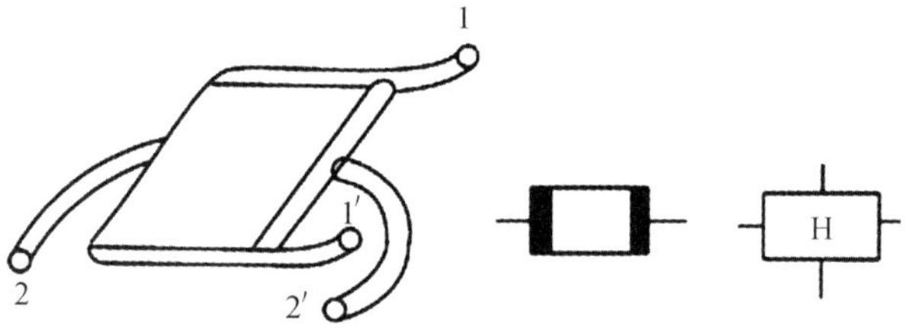

（a）外形结构示意图　　（b）图形符号

图 1-3-7　霍尔元件

2. 霍尔传感器的应用

按被测对象的性质可将它们的应用分为直接应用和间接应用。前者是直接检测受检对象本身的磁场或磁特性，后者是检测受检对象上人为设置的磁场，这个磁场是被检测信息

的载体，通过它，将许多非电、非磁的物理量，例如速度、加速度、角度、角速度、转数、转速以及工作状态发生变化的时间等，转变成电学量来进行检测。

（1）线性型霍尔传感器。

线性型霍尔传感器主要用于一些物理量的测量。

① 电流测量。

由于通电螺线管内部存在磁场，其大小与导线中的电流成正比，故可以利用霍尔传感器测量出磁场，从而确定导线中电流的大小。利用这一原理可以设计制成霍尔电流传感器。其优点是不与被测电路发生电接触，不影响被测电路，不消耗被测电源的功率，特别适合于大电流传感器。

霍尔电流传感器工作原理如图 1-3-8 所示，标准圆环铁心有一个缺口，将霍尔传感器插入缺口中，圆环上绕有线圈，当电流通过线圈时产生磁场，则霍尔传感器有信号输出。

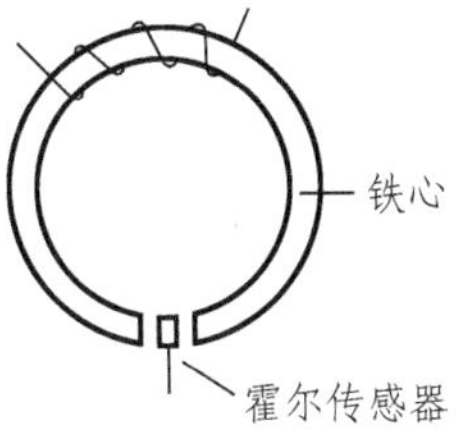

图 1-3-8　电流传感器

② 位移测量。

如图 1-3-9 所示，两块永久磁铁同极性相对放置，将线性型霍尔传感器置于中间，其磁感应强度为零，这个点可作为位移的零点，当霍尔传感器在 Z 轴上做 ΔZ 位移时，传感器有一个电压输出，电压大小与位移大小成正比。

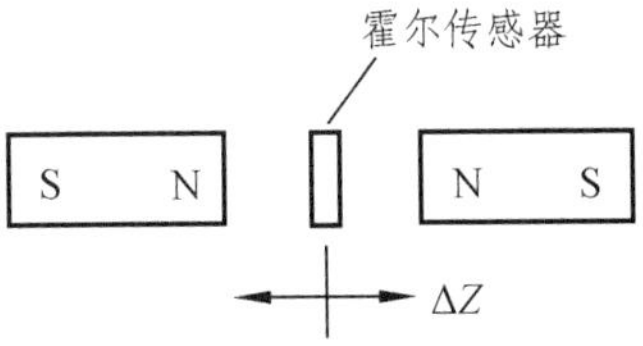

图 1-3-9　电流传感器

如果把拉力、压力等参数变成位移，便可测出拉力及压力的大小。如图 1-3-10 所示，是按照这一原理制成的力传感器。

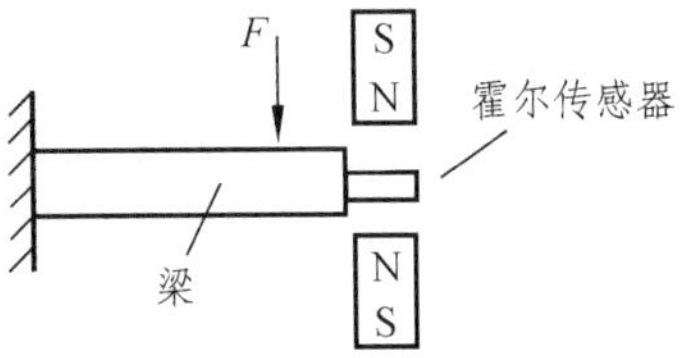

图 1-3-10　力传感器

（2）开关型霍尔传感器。

开关型霍尔传感器主要用于测转数、转速、风速、流速、接近开关、关门告知器、报警器等。

① 测转速或转数。

如图 1-3-11 所示，在非磁性材料的圆盘边上粘一块磁铁，霍尔传感器放在靠近圆盘边缘处，圆盘旋转一周，霍尔传感器就输出一个脉冲，从而可测出转数（计数器），若接入频率计，便可测出转速。

如果把开关型霍尔传感器按预定位置有规律地布置在轨道上，当装在运动车辆上的永磁体经过它时，可以从测量电路上测得脉冲信号。根据脉冲信号的分布可以测出车辆的运动速度。

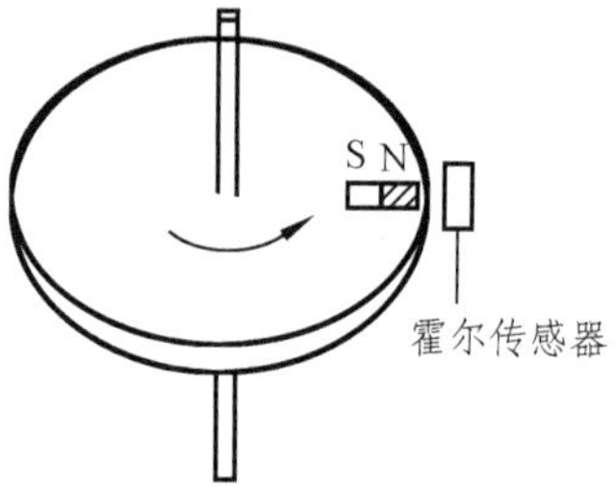

图 1-3-11　测转速传感器

② 各种实用电路。

开关型霍尔传感器尺寸小，工作电压范围宽，工作可靠，价格便宜，因此获得了广泛的应用。下面列举两个实用电路加以说明。

电路 1：防盗报警器。

如图 1-3-12 所示，将小磁铁固定在门的边缘上，将霍尔传感器固定在门框的边缘上，让两者靠近，即门处于关闭状态时，磁铁靠近霍尔传感器，输出端 3 为低电平，当门被非法撬开时，霍尔传感器输出端 3 为高电平，非门输出端 Y 为低电平，继电器 J 吸合，J_a 闭合，蜂鸣器得电后发出报警。

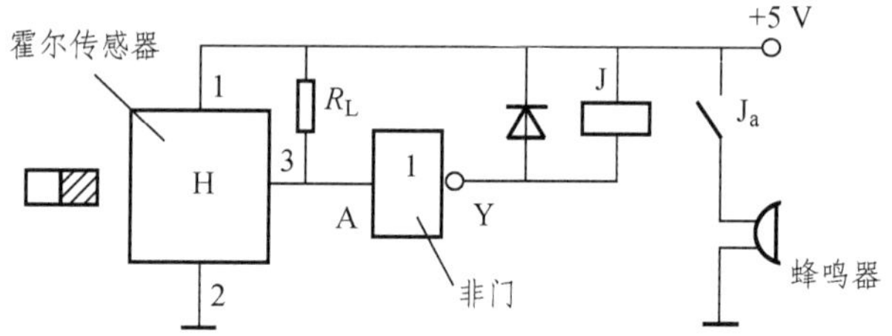

图 1-3-12　防盗报警器

电路 2：公共汽车车门状态显示器。

使用霍尔传感器，只要再配置一小块永久磁铁就很容易做成车门是否关好的指示器，例如公共汽车的 3 个门必须关闭，司机才可开车。电路如图 1-3-13 所示，3 片开关型霍尔传感器分别装在汽车的 3 个门框上，在车门适当位置各固定 1 块磁钢，当车门开着时，磁钢远离霍尔开关，输出端为高电平。若 3 个门中有 1 个未关好，则或非门输出为低电平，红灯亮，表示还有门未关好；若 3 个门都关好，则或非门输出为高电平，绿灯亮，表示车门已关好，司机可放心开车。

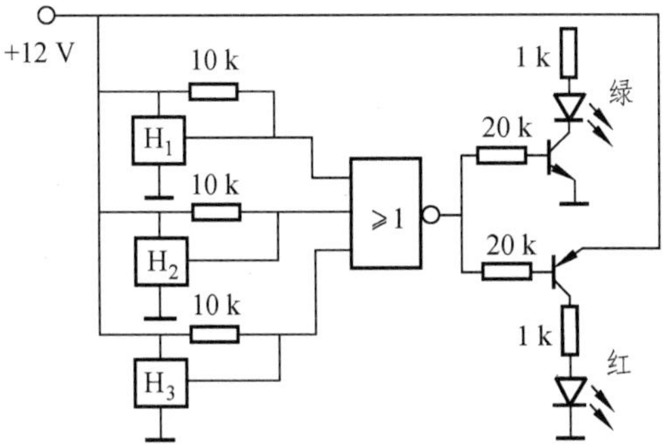

图 1-3-13　车门状态显示器

任务检查单

任务编号	1-3	任务名称	磁敏式传感器		
序号	检查内容			是	否
1	掌握磁电式传感器的基本原理				
2	掌握磁电式传感器的应用				
3	掌握霍尔效应的原理				
4	掌握霍尔传感器的应用				
评语					
评分					

任务 1-4　热电式传感器

任务书

任务编号	1-4	任务名称	热电式传感器
任务目标			
【知识目标】 掌握热电偶传感器的基本原理； 掌握热电偶传感器的冷端补偿方法； 掌握热电阻传感器的原理； 掌握热电阻传感器的分类和应用。 【技能目标】 具备热电式传感器的应用能力。 【素质目标】 培养学生严谨认真的工作作风			

续表

知识图谱
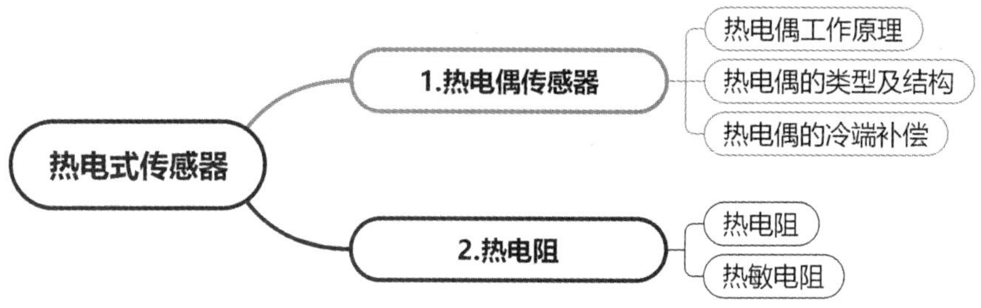
任务描述
本次任务是为了全面了解热电式传感器的相关基础知识，以小组为单位汇报热电式传感器的原理和基本应用，为后续任务的实施奠定理论基础
实施说明
（1）以小组为单位认真学习任务 1-4 的引导材料，做好知识准备； （2）结合知识准备和小组汇报情况，教师填写“任务检查单”

引导材料

热电式传感器是将温度变化转换为电量变化的装置，它是利用某些材料或元件的性能随温度变化的特性来进行测量的。例如将温度变化转换为电阻、热电动势、热膨胀、磁导率等变化，再通过适当的测量电路达到检测温度的目的。

把温度变化转换为电势的热电式传感器称为热电偶，把温度变化转换为电阻值的热电式传感器称为热电阻。

一、热电偶传感器

热电偶是温度测量仪表中常用的测温元件，它直接测量温度，并把温度信号转换成热电动势信号，通过电气仪表（二次仪表）转换成被测介质的温度。各种热电偶的外形常因需要而不相同，但是它们的基本结构却大致相同，一般由热电极、绝缘套保护管和接线盒等主要部分组成，通常和显示仪表、记录仪表及电子调节器配套使用。

在工业生产过程中，温度是需要测量和控制的重要参数之一。在温度测量中，热电偶的应用极为广泛，它具有结构简单、制造方便、测量范围广、精度高、惯性小和输出信号便于远传等诸多优点。另外，由于热电偶是一种有源传感器，测量时不需外加电源，使用十分方便，所以常被用作测量炉子、管道内的气体或液体的温度及固体的表面温度。

1. 热电偶工作原理

1821 年，德国物理学家塞贝克将两种不同金属组成闭合回路，并用酒精灯加热其中一个接触点（称为结点），发现放在回路中的电流表指针发生偏转。如果用两盏酒精灯对两个结点同时加热，指针的偏转角反而减小。显然，指针的偏转说明回路中有电动势产生并有电流在回路中流动，电流的强弱与两个结点的温差有关。

据此，塞贝克发现和证明了将两种不同性质的导体 A、B 组成闭合回路，如图 1-4-1 所示，若结点 1、2 处于不同的温度，即 $T \neq T_0$，两者之间将产生一热电势，在回路中形成一定大小的电流，这种现象称为热电效应。

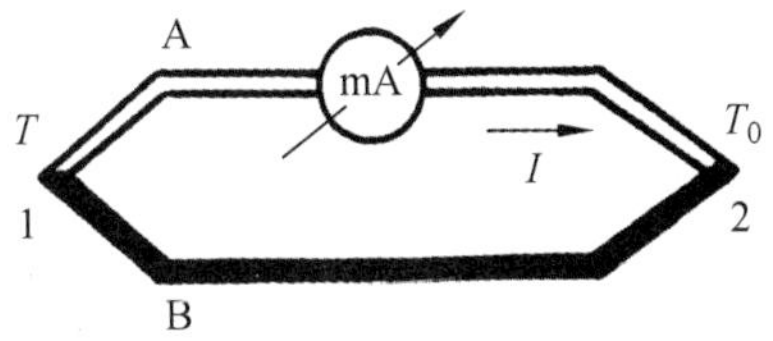

图 1-4-1　热电效应示意图

两种不同材料的导体所组成的回路称为热电偶，组成热电偶的导体称为热电极，热电偶所产生的电动势称为热电势。热电偶的两个结点中，置于温度为 T 的被测对象中的结点称为测量端，又称为工作端或热端；而置于参考温度 T_0 的结点称为参考端，又称自由端或冷端。

热电偶回路有以下性质：

（1）用两种相同材料组成的热电偶，无论两个结点温度如何，热电偶回路中电势均为零。

（2）热电偶两结点温度相同时，无论热电偶电极材料是否相同，热电偶回路中电势均为零。

（3）热电偶所产生的热电势的大小与热电偶电极的几何形状（如长短、粗细等）均无关，与热电极中间温度分布也无关。

2. 热电偶的类型及结构

（1）热电偶的类型。

常用热电偶可分为标准热电偶和非标准热电偶两大类。标准热电偶是指国家标准规定了其热电势与温度的关系、允许误差，并有统一标准分度表的热电偶。标准热电偶有与其配套的显示仪表可供选用。非标准热电偶在使用范围和数量级上均不及标准热电偶，一般也没有统一的分度表，主要用于某些特殊场合的测量。

我国从 1991 年开始采用国际计量委员会规定的“1990 年国际温标”（简称 TIS-90）的新标准。按此标准，共有 8 种标准化了的通用热电偶，如表 1-4-1 所示。表中所列热电偶中，写在前面的热电极为正极，写在后面的为负极。对于每一种热电偶，还制订了相应的分度表，并且有相应的线性化集成电路与之对应。国际电工委员会向世界各国推荐了 8 种热电偶作为标准化热电偶。

表 1-4-1　8 种国际通用热电偶特性表

名称	分度号	测温范围/°C	100 °C 时的热电势/mV	1 000 °C 时的热电势/mV	特点
铂铑 30-铂铑 6	B	50 ~ 1 820	0.033	4.834	熔点高，测温上限高，性能稳定，精度高，价格高昂，热电势小，线性差；只适用于高温域的测量
铂铑 13-铂	R	−50 ~ 1 768	0.647	10.506	性能稳定，复现性好；但热电势较小，不能在金属蒸气和还原性气氛中使用，多用于精密测量

续表

名称	分度号	测温范围/°C	100 °C 时的热电势/mV	1 000 °C 时的热电势/mV	特点
铂铑 10-铂	S	−50 ~ 1 768	0.646	9.587	优点同上；但性能不如 R 热电偶；长期以来曾经作为国际温标的法定标准热电偶
镍铬-镍硅	K	−270 ~ 1 370	4.096	41.276	热电势大，线性好，稳定性好，价格低廉；多用于工业测量
镍铬硅-镍硅	N	−270 ~ 1 300	2.744	36.256	是一种新型热电偶，各项性能均比 K 热电偶好，适用于工业测量
镍铬-铜镍（康铜）	E	−270 ~ 800	6.319	—	线性好，耐高湿度，价格低廉；但不能用于还原性气氛；多用于工业测量
铁-铜镍（康铜）	J	−210 ~ 760	5.269	—	价格低廉，在还原性气体中较稳定；但纯铁易被腐蚀和氧化；多用于工业测量
铜-铜镍（康铜）	T	−270 ~ 400	4.279	—	价格低廉，加工性能好，离散性小，性能稳定；线性好，精度高；多用于低温域测量

我国标准化热电偶也有 8 种，分别是铂铑 10-铂（S）、铂铑 13-铂（R）、铂铑 30-铂铑 6（B）、镍铬-镍硅（K）、镍铬-康铜（E）、铁-康铜（J）、铜-康铜（T）和镍铬硅-镍硅（N）。下面介绍几种常用热电偶。

① 铂铑 10-铂热电偶。

组成：由直径 0.5 mm 的纯铂丝和直径相同的铂铑丝制成，分度号为 S。铂铑丝为正极，纯铂丝为负极。

特点：热电性能好，抗氧化性强，适合在氧化性、惰性气体中连续使用。长期适用的温度为 1 400 °C，超过此温度时，即使在空气中纯铂丝也将再结晶而使晶粒增大。短期使用温度为 1 600 °C。在所有的热电偶中，它的准确度等级最高，通常用作标准或测量高温的热电偶，其使用温度范围广，均质性及互换性好。缺点是价格昂贵，热电势较小，需配灵敏度高的显示仪表。

② 镍铬-镍硅（镍铝）热电偶。

组成：镍铬为正极，镍硅为负极，分度号为 K。

特点：使用温度范围宽，高温下性能较稳定，热电动势和温度的关系近似为线性，价格便宜，因此是目前工矿企业用量最大的一种热电偶。它适用于在氧化性和惰性气体中连续使用，短期使用温度为 1 200 °C，长期使用温度为 1 000 °C。

③ 镍铬-康铜热电偶。

组成：镍铬为正极，康铜为负极，分度号为 E。

特点：最大特点为在常用热电偶中热电动势最大，即灵敏度最高，适宜在−50 ~ 870 °C

范围内的氧化性或惰性气体中使用，尤其适宜在 0 °C 以下使用。在湿度大的情况下，较其他热电偶耐腐蚀。

（2）热电偶的结构。

热电偶的基本结构包括热电极、绝缘材料和保护管。热电偶按其结构不同可分为装配式热电偶、铠装式热电偶和特殊形式热电偶；按使用环境可细分为耐高温热电偶、耐磨热电偶、耐腐蚀热电偶、耐高压热电偶、隔爆热电偶、铝液测温用热电偶、循环流化床用热电偶、水泥回转窑炉用热电偶、阳极焙烧炉用热电偶、高温热风炉用热电偶、汽化炉用热电偶、渗碳炉用热电偶、高温盐熔炉用热电偶、铜铁及钢水用热电偶、抗氧化钨铼热电偶、真空炉用热电偶、铂铑热电偶等。

工业热电偶作为测量温度的传感器，通常与显示仪表、记录仪表或计算机等配套使用，可以直接测量各种生产过程中气体、液体、熔体以及固体表面的温度。

如图 1-4-2 所示为普通工业装配式热电偶结构图，它由热电极、绝缘套管、保护管、接线盒、接线盒盖等几个主要部分组成。

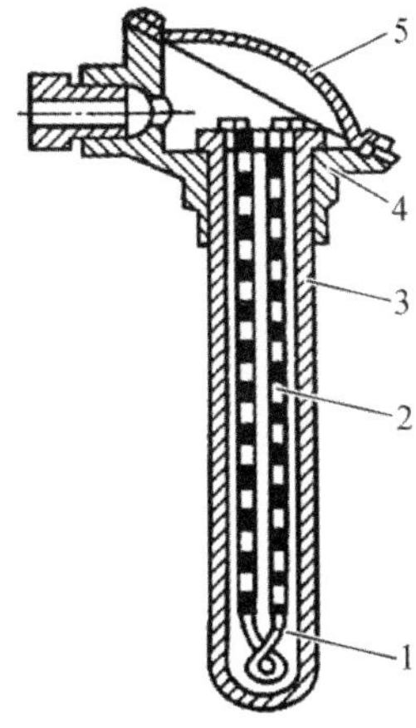

1—热电极；2—绝缘套管；3—保护管；4—接线盒；5—接线盒盖。

图 1-4-2　普通工业装配式热电偶结构图

① 热电极。

热电极也称为偶丝，它是热电偶的基本组成部分。普通金属制成的偶丝，其直径一般为 0.5 ~ 3.2 mm，贵重金属制成的偶丝，直径一般为 0.3 ~ 0.6 mm。偶丝的长度则由使用情况、安装条件以及工作端在被测介质中插入的深度来决定，通常为 300 ~ 1 000 mm，常用的长度为 350 mm。

② 绝缘管。

绝缘管是用于热电极之间及热电极与保护管之间进行绝缘保护的零件。形状一般为圆形或椭圆形，中间开有 2 个、4 个或 6 个孔，偶丝穿孔而过。材料为黏土质、高铝质、刚玉质等，材料选用根据使用的热电偶而定。在室温下，绝缘管的绝缘电阻应在 5 MΩ 以上。

③ 保护套管。

保护套管是用来保护热电偶感温元件免受被测介质化学腐蚀和机械损伤的装置。保护套管应具有耐高温、耐腐蚀的性能，要求导热性能好、气密性好。材料有金属、非金属以及金属陶瓷 3 大类。保护套管的材料选择主要依据被测介质和使用的环境条件。金属材料有铝、黄铜、碳钢、不锈钢等。

④ 接线盒。

根据被测量温度的对象及现场环境条件不同，接线盒设计有普通式、防溅式、防水式和接插座式等结构形式，用来固定接线座和作为连接补偿导线的装置。

普通式接线盒无盖，仅由盒体构成，其接线座用螺钉固定在盒体上，适用于环境条件良好、无腐蚀性气体的现场。防溅式、防水式接线盒有盖，且盖与盒体是由密封圈压紧密封，适用于雨水能溅到的现场或露天设备现场。插座式接线盒结构简单，安装所占空间小，接线方便，适用于需要快速拆卸的环境。

3. 热电偶的冷端补偿

热电偶测量温度时只有使其冷端的温度保持不变，其热电势大小才与测量温度呈一定的比例关系。若测量时，冷端的（环境）温度变化，将严重影响测量的准确性。在冷端采取一定措施补偿，避免由于冷端温度变化造成的测量不准确称为热电偶的冷端补偿。

（1）冰点槽法。

冰点槽法是把热电偶的冷端放入冰水混合物容器里，使 T_0=0 °C。这种办法仅限于在科学实验中使用。为了避免冰水导电引起两个连接点短路，必须把连接点分别置于两个玻璃试管里，浸入同一冰点槽，使相互绝缘。

（2）计算修正法。

热电偶分度表是以冷端温度 0 °C 为基础而制成的，所以，如果想要直接利用分度表根据显示仪表的读数求得温度必须使冷端温度保持为 0 °C。如果冷端温度不为 0 °C，则必须对仪表指示值进行修正，例如冷端温度恒定在 $T_0>0$ °C 时，则测得的热电势将小于该热电偶的分度值，因此为了求得所测的真实温度，可利用 $E(T,0)=E(T,T_0)+E(T_0,0)$ 进行修正。

（3）补正系数法。

把冷端实际温度 T_H 乘上系数 k，加到由 $E(T,T_H)$ 查分度表所得的温度上，成为被测温度 T。用公式表达即

$$T=T'+k\times T_H \tag{1-4-1}$$

式中 T——未知的被测温度；

T'——参考端在室温下热电偶电势与分度表上对应的某个温度；

T_H——室温；

k——补正系数。

（4）零点迁移法。

零点迁移法的应用领域一般为冷端不是 0 °C，但十分稳定的场所，如恒温车间或有空调的场所。

实质：在测量结果中人为地加一个恒定值，因为冷端温度稳定不变，电动势 $E(T_H,0)$ 是常数，利用指示仪表上调整零点的办法，加大某个适当的值而实现补偿。

（5）补偿器法。

利用不平衡电桥产生热电势补偿热电偶因冷端温度变化而引起的热电势的变化。

（6）软件处理法。

对于计算机系统，不必全靠硬件进行热电偶冷端处理。例如冷端温度恒定但不为 0 °C 的情况，只需在采样后加一个与冷端温度对应的常数即可。

二、热电阻

热电阻是利用导体的电阻随温度变化而变化的特性测量温度的。热电阻传感器可分为金属热电阻式和半导体热电阻式两大类，前者简称热电阻，后者简称热敏电阻。

1. 热电阻

热电阻是基于电阻的热效应进行温度测量的，即电阻体的阻值随温度的变化而变化的特性。因此，只要测量出感温热电阻的阻值变化，就可以测量出温度，它是中低温区（-200 ~ 500 °C）最常用的一种温度传感器。作为测温用的热电阻具有以下特点：

① 电阻值与温度变化具有良好的线性关系。

② 电阻温度系数大，以便对温度变化敏感，便于精确测量。

③ 电阻率高，热容量小，从而具有较快的响应速度。

④ 在测量范围内具有稳定的物理、化学性质。

⑤ 容易加工，价格便宜。

热电阻大都由纯金属材料制成，目前应用最多的是铂和铜，其中铂热电阻的测量精确度最高，它不仅广泛应用于工业测温，而且被制成标准的测温仪。

（1）铂热电阻。

铂热电阻主要作为标准电阻温度计，被广泛应用于温度基准、标准的传递。铂热电阻是利用铂丝的电阻值随着温度的变化而变化这一基本原理设计和制作的，按 0 °C 时的电阻值 R 的大小分为 10 Ω 和 100 Ω 等，测温范围均为-200 ~ 850 °C。10 Ω 铂热电阻的感温元件是用较粗的铂丝绕制而成，耐温性能优于 100 Ω 的铂热电阻，主要用于 650 °C 以上的温度测量；100 Ω 铂热电阻主要用于 650 °C 以下的温度测量。

铂热电阻的优点是在氧化性介质中，甚至在高温下，其物理、化学性能稳定，电阻率大，精确度高，可以耐较高温度。铂是一种贵金属，很容易提纯，复现性好，具有良好的工艺性，可制成很细的铂丝或极薄的箔片。与其他材料相比，铂具有较高的电阻率，因此，普遍认为铂是一种较好的热电阻材料。铂电阻的缺点是电阻温度系数比较小，价格昂贵。常见的铂热电阻如图 1-4-3 所示。

（2）铜热电阻。

铂热电阻虽然优点多，但是价格昂贵，在测量精度要求不高且温度较低的场合，铜热电阻得到广泛应用。如图 1-4-4 所示为铜热电阻外形图。

在-50 ~ 150 °C 范围，铜热电阻与温度呈近似线性关系。铜热电阻的优点是电阻温度系数较大、线性好、价格便宜。缺点是电阻率较低、热惯性较大、稳定性较差、电阻体的体积较大，在 100 °C 以上时容易氧化，因此，只能用于低温及没有侵蚀性的介质中。

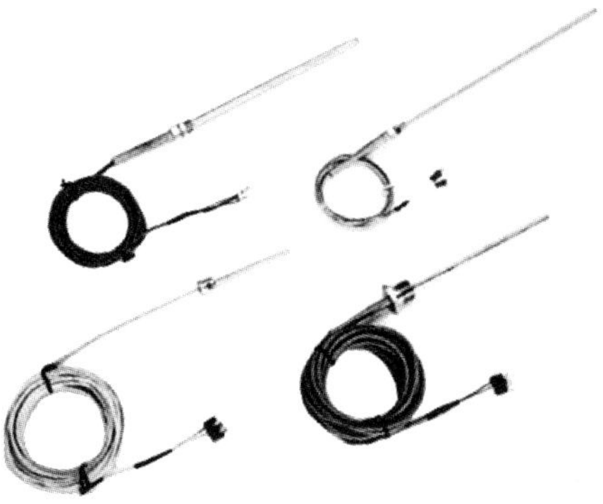

图 1-4-3　铂热电阻

图 1-4-4　铜热电阻

（3）热电阻的结构。

金属热电阻由电阻体、保护套管和接线盒等部件组成，如图 1-4-5（a）所示。金属热电阻丝绕在骨架上，骨架采用石英、云母、陶瓷或塑料等材料制成，可根据需要将骨架制成不同的外形。为了防止电阻体出现电感，热电阻丝通常采用双线并绕法，如图 1-4-5（b）所示。

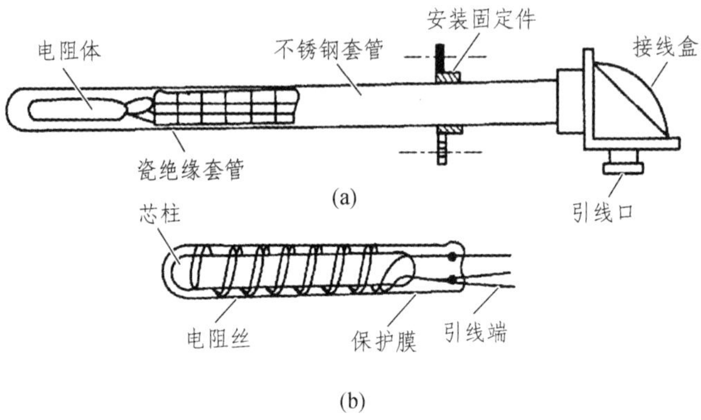

图 1-4-5　热电阻结构图

（4）热电阻的选用原则。

① 根据测量的范围和对象，选择适当的工业热电阻型号以及保护管材料，热电阻的“最高使用”压力不可超过在该工作温度下保护管所能承受的压力。

② 选用工业热电阻的分度号必须与显示仪表的分度号一致。

（5）热电阻的安装要求。

① 工业热电阻的安装地点，应避免安装在炉门旁边和避免与加热物体距离过近之处。

② 工业热电阻的接线盒不可碰到被测介质的容器壁，接线盒的温度不宜超过 100 °C，并尽可能地保持稳定不变。

③ 工业热电阻浸入被测介质中的长度应不小于保护管外径的 10 倍。

（6）热电阻使用注意事项。

① 连接导线应采用绝缘（最好是屏蔽）铜线，截面面积视工业热电阻与显示仪表间的距离而定，但一般不得小于 1.5 mm^2。导线的电阻值应按显示仪表技术条件规定的数据配备，导线的电阻值可用惠斯顿电桥来调整。

② 增加被测介质的循环，使工业热电阻与被测介质间的对流传热增加。

③ 当工业热电阻用来测量变化的温度场时，常有动态误差的存在，要注意选用具有适当热响应时间的工业热电阻，因为热响应时间的大小是决定动态误差大小的主要因素，并与之成正比，它对温度的自动调节和控制起着相当重要的作用。

④ 在安装使用工业热电阻之前，应保存在不受振动和碰撞的地方，最合适的存放场所条件为环境温度-20 ~ 40 °C，相对湿度不大于 80%的通风室内，且不含有对工业热电阻起腐蚀作用的有害杂质。

2. 热敏电阻

热敏电阻是利用半导体的电阻值随温度显著变化这一特性制成的一种热敏元件，其特点是电阻率随温度显著变化。它是由某些金属氧化物，采用不同比例配方，经高温烧结而成的。它主要由敏感元件、引线和壳体组成。根据使用要求，可制成珠状、片状、杆状、垫圈状等各种形状，其直径或厚度约为 1 mm，长度往往不到 3 mm，如图 1-4-6 所示，热敏电阻外形如图 1-4-7 所示。

热敏电阻与金属热电阻相比，具有电阻值和电阻温度系数大、灵敏度高，体积小、结构简单，热惯性小、响应速度快，使用方便、寿命长、易于实现远距离测量等优点，因而得到了广泛的应用。它主要缺点包括互换性较差，同一型号的产品特性参数有较大差别；稳定性较差；非线性严重，且不能在高温下使用。但随着技术的发展和工艺的成熟，热敏电阻的缺点将逐渐得到改进。

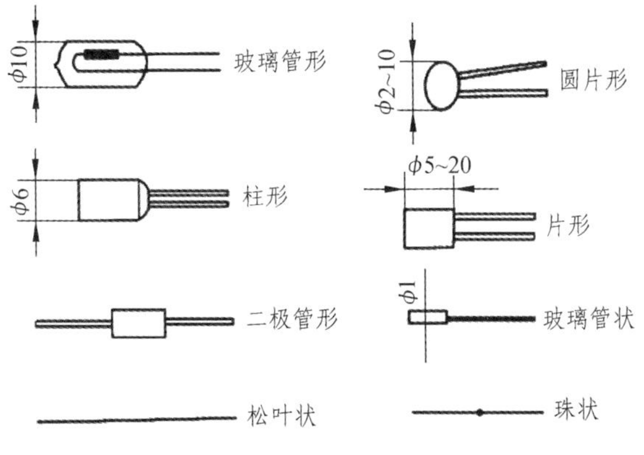

图 1-4-6　热敏电阻的结构形式

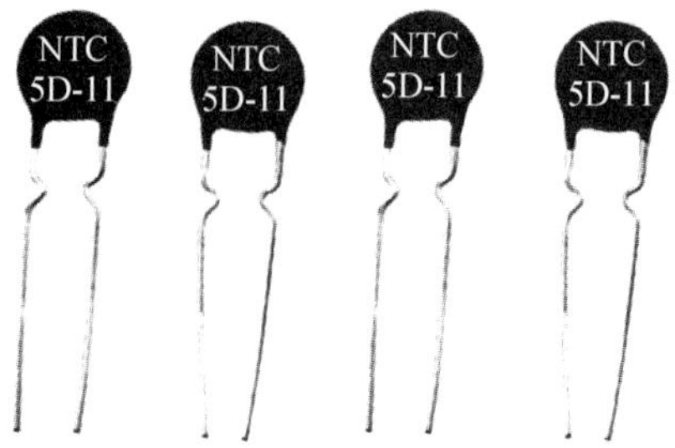

图 1-4-7　热敏电阻外形

热敏电阻的测温范围一般为-50 ~ 300 °C，可用于液体、气体、固体、高空气象、深井等温度相关量的测量。

（1）热敏电阻的特性。

根据半导体的电阻温度特性，热敏电阻可分为 3 类，即负温度系数热敏电阻（NTC）、正温度系数热敏电阻（PTC）和临界温度系数热敏电阻（CTR）。大多数热敏电阻具有负温度系数。CTR 一般也是负温度系数，但与 NTC 不同的是，在某一温度范围内，电阻值会急剧变化。这 3 类热敏电阻的电阻率与温度之间的关系均为非线性，它们的温度特性曲线如图 1-4-8 所示。

如图 1-4-9 所示为负温度系数热敏电阻在不同热敏系数 B 时的电阻-温度特性，温度越高，阻值越小，且有明显的非线性。NTC 热敏电阻具有很高的负电阻温度系数，特别适用于-100 ~ 300 °C 测温。负温度系数的热敏电阻常用于空调系统的温度测定。

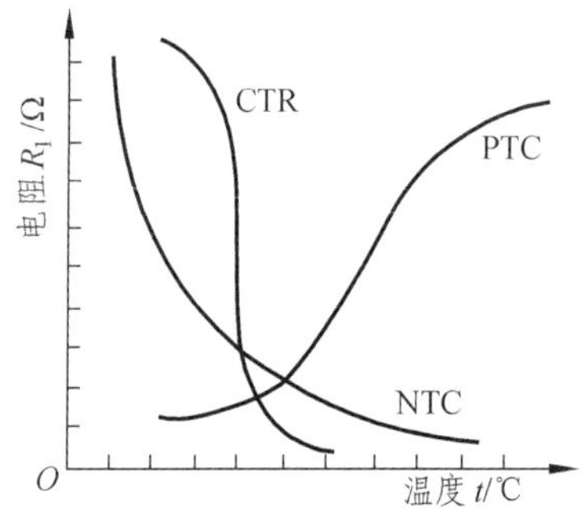

图 1-4-8　热敏电阻温度特性曲线

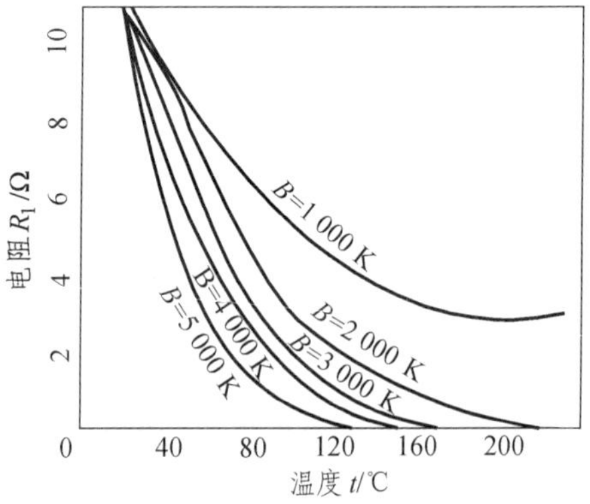

图 1-4-9　负温度系数热敏电阻的电阻-温度特性

PTC 热敏电阻的阻值随温度升高而增大，且有斜率最大的区域，当温度超过某一数值时，其电阻值朝正的方向快速变化。其用途主要是彩电消磁、各种电器设备的过热保护等。

CTR 也具有负温度系数，但在某个温度范围内电阻值急剧下降，曲线斜率在此区段特别陡，灵敏度极高，主要用作温度开关。

各种热敏电阻的阻值在常温下很大，通常都在数千欧以上，所以连接导线的阻值（最多不过 10 Ω）几乎对测温没有影响，方便使用。

另外，热敏电阻的阻值随温度改变显著，只要很小的电流流过热敏电阻，就能产生明显的电压变化，而电流对热敏电阻自身有加热作用，所以应注意不要使电流过大，防止带来测量误差。

（2）热敏电阻的应用。

① 温度测量。

NTC 热敏电阻广泛用于温度测量，常用电桥接法，将电阻信号转换成电压信号来测量。

② 温度控制。

如图 1-4-10 所示为 NTC 热敏电阻实现单点温度控制电路，当温度升高时，热敏电阻 R_t 的阻值降低，a 点的点位 U_a 升高到 $U_a > U_b$，比较器输出变为低电位，VT_1 导通，使 VT_2 也导通，继电器通电，常闭触点 K 断开，加热器断电停止加热。反之，当温度降低时，继电器失电，常闭触点 K 闭合，加热器通电加热。

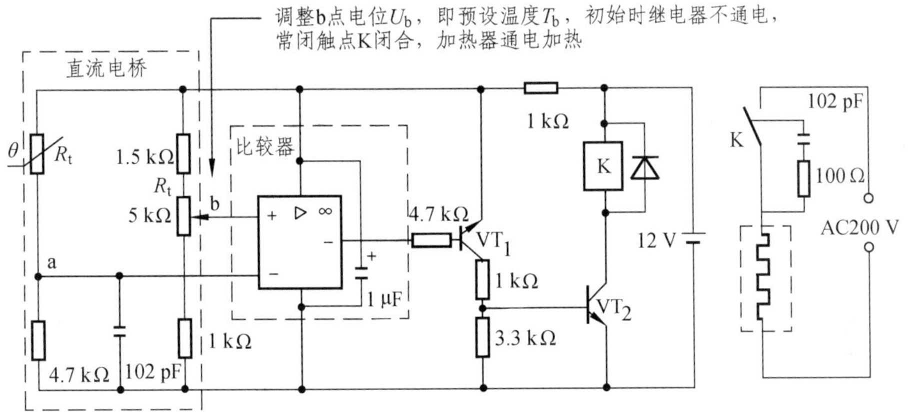

图 1-4-10　NTC 热敏电阻实现单点温度控制电路

③ 温度补偿。

仪表中的一些常用零件，很多是用金属做成的，如线圈、绕线电阻等。金属一般具有正的温度系数，采用负温度系数的热敏电阻进行补偿，可以抵消由于温度变化所产生的误差。在实际应用中，将负温度系数的热敏电阻与锰铜丝电阻并联后再与被补偿元件串联，如图 1-4-11 所示。

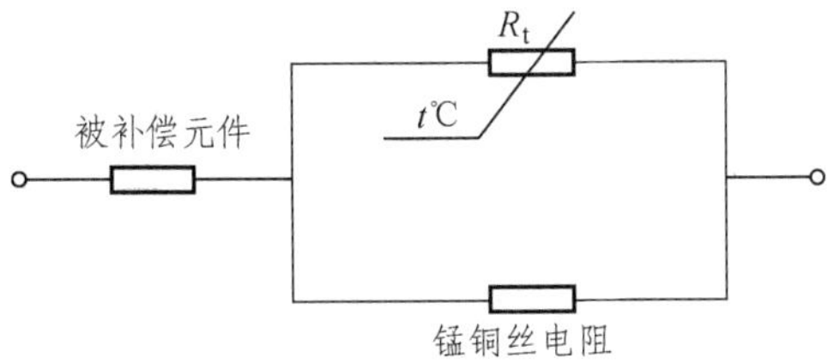

图 1-4-11　热敏电阻温度补偿原理

④ 过热保护。

当自动扶梯超载或电动机负载电流过大时，电梯的电机过热保护器应能及时断开电机的供电，使自动扶梯停车。

电机过热保护原理图如图 1-4-12 所示。图中 R_t 为检测电机绕组温度的热敏电阻元件，主要通过其监测电机绕组温度的变化。F_5 为温度继电器，它通过内置于电动机的 PTC 热敏电阻探头感测电机绕组温度，当电机线圈温度超过 155 °C，该继电器动作，及时断开电机的电源，使自动扶梯停止。

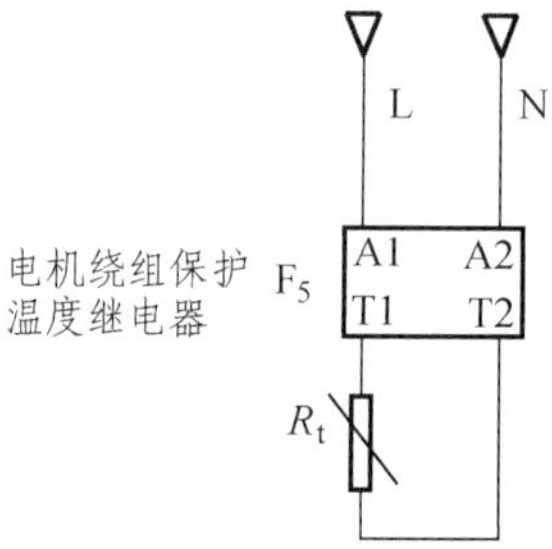

图 1-4-12　电机过热保护原理

⑤ 管道的流量检测。

热敏电阻不仅能测量管道的温度，还能检测管道内气体或液体等介质的流量，如图 1-4-13 所示。图中 R_{t1} 和 R_{t2} 为热敏电阻，R_{t1} 置于管道中央，R_{t2} 置于温度与介质相同且不受介质流速影响的小室中，R_1 和 R_2 为普通电阻，R_{t1}、R_{t2}、R_1 和 R_2 这 4 个电阻组成电桥结构。当介质处于静止状态时，电桥处于平衡状态，流量计指示为零；当介质流动时，由于介质流动带走热量，温度的变化引起阻值的变化，电桥失去平衡而有输出，电流计指示值直接反映出流量的大小。

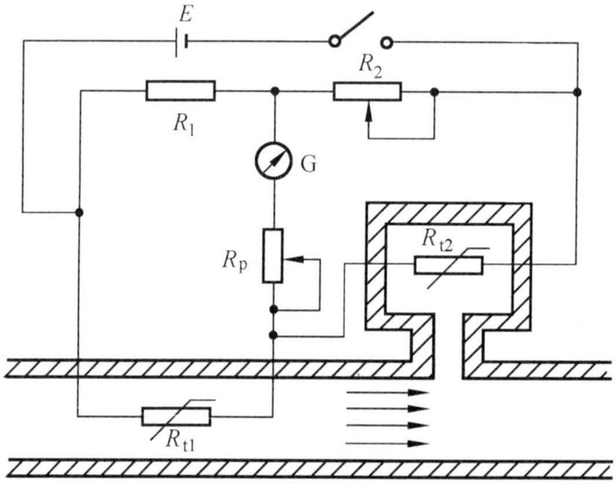

图 1-4-13　热敏电阻式流量计电路原理图

任务检查单

任务编号	1-4	任务名称	热电式传感器	
序号	检查内容		是	否
1	掌握热电偶传感器的基本原理			
2	掌握热电偶传感器的冷端补偿方法			
3	掌握热电阻传感器的原理			
4	掌握热电阻传感器的分类和应用			
评语				
评分				

任务 1-5　光电式传感器

任务书

任务编号	1-5	任务名称	光电式传感器
任务目标			
【知识目标】 掌握光电效应的基本原理； 掌握各种光电器件的结构和原理； 掌握光电式传感器的应用。 【技能目标】 具备光电式传感器的应用能力。 【素质目标】 培养学生严谨认真的工作作风			
知识图谱			
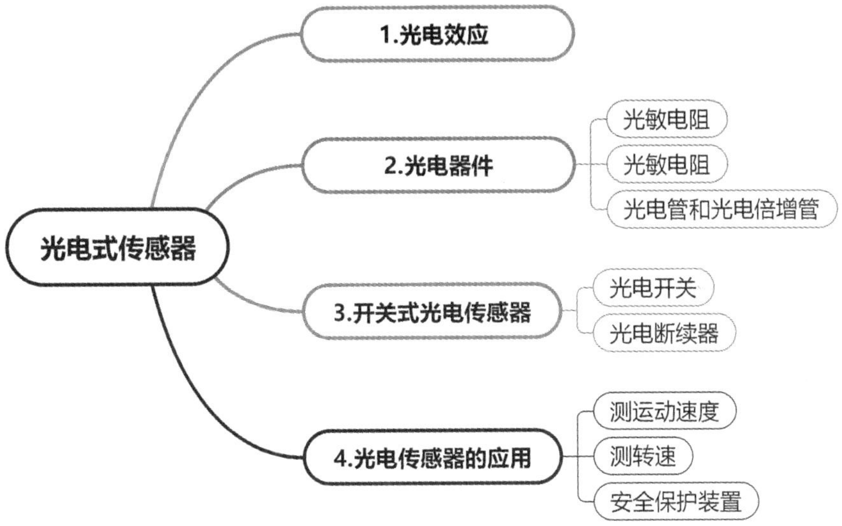			
任务描述			
本次任务是为了全面了解光电式传感器的相关基础知识，以小组为单位汇报光电式传感器的原理和基本应用，为后续任务的实施奠定理论基础			
实施说明			
（1）以小组为单位认真学习任务 1-5 的引导材料，做好知识准备； （2）结合知识准备和小组汇报情况，教师填写“任务检查单”			

引导材料

将光量转换为电量的器件称为光电式传感器或光电元件。光电式传感器的工作原理是首先把被测量的变化转换成光信号的变化，然后通过光电转换元件变换成电信号。光电式传感器属于非接触传感器，响应快、结构简单、使用方便，而且有较高的可靠性，因此在自动检测、计算机和控制系统中应用非常广泛。

一、光电效应

光电式传感器是基于光电效应制成的。当物质受光照后，物质的电子吸收了光子能量所产生的电现象称为光电效应。

光电效应可分为 3 类：外光电效应、内光电效应和半导体光生伏特效应。

在光线作用下能使电子逸出物体表面的现象称为外光电效应。基于该效应的光电器件有光电管、光电倍增管等。

在光线作用下能使物体电阻率改变的现象称为内光电效应，又称为光电导效应。基于该效应的光电器件有光敏电阻等。

在光线作用下能使物体产生一定方向电动势的现象称为半导体光生伏特效应。基于该效应的光电器件有光电池等。

基于外光电效应的光电器件属于真空光电器件，基于内光电效应和半导体光生伏特效应的光电器件属于半导体光电器件。

二、光电器件

1. 光敏电阻

（1）工作原理。

光敏电阻又称光导管，利用内光电效应原理制成，主要材料是半导体。光敏电阻没有极性，纯粹是一个电阻器件，使用时既可加直流电压，也可以加交流电压。

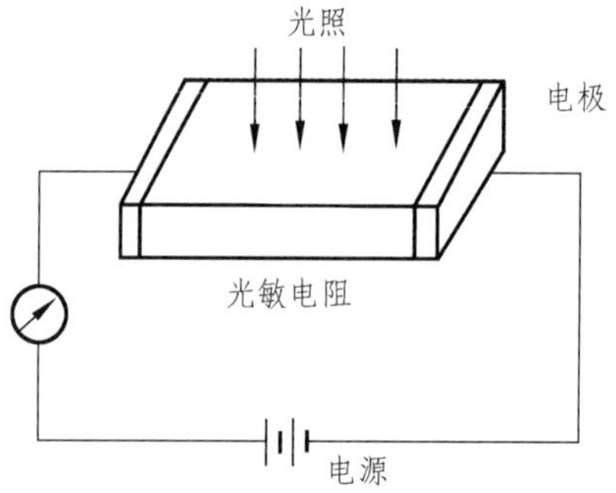

图 1-5-1　光敏电阻的工作原理图

如图 1-5-1 所示，光敏电阻没有受到光照时，光敏电阻值（暗电阻）很大，电路中电流（暗电流）很小。当它受到一定波长范围的光照射时，其阻值（亮电阻）急剧减小，电路中电流迅速增大。

（2）光敏电阻的结构。

光敏电阻的结构简单，在半导体光敏材料的两端引出电极，再将其封装在透明管壳内。为了防止周围介质的影响，在半导体光敏材料上覆盖了一层漆膜，漆膜的成分应使它在光敏层最敏感的波长范围内透射率最大。

制作光敏电阻的材料种类很多，如硒化镉、硒化铅、硫化镉、硫化铅等，其中硫化镉光敏电阻是目前应用最广泛的一种。

（3）光敏电阻的主要参数。

① 暗电阻和暗电流。

光敏电阻在室温条件下，在全暗后经过一定时间测量的电阻值，称为暗电阻。此时流过的电流，称为暗电流。

② 亮电阻。

光敏电阻在某一光照下的阻值，称为该光照下的亮电阻，此时流过的电流称为亮电流。

③ 光电流。

亮电流与暗电流之差称为光电流。一般希望暗电阻越大越好，亮电阻越小越好，此时光敏电阻的灵敏度高。实际光敏电阻的暗电阻值一般在兆欧级，亮电阻在几千欧以下。

④ 响应时间。

响应时间是指光敏电阻中光电流的变化滞后于光的变化的时间。光敏电阻突然受到光照时，光电流并不是立刻就上升到稳定数值，而且当光突然消失时，光电流也不会立刻下降到零，这说明光电流的变化对于光的变化，在时间上有所滞后，因此，光敏电阻不能用在要求快速响应的场合。

2. 光电管和光电倍增管

（1）光电管。

光电管有真空光电管和充气光电管或称电子光电管和离子光电管两类。两者结构相似，如图 1-5-2 所示。它们由一个光电阴极 K 和一个光电阳极 A 构成，并且密封在一只真空玻璃管内。阴极装在玻璃管内壁上，其上涂有光电发射材料，阳极通常用金属丝弯曲成矩形或圆形，置于玻璃管的中央。

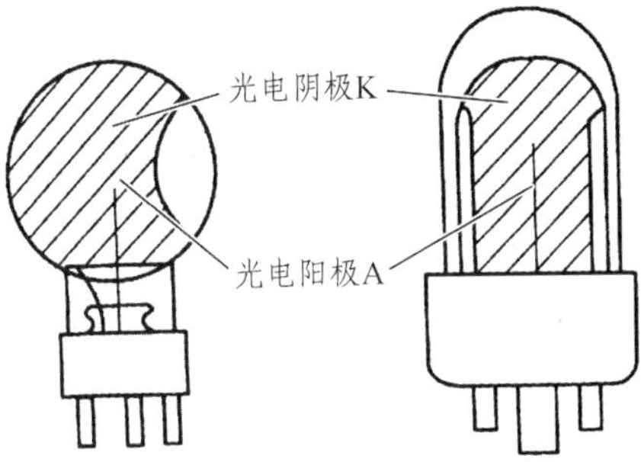

图 1-5-2 光电管

光电管基于外光电效应，当一定频率的光照射到光电阴极上时，光电阴极吸收了光子的能量后有电子逸出而形成光电子。这些光电子被具有正电位的阳极所吸引，因而在光电管内便形成定向电子流，外电路就有了电流。如果在外电路中串入适当阻值的电阻，则电路中的电流便转换为电阻上的电压。电路中电流或电压的变化与光成一定函数关系，从而实现了光电转换。

（2）光电倍增管。

光照很弱时，光电管产生的电流很小，为提高灵敏度常常使用光电倍增管。如核仪器中闪烁探测器都使用光电倍增管作为光电转换元件。光电倍增管是利用二次电子释放效应，高速电子撞击固体表面，发出二次电子，将光电流在管内进行放大。

光电倍增管由光阴极、次阴极（倍增电极）以及阳极 3 部分组成，如图 1-5-3 所示。次阴极多的可达 30 级；阳极是最后用来收集电子的，收集到的电子数是阴极发射电子数的 $10^5 \sim 10^6$ 倍，即光电倍增管的放大倍数可达几万倍到几百万倍。光电倍增管的灵敏度就比普通光电管高几万倍到几百万倍。因此，在很微弱的光照时，它就能产生很大的光电流，故在使用时应注意避免强光照射而损坏光电阴极。

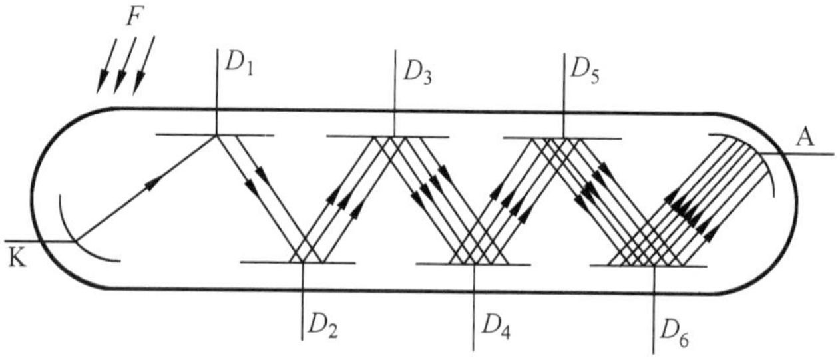

图 1-5-3　光电倍增管

3. 光敏二极管、光敏三极管和光敏晶闸管

（1）光敏二极管。

光敏二极管的结构与普通的二极管相似，其基本结构也是一个 PN 结。所不同的是，为了提高转换效率，大面积受光，PN 结面积要比一般二极管大，而且它的 PN 结装在透明管壳的顶部，可以直接受到光照射，光敏二极管结构如图 1-5-4 所示。

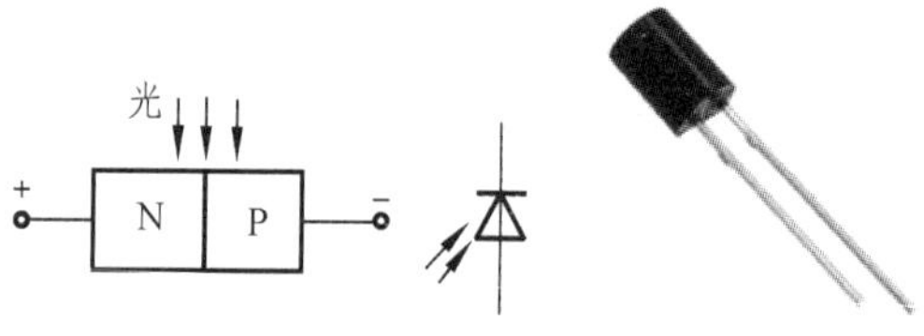

（a）结构示意图及符号　　（b）外形

图 1-5-4　光敏二极管

光敏二极管在电路中必须反向偏置。在无光照射时，与普通二极管一样，电路中反向电阻很大，反向电流（暗电流）很小，此时光敏二极管处于截止状态，只有少数载流子在反向偏压作用下，越过阻挡层形成微小的反向电流，即暗电流。

当有光照射时，PN 结受到光子的轰击，吸收其能量而产生电子-空穴对，从而使 P 区和 N 区的少数载流子浓度大大增加，因此在外加反向偏置电压和内电场的作用下，P 区的少数载流子越过阻挡层进入 N 区，N 区的少数载流子越过阻挡层进入 P 区，从而使通过 PN 结的反向电流大为增加，形成光电流。

光敏二极管的光电流 I 与照度之间呈线性关系，光的照度越大，光电流越大。因此，光敏二极管在不受光照射时，处于截止状态；受光照射时，处于导通状态。

（2）光敏三极管。

光敏三极管有 PNP 型和 NPN 型两种。与普通三极管相似，有电流增益，灵敏度比光敏二极管高。多数光敏三极管的基极没有引出线，只有正负（C、E）两个引脚，所以其外形与光敏二极管相似，从外观上很难区别。

用 N 型硅材料为衬底制作的光敏三极管为 NPN 型结构，称为 3DU 型；用 P 型硅材料为衬底制作的光敏三极管为 PNP 型结构，称为 3CU 型。

光敏三极管也具有电流增益，它的发射极做得很大，以扩大光的照射面积，且其基极不接引线。当集电极加上正电压，基极开路时，集电结处于反向偏置状态，发射结处于正向偏置。当光线照射在集电结时，会产生电子-空穴对，在内电场的作用下，光生电子被拉到集电极，基区留下空穴，使基极与发射极间的电压升高，这样便有大量的电子流向集电极，形成输出电流，且集电极电流为光电流的 β 倍。可以用一只光敏二极管和普通三极管的组合来等效光敏三极管，如图 1-5-5 所示。

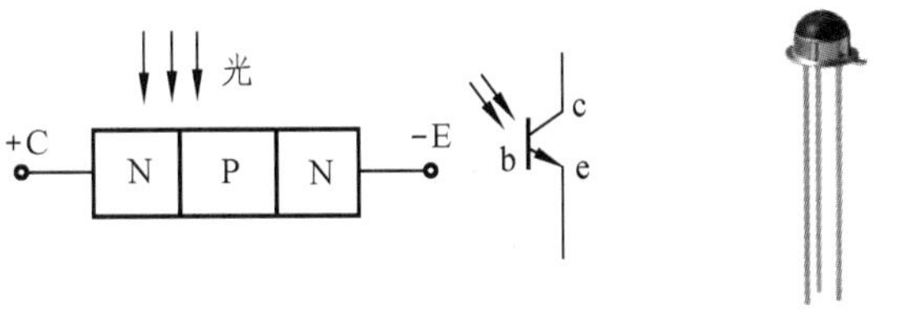

（a）结构图　（b）图形符号　（c）外形

图 1-5-5　光敏三极管

（3）光敏晶闸管。

光敏晶闸管也称为光控晶闸管，同普通晶闸管一样，有 3 个引出电极，分别为阳极 A、阴极 K 和门极 G，有 3 个 PN 结，即 J_1、J_2、J_3。在电路中，阳极接电源正极，阴极接电源负极，门极可悬空。这时 J_1、J_3 正偏，J_2 反偏，反偏的 PN 结在透明管壳的顶部，相当于受光照控制的光敏二极管。光照射在 J_2 产生的光电流相当于普通晶闸管的门极电流，当光电流大于某一阈值时，光敏晶闸管触发导通。由于光敏晶闸管一旦导通，控制极就失去作用，所以即使光照消失，光敏晶闸管仍然维持导通。要切断已触发导通的光敏晶闸管，必须将阳极电压反向或使阳极电流小于维持电流。光敏晶闸管的导通电流比光敏三极管大得多，工作电压可达数百伏，因此，其最大特点是输出功率大，在自动检测与控制中得到广泛应用。光敏晶闸管的结构、外形、符号如图 1-5-6 所示。

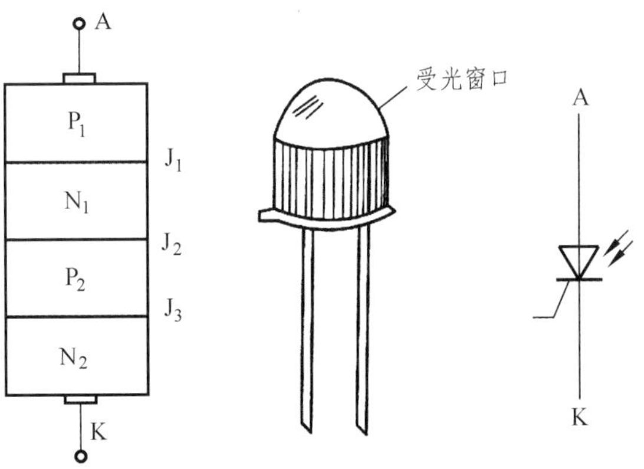

图 1-5-6　光敏晶闸管结构、外形、符号

（4）光电池。

半导体 PN 结在受到光照射时能产生电动势的现象，叫光生伏特效应。光电池就是利用光生伏特效应将光能直接转换成电能的半导体器件，它的制作材料种类很多，其中应用最广泛的是硅光电池。硅光电池性能稳定、光谱范围宽、频率特性好、转换效率高且价格便宜。

硅光电池的结构很简单，在 N 型衬底上制造一薄层 P 型层作为光照敏感面（一个大面积的 PN 结）就构成最简单的光电池，如图 1-5-7 所示。P 型层做得很薄，从而使光线能穿透到 PN 结上。硅光电池的 PN 结面积要比二极管的 PN 结大得多，所以受到光照时产生的电动势和电流也大得多。

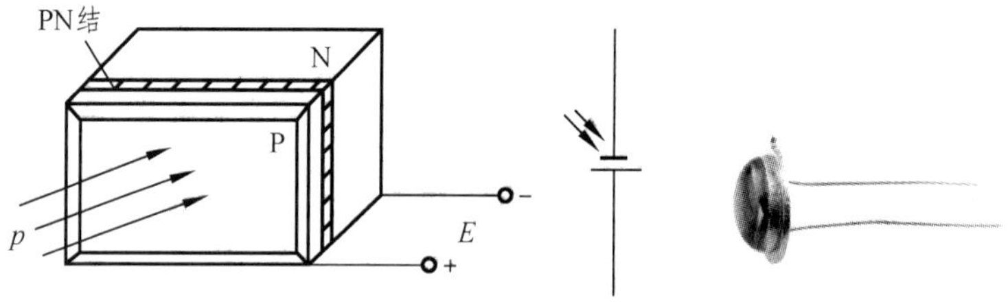

（a）结构示意图　　（b）图形符号　　（c）外形

图 1-5-7　硅光电池

当入射光子的能量足够大时，P 型区每吸收一个光子就产生一对光生电子-空穴对，光生电子-空穴对的扩散运动使电子通过漂移运动被拉到 N 型区，空穴留在 P 区，所以 N 区积累了多余电子称为光电池的负极，P 区积累了空穴成为光电池的正极。如果光照是连续的，经短暂的时间，PN 结两侧就有一个稳定的光生电动势输出，这就是光生伏特效应。

光电池主要有两大类型的应用：

① 作光伏器件使用。

利用光伏作用直接将太阳能转换成电能，即太阳能电池。这是全世界范围内人们所追求、探索新能源的一个重要研究课题。太阳能电池已在宇宙开发、航空、通信设施、太阳电池地面发电站、日常生活和交通事业中得到广泛应用。

② 作光电转换器件应用。

要求光电池具有灵敏度高、响应时间短等特性，但不必需要太阳能电池那样的光电转换效率。这两类光电池需要特殊的制造工艺，主要用于光电检测和自动控制系统中。

三、开关式光电传感器

光电开关和光电断续器是开关式光电传感器的常用器件，主要用来检测物体的靠近、通过等状态（开关量）。光电开关和光电断续器从原理上讲是一样的，都是由红外线发射元件与光敏接收元件组成，所不同的是光电断续器是整体结构，因而检测距离小，只有几毫米至几十毫米，而光电开关可根据检测现场灵活安装，检测距离大，可达几米甚至几十米。

1. 光电开关

光电开关是一种利用感光元件对变化的入射光加以接收，并进行光电转换，同时加以某种形式的放大和控制，从而最终输出“开”“关”信号的器件，如图 1-5-8 所示。

光电开关可分为遮断型和反射型两大类。

遮断型光电开关的发射器和接收器相对安放，轴线严格对准。当有物体在两者中间通过时，红外光束被遮断，接收器接收不到红外线而产生一个负脉冲信号。遮断型光电开关的检测距离一般可达十几米，对所有能遮断光线的物体均可检测，如图 1-5-9（a）所示。

图 1-5-8　光电开关

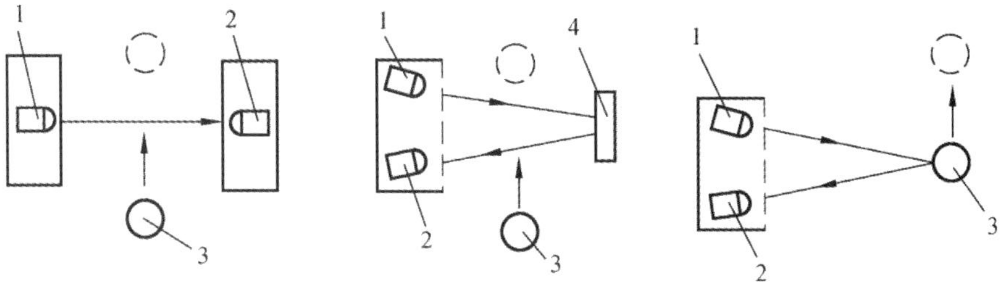

（a）　　（b）　　（c）

1—发射器；2—接收器；3—被测物；4—反射镜。

图 1-5-9　光电开关类型

反射型光电开关又可分为两种情况：反射镜反射型和被测物漫反射型（简称散射型），反射型光电开关采用单侧安装方式，如图 1-5-9（b）、（c）所示。当有物体在反射镜反射型光电开关前通过时，红外光束被反射回来，接收器接收到红外线，产生一个正脉冲信号。但它需要调整反射镜的角度以取得最佳的反射效果，检测距离一般不超过 1 m，对暗色物体无法检测。散射型安装最为方便，因为只要不是全黑的物体均能产生漫反射，正因为光敏接收元件接收的是漫反射光线，所以散射型的检测距离更小，只有几百毫米。

光电开关中的红外发射器一般采用功率较大的红外发光二极管（红外 LED），接收器一般采用光敏三极管或光电池。为了防止其他光源的干扰而产生误动作，可在光敏元件表面上加装红外滤光透镜。

2. 光电断续器

光电断续器可分为遮断型和反射型两种，外形如图 1-5-10 所示，内部结构如图 1-5-11 所示。遮断型光电断续器也称为槽式光电开关，通常是标准的 U 形结构。其发射器和接收器做在体积很小的同一塑料壳体中，分别位于 U 形槽的两边，并形成一光轴，两者能可靠地对准，不需要调整安装位置，为安装和使用提供了方便。当被检测物体经过 U 形槽且阻断光轴时，光电开关就产生表示检测到的开关量信号。槽式光电开关比较可靠，较适合高速检测。

图 1-5-10　槽式光电开关

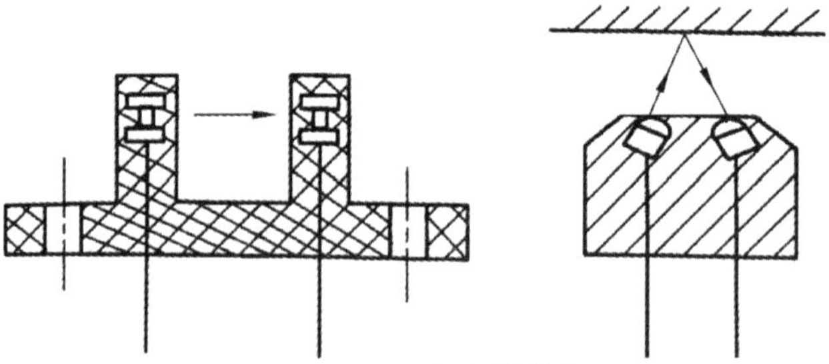

图 1-5-11　光电断续器

四、光电传感器的作用

光电传感器是由光源（白炽灯或发光二极管）、光学元器件（各种反射镜、透镜等）和光电元器件组成的光路系统，结合相应的测量转换电路构成的，可以应用于多种非电量的测量。

根据光通量对光电元件的作用原理不同，按照其输出量的性质可将光电传感器分为两类：一类是把被测量转换为与之成单值函数关系的连续变化的光电流，称为模拟式光电传感器；另一类是把被测量转换为断续变化的光电流，系统输出为开关量的电信号，称为数字式光电传感器。

光电传感器的几种常见形式如图 1-5-12 所示。如图 1-5-12（a）所示为辐射式光电传感器，被测物体本身就是辐射源，它可以直接照射在光电元件上，也可以经过一定的光路后作用在光电元件上。光电高温计、比色高温计、红外侦察和红外遥感等均属于这一类。这种方式也可用于防火报警和构成光照度计等。如图 1-5-12（b）所示为吸收式光电传感器，被测物体位于恒定光源与光电元件之间，根据被测物对光的吸收程度或对其谱线的选择来测定被测参数。如测量液体、气体的透明度、浑浊度，对气体进行成分分析，测定液体中某种物质的含量等。如图 1-5-12（c）所示为反射式光电传感器，恒定光源发出的光投射到被测物体上，被测物体把部分光通量反射到光电元件上，根据反射的光通量多少测定被测物表面状态和性质。例如测量零件的表面粗糙度、表面缺陷、表面位移等。如图 1-5-12（d）所示为遮光式光电传感器，被测物体位于恒定光源与光电元件之间，光源发出的光通量经被测物遮去其一部分，使作用在光电元件上的光通量减弱，减弱的程度与被测物在光学通路中的位置有关。利用这一原理可以测量长度、厚度、线位移、角位移、振动等。

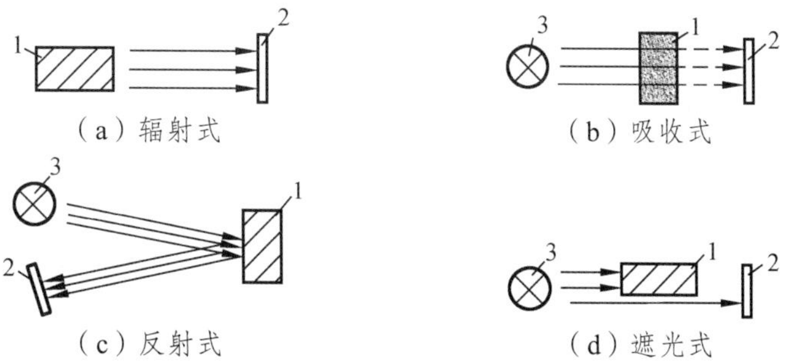

1—被测物；2—光电元器件；3—光源。

图 1-5-12　光电传感器的几种形式

1. 测运动速度

在实际工作中，经常利用光电元件检测运动物体的速度，如图 1-5-13 所示。

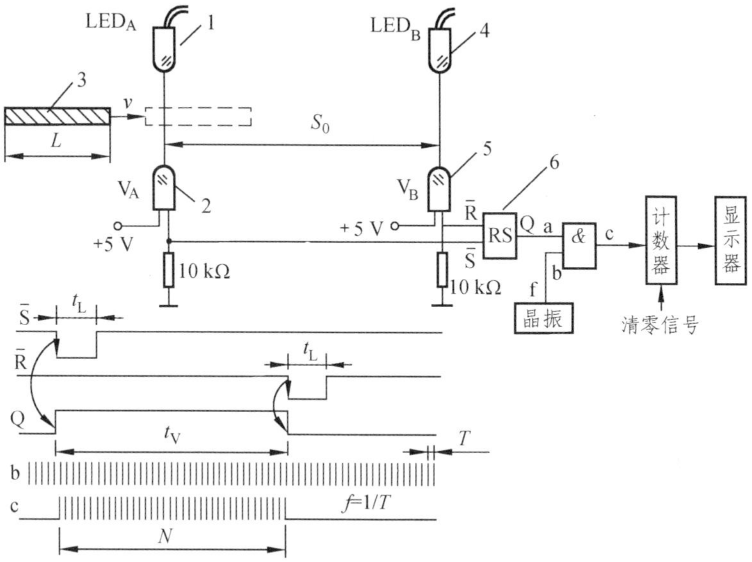

1—光源 A；2，5—光敏元件；3—运动物体；4—光源 B；6—RS 触发器。

图 1-5-13　光电式传感器测速度示意图

当运动物体 3 自左向右运动时，光源 1 的光线被遮挡，光敏元件输出低电平，RS 触发器 6 被触发并置“1”，与非门打开，高频脉冲可以通过，计数器开始计数。

当运动物体 3 经过距离 S_0 到达并遮断光源 4 时，光敏元件 5 输出低电平，RS 触发器 6 被触发并置“0”，与非门关断，计数器停止计数。

若高频脉冲的频率 f=1 MHz，周期 T=1 μs，计数器的计数脉冲个数为 N，则可得出运动物体通过已知距离 S_0 所用的时间 $t=NT=N\mu s$，则运动物体的平均速度为 $v=\frac{S_0}{t}=\frac{S_0}{NT}$。

2. 测转速

用光电管、光敏晶体管等光电元件将光脉冲转换成电脉冲，再对电脉冲计数，进而得到转速。由光电管构成的转速计分反射型和直射型两种。

反射型光电式转速计的工作原理如图 1-5-14 所示。将被测轴 5 的圆周表面顺轴线方向按均匀间隔做成一段黑白相间的反射面和吸收面充当“光栅”，传感器对准此反射面和吸收面。光源 1 发射的光线经过透镜 2 成为平行光，照射在膜片 3 上。部分光线透过膜片，部分光线被反射，经聚光镜 4 聚焦成一点，照射在被测轴黑白相同的“光栅”上。当轴转动时，白色反射面将光线反射，黑色吸收而不反射。反射光再经透镜照射在膜片上，透过膜片并经聚焦透镜 6 聚焦后，照射在光电管 7 的阴极上，使阳极产生光电流。由于“光栅”黑白相间，转动时将获得与转速及黑白间隔数有关的光脉冲，使光电管产生相应的电脉冲。当间隔数一定时，该电脉冲与转速成正比。电脉冲送至数字测量电路，即可计数和显示转速。

直射型光电式转速计的工作原理如图 1-5-15 所示。被测轴 1 上装有带孔的圆盘 2，圆盘的一边设置光源 3，另一边设置光电管 4。圆盘随轴转动，当光线通过小孔时，光电管产生一电脉冲。转轴连续转动，光电管就输出一列与转速及圆盘上的孔数成正比的电脉冲数。在孔数一定时，该列电脉冲数和转速成正比。电脉冲经测量电路放大和整形后再送入频率计计数和显示。经换算或标定后，可直接读出被测转轴的转速。

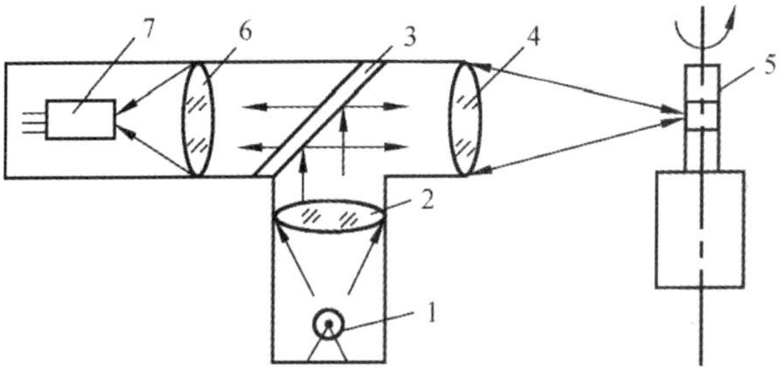

1—光源；2—透镜；3—膜片；4—聚光镜；5—被测轴；6—聚焦透镜；7—光电元器件。

图 1-5-14　反射型光电式转速计

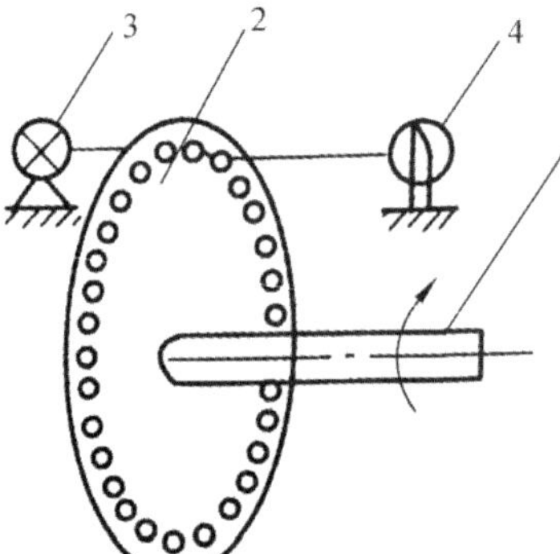

1—被测轴；2—圆盘；3—光源；4—光电管。

图 1-5-15　直射型光电式转速计

3. 安全保护装置

光电传感器广泛应用于地铁中电梯、安全门、屏蔽门和 AFC（自动售检票系统）等装置。

光电传感器主要应用于电梯门机上保护人或物不被夹伤。保护装置的工作原理是运用红外线扫描探测技术。发射装置和接收装置安装于两侧，光电传感器发出一束光，照射到电梯门另一边安装的发射板或接收器。内部由单片机和微处理器进行数字程序控制，使红外线收发单元在高速扫描状态下，形成红外线光幕警戒屏障，当人和物体进入光幕屏障区内，控制系统迅速转换输出电平信号，使负载动作，当人和物体离开光幕警戒区域，则负载正常自动关闭，从而达到安全保护的目的。

光电传感器也应用于安全门和屏蔽门的门机上，保护人或物不被夹伤，同样也应用于AFC系统的闸门保护，防止闸门夹伤乘客。

任务检查单

任务编号	1-5	任务名称	光电式传感器		
序号	检查内容			是	否
1	掌握光电效应的基本原理				
2	掌握各种光电器件的结构和原理				
3	掌握光电式传感器的应用				
评语					
评分					

任务 1-6 超声波传感器

任务书

任务编号	1-6	任务名称	超声波传感器
任务目标			
【知识目标】 掌握超声波传感器的基础知识； 掌握超声波传感器的作用； 掌握超声波传感器的应用。 【技能目标】 具备超声波传感器的应用能力。 【素质目标】 培养学生严谨认真的工作作风			
知识图谱			
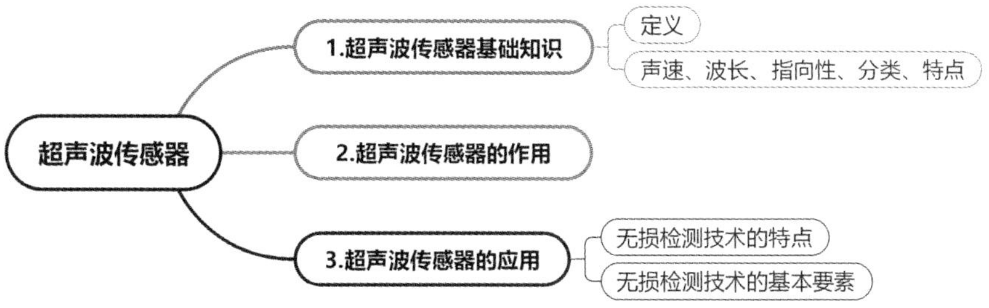			

续表

任务描述
本次任务是为了全面了解超声波传感器的相关基础知识，以小组为单位汇报超声波传感器的原理和基本应用，为后续任务的实施奠定理论基础
实施说明
（1）以小组为单位认真学习任务1-6的引导材料，做好知识准备； （2）结合知识准备和小组汇报情况，教师填写“任务检查单”

引导材料

一、超声波传感器基础知识

1. 定　义

声波可按照频率不同分为可闻声波、次声波和超声波。

人耳听见的声波（机械波），频率为20 Hz ~ 20 kHz时，称为可闻声波。低于20 Hz的机械振动，人耳不可闻，称为次声波。频率高于20 kHz的机械振动波称为超声波。

2. 超声波的声速、波长、指向性、分类和特点

（1）声速。

声波的传播速度取决于介质的弹性系数、介质的密度以及声阻抗。介质的声阻抗 Z 等于介质的密度 ρ 和声速 c 的乘积，即

$$Z=\rho\times c \tag{1-6-1}$$

常用介质材料的密度、声阻抗与声速如表1-6-1所示。

表1-6-1　常用材料的密度、声阻抗与声速（环境温度为0 °C）

材料	密度 ρ /（10^3 kg/m^3）	声阻抗 Z /（10 MPa·s）	纵波声速 c_L /（km/s）	横波声速 c_S /（km/s）
钢	7.8	46	5.9	3.23
铝	2.7	17	6.32	3.08
铜	8.9	42	4.7	2.05
有机玻璃	1.18	3.2	2.73	1.43
甘油	1.26	2.4	1.92	—
水（20 °C）	1.0	1.48	1.48	—
油	0.9	1.28	1.4	—
空气	0.001 3	0.000 4	0.34	—

（2）波长。

超声波的波长 λ 与频率 f 的乘积恒等于声速 c，即

$$c=\lambda\times f \tag{1-6-2}$$

（3）指向性。

超声波声源发出的超声波束以一定的角度逐渐向外扩散，指向角 θ 与超声源的直径 D 以及波长 λ 之间的关系为

$$\sin\theta=1.22\lambda/D \tag{1-6-3}$$

（4）分类。

超声波包括纵波、横波、表面波和板波。

（5）特点。

① 方向性好。超声波是频率很高、波长很短的机械波，在无损探伤中使用的波长为毫米级；超声波像光波一样具有良好的方向性，可以定向发射，易于在被检材料中发现缺陷。

② 能量高。由于能量（声强）与频率的平方成正比，因此超声波的能量远大于一般声波的能量。

③ 能在界面上产生反射、折射和波形转换。超声波具有几何声学上的一些特点，如在介质中直线传播，遇界面产生反射、折射和波形转换等。

④ 穿透能力强。超声波在大多数介质中传播时，传播能量损失小，传播距离大，穿透能力强，在一些金属材料中其穿透能力可达数米。

二、超声波传感器的作用

超声波被用于探测器或传感器，其优点包括

（1）穿透性强，能穿透几十米的金属层。

（2）指向性好，对于很小的缺陷，如极小的气泡，很细的裂缝超声波都能万无一失地找出。

（3）不会破坏探测或传感的对象，包括对人体也无损伤。

超声波可以用来检测金属、混凝土等多种材料的质量，度量它们的厚度和缺陷；也可用于海洋中探测海洋资源、探索鱼群；还可以用于军事上侦察和监视敌情等。在显微检测方面，光学显微镜鉴别的只能达到 0.1 μm，进一步提高显微镜的鉴别率只有减小所运用的辐射波的波长。在超声波显微镜中作为辐射波的波长是极短的超声波，可以在任何为超声波所穿透、而不管它对光是否透明的物质中，观察微小的物体和不均匀处。

通过测量固体中超声波的声速可以推算固体的弹性模量和泊松比，这特别适用于许多无法用精密实验方法进行测定的材料，也适用于比较贵重的材料以及正在使用而不能拆开的部件。测出超声波在固体中的衰减，可以判断材料中空隙的大小、结构的情况，包括人体器官的情况。测定超声波在液体和气体中的衰减情况还可以用作研究液体和气体分子理论的工具。

三、超声波传感器的应用

超声波由于具有频率高、波长短、绕射现象小，特别是方向性好、能够成为射线而定向传播等特点，对液体、固体的穿透本领很大，尤其是在不透明的固体中，它可穿透几十米深度。超声波碰到分界面会产生显著反射形成回波，碰到活动物体能产生多普勒效应。

因此，超声波检测广泛应用在工业、国防、生物医学等方面。

超声波探伤法是利用超声波在物体中传播的一些物理特性来发现物体内部的不连续性，即缺陷或损伤的一种方法，是无损检测的一种重要手段。常用的超声波探伤法有共振法、穿透法和脉冲反射法。

任务检查单

任务编号	1-6	任务名称	超声波传感器		
序号	检查内容			是	否
1	掌握超声波传感器的基础知识				
2	掌握超声波传感器的作用				
3	掌握超声波传感器的应用				
评语					
评分					

第二篇　无损检测技术

无损检测（Non-Destructive Testing，NDT）技术是在工件无损的条件下，检查工件宏观缺陷或测量工件特征的各种技术方法的统称。无损检测的意义在于保障零件、组件的安全使用，节约材料，在零件无损的条件下检测零件、部件、组件、设备、材料和大型工程项目，能使之安全有效地生产、工作。

科学技术发展至今，无损检测的方法已经很多，可分为 6 大类约 70 余种，但在实际应用中比较常见的有以下几种：超声波检测、电磁检测、射线检测、渗透检测、涡流检测、声发射、泄漏检测、光全息照相、红外热成像、微波检测等。无损检测技术在铁路运输部门同样发挥着重要作用，用于对重要的钢制零部件（如轮对、钩舌等）进行定期检查，以发现使用中所产生的疲劳裂纹等缺陷，防止设备在继续使用中发生灾害性事故，其中以磁粉探伤和超声波探伤应用最为广泛，渗透探伤也较为常见。本篇主要介绍磁粉探伤和超声波探伤的理论知识、操作流程，并将渗透探伤以拓展知识的方式进行介绍。

1. 无损检测技术的特点

（1）在对材料或构件进行检测时，其目的是检测材料或构件中的缺陷和异常。因此，必须首先搞清楚究竟要检测什么对象，随后才能确定应该采用什么检测方法和检测规范来达到预定的目的。为此，必须预先分析被检测工件的材料及其成型方法、加工过程、使用经历等，即预先分析缺陷的可能类型、部位、方向和性质，然后再选择适当的检测方法。

（2）关于无损检测结果的可靠性。一般来说，不管采用哪一种检测方法，要完全检查出结构的异常部分是不可能的。虽然经过检测得到了“没有缺陷”的信息，也不能认为完全没有缺陷。另外，检测得出的缺陷的种类、形状、大小和方向等信息，很可能由于所用的检测方法不同而有所差异。

（3）必须将无损检测的结果与一定数量的破坏性检测结果相比较，才能对检测结果做出可靠合理的评价。而这种比较的时间必须是评定质量的最合适的时间。例如，当考虑热处理所引起的质量变化时，必须在热处理前后分别进行无损检测；而对高强度钢焊缝延迟裂纹的检查必须在焊接以后放置一昼夜以上才能进行。另外，有时还要采用不同的检测方法。所以，必须明确规定在什么时间、用什么方法进行检测。

（4）无损检测的结果，只应作为对材料或构件的质量和寿命评定的依据之一，而不应该作为唯一依据。当然，同时采用几种检测方法，以便综合各种方法，互相取长补短，从而得到更多的信息也是很重要的；但还应该利用有关材料、焊接和加工工艺等知识综合起来进行判断。总之，无损检测与评价技术是有关物理、化学、机械、冶金和材料科学及断裂力学等高度综合性的技术。

（5）无损检测的应用范围非常广泛，被检测的对象千差万别，缺陷的位置也不一样。

为了达到各种不同的检测目的，人们研究出了各种不同的检测方法，这些检测方法都是很重要的，不同的方法有不同的特点，也各有其局限性，因此很难互相代替。

（6）根据被检测对象的重要性，需要用来描述材料和构件中缺陷状态的数据相应地有多有少，而且任何一种无损检测方法都不可能给出所需要的全部信息。因此，应同时使用两种以上的无损检测方法对材料和构件进行检测，才能得出合理的结论，达到检测的目的，对于大型复杂设备的检测更是如此。

2. 无损检测技术的基本要素

（1）源，它能提供适当的探测介质或激励被检测物体产生某种特殊的运动。

（2）探测介质或特殊运动方式会受到被检测物体的结构异常（不连续或某种变异）的影响而引起变化。

（3）探测器，它能检测出探测介质或特殊运动方式的变化。

（4）记录和显示装置，能指示或记录由探测器发出的信号。

（5）解释这些信号的方法。

以上 5 个基本要素是所有无损检测方法所共有的。由源所提供的检测介质与被检测物体相互作用形成多种物理场，如声场、热场、电场、磁场和电磁辐射场等。目前，对这些信号中所包含的信息只有少部分被利用和认识，这不仅是由于使用的仪器不够完善，而且在很大程度上是由于理论的缺乏和对信号本身带有的信息认识不足所致，进一步充分利用这些信息正是今后无损检测技术发展和努力的方向。

项目二　磁粉探伤

磁粉探伤是材料的无损检测方法之一，主要用于发现金属表面的裂纹。磁粉探伤是通过磁粉在缺陷附近漏磁场中的堆积以检测铁磁性材料表面或近表面处缺陷的一种无损检测方法。即将钢铁等磁性材料制作的工件予以磁化，利用其缺陷部位的漏磁能吸附磁粉的特性，依磁粉分布显示被探测物件表面缺陷和近表面缺陷的探伤方法。该探伤方法的特点是简便、显示直观，并且有较高的检测灵敏度。

在工业中，磁粉探伤可用来做最后的成品检验，以保证工件在经过各道加工工序（如焊接、金属热处理、磨削）后，在表面上不产生有害的缺陷。它也能用于半成品和原材料如棒材、钢坯、锻件、铸件等的检验，以发现原来就存在的表面缺陷。在铁路运输部门，设备定期检修时对重要的钢制零部件（如轮对、钩舌等）也常采用磁粉探伤，以发现使用中所产生的疲劳裂纹等缺陷，防止设备在继续使用中发生灾害性事故。

知识图谱

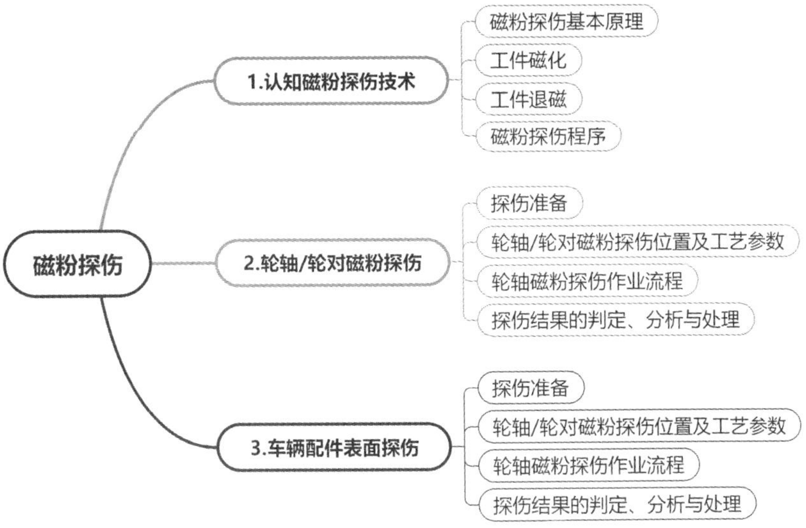

学习目标

【知识目标】

掌握磁粉探伤的基本原理；

掌握磁粉探伤的工作流程；

掌握常见零件磁粉探伤方法。

【技能目标】

具备常见零件磁粉探伤能力。

【素质目标】

培养学生严谨认真的工作作风。

课程思政

事故案例

某厂大修出厂的钩舌在运用中发生断裂事故，通过对故障钩舌进行断口分析、钩舌钢中非金属夹杂物检测、补焊处金相组织检测、断面金相组织检测、钩舌基体组织检测以及钩舌基体硬度检测，结果表明：钩舌原始组织中非金属夹杂物晶粒粗大，补焊后存在微裂纹，抗裂纹能力较差，是钩舌发生断裂的主要原因。

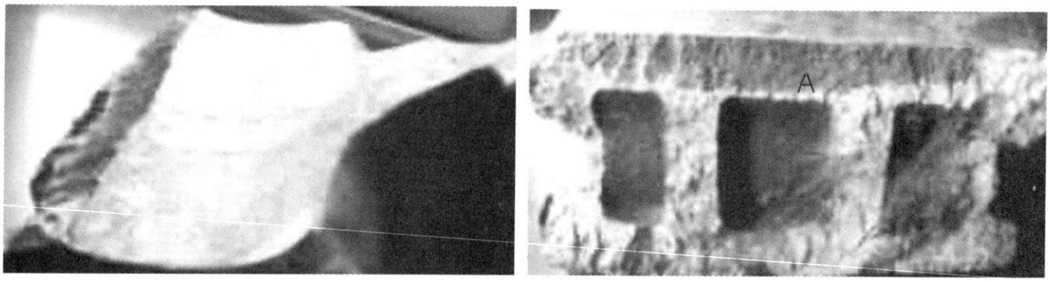

图 1　钩舌断裂

磁粉探伤是材料的无损检测方法之一，主要用于发现金属表面的裂纹。磁粉探伤，是通过磁粉在缺陷附近漏磁场中的堆积以检测铁磁性材料表面或近表面处缺陷的一种无损检测方法。即将钢铁等磁性材料制作的工件予以磁化，利用其缺陷部位的漏磁能吸附磁粉的特性，依磁粉分布显示被探测物件表面缺陷和近表面缺陷的探伤方法。该探伤方法的特点是简便、显示直观，并且有较高的检测灵敏度。

磁粉探伤可用来做最后的成品检验，以保证工件在经过各道加工工序（如焊接、金属热处理、磨削）后，在表面上不产生有害的缺陷。它也能用于半成品和原材料如棒材、钢坯、锻件、铸件等的检验，以发现原来就存在的表面缺陷。在铁路运输部门，设备定期检修时对重要的钢制零部件（如轮对、钩舌等）常采用磁粉探伤，以发现使用中所产生的疲劳裂纹等缺陷，防止设备在继续使用中发生灾害性事故。因此，作为磁粉探伤工作人员，必须严格执行磁粉探伤作业流程和作业标准，防范运行事故的发生，为国家人民生命财产安全保驾护航。

任务 2-1 认知磁粉探伤技术

任务书

<table>
<tr><td>任务编号</td><td>2-1</td><td>任务名称</td><td>认知磁粉探伤技术</td></tr>
<tr><td colspan="4">任务目标</td></tr>
<tr><td colspan="4">【知识目标】
掌握磁粉探伤的基本原理；
掌握磁粉探伤的磁化方法和退磁方法；
掌握磁粉探伤的一般程序。
【技能目标】
具备磁粉探伤技术的应用能力。
【素质目标】
培养学生严谨认真的工作作风</td></tr>
<tr><td colspan="4">知识图谱</td></tr>
<tr><td colspan="4">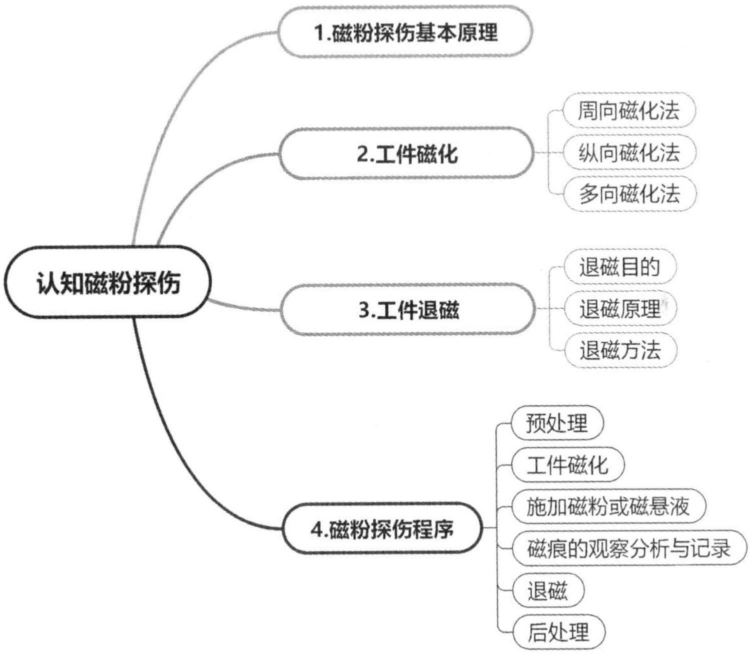
</td></tr>
<tr><td colspan="4">任务描述</td></tr>
<tr><td colspan="4">本次任务是为了全面了解磁粉探伤技术的相关知识。课前，以小组为单位认真学习引导材料和数字化学习资源；课上，分组汇报磁粉探伤的应用、工作原理、磁化方法、退磁方法和一般工作程序，为后续任务的实施奠定理论基础</td></tr>
<tr><td colspan="4">实施说明</td></tr>
<tr><td colspan="4">（1）以小组为单位认真学习任务 2-1 的引导材料，做好知识准备；
（2）结合知识准备和小组汇报情况，教师组织课堂教学内容，填写“任务检查单”</td></tr>
</table>

引导材料

一、磁粉探伤基本原理

认知磁粉探伤技术

铁磁性材料和工件被磁化后，由于不连续性的存在，使工件表面和近表面的磁力线发生局部畸变而产生漏磁场，吸附施加在工件表面的磁粉，形成在合适光照下目视可见的磁痕，从而显示出不连续性的位置、形状和大小。

如图 2-1-1 所示，以马蹄形磁铁为例进行解释说明。

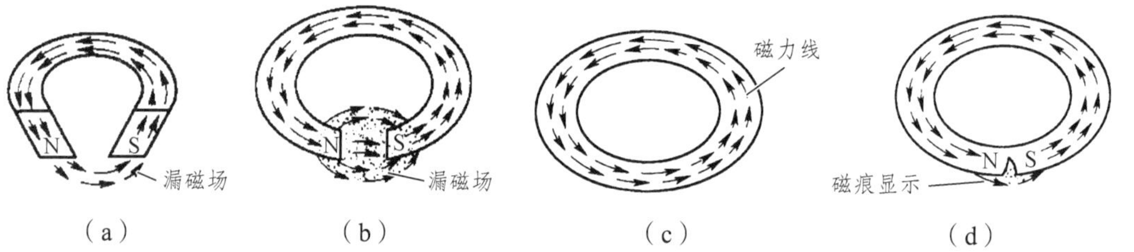

图 2-1-1　马蹄形磁铁

马蹄形磁铁如图 2-1-1（a）所示，具有 N 极和 S 极。磁铁外部，磁力线从 N 极出发，穿过空气进入 S 极磁铁，内部磁力线从 S 极出发到 N 极闭合，它的两极能吸引铁磁性材料。

若将磁铁弯曲，使两磁极靠得很近，如图 2-1-1（b）所示，磁力线离开 N 极，穿过空气重新进入 S 极，产生漏磁场。

若将磁铁两端继续弯曲，使两极融合成圆环，如图 2-1-1（c）所示，此时磁铁内既无磁极又不产生漏磁场，因而不能吸引铁磁性材料，但在磁铁内部包容了一个圆周磁场。

若圆环形磁铁某处存在裂纹，如图 2-1-1（d）所示，则在裂纹两侧立即产生 N 极和 S 极，形成漏磁场，漏磁场能强烈地吸附磁粉形成磁痕，显示出裂纹缺陷。

由于空气的磁导率（材料被磁化的难易程度）远远低于铁磁性材料的磁导率，那么，如果在磁化了的铁磁性工件上存在着不连续性或裂纹，则磁力线优先通过磁导率高的工件，这就迫使一部分磁力线从缺陷四周绕过，形成磁力线的压缩。此时，如果缺陷处在工件表面或近表面，则磁力线便会从工件表面进入空气中，绕过缺陷再折返回工件中，形成漏磁场，进而吸附磁粉，显示出缺陷位置。

如图 2-1-2 所示，漏磁场的形成和大小取决于磁力线与缺陷的相对位置：

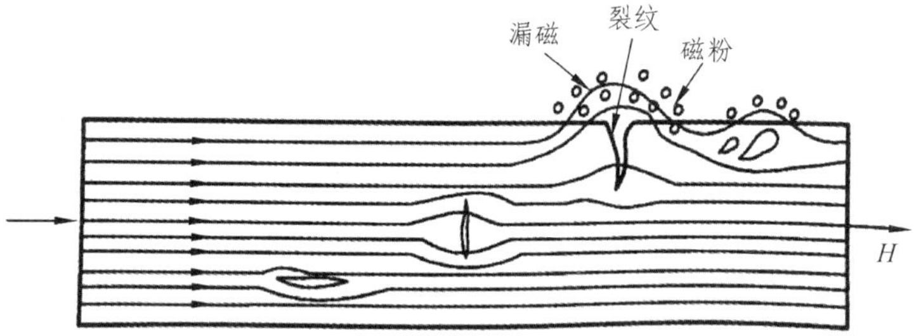

图 2-1-2　漏磁场的形成

（1）磁力线与缺陷垂直，漏磁场最强，最易检出缺陷；
（2）磁力线与缺陷平行，或夹角小于 20°，不能检出缺陷；
（3）磁力线与缺陷夹角大于 20°，可以检出缺陷，但灵敏度降低。
从磁粉探伤实践中得到如下结论：
（1）磁导率越小，漏磁场强度越强；
（2）外加磁场足以磁化零件，才能吸引磁粉，呈现缺陷磁痕；
（3）缺陷越深（深宽比越大），漏磁场强度越大，磁粉堆积越多，缺陷显示越清晰（如图 2-1-3 所示）；

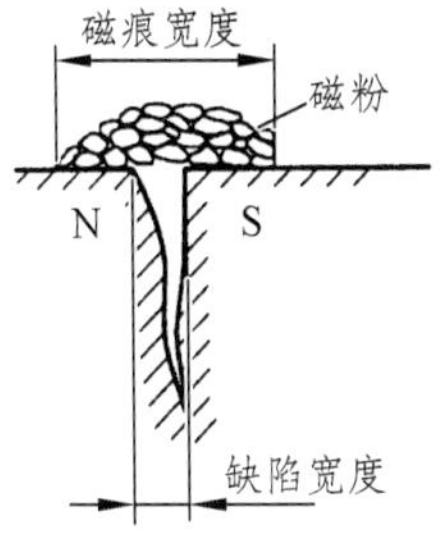

图 2-1-3　缺陷宽度

（4）仅能检查表面和近表面缺陷；
（5）磁力线与缺陷趋于垂直，漏磁通越强，趋于平行，不产生漏磁通；
（6）工件表面覆盖层会影响磁痕显示（如图 2-1-4 所示）。

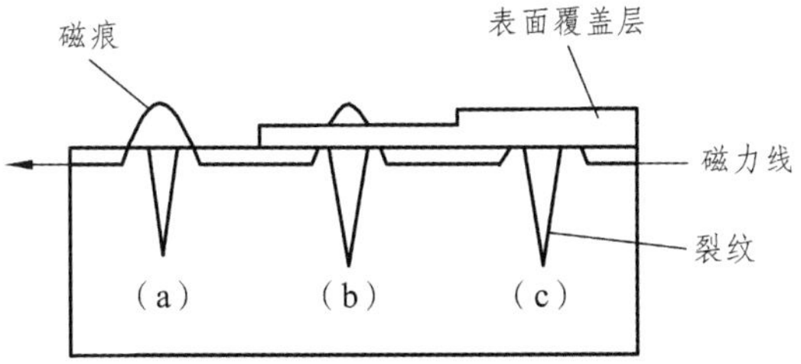

图 2-1-4　工件表面覆盖层对磁痕显示的影响

二、工件磁化

在磁粉探伤中，通过外加磁场使工件具有磁性的过程称为工件磁化。常用的磁化方法有周向磁化法、纵向磁化法和多向磁化法。

1. 周向磁化法

周向磁化法是指给工件直接通电，或者使电流流过贯穿空心工件孔中的导体。

周向磁化法的目的是在工件中建立一个环绕工件的，并与工件轴线垂直的周向闭合磁场，用以发现与工件轴线平行的纵向缺陷，即与电流方向平行的缺陷。

根据被检工件的形状和大小，周向磁化法可分为轴向通电法、中心导体法、触头法和平行电缆法等多种。

（1）轴向通电法。

轴向通电法是一种直接通电的磁化方法，即沿工件轴向通电而磁化工件的方法，如图 2-1-5 所示。

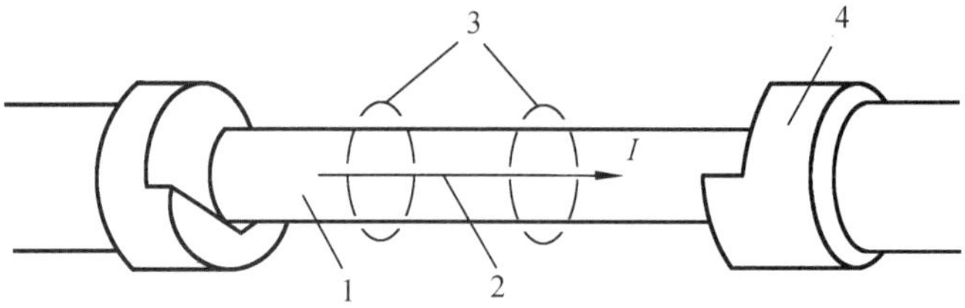

1—工件；2—电流；3—磁力线；4—电极。

图 2-1-5　轴向通电法

（2）中心导体法。

中心导体法是指磁化电流沿着穿过试件心孔的导体使试件磁化的方法。对于管件和环形工件的纵向缺陷，可采用中心导体法，如图 2-1-6 所示。

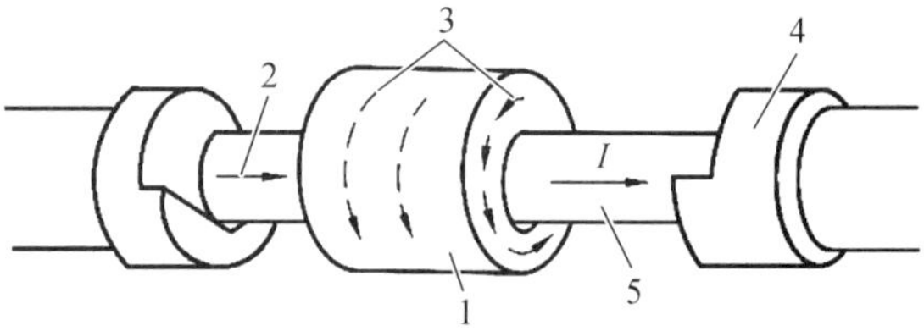

1—工件；2—电流；3—磁力线；4—电极；5—心杆。

图 2-1-6　环形工件的中心导体法

（3）触头法。

触头法是一种局部磁化法，如图 2-1-7 所示，它使用一对圆锥形的铜棒作为两个通电电极，铜棒的一端通过电缆与电源连接，另一端与工件接触。通电后，电流通过两个触头施加在工件表面，形成以触头为中心的周向磁场。

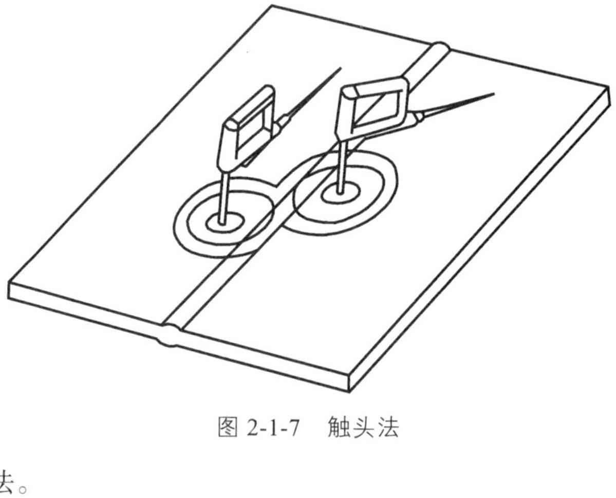

图 2-1-7　触头法

（4）平行电缆法。

平行电缆法常用来对焊缝作周向磁化以探测工件上的纵向裂纹，如图 2-1-8 所示。

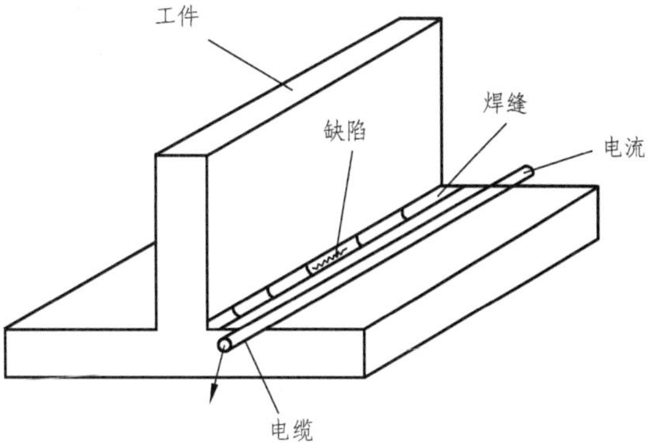

图 2-1-8　平行电缆法

2. 纵向磁化法

纵向磁化法是指在被检工件中建立起沿其轴向分布的纵向磁场的磁化方法，其目的是检测取向基本与工件轴向垂直的缺陷。

（1）线圈法。

如图 2-1-9 所示，线圈法对工件进行磁化后，所产生的磁力线与工件的轴线平行，常用来检测与工件或焊缝轴线垂直的缺陷。

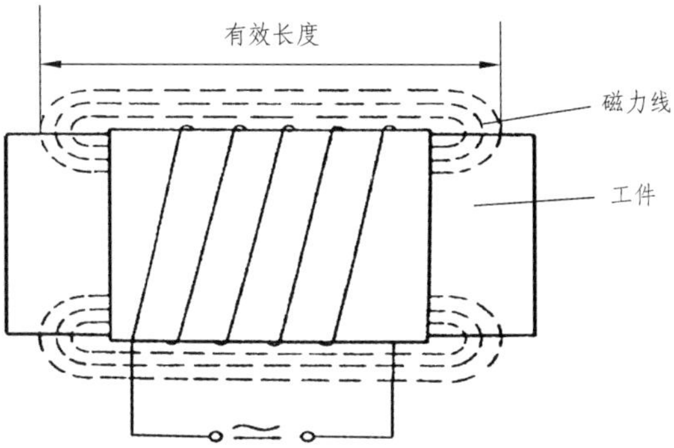

图 2-1-9　线圈磁化法

（2）磁轭法。

磁轭法用于检测焊缝中的纵向缺陷，适合于焊接件及各种大、中型工件的局部检测，如图 2-1-10 所示。

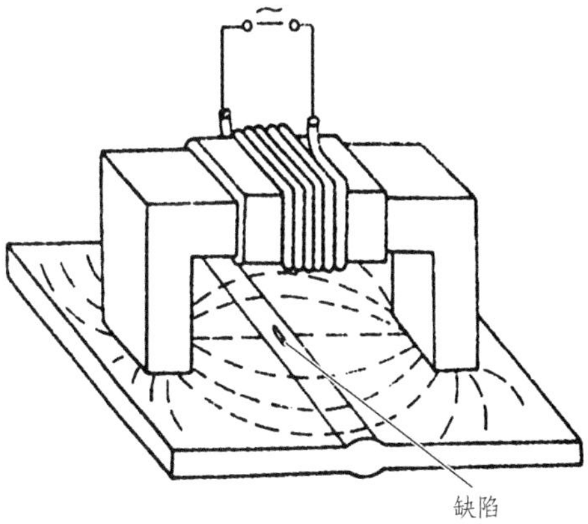

图 2-1-10　磁轭法

3. 多向磁化法

多向磁化法是指通过复合磁场，在工件中产生一个大小和方向随时间成圆形、椭圆形或螺旋线变化的磁场，因为磁场的方向在工件上不断地变化，所以可发现工件上所有方向的缺陷，如图 2-1-11 所示。

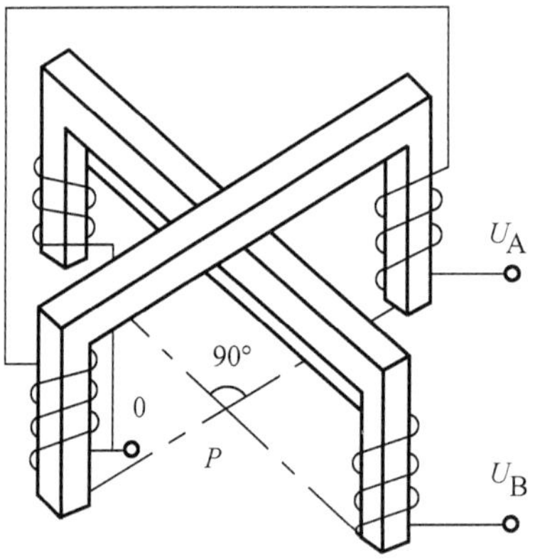

图 2-1-11　交叉磁轭的结构

三、工件退磁

1. 退磁目的

退磁就是将工件内的剩磁减少到零或最小的操作过程，使剩磁对工件的使用性能不产生不利影响。

下述几种情况必须进行退磁：

（1）需要再次进行磁粉检测的工件，而前一次检测留下的剩磁对工件以后的磁化有影响。

（2）工件上的剩磁对以后的机械加工会造成困难。

（3）工件上的剩磁对测量仪器的操作或精度会造成不良影响。

（4）轴承、轴套、齿轮等配合良好的运动件，如有剩磁存在，会吸引金属微粒，加快工件的磨损而损坏。

2. 退磁原理

退磁就是使构件内的剩磁减为零，也就是打乱构件内由于磁化而取向一致排列的磁畴，从而使之恢复到未磁化前的杂乱无章的状态，最终使工件对外不再显示磁性。

3. 退磁方法

退磁的方法是加以反向外磁场，并交替变化且逐渐减弱至零，于是剩下磁场被逐步减弱直至变为零。总的来说，退磁后剩磁场的磁感应强度不大于 3 Gs（高斯 Gs 是磁感应强度非法定计量单位，特斯拉 T 是法定计量单位，1 T=10 000 Gs）。

（1）交流退磁法。

交流退磁法是把工件放入通以交流电的退磁线圈中，然后将工件通过并逐渐离开线圈至 1.5 m 外，或者将工件放入退磁线圈中不动，而逐渐将电流降低到零，即可实现退磁。交流退磁法是最常用的退磁方法。

（2）直流退磁法。

用直流电产生的磁场对工件进行退磁的方法，称为直流退磁法。直流电退磁时，既要不断变换电流的方向，同时又要逐渐减小电流强度。

四、磁粉探伤程序

磁粉探伤程序是指磁粉探伤的预处理、磁化工件、施加磁粉或磁悬液、磁痕分析（包括磁痕分析和记录）、退磁和后处理的全过程。

1. 预处理

（1）用化学或机械方法彻底清除工件表面的油污、铁锈、毛刺、氧化皮、金属屑和砂粒等。

（2）有非导电覆盖层的工件通电磁化时，必须将与电极接触部位的非导电覆盖层打磨掉，以避免因接触点接触不良而产生电弧烧伤被检表面。

（3）若工件有盲孔和内腔，磁悬液流进后难以清洗，探伤前应将孔洞用非研磨性材料封堵上。

（4）如果磁痕和工件表面颜色对比度小，可在探伤前先给工件表面涂敷一层反差增强剂。

2. 工件磁化

选择适当的磁化方法，确定磁化电流的种类、磁化方向及磁化规范，利用磁粉检测设备使工件带有磁性，为磁粉探伤作业做好准备。

3. 施加磁粉或磁悬液

磁粉检测是以磁粉作显示介质对缺陷进行观察的方法。

按照工件上施加磁粉的时间，检验方法分为剩磁法和连续法。剩磁法是指先将工件磁化，再将磁粉或磁悬液施加到工件表面以检查工件缺陷的方法。该方法具有足够的检测灵敏度，缺陷显示重复性好，可靠性高，易于自动化检测，磁痕显示干扰少，可避免螺纹根部凹槽和尖角处磁粉过度塞积，但其只适用于剩磁和矫顽力（矫顽力是指磁性材料在饱和磁化后，当外磁场退回到零时其磁感应强度 B 并不退到零，只有在原磁化场相反方向加上一定大小的磁场才能使磁感应强度退回到零，该磁场称为矫顽磁场，又称矫顽力）达到要求的材料，不能用于多向磁化，检测缺陷深度小，发现近表面缺陷灵敏度低，且不适用于干粉法检测（干粉法会在下文中介绍）。连续法是指先将工件磁化，再将磁粉或磁悬液施加到工件表面以检查工件缺陷的方法。该方法适用于所有铁磁性材料的检测，因此，通常采用连续法进行磁粉探伤。

根据磁化时施加的磁粉介质种类，检测方法分为湿粉法和干粉法。湿粉法是将磁粉悬浮在载液中进行磁粉检测的方法。这种方法适用于灵敏度要求高的工件，回收磁悬液较为方便。干粉法是以空气为载体，用喷粉器将干磁粉喷至干燥的工件表面进行磁粉检测的方法。该方法适用于表面粗糙的大型锻件、铸件、毛坯结构件，以及大型焊缝的局部检查和灵敏度要求不高的工件，检验大裂纹灵敏度较高，但不适合微小缺陷的检测，且磁粉不易回收。

按照显示材料分类，分为荧光法和非荧光法。荧光法是以荧光磁粉作显示材料进行磁粉检测，这种检测方法适用于检测要求高的精密工件，其检测灵敏度较高，但需要在暗室内借助紫光灯进行作业。非荧光法是以普通磁粉作显示材料进行磁粉检测，该方法应用广泛，适用于各种铁磁性材料的检测，且在自然光下进行作业即可，但其灵敏度比荧光法低。

湿连续法的操作要点：先用磁悬液润湿工件表面，在通电磁化的同时浇磁悬液，一般通电时间为 1 ~ 3 s，停止浇磁悬液后再通电数次，待磁痕形成并滞留下来时停止通电，进行检验。

4. 磁痕的观察分析与记录

（1）磁痕分析要求。

对磁痕的观察分析一般应在磁痕形成后立即进行，观察时可以使用 2 ~ 10 倍的放大镜。

使用非荧光磁粉检验时，必须在能够充分识别磁痕的日光或白光照明下进行，在被检工件表面的白光照度不应低于 1 500 lx（lx 是照度的国际单位，lx 是其法定符号，中文名为勒克斯，简称“勒”）。

使用荧光磁粉检验时，要求被检表面的紫外线（通常称为黑光）照度不低于 970 lx，且白光照度不大于 10 lx。

（2）磁痕分析内容。

磁痕分析是指确认磁粉探伤所发现的磁痕显示属于相关显示、非相关显示或伪显示。

① 相关显示（真实显示）。由缺陷产生的漏磁场形成的磁痕显示称为相关显示。

② 非相关显示。由非缺陷引起的漏磁场形成的磁痕显示称为非相关显示。例如工件内键槽等部位的截面突变，或是两种材料交界处，如用奥氏体钢焊接铁磁性材料，在焊缝上就会产生磁痕显示。

③ 伪显示。非漏磁场形成的磁痕显示称为伪显示。例如焊缝两侧的凹陷、粗糙的工件表面可能会滞留磁粉，进而形成的磁痕显示，或者工件表面有油污黏附磁粉而形成的磁痕显示。

（3）磁痕记录。

磁痕记录一般采用照相、用透明胶带贴印、涂层剥离、橡胶铸型复印、摹绘等方法对缺陷位置进行标记。

5. 退　磁

采用交流退磁法将工件的磁感应强度降到标准要求以下。

6. 后处理

（1）清洗工件表面，包括孔中、裂缝和通路中的磁粉。

（2）使用水磁悬液检验时，为防止工件生锈，可用脱水防锈油处理。

（3）如果使用封堵，应去除。

（4）对工件进行标记，不合格工件应隔离。

任务检查单

任务编号	2-1	任务名称	认知磁粉探伤技术	
序号	检查内容		是	否
1	能够掌握磁粉探伤的基本原理			
2	能够掌握工件磁化的一般方法			
3	能够掌握工件退磁的一般方法			
4	能够掌握磁粉探伤的一般程序			
评语				
评分				

任务 2-2 轮轴/轮对磁粉探伤

任务书

<table>
<tr><td>任务编号</td><td>2-2</td><td>任务名称</td><td>轮轴/轮对磁粉探伤</td></tr>
<tr><td colspan="4">任务目标</td></tr>
<tr><td colspan="4">【知识目标】
掌握轮轴/轮对磁粉探伤的工艺要求；
掌握轮轴/轮对磁粉探伤的一般程序；
掌握探伤结果的判定、分析与处理方法；
掌握轮轴/轮对磁粉探伤设备性能校验方法。
【技能目标】
具备轮轴/轮对磁粉探伤的能力。
【素质目标】
培养学生严谨认真的工作作风，树立安全责任意识</td></tr>
<tr><td colspan="4">知识图谱</td></tr>
<tr><td colspan="4">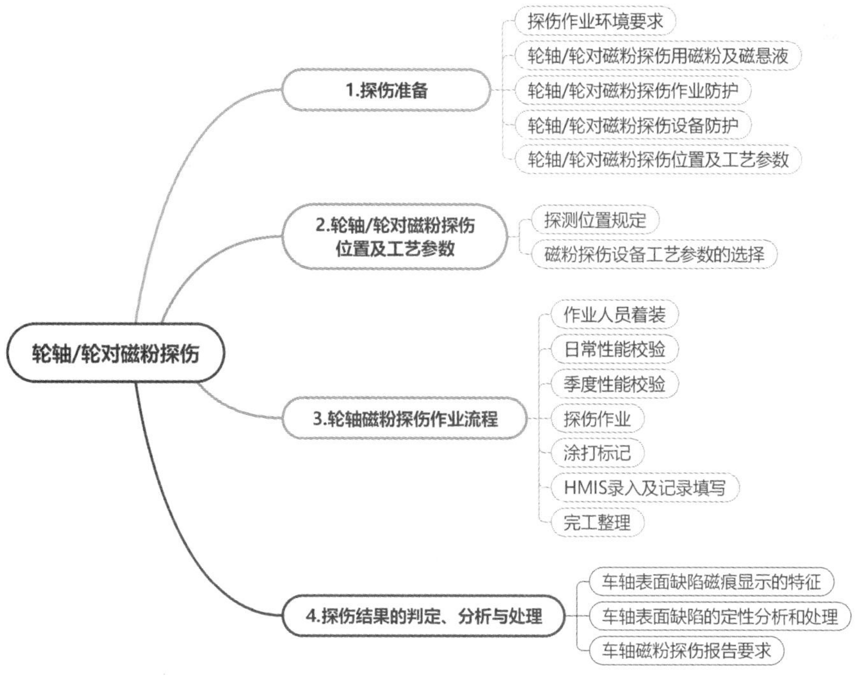
</td></tr>
<tr><td colspan="4">任务描述</td></tr>
<tr><td colspan="4">本次任务是为了完成轮轴/轮对磁粉探伤工作，同学们在设备条件允许的前提下，完成轮轴/轮对磁粉探伤工作，或者以某种型号的轮轴为例，对其进行磁粉探伤工作汇报</td></tr>
<tr><td colspan="4">实施说明</td></tr>
<tr><td colspan="4">（1）以小组为单位认真学习任务 2-2 的引导材料，做好知识准备；
（2）结合知识准备和小组完成情况，教师组织课堂教学内容，填写“任务检查单”</td></tr>
</table>

引导材料

轮轴磁粉探伤

一、探伤准备

1. 探伤作业环境要求

（1）探伤作业应在独立的工作场地进行，探伤工作场地应整洁明亮，照度适中，通风良好，室内温度应保持在 10 ~ 30 °C。

（2）探伤工作场地应远离翻砂、锻打、电焊、潮湿、粉尘场所；探伤设备所用的电源应与大型机械、动力电源线分开并单独接线。

（3）超声波探伤与磁粉探伤的工作场地，应保持适当的距离，以保证磁粉探伤作业不对超声波探伤作业产生干扰。

2. 轮轴/轮对磁粉探伤用磁粉及磁悬液

（1）磁粉。

① 磁粉检查应执行 TB/T 2047《铁路磁粉探伤用磁粉供货技术条件》的有关项目。

② 轮轴、轮对、车轴探伤用荧光磁粉颗粒度应小于 320 目。

（2）磁悬液。

轮轴/轮对磁粉探伤用磁悬液是将荧光磁粉、液体介质（水）、消泡剂、分散剂等按一定比例配制而成。磁悬液应定期更换，根据探伤工作量、季节变化及磁悬液的清洁程度，由各单位自行确定更换周期，但最长更换周期不应超过 1 周。

3. 轮轴/轮对磁粉探伤作业防护

磁粉探伤涉及电流、磁场、溶剂、紫外辐射等，因此，探伤时应特别重视安全防护问题，否则会导致火灾、触电，造成设备和人身事故。磁粉探伤作业应特别注意以下问题：

（1）设备无自动上料机构的，应在开工前对吊具进行检查，确认状态良好方可开始作业。

（2）使用直接通电法磁化时，应保证电接触良好，接触部位不应有锈蚀和氧化皮，不应在通电时移去电极，以防止引起电弧。

（3）探伤工手部长期接触油磁悬液或有机溶剂，对皮肤有害，会引起皮下脂肪溶解、干裂，重则会发展成皮肤病，所以应对手部接触磁悬液部位加以保护，如涂防护软膏、带医用手套或液体手套。

（4）使用水磁悬液时，设备接地必须良好，以免发生触电事故。

（5）使用紫外灯时，人眼应避免直接注视紫外光源，防止造成眼球损伤，应经常检验滤光板，不准有任何裂纹，因为波长小于 320 nm 的紫外辐射是十分有害的。

（6）注意不要将机械手表和仪表置于强磁场周围。

4. 轮轴/轮对磁粉探伤设备防护

（1）测定设备线路的绝缘电阻，应保证电器无短路、接线无松动。

（2）不应在超过额定输出下使用设备，以防设备损坏。

（3）要定期对周向电极和纵向开合螺线管线圈机构、滚动机构等传动部位加油润滑，对气动三联件的油杯加注机油，每班排放气源积水，以保证设备正常工作。

（4）及时清除周向电极和纵向线圈上的油污，保证其良好的导电性能。

（5）及时对线圈开合的卡套弹簧进行弹性调整，以保证此接点在通大电流时接触良好。

（6）定期清理喷液回路中的杂物，以保持喷液系统畅通无阻。

（7）每季度对电气控制柜、主机柜内的灰尘进行一次清理，保证各个元件的可靠动作。

（8）经常对各种机构进行可靠性检查，如螺栓是否松动，磁性开关、压力开关、接插件、接触器等是否良好，并及时做好处理。

（9）经常检查各种导线的绝缘性能，以保证人身和设备安全。

（10）应保证磁悬液的液位不低于磁悬液箱高度的三分之二，否则不能使用。

（11）作业结束后，必须检查、清扫设备，做好日常保养工作，并将各操作手柄（开关）置于空挡（零位），拉开电源开关，达到整齐、清洁、润滑、安全。

5. 轮轴/轮对磁粉探伤预处理要求

因为磁粉探伤是用于检查工件表面缺陷，工件表面状态对磁粉探伤的操作和灵敏度都有很大影响，如在干法和湿法检验中光滑表面上磁粉都较容易移动，而有油污和铁锈的表面则会阻碍磁粉移动，还会污染磁悬液。为了提高探伤灵敏度，获得较为满意的探伤结果，在探伤前，应利用高压冲洗机对探测表面的锈蚀、油垢、灰尘进行清洁，保证探测部位的表面露出基本金属面，除锈质量不符合探伤要求者，不得进行探伤作业。

二、轮轴/轮对磁粉探伤位置及工艺参数

1. 探测位置规定

按照规定，须对下列部位施行复合磁化荧光磁粉探伤检查：

（1）新制车轴的再加工部位。

（2）轮对解体后的车轴各部位及再加工部位。

（3）轮轴、轮对在施行段修及以上修程时，车轴外露部位（轮轴如不退轴承或轴承内圈时，防尘板座及轮座外侧的外露部位除外）。

（4）轮对不解体时，轴颈、防尘板座及轴身再加工部位。

（5）车辆颠覆或脱轨事故卸下轮对的车轴外露部位。

2. 磁粉探伤设备工艺参数的选择

（1）磁粉探伤机应具备以下功能。

① 手动和自动两种操作方式，具备周向磁化、纵向磁化、复合磁化 3 种磁化功能和退磁功能。

② 微机控制系统还应具备以下功能：

a. 能对探伤设备的工作电压、周向磁化电流、纵向磁化电流、紫外线辐照度等主要技术参数进行实时监控并自动记录，并设置有紧急停机按钮。

b. 磁悬液的高低液位、过载、欠流报警功能。

c. 能对探伤结果进行打印、储存、查询。

d. 探伤设备主要故障的自诊断功能和远程技术支持功能。

（2）磁粉探伤机应符合以下技术指标。

① 周向磁化电流 0 ~ 3 000 A 应连续可调，纵向磁化电流 0 ~ 2 400 A 应连续可调。

② 通电磁化时间应为 1 ~ 3 s，停止喷淋后还应再磁化 2 ~ 3 次，每次 0.5 ~ 1.0 s。

③ 荧光磁粉探伤机所用紫外灯的辐射光波长应为 320 ~ 400 nm，中心波长为 365 nm；探测面紫外线的辐照度值应不小于 800μW/cm²，紫外灯照射到被探工件暗区的白光强度应不超过 20 lx。

④ 整机绝缘电阻≥2 MΩ。

⑤ 退磁效果≤0.3 mT。

⑥ 应具有 HMIS 及 USB 接口。

（3）周向磁化电流的选择。

采用交-直流全轴复合磁化法或直接通电法时，周向磁化电流计算为

$$I = H \cdot D / 320 = (8 \sim 10)D \qquad (2\text{-}2\text{-}1)$$

式中 I——电流强度，A；

H——磁场强度，A/m，取 $2.55\times10^3 \sim 3.18\times10^3$；

D——车轴最大直径，mm。

（4）纵向磁化电流的选择。

① 纵向磁化电流的选择方法。

纵向磁化电流依据纵向磁场与周向磁场相匹配的原则进行选择，可按以下方法进行确定：

使用单向磁化功能，将周向磁化电流从最小值逐步增大，直至能使 A 型试片刚能显示，此时的电流值设为 I_1。按同样的方法确定能使 A 型试片刚能显示的纵向磁化电流值 I_2，I_1 和 I_2 的比值即为周向磁化电流与纵向磁化电流的匹配比例。确定周向磁化电流值后，再根据匹配比例确定纵向磁化电流值，以粘贴在轮轴、轮对、车轴上的 A 型试片的人工刻槽显示清晰、完整为准。

② 纵向磁化电流的选择参数。

a. 纵向磁化采用分散线圈法时，磁化电流（有效值）为

$$I=（12\,000 \sim 20\,000）/N（A） \qquad (2\text{-}2\text{-}2)$$

式中 N——线圈匝数；

I——纵向磁化电流，A。

b. 纵向磁化采用磁轭法时，磁化电流（有效值）为

纵向磁化磁势：NI=0 ~ 24 000（安匝）

纵向磁化电流：I=3 ~ 6 A（并与周向磁化电流相匹配）

三、轮轴磁粉探伤作业流程

1. 作业人员着装

开工前，作业人员按规定穿戴好劳动保护用品。

2. 日常性能校验

（1）系统开机：打开电源开关，启动磁粉探伤仪，进入工作界面。

（2）粘贴试片。

① 确保 A1-15/50 型试片平整，无破损、折皱和锈蚀，粘贴前须将表面油污擦拭干净。如果试片发生锈蚀、褶皱等现象，影响使用性能时不得使用。

② 标准试片粘贴在样板轮车轴易发生裂纹或磁场强度较薄弱的部位（车轴中央部位、轴颈根部、车轮内侧辐板孔附近），应擦拭干净，无锈蚀、油污及灰尘，露出基本金属面并保持干燥。

③ 粘贴试片时，试片带沟槽面应与试验用车轴表面密贴，带有“+”沟槽的试片，应有一条刻线与车轴轴线平行，胶带沿试片四周呈井字型将试片粘贴牢固。试片粘贴后应平整、牢固，胶带纸不得遮盖试片沟槽部位。

（3）配置磁悬液。

① 检查荧光磁粉、乳化剂、消泡剂、防锈剂的检验合格证和保质期，无检验合格证或超过保质期时禁止使用。磁粉颗粒度目数应不小于 320 目，磁粉应放置在带盖容器内保存，磁粉受潮结块禁止使用。

② 使用天平、量杯、量筒进行磁悬液配置，荧光磁粉（1 ~ 3 g/L）、乳化剂（5 g/L）、消泡剂（2 ~ 5 g/L）、防锈剂（15 g/L）、水（1 L），将称量好的磁粉、分散剂、消泡剂倒入量筒中润湿分散磁粉，边搅拌边加水，搅拌均匀后倒入磁悬液箱。

③ 按线圈闭合及喷液按钮，喷嘴开始喷淋磁悬液，时间≥5 min。

④ 待磁悬液充分搅拌均匀后，用锥形长颈沉淀管从喷嘴口接取 100 mL 磁悬液，做静止沉淀试验，沉淀时间 30 ~ 35 min 后，观察锥形长颈沉淀管底部磁粉容积值。磁悬液浓度为 0.2 ~ 0.6 mL/100 mL。体积浓度不符合规定时应重新调配，调配后的磁悬液，应按上述操作方法再次进行体积浓度测定。

⑤ 磁悬液检测合格后，使用 pH 试纸对磁悬液的 pH 值进行检测，检查 pH 试纸在保质期内，撕取 pH 试纸蘸磁悬液后，观察试纸颜色变化情况，并比对色卡，磁悬液 pH 值应为 7 ~ 9。

⑥ 磁悬液更换周期不应超过一周，磁悬液有发臭、变色及油泥参杂等情况时须及时更换。将水箱中磁悬液排空重新配置，并进行体积浓度和 pH 值测量。

（4）检查紫外辐照度和白光照度。

① 按线圈松开按钮，将样板轮推入探伤机内，开启紫外线灯，关闭探伤室门帘。

② 使用白光照度计测量暗室白光照度。按下“电源”和任一量程键，再将探头插入读数单元的插孔内，然后取下探头盖并将探头光敏面置于左右轴颈、轮座、辐板孔、轴身中央共 7 处区域，探头应与探伤面平行呈同一水平面，取最大测量值。

③ 使用紫外辐照度计测量紫外辐照度。首先将“电源”键按下，再按下“UV365”键和所选定的量程键，然后将相应的 365 探头插入读数单元的插孔内，取下探头盖，将探头光敏面置于左右轴颈、轮座、辐板孔、轴身中央共 7 处区域，探头应与探伤面平行呈同一水平面，取最小测量值，紫外辐照度值为最小测量值、量程倍数及修正系数 3 者之积。

④ 判断外辐照度和白光照度应符合要求。

$V \leqslant 20$ lx 时：$u \geqslant 800$ μW/cm^2

$20 < v \leqslant 1\ 670$ lx 时：$u \geqslant 11.637v + 567.26$

式中　u——紫外线辐照度；v——白光照度。

（5）磁化检验。

① 将手动、自动位控制按钮置于手动位；

② 按线圈夹紧、喷液及滚动按钮，对样板轮轴身、轴颈、车轮辐板内侧面喷洒磁悬液，磁悬液喷淋应缓流、均匀、全面覆盖探伤部位；

③ 样板轮转动两圈后按停止转动按钮，再按电极夹紧按钮，夹持装置夹紧车轴时，须保证两电极与车轴两端面（或轴承前盖螺栓）可靠接触，防止打火现象发生；

④ 按充磁按钮，对轮对进行复合磁化，通电磁化时间应为 2 ~ 3 s，停止喷淋后还应再磁化 1 ~ 2 次，每次 1 ~ 2 s；

⑤ 轮对磁化时，须观察控制面板上电流表，周向和纵向磁化电流值应符合磁化规范的要求，否则应旋转电流调节按钮调整周向或纵向磁化电流。

周向磁化电流的选择：RD2 型车轴电流强度为 1 560 ~ 1 950 A；RE2B、RE2A、RE2 型车轴电流强度为 1 688 ~ 2 110 A。（电流表上相应刻度线同时框出突出显示）

纵向磁化电流的选择：纵向磁场与周向磁场相匹配的原则进行选择，NI=（12 000 ~ 24 000）AT。

（6）磁痕分析。

① 按电极松开、线圈松开按钮，松开电极、线圈，观察试片磁痕显示，A 型试片各沟槽应显示清晰、完整。

② 如出现不封闭“○”形磁痕或“+”字沟槽不清晰，应调整周向或纵向磁化电流，抹去试片上的磁痕，进行退磁，重新喷液、充磁作业，观察 A 型试片和人工缺陷沟槽显示，直至清晰、完整。

（7）退磁检查。

轮轴、轮对退磁后，应使用磁强计检查其退磁效果。

① 按线圈夹紧和退磁按钮，对样板轮进行退磁，退磁后按线圈松开、下料按钮，轮轴、轮对推出。

② 在距探伤机 4 m 以外，用磁强计在车轴两端中心孔处（轴承未开盖时在螺栓端头）测量检查退磁效果，轮轴剩磁不得超过 1.0 mT（10 Gs），轮对剩磁不得超过 0.7 mT（7 Gs）。不合格时，应将轮轴、轮对推入探伤机重新退磁及剩磁检查。

（8）填写日常性能。

探伤设备性能校验后，A 型标准试片粘贴在样板轮上保存时，应用棉布将试片表面擦拭干净，并由探伤工填写“磁粉探伤机（器）日常性能校验记录（辆货统-424）”，参加校验的人员应在校验记录上签章。

3. 季度性能校验

季度性能检查每 3 个月进行 1 次。由主管领导负责组织探伤专职、设备专职、验收员、质检员、探伤工长、探伤工和设备维修工共同参加。新购置或定期检修后的探伤设备，第一次投入使用前应按季度性能检查的要求进行检查。

（1）检查探伤机（器）及附属设备技术状态。

探伤机（器）及附属设备的各部外观技术状态良好，配件齐全；全面试验探伤设备和附属设备的作用性能应准确、可靠，无故障。

（2）磁粉和磁悬液检验应符合日常性能校验规定的要求。

（3）系统综合灵敏度校验应符合日常性能校验规定的要求。

（4）探伤设备季度性能检查合格后，应填写《磁粉探伤机（器）季度性能检查记录》（辆货统-428），在备注栏记录设备下次大、中、小修时间，参加季度性能检查的人员均应在季度性能检查记录上签章。

4. 探伤作业

（1）轮对检查。

① 车轴外露部位（轮轴如不退轴承或轴承内圈时，防尘板座及轮座外侧的外露部位除外）、有辐板孔车轮的内侧辐板孔部位除锈后，须露出基本金属表面，不得残留锈垢、漆膜等污物。

② 轮轴、轮对各部除锈质量不符合探伤标准时，不得进行探伤作业，通知上道工序返工处理。

（2）录入 HMIS 工位机信息。

① 打开 HMIS 工位机电源，启动工位机，待工位机启动后检查扫码器、指纹确认仪连接正常，状态良好，录入信息到工位机。

② 扫描车轮辐板外侧条形码，检查左侧轴端刻打的轴号、首次组装日期、单位及车轴材质，与 HMIS 工位机显示的信息进行核对。

（3）磁化作业过程。

① 将控制按钮置于自动探伤位，选择左、右端轴颈喷液按钮的开关状态，按上料按钮，轮对自动转动，线圈、电极自动夹紧（观察线圈闭合应良好，两电极与车轴端面接触良好，防止打火现象），喷管自动喷液（观察喷淋的磁悬液应做到缓流、均匀、全面覆盖探伤部位，发现喷嘴堵塞应及时疏通），线圈、电极自动充磁（通电磁化时间应为 2 ~ 3 s，停止喷淋后还应再磁化 1 ~ 2 次，每次 1 ~ 2 s）。

② 充磁时观察磁化电流，电流值应符合磁化规范，待线圈、电极松开后，关闭遮光门帘，进行磁痕观察作业。

（4）磁痕观察。

从左到右，按轴颈、防尘板座、车轮辐板孔和轮座镶入部外露部位（轮座）、轴身分段进行磁痕观察。保证转动检查一周以上，防止漏检。

① 观察左端轴颈、防尘板座及轮座镶入部外侧外露部位磁痕显示时，在左端车轮轮毂外侧用粉笔涂打检查起始标记“一”。

② 观察左端车轮辐板孔、轮座镶入部内侧外露部位及左半轴身磁痕显示时，在左端车轮轮毂内侧用粉笔涂打检查起始标记“一”。

③ 观察右端半轴身、轮座镶入部内侧外露部位及辐板孔磁痕显示时，在右端车轮轮毂内侧用粉笔涂打检查起始标记“一”。

④ 观察右端轮座镶入部外侧外露部位、防尘板座及轴颈磁痕显示时，在右端车轮轮毂外侧面用粉笔涂打检查起始标记“一”。

⑤ 在观察过程中发现可疑缺陷磁痕时，按点动或轮对停止转动按钮，使用粉笔在车轴或车轮上画出缺陷磁痕的位置，并详细记录缺陷磁痕的位置、方向和尺寸大小。当缺陷磁痕定性不确定时，应抹除缺陷磁痕，退磁，再重新喷液、磁化后确认。当缺陷磁痕再次显示，且磁痕的位置、方向、尺寸大小和磁痕特征与第一次显示的磁痕位置、方向、尺寸大小和磁痕特征基本相同时，可判定为缺陷磁痕。

（5）退磁检查。

① 按线圈夹紧和退磁按钮，对轮轴、轮对进行退磁。

② 打开遮光门帘，按下料按钮，将轮轴、轮对推至离探伤机距离不少于 4 m 处。

③ 用磁强计在车轴两端中心孔附近测量检查退磁效果。轮轴剩磁不得超过 1.0 mT（10 Gs），轮对剩磁不得超过 0.7 mT（7 Gs），不合格时，应将轮轴、轮对推入探伤机重新退磁及剩磁检查。每四条轮对抽查一次。

5. 涂打标记

（1）使用白色标记笔在车轮左侧辐板内侧面画出明显的磁粉探伤检查标识“TD”。

（2）确认车轴有缺陷时，还应注明缺陷性质和位置，同时通知工长、质检员、验收员共同鉴定。送厂修理时，用白色自喷漆及字漏采用 80 号字在轴身涂打检修单位代号标记、返厂原因，还需用白色自喷漆及轮对来源字漏，并在返厂轮对两侧车轮内侧及车轴轴身上涂打“国铁厂修（代号 GC）”“国铁段修（代号 GD）”“国铁临辅修（代号 GLF）”“国铁报废车（代号 GBF）”“自备车（代号 Z）”等说明轮对来源的字样（字高 100 mm，宋体，字间距 5 mm）。

6. HMIS 录入及记录填写

（1）按照所探伤的部位、探伤结果、工作者姓名，在 HMIS 工位机上进行记录。

（2）经过工作者指纹采集认证，将轮轴送到下一工序。

（3）发现缺陷的轮轴，填写车统-52A，注明缺陷性质、部位、发现手段。

（4）轮轴、轮对探伤每日完工后均须打印车统-53A。

7. 完工整理

每班完工后，对设备进行擦拭、保养，切断电源。将工具、材料入柜存放，清理作业场地，做到工完料清，场地清洁。

四、探伤结果的判定、分析与处理

磁粉探伤是利用磁粉聚集来显示工件上的不连续性及缺陷。通常把探伤时磁粉聚集而形成的图像称为磁痕。材料均质状态受到的破坏称为不连续性，影响工件使用性能的不连续性称为缺陷。

1. 车轴表面缺陷磁痕显示的特征

（1）裂纹：在工艺过程中，使金属的连续性破坏而形成缺陷，磁粉探伤时，其磁痕特征一般为线性锯齿形，两端呈尖角状，磁粉聚集的图像不规则，但清晰、密集。

（2）发纹：是由原材料中的微小气孔、针孔、金属和非金属夹杂物等，经锻轧而形成的原材料缺陷。磁粉探伤时，其磁痕特征呈直线或微弯的细线状，磁粉聚集的图像规则呈细长、平直。

（3）伪磁痕：磁粉探伤时，其磁痕特征是绝大部分的磁粉聚集图像都比较散乱，在磁化检查时，一般复现状况不好或完全不复现。

（4）横向裂纹或横向发纹：磁粉探伤时，其磁痕的延伸线与车轴轴线的夹角≥45°。

（5）纵向裂纹或纵向发纹：磁粉探伤时，其磁痕的延伸线与车轴轴线的夹角＜45°。

2. 车轴表面缺陷的定性分析和处理

（1）货车车轴。

① 车轴横向裂纹。

a. 轮座部位的横向裂纹。

（a）裂纹深度不大于 0.3 mm，镟修后经复合磁化荧光磁粉探伤检查确认无裂纹时，再加镟 0.5 mm，直径符合规定限度者可使用。

（b）裂纹深度大于 0.3 mm 且不大于 2.5 mm，镟修后经复合磁化荧光磁粉探伤检查确认无裂纹时，再加镟 0.5 mm，直径符合规定限度者可使用。但组装成轮对后，须在车轴端面轮对组装及组装责任单位钢印下刻打“++”标记。

（c）裂纹深度大于 2.5 mm 时，车轴报废。

（d）车轴端面已有“++”标记者，经复合磁化荧光磁粉探伤检查再次发现裂纹时，车轴报废。

b. 轴身部位的横向裂纹。

（a）轴身横向裂纹深度不大于 2.5 mm，镟修后经复合磁化荧光磁粉探伤检查确认无裂纹时，再加镟 0.5 mm，同时将轴身全部加工，直径符合规定限度者可使用。

（b）轴身横向裂纹深度大于 2.5 mm 时，车轴报废。

（c）防尘板座部位的横向裂纹镟修后，经复合磁化荧光磁粉探伤检查确认无裂纹时，再加镟 0.5 mm，直径符合规定限度并可使用。

（d）轴颈、轴颈根部或卸荷槽部位有横向裂纹时，该车轴报废。

② 车轴纵向裂纹。

a. 新制车轴各部位存在的纵向裂纹须镟除，经复合磁化荧光磁粉探伤检查确认无裂纹时，直径符合规定限度者可使用。

b. 检修车轴（轴身除外）各部位纵向裂纹须镟除，经复合磁化荧光磁粉探伤检查确认无裂纹时，直径符合规定限度者可使用。

c. 检修车轴轴身纵向裂纹总数不超过 3 条，单个长度不大于 60 mm，并且不在同一横断面上时可不处理；超过上述规定时须镟除，经复合磁化荧光磁粉探伤检查确认无裂纹，并且直径符合规定限度可使用。

③ 车轴发纹。

a. 车轴存在横向发纹时必须全部镟除，直径符合规定限度者可使用。

b. 车轴上存在的纵向发纹超限时须镟除，直径符合规定限度者可使用。

c. 新制车轴上纵向发纹的规定限度：

（a）防尘板座及轮座处（不包括轮座部位距轮座后肩 30 mm 范围内、距轮座前肩 50 mm 范围内惯性疲劳裂纹发生区）：单个发纹的长度不大于 10 mm，长度为 2 ~ 10 mm 的发纹，在长边不大于 152 mm 的 3 870 mm^2 的矩形面积内不得超过 10 条，单个发纹不得延长到轴颈后肩。

（b）轮座部位距轮座后肩 30 mm 范围内、距轮座前肩 50 mm 范围内的惯性疲劳裂纹发生区：单个发纹的长度不大于 5 mm，长度为 2 ~ 5 mm 的发纹，在长边不大于 152 mm 的 3 870 mm^2 的矩形面积内不超过 10 条。

（c）轴颈：单个发纹的长度不大于 25 mm，长度为 2 ~ 25 mm 的纵向发纹在整个轴球表面上不超过 5 条。

（d）轴身：单个发纹的长度不大于 30 mm，长度为 5 ~ 30 mm 的发纹在 2 500 mm^2 的矩形面积内不超过 15 条。

（e）上述部位在同一断面上的发纹不超过 3 条。

（f）车轴各圆弧处不得存在发纹。

（g）在车轴的同一纵向直线上，长度大于 5 mm 的非连续发纹，总长度不大于 50 mm。

（h）在车轴各部位上（除圆弧部位及上述有关规定外），纵向发纹的长度在 5 mm 以下，不连续成一行，不密集在一处时可不计算。

（i）连续成一行的发纹：散布在车轴表面上的纵向发纹形成一条直线，且其间隔距离在 2 mm 及以下者，仍认为是一条连续的发纹，并以连续共计的总长度为发纹长度。

d. 检修车轴轴身上存在纵向发纹时可不处理；各圆弧处存在纵向发纹时须镟除；其他部位纵向发纹可存在的限度除与新制车轴上纵向发纹存在的限度相同者外，其轴颈、防尘板座及轮座上存在长度不大于 25 mm，且各部位均不超过 5 条，或同一断面不超过 3 条的纵向发纹时，可不处理（对长度不大于 4 mm 的纵向发纹可不计算在内），存在长度大于 25 mm 的纵向发纹时须镟除。

④ 已有铲槽的车轴再次发现裂纹时，该车轴报废。

（2）客车车轴。

① 车轴不允许存在裂纹和横向发纹。

② 车轴表面的纵向发纹允许存在的限度如下。

a. 轴颈：单个发纹长度不应超过 6 mm；所有发纹总长度不应超过 50 mm。

b. 轴肩：不应存在发纹。

c. 防尘板座：单个发纹长度不应超过 10 mm。长度为 5 ~ 10 mm 的发纹总长度不应超过 50 mm。

d. 轮座：单个发纹长度不应超过 10 mm。长度在 5 ~ 10 mm 的发纹总长度不应超过 100 mm。

e. 轴身：单个发纹长度不应超过 10 mm。任意 300 mm 长度内周向全表面上，长度在 5 ~ 10 mm 的发纹长度总和不应超过 40 mm。

f. 车轴各圆弧处不应存在发纹。

3. 车轴磁粉探伤报告要求

每根车轴探伤结束后，探伤人员应详细填写或打印下列探伤记录。

（1）《轮轴卡片》：每根车轴探伤后应按所探测部位分别在相应栏签章。

（2）《车辆轮对（车轴）超声波（磁粉）探伤发现缺陷记录簿》（见图 2-2-1）：探伤过程中凡发现缺陷车轴，均须详细填写或录入此卡片，注明轮轴缺陷的性质、缺陷深度、缺陷位置及发现手段，并做出分析。参加鉴定人员应在卡片上签章。

（3）《车辆轮对（车轴）超声波（磁粉）探伤记录》（见图 2-2-2）：每根车轴探伤后，应该详细填写或打印此记录，并在探伤者栏签章。

（4）填写上述探伤记录及卡片时，应该做到字迹清晰、干净整齐、不错不漏。

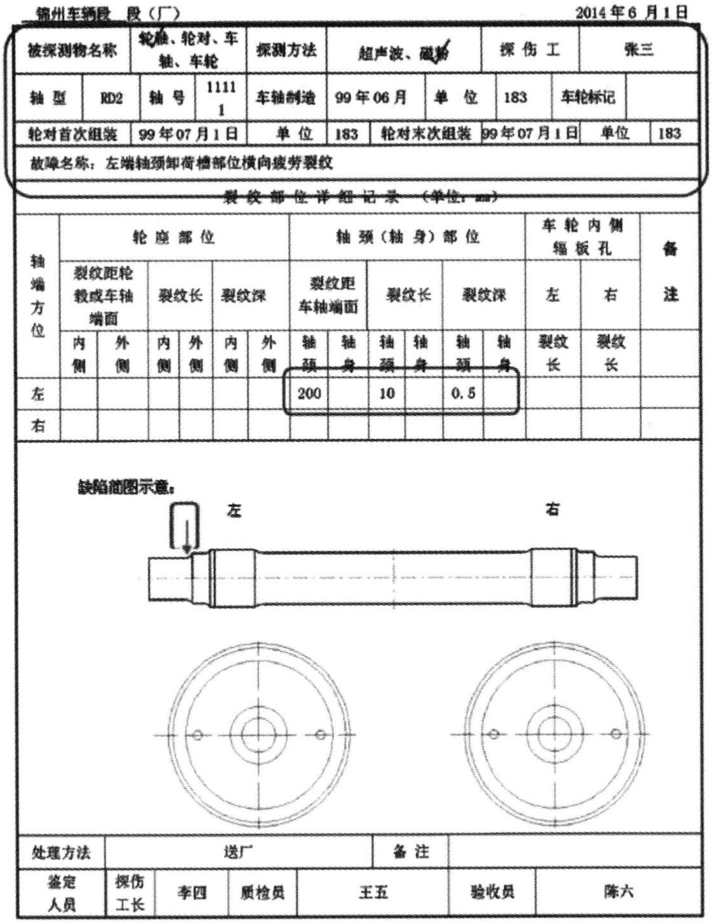

锦州车辆段 段（厂）　　2014 年 6 月 1 日

被探测物名称	轮轴、轮对、车轴、车轮		探测方法	超声波、磁粉		探伤工		张三	
轴型	RD2	轴号	11111	车轴制造	99 年 06 月	单位	183	车轮标记	
轮对首次组装	99 年 07 月 1 日	单位	183	轮对末次组装	99 年 07 月 1 日	单位	183		
故障名称：左端轴颈卸荷槽部位横向疲劳裂纹									

裂纹部位详细记录（单位：mm）

轴端方位	轮座部位						轴颈（轴身）部位						车轮内侧辐板孔		备注
	裂纹距轮毂或车轴端面		裂纹长		裂纹深		裂纹距车轴端面		裂纹长		裂纹深		左	右	
	内侧	外侧	内侧	外侧	内侧	外侧	轴颈	轴身	轴颈	轴身	轴颈	轴身	裂纹长	裂纹长	
左							200		10		0.5				
右															

缺陷简图示意：

处理方法	送厂			备注		
鉴定人员	探伤工长	李四	质检员	王五	验收员	陈六

图 2-2-1 《车辆轮对（车轴）超声波（磁粉）探伤发现缺陷记录簿》

铁路货车轮轴（轮对、车轴、车轮）超声波（磁粉）探伤记录

锦州车辆段 段（厂） 探伤方法 磁探 探伤性质 初探 探伤者 张三 2014 年 6 月 1 日

顺号	轴型	轴号	轮对首次组装		探测部位						探测结果	备注
					①		②		③			
			时间	单位	左	右	左	右	左	右		
1	RD_2	11111	9907	183	✓	✓	✓	✓	✓	✓	合格	1GS
2	RD_2	22222	9907	183	✓	✓	✓	✓	✓	✓	合格	
3	RD_2	33333	9907	183	✓	✓	✓	✓	✓	✓	合格	
4	RD_2	44444	9907	183	✓	✓	✓	✓	✓	✓	合格	
5	RD_2	55555	9907	183	✓	✓	✓	✓	✓	✓	合格	2GS
6	RD_2	66666	9907	183	✓	✓	✓	✓	✓	✓	合格	
7	RD_2	77777	9907	183	✓	✓	✓	✓	✓	✓	合格	

图 2-2-2 《车辆轮对（车轴）超声波（磁粉）探伤记录》

钩舌磁粉探伤　　钩尾框磁粉探伤　　钩尾销磁粉探伤　　摇动座磁粉探伤

任务检查单

任务编号	2-2	任务名称	轮轴/轮对磁粉探伤		
序号	检查内容			是	否
1	具备轮轴/轮对磁粉探伤设备的性能校验的能力				
2	具备轮轴/轮对表面预处理能力				
3	具备轮轴/轮对表面磁粉探伤能力				
4	具备探伤结果的判定、分析与处理能力				
评语					
评分					

任务 2-3　车辆配件表面探伤

任务书

<table>
<tr><td>任务编号</td><td>2-3</td><td>任务名称</td><td>车辆配件表面探伤</td></tr>
<tr><td colspan="4">任务目标</td></tr>
<tr><td colspan="4">【知识目标】
掌握车辆配件磁粉探伤的工艺要求；
掌握车辆配件磁粉探伤的一般程序；
掌握探伤结果的判定、分析与处理方法；
掌握车辆配件磁粉探伤设备的性能校验方法；
掌握典型车辆配件伤损分析的方法。
【技能目标】
具备典型车辆配件表面磁粉探伤的能力。
【素质目标】
培养学生严谨认真的工作作风</td></tr>
<tr><td colspan="4">知识图谱</td></tr>
<tr><td colspan="4">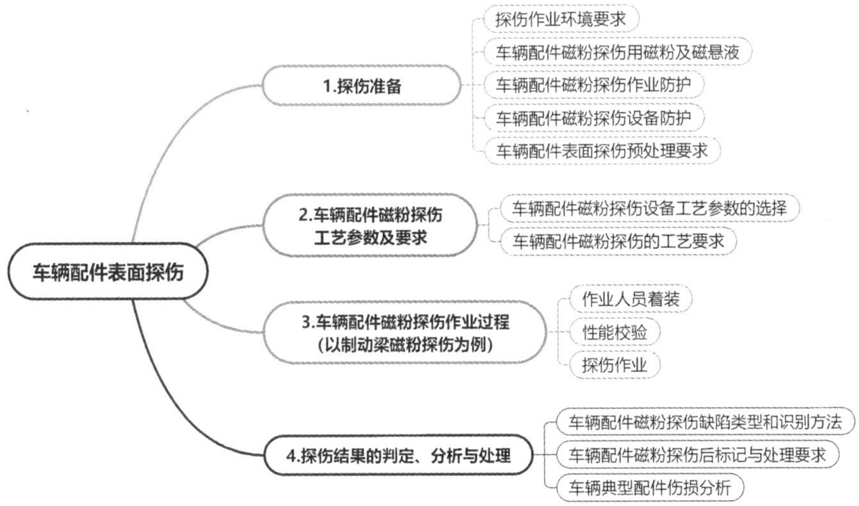
</td></tr>
<tr><td colspan="4">任务描述</td></tr>
<tr><td colspan="4">本次任务是为了完成车辆配件磁粉探伤工作，同学们在设备条件允许的前提下，完成车辆配件磁粉探伤工作，或者以某个典型配件为例，对其进行磁粉探伤工作的汇报</td></tr>
<tr><td colspan="4">实施说明</td></tr>
<tr><td colspan="4">（1）以小组为单位认真学习任务 2-3 的引导材料，做好知识准备；
（2）结合知识准备和小组完成情况，教师填写“任务检查单”</td></tr>
</table>

引导材料

一、探伤准备

1. 探伤作业环境要求

探伤质量的好坏，不仅取决于探伤人员的技术业务素质，而且与探伤作业的环境有着很重要的关联，为此对配件探伤的作业环境做出规定，参照轮轴/轮对磁粉探伤环境。

2. 车辆配件磁粉探伤用磁粉及磁悬液

（1）磁粉。

磁粉是显示缺陷的重要手段，磁粉质量的优劣和选择是否恰当，将直接影响磁粉的检测结果，所以，检测人员对作为磁场传感器的磁粉应进行全面的了解和正确使用。标准参考轮轴/轮对磁粉探伤用磁粉标准。

（2）磁悬液。

车辆配件探伤用磁悬液，pH 值为 7 ~ 9。配置磁悬液时，须适量添加分散剂、消泡剂和防锈剂。非荧光磁悬液浓度为 1.3 ~ 2.5 mL/100 mL，荧光磁悬液浓度为 0.1 ~ 0.6 mL/100 mL。

磁悬液应定期更换，根据探伤工作量、季节变化及磁悬液的清洁程度，由各单位自行确定更换周期，但最长更换周期不应超过 1 周。

3. 车辆配件磁粉探伤作业防护

车辆配件磁粉探伤涉及电流、磁场、溶剂、紫外辐射等。因此，探伤时应特别重视安全防护问题，否则会导致火灾、触电，造成设备和人身事故，注意事项参照轮轴/轮对磁粉探伤作业防护注意事项。

4. 车辆配件磁粉探伤设备防护

车辆配件磁粉探伤设备的质量好坏，直接关系到配件的探伤质量。没有良好的探伤设备，配件探伤质量无法得到保证，在平时的工作中要求探伤人员应加强对自己所用设备的维护保养，学会和了解设备一般故障的处理和识别。具体防护要求参照轮轴/轮对磁粉探伤设备防护注意事项。

5. 车辆配件表面探伤预处理要求

磁粉和渗透探伤都是用于检查工件表面缺陷，工件表面状态对于磁粉探伤的操作和灵敏度都有很大影响，如光滑表面在干法和湿法检验中磁粉都较容易移动，而有油污和铁锈的表面则会阻碍磁粉移动，还会污染磁悬液。为了提高探伤灵敏度，获得较为满意的探伤效果，在探伤前，车辆配件表面锈蚀、油垢、灰尘等须经高压冲洗机冲洗干净，被探测部位表面须露出基本金属面，除锈质量不符合探伤要求者，不得进行探伤作业。

二、车辆配件磁粉探伤工艺参数及要求

车辆配件品种繁多，为保证车辆运行的安全，铁路部门规定容易产生疲劳裂纹的车辆受力配件都需要进行探伤检查，目前最常用的方法是磁粉探伤，少数配件用渗透探伤（如罐车卡带焊缝、配件的螺纹部分）。

容易产生疲劳裂纹的典型车辆配件，如轴承、钩舌、钩舌销、钩尾框、钩尾扁销、钩尾扁销横穿螺栓、密接式车钩钩尾销、摇枕吊轴、摇枕吊、吊销、吊环、发电机吊销、横向拉杆、制动梁（滑块）端轴、闸瓦托吊及销、踏面清扫器吊及销、闸片托吊及销、摆块吊、基础制动各圆销、抗侧滚扭杆装置的连杆及销轴、制动杠杆吊座吊轴、轴箱节点装置转轴等。以上配件均需要进行表面探伤。

1. 车辆配件磁粉探伤设备工艺参数的选择

车辆配件磁粉探伤机功能、技术指标，周向磁化电流的选择，纵向磁化电流的选择的规定参照轮轴/轮对磁粉探伤设备工艺参数选择准则。同时，典型配件（轴承）磁粉探伤设备工艺参数的选择除了通过中国国家铁路集团有限公司（简称“中国铁路”）认证外，还须具备以下功能，达到以下技术指标。

① 轴承零件磁粉探伤机，应具有手动和自动两种操作方式，具备周向磁化、纵向磁化、复合磁化和自动退磁功能。

② 轴承内、外圈磁粉探伤机周向额定磁化电流至少应达到 6 000 A，并连续可调；纵向磁化磁动势至少应达到 12 000 安匝，并连续可调。

③ 轴承滚子磁粉探伤机周向额定磁化电流至少应达到 600 A（新制、大修设备至少应为 700 A），并连续可调；纵向磁化磁动势至少应达到 4 000 安匝，并连续可调。采用直接通电法磁化时应防止打火。

④ 采用非荧光磁粉探伤时，观察区域白光照度应不小于 500 lx。

⑤ 采用荧光磁粉探伤时，紫外线波长范围应为 320 ~ 400 nm，中心波长为 365 nm，紫外线辐照度与白光照度之同的关系应符合规定。

⑥ 磁化时间应为 2 ~ 3 s，停止施加磁悬液后应再磁化 2 ~ 3 次，每次 0.5 ~ 1 s。

⑦ 整机绝缘电阻≥2 MΩ。

⑧ 退磁效果≤0.3 mT（3 Gs）。

⑨ 微机控制系统还应具备以下功能：

a. 能有效地对探伤设备的周向磁化电流、纵向磁化电流等主要技术参数进行实时监控和自动记录。

b. 过载、欠流报警功能。

c. 能对探伤性能校验和探伤记录进行打印、存储、查询。

d. 探伤设备主要故障的自诊断功能。

e. 具有信息管理系统的接口、高速 USB 接口。

2. 车辆配件磁粉探伤的工艺要求

磁粉探伤工艺，是指磁粉探伤的预处理、磁化工件（选择磁化方法和磁化规范）、施加磁粉或磁悬液、磁痕分析评定、退磁和后续处理的全过程。

车辆配件磁粉探伤工艺要求如下：

（1）探伤人员应严格按照探伤机使用说明书和设备操作规程的要求操作探伤设备。

（2）探伤部位的表面应露出基本金属面。

（3）配件磁化前，喷淋装置应对探伤部位表面自动喷淋磁悬液，磁悬液应做到缓流、

均匀、全面覆盖探伤部位

（4）夹紧（周向磁轭）装置夹紧配件时，两磁轭应与配件的两端面接触良好，防止打火现象。

（5）磁化时，周向磁化电流和纵向磁化电流应符合要求。

（6）探伤部位的紫外辐照度、白光照度符合要求。

（7）磁化结束后，应标出每个探伤部位转动检查的“起始”标识，保证转动检查一周以上。

（8）在检查过程中发现缺陷磁痕时，应用标记笔在配件上画出缺陷磁痕位置，并详细记录缺陷磁痕的位置、方向和尺寸大小。

（9）缺陷定性不准时，应抹除缺陷磁痕，重新磁化（应先退磁，后磁化），再次进行确认。当缺陷磁痕再次显示，且位置、方向和尺寸大小与第一次显示的磁痕基本相同时，方可判定为缺陷磁痕。

（10）有缺陷的配件磁痕定性时，应按要求进行判定和处理。

（11）定性为缺陷的配件应由有关人员共同参加鉴定并在相关记录上签章。

（12）配件探伤后应进行退磁处理。

三、车辆配件磁粉探伤作业过程（以制动梁磁粉探伤为例）

1. 作业人员着装

开工前，作业人员按规定穿戴好劳动保护用品。

2. 性能校验

探伤设备性能校验分为日常性能校验和季度性能检查。日常性能校验每日上、下午开工前进行，季度性能检查每季度首月的前 5 个工作日内进行。

（1）日常性能校验。

① 探伤机状态检查。

全面检查试验探伤机及附属设备的机械系统、电器控制系统、喷淋系统各部技术状态，性能、动作良好。

② 白光照度检验。

a. 选取无阳光直射到观察区域，使用白光照度计测量白光照度，探头平放在试块表面边缘且在同一平面上，如图 2-3-1 所示。

b. 手持白光灯将光源对准被检区域，保持白光灯与探头距离为 400 ~ 500 mm，读取照度计显示屏上的读值即探测面的白光照度值，观察区域白光照度应大于 500 lx。当白光照度不足时，更换白光灯光源并重新检测。

③ 磁悬液检验。

a. 查看磁悬液更换日期，磁悬液使用时间达到一周时应更换，不足一周时，对磁悬液浓度进行检测。

b. 打开探伤机电源，打开喷液开关，待充分搅拌 5 min 后，使用长颈沉淀管从喷嘴接取充分搅拌后的磁悬液 100 mL，静止沉淀 30 ~ 40 min。

图 2-3-1　白光照度检测示意图

c. 水平托举长颈沉淀管刻度与目光平视，读取长颈沉淀管中的磁粉体积，该体积读数即为磁悬液浓度的数值。合格磁悬液浓度为 1.3 ~ 2.5 mL/100 mL，确定磁悬液浓度是否符合规定，不符合要求时更换磁悬液。

d. 磁悬液配置。

（a）检查磁粉生产日期，超过一年有效期时不得使用。检查磁粉外观状态，出现受潮、结块应禁止使用。确认该磁粉具有入库检验合格证，从计量室出具的磁粉化验单确认粒度小于 320 目。

（b）清洗磁悬液容器内的残留物，保证其清洁，接取 10 L 水。取一块 pH 试纸完全浸入水中 3 ~ 5 s，观察变化稳定后的颜色，与标准比色卡对比，判断水的 pH 值是否为 7 ~ 9。

（c）取水 10 L、分散剂 150 mL、消泡剂 150 mL、磁粉 200 g、防锈剂 450 mL，倒入磁悬液容器搅拌均匀，直至水面上无荧光磁粉漂浮为止。

④ 制动梁试样检查。

a. 检查 A1-15/50 型试片，试片应无破损、折皱和锈蚀，表面应平整，粘贴前须将表面油污擦拭干净。

b. 检查制动梁粘贴试片部位，将其擦拭干净，确保无锈蚀、油污及灰尘，露出基本金属面并保持干燥。

c. 标准试片粘贴在滑块根部中间，如图 2-3-2 所示。

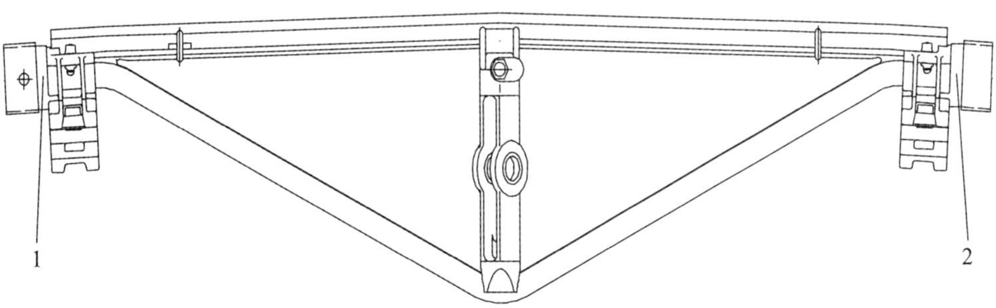

图 2-3-2　制动梁试片粘贴位置示意图

d. 粘贴试片时，将试片刻槽面与制动梁轴端滑块表面密贴，试片“+”刻槽中有一条刻槽与制动梁梁体中心线平行。

⑤ 磁化检验。

a. 将制动梁试块滑块部分套入线圈中心位置，不得贴到线圈内壁。

b. 按下控制面板喷淋按钮，喷洒磁悬液，使试块表面充分湿润，喷淋缓慢均匀全面覆盖探伤部位，喷淋的同时观察电流表，磁化电流应满足磁化电流范围：周向磁化电流应控制在 $I_{0周} \sim 1.2I_{0周}$，纵向磁化电流应控制在 $I_{0纵} \sim 1.2I_{0纵}$。喷淋结束后磁化 2 次。

c. 关闭喷淋按钮，放下线圈。使用防爆低压手灯观察试片显示。各刻槽应显示清晰，并呈“⊕”显示。

d. 探伤设备日常校验合格后，由探伤工负责填写《磁粉探伤机（器）日常性能校验记录》（辆货统-424），参加校验的人员均须在校验记录上签章，如图 2-3-3 所示。

磁粉探伤机（器）日常性能校验记录（辆货统-424）

XXXXXXXX 段（厂） XXXX 年 XX 月 XX 日 8：50

探伤设备	名称	磁粉探伤机	磁粉颜色	红色	探伤工艺方法	湿法 ~~干法~~ 连续法		
	型号	CJE-2A	磁粉粒度	400 目	磁化方式	~~复合、周向、~~纵向	试片规格	A1-15/50
	编号	724042008	悬液浓度	2.0mL/100mL	周向磁化电流	—A	试片显示	清晰
磁粉厂家		宜兴永昌	悬液更换日期	2.20	纵向磁化电流	14.2A	剩磁强度	—mT
被探测物		制动梁	紫外辐照度	—μw/cm²	提升力	—N	白光照度	1650Lx
探伤工		XX	探伤工长	XX	质检员	XX	验收员	XX
备注								

图 2-3-3 《磁粉探伤机（器）日常性能校验记录》图

（2）季度性能校验。

每季度首月的前 5 个工作日内，由检修副段长负责组织检修专职、设备专职、验收员、质量检查员、探伤工长、探伤工和设备维修工共同参加进行季度性能校验。新安装或大、中、小修后探伤设备，第一次投入使用前按要求进行季度性能校验。

季度性能校验要进行探伤机状态检查、白光照度检查、磁悬液检查及配置、粘贴试片、磁化检验等，与日常性能校验内容和检测标准相同。此外，季度性能校验还要进行磁场强度检验，步骤如下：

① 连接好特斯拉计探棒，打开电源开关。

② 将试块滑块部分套入线圈中心位置，不得贴到线圈内壁。

③ 按下磁化按钮磁化试块，同时将探棒搭在试块边缘，逐步增加磁化电流，读出显示

屏的读数，此数值为滑块磁化时的表面切向磁场强度。当磁场强度≥2 400 A/m 且 A1-15/50 型或 D1-15/50 型试片清晰时，对应的磁化电流即为基本磁化电流 I_0。

季度性能校验后，填写《磁粉探伤机（器）季度性能检查记录》（辆货统-428）。

3. 探伤作业

（1）制动梁除锈质量检查。

目视检查待探伤制动梁的探伤部位表面除锈质量，被探测部位表面（滑块根部向外 40 mm 处及弯角）应露出基本金属面，无可见的油脂和污垢，且氧化皮、铁锈和油漆涂层等附着物，表面清洁度须达到 Sa2 级，局部表面清洁度不低于 Sa1 级。除锈质量不符合要求时送除锈工位重新除锈。

（2）探伤作业过程。

① 将制动梁放置水平，将制动梁滑块部分套入线圈中心位置，不得贴到线圈内壁。

② 打开喷淋开关，拿喷管喷淋制动梁探伤部位，确认磁悬液喷淋全面覆盖探伤部位后，按充磁按钮进行磁化，并观察磁化电流读数，读数应为 $I_0 \sim 1.2I_0$。磁悬液停止喷淋后，还应再通电磁化 2 ~ 3 次，每次 1 ~ 2 s。

③ 磁化结束后，按动“松开”按钮，放下线圈。

④ 手持便携式照明灯进行磁痕观察。磁痕观察时，须保证所有探伤部位不漏探。重点检查部位为滑块根部向外 40 mm 及弯角，如图 2-3-4 所示。

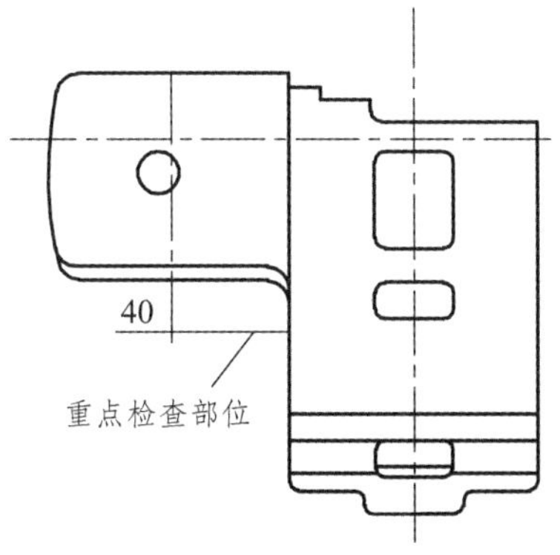

（a）L-A、L-B 滑块探伤部位

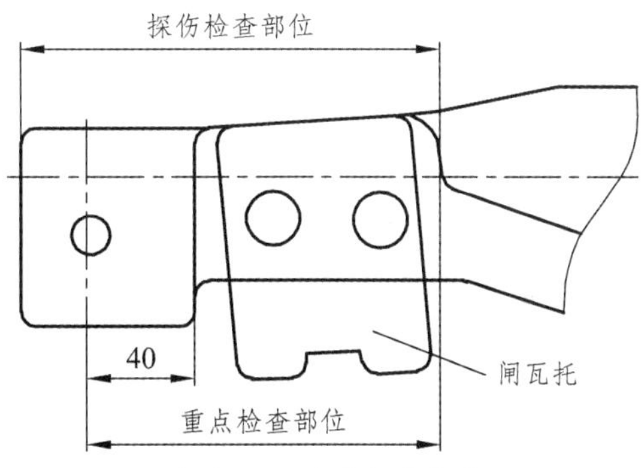

（b）L-C 端头探伤部位

图 2-3-4　照度检查部位

⑤ 在观察过程中发现滑块根部（滚子轴外露部位）缺陷磁痕时，使用白粉笔在滑块根部上画出缺陷磁痕位置，并详细测量记录缺陷磁痕的位置、方向和尺寸大小。

⑥ 缺陷磁痕无法准确判断时，抹除缺陷磁痕，重新磁化进行确认。当缺陷磁痕再次显示，且位置、方向和尺寸大小与第一次显示的磁痕基本相同时，判定为缺陷磁痕。

（3）涂打标记。

① 探伤合格后的制动梁用百分比划“T”字探伤合格标识。

② 对报废的制动梁，用白油漆笔在制动梁外侧面划报废标记“×”。

③ HMIS 录入及记录填写。

填写《铁路货车检修零部件磁粉探伤记录本》《制动梁检修卡（ZG-27）》，检查结果填写须清晰、准确。对照卡片信息，逐项录入 HMIS。

④ 完工整理。

完工后，对设备进行擦拭、保养，切断电源。清理作业场地，做到工完料清，场地清洁。

四、探伤结果的判定、分析与处理

1. 车辆配件磁粉探伤缺陷类型和识别方法

在车辆配件的探伤过程中，不仅要求我们能发现缺陷，还要求能正确识别缺陷，即不能放过有缺陷的、不能使用的配件，也不能误判无缺陷的配件，否则不是影响行车的安全，就是造成车辆配件的浪费，因此，要求探伤人员必须掌握车辆配件缺陷的识别方法，并在实际的工作中按规定的要求进行标示。车辆配件表面的主要缺陷形式有

（1）裂纹：在工艺过程中，金属的连续性被破坏而形成的缺陷。在磁粉探伤时，其磁痕特征一般为锯齿形，两端呈尖角状，磁粉聚集的图像不规则，但清晰、密集。

（2）发纹：由原材料中的微小气孔、针孔、金属或非金属夹杂物等经锻轧而形成的原材料缺陷。在磁粉探伤时，其磁痕特征呈直的或微弯的细线，磁粉聚集图像细长、平直。

（3）伪磁痕：在磁粉探伤时，其磁痕特征为绝大部分的磁粉聚集图像都比较散乱，再磁化检查时，一般复现不好或完全不能复现。

（4）横向裂纹或横向发纹在磁粉探伤时，其磁痕延伸线与轴向的夹角≥45°者（＜45°者为纵向裂纹或纵向发纹）。

在检查过程中发现缺陷磁痕时，应用标记笔在配件上画出缺陷磁痕位置，并详细记录缺陷磁痕的位置、方向和尺寸大小。缺陷定性不准时，应抹除缺陷磁痕，重新磁化（应先退磁，后磁化），再次进行确认。当缺陷磁痕再次显示，且位置、方向和尺寸大小与第一次显示的磁痕基本相同时，方可判定为缺陷磁痕。发现缺陷后需在缺陷处作出明显标识。

2. 车辆配件磁粉探伤后标记与处理要求

（1）对探伤良好的车辆配件磁粉探伤后处理要求。

车辆配件进行探伤后，对探伤良好的配件应按规定要求进行标示，并将良好的配件送达规定的存放地点，并填写好相关的探伤记录，便于配件组装人员识别和装车使用，同时也利于产品质量追踪。为此，对探伤良好的车辆配件提出如下处理要求：

① 按照各自的规定、在规定位置，按规定的标记涂打方式打上探伤良好“√”标识。

② 工作者按要求填写《铁路车辆零部件磁粉探伤记录表》，并签章确认。

③ 每个配件探伤结束后，应使用标记笔在配件上画出明显的磁粉探伤检查标识，探伤人员应详细填写或打印探伤记录。

④ 按定量管理要求指定地点或单独存放。

（2）对探伤后需要进行加修的车辆配件磁粉探伤探后处理要求。

对探伤后需要进行加修的车辆配件也应按规定要求进行标示，将配件及时送达加修地点，并填写好相关的探伤记录，便于配件加修人员识别和进行加修作业。为此，对探伤后需加修的车辆配件提出如下处理要求：

① 按照各自的规定，在规定位置，按规定的标记涂打方式打上配件加修“#”标识，注

明加修原因和部位。

② 工作者按要求填写《铁路车辆零部件磁粉探伤记录表》，并签章确认。

③ 每个配件探伤结束后，应使用标记笔在配件上画出明显的磁粉探伤检查标识；确认有缺陷的配件应使用白铅油在缺陷处画上标识，并注明缺陷性质。每个配件探伤结束后，探伤人员应详细填写或打印探伤记录。

④ 按定置管理要求指定地点或单独存放。

（3）对探伤后需直接报废的车辆配件磁粉探伤探后处理要求。

车辆配件进行探伤后，发现存在超出加修和使用范围需要报废的配件更应按规定要求进行标示，及时将报废配件送达规定的存放地点，并填写好相关的探伤记录，如规定要进行鉴定的大型零部件还应及时通知相关鉴定进行技术鉴定。为此，对探伤需要报废的车辆配件提出如下处理要求：

① 对探伤报废的主要零部件须在明显的部位用白油漆画“×”标识，注明报废原因，指定地点或单独存放。

② 工作者按要求填写《铁路车辆零部件磁粉探伤记录表》，并签章确认。

③ 对摇枕、侧架、车钩、大容量缓冲器等大型零部件报废时，应由车辆段技术部门组织材料、质检、车间等相关人员，会同验收人员进行鉴定，并填写相应的《大型配件报废鉴定记录》，参与鉴定的人员签章确认。

3. 车辆典型配件伤损分析

车辆配件表面探伤发现缺陷后，应根据缺陷出现的部位进行伤损分析，找出伤损产生的原因，以便更好从原材料、设计、制造工艺等方面进行优化，使配件结构、受力更合理，有效地延长配件的使用寿命，提高配件使用的安全性。

（1）钩舌。

钩舌是车钩中最易产生裂纹的部件，多半发生在钩舌内侧面弯角处，此外，孔边也经常产生裂纹，钩舌产生裂纹的主要原因有

① 材质不良。

② 钩舌内侧面是两个车钩连接受力的接触面，当两个车钩在同一水平面上时，车钩全面接触，车钩受力均匀。当两个车钩不在同一水平面上时，车钩只能部分接触，车钩受力不均匀。当车钩出现上翘或下垂时，钩舌成八字形或倒八字形接触，同样出现车钩受力不均匀的现象。

③ 设计不合理，如钩舌内侧面上下端为直角过渡，形成应力集中，所以易发生裂纹。

④ 车钩连接时冲击也易损伤钩舌。

（2）钩尾框。

① 钩尾框尾部弯角区域是应力集中部位，裂纹多发生在此区域。

② 16、17 型钩尾框前、后端上、下内弯角 50 mm 范围内，其他型钩尾框后端上、下弯角 50 mm 范围内也易出现裂纹。

（3）轴承。

① 剥离：轴承零件工作表面在高接触应力的循环作用下产生的金属片状剥落现象，具有一定的深度和面积；表面呈凹凸不平鳞状；具有尖锐的沟角。剥离通常呈现疲劳扩展特征的海滩状条纹，常发生在轴承内、外圈滚道面和滚子滚动面。

原因：滚动接触疲劳损伤；过载应力作用；材质不良或热处理不当；润滑不良装配不当。

② 辗皮：轴承零件表面由于疲劳而发生的极薄的金属起皮现象。本质上属于一种表面剥离，一般深度很浅，多为微米级，有手感，肉眼观察可见辗皮区域光洁度变差。一般多发生亏滚子滚动面上。

原因：组件工作表面早期疲劳；材质热处理不良润滑不良；过载应力作用。

③ 擦伤：轴承零件表面因滑动摩擦而产生的金属迁移现象。沿滑动方向，具有一定长度和深度的表面机械性损伤。常发生于轴承零件工作面。

原因：轴承游隙过小润滑不良及润滑脂中含有杂质；轴向预负荷过大。

④ 变色：轴承滚动面发生肉眼可见的颜色变化，呈现淡黄色、黄色、棕红色、紫蓝色及蓝黑色，常发生在轴承内、外圈滚道面和滚子滚动面。

原因：润滑不良或油脂老化变质；游隙过小；轴承滚动表面加工粗糙；过载。

⑤ 腐蚀：轴承零件表面产生肉眼可见的锈迹或润滑脂中出现氧化铁棕红色。

原因：轴承内部或润滑脂中混有水、酸、碱类物质；密封不良；轴承在空气湿度较大的环境中工作发热，在停止运转时迅速冷却形成冷凝水而导致腐蚀；清洗、组装、存放和使用不当。

⑥ 压痕：轴承组件工作面出现一定深度的塑性凹陷。常发生在轴承内、外圈滚道面。

原因：轴承受过大冲击载荷的作用；内、外圈滚道而硬度不足。

⑦ 磕碰伤：轴承零件间或轴承零件与其他硬物间相互碰击而产生的零件表面机械性损坏，多呈棱角形或半月形的刻印状；边缘凸起，手感明显，有时在尖角处产生微裂纹。常发生在轴承零件各表面。

原因：粗鲁作业及相互碰撞而致。

⑧ 裂损：轴承零件金属的连续性遭到破坏而产生的损伤，形成裂纹或破损。多发生在外圈牙口和滚子工作面上。

原因：材质不良（有夹杂物、折叠、白点等冶金缺陷）；热处理中渗碳或淬火不当；磨削操作不当；轴承受非正常冲击力；材质疲劳；由其他缺陷诱发产生。

⑨ 电蚀：当电流通过轴承时，在接触点或面击穿油膜放电，产生高热，造成金属表面局部熔融形成弧坑或沟蚀。一般呈斑点、凹坑、密集的小坑状，有金属熔融现象。电蚀产生的弧坑在放大镜下观察呈火山喷口状。当电流通过运转中的轴承连续击穿油膜时，形成条状平行沟蚀（俗称洗衣板状）。电蚀降低蚀点周围区域金属的硬度，严重时形成剥离。多发生在轴承内、外圈滚道面和滚子滚动面。

原因：电流通过轴承。

▌任务检查单

任务编号	2-3	任务名称	车辆配件表面探伤	
序号	检查内容		是	否
1	具备车辆配件磁粉探伤设备的性能校验的能力			
2	具备车辆典型配件表面预处理能力			
3	具备车辆典型配件表面磁粉探伤能力			
4	具备车辆典型配件伤损的判定、分析与处理能力			
评语				
评分				

项目三　超声波探伤

超声波是一种机械波，机械振动是超声波探伤的物理基础。物体沿着直线或曲线在某一平衡位置附近作往复周期性的运动，称为机械振动，机械波是机械振动在弹性介质中的传播过程。

利用超声波进行探伤，若被探测的介质中有缺陷，利用超声波能从两种介质界面反射的性质，就可以根据其反射波束来确定介质内部有无缺陷及缺陷的大小和位置。例如，由于超声波在介质中传播时都有一定的速度，可以根据超声波被缺陷表面反射回来的时间长短来确定出缺陷的位置，并且还可以根据超声波在缺陷上反射的波形来判断缺陷的性质，因为缺陷的界面是两种介质的分界面，而缺陷本身的声阻抗与介质的声阻抗是不同的。又由于超声波具有绕射性质，可在探伤前根据要求选择出能在缺陷上面引起反射的超声波频率。还因为超声波的指向性与超声波波长有关，可以在对其他条件影响不大的情况下，选择较高的频率，使超声波传播的方向性增强、能量集中，便于发现与确定缺陷的位置。

知识图谱

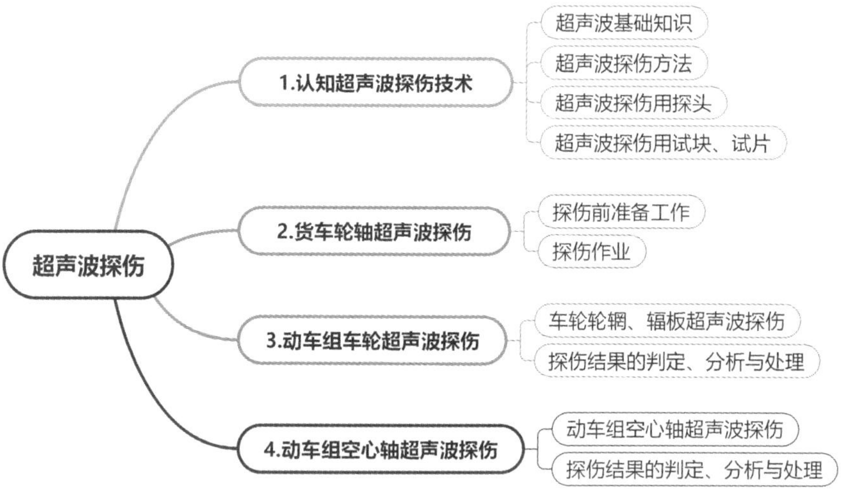

学习目标

【知识目标】

掌握超声波探伤的基本原理；

掌握超声波探伤的方法；

掌握常见零件超声波探伤方法。

【技能目标】

具备常见零件超声波探伤能力。

【素质目标】

培养学生严谨认真的工作作风。

课程思政

重大事故丨京九线 04 年 10915 次列车脱轨重大事故

2004 年 7 月 26 日傍晚，一列货物列车以 60 千米的时速行进在山东省境内的京九铁路，由配属于中国铁路沈阳局集团有限公司阜新机务段的东风 4B 型内燃机车 DF4B-9354 号机车担任本务机车牵引，执行的是 10915 次货运列车任务。列车于 18 时 46 分行至京九线下行任祥屯-郓城处时，位于本务机车司机室内的 2 名司机突然听到后面一阵“喀啦啦”的异响，遂本能地拉下紧急制动闸，在一阵刺耳的“呲啦啦”声中，10915 次列车踉踉跄跄地停了下来。司机停车后下车查看，发现机后第 40～49 位共 10 辆车厢脱轨，其中 7 辆车厢倾覆，现场一片狼藉。司机立即回到司机室，通过无线列调系统呼叫郓城站值班员，报告 10915 次列车脱轨的情况。经现场勘查和定损，脱轨的 10 辆车厢中大破 2 辆、中破 2 辆、小破 6 辆，构成一起货物列车脱轨重大事故。

图 1　事故现场

经过对回收的颠覆脱轨车厢检查发现，10915 次列车机后第 40 位车厢 C62A-4528204 号车的 1 位轮 1 位端轴颈卸荷槽处冷切折断，车轴卸荷槽断口处表面存在较深加工刀痕、一定程度锈蚀和疲劳积累损伤共同作用产生的疲劳裂纹。该轴在段修中采用轮轴微机自动控制超声波探伤机进行探伤时没有得到有效的检测，导致裂纹在运用中逐步发展致使车轴断裂，从而导致第 40 ~ 49 位车厢脱轨，酿成重大事故。

任务 3-1　认知超声波探伤技术

任务书

<table>
<tr><td>任务编号</td><td>3-1</td><td>任务名称</td><td>认知超声波探伤技术</td></tr>
<tr><td colspan="4">任务目标</td></tr>
<tr><td colspan="4">【知识目标】
掌握超声波探伤的基本原理；
掌握超声波探伤方法和常用探头结构；
掌握超声波探伤仪的使用方法；
掌握超声波探伤的一般程序。
【技能目标】
具备超声波探伤技术的应用能力。
【素质目标】
培养学生严谨认真的工作作风；
培养学生团队协作能力</td></tr>
<tr><td colspan="4">知识图谱</td></tr>
<tr><td colspan="4">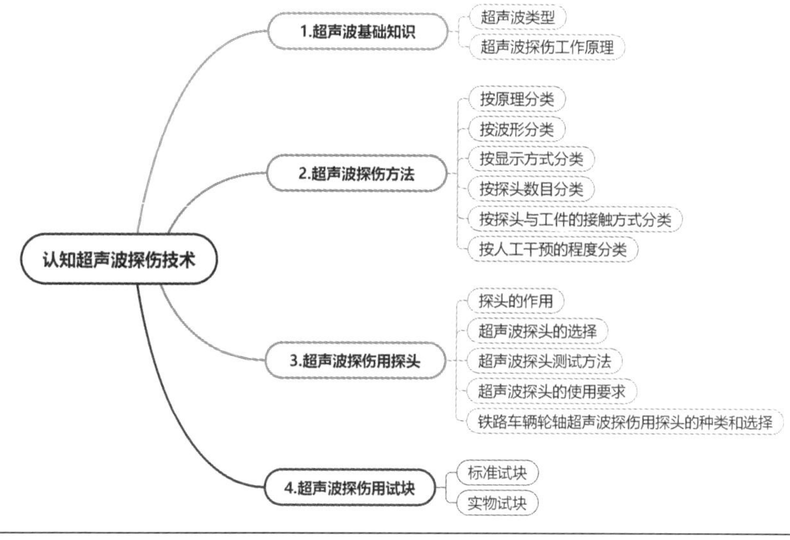
</td></tr>
<tr><td colspan="4">任务描述</td></tr>
<tr><td colspan="4">本次任务是为了全面了解超声波探伤技术的理论知识，以小组为单位汇报超声波探伤的应用、工作原理、常用探头、试块、超声波探伤仪使用方法和一般工作程序，为后续任务的实施奠定理论基础</td></tr>
<tr><td colspan="4">实施说明</td></tr>
<tr><td colspan="4">（1）以小组为单位认真学习任务 3-1 的引导材料，做好知识准备；
（2）结合知识准备和小组汇报情况，教师组织课堂教学内容，填写“任务检查单”</td></tr>
</table>

引导材料

一、超声波基础知识

认知超声波探伤技术

声波可按照频率不同分为可闻声波、次声波和超声波，频率高于 20 kHz 的机械振动波称为超声波。用于探伤的超声波频率范围为 0.2 ~ 25 MHz，其中最常用的频段是 0.5 ~ 10 MHz。

1. 分　类

根据超声波传播时介质质点的振动方向相对于波的传播方向的不同，可将超声波分为纵波、横波、表面波和板波 4 种。

（1）纵波。

介质中质点的振动方向与波的传播方向互相平行的波，称为纵波，用 L 表示。当介质质点受到交变拉压应力作用时，质点之间产生相应的伸缩形变，从而形成纵波。凡能承受拉伸或压缩应力的介质都能传播纵波，固体介质能承受拉伸或压缩应力，液体和气体虽不能承受拉伸应力，但能承受压应力产生容积变化，因此，固体、液体和气体都能传播纵波。纵波一般应用于钢板、锻件探伤。

（2）横波。

介质中质点的振动方向与波的传播方向互相垂直的波，称为横波，用 S 或 T 表示。当介质质点受到交变的剪切应力作用时，产生剪切形变，从而形成横波。只有固体介质才能承受剪切应力，液体和气体介质不能承受剪切应力，因此，横波只能在固体介质中传播，不能在液体和气体介质中传播。横波一般应用于焊缝、钢管探伤。

（3）表面波。

当介质表面受到交变应力作用时，产生沿介质表面传播的波，称为表面波，又称瑞利波，常用 R 表示。表面波在介质表面传播时，介质表面质点作椭圆运动，椭圆长轴垂直于波的传播方向，短轴平行于波的传播方向；椭圆运动可视为纵向振动与横向振动的合成，即纵波与横波的合成，因此表面波只能在固体介质中传播，不能在液体和气体介质中传播。表面波的能量随深度增加而迅速减弱，当传播深度超过两倍波长时，质点的振幅就已经很小了，因此，一般认为表面波探伤只能发现距工件表面两倍波长深度内的缺陷。表面波一般应用于钢管探伤。

（4）板波。

板波是板材特有的一种波形，它在板材厚度小于入射波波长时产生。在一个给定的板材中可以存在 3 种不同偏振的板波：一种是纯横波，它的偏振方向与板表面平行；第二种是对称型的拉姆（Lamb）波，在板材中心面上的质点的偏振方向与传播方向平行，如同纵波的偏振，而其他位置的质点的偏振轨迹为椭圆；第三种为非对称型（或弯曲型）的拉姆（Lamb）波，板材中心面上质点的偏振方向与传播方向垂直，其他位置的质点的偏振轨迹也为椭圆。板波一般应用于薄板、薄壁钢管探伤。

铁道车辆典型零件超声波探伤过程中，通常利用纵波和横波进行探伤检测。

2. 超声波探伤工作原理

当超声波在被检测材料中传播时，材料的声学特性和内部组织的变化对超声波的传播产生一定的影响，人们通过对超声波受影响程度和状况的探测，来了解材料的性能和结构的变化。

二、超声波探伤方法

超声波探伤方法可按原理、波形、显示方式、探头数目、探头与工件的接触方式、人工干预程度等多个角度进行分类。

1. 按原理分类

超声波探伤方法按原理可分为穿透法、脉冲反射法、衍射时差法（TOFD）等。

（1）穿透法。

它是最早采用的超声波探伤法，也叫透射法。其基本原理：先将两个探头分别置于被测工件的两个相对面，一个探头发射超声波，超声波即透射过被测工件而被另一面的探头所接收，若被测件内有缺陷存在，由于缺陷可引起超声波的衰减，因此透射过的超声波的能量减少，根据能量减少的程度可判断缺陷的大小（见图 3-1-1）。

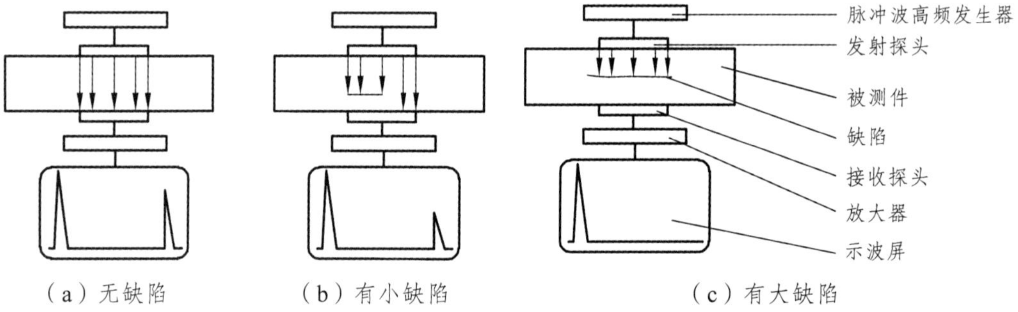

图 3-1-1　穿透法

（2）脉冲反射法。

超声波以持续极短的时间发射脉冲到被检工件内，当遇到缺陷和底面时就会产生反射，根据反射波的情况来检测试件缺陷的方法称为脉冲反射法。它是目前应用最广泛的一种超声波探伤法，探伤结果一般用 A 型显示（一种波形显示方式，下文会介绍 A 型显示的含义）。脉冲反射法可分为垂直探伤法和斜角探伤法两种。

① 垂直探伤法。

使超声波垂直进入工件进行探伤的方法称为垂直探伤法。当被测件无缺陷时（见图 3-1-2），示波屏上只有始波（T）和底波（B），当被测件中有小缺陷时，示波屏上除始波和底波外，还有缺陷波（F），当被测件中的缺陷大于声束直径时，示波屏幕上只有始波和缺陷波，底波消失。

② 斜角探伤法。

使超声波以一定入射角（大于 0°）进入工件，超声波以与探测面成一定角度的传播方式进行探伤的方法，称为斜角探伤法。当被测工件无缺陷时（见图 3-1-3），示波屏上只有始波（T），当被测工件中有缺陷时，示波屏上除始波外，还有缺陷波（F）。

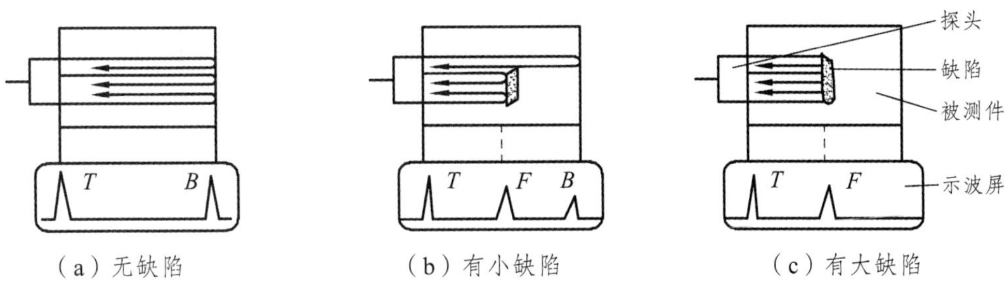

图 3-1-2　垂直探伤法

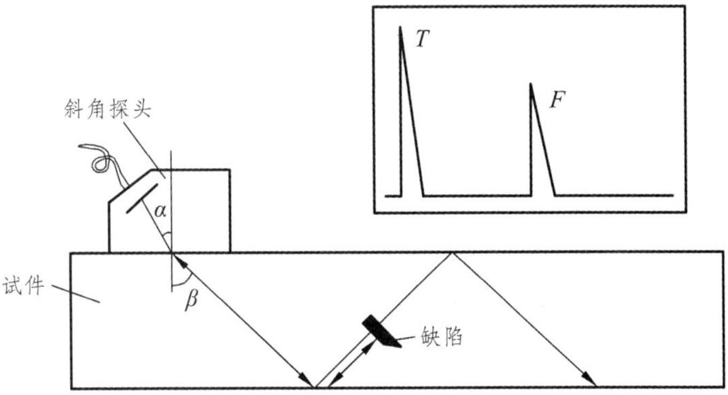

图 3-1-3　脉冲反射式斜角探伤法

（3）衍射时差法。

波的衍射是指在媒质中由于有障碍物或其他的不连续性而引起波改变传播方向的现象。如障碍物的尺寸远大于波长，则衍射不明显；如障碍物的尺寸与波长相近时，则衍射最明显。衍射时差法（TOFD）就是利用缺陷部位的衍射波信号来检测和测定缺陷尺寸的一种超声检测方法，通常使用纵波斜探头，采用一发一收模式。缺陷处的衍射现象如图 3-1-4 所示。

衍射时差法一般将探头对称分布于焊缝两侧，在工件无缺陷部位，发射超声脉冲后，首先到达接收探头的是直通波，然后是底面反射波。有缺陷存在时，在直通波和底面反射波之间，接收探头还会接收到缺陷处产生的衍射波（图 3-1-5）。除上述波外，还有缺陷部位和底面因波形转换产生的横波，因为声速小于纵波，因而一般会迟于底面反射波到达接收探头。

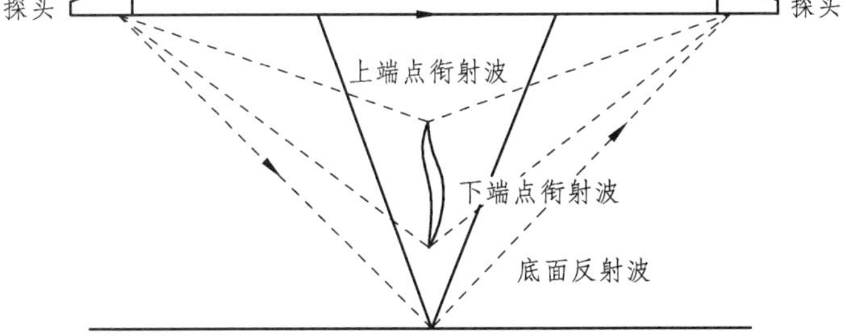

图 3-1-4　衍射现象

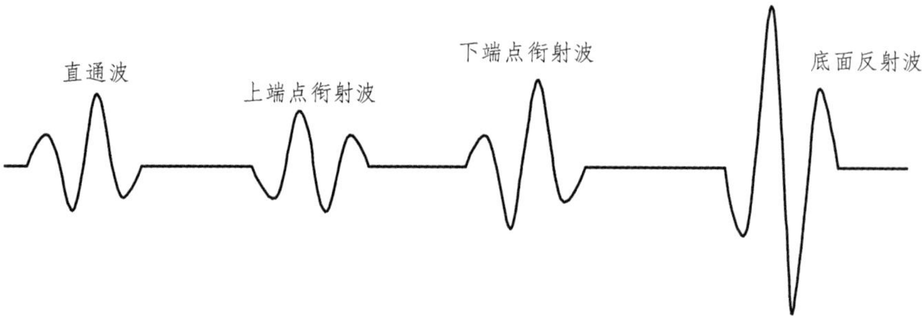

图 3-1-5　缺陷处波形

2. 按波形分类

超声波探伤方法按波形可分为纵波法、横波法、表面波法、板波法、爬波法等，这里主要介绍常见方法——纵波法和横波法。

（1）纵波法。

利用纵波进行探伤的方法称为纵波法，通常垂直探伤法就属此类。它在板材、锻件、铸件、复合材料等探伤中广泛应用，本节之前介绍的垂直探伤法属于一次脉冲反射法，此外还有多次脉冲反射法（见图 3-1-6），该方法是以多次底面脉冲反射信号为依据进行探伤的操作时，示波屏上出现波高逐次递减的多次底波，若工件中存在吸收性缺陷时（如疏松等），声波穿过缺陷后能量衰减，底面回波减少。缺陷愈严重，衰减愈大，底面回波愈少。

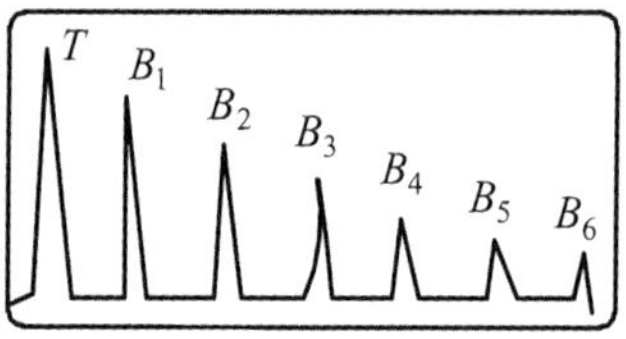

（a）无缺陷

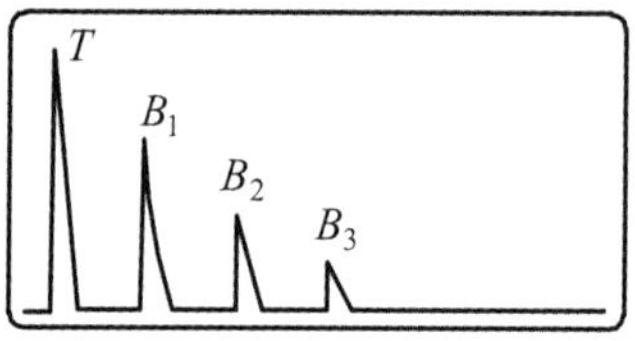

（b）有吸收性缺陷

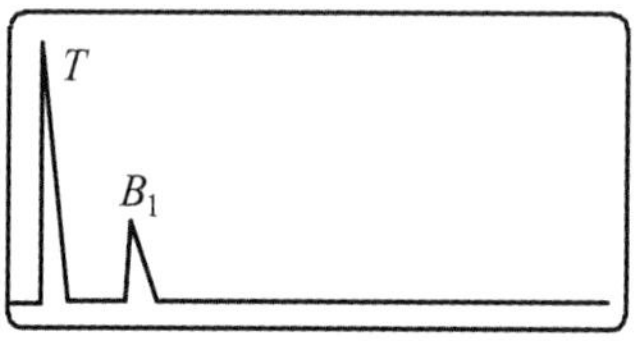

（c）有严重吸收性缺陷

图 3-1-6　多次脉冲反射法

（2）横波法。

利用横波进行探伤的方法称为横波法。当超声波倾斜入射至工件表面时，会产生反射、折射现象，还伴随着波形转换现象，即产生与入射波不同类型的反射波和折射波。当一束纵波（L）从第一界面倾斜入射至第二界面时（见图 3-1-7），不仅产生反射纵波（L'）、折射纵波（L''），还出现了反射横波（S'）和折射横波（S''），若 $C_{L1}>C_{L2}$，则 β_L=90°时对应的纵波入射角称为第一临界角，用 α_{I} 表示；若 $C_{S1}>C_{S2}$，则 β_S=90°时对应的纵波入射角称为第二临界角，用 α_{II} 表示。若纵波入射角 $\alpha_L<\alpha_{\text{I}}$，则既存在折射横波，又存在折射纵波；若 $\alpha_L \leqslant \alpha_{\text{I}} \leqslant \alpha_{\text{II}}$，则只存在折射横波，不存在折射纵波，这就是横波探头利用横波法进行探伤的设计原理和依据。

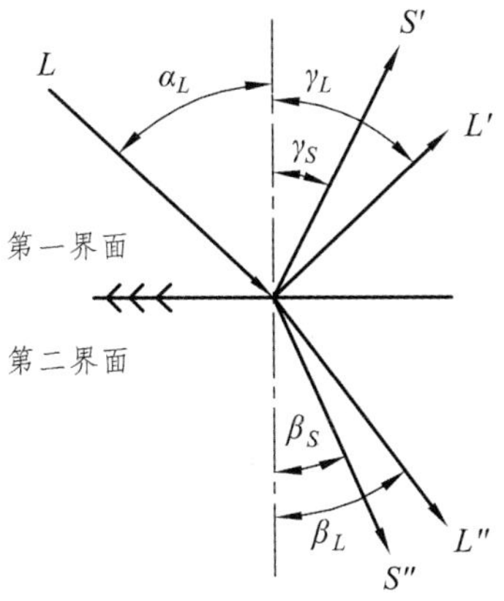

L—入射纵波；L'—反射纵波；L''—折射纵波；S'—反射横波；S''—折射横波；α_L—纵波入射角；
β_L—纵波折射角；γ_L—纵波反射角；β_S—横波折射角；γ_S—横波反射角。

图 3-1-7　纵波倾斜入射至界面

3. 按显示方式分类

超声波探伤方法按显示方式可分为 A 型显示和超声成像显示。

（1）A 型显示。

A 型显示是以水平基线表示超声波传播的距离或时间，用垂直于基线表示超声波反射幅度的一种信号显示方式（见图 3-1-8）。它可以根据缺陷回波在荧光屏水平基线上的位置来确定缺陷深度，用回波幅度的高低来衡量缺陷大小。

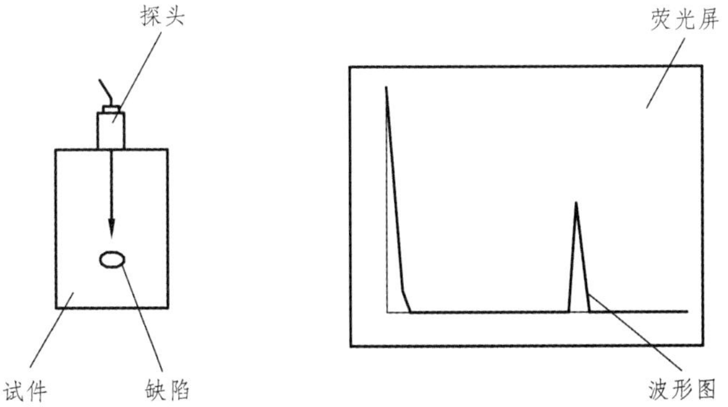

图 3-1-8　A 型显示

（2）超声成像显示。

超声成像显示可细分为 B 型显示、C 型显示、P 扫描成像、ALOK 超声成像、相控阵超声成像等。

①B 型显示。

B 型显示是以显示被检工件的横截面图像，指示反射体的大致尺寸及其相对位置的超声信息显示方法（见图 3-1-9）。荧光屏上横坐标表示探头移动距离，纵坐标表示声波传播距离或时间，显示图形随探头的移动和回波时间而变化，可直观了解探头移动下方的缺陷分布和距离探测面深度。

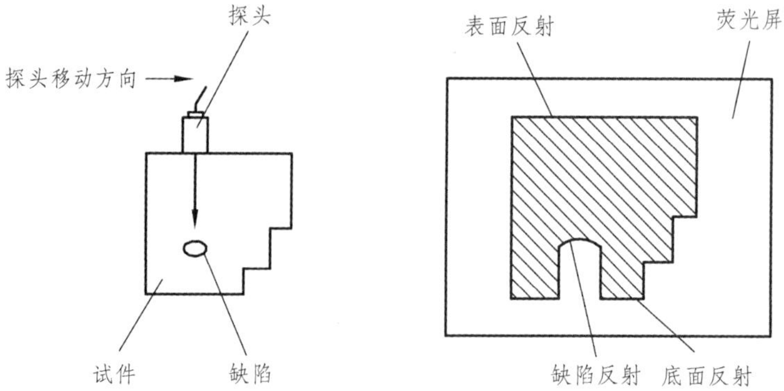

图 3-1-9　B 型显示

②C 型显示。

C 型显示是以显示整个体积内缺陷或界面的顶视图像，指示缺陷位置和大小的超声信息显示方法（见图 3-1-10）。这种显示方式的特点是探头接收到的缺陷信号以亮点和暗点来绘出缺陷的水平投影位置，因而荧光屏上所表示的是被检工件的投影图。黑白显示器一般不能给出缺陷的深度，如果采用彩色显示器，用门脉冲将深度分成阶段，以不同的颜色表示一定深度，则可显示缺陷的大约深度。

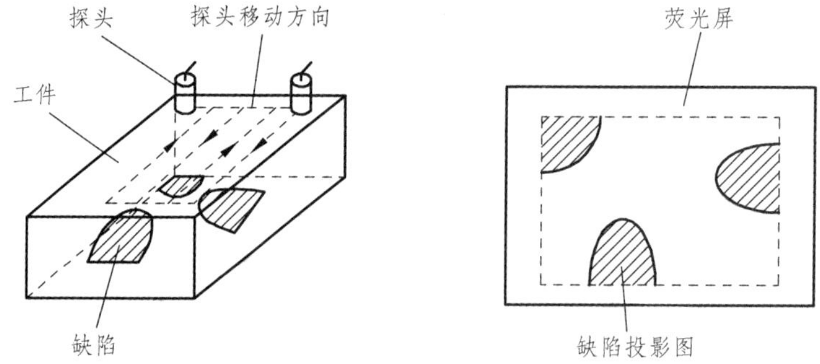

图 3-1-10　C 型显示

（3）相控阵超声成像显示。

超声相控阵是超声探头晶片的组合，由多个压电晶片按一定的规律分布排列，然后逐次按预先规定的延迟时间激发各个晶片，所有晶片发射的超声波形成一个整体波阵面，能有效地控制发射超声束（波阵面）的形状和方向，能实现超声波的波束扫描、偏转和聚焦。它为确定不连续性的形状、大小和方向提供出比单个或多个探头系统更大的能力。

超声相控阵检测技术使用不同形状的多阵元换能器产生和接收超声波束，通过控制换能器阵列中各阵元发射（或接收）脉冲的不同延迟时间，改变声波到达（或来自）物体内某点时的相位关系，实现焦点和声束方向的变化，从而实现超声波的波束扫描、偏转和聚焦。然后采用机械扫描和电子扫描相结合的方法来实现图像成像。

4. 按探头数目分类

超声波探伤方法按探头数目可分为单探头法、双探头法、多探头法等。

（1）单探头法。

使用一个探头兼作发射和接收超声波的检测方法称为单探头法。单探头法操作方便，可检出大多数缺陷，是目前最常用的一种方法。

该方法对于与波束轴线垂直的面状缺陷和立体型缺陷的检出效果最好，但与波束轴线平行的面状缺陷难以检出，当缺陷与波束轴线倾斜时，则根据倾斜角度的大小，能够收到部分回波或者因反射波束全部反射在探头之外而无法检出。

（2）双探头法。

使用两个探头（一个发射超声波、一个接收超声波）进行检测的方法称为双探头法。该方法主要用于发现单探头法难以检出的缺陷。

（3）多探头法。

使用两个以上的探头组合在一起进行检测的方法称为多探头法。多探头法主要是通过增加声束来提高检测速度或发现各种取向的缺陷，通常与多通道仪器和自动扫查装置配合，提高焊缝检测效率（见图 3-1-11）。

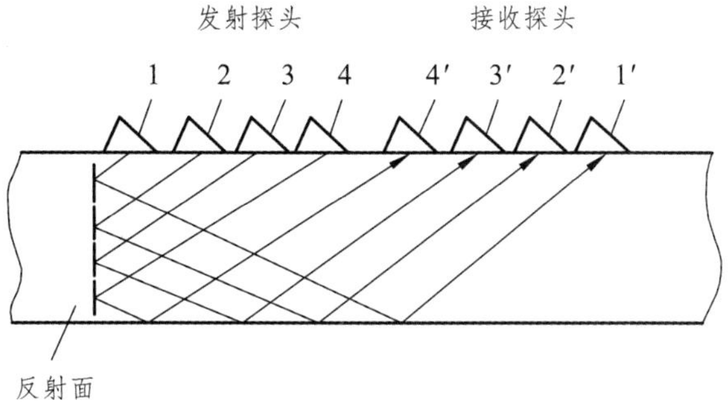

图 3-1-11　多探头法

5. 按探头与工件的接触方式分类

超声波探伤方法按探头与工件的接触方式可分为接触法、液浸法、电磁耦合法。

（1）接触法。

探头与工件检测面之间涂有很薄的耦合剂层，因此可以看作两者直接接触，故称为直接接触法，简称接触法。该方法多为手工检测，操作方便，所需设备简单，适用于现场检测，且成本较低，直接耦合，入射声能损失小，可提供较大的厚度穿透能力；但因手工操作受人为因素影响较大，耦合不易稳定，故被检表面的粗糙度要求较高。

（2）液浸法。

液浸法是将探头和工件浸于液体中，以液体作耦合剂进行检测的方法。耦合剂可以是水，也可以是油，当水作耦合剂时，称为水浸法。液浸法按检测方式不同，又分为全浸没式和局部浸没式（见图 3-1-12），局部浸没式又分为喷液式、通水式、满溢式 3 类。

液浸法的优点：探头与被检工件不接触，超声波的发射和接收均较稳定，可检测较薄的工件，且探头不会磨损；通过调节探头角度和加装透镜，可改变探头发射的声束方向，实现聚焦声束检测，满足高灵敏度、高分辨力检测的需要；便于实现自动检测，减少影响检测可靠性的人为因素。缺点：超声波在液体或金属界面的反射能量损失大，检测高衰减和大厚度材料时，需采用较高的增益；在较高增益下，还可能出现噪声干扰。

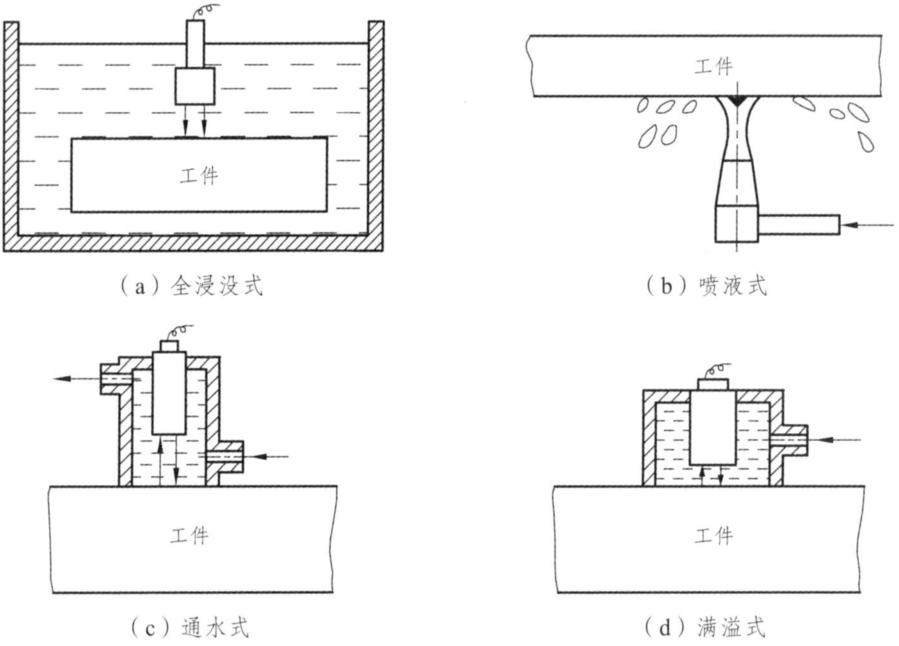

图 3-1-12 液浸法

（3）电磁耦合法。

电磁耦合法是采用电磁探头激发和接收超声波的检测方法，也称为电磁超声检测方法（EMAT）。使用这种方法时，探头与工件之间不接触。

铁磁性材料在磁化过程中各磁畴之间的界限发生移动，因而产生机械变形，这种现象称为磁致伸缩效应。反之，在外力作用下，使各磁畴之间的界限发生移动，从而磁化强度也发生相应的变化，这种现象称为逆磁致伸缩效应。由于电磁感应的存在，材料形变而产生的磁场，必然会在材料中感应一个电场，在铁磁性材料中的任何机械振动都会伴随着产生一个电磁振动，这两种振动产生的波相互耦合在一起，就会形成电磁超声。

常规的超声检测给无损检测工作人员带来最大的不便就是需对检测对象的表面进行处理，使其达到一定的表面粗糙度。电磁超声检测与常规方法相比无须机械和液体耦合，进行锅炉、压力容器和压力管道检测时对沾染或结渣轻微的表面无须进行处理，大大减少了辅助性工作量；由于电磁超声探头与工件有一定的距离，因此还可应用于高温在线检测；电磁超声检测速度快，适用于连续生产线的自动检测。综合而言，电磁超声技术具有广阔的发展空间。

目前，电磁超声可以像传统的压电晶片换能器一样，在铁磁性金属件中产生纵波、横波、斜声束以及聚焦声束，可同常规的超声检测一样来检查工作中的缺陷。但是，电磁超声的缺陷检出能力和信噪比与常规的压电晶片换能器超声检测相比，还有待进一步提高。

6. 按人工干预的程度分类

超声波探伤方法按人工干预的程度可分为手工检测、自动检测。

（1）手工检测。

一般指由操作者手持探头进行的 A 型脉冲反射式超声检测。该方法简便实用，但检测可靠性受人为因素影响较大。

（2）自动检测。

使用自动化超声检测设备，在最少的人工干预下进行并完成检测的全部过程。一般指采用自动扫查装置，或在检测过程中可自动记录声束位置信息、自动采集和记录数据的检测方式。该方法所要求的检测设备较复杂，但检测可靠性受人为因素影响较小。

三、超声波探伤用探头

1. 探头的作用

在超声波探伤中，超声波的发射和接收是通过探头来实现的。探头的作用就是将电能转换为超声能（产生超声波）或将超声波转换成电能。将能量从一种形式转换为另一种形式的器件称为换能器，探头是一种电/声能量转换器件，因此，探头也称为超声换能器或电声换能器。探头的核心元件是薄片状压电晶体。压电晶体在受到拉伸或压缩时产生变形，在晶体的界面上出现电荷的现象称为正压电效应。而在电场的作用下，晶体发生变形的现象，称为逆压电效应。正压电效应和逆压电效应统称为压电效应。能够产生压电效应的材料称为压电材料。由于压电材料多是非金属电介质晶体结构，故又称为压电晶体。压电晶体分为单晶体和多晶体。单晶体是各向异性体，其中有天然形成的单晶体材料，如石英（SiO_2）、电气石等；有人工培养拉制成的单晶体材料，如硫酸锂（$LiSO_4$）、碘酸锂（$LiIO_3$）、铌酸锂（$LiNbO_3$）和酒石酸钾钠（KNT）等，单晶体的接收灵敏度较高。多晶体是各向同性的，它是人工烧制而成的，如钛酸钡（$BaTiO_3$）、钛酸铅（$PbTiO_3$）、锆钛酸铅（PZT）、偏铌酸铅（$PbNb_2O_2$）等，这些人工烧制的多晶体统称为压电陶瓷。

常用于制作超声探头的压电材料主要有石英、硫酸锂和锆钛酸铅。

超声波的产生与接收过程：当探伤仪发射电路产生的高频脉冲加于探头时，激励压电晶片发生高频振动，产生超声波；相反，当超声波传至探头而使晶片发生高频振动时，晶片就产生高频电振荡，送至探伤仪接收电路，经放大与检波，在示波管上显示出波形，因此，探头是利用压电晶片的逆压电效应产生超声波，同时利用压电晶片的正压电效应接收超声波的。

2. 超声波探头的选择

根据被检对象的形状、声学特点和技术要求来选择探头。选择包括探头的形式、频率、带宽、晶片尺寸和斜探头的 K 值、α 值等。

（1）探头形式。

一般根据工件形状和可能出现缺陷的部位、方向等条件来选择，使声束轴线尽量与缺陷垂直。下面介绍几种常用探头的结构及应用。

① 直探头。

波束垂直于被探测工件表面入射的探头称为直探头。它用来发射和接收纵波，一般用于手工操作接触法探伤时，检测与检测面平行或近似平行的缺陷。这种探头既适合于单探头反射法，也适合于双探头穿透法。它由压电晶片、阻尼块、保护膜、壳体及高频接头、地线（电缆线）等基本元件组成，如图 3-1-13 所示。

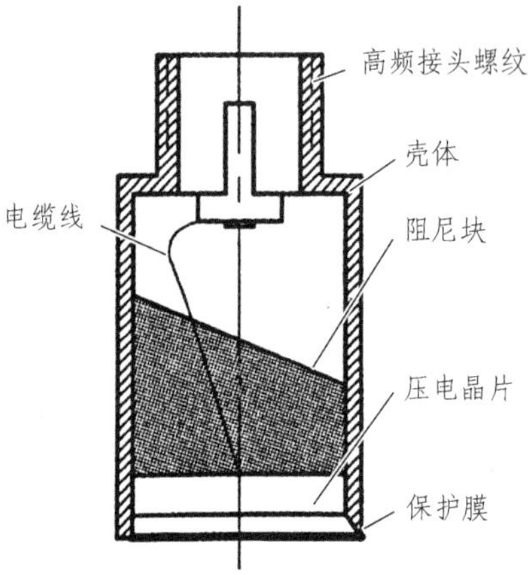

图 3-1-13　直探头的结构

压电晶片是探头的核心元件，用来发射与接收超声波。阻尼块伏贴在压电晶片后面，以吸收晶片的惯性振动与辐射声能。保护膜用来保护压电晶片与电极，以防止其磨损与碰坏。壳体一般由金属或塑料制成。

② 斜探头。

利用透声楔块使声束倾斜于工件表面射入工件的探头，称为斜探头。以射入角的不同，可在工件中产生纵波、横波和表面波。通常所说的斜探头是指横波斜探头，斜探头主要由压电晶片、透声斜楔块、吸声材料、接头和壳体等组成，如图 3-1-14 所示，用于检测与检测面垂直或成一定角度的缺陷。

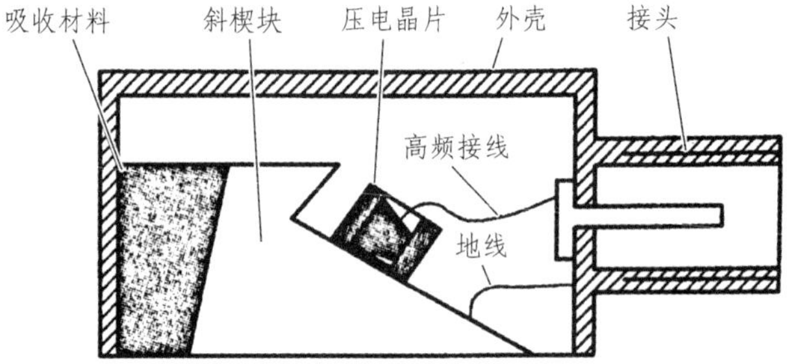

图 3-1-14　斜探头的结构

透声斜楔块材料常采用有机玻璃，它的衰减系数适宜，加工方便，透声斜楔块的形状对杂波占宽影响较大，透声斜楔块前部和上部常开有消声槽，使声波漫散射，以减少杂波幅度。

斜探头根据声束入射角的不同，会在工件中产生折射角不同的横波。横波斜探头的标称方式有 3 种：

以纵波入射角作为标称，有 30°、45°、50°和 55°。

以钢中的横波折射角作为标称，有 40°、45°、50°、60°和 70°等。

以钢中的折射角正切值（K）作为标称，常用探头的 K 值有 1、1.5、2、2.5 和 3。

有机玻璃斜探头的入射角与在钢中的横波折射角的关系如表 3-1-1 所示，K 值与折射角的关系如表 3-1-2 所示。

表 3-1-1　有机玻璃斜探头的入射角与在钢中的横波折射角的关系

入射角	30°	45°	50°	55°
折射角	36°	57°	65°	76°

表 3-1-2　*K* 值与钢中的横波折射角的关系

K	1	1.5	2	2.5	3
折射角	45°	56°	63°	68°	72°

纵波斜探头也是斜探头的一种，它是利用小角度的纵波进行检测，或在横波衰减过大的情况下，利用纵波穿透能力强的特点进行斜入射纵波检测。

③ 表面波探头。

表面波探头是斜探头的一个特例。

当斜探头入射角等于第二临界角时，得到沿被探测材料表面传播的表面波，这种斜探头称为表面波探头。

④ 双晶探头。

双晶探头又称为联合双探头或分割式 TR 探头，它有两个压电晶片，装在同一个壳体内。一个晶片发射，另一个晶片接收，两个晶片之间用隔声层隔开，防止发射声波直接传入接收晶片。晶片前面带有有机玻璃延迟块，使声波延迟一段时间进入工件。由于发射和接收分开，并且使用了延迟块，所以大大减少了盲区，利于近表面缺陷的探测，常用于探测薄壁工件或近表面缺陷。典型双晶探头的结构如图 3-1-15 所示。

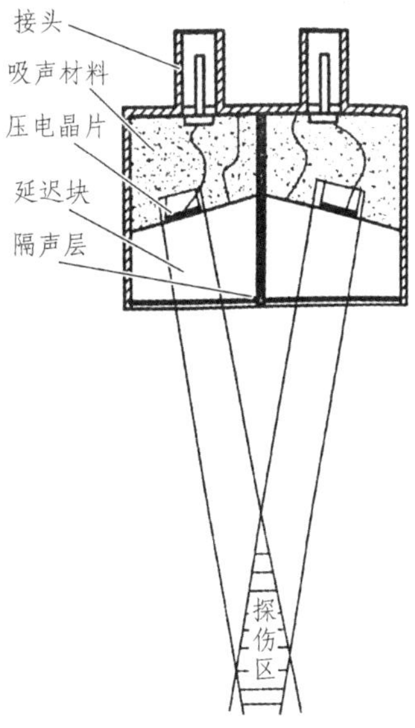

图 3-1-15　双晶探头的结构

（2）探头频率。

超声波检测频率范围为 0.5 ~ 10 MHz，一般而言，频率的高低对检测有较大影响，实际检测中要全面分析考虑各方面的因素，合理选择频率以取得最佳平衡。对于小缺陷、厚度不大的工件，晶粒较细的锻件、轧制件和焊接件，一般选择较高频率（2.5 ~ 10 MHz）；对于大厚度工件、高衰减材料选择较低频率（0.5 ~ 2.5 MHz）。

（3）探头带宽。

宽带探头脉冲宽度较小，深度分辨率好，盲区小，灵敏度较低；窄带探头脉冲较宽，深度分辨率变差，盲区大，灵敏度较高，穿透能力强。

（4）探头晶片尺寸选择。

探头晶片面积一般≤500 mm²，圆晶片直径一般≤ϕ25 mm。晶片大小对检测有以下影响：

① 声束指向性。

晶片尺寸越大，半扩散角越小，波束指向性越好，超声波能量越集中，对缺陷检出效果有利。

② 近场区长度。

随着晶片尺寸的增大，近场区长度也将迅速增大，对检测结果不利。

③ 扫查范围。

晶片尺寸越大，辐射的超声波能量也就越大，探头未扩散区扫查范围也将变大，发现远距离缺陷能力会减小。

综上所述，晶片大小对声束指向性、近场区长度、近距离扫查范围、远距离缺陷检出能力有较大影响。在选择晶片尺寸时，大晶片探头能够提高检测效率，检测厚工件时有效发现远距离的缺陷；检测小工件时，使用小晶片探头可以提高缺陷定位、定量精度，检测表面不太平整或曲率较大工件时，使用小晶片探头可以减少耦合损失。

（5）横波斜探头 K 值与纵波斜探头 α 值。

在横波检测中，斜探头 K 值影响缺陷检出率、检测灵敏度、声束轴线方向、一次波的声程。因此，在实际检测中，工件厚度较小时，应选用较大 K 值，工件厚度较大时，应选用较小 K 值。而在纵波检测中，斜探头入射角 α 值与 K 值的作用是一致的，如表 3-1-3 及表 3-1-4 所示。

表 3-1-3　横波斜探头 K 值与折射角 β 值的对应关系表

探头 K 值	0.7	0.8	1.0	1.2	1.3	1.4
折射角 β	35°	40°	45°	50°	52°	55°

表 3-1-4　小角度纵波探头入射角 α 值与折射角 β 值的对应关系表

入射角 α	6°	7°	8°	9°
折射角 β	13.23°	15.5°	17.63°	19.9°
入射角 α	10°	10.5°	11°	12°
折射角 β	22.21°	23.3°	24.54°	26.9°

3. *超声波探头测试方法*

（1）横波探头入射点的标定测试方法。

将探头置于 CSK-1A 型标准试块上（见图 3-1-16），调节仪器，探测试块 R100 圆弧面，在声束方向与试块侧面保持平行的条件下，前后移动探头，使 R100 圆弧面的第一次回波幅度达到最高，读取此时 R100 圆心处记号所对应的探头侧面的刻度作为入射点（读数精确到 0.5 mm）。

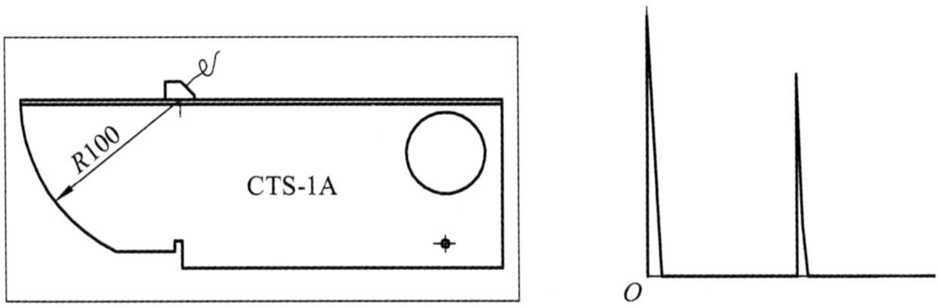

图 3-1-16　横波探头入射点的标定测试方法

（2）横波探头 K 值和 β 角的测定。

将标定好入射点的探头置于 TZS-R 试块 R 面上（见图 3-1-17），调节仪器，移动探头，用二次反射波找出 A 面探测深度为 60 mm 的人工缺陷，前后移动探头并保持探头声束与试块侧面平行，使人工缺陷的反射波达到最高，则探头入射点所对应试块上的刻度（以 60 cm 为单位），即为探头的 K 值。

折射角 β 为

$$\beta = \arctan K \tag{3-1-1}$$

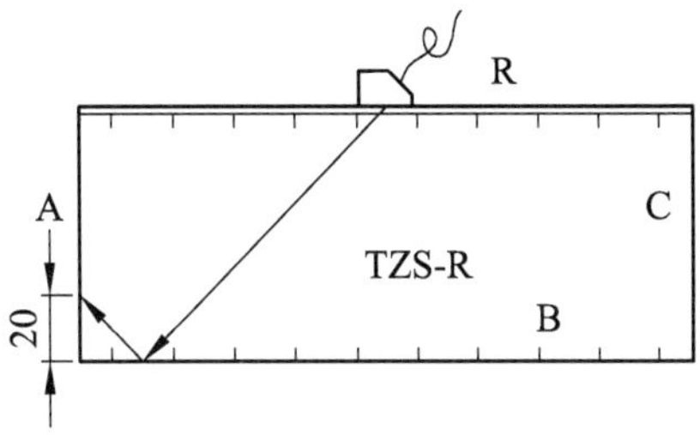

图 3-1-17　斜探头 K 值和 β 角测定方法示意图

（3）折射角误差测量。

探头折射角度实测值 β 与标称值 β_0 差值的绝对值，即为该探头折射角误差。

$$\Delta\beta = \beta - \beta_0 \tag{3-1-2}$$

当横波斜探头的折射角误差超过规定值时，需修磨或更换探头；探头在测试过程中，如果出现双峰或多峰现象，则该探头不能使用。

（4）其他类型探头的原理及特点。

① 双晶探头。

双晶探头有其声能集中区，利用这一特点，可以提高探测区内的缺陷灵敏度，同时利用声能集中区可以提高信噪比。

② 液浸探头、液浸聚焦探头。

此种液浸探头常用于水浸法的手工或自动检测。以水作为耦合剂，将声能传入试件，由于探头不与试件接触，晶片损坏的可能性不大。

在液浸探头的晶片平面上加上声透镜便成为液浸聚焦探头。在聚焦内超声束宽度可被减小，而声强则被增大。

③ 接触式聚焦斜探头。

接触式聚焦斜探头通常分为透镜式、反射式和曲面晶片 3 种。该探头对焦区范围内的缺陷自检能力很强。在使用过程中，曲面晶片聚焦探头的效果最好，但其制作难度大，价格昂贵。

④ 相控阵探头。

相控阵探头一般由阵列探头和电子控制系统两部分组成，其中阵列探头是由若干只子探头（或晶片）按一定规律排列起来的探头阵列。

用电子方法控制施加到相控阵探头中各子探头上激励电压的时间，以控制各子探头发射的声波在不同方向、不同位置上的相位，使其声场能够根据需要在不同方向或不同位置上的同相位叠加，实现探头声束的扇形扫查、水平扫查和聚焦，该技术称为相控阵技术。

4. 超声波探头的使用要求

超声波探伤仪探头应通过技术评审或生产质量认证并由专业厂家生产，经验收合格后方可投入使用。按规定的周期对探头和探头连接线进行检测、维修与更换。探头在测试或使用过程中如出现双峰或多峰现象应更换探头。

在使用的过程中严禁用强力抨击探头，保护探头的晶片不受损坏。使用完毕之后应该把探头面擦拭干净，将探头放在通风散热的地方。

5. 铁路车辆轮轴（车轮、车轴）超声波探伤用探头的种类和选择

手工超声波探伤通常选用直探头和斜探头进行作业。

（1）客车轮轴超声波探伤用探头。

在铁路客车轮轴探伤应用中，直探头一般用于轴身的纵向穿透检查及车轮轮辋、辐板的探伤检查。其他探头的使用情况如下：

① 使用横波斜探头探测轮座、盘座。

横波斜探头探测轮座和盘座时，轮轴型号与探头型号、探头移动和探测范围如表 3-1-5 所示。

表 3-1-5 使用横波探头探测轮座和盘座时的参数　　单位：mm

轮轴型号	探头型号	探测面	探测部位	移动区域		探测区域	
				起始位置	范围	起始位置	范围
RC_3、RC_4	K1.0	轴身	轮座镶入部内侧	轮座后肩	48～168	轮座后肩	0～120
	K1.4	轴身	轮座镶入部外侧	轮座后肩	47～120	轮座前肩	5～78
RD_3、RD_4	K1.0	轴身	轮座镶入部内侧	轮座后肩	60～184	轮座后肩	0～124
	K1.4	轴身	轮座镶入部外侧	轮座后肩	65～139	轮座前肩	0～74
RC_{13}、RD_{10}	K1.2	轴身	轮座镶入部内侧	轮座后肩	65～221	轮座后肩	0～156
	K1.4	轴身	轮座镶入部外侧	轮座后肩	65～107	轮座后肩	156～198
RD_{3B}	K1.3	轴身	两侧盘座镶入部	盘座前肩	86～241	盘座后肩	0～155
	K1.3	轴身	中间盘座镶入部	盘座前肩	86～241	盘座前肩	0～155
RDAM96	K1.2	轴身	盘座镶入部	盘座后肩	72～216	盘座前肩	0～144
	K1.2	轮座与盘	轮座镶入部外侧	轮座后肩	47～89	轮座前肩	0～46

各种探头的探测面和探测部位如图 3-1-18 ~ 图 3-1-23 所示。

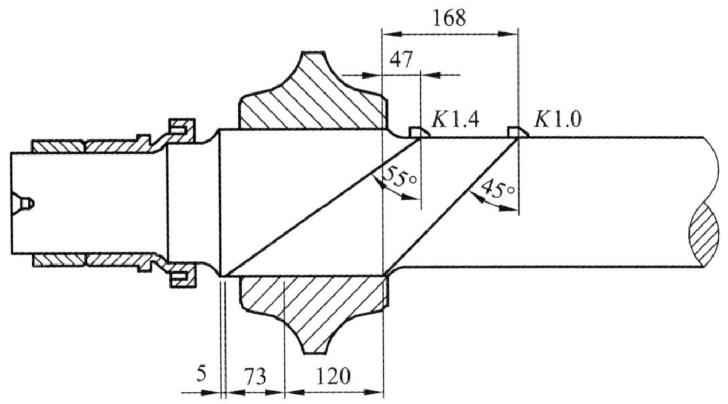

图 3-1-18　$RC_3(RC_4)$探测部位示意图

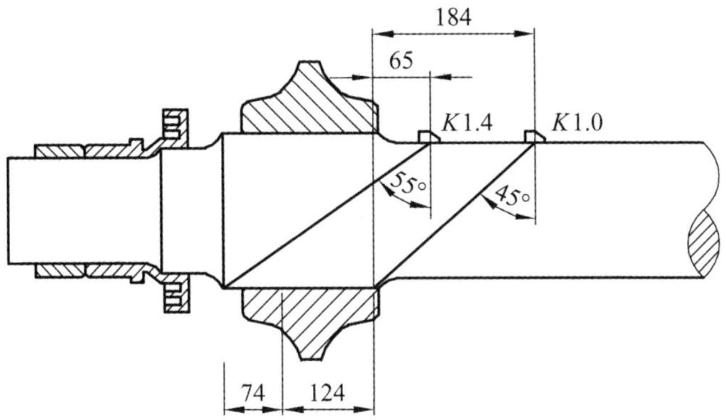

图 3-1-19　$RD_3(RD_4)$探测部位示意图

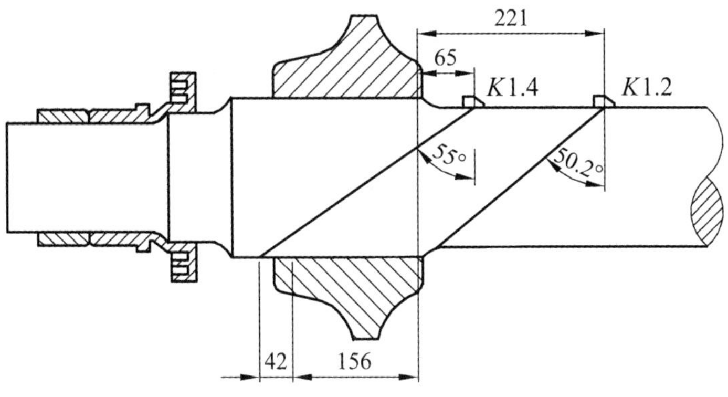

图 3-1-20　RD_{13} 探测部位示意图

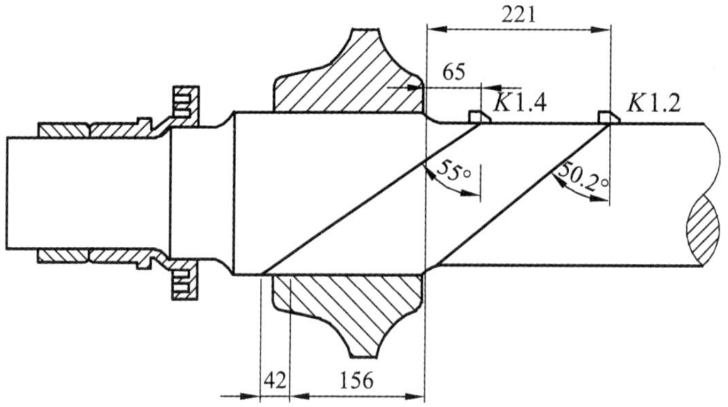

图 3-1-21　RD_{10} 探测部位示意图

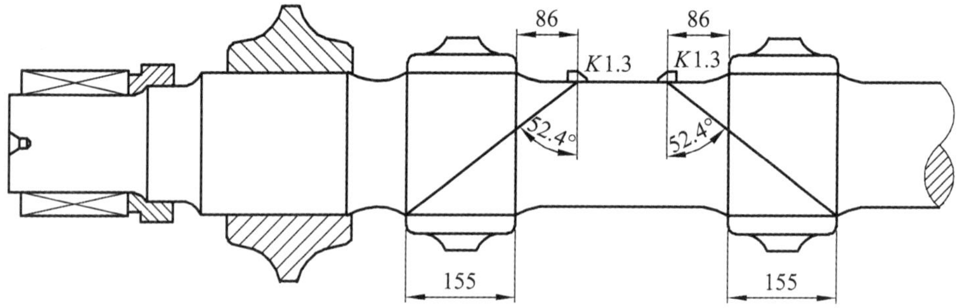

图 3-1-22　RD_{3B} 探测部位示意图

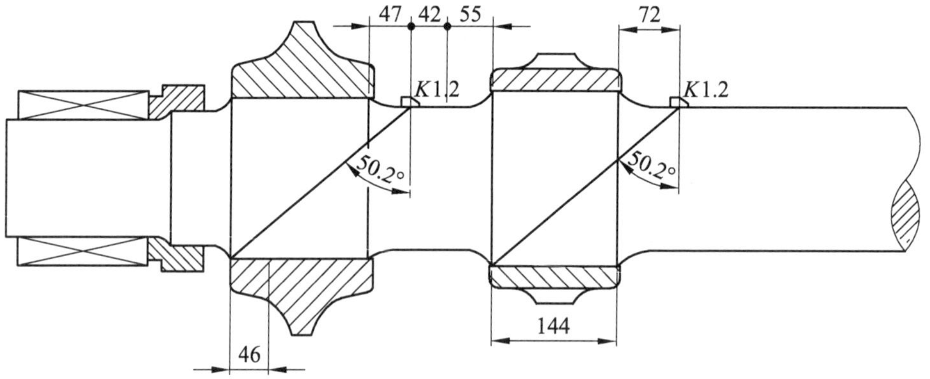

图 3-1-23　DAM96 探测部位示意图

② 使用小角度纵波探头探测轮座镶入部。

小角度纵波探头探测轮座镶入部时，探头折射角、探测面、部位、范围如表 3-1-6 所示。

表 3-1-6　使用小角度纵波探头探测轮座镶入部时的参数

轮轴型号	探头折射角	探测面	探测部位和范围/mm
RD_{3B}	20.0°	轴端面	轮座外侧 32～77
	14.5°	轴端面	轮座内侧 0～52
RDAM96	16.5°	轴端面	轮座内侧 0～65

各种探头的探测面和探测部位如图 3-1-24、图 3-1-25 所示。

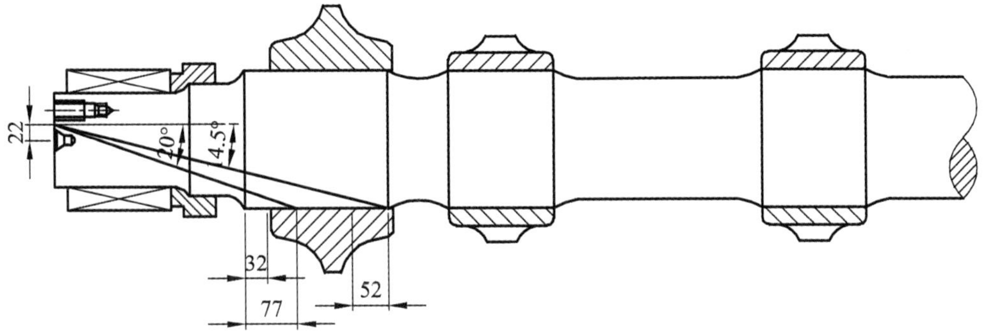

图 3-1-24　RD_{3B} 轮轴轮座镶入部小角度纵波扫查示意图

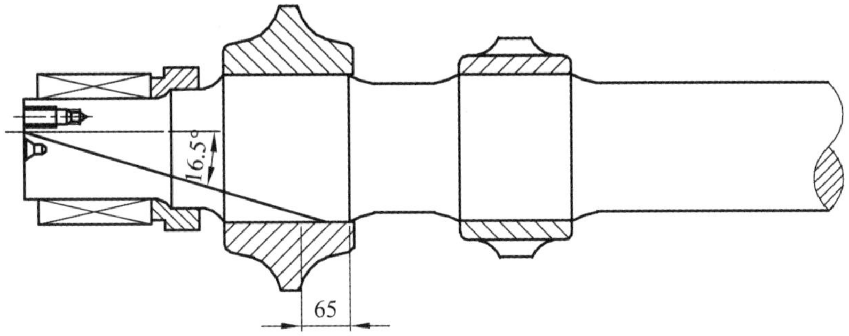

图 3-1-25　RDAM96 轮轴轮座镶入部内侧小角度纵波扫查示意图

③ 使用小角度纵波探头探测轴颈根部。

小角度纵波探头探测轴颈根部时，探头折射角、探测面、部位、范围如表 3-1-7 所示。

表 3-1-7　使用小角度纵波探头探测轴颈根部时的参数

轮轴型号	探头折射角	探测面	探测部位和范围/mm
RC_3、RC_4、RD_3、RD_4、RD_{I3}、RD_{10}	25.8°	轴端面	轴颈根部（卸荷槽）0～25
RD_{3B}、RDAM96	27.0°	轴端面	轴颈根部（卸荷槽）0～31

各种探头的探测面和探测部位如图 3-1-26～图 3-1-28 所示。

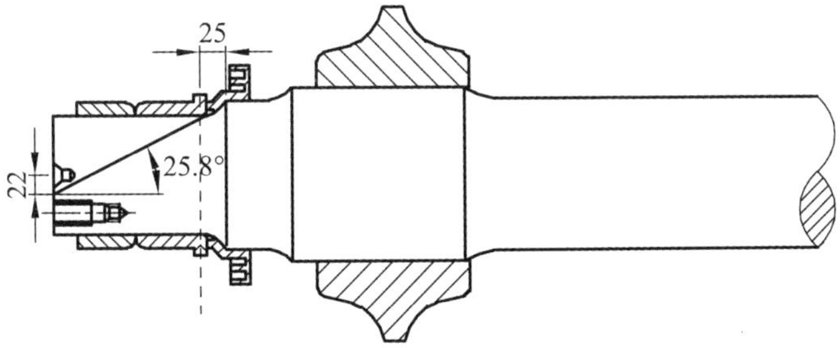

图 3-1-26　$RC_3(RC_4)$、$RD_3(RD_4)$、$RD_{13}(RD_{10})$探测部位示意图

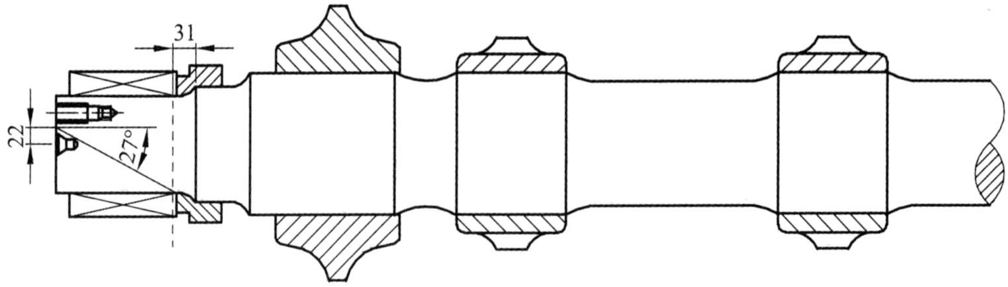

图 3-1-27　RD_{3B} 探测部位示意图

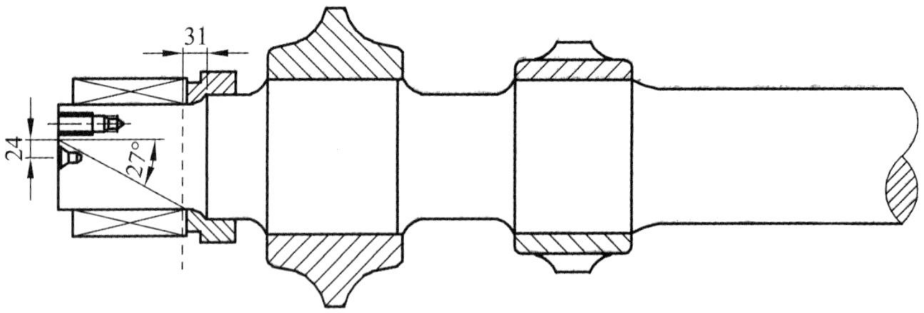

图 3-1-28　RDAM96 探测部位示意图

（2）客车车轮轮辋超声波探伤用探头。

① 大角度横波探头（2.5P14×16×69°）。

将探头置于踏面上，沿车轮圆周以锯齿形方式全面扫查，同时左右摆动 3° ~ 5°，扫查速度不大于 100 mm/s，覆盖率不小于 10%，要求双向扫查至少各一周，扫查方式如图 3-1-29 所示。

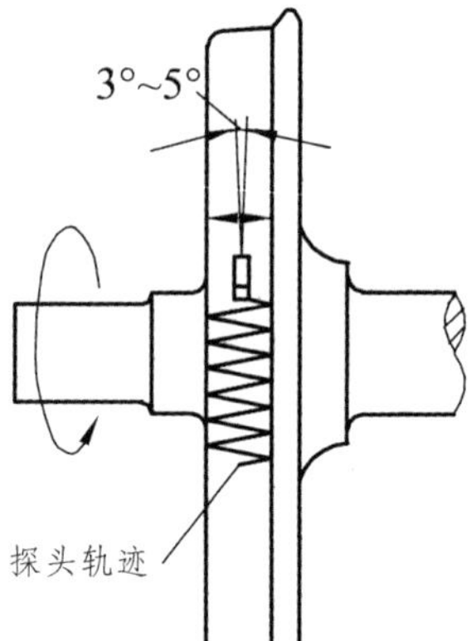

图 3-1-29　横波探头在车轮踏面上的扫查方式示意图

② 纵波双晶探头（2.5P6×8FG10、2.5P6×8FG20、2.5P6×8FG30）。

将探头置于踏面上，沿车轮圆周以锯齿形方式全面扫查，至少一周，扫查速度不大于 100 mm/s，覆盖率不小于 10%，如图 3-1-30 所示。

（3）货车轮轴超声波探伤用探头。

货车轮轴超声波探伤用探头的频率、探测面、探头类型和探头角度的选择如表 3-1-8 所示。

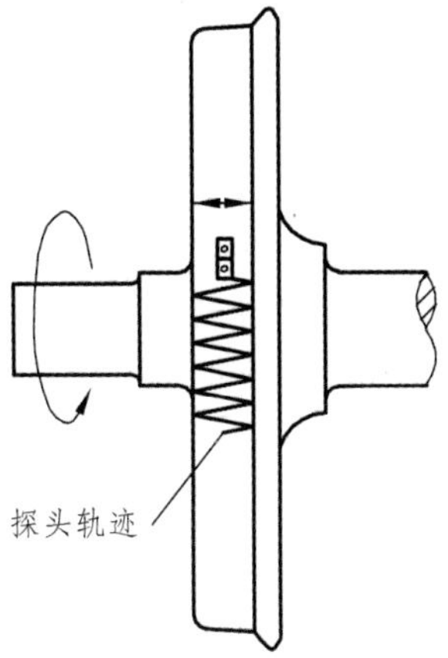

图 3-1-30　纵波双晶探头在车轮踏面的扫查方式示意图

表 3-1-8　货车轮轴超声波探伤时的参数

探测部位	频率/MHz	探测面	轮轴、轮对、车轴型	探头角度（折射角）或类型
全轴	2.5	轴两端面	各型	2.5P20Z 直探头
轴颈根部或卸荷槽	4-5	轴端面	RD_2、RE_2、RE_{2A}	23°～25°小角度探头
			RE_{2B}	27°～28°小角度纵波探头
镶入部外侧	2.5	轴身	RD_2	55°横波斜探头
			RE_2，RE_{2A}、RE_{2B}	52°～56°横波斜探头
		轴颈	RD_2	52°横波斜探头
			RE_2、RE_{2A}、RE_{2B}	52°～56°横波斜探头
	4-5	轴端面	RD_2	17°小角度纵波探头
			RE_2、RE_{2A}，RE_{2B}	16°～18°小角度纵波探头
镶入部内侧	2.5	轴身	RD_2	45°横波斜探头
			RE_2、RE_{2A}、RE_{2B}	45°～55°横波斜探头

各型探头探测面和探测部位如图 3-1-31 所示。

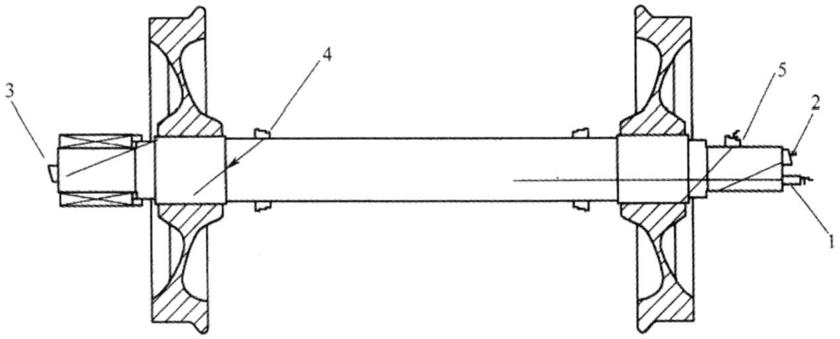

1—0°直探头；2—轴颈小角度纵波探头；3—镶入部外侧小角度纵波探头；
4—镶入部内、外侧横波斜探头；5—镶入部外侧横波斜探头。

图 3-1-31　轮轴、轮对、车轴探伤时各型探头探测面和探测部位示意图

（4）动车组空心轴超声波探伤用探头。

动车组便携式超声波探伤装置探头安装在探头夹持机构上，能够分别放置轴向±45°、

轴向±70°、周向±63°、径向 0°探头。频率为 4 MHz 的 45°、70°、63°横波探头探测轴向和周向缺陷，0°纵波探头探测体积缺陷。

（5）动车组车轮超声波探伤用探头。

便携式相控阵轮辋探伤仪选用 5 MHz、32 晶元的相控阵探头，相同的探头配置不同的楔块，实现不同的探头功能。

直探头模式：相控阵探头+延迟线（适应最大 150 mm 测量范围）；

斜探头模式：相控阵探头+楔块（36° ~ 75°范围）。

具体探头类型及探测位置如下。

① 轮辋区域轴向缺陷，如图 3-1-32 所示。

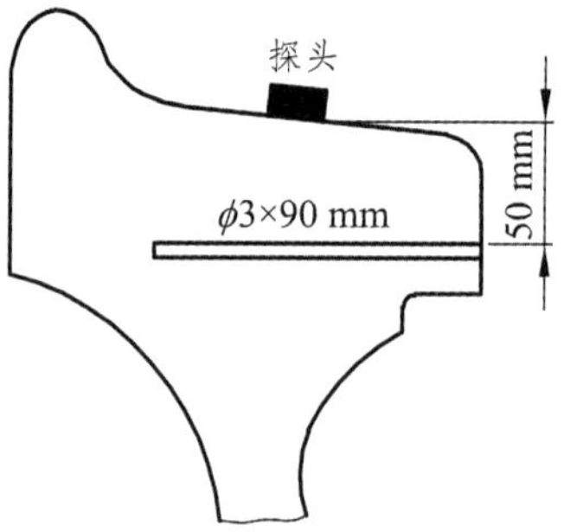

图 3-1-32　轮辋区域轴向缺陷示意图 1

选用探头类型：纵波直探头或横波斜探头。

探头放置位置：踏面圆周方向。

探头扫描方式：之字形。

② 轮缘根部缺陷，如图 3-1-33 所示。

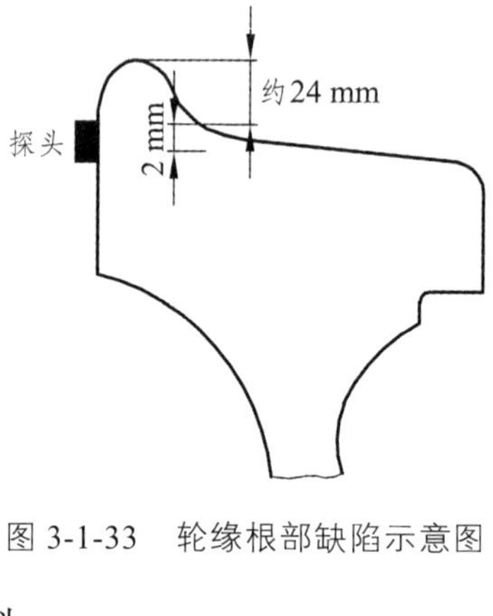

图 3-1-33　轮缘根部缺陷示意图

选用探头类型：纵波直探头。

探头放置位置：轮缘内侧面。

探头扫描方式：之字形。

③ 轮辋区域轴向缺陷，如图 3-1-34 所示。

选用探头类型：纵波直探头或横波斜探头。

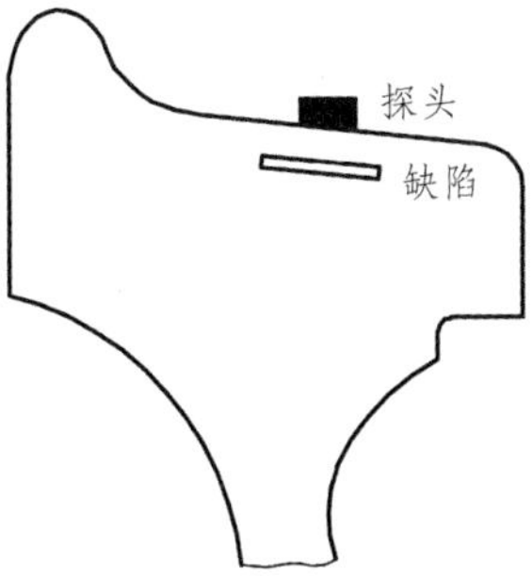

图 3-1-34　轮辋区域轴向缺陷示意图 2

探头放置位置：踏面圆周方向。

探头扫描方式：之字形。

④ 轮辋区域圆周方向缺陷，如图 3-1-35 所示。

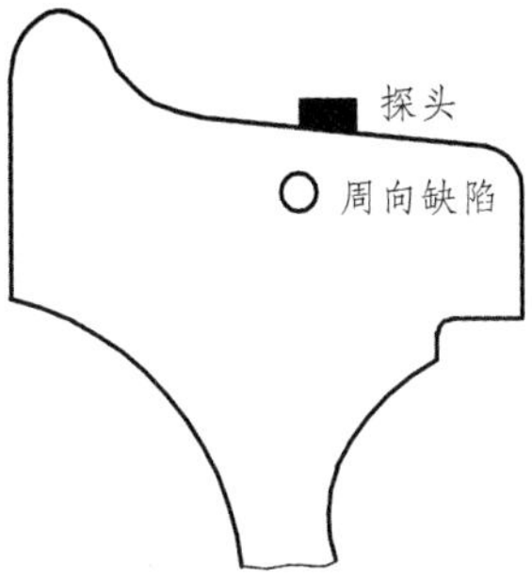

图 3-1-35　轮辋区域圆周方向缺陷示意图

选用探头类型：直探头。

探头放置位置：踏面圆周方向。

探头扫描方式：Z 字形。

⑤ 径向缺陷，如图 3-1-36 所示。

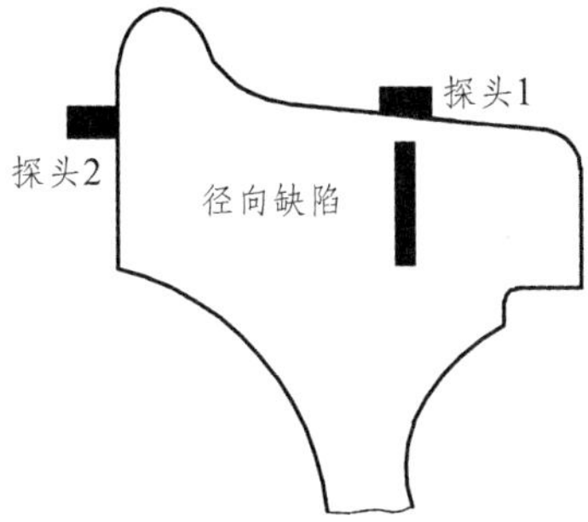

图 3-1-36　径向缺陷示意图

选用探头类型 1：直探头 0°。

探头放置位置 1：轮缘内侧面。

探头扫描方式 1：折线形。

选用探头类型 2：斜探头扫查。

探头放置位置 2：踏面圆周方向。

探头扫描方式 2：折线形。

⑥ 踏面剥离，如图 3-1-37 所示。

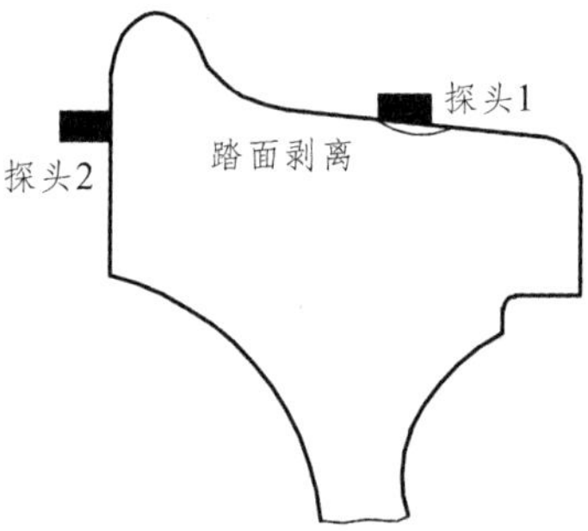

图 3-1-37　踏面剥离示意图

选用探头类型：直探头。

探头放置位置：踏面圆周方向。

探头扫描方式：Z 字形。

⑦ 轮辋与轮辐结合部轴向孔，如图 3-1-38 所示。

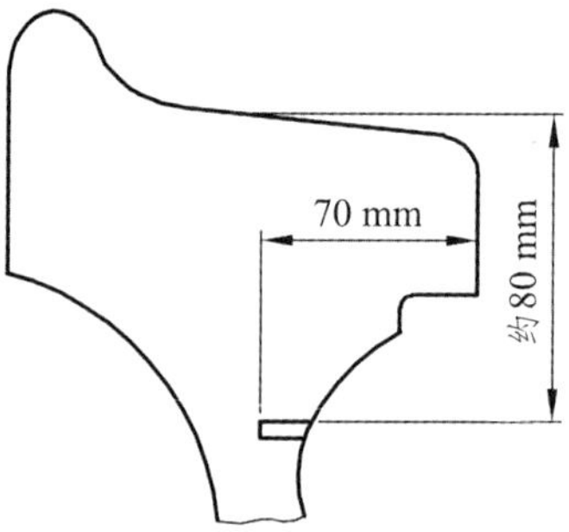

图 3-1-38　轮辋与轮辐结合部轴向孔示意图

选用探头类型：斜探头扫查或直探头扫查。

探头放置位置：踏面圆周方向。

探头扫描方式：Z 字形。

四、超声波探伤用试块

1. 标准试块

（1）标准试块的种类、规格、技术图样、使用范围。

超声探伤中，标准试块主要配备型号有 TS-1（或 TS-1W）、TZS-R、CS-l-5、CSK-l（IIW）、CSK-1A、DB-H2、DB-$PZ_{20\text{-}4}$ 型，用于仪器和探头的性能测试、测距标定及灵敏度的确定。如图 3-1-39 ~ 图 3-1-45 所示。

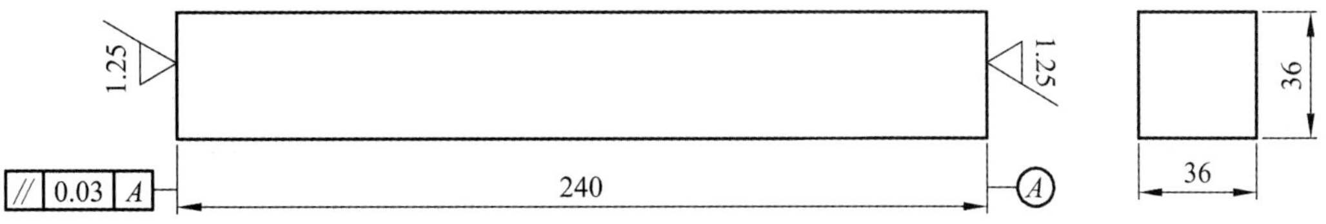

（a）TS-1 型标准试块

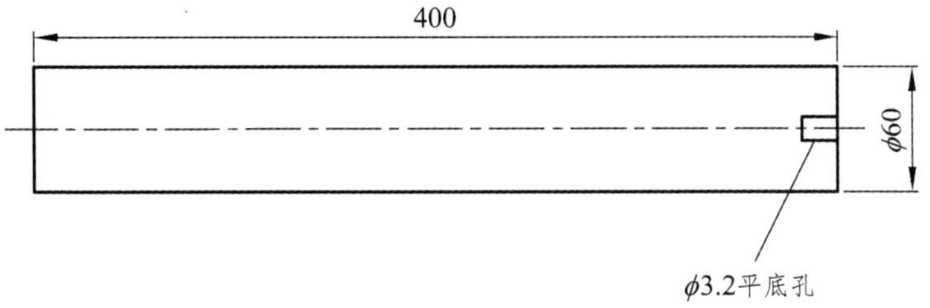

（b）TS-3 型标准试块

图 3-1-39　手工超探用 TS-1 型、TS-3 型标准试块

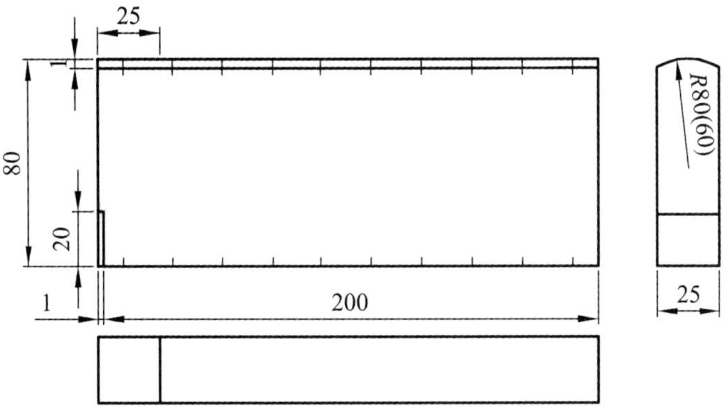

图 3-1-40　手工超探用 TZS-R 型标准试块

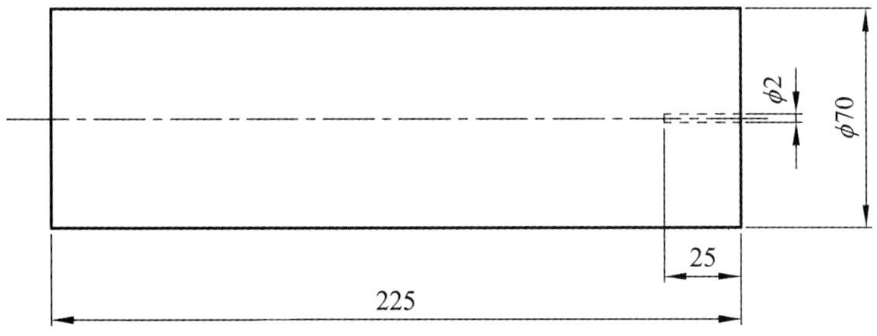

图 3-1-41　手工超探用 CS-1-5 型标准试块

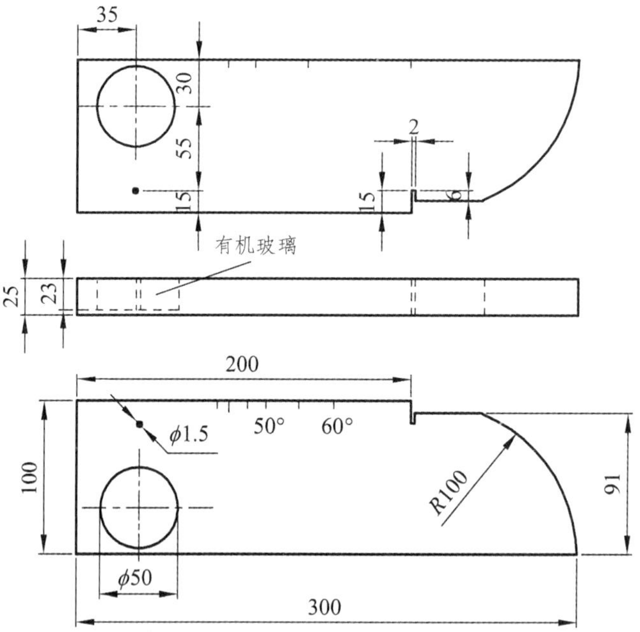

图 3-1-42　手工超探用 CSK-1（IIW）型标准试块

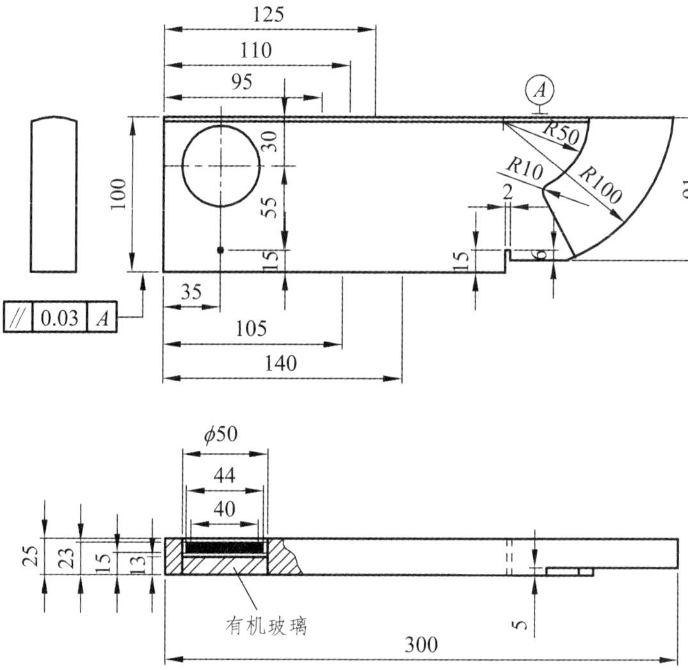

尺寸公差0.1
各边不垂直度不大于0.05

图 3-1-43　手工超探用 CSK-1A 型标准试块

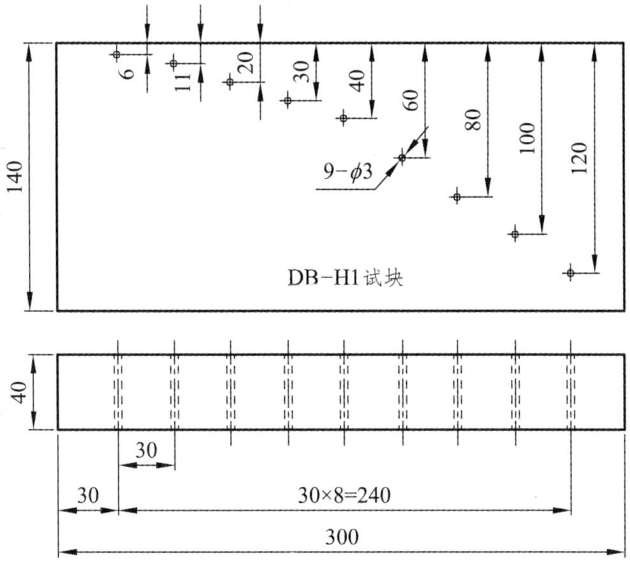

图 3-1-44　微机超探用 DB-H1 型标准试块

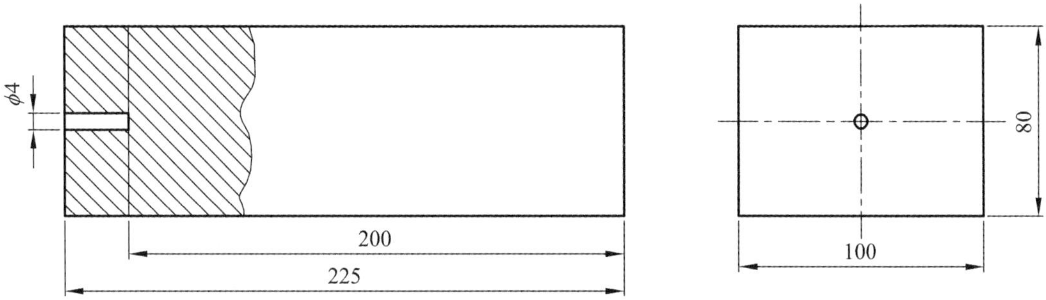

图 3-1-45　微机超探用 DB-PZ2Q-4 试块型标准试块

（2）标准试块的基本要求。

① 标准试块要用平炉镇静钢或电炉软钢制作。

② 标准试块圆弧面粗糙度不得大于 3.2 μm，其他部位粗糙度不得大于 1.6 μm；尺寸公差±0.1 mm。

③ 试块材质应均匀，内部杂质少，无影响使用的缺陷。加工容易，不易变形和锈蚀，具有良好的声学性能。试块的平行度、垂直度、粗糙度和尺寸精度都要符合一定的要求。

④ 试块材质应尽可能与被检测工件相同或相近。

⑤ 试块粗糙度和尺寸公差与被检测工件相同或相近。

（3）标准试块的使用、检定要求及日常维护与保养。

标准试块的使用必须符合国家标准。生产厂家通过相应的资质认证，具备生产资质。标准试块必须保管完好，无碰伤、锈蚀，在日常工作当中应当保持试块的干净，远离化学物品，防止对其进行腐蚀。

2. 实物试块

（1）客、货车轮轴超声波探伤用实物试块。

① 轮轴手工超声波探伤用半轴实物试块。

a. 货车：RD_2 型和 RE_{2A} 型。

RD_2 型实物试块用 RD_2 型车轴制作，试块上各处人工裂纹的位置及深度如表 3-1-9 和图 3-1-46 所示。

表 3-1-9　RD_2 型车轴实物试块人工裂纹制作位置表　　单位：mm

轴型	镶入部 外侧裂纹距轴端	镶入部 内侧裂纹距轴端	轴颈根部或卸荷槽 处裂纹距轴端	锯口深度	锯口宽度
RD_2	310	450	200	$1^{+0.1}_{-0.2}$	0.2

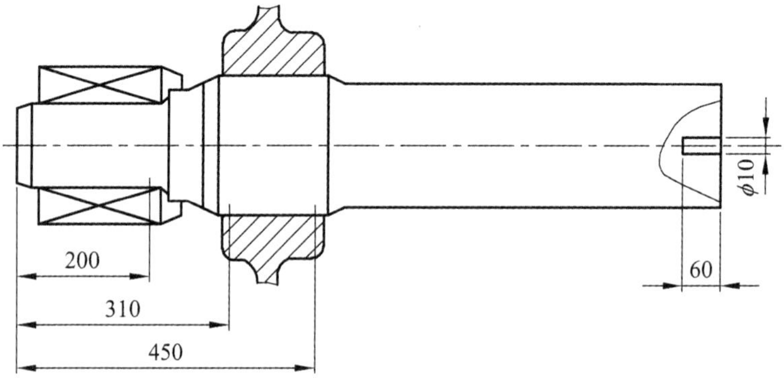

图 3-1-46　RD2 型车轴实物试块人工锯口位置示意图

RE_{2A} 型实物试块用 RE_{2A} 型车轴制作，试块上各处人工裂纹的位置及深度如表 3-1-10 和图 3-1-47 所示，其中 1、2、3、4 号缺陷在同一条直线上，并且与一螺栓孔相平行。2 号缺陷与 1 号缺陷在圆周方向上相距 120°。

表 3-1-10　RE_2 型车轴实物试块人工裂纹的位置及深度

编号	1	2	3	4	5	6	7
距轴颈端面/mm	180	200	320	460	700	1 080（底面）	
裂纹深度	$1^{+0.1}_{-0.2}$				8		1
裂纹宽度	≤0.2						
距轴身表面深/mm	—	—	—	—	—	80	160

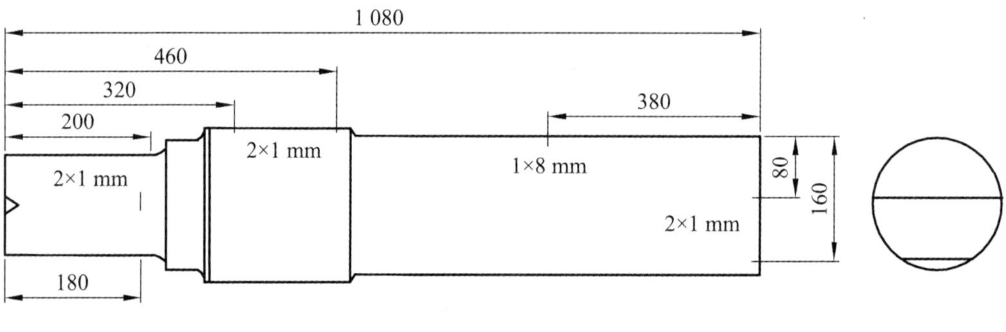

图 3-1-47　RE_2 型实物试块缺陷分布图

b. 客车：RD_3 型、RD_{13} 型、RD_{10} 型、RD_{3A} 型、RD_{3A1} 型、RD_{3B} 型、RDAM96、RFQ 型。

客车各型半轴实物试块各处人工裂纹的位置及深度如表 3-1-11 和图 3-1-48 ~ 图 3-1-61 所示。

表 3-1-11　各型车轴实物试块人工缺陷　　单位：mm

轴型	轮座外侧裂纹距		轮座内侧裂纹距		盘座外侧裂纹距		盘座内侧裂纹距		卸荷槽裂纹距轴端
	前肩	端面	后肩	端面	前肩	端面	后肩	端面	
RD_3	40	313	15	456	—	—	—	—	175
RD_{13}	60	333	15	484	—	—	—	—	175
RD_{10}	60	333	15	496	—	—	—	—	175
RD_{3A}(改前)	35	308	15	443	30	583	30	703	—
RD_{3A}(改后)	35	308	15	443	15	584	15	698	—
RD_{3A1}	40	333	20	461	20	608	20	723	—
RD_{3B}	50	321	20	460	20	584	20	698	175
RDAM96	30	289	15	409	30	598	20	692	170
RFQ	30	343	15	492	30	630	30	740	—

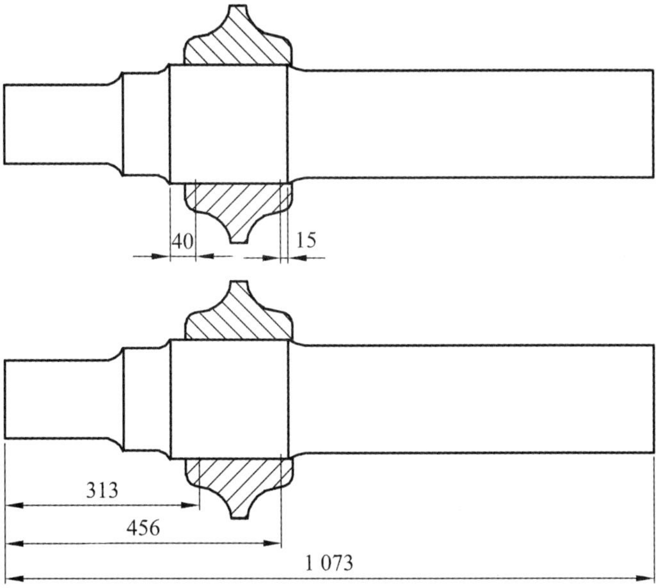

图 3-1-48　RD_3 型车轴实物试块（退卸内圈）人工缺陷位置图

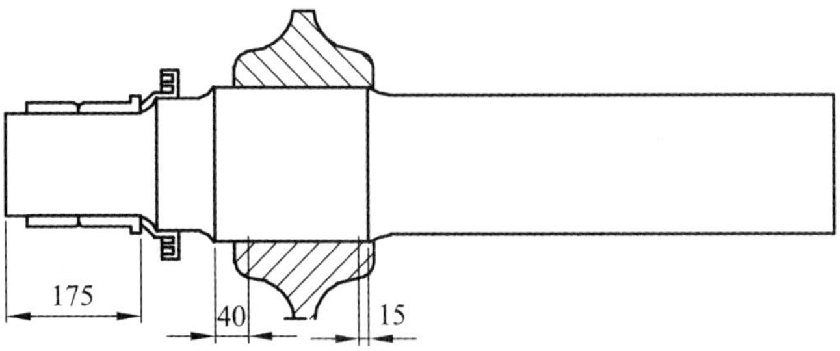

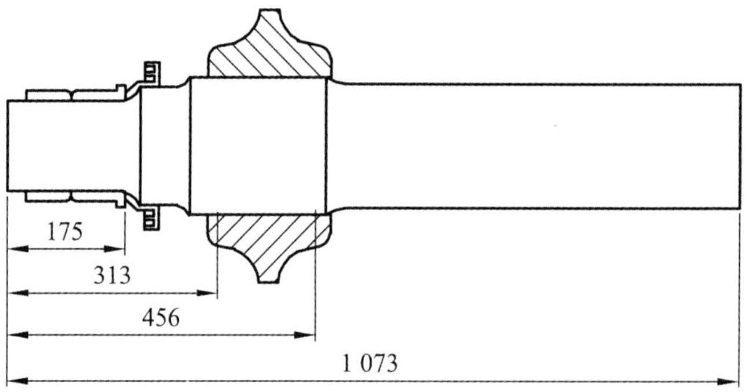

图 3-1-49　RD_3型车轴实物试块（未退卸内圈）人工缺陷位置图

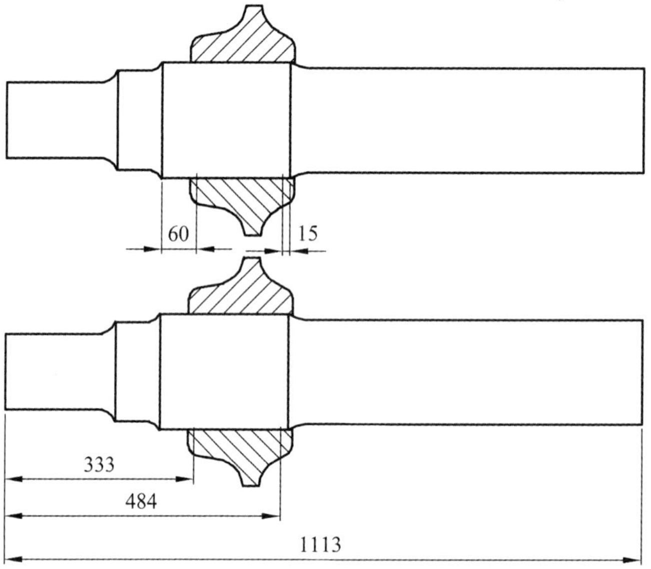

图 3-1-50　RD_{13}型车轴实物试块（退卸内圈）人工缺陷位置图

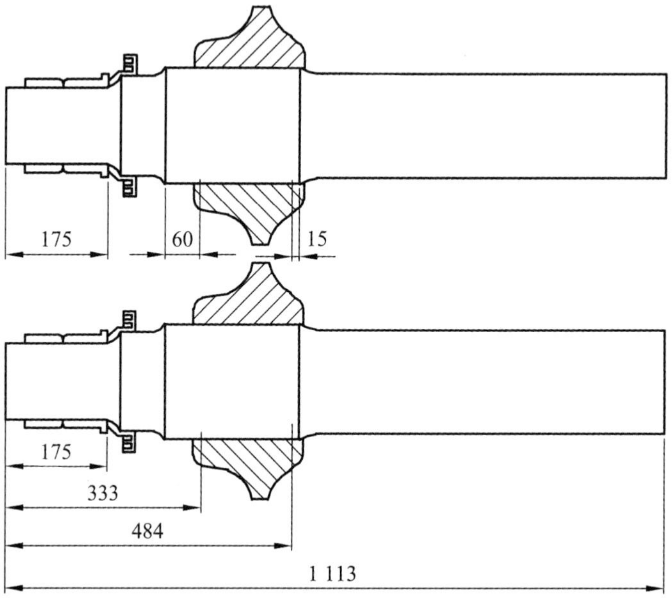

图 3-1-51　RD_{13}型车轴实物试块（未退卸内圈）人工缺陷位置图

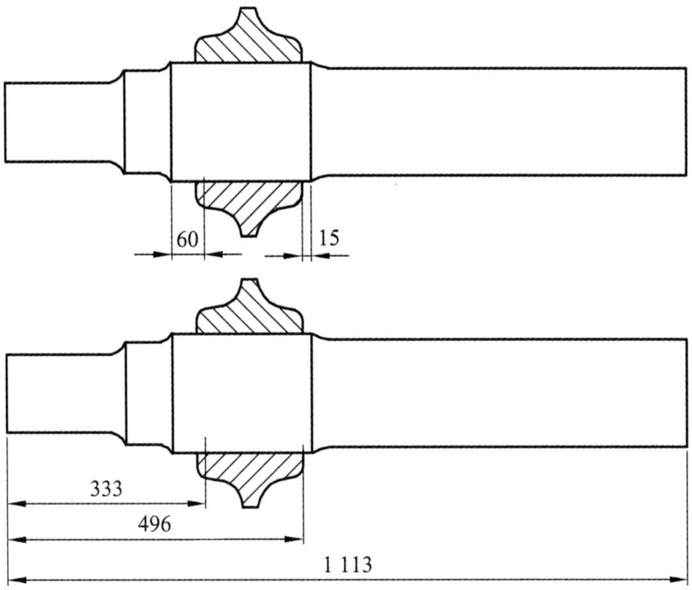

图 3-1-52　RD_{10} 型车轴实物试块（退卸内圈）人工缺陷位置图

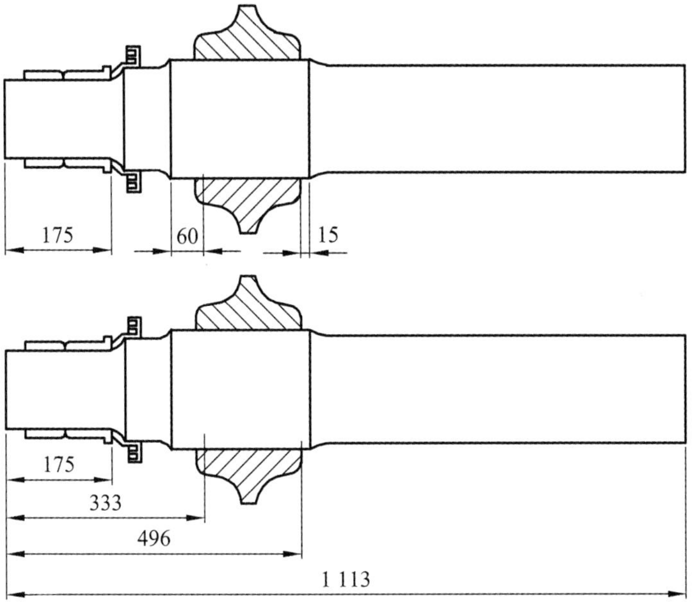

图 3-1-53　RD_{10} 型车轴实物试块（未退卸内圈）人工缺陷位置图

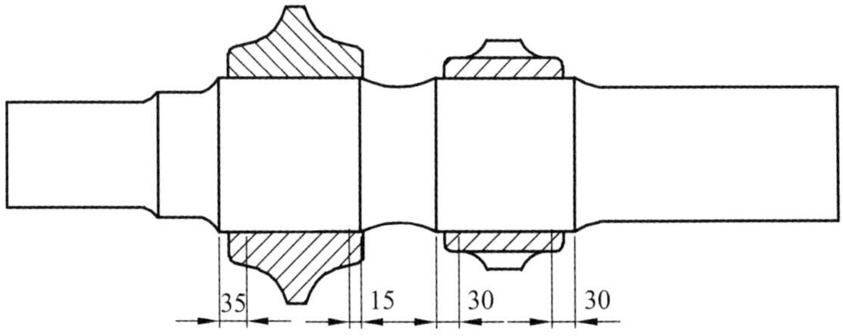

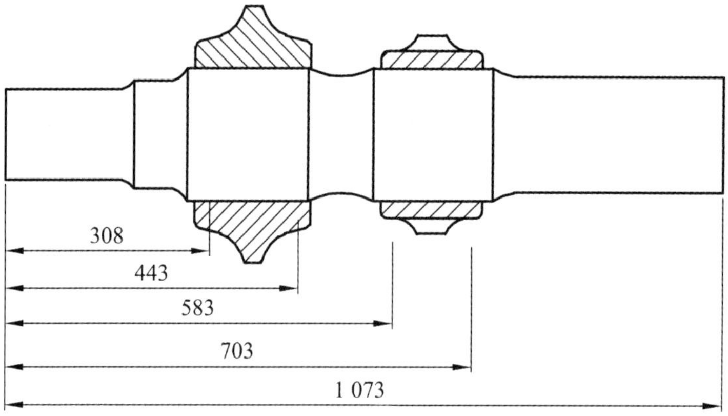

图 3-1-54　RD_{3A} 型车轴实物试块（制动盘座修改前）人工缺陷位置图

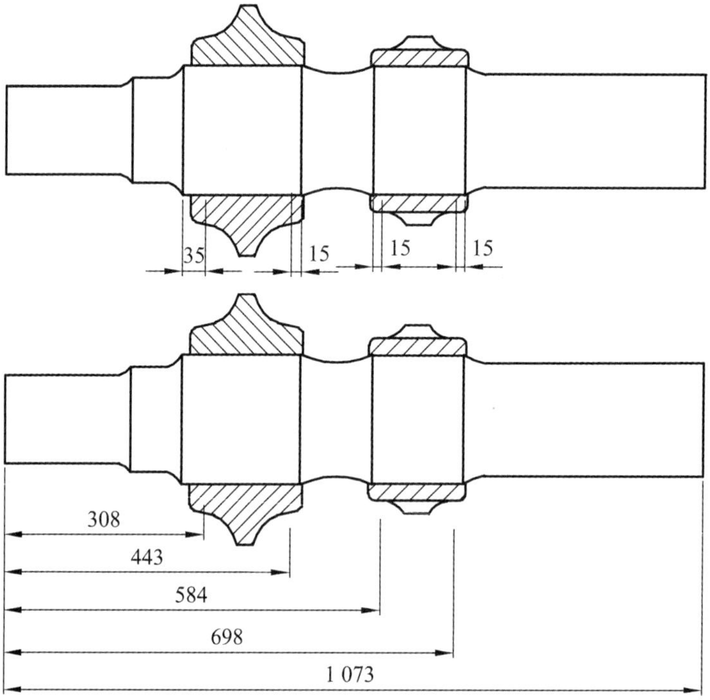

图 3-1-55　RD_{3A} 型车轴实物试块（制动盘座修改后）人工缺陷位置图

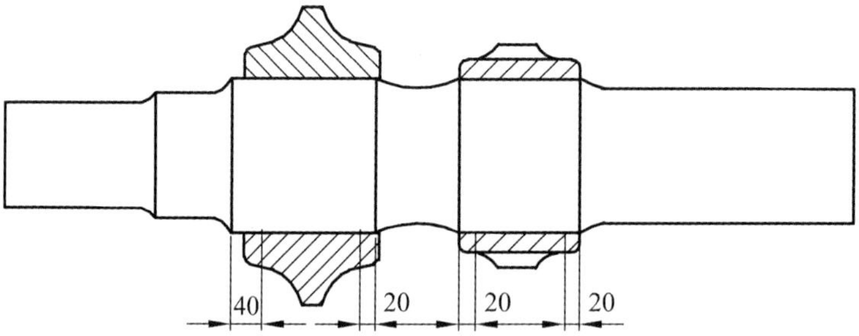

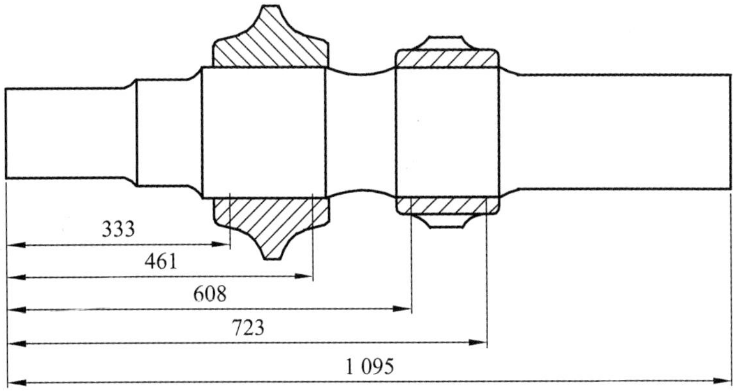

图 3-1-56　$RD_{3A\,1}$型车轴实物试块人工缺陷位置图

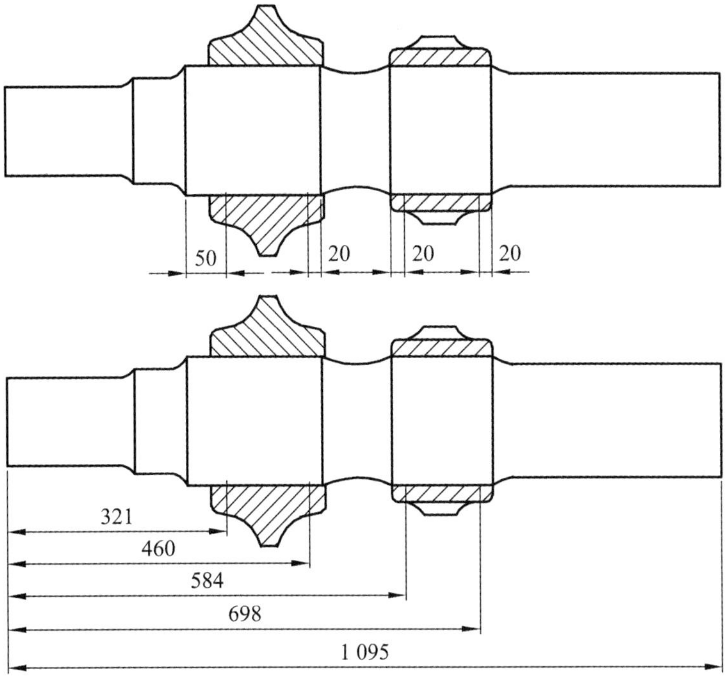

图 3-1-57　RD_{3B}型车轴实物试块（退卸内圈）人工缺陷位置图

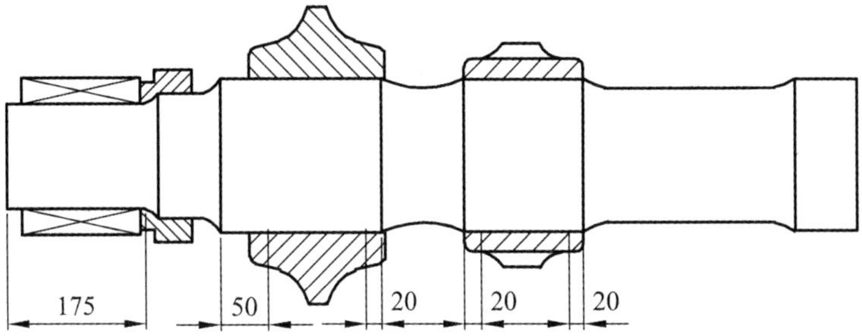

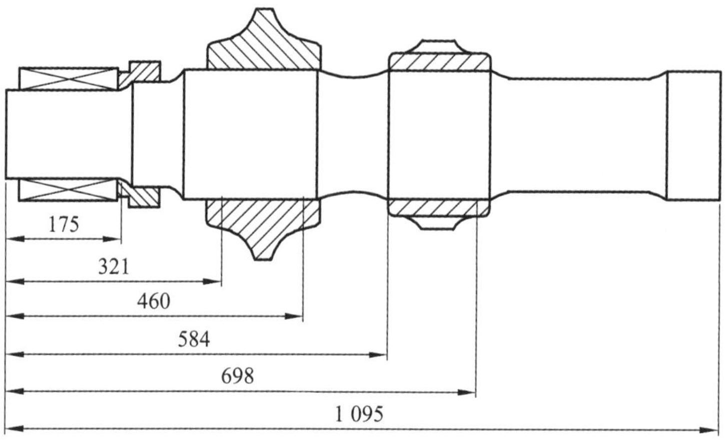

图 3-1-58　RD_{3B} 型车轴实物试块（未退卸内圈）人工缺陷位置图

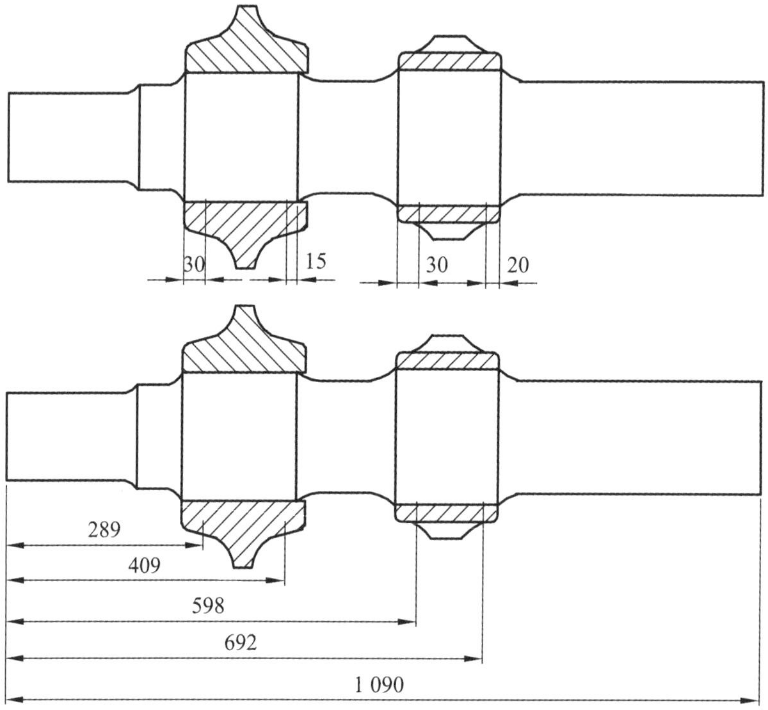

图 3-1-59　RDAM96 型车轴实物试块（未退卸内圈）人工缺陷位置图

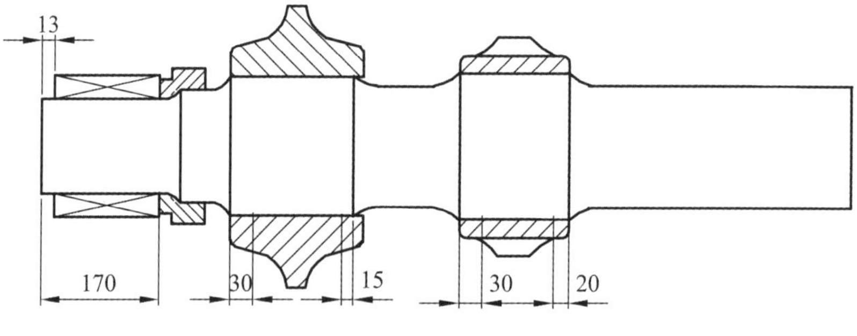

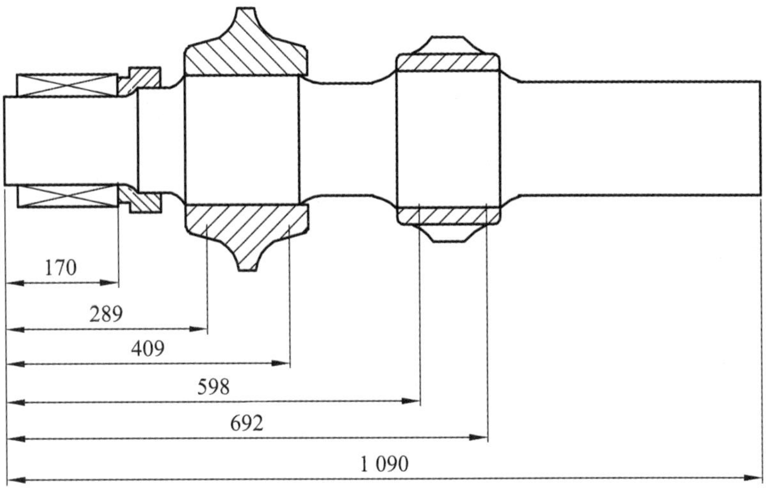

图 3-1-60　RDAM96 型车轴实物试块（未退卸内圈）人工缺陷位置图

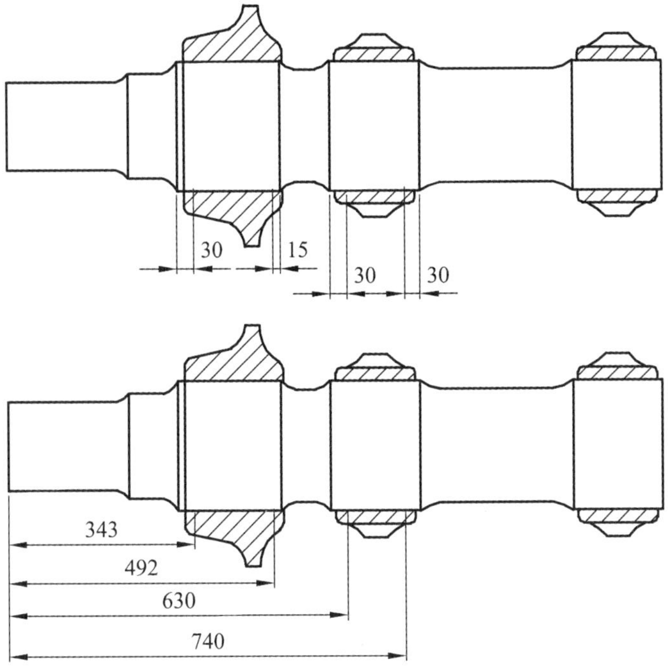

图 3-1-61　RFQ 型车轴实物试块（退卸内圈）人工缺陷位置图

② 轮轴微控超声波探伤用样板轮。

a. 货车实物样板轮。

货车实物样板轮主要是 RD_2 型和 RE_{2A} 型。样板轮轴身中央处人工裂纹的深度为 $7^{+0.1}_{-0.2}$ mm，宽度应不大于 0.2 mm，其余各处人工裂纹的深度均为（1±0.1）mm，宽度为 0.08 mm；轴颈根部或卸荷槽部位的人工裂纹与轮座内、外侧的人工裂纹不在同一端。

各型样板轮适用探伤机如表 3-1-12 所示。

表 3-1-12　各机型配属的样板轮

序号	探伤机型号	样板轮型号	配备要求
1	C 型	RD_2 型	普通货车专用
2	D 型	RD_2 型	普通客车和货车混用
3	H 型	RE_{2A} 型	兼容 RE_{2A}、RE_{2B} 型轮轴、轮对的普通货车专用

LWCZT-C 型轮轴微机控制超声波自动探伤机样板轮轴（RD_2）如图 3-1-62 所示，各部裂纹互为 90°，除轴中央裂纹外，各部深度为（1±0.1）mm，宽度为 0.08 mm。

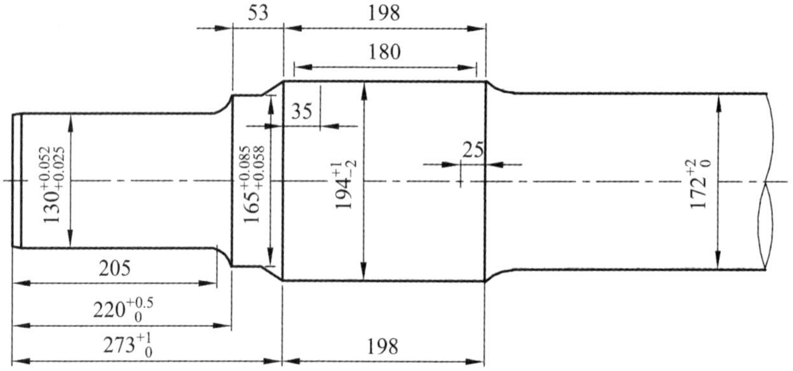

图 3-1-62　C 型机的 RD_2 样板轮轴人工锯口位置示意图

LWCZT-D 型轮轴微机控制超声波自动探伤机样板轮轴（RD2）如图 3-1-63 所示。除轴中央裂纹外，各部裂纹互为 90°分布，深度为（1±0.1）mm，宽度为 0.08 mm。

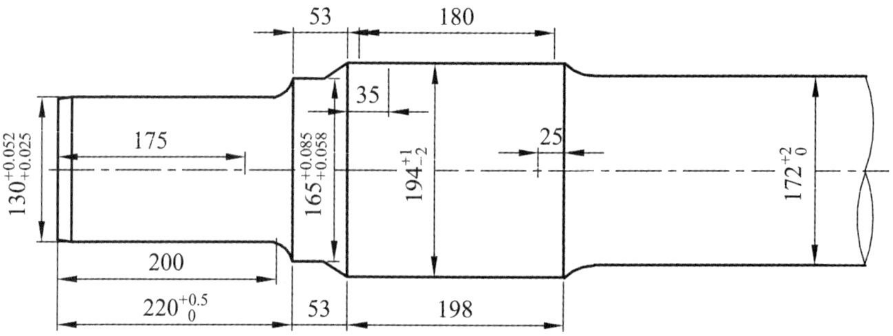

图 3-1-63　D 型机的 RD_2 样板轮轴人工锯口位置示意图

LWCZT-H 型轮轴微机控制超声波自动探伤机样板轮对（RE_{2A}）如图 3-1-64 所示。除轴中央裂纹外，各部裂纹互为周向 90°分布，深度为（1±0.1）mm，宽度为 0.1 mm。

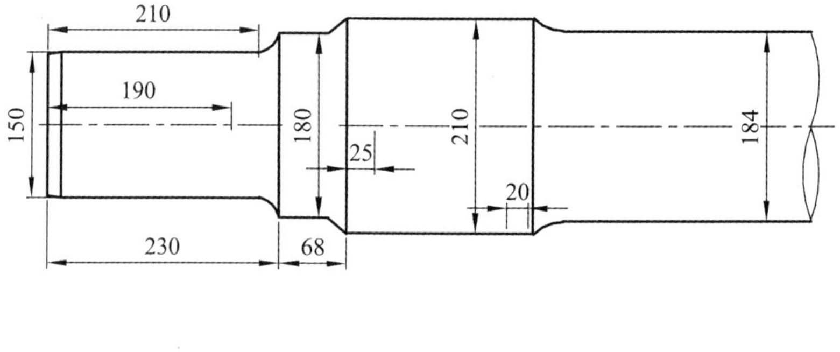

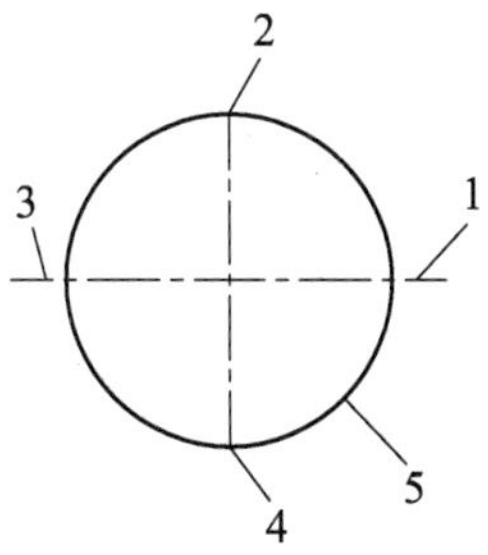

1—轴颈根部裂纹（RD_{2B}）；2—轴颈根部裂纹（RE_{2A}）；3—轮座外侧裂纹；4—轮座内侧裂纹；5—轴中央大裂纹。

图 3-1-64 H 型机的 RE_{2A} 样板轮对人工锯口位置示意图

b. 客车实物样板轮。

客车实物样板轮共分 4 种：RD_{3A} 型、RD_{3B} 型、RDAM96 型、RFQ 型，不退卸轴承内圈时，样板轮轴颈根部（卸荷槽）有 2 条扫查范围检验缺陷和 1 条灵敏度校验缺陷，周向成 30°分布，位置如图 3-1-65 所示，深度均为 $1^{+0.1}_{-0.2}$ mm，宽度均不大于 0.2 mm。

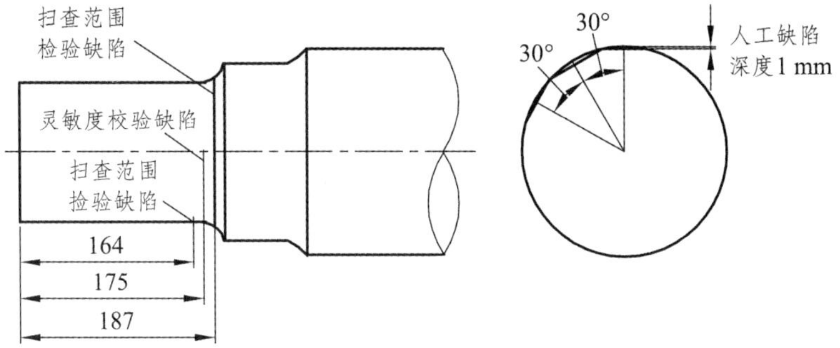

图 3-1-65 轴颈根部人工缺陷的位置图

RD_{3A} 型（盘座长度 180 mm）样板轮：适用于校验 RC_3、RC_4、RD_3、RD_4、RD_{10}、RD_{13}、RD_{3A}、RD_{4A}、RD_{3A1} 型轮对的探伤机。RD_{3A} 型对比试样轮对的轮座镶入部扫查范围检验缺陷和灵敏度校验缺陷 11 条，制动盘座 11 条，轴向间距 15 mm，周向成 30°螺旋均匀分布，深度均为 $1^{+0.1}_{-0.2}$ mm，宽度均不大于 0.2 mm；轴身灵敏度校验缺陷 1 条，深度为 $7^{+0.1}_{-0.2}$ mm，宽度不大于 0.2 mm。人工缺陷位置分布左右对称，如图 3-1-66 所示。

RD_{3B} 样板轮：适用于校验 RD_{3B} 型轮对的探伤机。RD_{3B} 型对比试样轮轴（轮对）的轮座镶入部扫查范围检验缺陷和灵敏度校验缺陷 11 条，制动盘座 10 条，轴向间距 15 mm，周向成 30°螺旋均匀分布，深度均为 $1^{+0.1}_{-0.2}$ mm，宽度均不大于 0.2 mm，人工缺陷位置分布左右对称，如图 3-1-67 所示。

RDAM96 型样板轮：适用于校验 RDAM96 型轮对的探伤机。RDAM96 型对比试样轮轴（轮对）轮座镶入部扫查范围检验缺陷和灵敏度校验缺陷 10 条，制动盘座 9 条，轴向间距 15 mm，深度均为 $1^{+0.1}_{-0.2}$ mm，宽度均不大于 0.2 mm，周向成 30°角均匀分布。轴身灵敏度校验缺陷 1 条，深度为 $7^{+0.1}_{-0.2}$ mm，宽度不大于 0.2 mm。人工缺陷位置分布左右对称，位置如图 3-1-68 所示。

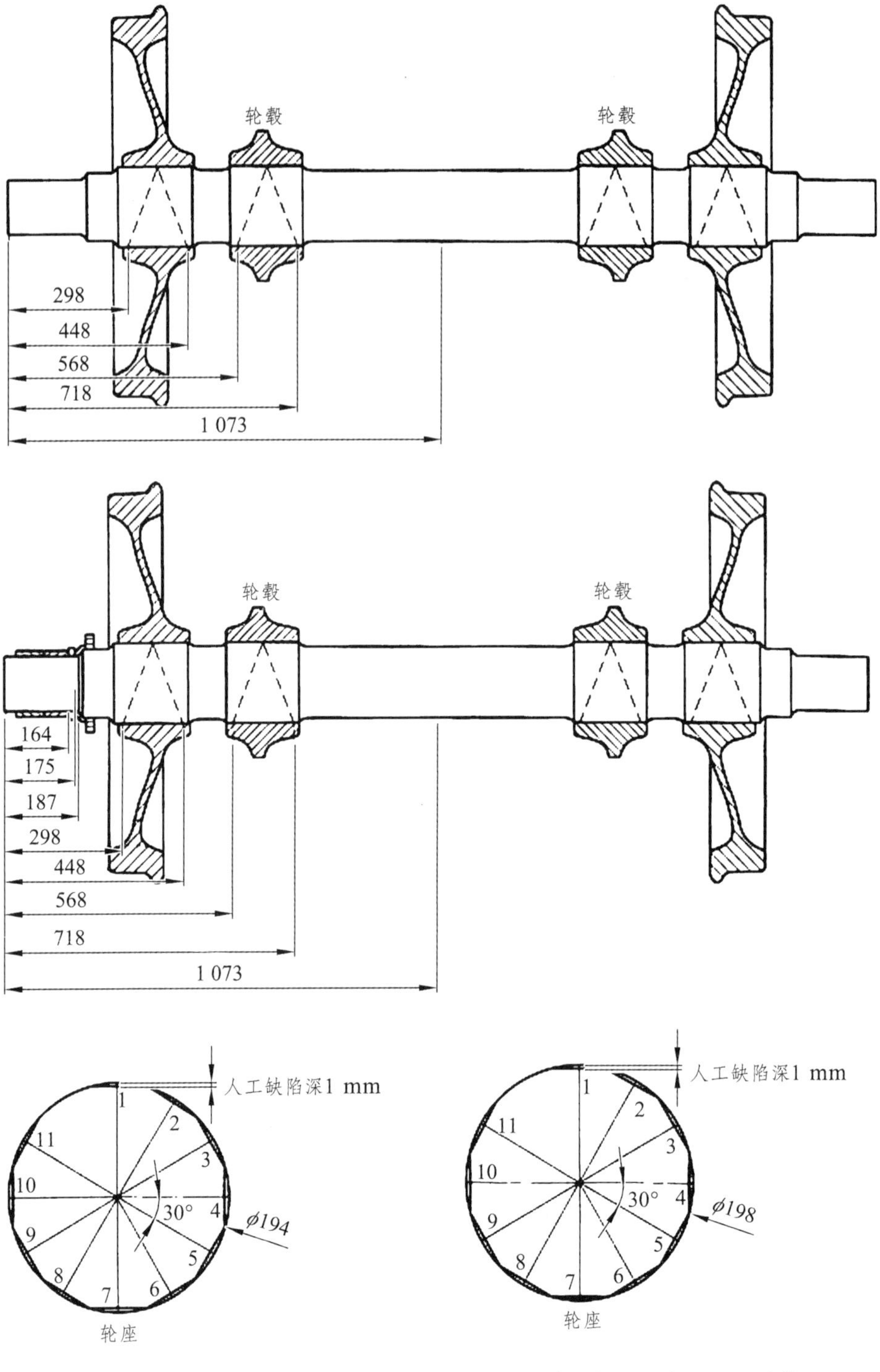

图 3-1-66　RD_{3A}型对比试样轮对轮座（制动盘座）镶入部和轴身人工缺陷位置图

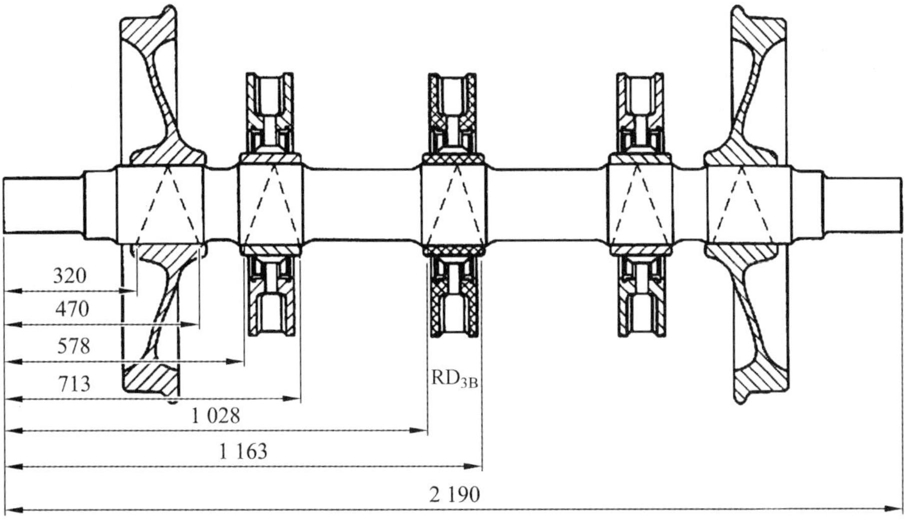

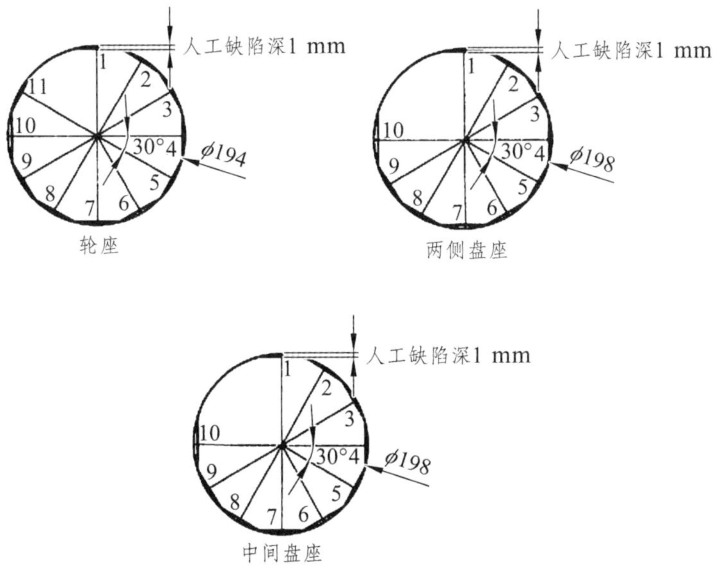

图 3-1-67　RD_{3B} 型对比试样轮对轮座（制动盘座）镶入部人工缺陷位置图

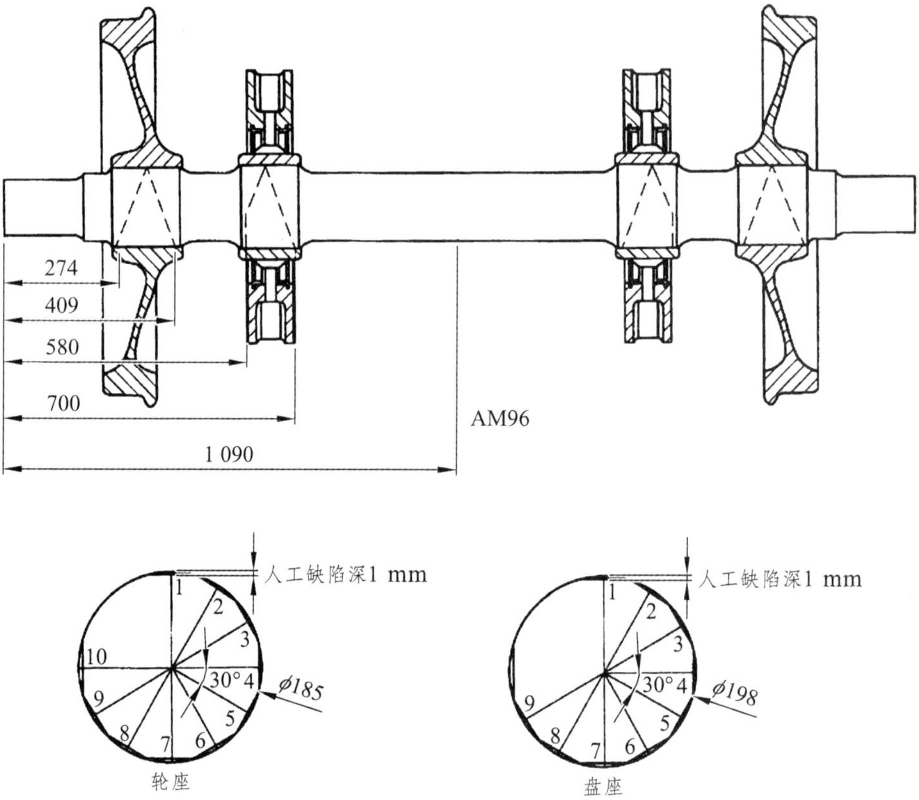

图 3-1-68　RDAM96 型对比试样轮对轮座（制动盘座）镶入部和轴身人工缺陷位置图

RFQ 型样板轮：适用于校验 RFQ 型轮对的探伤机。RFQ 型对比试样轮轴（轮对）的轮座镶入部的扫查范围检验缺陷和灵敏度校验缺陷 11 条，制动盘座 9 条，轴向间距 15 mm，周向成 30°螺旋均匀分布，深度均为 $1^{+0.1}_{-0.2}$ mm，宽度均不大于 0.2 mm。人工缺陷位置分布左右对称，如图 3-1-69 所示。

③ 超声探伤用实物试块（样板轮）的基本要求。

a. 实物试块（样板轮）应使用透声性能良好、晶粒度均匀（使用 0°直探头在轴端探测各部位的分贝值相差不超过 6 dB）、内部无缺陷的车轴（轮对）制成。

b. 实物试块（样板轮）的两端面平行度≤0.05 mm。

c. 按规定位置压装上轮毂、制动盘毂、轴承或轴承内圈。

④ 超声探伤用实物试块的使用规定。

a. 对实物试块进行超声检验时，灵敏度校准缺陷反射波幅为荧光屏垂直刻度满幅的 80%时，信噪比≥12 dB。

b. 对实物试块进行超声检验时，人工切口回波应符合前沿陡峭、波峰猛烈、波根清晰的要求。衰减器读数必须在 20 dB 以上（以波高为满幅的 80%读数）。

c. 实物试块应存放在不受雨水侵蚀的地方，轴颈和轴身探头移动区域应保持光滑无锈垢，轴中央的人工伤应保持完好，不得碰伤，定期应用塞尺清理裂缝中的杂物锈尘，保证伤波的波幅和波形良好。

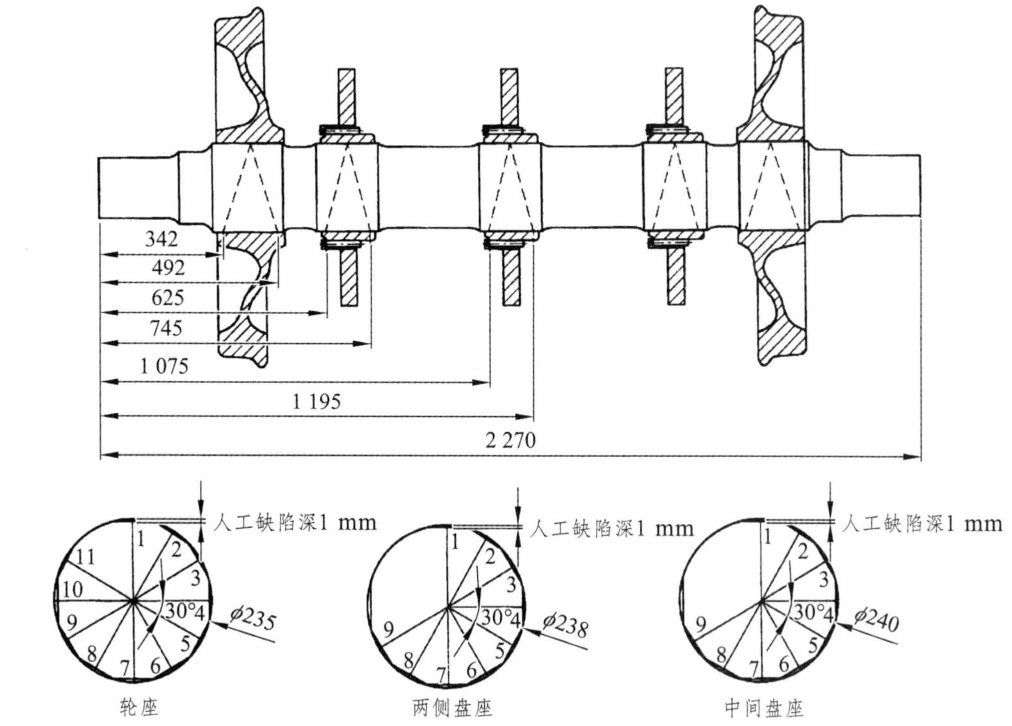

图 3-1-69　RFQ 型对比试样轮对轮座（制动盘座）镶入部和轴身人工缺陷位置图

（2）动车组轮轴超声波探伤用实物试块。

① 动车组空心轴探伤实物试块。

a. 动车组空心轴探伤实物试块的种类、规格型号、技术图样。

$CRH_{1A/B/E}$ 型对比试样轴（动轴）如图 3-1-70 所示。

$CRH_{1A/B/E}$ 型对比试样轴（拖轴）如图 3-1-71 所示。

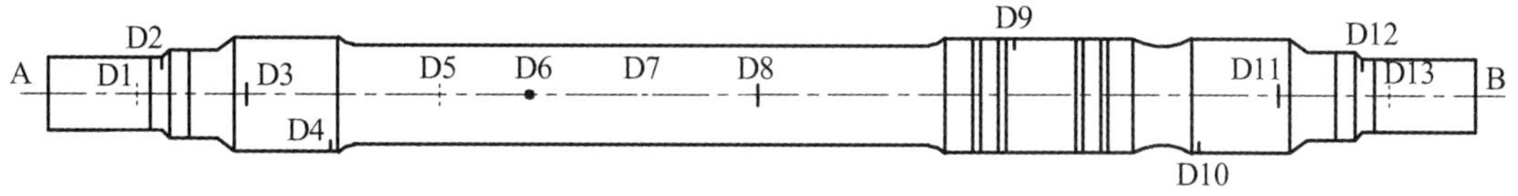

图 3-1-70　$CRH_{1A/B/E}$ 型对比试样轴（动轴）

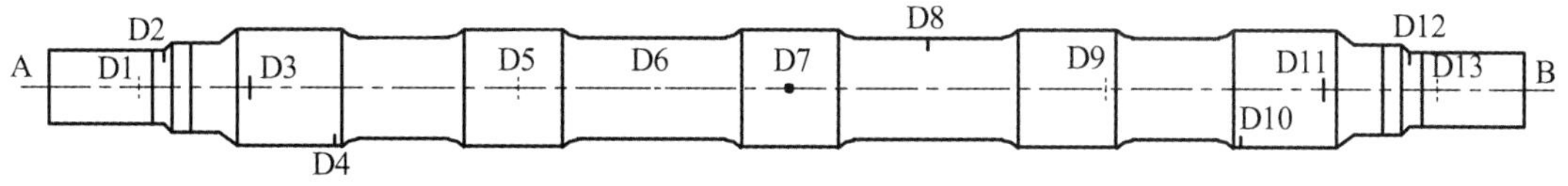

图 3-1-71　$CRH_{1A/B/E}$ 型对比试样轴（拖轴）

$CRH_{2A/B/E}$ 型、CRH_{2C}—阶段对比试样轴（动轴）如图 3-1-72 所示。

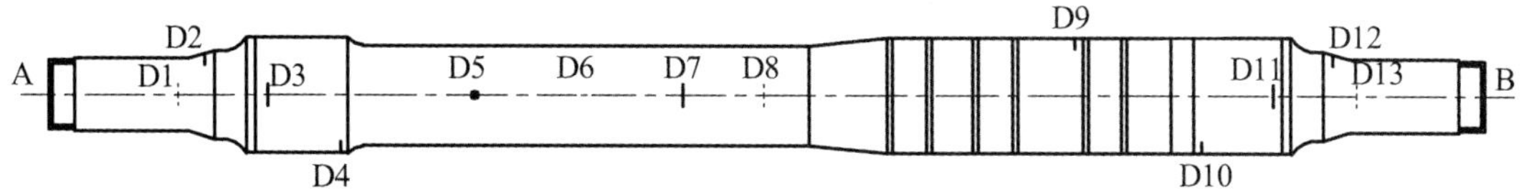

图 3-1-72　$CRH_{2A/B/E}$ 型、CRH_{2C}—阶段对比试样轴（动轴）

$CRH_{2A/B/E}$型、CRH_{2C}一阶段对比试样轴（拖轴）如图 3-1-73 所示。

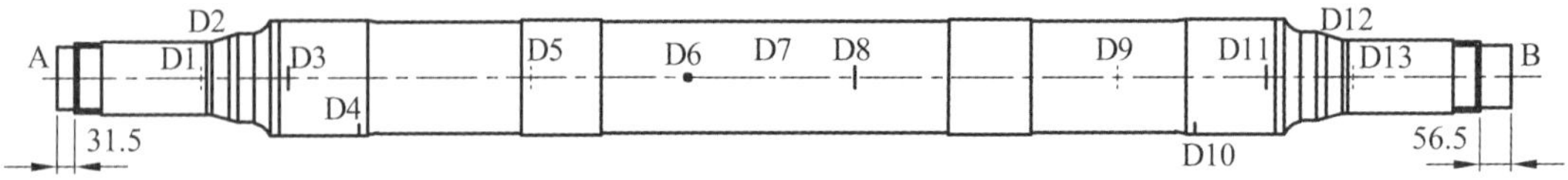

图 3-1-73　$CRH_{2A/B/E}$型、CRH_{2C}一阶段对比试样轴（拖轴）

CRH_{2C}二阶段、$CRH_{380A/AL}$型对比试样轴（动轴）如图 3-1-74 所示。

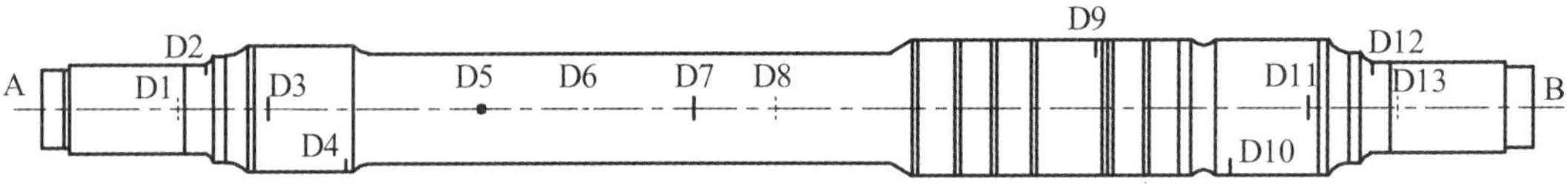

图 3-1-74　CRH_{2C}二阶段、$CRH_{380A/AL}$型对比试样轴（动轴）

CRH_{2C}二阶段、$CRH_{380A/AL}$型对比试样轴（拖轴）如图 3-1-75 所示。

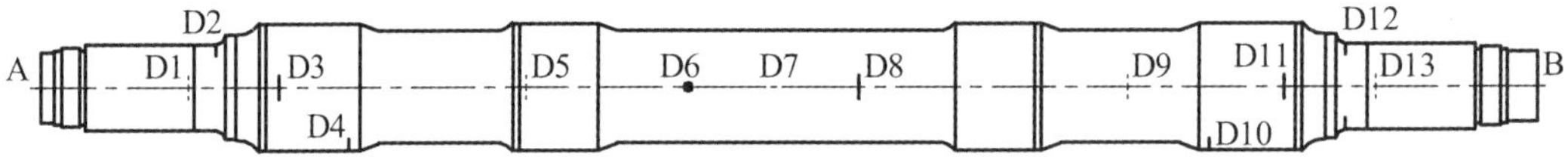

图 3-1-75　CRH_{2C}二阶段、$CRH_{380A/AL}$型对比试样轴（拖轴）

CRH_{3C}、$CRH_{380B/BL/CL}$型对比试样轴（动轴）如图 3-1-76 所示。

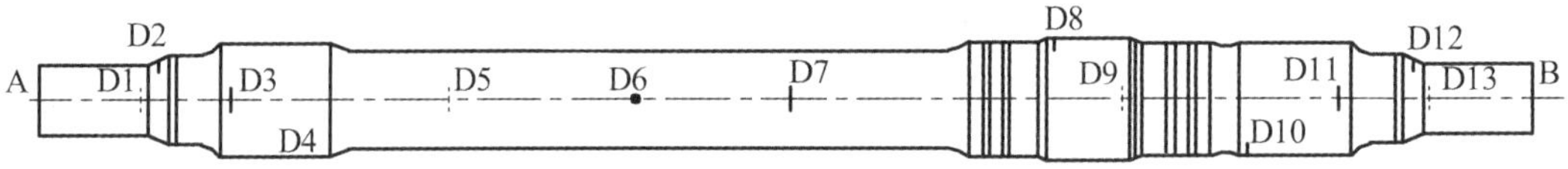

图 3-1-76　CRH_{3C}、$CRH_{380B/BL/CL}$型对比试样轴（动轴）

CRH_{3C}、$CRH_{380B/BL/CL}$型对比试样轴（拖轴）如图 3-1-77 所示。

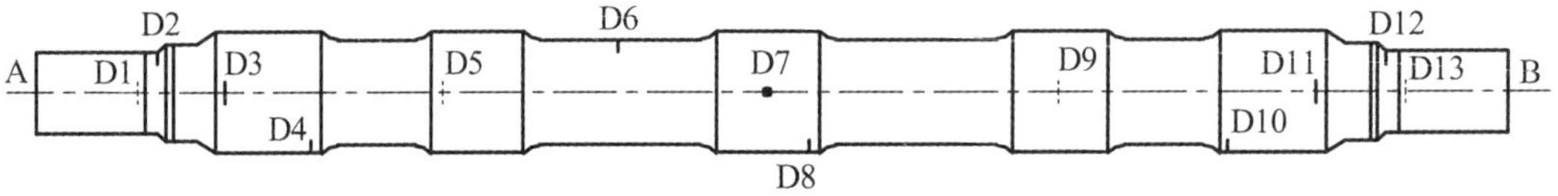

图 3-1-77　CRH_{3C}、$CRH_{380B/BL/CL}$型对比试样轴（拖轴）

CRH_{5A}型对比试样轴（动轴）如图 3-1-78 所示。

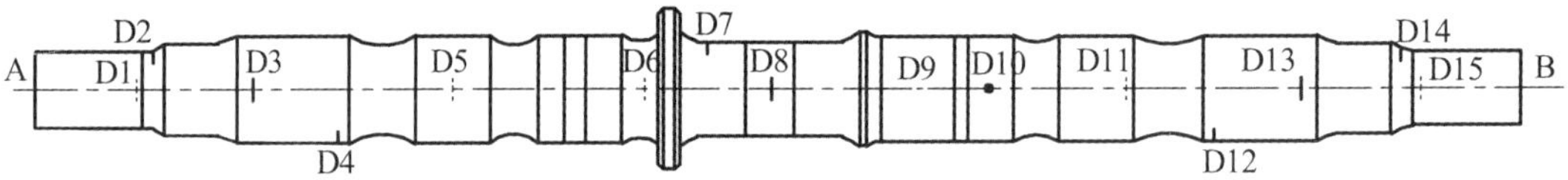

图 3-1-78　CRH_{5A}型对比试样轴（动轴）

CRH_{5A}型对比试样轴（拖轴）如图 3-1-79 所示。

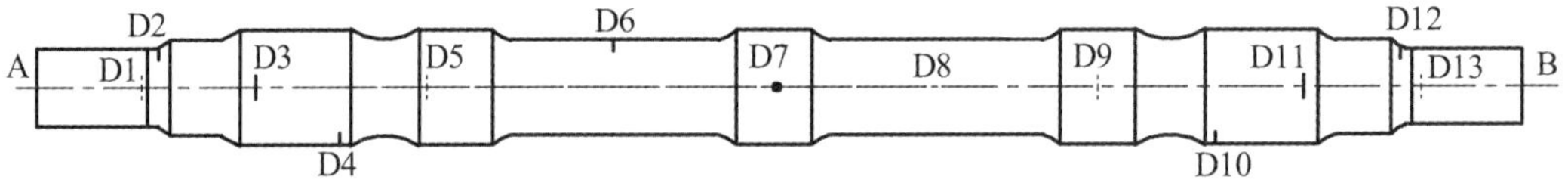

图 3-1-79　CRH_{5A}型对比试样轴（拖轴）

b. 动车组空心轴探伤实物试块的人工缺陷参数。

动车组空心车轴探伤用对比试样轴采用与实际空心车轴材质或声学特性（声速、衰减系数）相近的材料，按照空心车轴相同的制造工艺制作。按不同的探测部位和探测要求，在车轴上用线切割或电火花加工的方法加工人工缺陷，缺陷具体规格和灵敏度校验基准缺陷如表 3-1-13 ~ 表 3-1-22 所示。

表 3-1-13　CRH$_{1A/B/E}$型动车组空心车轴对比试样轴（动轴）人工缺陷参数

缺陷编号		D1	D2	D3	D4	D5	D6	D7	D8	D9	D10	D11	D12	D13
缺陷位置	距 A 端	140	180	315	445	615	755	935	1 115	1 515	1 805	1 935	2 070	2 110
	距 B 端	2 110	2 070	1 935	1 805	1 635	1 495	1 315	1 135	735	445	315	180	140
缺陷类型		横向缺陷	横向缺陷	横向缺陷	横向缺陷	横向缺陷	平底孔	纵向缺陷	横向缺陷	横向缺陷	横向缺陷	横向缺陷	横向缺陷	横向缺陷
缺陷深度/mm		1±0.1	1±0.1	1±0.1	1±0.1	1±0.1	6±0.1	2±0.1	0.5±0.1	1±0.1	1±0.1	1±0.1	1±0.1	1±0.1
缺陷宽度/mm		≤0.35	≤0.35	≤0.35	≤35	≤35	ϕ2±0.1	≤0.35	≤0.35	≤0.35	≤0.35	≤0.35	≤0.35	≤0.35
灵敏度校验基准缺陷		内部缺陷基准缺陷：D6； 横向缺陷基准缺陷：D9												

表 3-1-14　CRH$_{1A/B/E}$型动车组空心车轴对比试样轴（拖轴）人工缺陷参数

缺陷编号		D1	D2	D3	D4	D5	D6	D7	D8	D9	D10	D11	D12	D13
缺陷位置	距 A 端	140	180	315	445	705	915	1 125	1 335	1 605	1 805	1 935	2 070	2 110
	距 B 端	2 110	2 070	1 935	1 805	1 545	1 335	1 125	915	645	445	315	180	140
缺陷类型		横向缺陷	横向缺陷	横向缺陷	横向缺陷	横向缺陷	纵向缺陷	平底孔	横向缺陷	横向缺陷	横向缺陷	横向缺陷	横向缺陷	横向缺陷
缺陷深度/mm		1±0.1	1±0.1	1±0.1	1±0.1	1±0.1	2±0.1	6±0.1	0.5±0.1	1±0.1	1±0.1	1±0.1	1±0.1	1±0.1
缺陷宽度/mm		≤0.35	≤0.35	≤0.35	≤0.35	≤0.35	≤0.35	ϕ2±0.1	≤0.35	≤0.35	≤0.35	≤0.35	≤0.35	≤0.35
灵敏度校验基准缺陷		内部缺陷基准缺陷：D7； 横向缺陷基准缺陷：D5												

表 3-1-15　CRH$_{2A/B/E}$型、CRH$_{2C}$一阶段动车组空心车轴对比试样轴（动轴）人工缺陷参数

缺陷编号		D1	D2	D3	D4	D5	D6	D7	D8	D9	D10	D11	D12	D13
缺陷位置	距 A 端	210	250	345	465	680	845	1 010	1 138	1 638	1 833	1 953	2 048	2 088
	距 B 端	2 088	2 048	1 953	1 833	1 618	1 453	1 288	1 160	660	465	345	250	210
缺陷类型		横向缺陷	横向缺陷	横向缺陷	横向缺陷	平底孔	纵向缺陷	横向缺陷	横向缺陷	横向缺陷	横向缺陷	横向缺陷	横向缺陷	横向缺陷
缺陷深度/mm		1±0.1	1±0.1	1±0.1	1±0.1	6±0.1	2±0.1	0.5±0.1	1±0.1	1±0.1	1±0.1	1±0.1	1±0.1	1±0.1
缺陷宽度/mm		≤0.35	≤0.35	≤0.35	≤0.35	ϕ2±0.1	≤0.35	≤0.35	≤0.35	≤0.35	≤0.35	≤0.35	≤0.35	≤0.35
灵敏度校验基准缺陷		内部缺陷基准缺陷：D5； 横向缺陷基准缺陷：D9												

表 3-1-16　$CRH_{2A/B/E}$型、CRH_{2C}一阶段动车组空心车轴对比试样轴（拖轴）人工缺陷参数

缺陷编号		D1	D2	D3	D4	D5	D6	D7	D8	D9	D10	Dll	D12	D13
缺陷位置	距 A 端	240	280	375	495	775	1 040	1 175	1 307	1 732	1 862	1 982	2 077	2 117
	距 B 端	2 142	2 102	2 007	1 887	1 607	1 342	1 207	1 075	650	520	400	305	265
缺陷类型		横向缺陷	横向缺陷	横向缺陷	横向缺陷	横向缺陷	平底孔	纵向缺陷	横向缺陷	横向缺陷	横向缺陷	横向缺陷	横向缺陷	横向缺陷
缺陷深度/mm		1±0.1	1±0.1	1±0.1	1±0.1	1±0.3	6±0.1	2±0.1	0.5±0.1	1±0.1	1±0.1	1±0.1	1±0.1	1±0.1
缺陷宽度/mm		≤0.35	≤0.35	≤0.35	≤0.35	≤0.35	ϕ2±0.1	≤0.35	≤0.35	≤0.35	≤0.35	≤0.35	≤0.35	≤0.35
灵敏度校验基准缺陷		内部缺陷基准缺陷：D6； 横向缺陷基准缺陷：D5												

表 3-1-17　CRH_{2C}二阶段、$CRH_{380A/AL}$型动车组空心车轴对比试样轴（动轴）人工缺陷参数

缺陷编号		D1	D2	D3	D4	D5	D6	D7	D8	D9	D10	D11	D12	D13
缺陷位置	距 A 端	210	250	345	465	680	845	1 010	1 138	1 628	1 833	1 953	2 048	2 088
	距 B 端	2 088	2 048	1 953	1 833	1 618	1 453	1 288	1 160	670	465	345	250	210
缺陷类型		横向缺陷	横向缺陷	横向缺陷	横向缺陷	平底孔	纵向缺陷	横向缺陷	横向缺陷	横向缺陷	横向缺陷	横向缺陷	横向缺陷	横向缺陷
缺陷深度/mm		1±0.1	1±0.1	1±0.1	1±0.1	6±0.1	2±0.1	0.5±0.1	1±0.1	1±0.1	1±0.1	1+0.1	1±0.1	1±0.1
缺陷宽度/mm		≤0.35	≤0.35	≤0.35	≤0.35	ϕ2±0.1	≤0.35	≤0.35	≤0.35	≤0.35	≤0.35	≤0.35	≤0.35	≤0.35
灵敏度校验基准缺陷		内部缺陷基准缺陷：D5； 横向缺陷基准缺陷：D9												

表 3-1-18　CRH_{2C}二阶段、$CRH_{380A/AL}$型动车组空心车轴对比试样轴（拖轴）人工缺陷参数

缺陷编号		D1	D2	D3	D4	D5	D6	D7	D8	D9	D10	D11	D12	D13
缺陷位置	距 A 端	240	280	375	495	775	1 040	1 175	1 307	1 732	1 862	1 982	2 077	2 117
	距 B 端	2 142	2 102	2 007	1 887	1 607	1 342	1 207	1 075	650	520	400	305	265
缺陷类型		横向缺陷	横向缺陷	横向缺陷	横向缺陷	横向缺陷	平底孔	纵向缺陷	横向缺陷	横向缺陷	横向缺陷	横向缺陷	横向缺陷	横向缺陷
缺陷深度/mm		1±0.1	1±0.1	1±0.1	1±0.1	1±0.1	6±0.1	2±0.1	0.5±0.1	1±0.1	1±0.1	1±0.1	1±0.1	1±0.1
缺陷宽度/mm		≤0.35	≤0.35	≤0.35	≤0.35	≤0.35	ϕ2±0.1	≤0.35	≤0.35	≤0.35	≤0.35	≤0.35	≤0.35	≤0.35
灵敏度校验基准缺陷		内部缺陷基准缺陷：D6； 横向缺陷基准缺陷：D5												

表 3-1-19　CRH_{3C}、$CRH_{380B/BL/CL}$ 型动车组空心车轴对比试样轴（动轴）人工缺陷参数

缺陷编号		D1	112	D3	D4	D5	D6	D7	D8	D9	D10	D11	D12	D13
缺陷位置	距 A 端	150	180	280	415	600	880	1 100	1 485	1 585	1 765	1 900	2 000	2 030
	距 B 端	2 030	2 000	1 900	1 765	1 580	1 300	1 080	695	595	415	280	180	150
缺陷类型		横向缺陷	横向缺陷	横向缺陷	横向缺陷	横向缺陷	平底孔	横向缺陷	横向缺陷	横向缺陷	横向缺陷	横向缺陷	横向缺陷	横向缺陷
缺陷深度/mm		1±0.1	1±0.1	1±0.1	1±0.1	0.5±0.1	6±0.1	1±0.1	1±0.1	1±0.1	1±0.1	1±0.1	1±0.1	1±0.1
缺陷宽度/mm		≤0.35	≤0.35	≤0.35	≤0.35	≤0.35	ϕ2±0.1	≤0.35	≤0.35	≤0.35	≤0.35	≤0.35	≤0.35	≤0.35
灵敏度校验基准缺陷		内部缺陷基准缺陷：D6； 横向缺陷基准缺陷：D8												

表 3-1-20　CRH_{3C}、$CRH_{380B/BL/CL}$ 型动车组空心车轴对比试样轴（拖轴）人工缺陷参数

缺陷编号		D1	D2	D3	D4	D5	D6	D7	D8	D9	D10	D11	D12	D13
缺陷位置	距 A 端	150	180	280	410	605	870	1 090	1 150	1 520	1 770	1 900	2 000	2 030
	距 B 端	2 030	2 000	1 900	1 770	1 575	1 310	1 090	1 030	660	410	280	180	150
缺陷类型		横向缺陷	横向缺陷	横向缺陷	横向缺陷	横向缺陷	横向缺陷	平底孔	横向缺陷	横向缺陷	横向缺陷	横向缺陷	横向缺陷	横向缺陷
缺陷深度/mm		1±0.1	1±0.1	1±0.1	1±0.1	1±0.1	0.5±0.1	6±0.1	1±0.1	1±0.1	1±0.1	1±0.1	1±0.1	1±0.1
缺陷宽度/mm		≤0.35	≤0.35	≤0.35	≤0.35	≤0.35	≤0.35	ϕ2±0.1	≤0.35	≤0.35	≤0.35	≤0.35	≤0.35	≤0.35
灵敏度校验基准缺陷		内部缺陷基准缺陷：D7； 横向缺陷基准缺陷：D9												

表 3-1-21　CRH_{5A} 型动车组空心车轴对比试样轴（动轴）人工缺陷参数

缺陷编号		D1	D2	D3	D4	D5	D6	D7	D8	D9	D10	D11	D12	D13	D14	D15
缺陷位置	距 A 端	150	180	320	450	620	900	990	1 085	1 300	1 405	1 605	1 730	1 860	2 000	2 030
	距 B 端	2 030	2 000	1 860	1 730	1 560	1 280	1 190	1 095	880	775	575	450	320	180	150
缺陷类型		横向缺陷	横向缺陷	横向缺陷	横向缺陷	横向缺陷	横向缺陷	横向缺陷	横向缺陷	纵向缺陷	平底孔	横向缺陷	横向缺陷	横向缺陷	横向缺陷	横向缺陷
缺陷深度/mm		1±0.1	1±0.1	1±0.1	1±0.1	1±0.1	1±0.1	1±0.1	0.5±0.1	2±0.1	6±0.1	1±0.1	1±0.1	1±0.1	1±0.1	1±0.1
缺陷宽度/mm		≤0.35	≤0.35	≤0.35	≤0.35	≤0.35	≤0.35	≤0.35	≤0.35	≤0.35	ϕ2±0.1	≤0.35	≤0.35	≤0.35	≤0.35	≤0.35
灵敏度校验基准缺陷		内部缺陷基准缺陷：D10； 横向缺陷基准缺陷：D5														

表 3-1-22 CRH_{5A} 型动车组空心车轴对比试样轴（拖轴）人工缺陷

缺陷编号		D1	D2	D3	D4	D5	D6	D7	D8	D9	D10	D11	D12	D13
缺陷位置	距 A 端	150	180	320	450	575	855	1 090	1 325	1 560	1 730	1 860	2 000	2 030
	距 B 端	2 030	2 000	1 860	1 730	3 605	1 325	1 090	855	620	450	320	180	150
缺陷类型		横向缺陷	横向缺陷	横向缺陷	横向缺陷	横向缺陷	横向缺陷	平底孔	纵向缺陷	横向缺陷	横向缺陷	横向缺陷	横向缺陷	横向缺陷
缺陷深度/mm		1±0.1	1±0.1	1±0.1	1±0.1	1±0.1	0.5±0.1	6±0.1	2±0.1	1±0.1	1±0.1	1±0.1	1±0.1	1±0.1
缺陷宽度/mm		≤0.35	≤0.35	≤0.35	≤0.35	≤0.35	≤0.35	ϕ2±0.1	≤0.35	≤0.35	≤0.35	≤0.35	≤0.35	≤0.35
灵敏度校验基准缺陷		内部缺陷基准缺陷：D7； 横向缺陷基准缺陷：D9												

c. 动车组空心轴探伤实物试块的使用要求及日常维护与保养。

定期使用防锈油擦拭对比试样轴内、外表面，防止产生锈蚀；对比试样轴应存放在设备校验区的固定位置，并做好标识；轴型必须与被测空心车轴的轴型相同，尺寸规格一致，内部无缺陷；外表面无损伤，轴孔内光滑无锈垢，轴孔起始处周围不得有飞边、毛刺；轴孔表面的粗糙度不得大于 $Ra6.3$ μm；轴端面必须完好无损，以确保适配器能够平稳地跟轴端进行对接；内、外表面应光洁无锈垢，无磕碰伤，无大于 0.5 mm 的划痕。

② 动车组车轮探伤实物试块。

a. 动车组车轮超声波探伤实物试块的用途、种类、规格型号、技术图样。

和谐系列动车组轮辋、辐板探伤设备样板轮用于在线式、落轮式轮辋辐板探伤设备性能测试、技术验收和状态标定。

CRH 样板轮类型包含 CRH_1、CRH_2、CRH_3、CRH_4、CRH_5、CRH_{380} 以及后续新配属动车组车型的动轮及拖轮。其中 CRH_{2C} 二阶段动车组和 $CRH_{380A(AL)}$ 动车组样板轮可通用；CRH_{3C} 和 $CRH_{380B(BL)}$、CRH_{380CL} 型动车组样板轮可通用；踏面外形为 LMD 和 LMA 的 CRH_1 型车轮探伤可共用样板轮。

缺陷应能够覆盖 CRH 各型车轮的关键部位，即典型缺陷必须覆盖轮缘、轮辋和辐板部位。人工缺陷需进行硅胶灌封保护，人工缺陷类型包含但不仅限于刻槽、横孔人工缺陷。人工缺陷取向包括但不仅限于径向、周向、轴向、斜向。具体样板轮人工缺陷技术指标如图 3-1-80 ~ 图 3-1-84 所示。人工缺陷深度位置坐标以踏面滚动圆为坐标零点，轮缘部位深度为“–”，轮辋及辐板部位深度为“+”。

CRH_1 样板轮缺陷技术指标如图 3-1-80、表 3-1-23 所示。

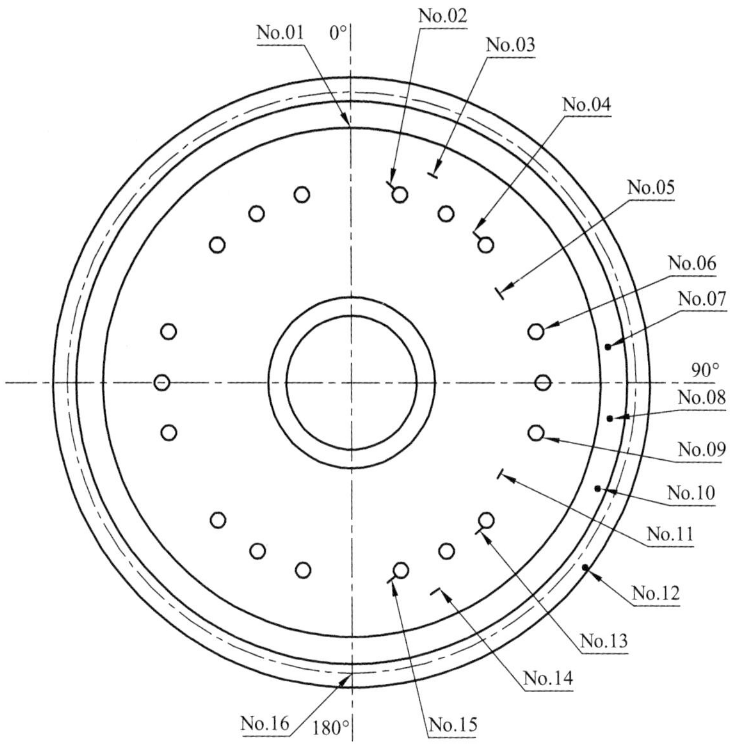

（a）CRH$_1$-M 样板轮人工缺陷

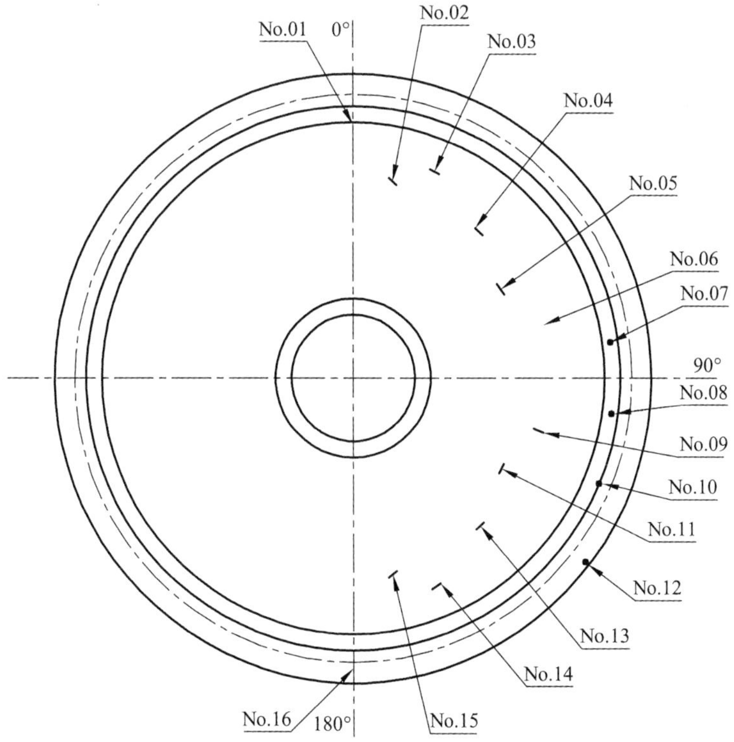

（b）CRH$_1$-T 样板轮人工缺陷

图 3-1-80　CRH$_1$ 样板轮人工缺陷

表 3-1-23　CRH$_1$-M&T 样板轮人工缺陷列表（直径 885 mm）

序号	缺陷编号	缺陷类型	深度/mm	角度/（°）	缺陷大小/mm
1	No.01	横孔	60	0	（ϕ3±0.1）×100
2	No.02	外侧斜向刻槽	126.5	12.5	15×（3±0.1）
3	No.03	内侧周向刻槽	100	22.5	15×（3±0.1）
4	No.04	外侧周向刻槽	140	41	20×（3±0.1）
5	No.05	内侧周向刻槽	170	60	20×（3±0.1）
6	No.06	外侧径向刻槽	121.5	75	15×（3±0.1）
7	No.07	横孔	40	82.5	（ϕ3±0.1）×100
8	No.08	横孔	30	97.5	（ϕ3±0.1）×100
9	No.09	内侧径向刻槽	121.5	105	15×（3±0.1）
10	No.10	横孔	20	112.5	（ϕ3±0.1）×100
11	No.11	外侧周向刻槽	170	120	20×（3±0.1）
12	No.12	轮缘顶部刻槽	−25	127.5	10×（3±0.1）
13	No.13	内侧周向刻槽	140	139	20×（3±0.1）
14	No.14	外侧周向刻槽	100	157.5	15×（3±0.1）
15	No.15	内侧斜向刻槽	126.5	167.5	15×（3±0.1）
16	No.16	横孔	10	180	（ϕ3±0.1）×100

CRH$_2$ 样板轮缺陷技术指标如图 3-1-81、表 3-1-24 所示。

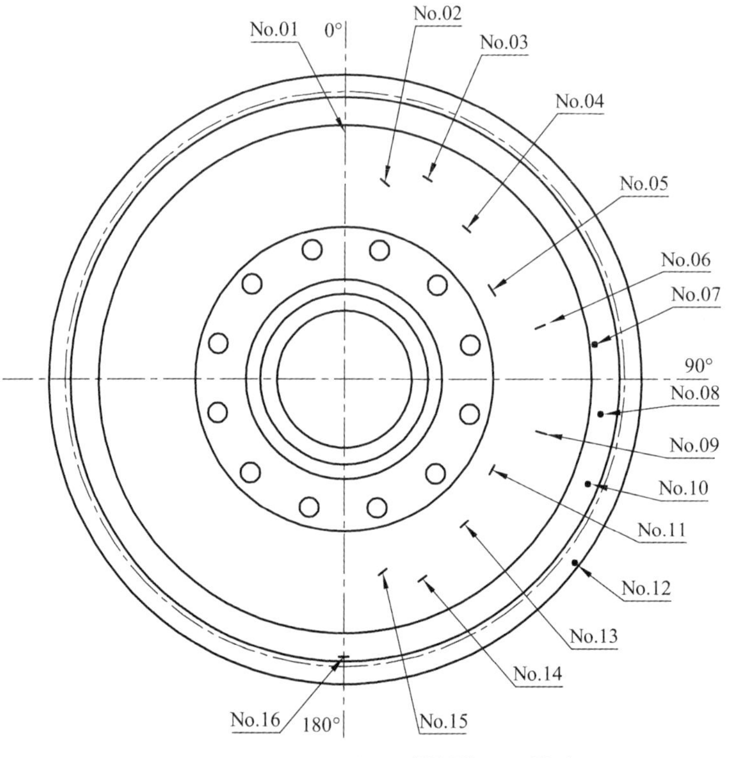

图 3-1-81　CRH$_2$-M（T）样板轮人工缺陷

表 3-1-24 CRH_2-M&T 样板轮人工缺陷列表

序号	缺陷编号	缺陷类型	深度/mm	角度/（°）	缺陷大小/mm
1	No.01	横孔	60	0	（φ3±0.1）×100
2	No.02	外侧斜向刻槽	128	11.8	15×（3±0.1）
3	No.03	内侧周向刻槽	102	22.5	15×（3±0.1）
4	No.04	外侧周向刻槽	137.5	41.2	20×（3±0.1）
5	No.05	内侧周向刻槽	159	60	20×（3±0.1）
6	No.06	外侧径向刻槽	119	75	15×（3±0.1）
7	No.07	横孔	40	82.5	（φ3±0.1）×100
8	No.08	横孔	30	97.5	（φ3±0.1）×100
9	No.09	内侧径向刻槽	119	105	15×（3±0.1）
10	No.10	横孔	20	112.5	（φ3±0.1）×100
11	No.11	外侧周向刻槽	159	120	20×（3±0.1）
12	No.12	轮缘顶部刻槽	−27	127.5	10×（3±0.1）
13	No.13	内侧周向刻槽	137.5	138.8	20×（3±0.1）
14	No.14	外侧周向刻槽	102	157.5	15×（3±0.1）
15	No.15	内恻斜向刻槽	128	168.2	15×（3±0.1）
16	No.16	横孔	10	180	（φ3±0.1）×100

CRH2c 样板轮缺陷技术指标如图 3-1-82，表 3-1-25 所示。

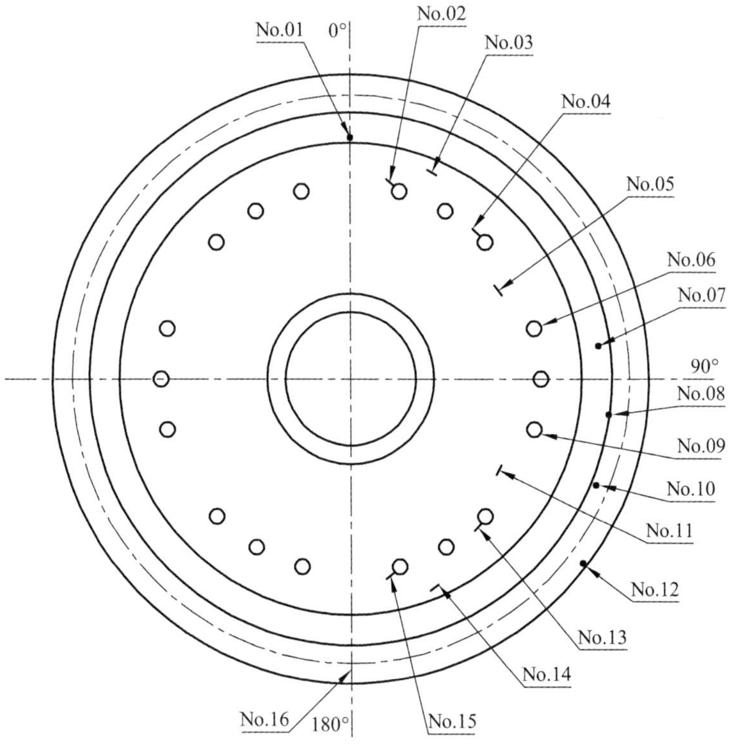

图 3-1-82 CRH_{2C}-M（T）样板轮人工缺陷

表 3-1-25 CRH_{2C}-M&T 样板轮人工缺陷列表（直径 835 mm）

序号	缺陷编号	缺陷类型	深度/mm	角度/（°）	缺陷大小/mm
1	No.01	横孔	60	0	（ϕ3±0.1）×100
2	No.02	外侧斜向刻槽	124	12	15×（3±0.1）
3	No.03	内侧周向刻槽	102	22.5	15×（3±0.1）
4	No.04	外侧周向刻槽	137.5	41	20×（3±0.1）
5	No.05	内侧周向刻槽	160	60	20×（3±0.1）
6	No.06	外侧径向刻槽	119	75	15×（3±0.1）
7	No.07	横孔	40	82.5	（ϕ3±0.1）×100
8	No.08	横孔	30	97.5	（ϕ3±0.1）×100
9	No.09	内侧径向刻槽	119	105	15×（3±0.1）
10	No.30	横孔	20	112.5	（ϕ3±0.1）×100
11	No.11	外侧周向刻槽	160	120	20×（3±0.1）
12	No.12	轮缘顶部刻槽	−25	127.5	10×（3±0.1）
13	No.13	内侧周向刻槽	137.5	139	20×（3±0.1）
14	No.14	外侧周向刻槽	102	157.5	15×（3±0.1）
15	No.15	内侧斜向刻槽	124	168	15×（3±0.1）
16	No.16	横孔	10	180	（ϕ3±0.1）×100

CRH_3 样板轮缺陷技术指标如图 3-1-83、表 3-1-26 所示。

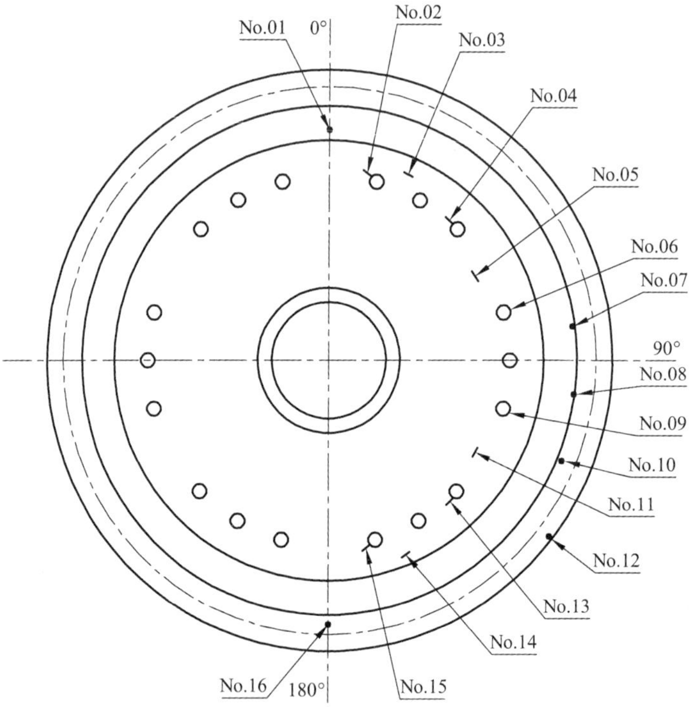

（a）CRH_3-M 样板轮缺陷

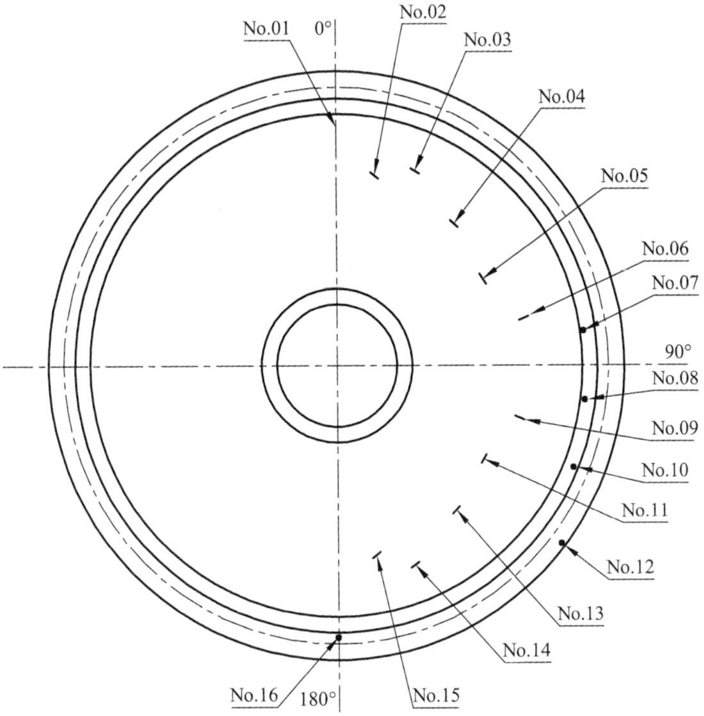

（b）CRH_3-T 样板轮缺陷

图 3-1-83　CRH_3-M（T）样板轮缺陷

表 3-1-26　CRH_3-M&T 样板轮人工缺陷列表（直径 890 mm）

序号	缺陷编号	缺陷类型	深度/mm	角度/（°）	缺陷大小/mm
1	No.01	横孔	60	0	（ϕ3±0.1）×100
2	No.02	外侧斜向刻槽	129	12.5	15×（3±0.1）
3	No.03	内侧周向刻槽	103	22.5	15×（3±0.1）
4	No.04	外侧周向刻槽	142	41	20×（3±0.1）
5	No.05	内侧周向刻槽	160	60	20×（3±0.1）
6	No.06	外侧径向刻槽	124	75	15×（3±0.1）
7	No.07	横孔	40	82.5	（ϕ3±0.1）×100
8	No.08	横孔	30	97.5	（ϕ3±0.1）×100
9	No.09	内侧径向刻槽	124	105	15×（3±0.1）
10	No.10	横孔	20	112.5	（ϕ3±0.1）×100
11	No.11	外侧周向刻槽	160	120	20×（3±0.1）
12	No.12	轮缘顶部刻槽	−25	127.5	10×（3±0.1）
13	No.13	内侧周向刻槽	142	139	20×（3±0.1）
14	No.14	外侧周向刻槽	103	157.5	15×（3±0.1）
15	No.15	内侧斜向刻槽	129	167.5	15×（3±0.1）
16	No.16	横孔	10	180	（ϕ3±0.1）×100

CRH_5样板轮缺陷技术指标如图 3-1-84、表 3-1-27 所示。

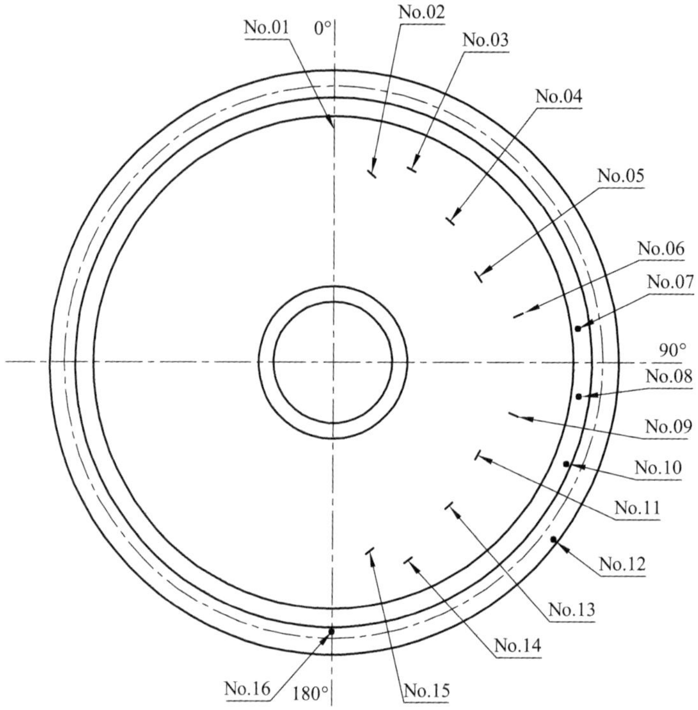

图 3-1-84　CRH_5-M（T）样板轮人工缺陷

表 3-1-27　CRH_5-M&T 样板轮人工缺陷列表（直径 860 mm）

序号	缺陷编号	缺陷类型	深度/mm	角度/（°）	缺陷大小/mm
1	No.01	横孔	60	0	（ϕ3±0.1）×100
2	No.02	外侧斜向刻槽	124	12	15×（3±0.1）
3	No.03	内侧周向刻槽	102	22.5	15×（3±0.1）
4	No.04	外侧周向刻槽	137.5	41	20×（3±0.1）
5	No.05	内侧周向刻槽	160	60	20×（3±0.1）
6	No.06	外侧径向刻槽	119	75	15×（3±0.1）
7	No.07	横孔	40	82.5	（ϕ3±0.1）×100
8	No.08	横孔	30	97.5	（ϕ3±0.1）×100
9	No.09	内侧径向刻槽	119	105	15×（3±0.1）
10	No.10	横孔	20	112.5	（ϕ3±0.1）×100
11	No.11	外侧周向刻槽	160	120	20×（3±0.1）
12	No.12	轮缘顶部刻槽	−25	127.5	10×（3±0.1）
13	No.13	内侧周向刻槽	137.5	138.8	20×（3±0.1）
14	Mo.14	外侧周向刻槽	102	157.5	15×（3±0.1）
15	No.15	内侧斜向刻槽	124	168	15×（3±0.1）
16	No.16	横孔	10	180	（ϕ3±0.1）×100

b. 动车组车轮超声波探伤实物试块的使用要求及日常维护与保养。

定期使用防锈油擦拭样板轮对，防止产生锈蚀；样板轮对应存放在设备校验区的固定位置，并做好标识；CRH 动车组轮辋、辐板探伤设备的样板轮按照对应车型进行踏面外形修形；样板轮对外表面必须完好无损伤，车轮表面无锈蚀、油污等异物，整个车轮外表面不得有飞边、毛刺，无磕碰伤，无大于 0.5 mm 的划痕，以确保设备能够进行准确校验；样板轮对表面粗糙度不得大于 Ra12.5 μm；CRH 动车组轮辋、辐板探伤用样板轮对采用与实际动车组车轮材质或声学特性（声速、衰减系数）相同的材料，按照 CRH 轮对相同的制造工艺制作。

任务检查单

任务编号	3-1	任务名称	认知超声波探伤技术		
序号	检查内容			是	否
1	能够掌握超声波探伤的基本原理				
2	能够掌握超声波探伤的一般方法				
3	能够掌握超声波探伤仪常用探头基本知识				
4	能够掌握超声波探伤用常用试块基本知识				
评语					
评分					

任务 3-2　货车轮轴超声波探伤

任务书

任务编号	3-2	任务名称	货车轮轴超声波探伤
任务目标			
【知识目标】 掌握轮轴超声波探伤性能校验方法； 掌握轮轴表面预处理方法； 掌握探伤结果的判定、分析与处理方法； 掌握轮轴超声波探伤的一般程序。 【技能目标】 具备轮轴超声波探伤的能力。 【素质目标】 培养学生严谨认真的工作作风； 树立安全责任意识			

续表

知识图谱
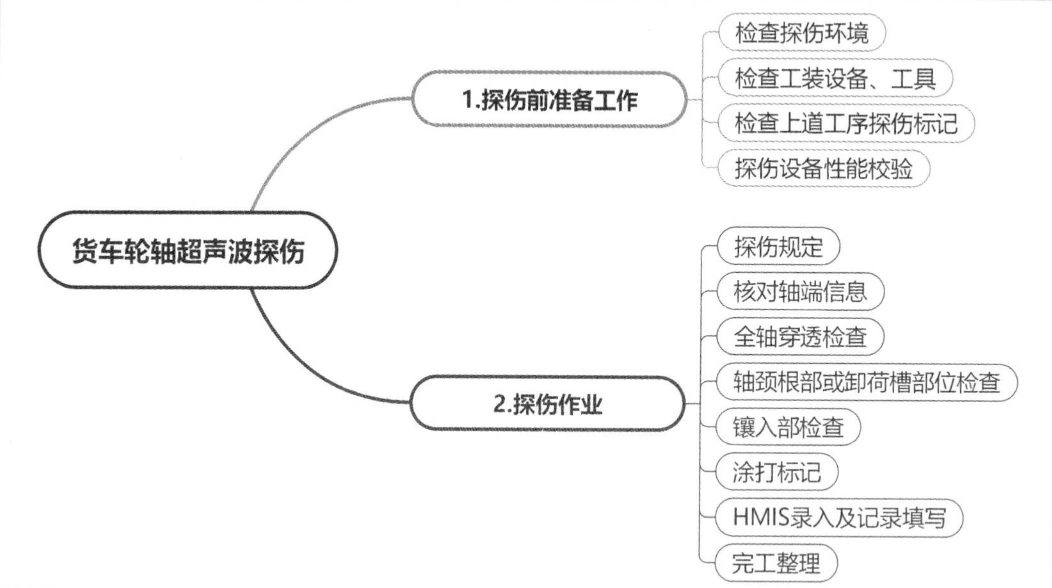
任务描述
本次任务是为了完成轮轴超声波探伤工作，同学们在设备条件允许的前提下，分小组自学轮轴超声波探伤工作，或者梳理轮轴超声波探伤作业流程，形成汇报材料
实施说明
（1）以小组为单位认真学习任务3-2的引导材料，做好知识准备； （2）结合知识准备和小组汇报情况，教师组织课堂教学内容，填写“任务检查单”

引导材料

常见的轮轴超声波探伤包括手工、微机、相控阵探伤，这里以手工超声波探伤作业为例进行讲解，微机及相控阵探伤作业过程参见数字化教学资源。

轮轴手工超声波探伤

一、探伤前准备工作

探伤人员应持证上岗，按规定穿戴好劳动保护用品，并依照标准做好如下准备工作。

1. 检查探伤环境

探伤工作场地应整洁明亮，照度适中，通风良好，检查室内温度保持在10～30 °C。

2. 检查工装设备、工具

工装设备、工具应齐全、状态良好，发生异常情况时通知工长处理。

（1）检查超声波探伤仪检定标签，探伤仪应在定检期内。

（2）转轮器工作状态良好，轮对超声波探伤作业时，转轮器转速≤2 r/min，并能随时控制转停。

（3）检查探头必须贴有检测合格标签。

（4）应根据作业量及探头磨损情况，每月至少检测一次横波斜探头折射角及前沿、小角度纵波探头折射角，如不合格时应更换探头。

（5）配备 TZS-R 型、CSK-1A 型、CS-1-5 型等标准试块，试块无锈蚀、棱角无磕碰伤。

（6）配备 RD_2 型和 RE_{2A} 型实物试块，以及实物试块图样和技术要求。

（7）耦合剂为机油或专用轴承脂，校验探伤灵敏度和探伤作业时，应使用相同的耦合剂。

3. 检查上道工序探伤标记

将待探伤的轮对推至转轮器，检查车轮辐板内侧面上道工序探伤检查标记“W”，漏打或漏探时，返回上道工序处理。

4. 探伤设备性能校验

（1）日常性能校验。

设备性能不合格时进行探伤作业，会造成轮对裂纹的漏探，因此，每班上、下午及夜班开工前由探伤工、探伤工长、质量检查员、验收员共同进行日常性能校验。

启动超声波探伤仪，进入性能校验界面。检查探伤系统技术状态，使用标准试块校准零点和标定测距，正确调整或输入探伤参数，确定探伤灵敏度，并在实物试块上进行人工裂纹灵敏度对比检验。

① 全轴穿透检查。

全轴穿透检查包括轴向透声检查和大裂纹检查。

a. 透声检查。

第一步：测距标定。

将 2.0 MHz、ϕ20 直探头置于 TZS-R 试块 C 面，用机油或轴承脂做耦合剂，调整仪器，将第 5 次底面回波调至荧光屏水平满刻度的第 4 大格，此时屏幕上每 1 大格代表车轴的实际长度 250 mm（全长声程 2 500 mm），如图 3-2-1 所示。

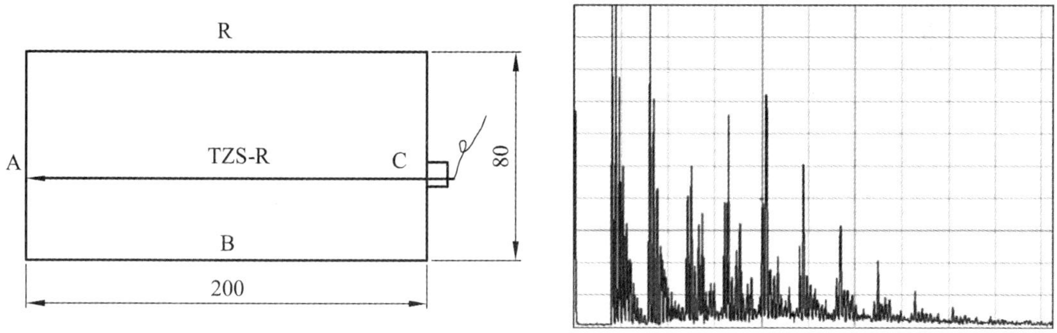

图 3-2-1　全轴穿透检查透声检查测距标定

第二步：探伤灵敏度确定。

调整仪器，使第 1 次底面回波高度达到荧光屏垂直刻度满幅的 80%、增益 30 dB，称为基准波高。在此基础上，增益 8 ~ 14 dB，作为透声检查灵敏度。

b. 大裂纹检查。

在轴向透声检查基准波高的基础上增益 14 dB，作为大裂纹检查的灵敏度。

② 使用小角度纵波探头对轴颈根部或卸荷槽部位探伤测距标定和灵敏度确定。

a. 测距标定。

将小角度纵波探头放置在 TZS-R 试块 B 面上，调整仪器，使 A 面下棱角和上棱角最高反射波的前沿分别对准荧光屏水平刻度的第 2 和第 4 大格，则每 1 大格代表水平距离 40 mm，如图 3-2-2 所示。

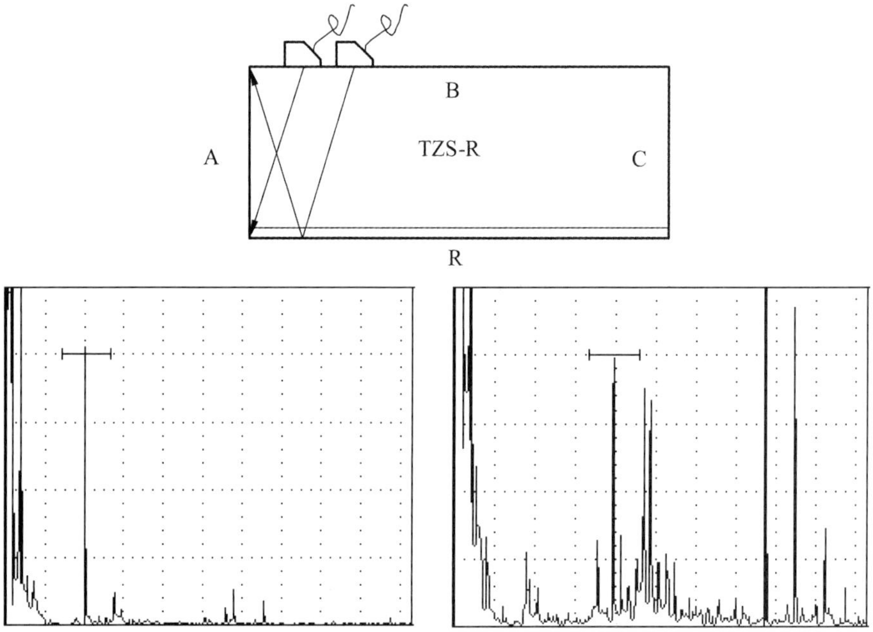

图 3-2-2　全轴穿透检查大裂纹测距标定

b. 探伤灵敏度确定。

将探头置于 TZS-R 试块 B 面上，移动探头，调节仪器，使 R 面 1 mm 深度的人工裂纹缺陷最高反射波幅度达到荧光屏垂直刻度满幅的 80%，如图 3-2-3 所示，称为人工缺陷基准波高，在此基础上增益 6 ~ 9 dB，以此作为轴颈根部（卸荷槽）小角度纵波探伤灵敏度。

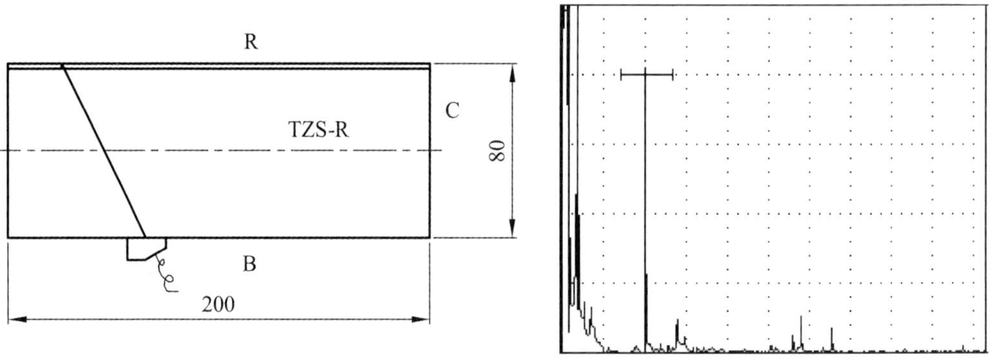

图 3-2-3　全轴穿透检查探伤灵敏度确定

c. 半轴实物试块人工裂纹验证。

在半轴实物试块上探测轴颈根部（卸荷槽）1 mm 深人工裂纹，应正常有效检出，波高幅度≥80%，如图 3-2-4 所示。

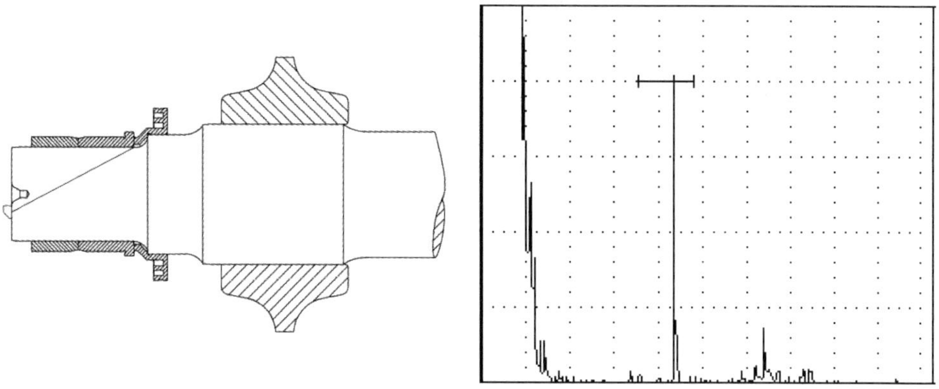

图 3-2-4　全轴穿透检查人工裂纹验证

③ 横波斜探头测距标定和灵敏度确定。

a. 测距标定。

将横波探头置于 TZS-R 型试块 R 面上，移动探头，调节仪器，使 A 面下棱角和上棱角最高反射波的前沿分别对准荧光屏水平刻度的第 2 和第 4 大格，如图 3-2-5 所示。此时，水平刻度每 1 大格代表深度 40 mm，代表水平距离 40×K mm。

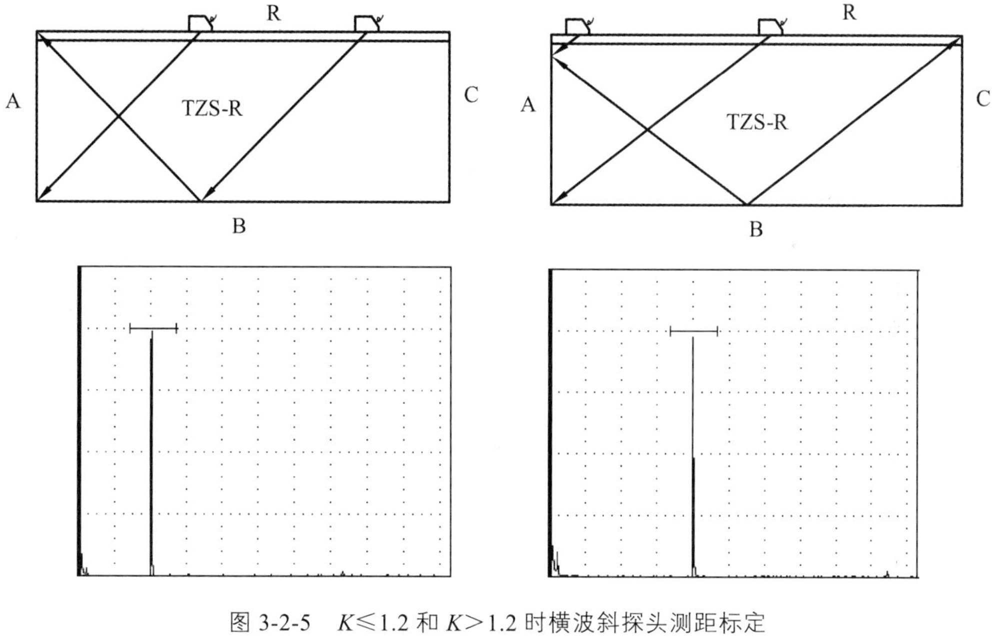

图 3-2-5　$K\leqslant 1.2$ 和 $K>1.2$ 时横波斜探头测距标定

b. 探伤灵敏度的确定。

RD_2 非突悬轮轴轮座内侧，RD_2 突悬、RE_{2A}、RE_{2B} 轮轴内外侧灵敏度确定：

将探头置于 TZS-R 试块 R 面上，移动探头，调节仪器，使 R 面 1 mm 深度的人工裂纹缺陷最高反射波幅度达到荧光屏垂直刻度满幅的 80%，如图 3-2-6 所示，称为人工缺陷基准波高。在此基础上，RD_2、RE_{2A}、RE_{2B} 型轮轴内侧补偿 9 ~ 12 dB，外侧补偿 10 ~ 15 dB，以此作为轮座横波探伤灵敏度。

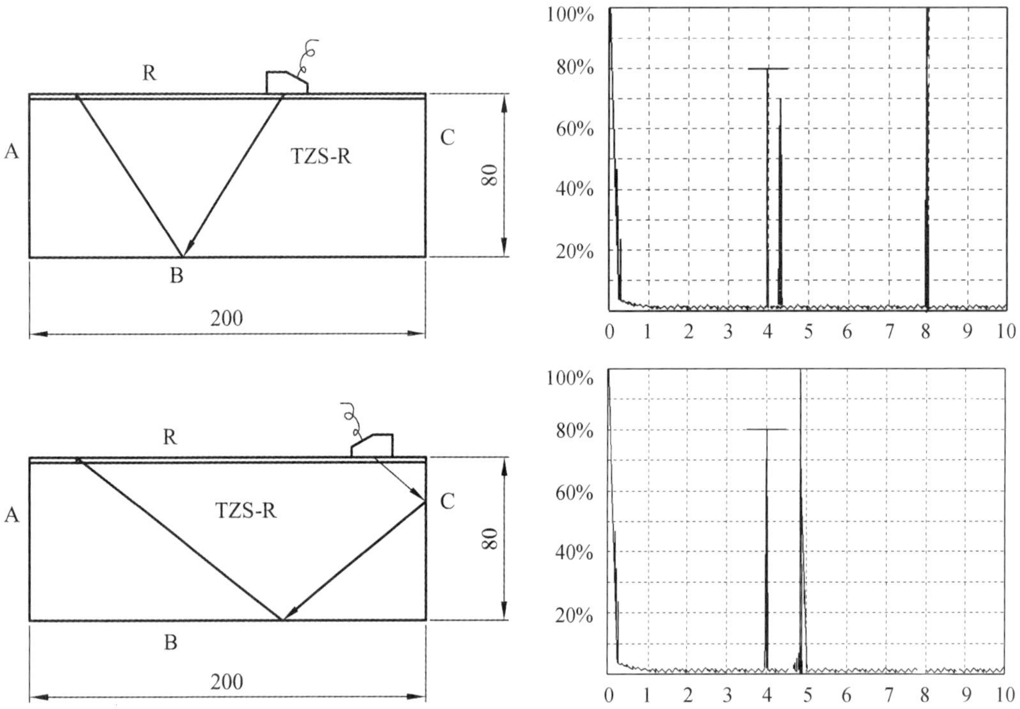

图 3-2-6　$K \leqslant 1.2$ 和 $K > 1.2$ 时横波斜探头探伤灵敏度的标定

RD_2 非突悬轮轴轮座外侧灵敏度确定：

将 K1.4 探头直接置于半轴实物试块上，移动探头，调节仪器，使轮座外侧 1 mm 深度的人工裂纹缺陷最高反射波幅度达到荧光屏垂直刻度满幅的 80%，称为人工缺陷基准波高。在此基础上补偿 4 ~ 6 dB，以此作为 RD_2 非突悬轮轴轮座外侧探伤灵敏度。

c. 半轴实物试块人工裂纹验证。

灵敏度确定后，在半轴实物试块上探测镶入部内、外侧 1 mm 深人工裂纹，应正常有效检出，波高幅度≥80%，如图 3-2-7 所示。

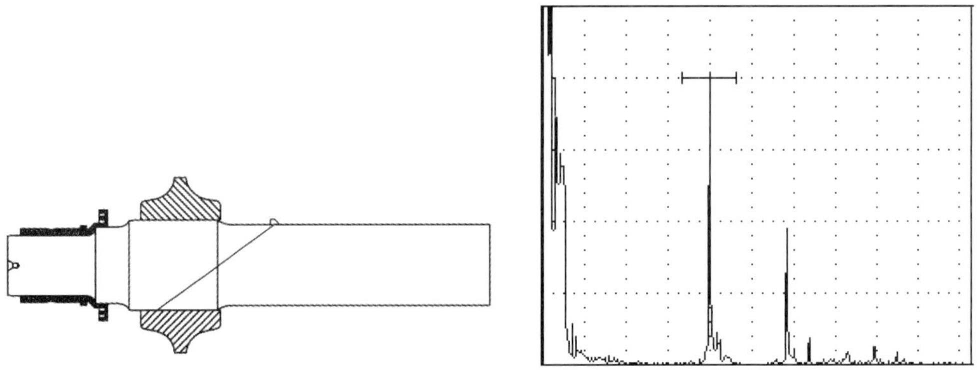

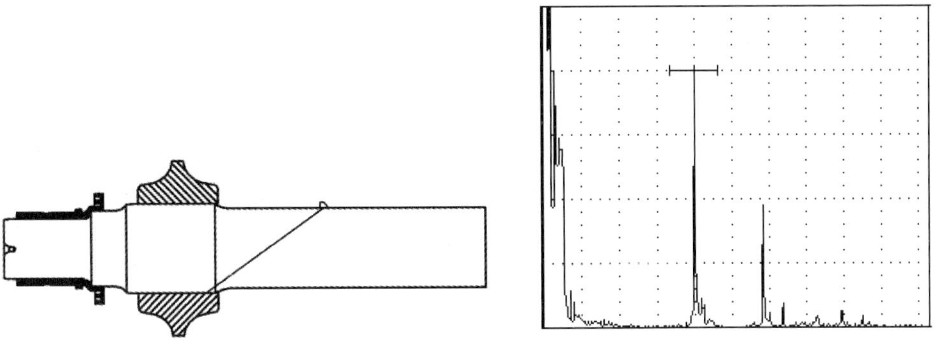

图 3-2-7　横波斜探头在半轴实物试块轮座外侧、内侧人工裂纹验证

日常性能校验完毕后，由探伤人员打印报告，参加校验的人员共同签章。

（2）季度性能校验。

每季度检查超声波探伤仪的状态（包括外观及显示屏状态，电源、电池状态，按键、旋钮、接口状态），测试超声波探伤仪水平线性、垂直线性、分辨力、灵敏度余量等主要性能指标，并按日常性能校验的内容进行检查。新购置、返厂维修及定期检修后的探伤仪器，第一次使用前应按季度性能检查的要求进行检查并做好记录。

① 水平线性误差测量。

使用 2.5P20Z 探头和 CSK-ⅠA 型标准试块进行测量，误差应≤1%。测试方法如下：

连接直探头，将直探头置于 CSK-ⅠA 型试块侧平面上，调节仪器相关按键及参数，使荧光屏上出现 6 次无干扰的底面反射波，将第 1 次底面反射波 B_1 和第 6 次底面反射波 B_6 的幅度分别调整到垂直满刻度的 50%，使第 1 次底面反射波 B_1 的前沿对准水平刻度 0，第 6 次底面反射波 B_6 的前沿对准水平刻度 10（调整中如果 B_1 和 B_6 的前沿位置相互影响，则须反复进行调整）。在此基础上，再依次将第 2、3、4、5 次底面反射波 B_2、B_3、B_4 和 B_5 的幅度分别（不是同时）调整到垂直满刻度的 50%（见图 3-2-8），并分别读取底面反射波 B_2、B_3、B_4 和 B_5 的前沿与水平刻度 2、4、6、8 的偏差 L_2、L_3、L_4 和 L_5，记入水平线性误差记录（见表 3-2-1）中。然后取其最大值 L_{max} 即为水平线性误差。

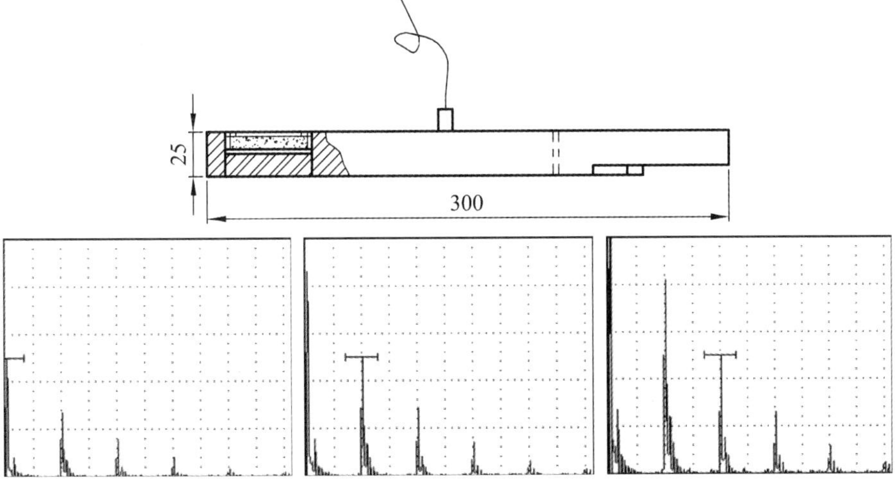

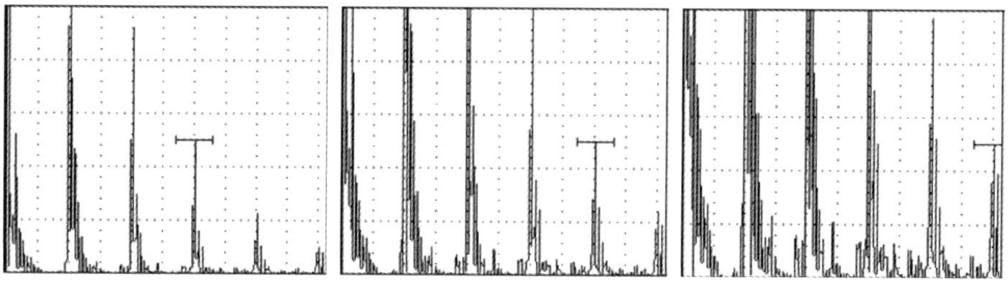

图 3-2-8　水平线性测试

表 3-2-1　探头水平线性误差记录表

反射波次数	B_1	B_2	B_3	B_4	B_5	B_6
理想位值	0	2	4	6	8	10
实测位值	0					
误差值 L	0					

注：表中实测值为假设值，最大误差：$\triangle L$=1%。

② 垂直线性测试。

使用 2.5P20Z 探头和 CS-1-5（或 DB-PZ20-2）型标准试块进行测量，误差应≤6%。测试方法如下：

连接直探头，将探头置于 CS-1-5 型试块上，调节仪器，使 CS-1-5 试块上 ϕ2 mm 平底孔最高反射波达到满刻度的 100%，此时仪器至少有 30 dB 余量。然后逐次进行衰减，每次衰减 2 dB（见图 3-2-9）。取实测值与理论值的最大正偏差 α（+）和最大负偏差 α（-）的绝对值之和为垂直线性误差 $\Delta\alpha$。即

$$\Delta a = |a(+)| + |a(-)|$$

式中　$\Delta\alpha$——垂直线性误差（百分数）；

α（+）——与理论值的最大正偏差值；

α（-）——与理论值的最大负偏差值。

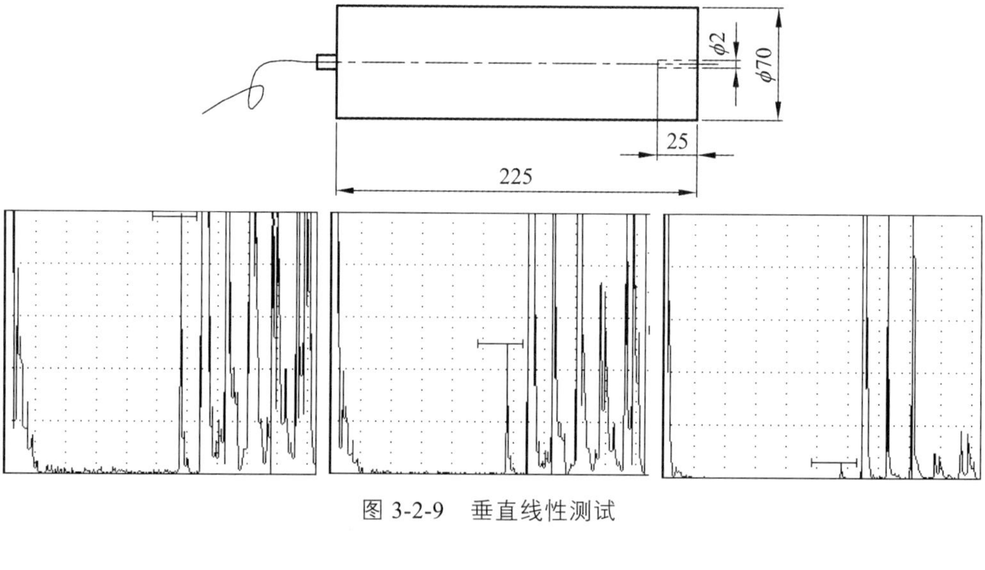

图 3-2-9　垂直线性测试

③ 分辨力测量。

使用直探头和 CSK-ⅠA 型标准试块进行测量，分辨力≥26 dB。测试方法如下：

将探头置于 CSK-ⅠA 型标准试块上，调节仪器，探伤仪的抑制置于“0”或“断”。探测声程分别为 85 mm 和 91 mm 反射面的反射波 A、B，移动探头使两波等高并达到满幅的 20%～30%，如图 3-2-10 所示，调节增益或衰减器，使 A、B 两波峰间的波谷 h_2 上升到原来的波峰高度 h_1，此时增益或衰减器所释放的分贝值即为该探头的分辨力。

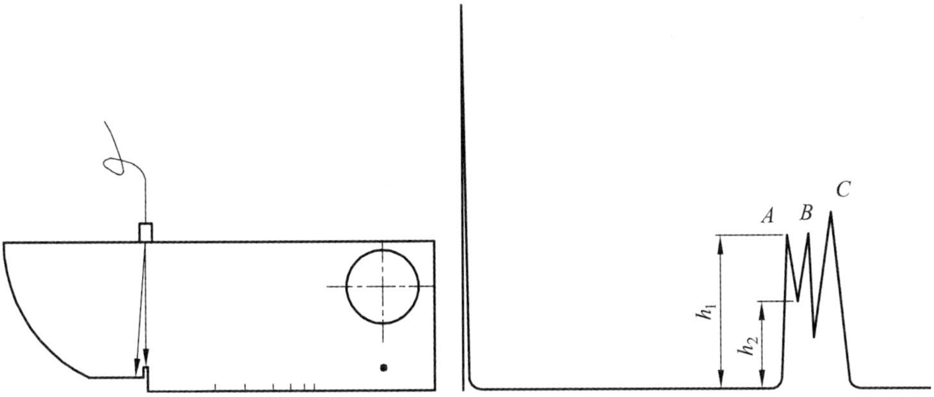

图 3-2-10　分辨力测试

④ 灵敏度余量测量。

使用 2.5P20Z 探头和 CS-1-5（或 DB-PZ20-2）型标准试块进行测量，灵敏度余量≥46 dB。测试方法如下：

将探头、探头线与所测超声探伤仪通道相连，超声探伤“抑制”置于“0”或“断”。调节仪器，使仪器灵敏度置最大，若此时仪器的电噪声电平高于满幅度的 10%，则调节增益或衰减，使电噪声电平等于满幅度的 10%，记下此时增益或衰减器的读数 S_0。然后连接好直探头并置于 CS-1-5 型试块端面上（见图 3-2-11），使 200 mm 处 $\phi 2$ mm 平底孔最高反射波为荧光屏垂直满幅度的 50%，记下此时增益或衰减器的读数 S_1。则该探头与仪器的灵敏度余量 S_r 为

$$S_r=S_1-S_0\text{（dB）}$$

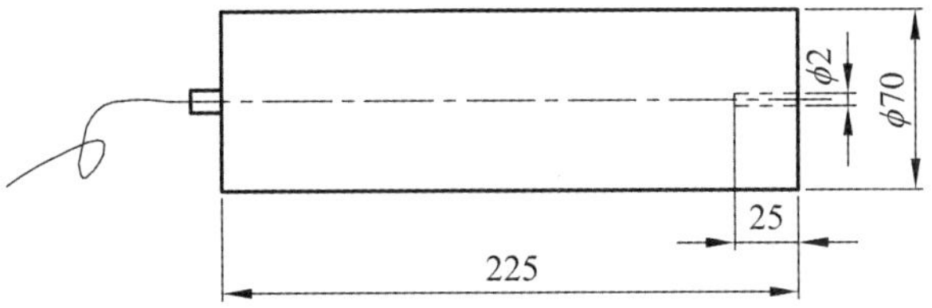

图 3-2-11　探伤灵敏度余量测量

二、探伤作业

1. 探伤规定

（1）LZ40 钢车轴的轮轴、轮对第一次组装时间达到 5 年，LZ50 钢及 LZ45CrV 钢车轴

的轮轴、轮对第一次组装时间达到 6 年，或虽未达到上述年限但已经过重新组装，每次进行二级修及以上修程时，均应对车轴施行全轴穿透探伤检查、对轮座镶入部施行超声波探伤检查；轮轴还应对轴颈根部或卸荷槽部位施行超声波探伤检查。

（2）对轮轴进行超声波探伤作业时，若仅采用手工作业方式，应对全轴超声波穿透探伤、轴颈根部或卸荷槽小角度超声波探伤施行两次探伤检查，且两次探伤作业不得由同一探伤人员完成。

（3）A 型显示微机控制超声波自动探伤后，应对轮轴进行全轴穿透和轴颈根部（卸荷槽）手工超声波复探，对轮对进行全轴穿透手工超声波复探；若 A 型显示微机控制超声波自动探伤发现缺陷时，还应采用手工超声波探伤方式施行超声波复探。以上探伤以手工超声波探伤结果为准。

（4）车辆颠覆或重车脱轨时，应对全车轮对施行全轴穿透探伤检查和轮座镶入部探伤检查。

2. 核对轴端信息

扫描轮轴/轮对信息，检查该信息与 HMIS 工位机内轮轴信息记录是否一致。

3. 检查探测区域

探头移动区域有锈垢、凸台陡坎和飞边毛刺时应打磨清除，检查轴端探头无异常现象，有毛刺应打磨。

4. 全轴穿透检查

全轴穿透检查包括全轴透声及大裂纹扫查，应在轮轴静止状态下从车轴两端面分别进行。

（1）透声检查。

扫查时使探头均匀受力，以不大于 50 mm/s 的速度，即沿轴端面径向前后移动探头，同时圆周方向移动探头，如图 3-2-12 所示，并观察回波的变化。探头扫查范围应遍及轴端面的可移动区域，透声扫查时，不得改变性能校验后的透声灵敏度，只允许调节增益或衰减量，其他按键及参数均不得调整。

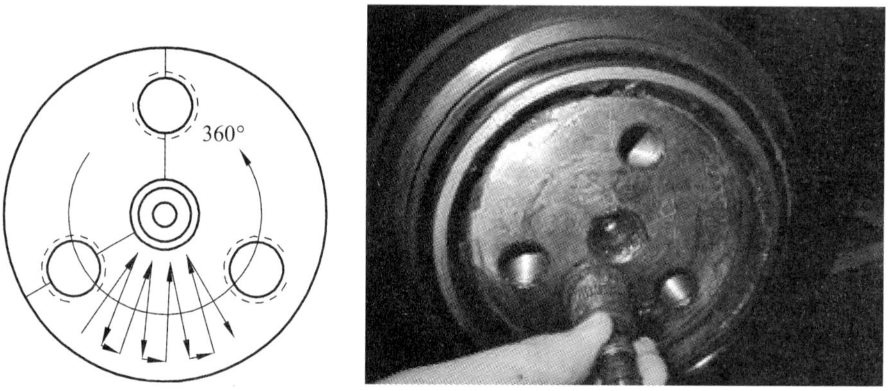

图 3-2-12　透声检查扫查方式

（2）大裂纹检查。

透声检查后，在轴端面边缘释放 14 dB 进行大裂纹检查，如图 3-2-13 所示。

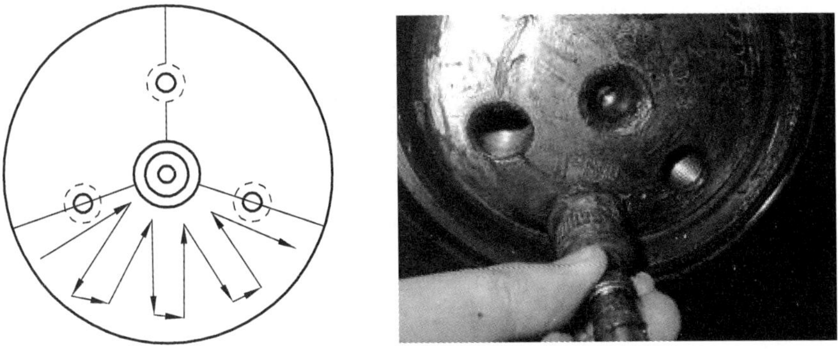

图 3-2-13　大裂纹检查扫查方式

（3）全轴穿透检查质量标准。

① 大裂纹判定。

根据缺陷波在荧光屏水平线上所处的格数，按照线性比例关系，计算缺陷所处的位置。

可疑缺陷处于轴身外露部位时，须用磁粉探伤方法确认；可疑缺陷处于镶入部时，可用横波或小角度纵波探伤方法判定，如判定为裂纹须返厂。

② 透声性能的判定。

车轴底面回波高度等于或高于荧光屏垂直刻度满幅的 40%，判定为透声合格；车轴底面回波高度低于荧光屏垂直刻度满幅的 40%，判定为透声不合格，确认为透声不合格的轮轴须返厂。

5. 轴颈根部或卸荷槽部位检查

（1）扫查范围及方法。

对轴颈根部或卸荷槽部位进行扫查时，不同轮轴型号、探测部位所对应的探头角度、探测面如表 3-2-2 所示。

表 3-2-2　轮轴型号、探头角度及探测部位表

轮轴型号	探头折射角	探测面	探测部位
RD_2	22.5°	轴端面	轴颈根部（卸荷槽）
RE_{2A}	22.5°	轴端面	轴颈根部（卸荷槽）
RE_{2B}	26.0°	轴端面	轴颈根部

扫查时，轮轴应处于静止状态，探头指向中心孔，探头均匀受力，以不大于 50 mm/s 的速度在轴端螺栓孔之间的环形区域内作往复移动，同时探头在 3°～5°范围内摆动，如图 3-2-14 所示。

在此过程中需要注意的是，确定探伤灵敏度后，在实际探测轮轴时，只允许调节增益或衰减量，其他按键及参数均不得调整。扫查时如提高探伤灵敏度，发现缺陷后，应恢复到规定的探伤灵敏度对缺陷进行判定。

（2）轴颈根部或卸荷槽部位检查质量标准。

发现可疑波形时，可采用多种探伤方法进行综合判断。判定是裂纹缺陷时，应不受波

高幅度限制，退卸轴承采用磁粉探伤方法确认。

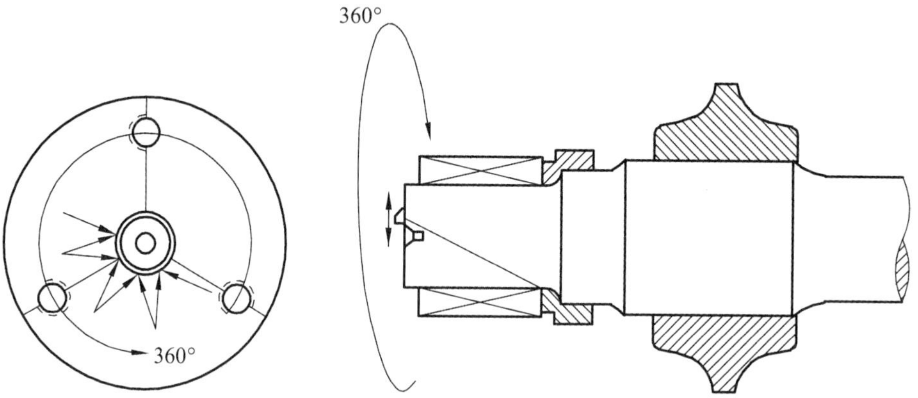

图 3-2-14　轴颈根部或卸荷槽部位扫查方式

6. 镶入部检查

（1）扫查范围及方法。

对镶入部进行扫查时，不同轮对型号、探测部位所对应的探头角度、探测面、探测范围如表 3-2-3 所示。

表 3-2-3 轮轴型号、探头角度、探测部位及范围表

轮对型号	探头型号	探测面	探测部位	移动区域		探测范围	
				起始位置	范围	起始位置	范围
RD_2 突悬	K1.3	轴身	轮座镶入部外侧	轮座后肩	52～102	轮座前肩	0～50
	K1.0	轴身	轮座镶入部内侧	轮座后肩	47～184	轮座后肩	0～137
RD_2 非突悬	K1.4	轴身	轮座镶入部外侧	轮座后肩	59～121	轮座前肩	0～62
	K1.0	轴身	轮座镶入部内侧	轮座后肩	47～184	轮座后肩	0～137
RE_{2A}	K1.3	轴身	轮座镶入部外侧	轮座后肩	71～105	轮座前肩	0～34
	K1.0	轴身	轮座镶入部内侧	轮座后肩	47～197	轮座后肩	0～150
RE_{2B}	K1.3	轴身	轮座镶入部外侧	轮座后肩	71～105	轮座前肩	0～34
	K1.0	轴身	轮座镶入部内侧	轮座后肩	47～197	轮座后肩	0～150

各横波斜探头的探测面和探测部位如图 3-2-15～图 3-2-18 所示。

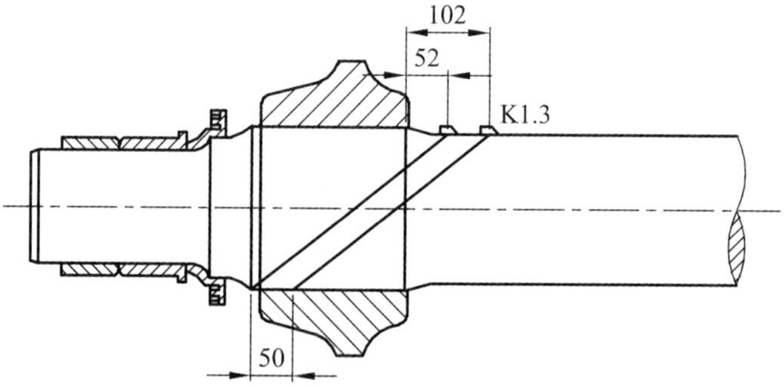

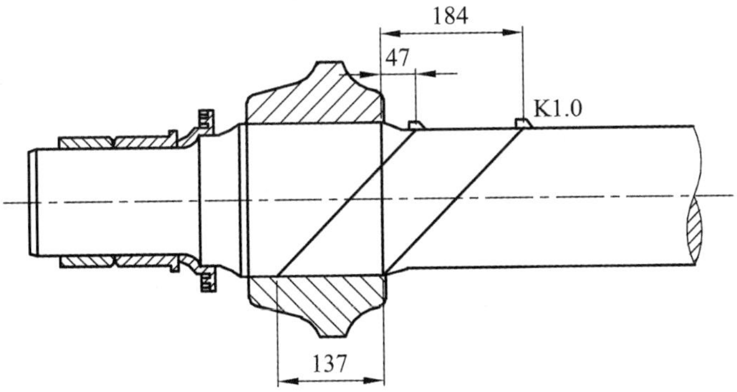

图 3-2-15　RD_2 型轮轴（突悬）移动区域及探测范围示意图

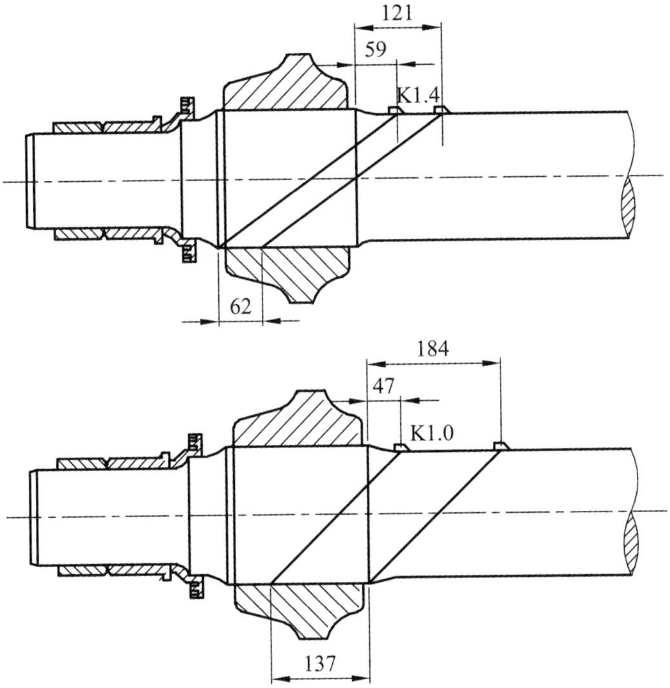

图 3-2-16　RD_2 型轮轴（非突悬）移动区域及探测范围示意图

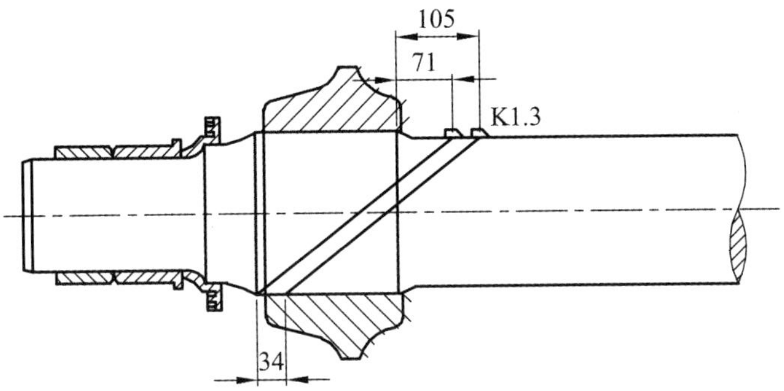

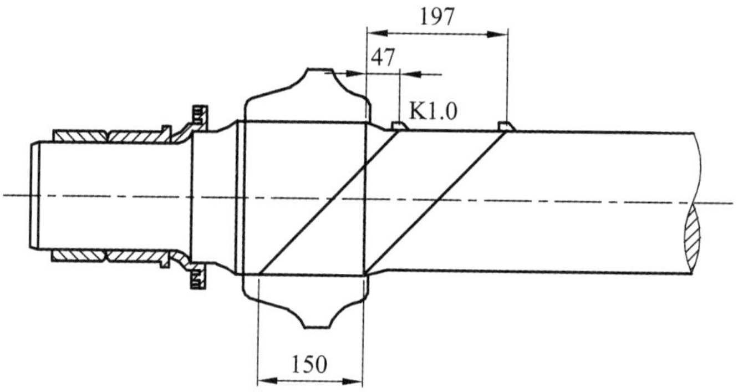

图 3-2-17　RE_{2A} 型轮轴移动区域及探测范围示意图

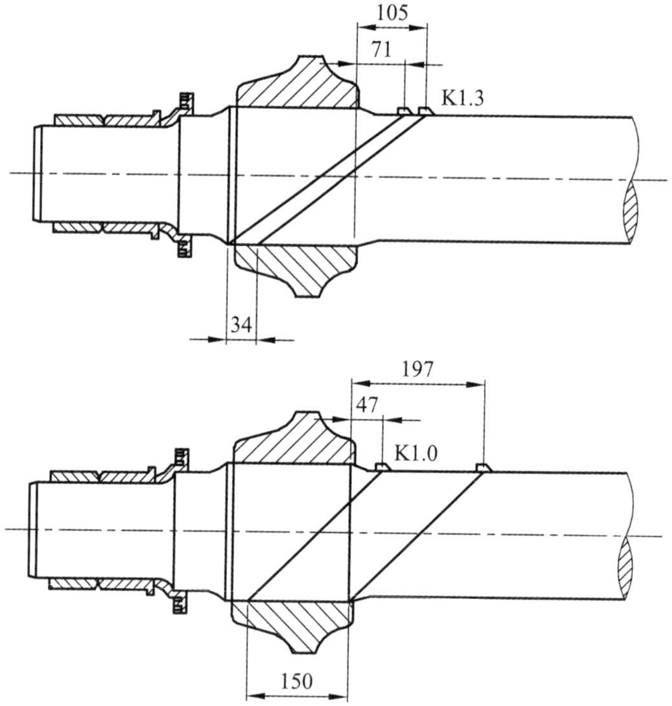

图 3-2-18　RE_{2B} 型轮轴移动区域及探测范围示意图

扫查时探头指向镶入部，沿轴向前后移动，同时沿车轴圆周方向转动，探头均匀受力，探头移动速度不大于 150 mm/s。探头位置及移动方式，如图 3-2-19 所示。

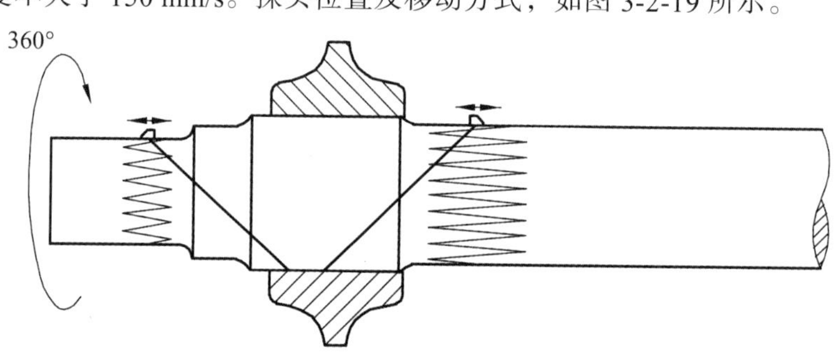

图 3-2-19　轮座镶入部扫查方式

扫查过程中探头移动区域须保证探头主声束扫查区域之和不小于轮座全长，且在实际探测轮对时，只允许调节增益或衰减值，其他按键及参数均不得调整。

（2）镶入部检查质量标准。

① 局部透声不良的判定。

探伤过程中如果发现没有轮毂波（轮心波）出现，且始波后面有林状波及杂波出现（或提高灵敏度后有林状波及杂波出现），影响正常探伤时，则判定镶入部局部透声不良。

② 接触不良的判定。

探伤过程中如果发现没有轮毂波（轮心波）出现，且始波后面无林状波及杂波出现，则判定镶入部接触不良。

③ 发现可疑波形时，可采用多种探伤方法进行综合判断。判定是裂纹缺陷时，应不受波高幅度限制，返厂处理。

7. 涂打标记

手工超声波探伤完成的轮轴、轮对用白色标记笔在左侧车轮辐板内侧面“C”标记外画“○”标记。

确认车轴有缺陷时，用油漆笔在缺陷处做出标识，注明缺陷性质和位置，分别用红色、白色自喷漆及字漏采用在轴身涂打检修单位代号标记、返厂原因，还需在返厂轮对两侧车轮内侧及车轴轴身上涂打“国铁厂修（代号 GC）”“国铁段修（代号 GD）”“国铁临辅修（代号 GLF）”“国铁报废车（代号 GBF）”“自备车（代号 Z）”等说明轮对来源的字样。

任务 3-3　动车组车轮超声波探伤

任务书

<table>
<tr><td>任务编号</td><td>3-3</td><td>任务名称</td><td>动车组车轮超声波探伤</td></tr>
<tr><td colspan="4">任务目标</td></tr>
<tr><td colspan="4">【知识目标】
掌握动车组车轮轮辋、辐板超声波探伤过程；
掌握动车组超声波探伤结果的判定、分析与处理方法。
【技能目标】
具备动车组车轮超声波探伤能力。
【素质目标】
培养学生严谨认真的工作作风</td></tr>
<tr><td colspan="4">知识图谱</td></tr>
<tr><td colspan="4">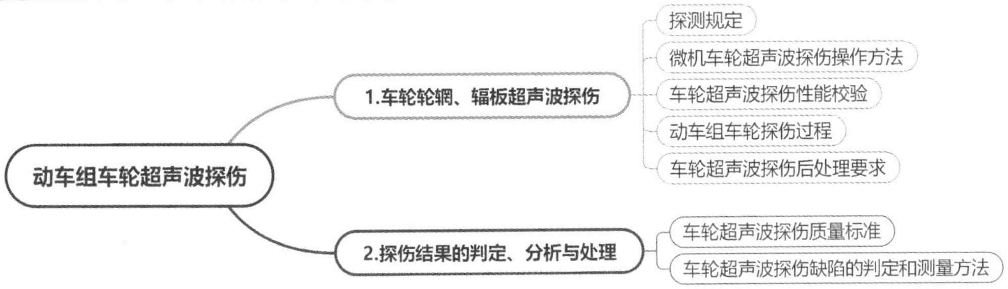</td></tr>
</table>

续表

任务描述
本次任务是为了完成动车组车轮超声波探伤工作，同学们在设备条件允许的前提下，完成动车组车轮超声波探伤工作，或者梳理动车组车轮超声波探伤作业流程，形成汇报材料
实施说明
（1）以小组为单位认真学习任务 3-3 的引导材料，做好知识准备； （2）结合知识准备和小组汇报情况，教师组织课堂教学内容，填写“任务检查单”

引导材料

一、车轮轮辋、辐板超声波探伤

微机控制超声波探伤

相控阵探伤

1. 探测规定

（1）探伤分类及周期。

动车组车轮超声波探伤类型可分为在线探伤和落轮探伤。在线探伤周期为 20^{+5}_{-2} km，落轮探伤按照各车型高级修程规定的周期执行。

（2）扫查方式。

① 可选用手工或机械方式，采用组合探头或相控阵阵列探头等进行扫查。

② 周向缺陷扫查时相邻探头扫查区域覆盖率不小于 10%；径向或斜向缺陷扫查时横波探头须双向扫查至少各一周。

（3）探伤区域及缺陷类型。

① 轮辋。

以踏面为扫查面，探测轮辋区域内周向、径向、斜向疲劳缺陷。

② 轮缘。

以踏面或轮辋内侧面为扫查面，探测轮缘区域的疲劳缺陷。

③ 辐板。

以踏面为扫查面，探测深度为超声一次声束所能射及的辐板区域的疲劳缺陷。

车辆颠覆或脱轨后，均须对全列车轮进行超声波探伤检查。

2. 微机车轮超声波探伤机操作方法

常用微机车轮超声波探伤机型号为 LU 移动式轮辋、轮辐探伤机，以该型号探伤机为例，对其操作方法进行介绍。

（1）小车定位。

通过操作界面进入“小车定位”模块，按照操作向导进行小车定位的各项操作。

（2）平台顶升及伸展。

通过操作界面进入“平台操作”模块，按照操作向导自动实现平台的升降、伸展和复位。

（3）顶转轮动作。

通过操作界面进入“顶轮操作”模块，按照操作向导开始自动顶轮，顶轮到位后车轮预转一周。

（4）探头载体运动到位。

① 内侧载体运动到位。

通过操作界面进入“内侧探头”模块，按照操作向导开始实现内侧载体自动定位。

② 踏面载体定位。

通过操作界面进入“踏面探头”模块，按照操作向导开始实现踏面载体自动定位。

（5）车轮探伤。

通过操作界面进入“探伤检测”模块，输入待检测轮对的基本信息，输入检测参数，确认检测参数正确后启动轮对自动探伤检测。

3. 车轮超声波探伤性能校验

CRH 系列动车组车轮超声波探伤设备必须进行日常校验和季度性校验，确保探伤设备的各项性能指标满足要求。

（1）日常校验。

① 日常性能校验包括灵敏度标定和系统校验，由探伤工、探伤工长、质检员共同完成。

② 开工前探伤工按当班探伤作业计划选择相应的样板轮进行日常性能校验。

③ 探伤灵敏度标定通过标准为 80%±15%。

④ 探伤灵敏度标定。

a. 轮辋探伤灵敏度标定。

周向探伤灵敏度标定：将纵波直探头或双晶直探头置于样板轮踏面，探测 ϕ3 mm×100 mm 横孔（轮辋部位对应样板轮人工缺陷编号 No.8，深度 30 mm），转动样板轮或移动探头，使该人工缺陷反射波达到最高，并调节到屏幕满幅度的 80%（见图 3-3-1），进行距离（或 TCG 曲线）补偿，表面耦合补偿 0 ~ 6 dB，以此作为探伤灵敏度。

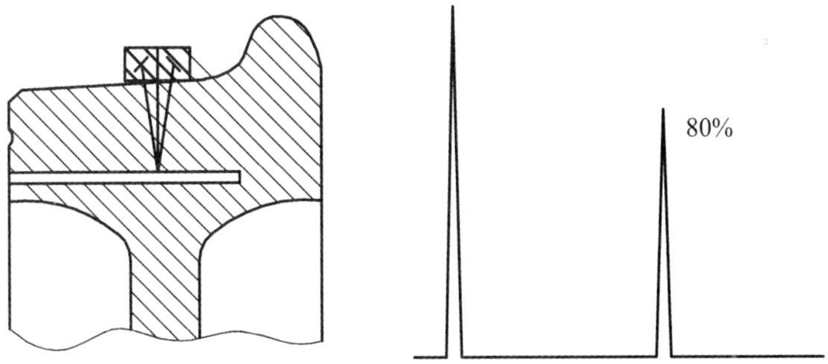

图 3-3-1　纵波探头在车轮实物试块标定灵敏度

径向或斜向探伤灵敏度标定：将横波探头或其他类型的相控阵探头置于样板轮踏面，近程探测 ϕ3 mm×100 mm 横孔（轮辋部位对应样板轮人工缺陷编号 No.8，深度 30 mm），转动样板轮或移动探头，使该人工缺陷反射波达到最高，并调节到屏幕满幅度的 80%（见图 3-3-2），进行距离（或 TCG 曲线）补偿，表面耦合补偿 0 ~ 6 dB，以此作为探伤灵敏度。

轮缘探伤灵敏度标定：将横波探头或其他类型的相控阵探头置于样板轮踏面或轮辋内侧面，探测 10 mm×3 mm 人工刻槽（轮缘部位对应样板轮人工缺陷编号 No.12），转动样板轮或移动探头，使该人工缺陷反射波达到最高，并调节到屏幕满幅度的 80%（见图 3-3-3），表面耦合补偿 0 ~ 6 dB，以此作为探伤灵敏度。

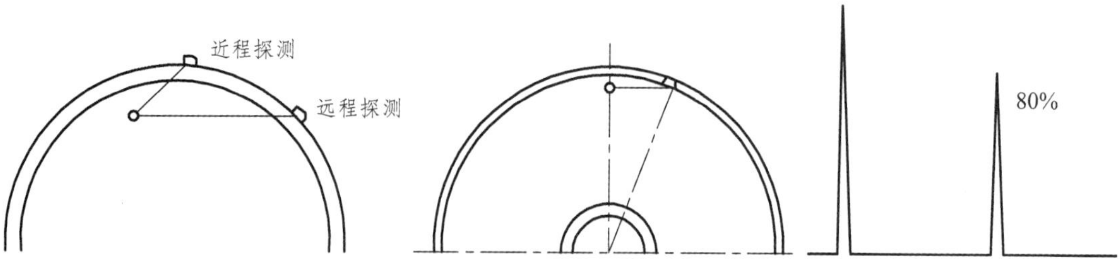

图 3-3-2　横波探头在样板轮轮缘试块标定灵敏度

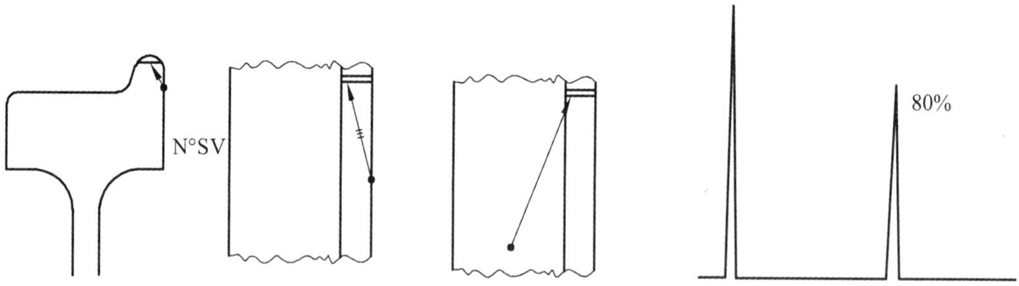

（a）轮辋内侧面探测示意图　（b）踏面探测示意图　（c）调节波高

图 3-3-3　横波探头在样板轮轮缘试块标定灵敏度

b. 辐板探伤灵敏度标定。

周向探伤灵敏度标定：将横波探头或其他类型的相控阵探头置于样板轮踏面，探测辐板内外侧 15 mm×3 mm 周向人工刻槽，转动样板轮或移动探头，使人工缺陷反射波达到最高，并调节到屏幕满幅度的 80%，表面耦合补偿 0 ~ 6 dB，以此作为探伤灵敏度，如图 3-3-4 所示。

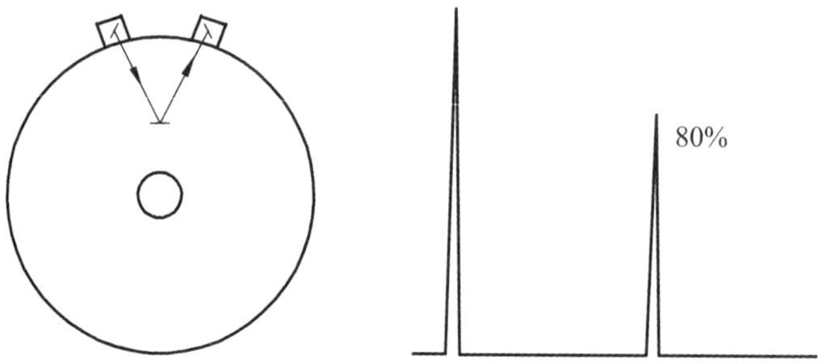

图 3-3-4　辐板周向探伤灵敏度标定

径向和斜向探伤灵敏度标定：将横波探头或其他类型的相控阵探头置于样板轮踏面，探测辐板内外侧 15 mm×3 mm 径向人工刻槽，转动样板轮或移动探头，使人工缺陷反射波达到最高，并调节到屏幕满幅度的 80%，表面耦合补偿 0 ~ 6 dB，以此作为探伤灵敏度，如图 3-3-5 所示。

⑤ 探伤灵敏度标定后，利用样板轮人工缺陷对探伤系统进行校验，合格后打印《CRH 轮辋辐板探伤系统日常灵敏度标定记录表》和《CRH 轮辋辐板探伤系统日常校验记录表》，参加校验人员确认校验内容并签字或盖章。

⑥ 完工后还应进行系统校验，系统校验不合格则当班探伤结果无效，应重新进行探测。系统校验通过标准为各人工缺陷被正常检出，且波幅≥40%。

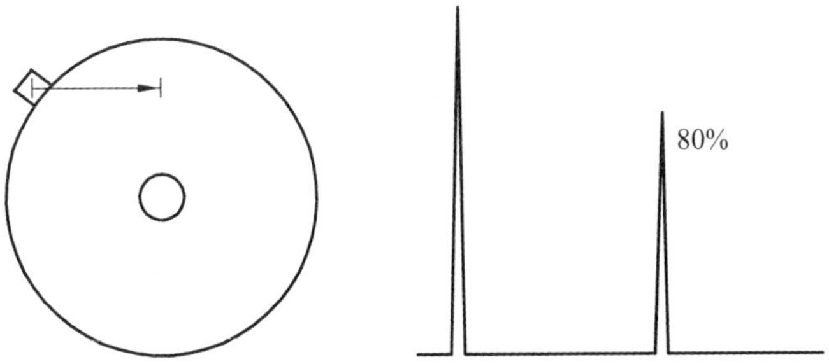

图 3-3-5　辐板径向或斜向探伤灵敏度标定

（2）季度性能校验。

季度性能校验的目的是全面标定和校验探伤设备各通道探伤灵敏度，确保设备技术状态和探伤性能良好。季度性能校验除每 3 个月进行 1 次外，在下面 3 种情况下也须进行季度性能校验：

① 当日常校验表明系统示值误差超出允许范围时应进行季度性能校验；

② 影响超声性能的关键部件（超声部件和探伤扫查的定位、控制部件等）维修或更换后应进行季度性能校验；

③ 新购置或大、小修后的探伤设备第一次使用前应进行季度性能校验。

季度性能校验应由主管检修（生产）的副段（厂）长或总工程师组织，轮轴专职、设备专职、验收员（在线探伤除外）、质检员、探伤工长、探伤工和设备维修工共同参加，全面检查并维护系统，并对探伤系统进行超声灵敏度标定。选用一种 CRH 样板轮，分别标定每个超声通道探伤灵敏度。合格后，打印填写《CRH 轮辋辐板探伤系统季度灵敏度标定记录表》，并共同签字或盖章。

季度性能校验的方法和步骤如下：

① 检查超声系统硬件设备，更换相控阵探头与楔块间的耦合剂；

② 校核自动探伤设备超声探头安装位置；

③ 标定探伤灵敏度；

④ 探伤灵敏度标定合格后，利用对应 CRH 样板轮人工缺陷对探伤系统进行系统校验。系统校验合格，打印《CRH 轮辋辐板探伤系统季度校验记录表》，参加季度标定人员确认校验内容并签字或盖章；当标定未通过时，查找原因并做调整，重新标定。

4. 动车组车轮探伤过程

（1）开工前按规定对车轮超声波探伤设备进行日常性能校验，校验通过后方可进行探伤作业；

（2）在线探伤时拆下影响探伤的动车组零部件；

（3）记录动车组编组信息或选择预置的动车组编组信息、轮对编号信息（含车轴编号、车轮编号、走行里程数等），启动探伤自动检测；

（4）确认被检测轮对运动到位；

（5）确认探头载体自动定位到超声波探伤要求的被检测轮对相应位置；

（6）探伤数据自动采集及分析，探伤人员确认探伤结果；

（7）在探伤数据分析中，若出现报警指示，须对该轮复核探伤，排除异常导致的报警，必要时备注说明；

（8）对疑似缺陷进行手工复核探伤评估。

① 当缺陷比声束截面小时，采用当量法判定缺陷的当量大小；当缺陷比声束截面大时，采用相对 6 dB 法测量缺陷的延伸度。

当量法的具体做法：在样板轮上使用 ϕ3 mm 横通孔标定波幅达到 80%，保存标定报告，再到实车找出缺陷最高波并调至 80%，最后对比两当量数值的大小。

6 dB 法的具体做法：移动探头找到缺陷的最大反射波后，调节衰减器，使缺陷波高降至基准波高。然后使用衰减器将仪器灵敏度提高 6 dB，沿缺陷方向移动探头，当缺陷波高降至基准波高时，探头中心线之间的距离便是缺陷的指示长度。如果超声波到达裂纹时的省束宽度大于裂纹长度，则 6 dB 法所测得的指示长度即为裂纹的实际长度。

② 对发现疑似缺陷按上述操作仍无法判定的，由检修单位主管检修（生产）的副段（厂）长或总工程师组织，轮轴专职、设备专职、探伤工长、探伤工、质检员共同参加复探，形成鉴定结论并报上级部门核备。

③ 探测发现比规定小 3 dB 的缺陷（已排除疲劳缺陷）时，应复探跟踪。

④ 探测发现比规定大的缺陷时，落轮并进一步分析判定及处理。

5. 车轮超声波探伤探后处理要求

（1）每班完工后样板轮对校验：按当班探伤作业选择相应的样板轮对，按班前校验参数校验探伤设备探伤灵敏度，确认当班车轮探伤结果有效，打印校验报告并签字或盖章、存档。

（2）打印《CRH 在线式轮辋辐板探伤系统检测台账》或《CRH 落轮式轮辋辐板探伤系统检测台账》并签字、存档。

（3）在线探伤：按规定要求恢复装配探伤作业时拆除的零部件（如扫石器、撒砂管等），使动车组恢复至探伤前状态。

（4）落轮探伤：探伤作业后恢复被检轮对到初始状态。

（5）设备复位：设备复位，样板轮对存放于指定位置，探伤设备关机。

（6）开展设备保养工作。

二、探伤结果的判定、分析与处理

1. 车轮超声波探伤质量标准

（1）轮辋部位：不允许存在达到 ϕ3 mm 横孔当量大小。

（2）辐板部位：不允许存在达到 15 mm×3 mm（长×深）刻槽当量大小。

（3）轮缘部位：不允许存在达到 10 mm×3 mm 刻槽当量大小。

（4）确认为疲劳缺陷应立即停止使用，无法消除的应报废。

2. 车轮超声波探伤缺陷的判定和测量方法

对车轮报警缺陷信号进行复检排查，当判定为有效报警缺陷后，分析并记录车轮缺陷的位置和幅度等相关信息。对确认的有效报警缺陷，应进行手工复核，缺陷当量大小评定方法如下：

（1）当缺陷比声束截面小时，采用当量法判定缺陷的当量大小。

在样板轮上用ϕ3 mm横通孔标定波幅达到80%保存标定报告，到实车找出缺陷最高波调至80%，对比两当量数大小。

（2）当缺陷比声束截面大时，采用相对6 dB法测量缺陷的延伸度。

移动探头找到缺陷的最大反射波后，调节衰减器，使缺陷波高降至基准波高。然后使用衰减器将仪器灵敏度提高 6 dB，沿缺陷方向移动探头，当缺陷波高降至基准波高时，探头中心线之间的距离便是缺陷的指示长度。如果超声波到达裂纹时的省束宽度大于裂纹长度，则6 dB法所测得的指示长度即为裂纹的实际长度。

任务检查单

任务编号	3-3	任务名称	动车组车轮超声波探伤	
序号	检查内容		是	否
1	具备动车组车轮超声波探伤能力			
2	具备动车组探伤结果的判定、分析与处理能力			
评语				
评分				

任务3-4　动车组空心轴超声波探伤

任务书

任务编号	3-4	任务名称	动车组空心轴超声波探伤
任务目标			
【知识目标】 掌握动车组空心轴探伤过程； 掌握动车组空心轴超声波探伤结果的判定、分析与处理方法。 【技能目标】 具备动车组空心轴超声波探伤能力。 【素质目标】 培养学生严谨认真的工作作风； 树立安全责任意识			

续表

<table>
<tr><td>知识图谱</td></tr>
<tr><td>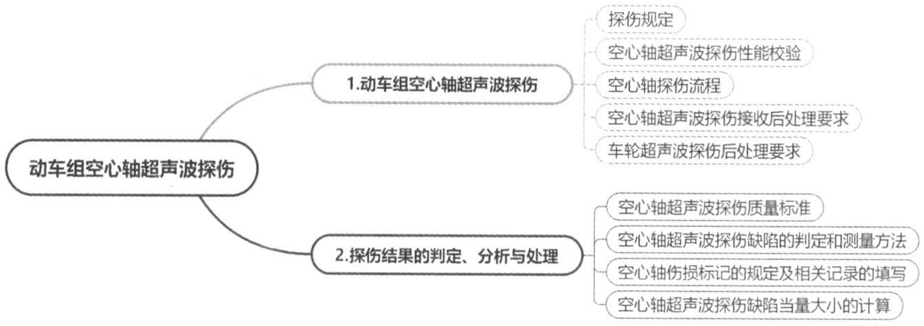
</td></tr>
<tr><td>任务描述</td></tr>
<tr><td>本次任务是为了完成动车组空心轴超声波探伤工作，同学们在设备条件允许的前提下，完成动车组空心轴超声波探伤操作，或者梳理动车组空心轴超声波探伤作业流程，形成汇报材料</td></tr>
<tr><td>实施说明</td></tr>
<tr><td>（1）以小组为单位认真学习任务 3-4 的引导材料，做好知识准备；
（2）结合知识准备和小组汇报情况，教师组织课堂教学内容，填写“任务检查单”</td></tr>
</table>

引导材料

为减轻轴重，我国采用了空心轴型设计动车组车轴。动车组车轴是动车组安全运行的重要部件之一，车轴的制造缺陷和疲劳缺陷容易造成动车组行车事故。因此，为确保动车组的安全可靠运行，应定期对动车组空心轴进行伤损检测。

一、动车组空心轴超声波探伤

1. 探伤规定

（1）动车运用所对到达探伤周期的动车组空心车轴施行超声波在线探伤检查。在线探伤周期如表 3-4-1 所示。

表 3-4-1　CRH 系列动车组空心车轴探伤周期表

动车组型号	探伤周期（以 km 计）
$CRH_{1A/1B/1E}$	40 万×（1±10%）
$CRH_{2A/2B/2E}$、CRH_{2C} 一阶段	540 万以内：6 万×（1±10%）； 540 万之后：3 万×（1±10%）
CRH_{2C} 二阶段、$CRH_{380A/AL}$	9 万×（1±10%）
CRH_{3C}、$CRH_{380B/380BL/380CL}$	10 万×（1±10%）
CRH_{5A}	18 万×（1±10%）

（2）空心车轴超声波探伤对 $CRH_{2A/B/E}$、CRH_{2C} 一阶段动车组空心车轴超声波检测时，应采用横波斜探头对横向表面缺陷进行探测；其他车型应采用横波斜探头对横向表面缺陷进行探测，采用双晶片聚焦纵波探头或直探头对车轴内部缺陷进行探测。

（3）动车组颠覆或脱轨时，应对全列轮对的空心车轴按规定（2）进行超声波探伤检查。

（4）落轮探伤按照各车型高级修程规定的周期执行。

2. 空心轴超声波探伤性能校验

（1）日常性能校验。

每班开工前和完工后由探伤工、探伤工长、质检员共同校验系统的性能，检查系统的技术状态，确定探伤灵敏度。按当班探伤作业计划选择相应的对比试样轴进行校验，并储存校验时的系统参数，作为探伤时相应的检测参数，详细填写《CRH 系列动车组空心车轴超声波探伤设备日常性能校验记录》并共同签字。

（2）季度性能校验。

每季度由主管检修（生产）的副段（厂）长或总工程师组织，轮轴专职、设备专职、验收员（验收员不参加运用所探伤系统季度性能检查）、质检员、探伤工长、探伤工和设备维修工共同参加，对设备进行一次全面性能检查，包括系统功能测试和性能校验。

① 系统功能测试。

a. 耦合系统测试：包括油泵输出、漏油测试。

b. 控制系统测试：包括设备急停、轴向定位精度、周向定位精度测试。

c. 探伤系统测试：包括探伤灵敏度、探伤系统信噪比、系统基准缺陷反射幅度重复性测试。

② 系统性能校验。

在系统功能测试通过后，按照日常性能校验的方法，针对季度探伤作业计划选择相应的对比试样轴两端各进行一次校验。

③ 季度性能校验完成后应填写《CRH 系列动车组空心车轴超声波探伤设备季度性能检查记录》并签字。

④ 新购置或涉及探伤系统的检修后，第一次使用前应按季度性能校验的要求进行检查并做好记录。

3. 空心轴探伤流程

（1）开工前按规定对空心车轴超声波探伤设备进行日常性能校验，校验通过后不得增大探伤螺距或提高探头转速。

（2）拆下轴端装置及轴箱盖。

（3）检查并清除轴孔中的油泥、锈蚀等杂物。

（4）在空心车轴的轴端正确安装轴端适配器并连挂进给机构（必要时）。

（5）进入探测空心车轴相关程序，输入车号、轴号、轴位等相关检测信息，根据所探测的轴型、类别及探测端面，调用日常性能校验储存的参数并确认。系统开始探伤扫查时，注意观察显示屏上各通道扫描图像。

根据被检空心车轴与对比试样轴在内孔直径、探测面状况、材质等方面的差异可进行灵敏度补偿。

探伤扫查时，根据图像显示进行分析。当出现各台阶和界面显示断续时，应停止作业并查明原因。

发现疑似缺陷时，切换到手动控制方式，将探头移动到疑似缺陷位置查看该位置的 A 型显示图像，并通过调整螺距、探头转速等参数查找缺陷的最大反射当量；用手动控制方式进一步确认缺陷与对比试样轴上同类缺陷的反射当量，必要时使用空心车轴便携式超声波探伤仪进行手工核查。对发现疑似缺陷按照上述操作仍无法判明的，由检修单位主管检修（生产）的副段（厂）长或总工程师组织轮轴专职、设备专职、探伤工长、探伤工、质检员共同参加复探，形成鉴定结论后共同签字并报上级部门核备。

（6）卸下轴端适配器，按规定对中心孔进行清理和防护。

（7）安装轴端装置及轴箱盖。

（8）探伤完毕后按规定填写探伤记录。

4. 空心轴超声波探伤结束后处理要求

探伤作业全部完成后，撤除安全号志，每班作业结束后，应对探伤设备、对比试样轴进行擦拭，并按规定进行防护保养。

二、探伤结果的判定、分析与处理

1. 空心轴超声波探伤质量标准

（1）内部缺陷判定与处理。

当双晶片聚焦组合探头（或直探头）发现空心车轴材料内部有达到或超过闸门阈值的疑似内部缺陷反射波时，应使用深度补偿（纵波探头 DAC 曲线）对其当量直径进行判定，达到或超过ϕ2 mm 平底孔当量时，车轴判废，填写记录并逐级报告。

（2）表面缺陷判定与处理。

当横波斜探头发现空心车轴有达到或超过闸门阈值的横向表面缺陷反射波时，应采用不同的显示方式或其他探测手段进一步确认，最终判定为表面疲劳裂纹或判定反射当量达到或超过 1 mm 深度当量时，车轴判废，填写相关记录并逐级报告。

2. 空心轴超声波探伤缺陷的判定和测量方法

（1）横向裂纹显示特征。

以+45°探头探测 CRH_3 型动车组动轴轮座处横向裂纹为例，说明空心车轴从内孔采用脉冲反射法进行超声波探伤的 A 显示图像特征，以及 B、C 显示图像形成原理和图像特征，以此作为判伤分析时的参考。

空心车轴超声波探伤中，探头主声束中心线如图 3-4-1 所示。

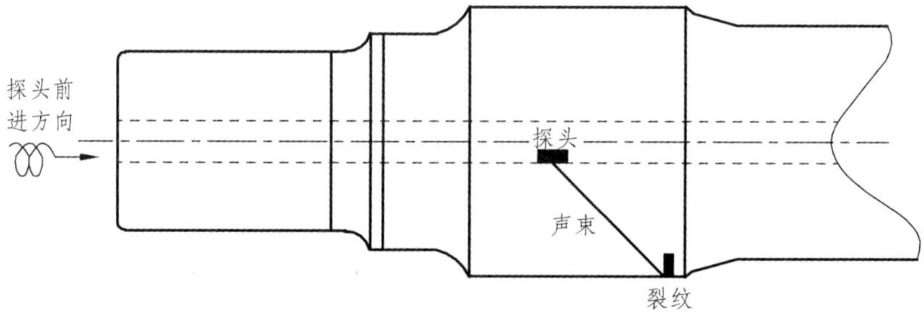

图 3-4-1　探头主声束中心线

实际的声束是从探头发出后呈扩散状，具有一定的扩散角，如图 3-4-2 所示。

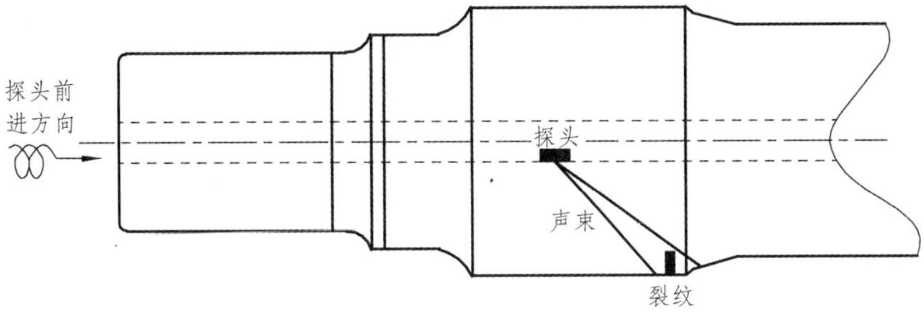

图 3-4-2　声束扩散角

（2）横向裂纹 A 显示图像特征。

横向裂纹反射波很干净，波峰尖锐、猛烈，如图 3-4-3 所示。根部前沿比较干净，后沿有时存在略少杂波。

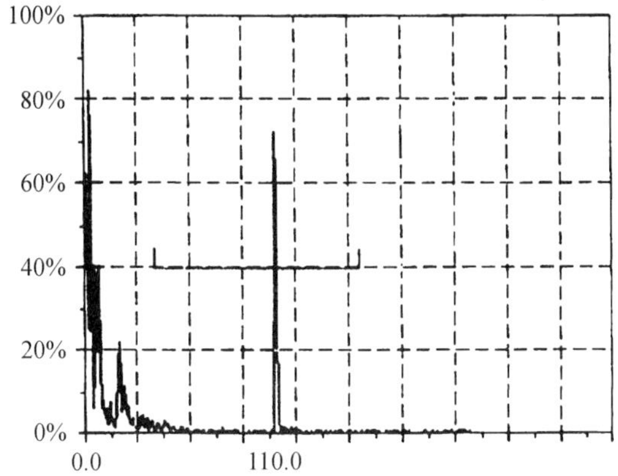

图 3-4-3　横向裂纹反射波（单位：mm）

裂纹有一定深度时，会形成裂纹反射波，当探头在空心车轴轴孔内壁沿轴向方向往复移动时，由于声程大小的变化，反射波在 A 显示图像中左右移动，而且波峰逐渐由高变低，再由低变高。

如图 3-4-4 所示，位置①表示声束前沿扫查到裂纹，位置②表示主声束扫查到裂纹的位置，位置③表示声束后沿扫查到裂纹，3 个位置的 A 显示如图 3-4-5 所示。

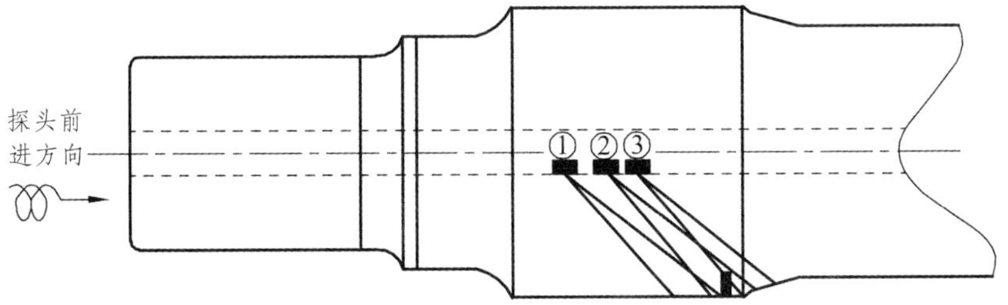

图 3-4-4　不同位置扫查裂纹

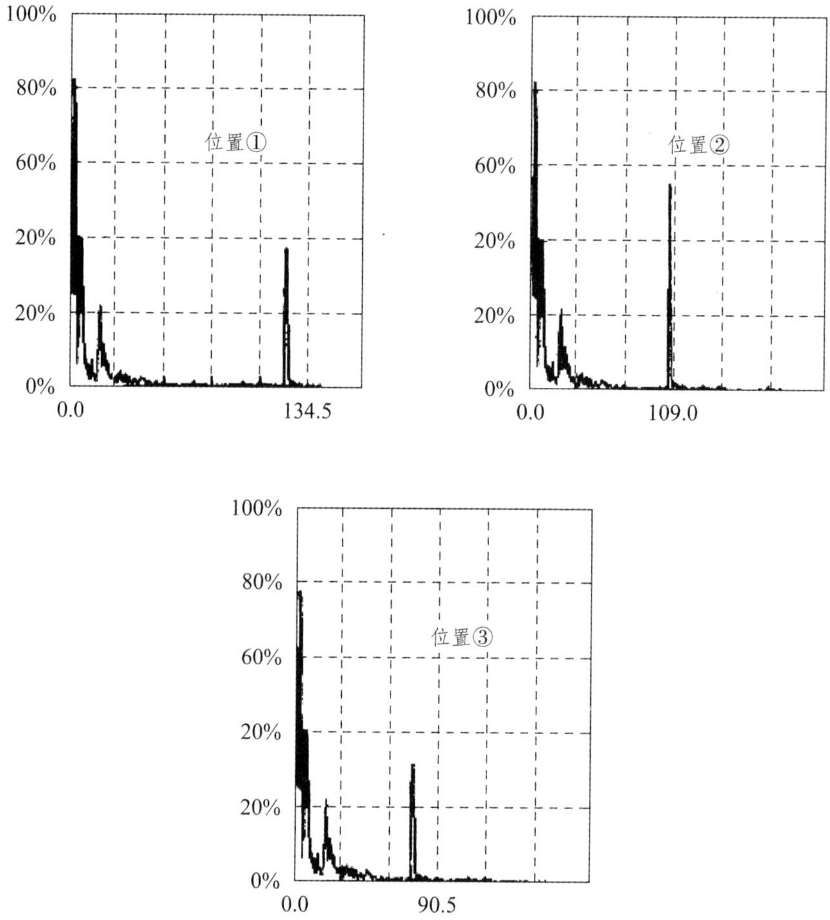

图 3-4-5　横向裂纹 A 显示（单位：mm）

当探头沿空心车轴轴孔内壁作周向平稳移动时，由于裂纹反射面的深度有变化（见图 3-4-6），A 显示图像中反射波幅度逐渐变化，但由于声程没有变化，故反射波无左右移动的现象。

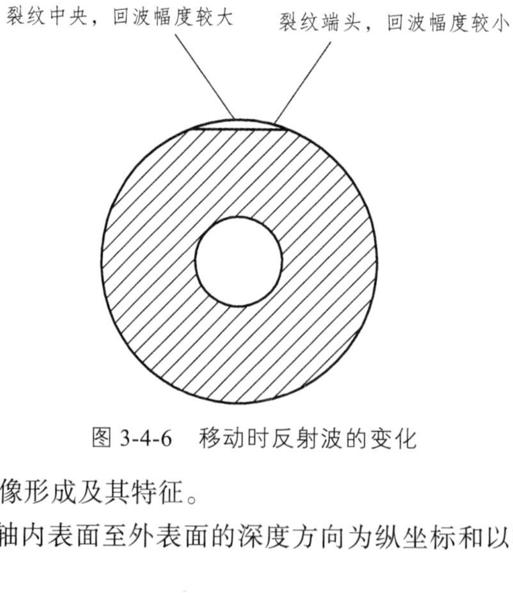

图 3-4-6　移动时反射波的变化

（3）裂纹 B 显示图像形成及其特征。

B 显示图像是在以轴内表面至外表面的深度方向为纵坐标和以轴向长度方向为横坐标

的坐标系中，以不同深浅颜色的点来反映不同声波反射幅度。

探头在运行过程中对同一个缺陷可能发现多次，如图 3-4-7 所示。

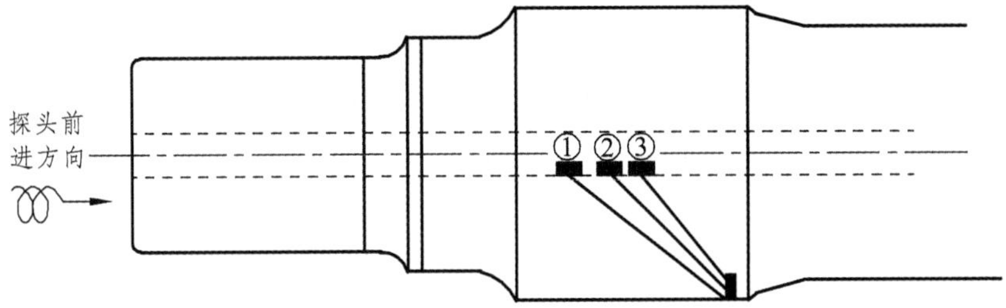

图 3-4-7　多次发现同一裂纹

系统分别计算探头在三个位置处所得回波的深度，如图 3-4-8 所示，即计算图中的 d_1、d_2、d_3。

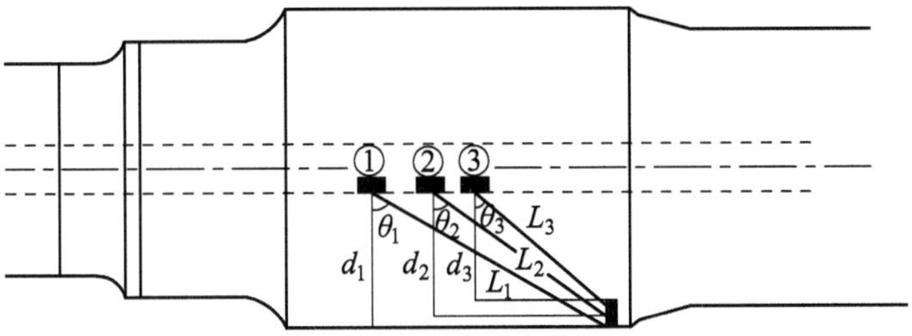

图 3-4-8　三个位置分别计算深度

在图中可以看出

$$d_1 = L_1 \times \cos(\theta_1)\text{；}\ \ d_2 = L_2 \times \cos(\theta_2)\text{；}\ \ d_3 = L_3 \times \cos(\theta_3)$$

其中，L_1、L_2、L_3 根据系统记录的回波返回时间和预先设定的材质声速计算得出，且从图 3-4-8 中可以看出 $L_1 > L_2 > L_3$。

θ_1、θ_2、θ_3 为折射角，从图 3-4-8 中可以看出 $\theta_1 > \theta_2 > \theta_3$，但是系统统一认为是 45°，因为系统初始登记的探头折射角为 45°。

这样，上式中计算出来的结果是 $d_1 > d_2 > d_3$，在 B 显示图像中 3 个回波显示如图 3-4-9 所示。

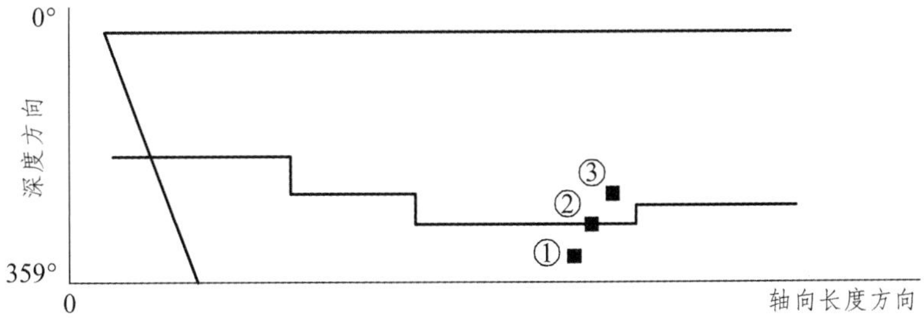

图 3-4-9　B 显示中的三个回波

从图 3-4-9 中可以看出如下特点：

① 在 B 显示图像中位置①为最深位置，位置③为最浅位置。

② +45°探头在 B 显示图像中的裂纹显示为呈斜向左下角的斜线。

③ 中心位置②处的裂纹回波幅度最大，两边的回波幅度逐渐减小，这里只画出了 3 个典型位置，实际一个裂纹缺陷可能被探头扫描多次，如图 3-4-10 所示为某对比试样轴实际探伤时 B 显示图像。

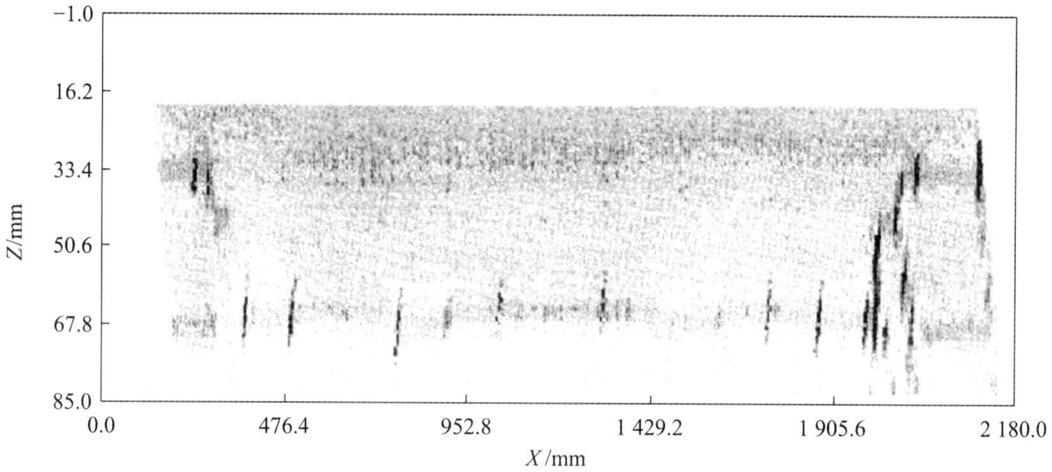

图 3-4-10　某对比试样轴 B 显示图像

（4）裂纹 C 显示图像形成及其特征。

C 显示图像是在以周向角度为纵坐标和以轴向长度为横坐标的坐标系中，以不同深浅颜色的点来反映不同声波反射幅度。

以 2 mm 深的横向裂纹为例，如图 3-4-11 所示。

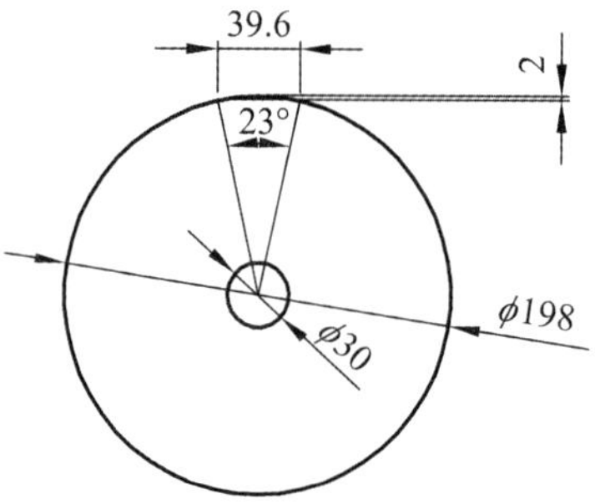

图 3-4-11　裂纹图像的形成

从图 3-4-11 中可以看出，2 mm 深的横向裂纹在 CRH_3 型动轴轮座上的弦长为 39.6 mm，圆心角为 23°，如果周向脉冲触发角度设置为 1°，那么理论上探头在空心车轴中旋转 1 周可以探测到裂纹 23 次，但实际检测到的次数要小于 23 次，因为裂纹两端头的深度太小可能无法被探测到。

探头 3 个位置缺陷反映在 C 显示图像中，如图 3-4-12 所示。

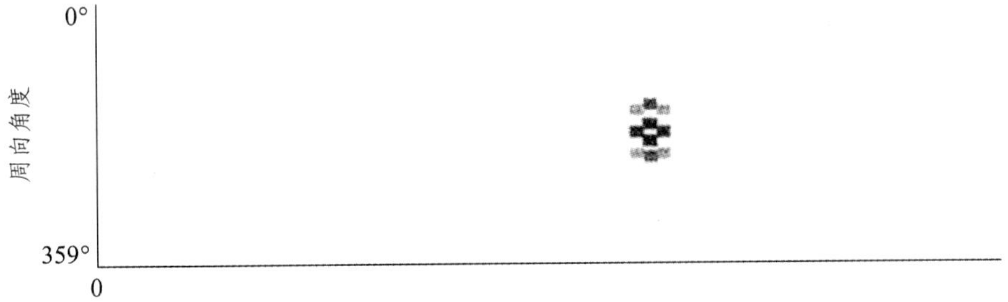

图 3-4-12　三个位置的 C 显示图像

从图 3-4-12 中可以看出，C 显示图像存在以下特征：

① 从左到右，中间列的反射幅度较强，即反射声波沿轴向方向先由弱变强，然后又逐渐减弱，反映了探头由远处逐渐接近裂纹，又逐渐远离的过程。如图 3-4-13 所示为某对比试样轴实际探伤时的 C 显示图像。

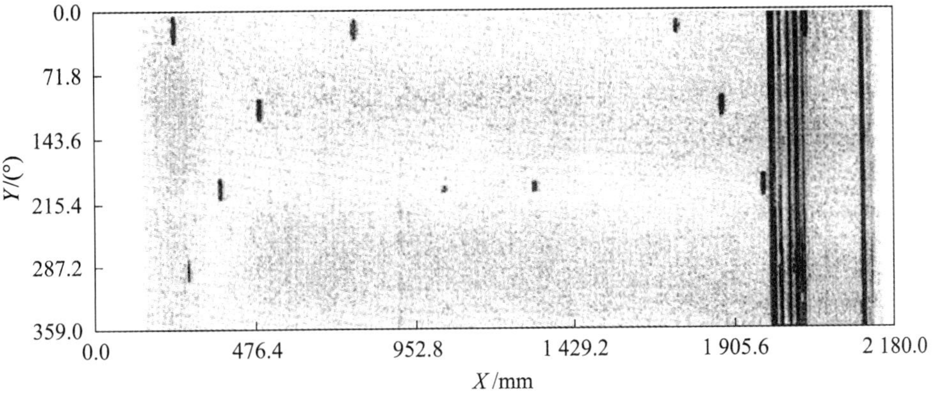

图 3-4-13　某对比试样轴的 C 显示图像

② 从上到下，中间排的声波反射幅度较强，即先由弱变强，再由强变弱，反映了弓形裂纹的中间部位由于深度最大（此处为 2 mm）故声波反射幅度最强，如图 3-4-14 所示。

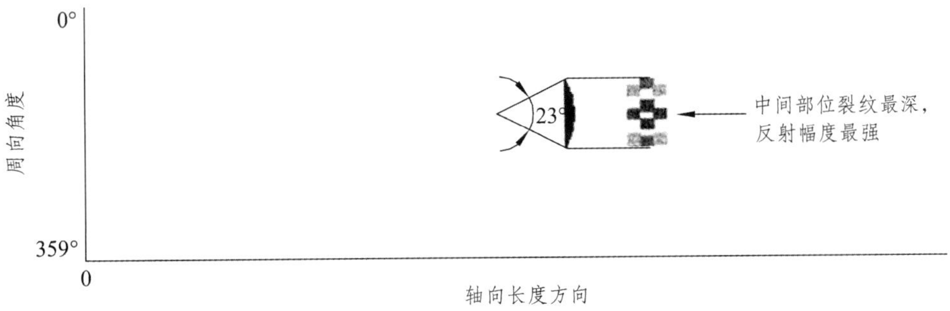

图 3-4-14　声波反射幅度比较

3. 空心轴伤损标记的规定及相关记录的填写

在对动车组空心轴进行探伤时，一旦发现疑似缺陷，切换到手动控制方式，将探头移动到疑似缺陷位置查看该位置的 A 型显示图像，并通过调整螺距、探头转速等参数查找缺陷的最大反射当量；用手动控制方式进一步确认缺陷与对比试样轴上同类缺陷的反射当量，必要时使用空心车轴便携式超声波探伤仪进行手工核查。对发现的疑似缺陷由检修单位主管检修的副段长或总工程师组织，轮轴专职、设备专职、探伤工长、探伤工、质检员共同参加复探，形成鉴定结论后填写探伤发现缺陷记录，共同签字并报上级部门核备。

4. 空心轴超声波探伤缺陷当量大小的计算

（1）疑似缺陷的当量计算公式：

$$\Delta = 20 \cdot \lg \frac{H_1}{H_2} (\text{dB}) \tag{3-4-1}$$

式中 H_1——疑似缺陷反射波幅；

H_2——基准缺陷反射波幅。

（2）平底孔尺寸大小计算公式：

$$d_1 = \frac{d_2 a_1}{a_2} 10^{\frac{\Delta}{40}} \tag{3-4-2}$$

式中 a_1——疑似缺陷的声程；

d_1——疑似缺陷的孔径；

a_2——基准缺陷的声程；

d_2——基准缺陷的孔径。

任务检查单

任务编号	3-4	任务名称	动车组空心轴超声波探伤		
序号	检查内容			是	否
1	具备动车组空心轴超声波探伤能力				
2	具备动车组空心轴探伤结果的判定、分析与处理能力				
评语					
评分					

项目四　渗透检测

渗透性探伤是工业发展过程中衍生出来的一种应用技术，是利用毛细现象检查材料表面缺陷的一种无损检验方法。应用始于20世纪初，该技术是除了进行日视检查之外，所应用的一种无损检测措施。由于渗透探伤自身在实际执行过程中的简单操作性，该技术目前已经广泛应用于各个领域之中。而且在当前科技飞速发展的过程中，传统的渗透性探伤技术已经逐渐拓展成为了多孔性材料的检测技术。

渗透探伤对表面点状和线状缺陷检出概率高于磁粉检验，是一种最有效的表面检验方法。在目前的产品质量检测中，渗透探伤可能是应用最普遍的一种无损检测方法。渗透探伤对表面缺陷检测能力及检测的可靠性，取决于渗透探伤剂性能和操作工艺，因此几十年来，渗透探伤技术发展的主线一直是探伤剂的研制及其性能评价，探伤操作工艺的改进及其标准化，以及相关的渗透探伤理论的研究。渗透探伤剂工业应用最早的是渗透剂不加染料的干粉显像着色法。20世纪30年代初出现的荧光法，也是渗透剂不加荧光染料的干粉显像法。这两种方法灵敏度低，满足不了工业生产需求。

随着工业的迅速发展，闪烁荧光渗透检测剂的成功研制，提高了渗透检测灵敏度。为减少环境污染，人们又研制出水基渗透检测剂、水洗法渗透检测技术和渗透检测整体型装置。

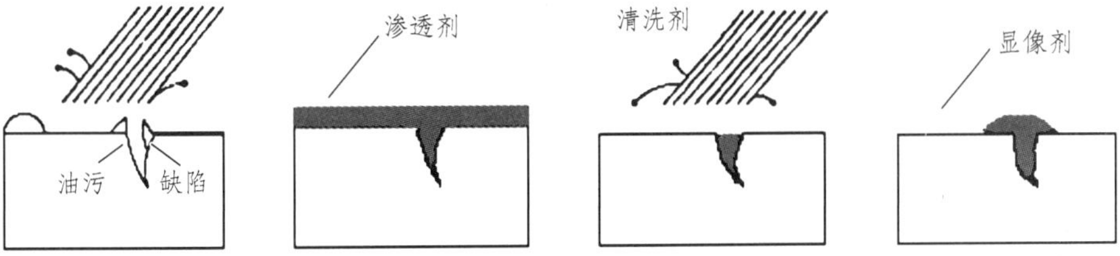

知识图谱

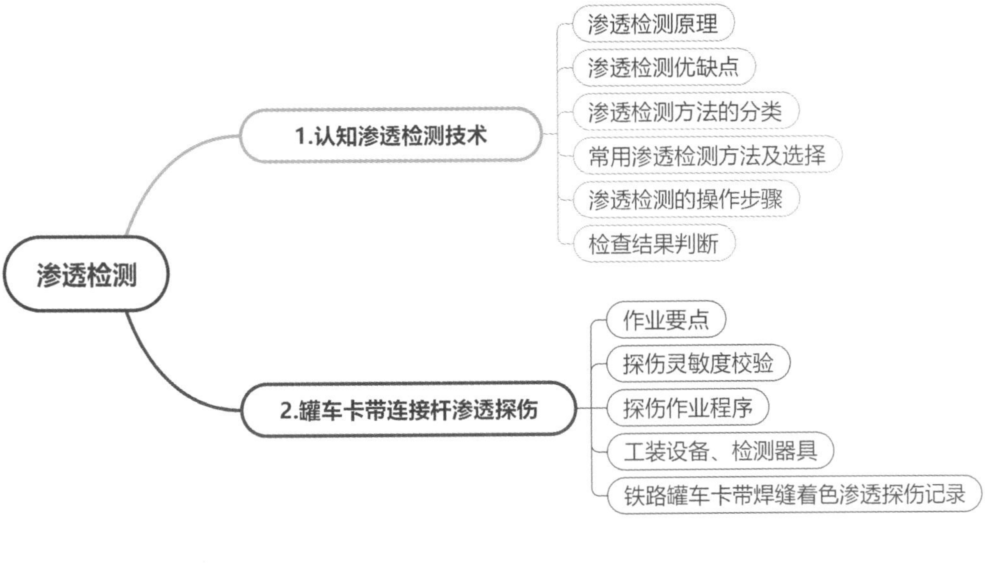

学习目标

【知识目标】

掌握渗透检测的基本原理；

掌握渗透检测的优缺点和方法；

掌握常见零件渗透检测方法。

【技能目标】

具备常见零件渗透探伤能力。

【素质目标】

培养学生严谨认真的工作作风。

课程思政

新时代·铁路榜样丨雷立：雷打不动的安全理念，铸就 28 年探伤无缺陷

她从事探伤工作以来，以匠心构筑梦想，“每一次都是第一次，第一次就要无缺陷”，是她在岗位上坚持的安全理念，潜心钻研、不断创新，填补普速列车探伤工艺空白，创立动车组空心轴超声波，探伤“五字”作业法，探索开发信息化探伤模式，先后发现并排除30 多起典型或重大列车轮对故障，实现了 28 年探伤无缺陷。她把青春奉献给热爱的探伤事业，绽放出巾帼工匠之花的美丽芳华。她就是新时代铁路榜样——中国铁路成都局集团有限公司成都动车段成都东动车运用车间技术室副工长兼探伤班工长雷立。

4 年间，雷立带出的近百名徒弟在全路和成都局集团公司各项技术比赛中成为“常胜将军”，雷立也因此声名远播，被职工誉为“探伤精英孵化师”“疑难杂症会诊师”和“技术创新发明家”。

正是雷立这种爱岗敬业、持之以恒，精益求精、不断创新的工匠精神，创造了她 28 年探伤产品，无缺陷零故障的奇迹。这种对工作的极致追求、对产品质量精益求精的执着，是对工匠精神的最好诠释。

任务 4-1　认知渗透检测技术

任务书

任务编号	4-1	任务名称	认知渗透检测技术
任务目标			
【知识目标】 掌握渗透检测的基本原理； 掌握渗透检测的润湿现象和毛细现象； 掌握渗透检测的一般程序。 【技能目标】 具备渗透检测技术的应用能力。			

续表

【素质目标】 培养学生严谨认真的工作作风； 培养学生团结协作能力
知识图谱
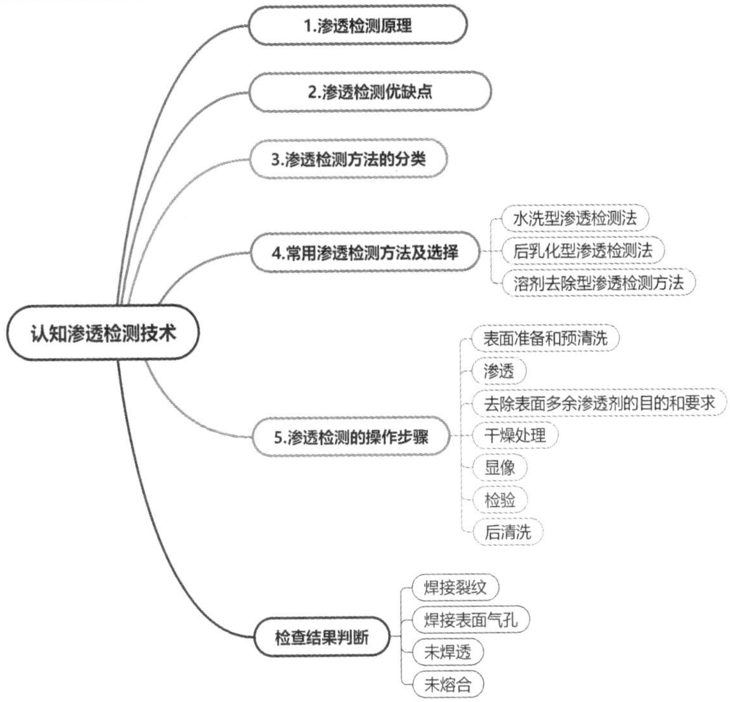
任务描述
本次任务是为了全面了解渗透检测技术的相关知识，以小组为单位汇报渗透检测的应用、工作原理、探伤的工作程序，为后续任务的实施奠定理论基础
实施说明
（1）以小组为单位认真学习任务 4-1 的引导材料，做好知识准备； （2）结合知识准备和小组汇报情况，教师组织课堂教学内容，填写“任务检查单”

引导材料

一、渗透检测原理

渗透检测是一种利用毛细现象检查材料表面缺陷的无损检验方法。将含有染料的着色或荧光的渗透剂涂覆在零件表面上，在毛细现象作用下，由于液体的润湿与毛细管作用使渗透剂渗入表面开口缺陷中，然后去除掉零件表面上多余的渗透剂，再在零件表面涂上薄层显像剂。缺陷中的渗透剂在毛细作用下重新被吸附到零件表面，从而形成了放大的缺陷图像显示。在黑光灯（荧光检验法）或白光灯（着色检验法）下观察缺陷显示，目视即可检测出缺陷的形状和分布。

渗透探伤的基本流程：渗透→清洗→显像→观察。

（1）毛细现象。

毛细现象就是在水、油等液体中插入细玻璃管时，就会出现液体在玻璃管中上升，管内液面与原液面之间形成高度差的现象，这在我们日常生活中随处可见。

例如，不管何种材料，表面有缝隙时，将水滴到某一部分，水就会很快地渗入进去；将水滴到布上，就会很快地渗进去并扩大成圆形，这些都是毛细现象。间隙越小，液体的黏性越低，产生这种现象的速度越快。

（2）清洗处理（又称除去处理）。

清洗处理就是在渗透处理结束时，为了将试验体表面黏附的剩余渗透液除去而进行的处理。溶剂去除型渗透探伤试验时，必须从抹布擦拭开始。用这种方法将表面黏附的大部分渗透液除去，对于表面凹坑与不平的地方黏附的难以除干净的渗透液，必须将清洗液喷到抹布上，更加细致地将其擦去。

必须注意的是，溶剂去除型渗透探伤试验的清除工作是用抹布擦去，而不是用清洗液去冲洗。

（3）渗透处理。

渗透处理就是使渗透液渗透到缺陷中的处理。如果渗透液不能渗透到缺陷中，渗透探伤试验就不成立。因此在必要的位置，必须使用够量的渗透液，并且为了使渗透液渗透到缺陷中，必须确保足够的时间。

（4）显像处理。

显像处理是利用显像剂吸附从缺陷中回渗到受检零件表面的渗透液，形成一个肉眼可见的缺陷显示。显像剂的功能：

① 吸附足量的从缺陷中回渗到零件表面的渗透液；

② 通过毛细作用将渗透液在零件表面横向扩展，使缺陷轮廓图形的显示扩大到足以肉眼可见。

显像剂是一种颗粒非常细微的白色粉末，颗粒直径只是微米级，它可以形成许多直径很小并且很不规则的毛细管。渗透液能湿润白色粉末，因此缺陷中渗透液容易在上述毛细管中上升，并且在受检表面横向扩移，使缺陷的痕迹得到放大而显示出来。

（5）检验。

所谓检验，就是为了判断与评价是否有缺陷或者是否与缺陷相似的形状而用眼睛扫视显像薄膜的行为。如果认定是缺陷形状，首先要从其位置、形状与分布状态推测是哪一种缺陷，因为缺陷都是表面开口，所以一定要除去薄膜，使用放大镜等对缺陷的存在进行确认。

二、渗透检测的优缺点

渗透探伤操作简单，不需要复杂设备，费用低廉，缺陷显示直观，具有相当高的灵敏度，能发现宽度 1 μm 以下的缺陷。这种方法由于检验对象不受材料组织结构和化学成分的限制，因而广泛应用于黑色和有色金属锻件、铸件、焊接件、机加工件以及陶瓷、玻璃、塑料等表面缺陷的检查。它能检查出裂纹、冷隔、夹杂、疏松、折叠、气孔等缺陷，但对于结构疏松的粉末冶金零件及其他多孔性材料不适用。

三、渗透检测方法的分类

渗透探伤包括荧光法和着色法。荧光法是将含有荧光物质的渗透液涂敷于被探伤件表面，通过毛细作用渗入表面缺陷中，然后清洗掉表面的渗透液，将缺陷中的渗透液保留下来，进行显像。典型的显像方法是将均匀的白色粉末撒在被探伤件表面，将渗透液从缺陷处吸出并扩展到表面。这时在暗处用紫外线灯照射表面，缺陷处发出明亮的荧光。着色法与荧光法相似，只是渗透液内不含荧光物质，而含着色染料，使渗透液鲜明可见，可在白光或日光下检查。一般情况下，荧光法的灵敏度高于着色法。这两种方法都包括渗透、清洗、显像和检查 4 个基本步骤。

根据从被探伤件上清洗渗透液的方法，渗透探伤的荧光法和着色法又可分为水洗型、后乳化型和溶剂去除型 3 种。渗透剂中含有一定量的乳化剂，工件表面多余的渗透剂可直接用水清洗。这种方法称为水洗型渗透检测法。后乳化型渗透检测法的渗透剂不能直接用水从工件表面洗掉，必须增加一道乳化工序后方能用水洗掉。溶剂去除型渗透检测法中的渗透剂也不含乳化剂，工件表面多余渗透剂用有机溶剂擦掉。

常用的渗透探伤方法有着色渗透探伤、荧光渗透探伤、水洗型渗透探伤、溶剂去除渗透探伤、干式显像渗透探伤、湿式显像渗透探伤，实际探伤时经常是将几种不同方法组合应用。例如水洗型、溶剂去除型的渗透剂组合，既可以使用干式显像也可以用湿式显像。

渗透检测方法的分类较多，广泛使用的是根据渗透剂的种类、多余渗透剂的去除方法和显像方法进行划分。

四、常用渗透检测方法及选择

常用渗透检测方法可归纳为水洗型渗透检测法、后乳化型渗透检测法和溶剂去除型渗透检测法。

1. 水洗型渗透检测法

这种探伤方法以水为清洗剂，渗透剂以水为溶剂，或者在渗透剂中加入乳化剂，使非水溶性的渗透剂发生乳化作用而具有水溶性。水洗型渗透检测法适用于灵敏度要求不高、工件表面粗糙度较大、带有键槽或盲孔的工件和大面积工件的检测，如锻件、铸件毛坯阶段和焊接件等。

2. 后乳化型渗透检测法

后乳化型渗透检测法以共有较高的灵敏度而被广泛使用，其操作程序可分为亲水性后乳化型渗透检测方法和亲油性后乳化型渗透检测方法。亲水性后乳化型渗透检测方法除了多一道乳化工序外，其余与水洗型渗透检测方法的操作程序完全相同。这种方法也包括乳化型着色法和后乳化型荧光法两种。亲油性后乳化型渗透检测方法程序不需要预水洗这一道工序，即渗透后立即进行乳化。

3. 溶剂去除型渗透检测方法

溶剂去除型渗透检测方法是目前渗透检测中应用最为广泛的方法。表面多余的渗透剂可直接用溶剂擦拭去除。它包括着色法和荧光法。

着色法使用的渗透液主要是颜色深的着色物质，通常由红色染料及溶解着色剂的溶剂组成。

荧光法是使用含有荧光物质的渗透剂，经清洗后保留在缺陷中的渗透液被显像剂吸附出来，用紫外光源照射，使荧光物质产生波长较长的可见光，在暗室中对照射后的工件表面进行观察，通过显现的荧光图像来判断缺陷的大小、位置及形态。

荧光法的显像方式有干式、非水湿式、湿式和自显像等。着色法的显像方式有非水湿式和湿式两种，一般不用于干式和自显像，因为这两种显像方法的灵敏度太低。

溶剂去除型渗透检测方法适用于表面光洁的工件和焊接接头的检测，特别是溶剂去除型着色检测方法，它更适用于大工件的局部检测、非批量工件的检测和现场检测。

五、渗透检测的操作步骤

不同类型的渗透剂、不同表面多余渗透剂的去除方法与不同的显像方法，可以组成多种渗透检测方法。即使这些方法之间存在不少差异，但无论何种方法，都是按照下述 7 个步骤进行的：预清洗、渗透、去除表面多余的渗透剂、干燥、显像、检验和后清洗。

1. 表面准备和预清洗

对于任何渗透探伤试验来说，将渗透液渗透到试验体表面缺陷中的处理都是最重要的操作。但是尽管缺陷表面有裂纹，由于缺陷中可能充满了垃圾、油脂类等污染物，渗透液就不可能充分渗透到缺陷中，因此，必须事先除去缺陷内部或表面妨碍渗透液渗透的物质。尤其是快进行试验之前进行的前处理，主要是以除去试验面的油脂为目的，在喷洒洗涤剂之后，要用抹布将含有油脂的溶剂擦干净，使表面干燥。一般渗透探伤工艺方法标准规定：渗透检测准备工作范围应从检测部位四周向外扩展 25 mm。清除活物的方法：机械方法、化学方法（酸、碱洗）、溶剂去除法等。

2. 渗 透

渗透是把渗透剂覆盖并润湿被检工件的检测表面，让渗透剂能充分地渗入到表面开口的缺陷中。

施加渗透剂的常用方法有浸涂法、喷涂法、刷涂法和浇涂法等。可根据工件的大小、形状、数量和检测的部位来选择。

（1）浸除法。

把整个工件全部浸入渗透剂中进行渗透，这种方法渗透充分，渗透速度快，效率高，它适用于大批量小工件的全面检测。

（2）喷涂法。

可采用喷罐喷涂、静电喷涂、低压循环泵喷涂等方法，将渗透剂喷涂在被检部位的表面上。喷涂法操作简单，喷洒均匀，机动灵活，它适用于大工件的局部检测或全面检测。

（3）刷涂法。

采用软毛刷或棉纱、抹布等将渗透剂刷涂在工件表面上。刷涂法机动灵活，适用于各种工件，但效率低，常用于大型工件的局部检测和焊接接头检测，也适用于中小工件的小批量检测。

（4）浇涂法。

它也称流涂法，是将渗透剂直接浇在工件表面上，适用于人工件的局部检测。

3. 去除表面多余渗透剂的目的和要求

（1）要求。

从零件表面上除掉所有的渗透液，又不将已渗入缺陷中的渗透液清洗出来。

（2）方法。

① 水洗型渗透液：直接用水去除。

② 后乳化型渗透液：先乳化，再用水去除。

③ 溶剂去除型渗透液：用有机溶剂擦除。

（3）注意事项。

① 去除或擦除渗透液时，要防止过清洗或过乳化。

② 为取得较高灵敏度，应使荧光背景或着色底色保持在一定的水准。

③ 应防止欠洗，防止荧光背景过浓或着色底色过浓。

④ 出现欠洗时，应采取适当措施增加清洗去除，使荧光背景或着色背景降低到允许水准。

⑤ 出现过乳化过清洗时，必须进行重复处理。

这一操作步骤是将被检工件表面多余的渗透剂去除干净，达到改善荧光背景或着色底色、提高信噪比的目的。

4. 干燥处理

干燥处理的目的是除去工件表面的水分，使渗透剂充分渗入缺陷或回渗到显像剂。但是不同渗透探伤方法的干燥处理方式都不相同。溶剂去除法渗透探伤时，不必进行专门的干燥处理，应自然干燥，不得加热干燥。用水清洗的零件，采用干粉显像或非水基湿式显像时，在显像前必须进行干燥处理，如采用水基湿式显像，水洗后直接显像然后进行干燥处理。

干燥方法包括干净布擦干、压缩空气吹干、热风吹干、热空气循环烘干。

干燥温度不能太高，干燥时间不能太长，否则会将缺陷中渗透液烘干影响缺陷显示形成。过度干燥还会造成渗透液中染料变质。一般规定：金属零件干燥温度不宜超过 80 °C，塑料零件通常用 40 °C 以下的温风吹干。干燥时间越短越好，一般规定不宜超过 10 min。

一般渗透探伤工艺方法标准规定：干燥时被检面的温度不得大于 50 °C；干燥时间为 5 ~ 10 min。

5. 显　像

显像过程是指在工件表面施加显像剂，利用吸附作用和毛细作用原理将缺陷中的渗透剂回渗到工件表面，从而形成清晰可见缺陷显示图像的过程。显像时间不能太长，显像剂不能太厚，否则缺陷显示会变模糊。一般渗透探伤工艺方法标准规定：显像时间应不少于 7 min，显像剂厚度为 0.05 ~ 0.07 mm。

6. 检　验

着色检验在白光下进行，荧光检验在暗室里进行。一般渗透探伤工艺方法标准规定：观测显示痕迹应在显像剂施加后 7 ~ 30 min 进行，如果显示痕迹的大小不发生变化，也可超过上述时间。

辨别真假缺陷时用干净的布或棉球沾一点酒精，擦拭显示部位，如果被擦去的是真实缺陷显示，擦拭后喷一点显像剂后能再现，如果不重现的一般是虚假显示。

当出现下列情况之一时，需进行复验：

（1）检查结束时，用对比试块验证渗透探伤剂已经失效；

（2）发现检测过程中操作方法有误；

（3）供需双方有争议或认为有其他需要时；

（4）经返修后的部位。

7. 后清洗

所谓后清洗，就是检验结束之后，为了防止腐蚀试验体表面而进行的除去显像剂与残留渗透液的处理。后清洗的目的是保证渗透探伤后，不发生对受检件的损害或危害，并且去除任何影响后续处理的残余物。例如，显像剂层会吸收或容纳促进腐蚀的潮气，可能造成腐蚀，并且影响阳极化等后续处理。

六、检查结果判断

在被检测表面观察到痕迹之后，应首先确定这些痕迹是否由缺陷引起，无法确定时，可重新进行检测或用其他方法进行验证。除显示痕迹是由外界因素或操作不当造成的之外，其他任何大于 1 mm 的显示痕迹均按缺陷处理。

线性显示是指长度大于等于宽度 3 倍的显示；圆形显示是指长度小于 3 倍宽度的显示。

各类主要缺陷痕迹特征主要有以下几种：

1. 焊接裂纹

焊接过程中或焊后，在焊接接头区域内出现的裂纹，按部位不同可分为纵向裂纹、横向裂纹、熔合区裂纹、根部裂纹、弧坑裂纹和热影响区裂纹等；按生产的温度和时间的不同可分为热裂纹和冷裂纹。热裂纹一般位于焊缝中心（纵向），显示呈曲折的波浪状或锯齿状红色细线条；冷裂纹一般常位于焊层下紧靠融合线片，与融合线平行，显示呈两端尖细中间粗的直线状红色细线条；弧坑裂纹位于焊缝断弧的弧坑处，一般呈星状，如渗透剂回渗较多会扩展成圆形。

2. 焊接表面气孔

在焊接过程中，焊缝金属中存在的气体未能在金属凝固前完全溢出而形成的焊接表面气孔，显示呈圆形、椭圆形或长圆条形的红色亮点。

3. 未焊透

焊接件的两母板材间未被电弧熔化焊合而留下的空隙，显示呈一条连续或断续的红色线条。

4. 未熔合

焊接填充金属和母材间或填充金属间没有熔合在一起，其分为坡口未熔合和层间未熔合两种，显示呈直线状或椭圆形的红色线条。

任务检查单

任务编号	4-1	任务名称	认知渗透检测技术		
序号	检查内容			是	否
1	能够掌握渗透检测的基本原理				
2	能够掌握渗透检测的毛细现象和润湿现象				
3	能够掌握渗透检测的检测方法				
4	能够掌握渗透检测的过程				
评语					
评分					

任务 4-2　罐车卡带连接杆渗透探伤

任务书

任务编号	4-2	任务名称	罐车卡带连接杆渗透探伤
任务目标			
【知识目标】 掌握罐车卡带连接杆渗透探伤作业要点； 掌握罐车卡带连接杆渗透探伤所需工具和物料； 掌握罐车卡带连接杆渗透探伤作业流程。 【技能目标】 具备罐车卡带连接杆渗透探伤作业能力。 【素质目标】 培养学生严谨认真的工作作风； 树立安全责任意识			
知识图谱			
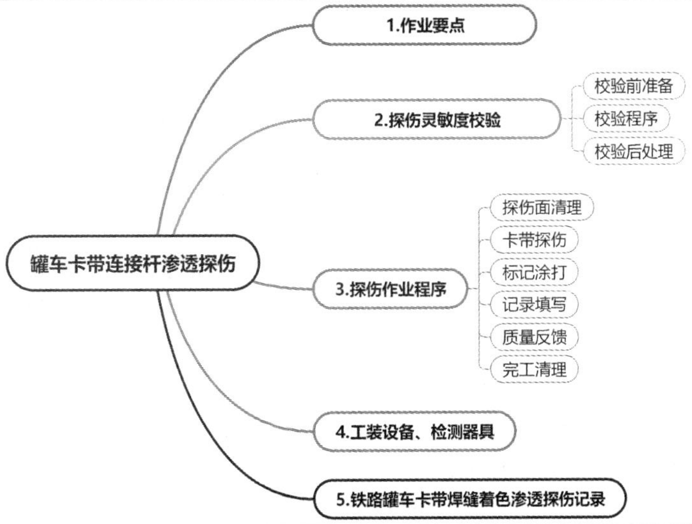			

续表

任务描述
本次任务是为了全面熟悉罐车段修卡带连接杆渗透探伤的作业过程，请同学们在设备条件允许的前提下，完成罐车卡带渗透探伤工作，或者对其进行探伤工作汇报
实施说明
（1）以小组为单位认真学习任务 4-2 的引导材料，做好知识准备； （2）结合知识准备和小组汇报情况，教师组织课堂教学内容，填写“任务检查单”

引导材料

在铁路货车检修探伤中，对罐车卡带和卡带连接杆焊缝进行探伤时，在卡带不拆卸的情况下，其他探伤方法无法使用，因此渗透探伤方法是目前技术条件下最为实用的方法。

一、作业要点

（1）每批次渗透探伤剂使用前，应进行灵敏度试验。同批次渗透探伤剂每周应进行一次灵敏度试验。

（2）喷施显像剂时，喷嘴离卡带焊接处表面距离一般为 300 ~ 400 mm，喷施方向与被检面夹角一般为 30° ~ 40°，显像时间一般为 10 ~ 15 min。

（3）探伤结束后，为了防止残留的显像剂腐蚀被检表面或影响其使用，要及时对探伤区的表面残留的渗透剂、清洗剂、显像剂进行清理。

二、探伤灵敏度校验

1. 校验前准备

（1）被检表面温度为 10 ~ 50 °C。环境温度低于 5 °C 时须延长渗透时间。

（2）校验用试块平时须浸泡在分析纯试液内，校验时再从纯试剂瓶中取出，如图 4-2-1 所示。

图 4-2-1　浸泡在分析纯试液内试块

2. 校验程序

（1）预清洗。用探伤剂组合中的清洗剂冲洗试块背面（无文字的那一面）。

（2）渗透。采用喷罐喷涂用探伤剂组合中的渗透剂喷涂刚擦拭过的背面，要求喷涂均匀。

（3）在整个渗透时间内，应确保试块被检表面始终保持充分的润湿，如图 4-2-2 所示。

被检表面温度为 10 ~ 50 °C 时应不少于 10 min，若被测表面温度低于 10 °C 时可适当延长渗透时间。

图 4-2-2　充分湿润的被检试块

（4）去除多余的渗透剂。首先使用洁净、无绒毛的白布沿同一方向依次擦拭，直至大部分多余的渗透剂被清除，然后使用洁净、无绒毛的白布沾少许清洗剂进行擦拭，直至清除全部渗透剂，去除后应自然干燥 5 ~ 10 min。

（5）喷施显像剂。喷施时喷嘴离 B 型试块表面距离一般为 300 ~ 400 mm，喷施方向与被检面夹角一般为 30° ~ 40°。显像时间一般为 10 ~ 15 min。显像剂使用前应充分摇匀，显像剂的施加应薄而均匀，不可在同一部位反复施加。

（6）在显像过程中应观察 B 型试块的试验灵敏度，3 级为合格。即观察时避开眩光和反射光，试块上区位数为 3 的裂纹应清晰显示，如图 4-2-3 所示。

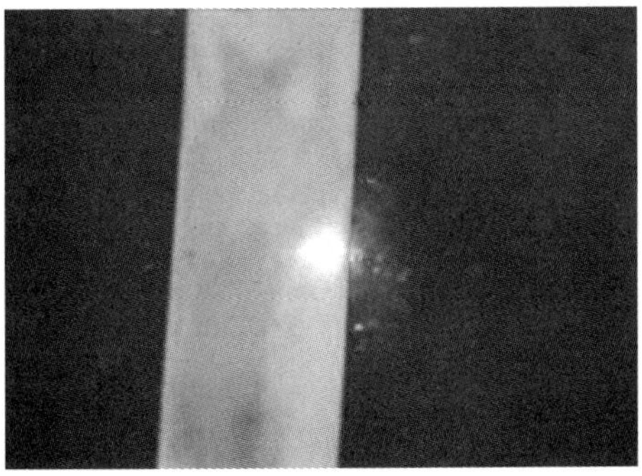

图 4-2-3　试块裂纹显示清晰

3. 校验后处理

（1）灵敏度试验完毕应将显像剂全部清除干净、擦干。用乙醇或丙酮擦洗后在丙酮中浸泡数小时后清洗，以除去裂纹中的残留物，经干燥后保存。

（2）灵敏度试验合格后应填写《渗透探伤液性能校验记录》，参加人员在检查记录上签字，作为探伤液可以使用的依据。

三、探伤作业程序

1. 探伤面清理

（1）清理部位。

焊缝及焊缝两侧 30 mm 区域内，包括卡带斜接焊缝和焊缝上方热影响区，都应进行除锈，如图 4-2-4 和图 4-2-5 所示区域。

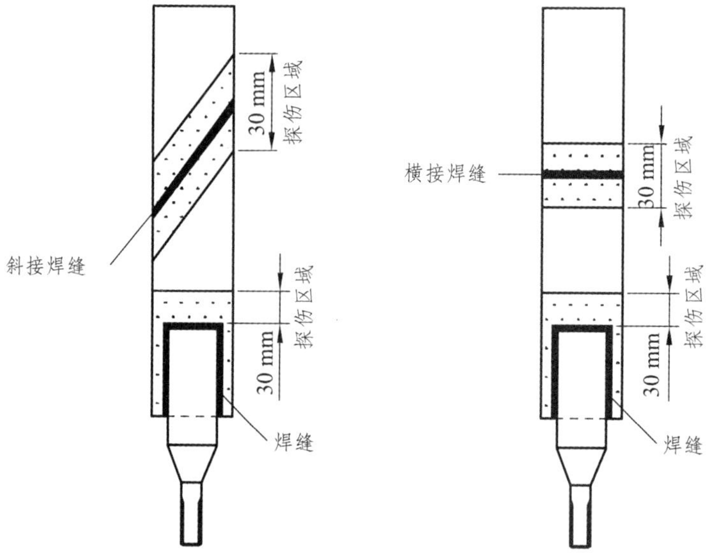

图 4-2-4　清理焊缝

图 4-2-5　清理焊缝上方热影响区

（2）表面除锈。

应对焊缝及焊缝两侧至少 30 mm 的临近区域表面进行预处理。使用角磨机清除被检表面的焊渣、焊接飞溅物、铁锈和氧化皮及油漆；当焊缝的焊波或其他表面不规则形状影响渗透探伤时，应打磨平整。

（3）表面清洗。

使用清洗剂清洗被检测表面的油脂、纤维屑等物质，清洗范围为探伤部位四周向外扩展 30 mm 区域。清洗后的表面依靠自然蒸发或用适当的强热风使其充分干燥。

（4）渗透处理。

渗透剂在喷涂时应做到薄而均匀，严禁在同一部位上反复喷涂。探伤液的喷涂应充分润湿工件探伤部位表面，确保被检表面始终保持充分的润湿。被检表面温度为 10 ~ 50 °C 时应不少于 10 min。观测随身携带的温度计，当温度低于 10 °C 时应适当延长渗透时间。如图 4-2-6、图 4-2-7 所示。

图 4-2-6　渗透处理一

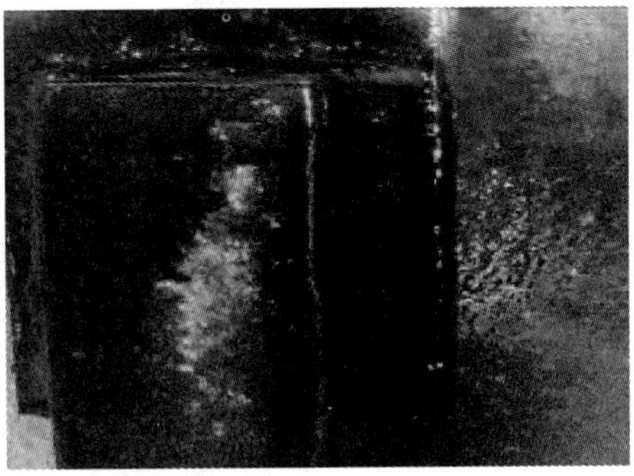

图 4-2-7　渗透处理二

（5）去除多余的渗透剂。

达到足够的渗透时间后，首先使用洁净、无绒毛的白布沿同一方向依次擦拭卡带焊接处喷洒的渗透剂，直至大部分多余的渗透剂被清除，然后使用洁净、无绒毛的白布沾少许清洗剂进行擦拭，直至清除全部渗透剂。去除时不得往复擦拭，不得用清洗剂直接在被检表面冲洗，去除后应自然干燥 5 ~ 10 min，不允许使用热干燥的方法。

2. 卡带探伤

（1）显像。

探伤表面干燥后须立即喷洒显像剂，显像剂使用前应充分摇匀，喷涂薄而均匀，不可在同一部位反复施加。喷嘴距离被检测表面一般为 300 ~ 400 mm，喷施方向与被检面夹角一般为 30° ~ 40°。显像时间一般为 10 ~ 15 min。如图 4-2-8 所示。

图 4-2-8　显像

（2）观察。

在显像过程中应进行观察。观察时应避开眩光和反射光，对细小显示使用 5 ~ 10 倍放大镜观察。

（3）清洗。

探伤结束后，使用清洗剂清除焊缝表面残留的渗透剂和显像剂。

（4）重新探伤及复探。

操作不当时应重新探伤，难以确定显示真伪时应复探。

3. 标记涂打

确认无裂纹及其他缺陷后在卡带连接杆上方画探伤标记“△”和“人”字自检合格标记，如图 4-2-9 所示。

图 4-2-9　涂打标记

4. 记录填记

填写《铁路罐车卡带焊缝着色渗透探伤记录表》并签字确认。

5. 质量反馈

车辆钳工在接到质量故障反馈后，须认真确认故障，按照作业程序处理故障。

6. 完工清理

工作者作业结束后，关闭风、电源，清理工具，将设备放置到指定位置，并按照分工清扫场地。

四、工装设备、检测器具

工具清单如表 4-2-1 所示。

表 4-2-1　工具清单

序号	名称	规格型号	单位	数量	备注
1	钢丝刷	1 寸	个	1	
2	卷尺	5 m	个	1	
3	垫脚凳	铁制	个	1	
4	放大镜	10 倍	个	1	
5	白光照度计	ST/807	个	1	
6	钢板尺	500 mm	把	1	
7	砂纸	100 目	张	5	
8	温度计		个	1	

物料清单如表 4-2-2 所示。

表 4-2-2　物料清单

序号	物料名称	规格	单位	数量	备注
1	着色探伤剂	SYPT-3	mL	1 000	
2	标记笔	5 mm	支	1	
3	B 型试片	JB/6064-B3	块	1	
4	白布	棉白细布	卷	1	
5	显像剂	探伤专用	mL	1 000	
6	清洗剂	探伤专用	mL	2 000	

五、铁路罐车卡带焊缝着色渗透探伤记录表

记录如表 4-2-3 所示。

表 4-2-3　探伤记录表

段修　　铁路罐车卡带焊缝　　着色渗透探伤记录

单位：＿＿＿＿＿＿＿＿＿　　　　检测日期：＿＿＿＿＿年＿＿＿月

序号	车号	卡带方位	缺陷状况	首探结果	首探人员	复探结果	复探人员	备注
1		1						
		2						
		3						

任务检查单

任务编号	4-2	任务名称	罐车卡带连接杆渗透探伤		
序号	检查内容			是	否
1	能够掌握罐车卡带连接杆渗透探伤作业要点				
2	掌握罐车卡带连接杆渗透探伤所需工具和物料				
3	掌握罐车卡带连接杆渗透探伤作业流程				
4	能够填写罐车卡带焊缝着色渗透探伤记录表				
评语					
评分					

第三篇　车辆动态监控技术

在车辆运行安全检测领域，针对实时检测需求，铁路行业在定期对车辆状态进行静态检查的基础上，增加动态安全检测手段，即在列车运行过程中利用沿线地面设备对机车车辆中关键走行部件的状态进行实时监测。通过借鉴国外先进技术经验，并结合铁路的实际情况，我国铁路建立了一套采用力学、声学、光学、电子、红外线等先进检测技术组成的全路性智能化、网络化车辆运行安全监控系统（简称“5T 系统”），并于 2005 年在全路范围全面推广，彻底改变了铁路车辆列检作业基本靠检车员人工检查的作业方式，大大提高了铁路车辆检修和使用效率。

5T 系统是我国铁路车辆部门为适应我国铁路跨越式发展的需求、提升我国铁路技术装备现代化水平而建立的一整套车辆安全防范系统。5T 系统采用智能化、网络化、信息化技术，实现地面设备对客、货车辆运行安全状态的动态检测、数据集中、联网运行、远程监控、信息共享，提高了铁路的运输安全防范能力。5T 系统主要由 5 大系统组成，分别如下：

（1）THDS——车辆轴温智能探测系统。

（2）TPDS——车辆运行品质轨边动态监测系统。

（3）TADS——车辆滚动轴承故障轨边声学诊断系统。

（4）TFDS——货车运行故障动态图像检测系统。

（5）TCDS——客车运行状态安全监测系统。

5T 概述

其中，货车的 4T 就好比老中医的“望、闻、问、切”，这里对应的是“望、闻、温（问）、切”，即

望——看（货车主要部件的）图（TFDS，货车运行故障动态图像检测系统）。

闻——听（货车轴承的）声音（TADS，货车滚动轴承早期故障轨边声学诊断系统）。

温——测（货车轴承的）温度（THDS，车辆轴温智能探测系统）。

切——按（货车运行状态的）脉搏（TPDS，货车运行状态地面安全监测系统）。

客车运行状态安全监测系统 TCDS 则是全面监测客车的运行状态。

当前，车辆动态检测系统已经增加了 3 个，分别是轮对尺寸动态检测系统（TWDS）、动车组运行故障图像检测系统（TEDS）、客车运行故障轨边图像检测系统（TVDS）。

由于我国铁路主要线路实行客车与货车同线混行，铁路货车运输安全将直接影响客车，因此动态安全检测手段首先在铁路货车领域得到大面积应用。目前 5T 系统已覆盖了京广、京九、京哈、沪昆、陇海、大秦、青藏等主要线路，遍布全路 18 个铁路局，形成了一个基本覆盖干线大节点的动态安全检测网络，全路共安装 THDS 设备约 5 648 套、TFDS 设备约 371 套、TADS 设备约 83 套、TPDS 设备约 136 套、TCDS 设备约 2 656 组。

项目五　货车运行故障动态图像检测系统

货车运行故障动态图像检测系统是一套集高速数字图像采集、大容量图像数据实时处理和精确定位模式识别技术于一体的智能系统，可实现车辆运用技术检查由“人检人修”方式向“机检人修”方式的过渡，列车质量由“人控”向“机控”的转变，减轻了检车员的劳动强度，为提高运输效率，确保运输安全创造了条件。

知识图谱

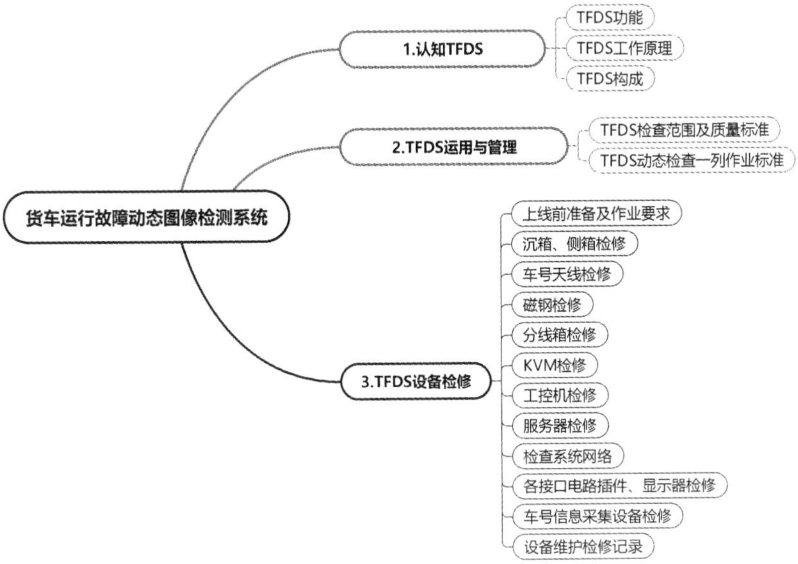

学习目标

【知识目标】

掌握 TFDS 功能、原理及构成；

掌握 TFDS 动态检车方法；

掌握 TFDS 常见设备检修方法。

【技能目标】

具备 TFDS 运用与检修能力。

【素质目标】

培养学生严谨认真的工作作风。

课程思政

事故案例

某次列车运行至京包下行线八苏木至十八台站间，车辆 TFDS 设备发现机后第 53 位车辆人力制动机紧固，停车处理。构成一般 D 类事故。原因：始发技检作业没有认真检查确认人力制动机链状态，导致人力制动机链紧固状态下开车。

通过上述案例，应树立标准作业意识、安全责任意识。

企业标准

某车辆段 TFDS-3 型设备检修上线作业标准：检修过程应严格执行下列流程进行检修作业，并做好安全防护，梳理标准作业意识和安全责任意识。

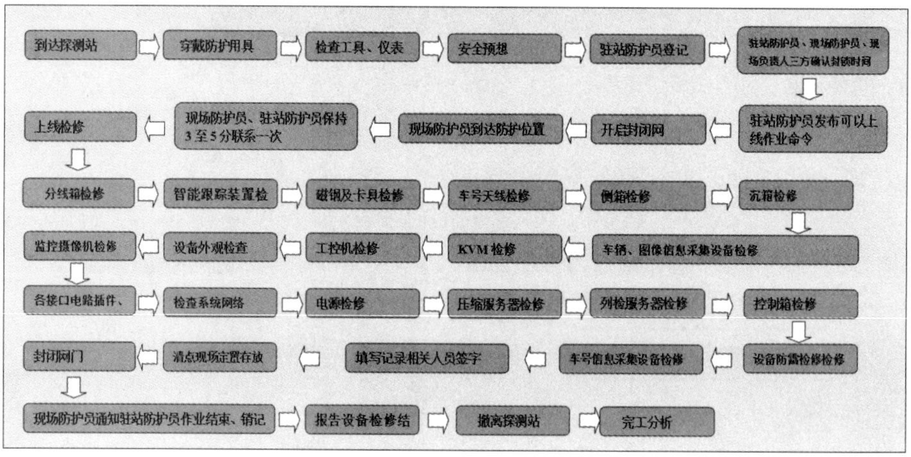

任务 5-1　认知 TFDS

任务书

任务编号	5-1	任务名称	认知 TFDS
任务目标			
【知识目标】 掌握 TFDS 的功能； 掌握 TFDS 的工作原理； 掌握 TFDS 的构成。			

【技能目标】 具备识别 TFDS 各组成部分的能力。 【素质目标】 培养学生严谨认真的工作作风
知识图谱
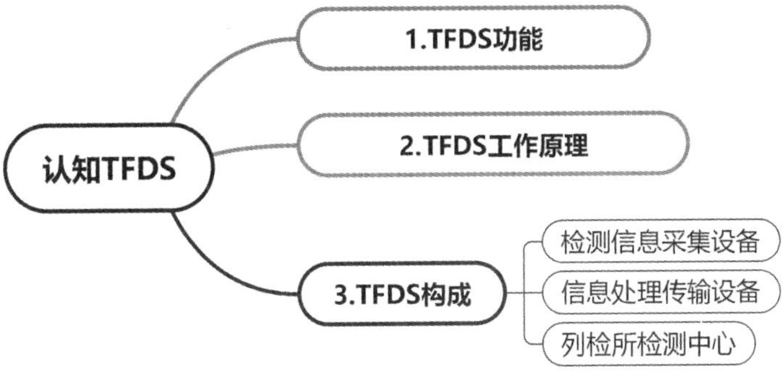
任务描述
本次任务是为了全面了解 TFDS 的相关知识，以小组为单位汇报 TFDS 的功能、工作原理、设备构成，为后续任务的实施奠定理论基础
实施说明
（1）以小组为单位认真学习任务 5-1 的引导材料，做好知识准备； （2）结合知识准备和小组汇报情况，教师填写“任务检查单”

引导材料

一、TFDS 功能

TFDS 货车运行故障动态图像检测系统是一套通过高速摄像机阵列实时动态拍摄货车车底和侧下部的全部可视信息，实现过车信息、故障及其图像、检修处理信息和车辆部件图像等数据的精确采集和信息管理的系统。

（1）自动拍摄和筛选出车辆转向架、基础制动装置、车钩缓冲装置等车辆关键部位的图像。

（2）通过人机结合的方式，对抓拍后的图像进行分析、判别出有关故障。

（3）自动判别车号、车种、车型和计轴、计辆。

（4）自动测试出列车速度。

（5）能直接读取 AEI 系统中的车号信息。

（6）可自动生成列检所常用报表。

（7）对部分故障可以进行智能识别。

（8）可实现分散检测、集中报警、联网监测、信息共享。

二、TFDS 工作原理

TFDS 工作原理如图 5-1-1 所示。

TFDS 工作原理

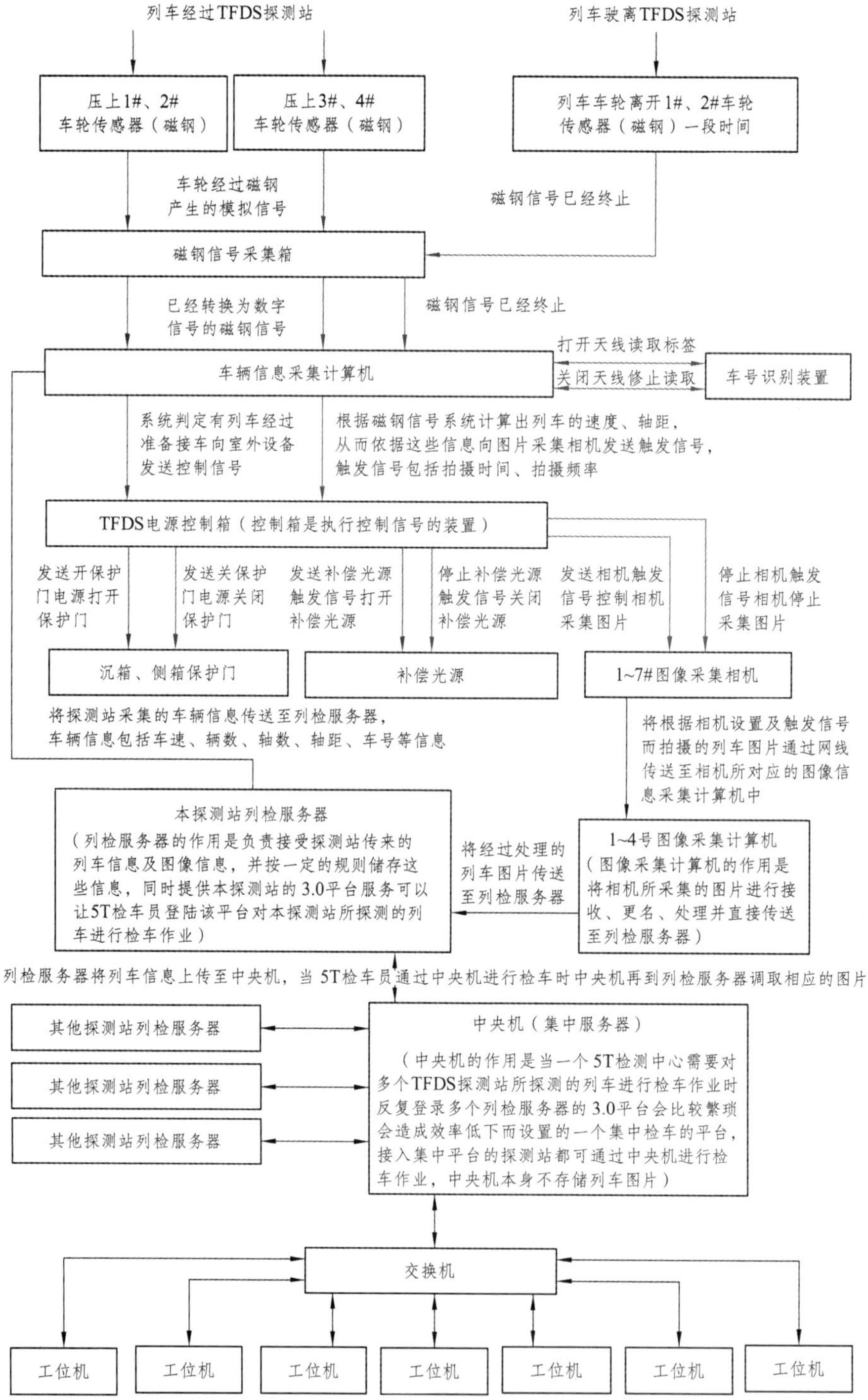

图 5-1-1　TFDS 系统工作流程图

三、TFDS 构成

TFDS 系统构成

TFDS 由检测信息采集设备、信息处理传输设备、列检所检测中心和其他复示终端构成。

1. 检测信息采集设备

检测信息采集设备即轨边探测设备，如图 5-1-2 所示为 TFDS-3 型设备，主要由沉箱、侧箱、车轮传感器、AEI 地面天线等组成，完成过车检测、光源补偿和图像采集任务。

图 5-1-2　TFDS 系统检测信息采集设备

（1）沉箱和侧箱。

如图 5-1-3 所示，沉箱和侧箱主要负责完成货车图像的采集任务，包括相机、补偿光源、除尘风机、电机等。

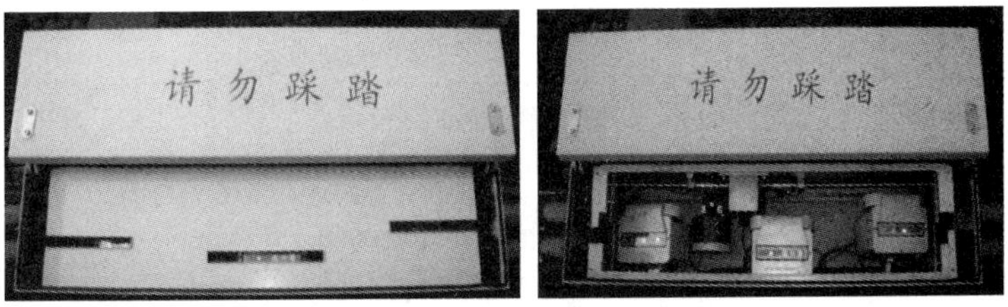

（a）沉箱

（b）侧箱

摄像机、除尘风机及补偿光源

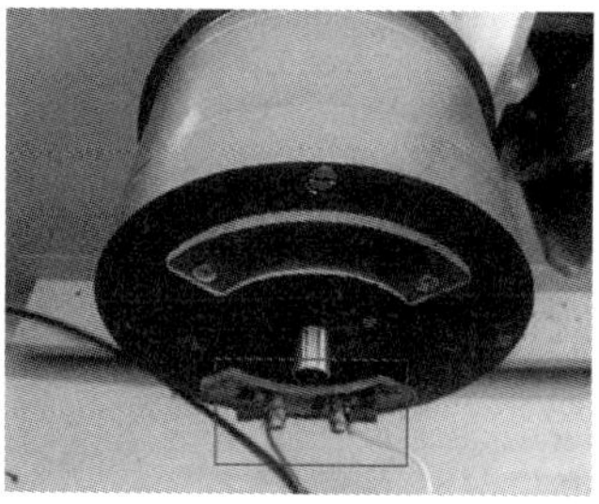

沉箱门电机

侧箱门电机

（c）沉箱、侧箱细节图

图 5-1-3　沉箱和侧箱

相机是拍摄运行车辆底部、两侧图像的装置，根据拍摄的需要布置在线路的中间和两侧。沉箱中安装 3 台相机，侧箱中安装两台相机。沉箱和侧箱具有抗振性、防水和防尘功能，用来对相机和补偿光源进行防护。

（2）AEI 车号天线。

如图 5-1-4 所示，AEI 车号天线是车号采集设备的一部分，其功能主要是采集货车底部标签，并通过同轴电缆传输至车号主机，从而达到采集列车的车次及车号信息等数据。

图 5-1-4　AEI 车号天线

（3）车轮传感器。

车轮传感器又称磁钢，如图 5-1-5 所示，车轮传感器分为两种，一是无源车轮传感器，二是有源车轮传感器。两者作用是相同的，都是用来检测列车的到达和通过，同时采集列车的车速、轴距等信息。

图 5-1-5　车轮传感器

① 无源车轮传感器。

当车辆轮缘通过传感器时，车轮传感器线圈产生相应的磁感应电动势输出给系统设备，以供系统计轴、计辆、测速等。

② 有源车轮传感器。

有源车轮传感器传输的磁钢信号为电平信号，区别于无源车轮传感器的正弦信号，可以直接被计算机所识别，免去智能磁钢板处理的过程。

车轮传感器的布局如图 5-1-6 所示。TFDS 系统包含 4 对车轮传感器，目前应用的 TFDS 系统均采用 1#、2#、3#、4#两对车轮传感器，1#、2#负责计轴判辆，为 TFDS 系统是否开机提供依据；3#、4#负责计算车速，为相机拍照速度和频率提供依据。

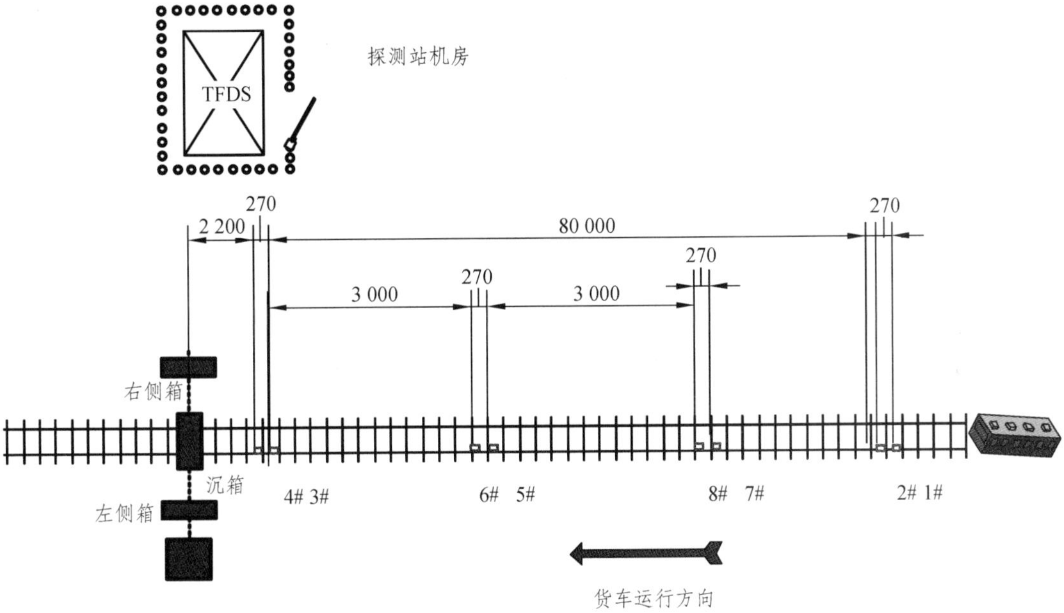

图 5-1-6　车轮传感器布局图

2. 信息处理传输设备

信息处理传输设备即探测站机房内设备，如图 5-1-7 所示，主要由图像采集计算机、车辆信息采集计算机、控制箱、KVM（多计算机切换器）、AEI 车号设备、信号防雷箱、远程管理机、UPS 设备等组成，负责处理过车信息并控制室外设备的正常工作，将采集到的图片进行处理，并将处理后的图像数据传输到列检所检测中心。

图 5-1-7　信息处理传输设备

（1）图像采集计算机。

图像采集计算机主要用来准确获取高速运行过程中列车部件图像，并通过网络设备传输至列检所检测中心服务器。图像采集计算机共 4 台，均为高性能工业控制计算机，如图 5-1-8 所示。

图 5-1-8 图像采集计算机

（2）车辆信息采集计算机。

车辆信息采集计算机主要用于接受车轮传感器的信号，计轴、计辆、测速，控制补偿光源和保护门的开启和关闭，由 1 台高性能工业控制计算机配备 1 块多功能数据采集卡构成，完成图像信息的采集控制、计轴、计辆、测速等功能，如图 5-1-9 所示。

图 5-1-9 车辆信息采集计算机

（3）液晶 KVM 切换器。

KVM 是 Keyboard（键盘）、Video（显示器）、Mouse（鼠标）的缩写。KVM 切换器的正式的名称为多计算机切换器或 KVM SWITCH。KVM 切换器简单地说，就是让系统管理员可以通过一组键盘、显示器和鼠标，控制多台服务器或电脑主机的计算机外围设备，如图 5-1-10 所示。

图 5-1-10 液晶 KVM 切换器

（4）控制箱。

控制箱主要为轨边设备提供稳定电源输出，接收磁钢信号，控制室外防护设备、探测设备的开关动作，以及线阵相机的频率输出。

（5）AEI 车号设备。

AEI 车号设备是车号采集设备的另一部分，其功能主要是读取 AEI 车号天线采集的列车车次及车号信息，完成运行中的货车底部车号标签信息的采集。

（6）UPS 设备。

UPS 即不间断电源，是一种含有储能装置，以整流器、逆变器为主要组成部分的稳压稳频的交流电源，主要利用电池等储能装置在停电时给计算机/服务器、存储设备、网络设备、计算机、通信网络系统等提供不间断的电力供应。当市电输入正常时，UPS 将市电稳压后供应给负载使用，此时的 UPS 就是一台交流式电稳压器，同时它还向储能装置如电池组充电；当市电中断（事故停电）时，UPS 立即将储能装置（如电池组）的电能，通过逆变转换的方法向负载继续供应交流电，使负载维持正常工作并保护负载软、硬件不受损坏。UPS 设备通常对电压过大和电压太低都提供保护。

3. 列检所检测中心

列检所检测中心由服务器和检测中心室内设备组成，如图 5-1-11 所示。服务器主要完成车辆和图片信息的接收、存储和管理；检测中心主要完成图像信息的显示、故障信息的收集以及工作信息的记录。

图 5-1-11　某列检所 TFDS 检测中心

任务检查单

任务编号	5-1	任务名称	认知 TFDS	
序号	检查内容		是	否
1	能够掌握 TFDS 的功能			
2	能够掌握 TFDS 的工作原理			
3	能够掌握 TFDS 的构成			
评语				
评分				

任务 5-2　TFDS 运用与管理

任务书

<table>
<tr><td>任务编号</td><td>5-2</td><td>任务名称</td><td>TFDS 运用与管理</td></tr>
<tr><td colspan="4">任务目标</td></tr>
<tr><td colspan="4">【知识目标】
掌握 TFDS 动态检查方法；
掌握 TFDS 标准作业程序。
【技能目标】
具备 TFDS 动态检车的能力。
【素质目标】
培养学生严谨认真的工作作风</td></tr>
<tr><td colspan="4">知识图谱</td></tr>
<tr><td colspan="4">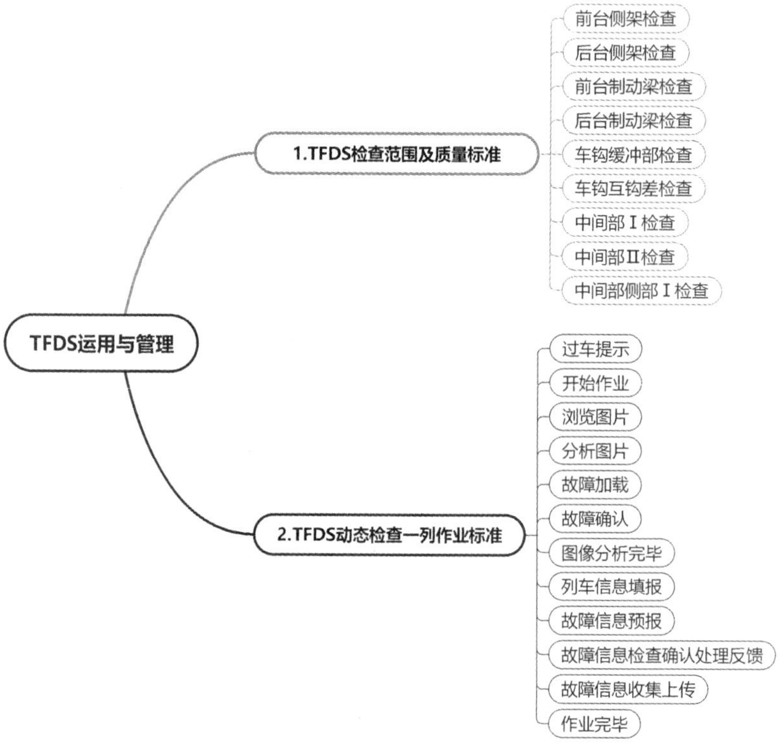
</td></tr>
<tr><td colspan="4">任务描述</td></tr>
<tr><td colspan="4">本次任务是对 C_{70} 货车进行动态检车作业，以小组为单位应用 TFDS 模拟检车软件对 C_{70} 货车进行动态检车作业</td></tr>
<tr><td colspan="4">实施说明</td></tr>
<tr><td colspan="4">（1）以小组为单位认真学习任务 5-2 的引导材料，做好知识准备；
（2）结合知识准备和小组完成情况，教师组织课堂教学内容，填写“任务检查单”</td></tr>
</table>

▌引导材料

TFDS 运用与管理

一、TFDS 检查范围及质量标准

TFDS 系统动态检车检查范围及质量标准以 C_{70} 型货车为例进行讲解。

1. 前台侧架检查

（1）转 K6 型转向架前台侧架作业流程。

前台侧架部位采用“凹”字检查法，如图 5-2-1 所示，上部为列车运行方向左侧侧架，下部为列车运行方向右侧侧架，虚线为鼠标运行轨迹。

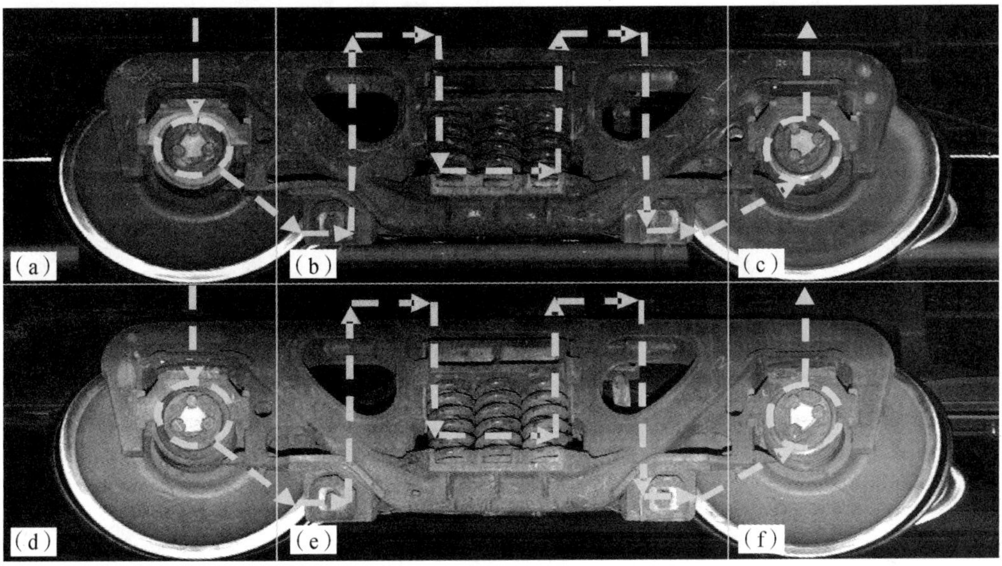

图 5-2-1　前台侧架检查方法

左侧侧架作业流程（右同左）：地板 1→侧架 1→轴箱橡胶垫 1→承载鞍 1→轴承 1→挡键 1→车轮 1→交叉支撑装置 1→侧架 2→地板 2→侧架 3→斜楔 1→摇枕 1→摇枕弹簧 1→侧架 4→摇枕弹簧 2→摇枕 2→斜楔 2→侧架 5→地板 3→侧架 6→横跨梁→交叉支撑装置 2→车轮 2→挡键 2→轴承 2→承载鞍 2→轴箱橡胶垫 2→侧架 7→地板 4。

（2）检查范围及质量标准。

前台侧架部位由 6 张小图片组成，上部 3 张图片为左侧侧架，下部 3 张图片为右侧侧架。

① 图（a）检查范围及质量标准。

图（a）检查范围及质量标准如图 5-2-2 所示。该处的安全风险点：该部位存在的安全风险为轴端螺栓丢失、承载鞍错位、轴承外圈破损、轴承前盖裂损，发生此类故障易引发热轴故障，对行车安全构成威胁。

② 图（b）检查范围及质量标准。

图（b）检查范围及质量标准如图 5-2-3 所示。该处的安全风险点：交叉杆端部紧固螺栓丢失、枕簧窜出，以上故障易引发交叉杆脱落、枕簧窜出丢失，危及行车安全。

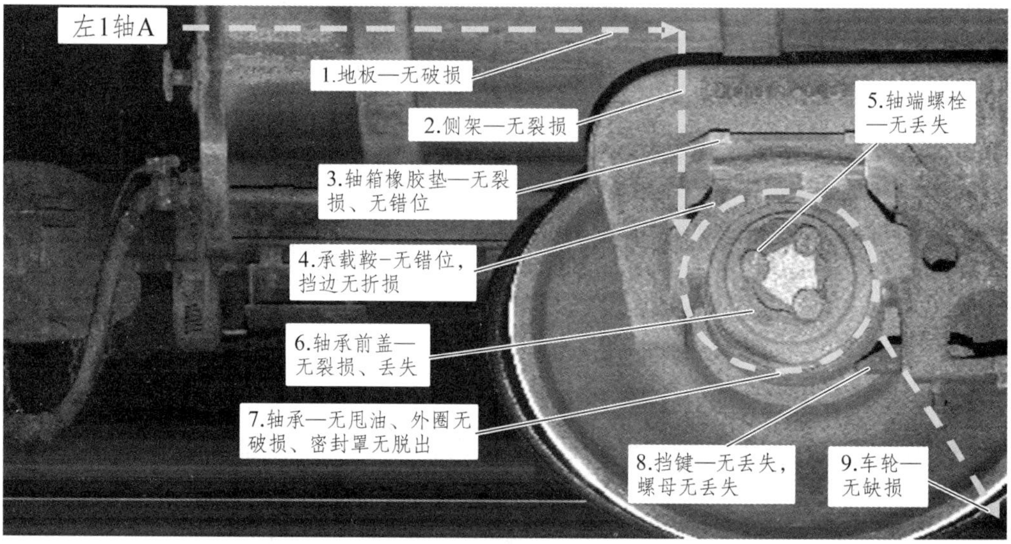

图 5-2-2　图（a）检查范围及质量标准

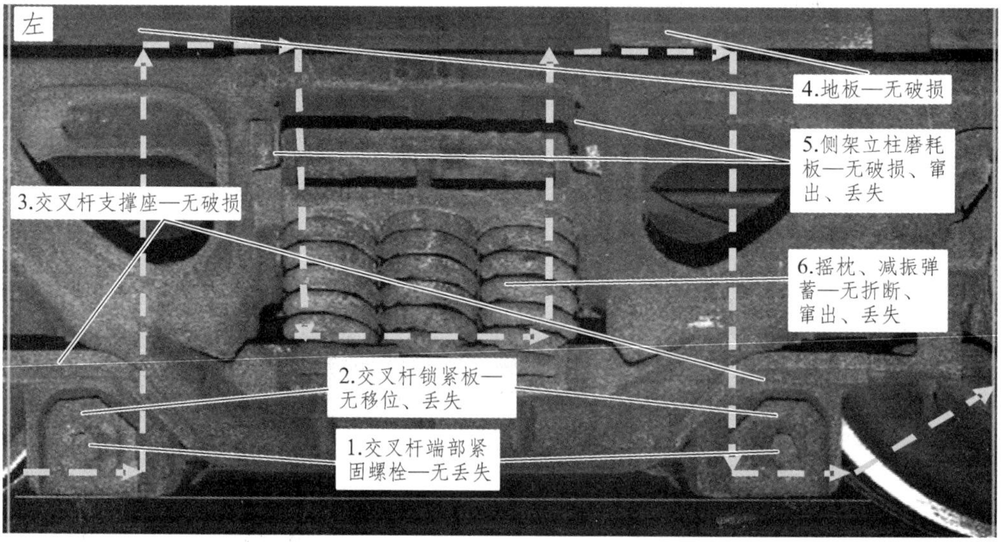

图 5-2-3　图（b）检查范围及质量标准

③ 图（c）检查范围及质量标准。

图（c）检查范围及质量标准如图 5-2-4 所示。该处的安全风险点：轴端螺栓丢失，承载鞍错位，轴承外圈破损、轴承前盖裂损，发生此类故障易引发热轴故障，对行车安全构成威胁。

图（d）~（f）与图（a）~（c）类似，不再赘述。

2. 后台侧架检查

（1）转 K6 型转向架后台侧架作业流程。

后台侧架部位采用“凹”字检查法，如图 5-2-5 所示，上部为列车运行方向左侧侧架，下部为列车运行方向右侧侧架，虚线为鼠标运行轨迹。

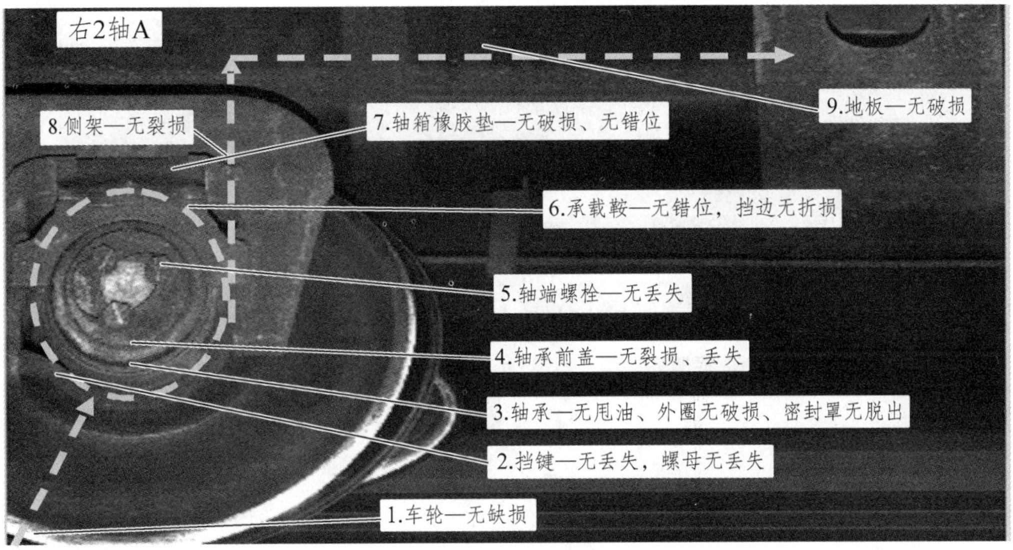

图 5-2-4　图（c）检查范围及质量标准

左侧侧架作业流程（右同左）：地板 1→侧架 1→轴箱橡胶垫 1→承载鞍 1→轴承 1→挡键 1→车轮 1→交叉支撑装置 1→侧架 2→地板 2→侧架 3→斜楔 1→摇枕 1→摇枕弹簧 1→侧架 4→摇枕弹簧 2→摇枕 2→斜楔 2→侧架 5→地板 3→侧架 6→交叉支撑装置 2→车轮 2→挡键 2→轴承 2→承载鞍 2→轴箱橡胶垫 2→侧架 7→地板 4。

（2）检查范围及质量标准。

后台侧架部位由 6 张小图片组成，上部 3 张图片为左侧侧架，下部 3 张图片为右侧侧架。

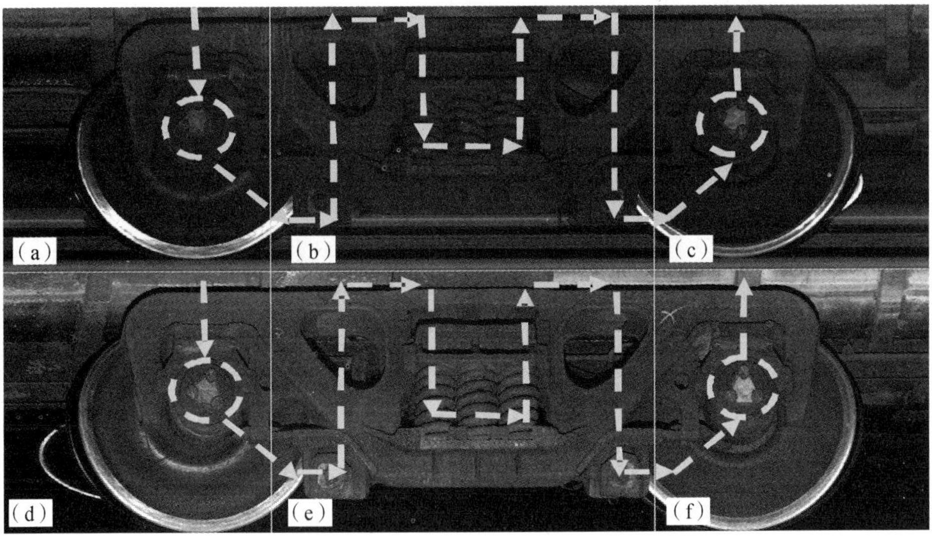

图 5-2-5　后台侧架检查方法

① 图（a）检查范围及质量标准。

图（a）检查范围及质量标准如图 5-2-6 所示。该处的安全风险点：轴端螺栓丢失、承载鞍错位、轴承外圈破损、轴承前盖裂损，发生此类故障易引发热轴故障，对行车安全构成威胁。

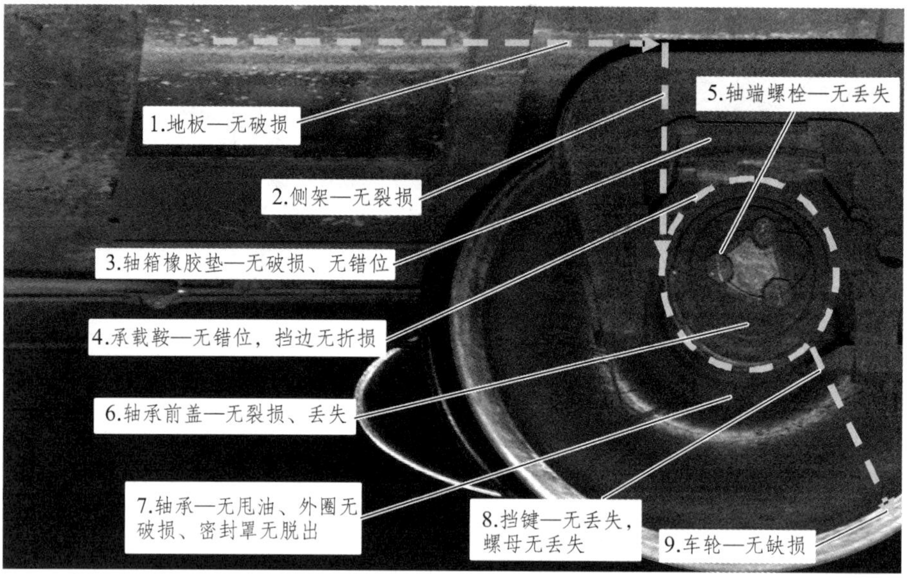

图 5-2-6　图（a）检查范围及质量标准

② 图（b）检查范围及质量标准。

图（b）检查范围及质量标准如图 5-2-7 所示。该处的安全风险点：交叉杆端部紧固螺栓丢失、枕簧窜出，以上故障易引发交叉杆脱落、枕簧窜出丢失，危及行车安全。

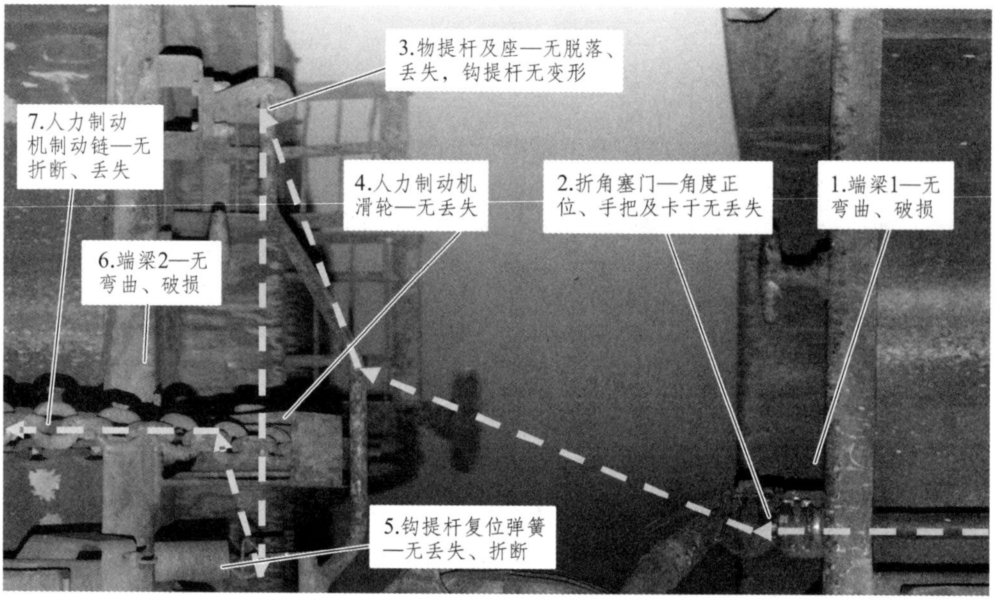

图 5-2-7　图（b）检查范围及质量标准

③ 图（c）检查范围及质量标准。

图（c）检查范围及质量标准如图 5-2-8 所示。该处的安全风险点：轴端螺栓丢失，承载鞍错位，轴承外圈破损、轴承前盖裂损，发生此类故障易引发热轴故障，对行车安全构成威胁。

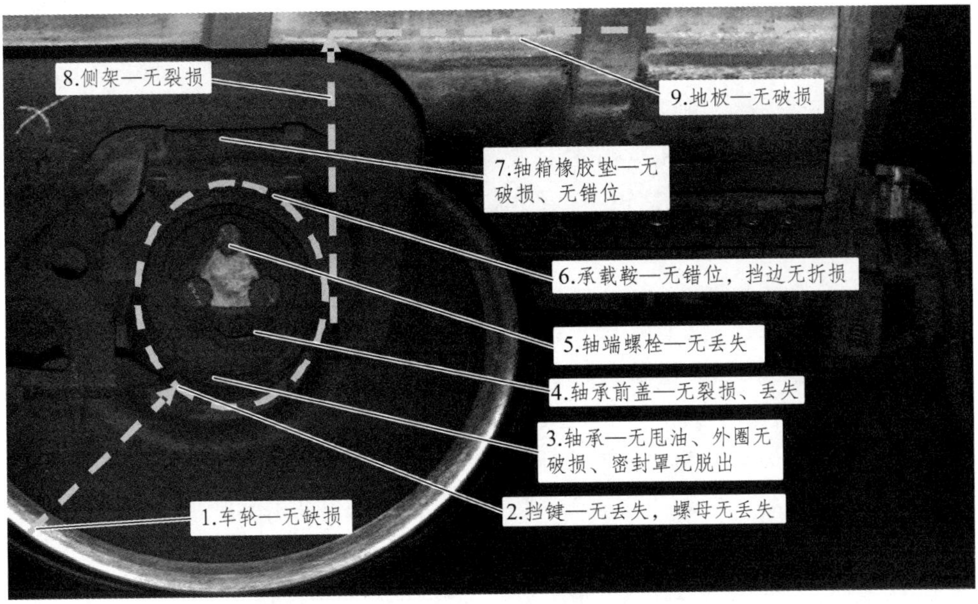

图 5-2-8　图（c）检查范围及质量标准

图（d）~（f）与图（a）~（c）类似，不再赘述。

3. 前台制动梁检查

（1）转 K6 型转向架前台制动梁作业流程。

前台制动梁采用“8”字检查法，如图 5-2-9 所示，上部为运行方向第一轴制动梁部位，下部为运行方向第二轴制动梁部位，虚线为鼠标运行轨迹。

图 5-2-9　前台制动梁检查方法

前台制动梁作业流程：摇枕 1→交叉杆 1→制动梁安全链 1→摇枕弹簧 1→安全索 1→制动梁 1→闸瓦及闸瓦插销 1→车轮 1→脱轨自动制动装置拉环 1→制动梁支柱及圆销、开口销 1→制动梁夹扣 1→中拉杆圆销、开口销 1→移动杠杆→上拉杆及圆销、开口销→制动梁安全链 2→制动梁 2→车轮 2→闸瓦及闸瓦插销 2→安全索 2→摇枕弹簧 2→摇枕 2→交叉杆 2→中拉杆→交叉杆扣板螺栓 1→心盘螺栓 1→摇枕 3→制动梁安全链 3→制动梁 3→交叉杆 3→摇枕弹簧 3→安全索 3→闸瓦及闸瓦插销 3→车轮 3→脱轨自动制动装置 2→制动梁支柱及圆销、开口销 2→制动梁夹扣 2→中拉杆及圆销、开口销 2→固定杠杆→制动梁安全链 4→制动梁 4→车轮 4→闸瓦及闸瓦插销 4→安全索 4→摇枕弹簧 4→摇枕 4→交叉杆 4→摇枕 4→心盘螺栓 2→交叉杆扣板螺栓 2。

（2）检查范围及质量标准。

前台制动梁部位合计由 6 张小图片组成。

① 图（a）检查范围及质量标准。

图（a）检查范围及质量标准如图 5-2-10 所示。该处的安全风险点：制动梁折断脱落，交叉杆折断脱落，脱轨自动制动装置拉环脱落，以上配件脱落严重危及行车安全；闸瓦丢失会造成制动梁受力不均衡折断及闸瓦磨托，闸瓦插销丢失会引起闸瓦脱落，也会危及行车安全。制动梁折断脱落、交叉杆折断为拦停故障，要立即通知检车组长。

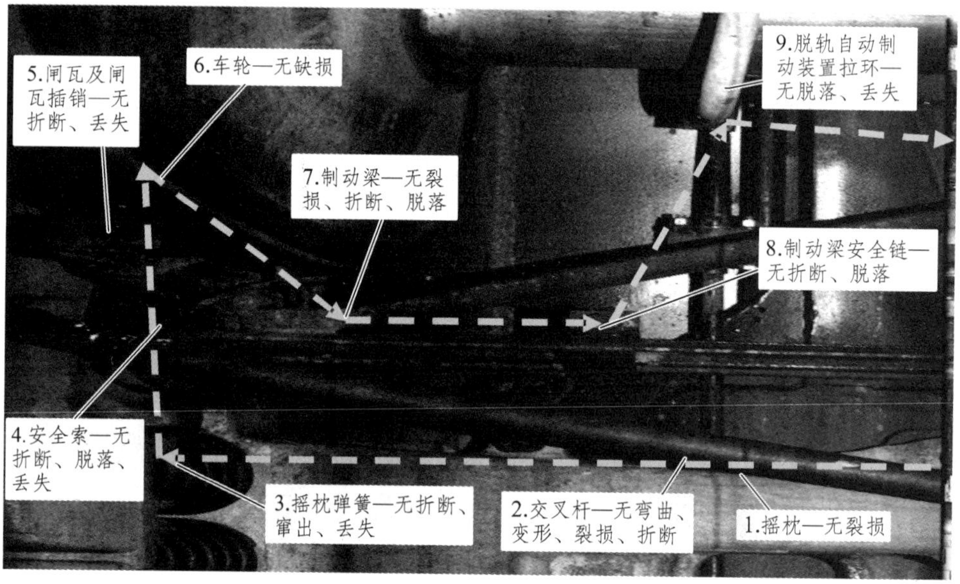

图 5-2-10　图（a）检查范围及质量标准

② 图（b）检查范围及质量标准。

图（b）检查范围及质量标准如图 5-2-11 所示。该处的安全风险点为：制动梁折断脱落，制动梁支柱圆销、开口销丢失，中拉杆圆销、开口销丢失，交叉杆折断，以上故障易引发配件脱落危及行车安全。交叉杆折断，制动梁折断脱落，制动梁支柱圆销、开口销丢失为拦停故障，要立即通知检车组长。

③ 图（c）检查范围及质量标准。

图（c）检查范围及质量标准如图 5-2-12 所示。该处的安全风险点：制动梁折断脱落，交叉杆折断脱落，以上配件脱落严重危及行车安全；闸瓦丢失会造成制动梁受力不均衡折断及闸瓦磨托，闸瓦插销丢失会引起闸瓦脱落，也会危及行车安全。制动梁折断脱落、交叉杆折断为拦停故障，要立即通知检车组长。

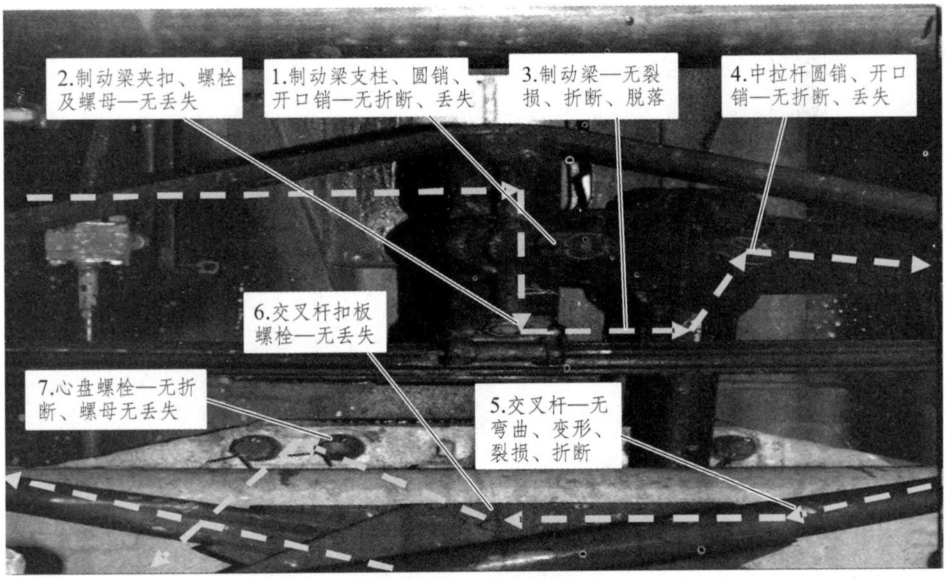

图 5-2-11　图（b）检查范围及质量标准

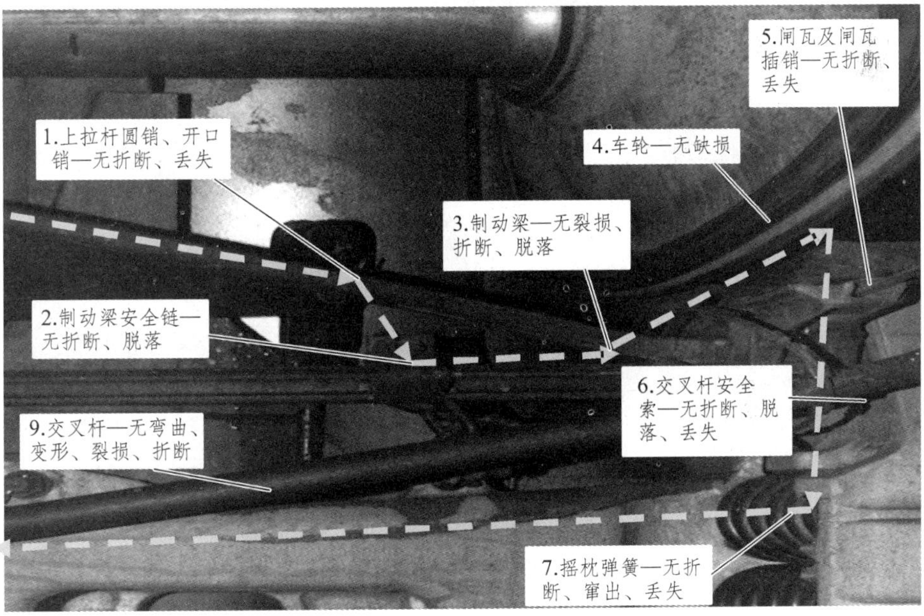

图 5-2-12　图（c）检查范围及质量标准

④ 图（d）检查范围及质量标准。

图（d）检查范围及质量标准如图 5-2-13 所示。该处的安全风险点：制动梁折断脱落，交叉杆折断脱落，脱轨自动制动装置拉环脱落，以上配件脱落严重危及行车安全；闸瓦丢失会造成制动梁受力不均衡折断及闸瓦磨托，闸瓦插销丢失会引起闸瓦脱落，也会危及行车安全。制动梁折断脱落、交叉杆折断为拦停故障，要立即通知检车组长。

⑤ 图（e）检查范围及质量标准。

图（e）检查范围及质量标准如图 5-2-14 所示。该处的安全风险点：制动梁折断脱落，制动梁支柱圆销、开口销丢失，中拉杆圆销、开口销丢失，交叉杆折断等，以上故障易引发配件脱落危及行车安全。交叉杆折断，制动梁折断脱落，制动梁支柱圆销、开口销丢失为拦停故障，要立即通知检车组长。

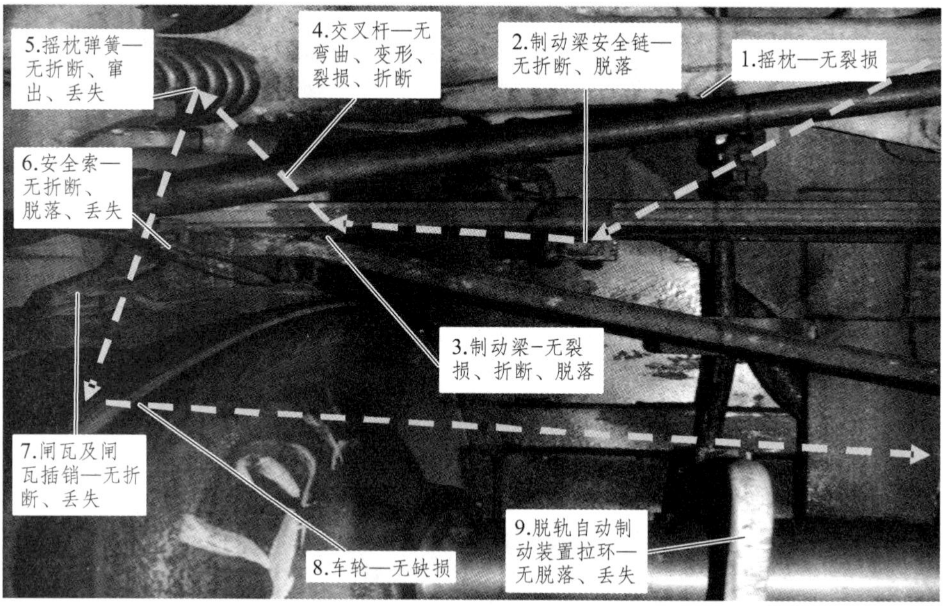

图 5-2-13　图（d）检查范围及质量标准

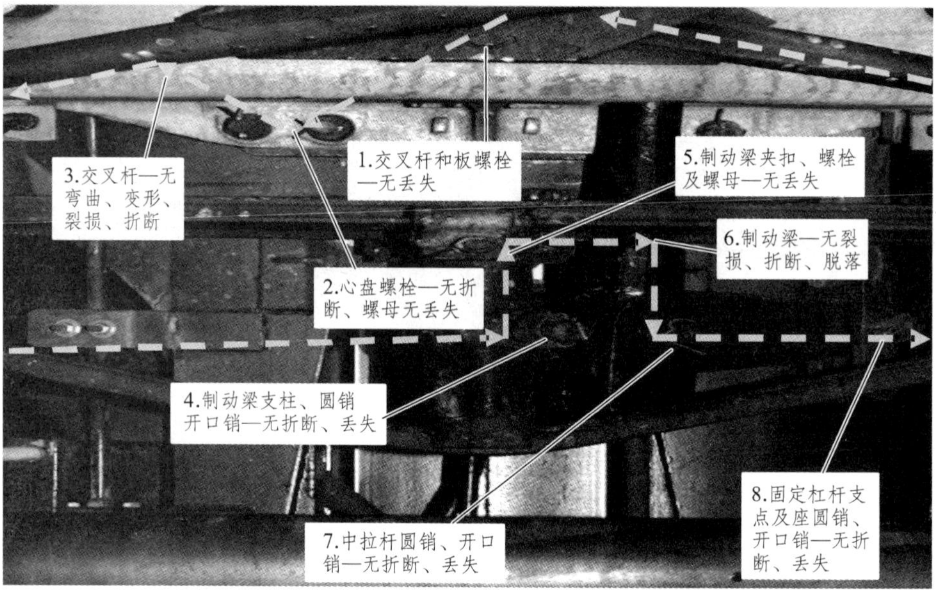

图 5-2-14　图（e）检查范围及质量标准

⑥ 图（f）检查范围及质量标准。

图（f）检查范围及质量标准如图 5-2-15 所示。该处的安全风险点：制动梁折断脱落，交叉杆折断脱落，以上配件脱落严重危及行车安全；闸瓦丢失会造成制动梁受力不均衡折断及闸瓦磨托，闸瓦插销丢失会引起闸瓦脱落，也会危及行车安全。制动梁折断脱落、交叉杆折断为拦停故障，要立即通知检车组长。

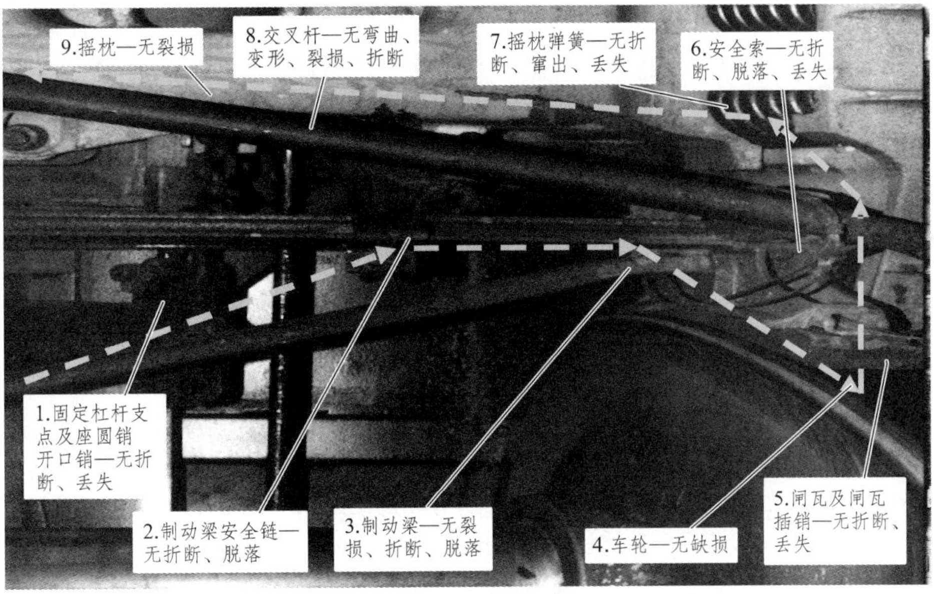

图 5-2-15　图（f）检查范围及质量标准

4. 后台制动梁检查

（1）转 K6 型转向架后台制动梁作业流程。

后台制动梁采用“8”字检查法，如图 5-2-16 所示，上部为运行方向第三轴制动梁部位，下部为运行方向第四轴制动梁部位，虚线为鼠标运行轨迹。

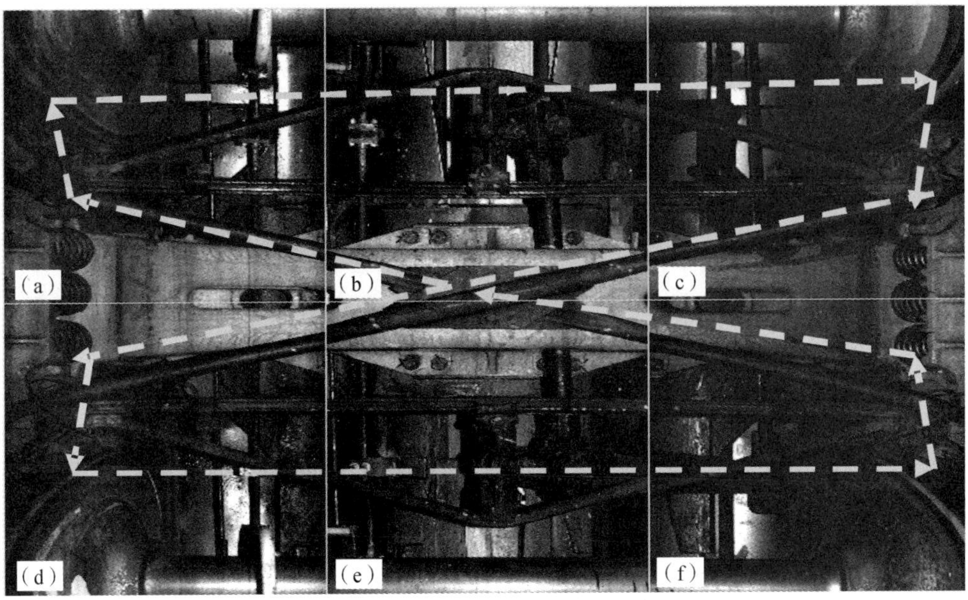

图 5-2-16　后台制动梁检查方法

后台制动梁作业流程：摇枕 1→交叉杆 1→制动梁安全链 1→摇枕弹簧 1→安全索 1→制动梁 1→闸瓦及闸瓦插销 1→车轮 1→脱轨自动制动装置拉环 1→制动梁支柱及圆销、开口销 1→制动梁夹扣 1→中拉杆圆销、开口销 1→固定杠杆→固定支点及圆销、开口销→制动梁安全链 2→制动梁 2→车轮 2→闸瓦及闸瓦插销 2→安全索 2→摇枕弹簧 2→摇枕 2→交叉杆 2→中拉杆→交叉杆扣板螺栓 1→心盘螺栓 1→摇枕 3→制动梁安全链 3→制动梁 3→交叉杆 3→摇枕弹簧 3→安全索 3→闸瓦及闸瓦插销 3→车轮 3→脱轨自动制动装置拉环 2→制动梁支柱及圆销、开口销 2→制动梁夹扣 2→中拉杆及圆销、开口销 2→移动杠杆→制动梁安全链 4→制动梁 4→车轮 4→闸瓦及闸瓦插销 4→安全索 4→摇枕弹簧 4→摇枕 4→交叉杆 4→摇枕 4→心盘螺栓 2→交叉杆扣板螺栓 2。

（2）检查范围及质量标准。

后台制动梁部位合计由 6 张小图片组成。

① 图（a）检查范围及质量标准。

图（a）检查范围及质量标准如图 5-2-17 所示。该处的安全风险点为：制动梁折断脱落，交叉杆折断脱落，脱轨自动制动装置拉环脱落，以上配件脱落严重危及行车安全；闸瓦丢失会造成制动梁受力不均衡折断及闸瓦磨托，闸瓦插销丢失会引起闸瓦脱落，也会危及行车安全。制动梁折断脱落、交叉杆折断为拦停故障，要立即通知检车组长。

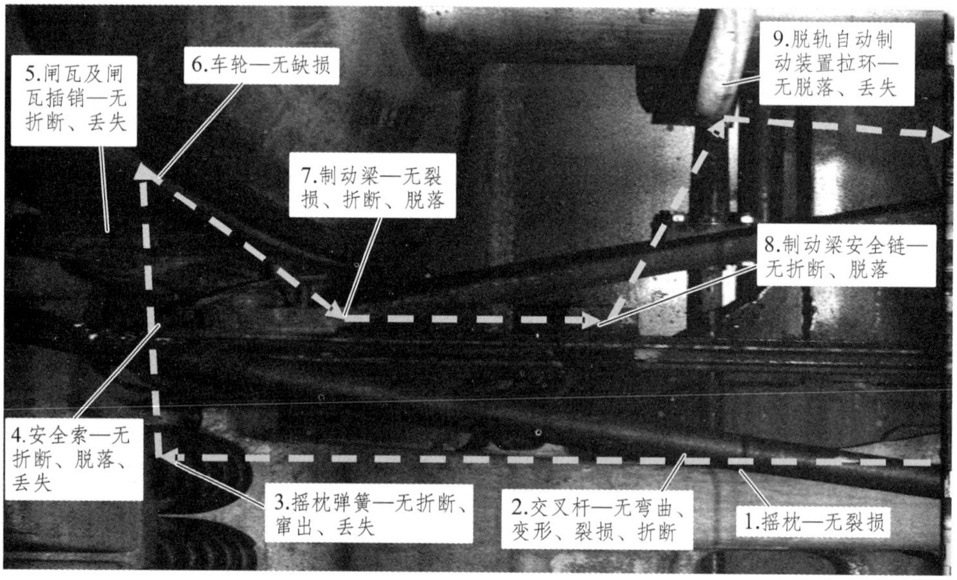

图 5-2-17　图（a）检查范围及质量标准

② 图（b）检查范围及质量标准。

图（b）检查范围及质量标准如图 5-2-18 所示。该处的安全风险点：制动梁折断脱落，制动梁支柱圆销、开口销丢失，中拉杆圆销、开口销丢失，交叉杆折断，以上故障易引发配件脱落危及行车安全。交叉杆折断，制动梁折断脱落，动梁支柱圆销、开口销丢失为拦停故障，要立即通知检车组长。

③ 图（c）检查范围及质量标准。

图（c）检查范围及质量标准如图 5-2-19 所示。该处的安全风险点：制动梁折断脱落，交叉杆折断脱落，脱轨自动制动装置拉环脱落，以上配件脱落严重危及行车安全；闸瓦丢失会造成制动梁受力不均衡折断及闸瓦磨托，闸瓦插销丢失会引起闸瓦脱落，也会危及行车安全。制动梁折断脱落、交叉杆折断为拦停故障，要立即通知检车组长。

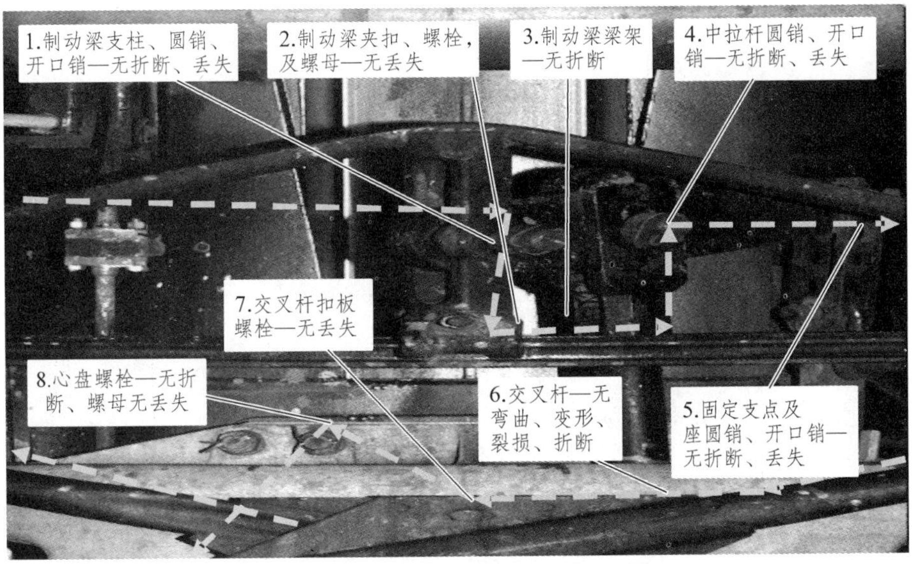

图 5-2-18　图（b）检查范围及质量标准

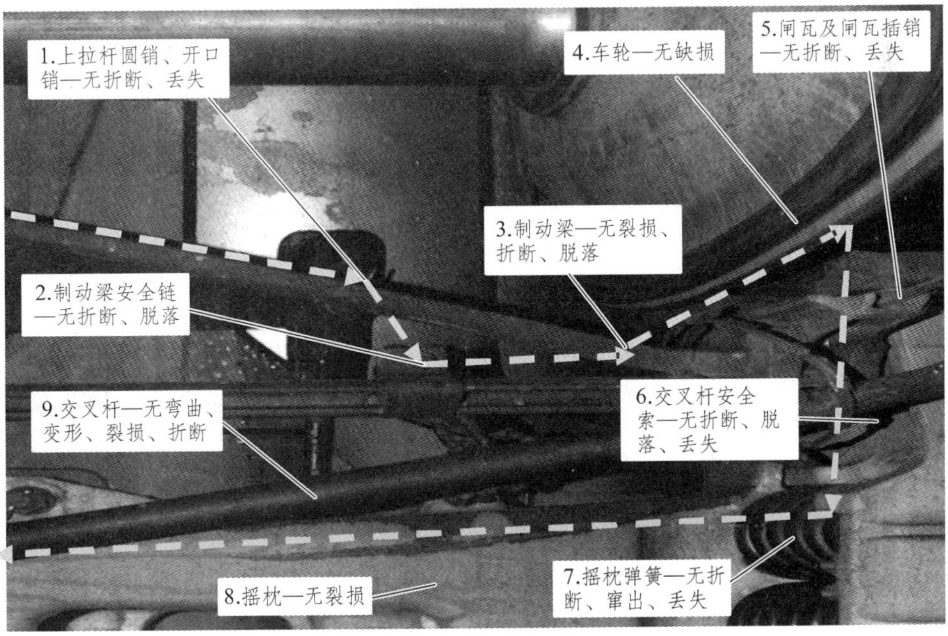

图 5-2-19　图（c）检查范围及质量标准

④ 图（d）检查范围及质量标准。

图（d）检查范围及质量标准如图 5-2-20 所示。该处的安全风险点：制动梁折断脱落，交叉杆折断脱落，脱轨自动制动装置拉环脱落，以上配件脱落严重危及行车安全；闸瓦丢失会造成制动梁受力不均衡折断及闸瓦磨托，闸瓦插销丢失会引起闸瓦脱落，也会危及行车安全。制动梁折断脱落、交叉杆折断为拦停故障，要立即通知检车组长。

⑤ 图（e）检查范围及质量标准。

图（e）检查范围及质量标准如图 5-2-21 所示。该处的安全风险点：制动梁折断脱落，制动梁支柱圆销、开口销丢失，中拉杆圆销、开口销丢失，交叉杆折断，以上故障易引发配件脱落危及行车安全。交叉杆折断，制动梁折断脱落，制动梁支柱圆销、开口销丢失为拦停故障，要立即通知检车组长。

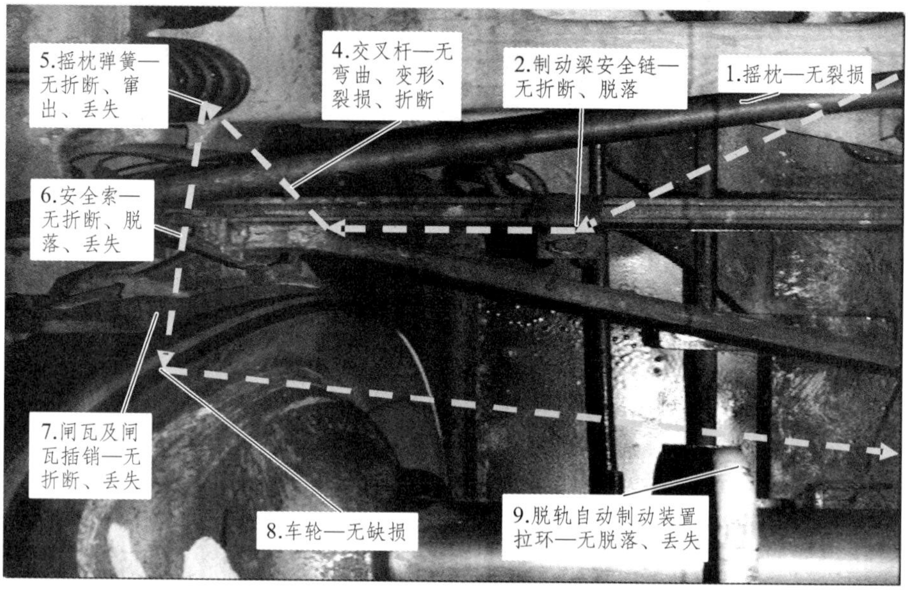

图 5-2-20　图（d）检查范围及质量标准

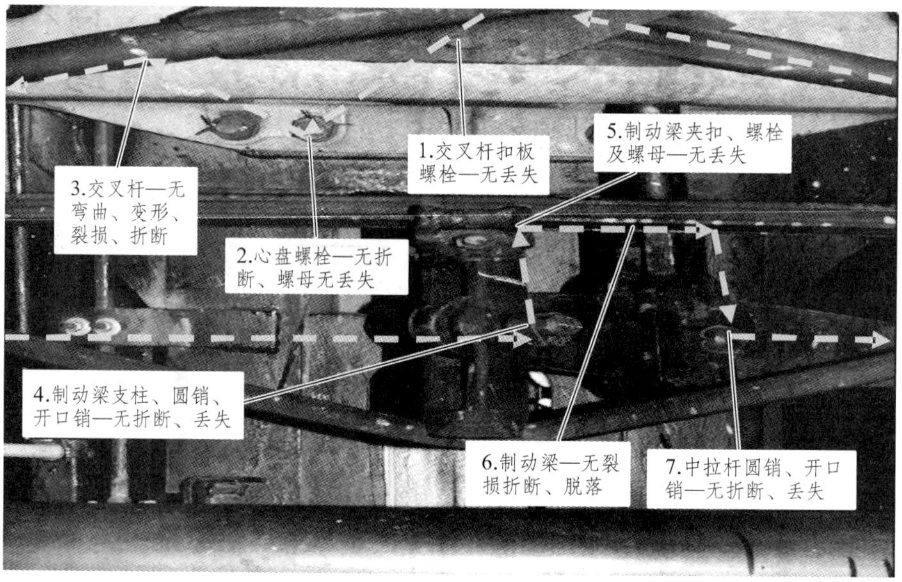

图 5-2-21　图（e）检查范围及质量标准

⑥ 图（f）检查范围及质量标准。

图（f）检查范围及质量标准如图 5-2-22 所示。该处的安全风险点：制动梁折断脱落，交叉杆折断脱落，以上配件脱落严重危及行车安全；闸瓦丢失会造成制动梁受力不均衡折断及闸瓦磨托，闸瓦插销丢失会引起闸瓦脱落，也会危及行车安全。制动梁折断脱落、交叉杆折断为拦停故障，要立即通知检车组长。

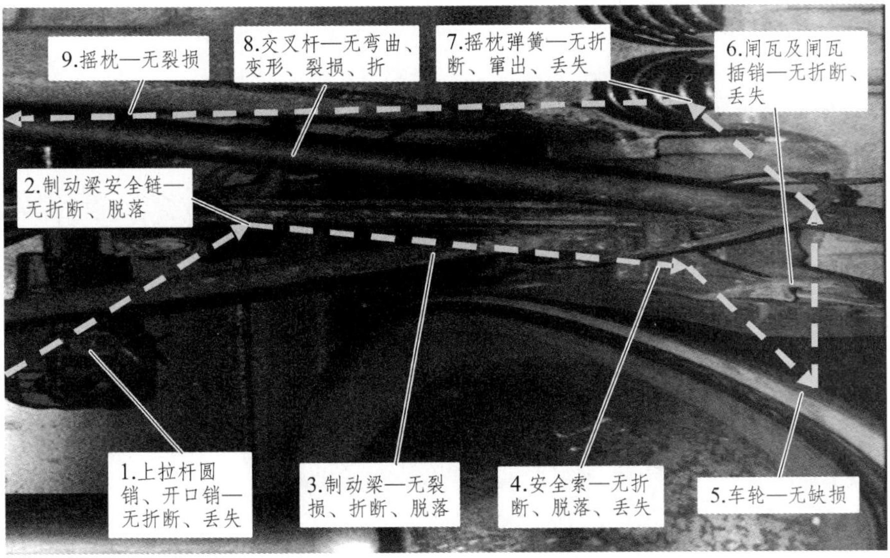

图 5-2-22　图（f）检查范围及质量标准

5. 车钩缓冲部检查

（1）17 型车钩缓冲部作业流程。

车钩缓冲部位采用“e”字检查法，如图 5-2-23 所示，左部为前车尾部钩缓，右部为本车首部钩缓，中间为车钩连接处，虚线为鼠标运行轨迹。

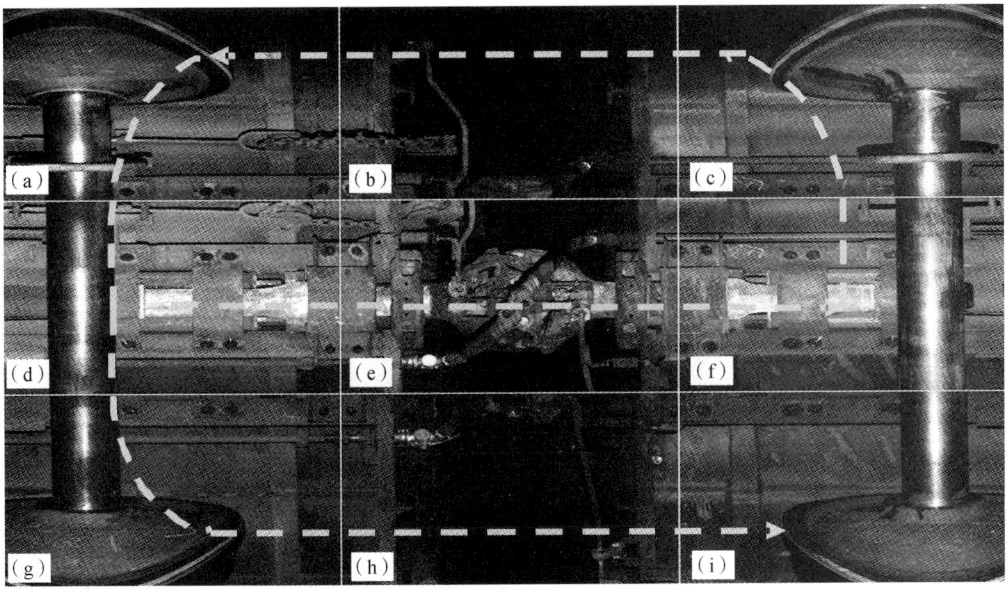

图 5-2-23　车钩缓冲部检查方法

车钩缓冲部作业流程：钩尾框托板 1→钩尾框 1→缓冲器 1→安全托板 1→从板 1→从板座 1→钩尾销托梁 1→车钩支撑座 1→下锁销 1→钩舌销 1→钩舌销 2→下锁销 2→车钩支撑座 2→钩尾销托梁 2→从板座 2→从板 2→安全托板 2→缓冲器 2→钩尾框 2→钩尾框托板 2→脱轨拉环 1→车轮 1→端梁 1→折角塞门 1→钩提杆 1→钩提杆座 1→端梁 2→钩提杆复位弹簧 1→人力制动机制动链→人力制动机滑轮→车轮 2→脱轨拉环 2→车轮 3→端梁 3→折角塞

门 2→钩提杆 2→钩提杆座 2→端梁 4→钩提杆复位弹簧 2→车轮 4。

（2）检查范围及质量标准。

车钩缓冲部位合计由 9 张小图片组成。

① 图（d）检查范围及质量标准。

图（d）检查范围及质量标准如图 5-2-24 所示。该处的安全风险点：钩尾框折断，从板及从板座折损，以上故障易引发车钩分离故障。钩尾框折断为拦停故障，要立即通知检车组长。

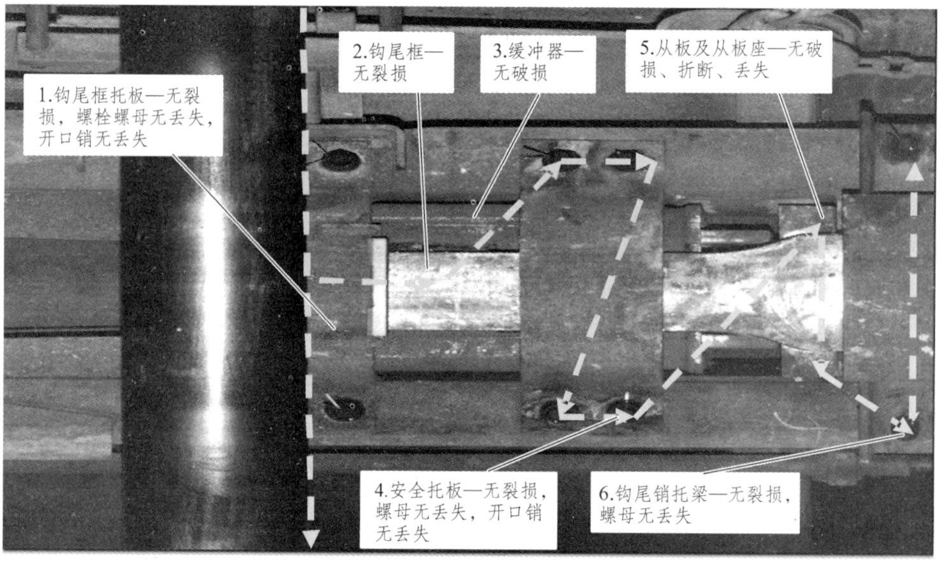

图 5-2-24　图（d）检查范围及质量标准

② 图（e）检查范围及质量标准。

图（e）检查范围及质量标准如图 5-2-25 所示。该处的安全风险点：下锁销配件丢失，钩舌销丢失，以上故障易引发车钩分离事故。

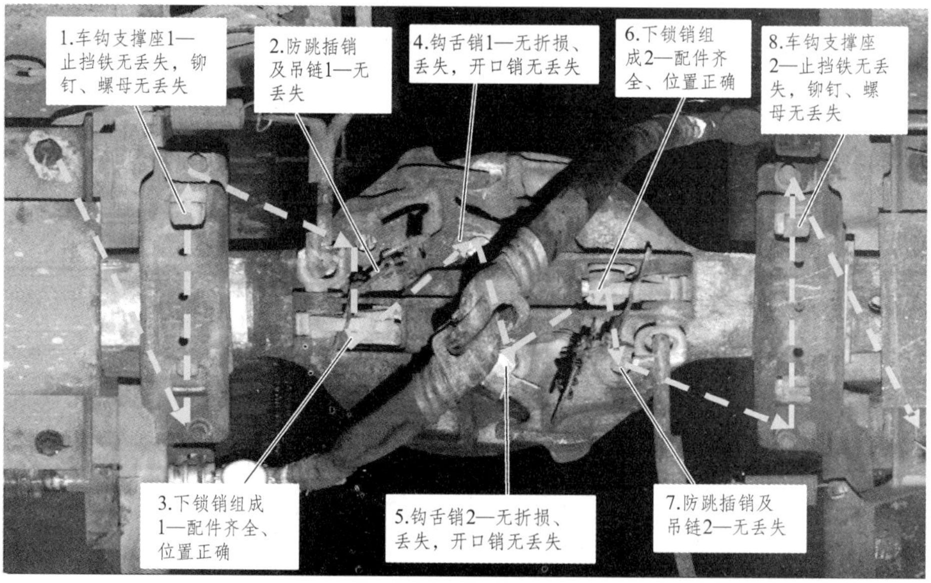

图 5-2-25　图（e）检查范围及质量标准

③ 图（f）检查范围及质量标准。

图（f）检查范围及质量标准如图 5-2-26 所示。该处的安全风险点：钩尾框折断，从板及从板座折损，以上故障易引发车钩分离故障。钩尾框折断为拦停故障，要立即通知检车组长。

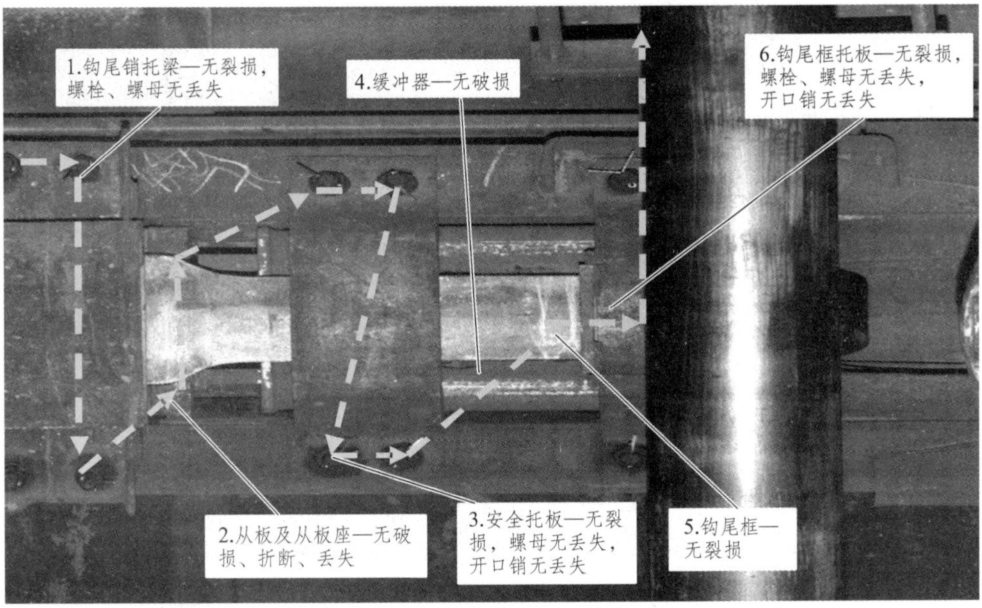

图 5-2-26　图（f）检查范围及质量标准

④ 图（c）检查范围及质量标准。

图（c）检查范围及质量标准如图 5-2-27 所示。该处的安全风险点：脱轨自动制动装置拉环脱落，脱落后会危及行车安全。

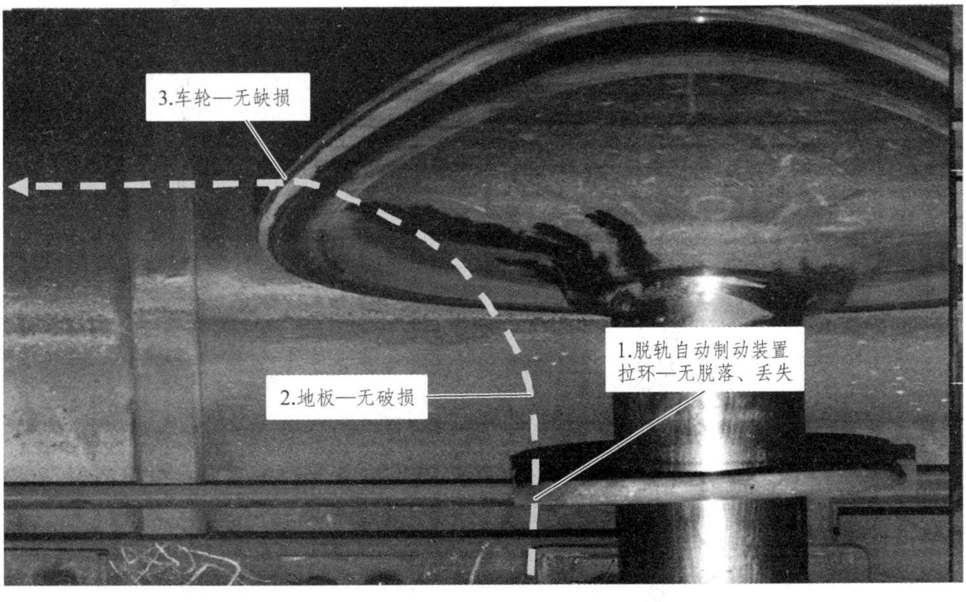

图 5-2-27　图（c）检查范围及质量标准

⑤ 图（b）检查范围及质量标准。

图（b）检查范围及质量标准如图 5-2-28 所示。该处的安全风险点：折角塞门手把关闭，提钩杆及座脱落，人力制动机制动链脱落。人力制动机制动链脱落、折角塞门手把关闭、提钩杆及座脱落为拦停故障，要立即通知检车组长。

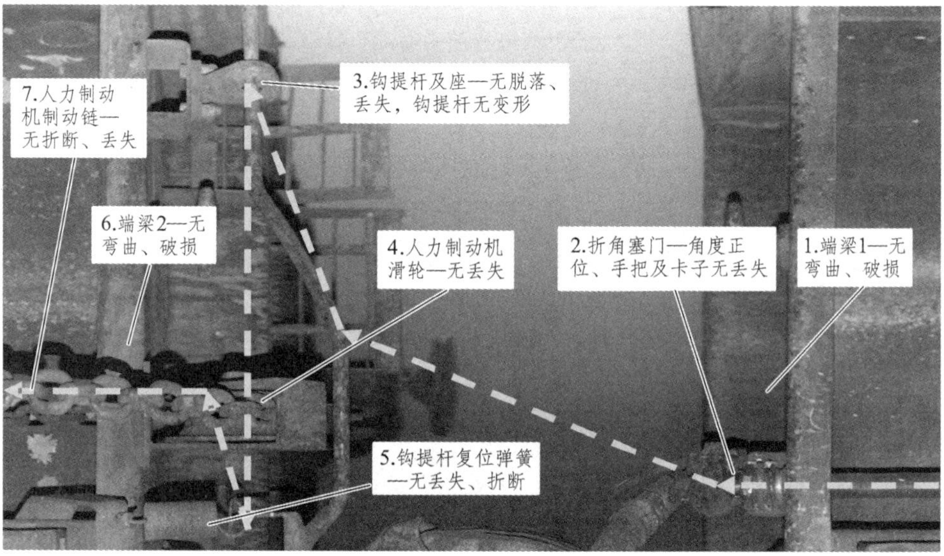

图 5-2-28　图（b）检查范围及质量标准

⑥ 图（a）检查范围及质量标准。

图（a）检查范围及质量标准如图 5-2-29 所示。该处的安全风险点：脱轨自动制动装置拉环脱落，脱落后会危及行车安全。

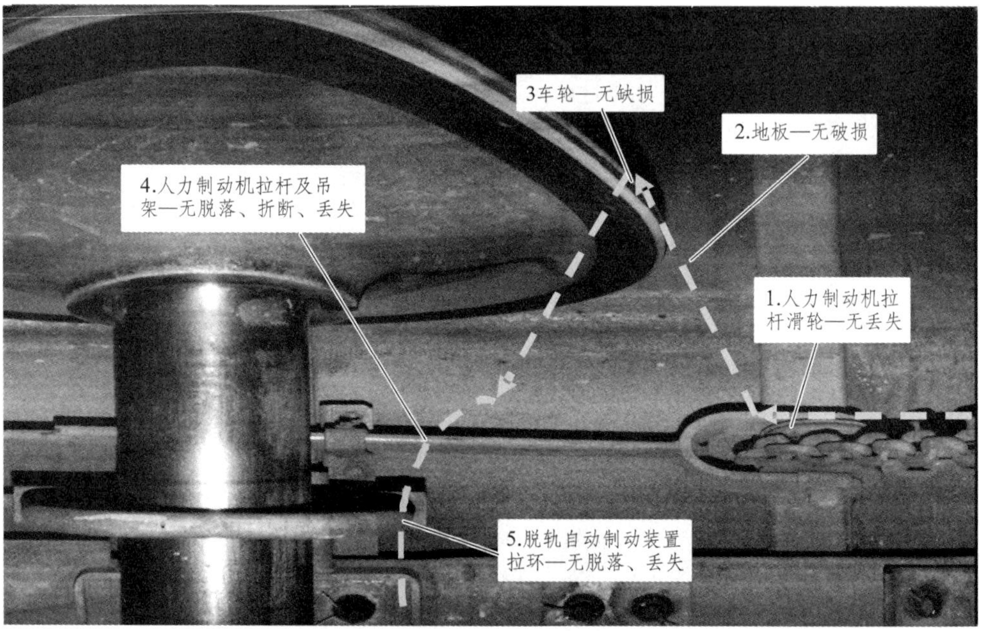

图 5-2-29　图（a）检查范围及质量标准

⑦ 图（g）检查范围及质量标准。

图（g）检查范围及质量标准如图 5-2-30 所示。

图 5-2-30　图（g）检查范围及质量标准

⑧ 图（h）检查范围及质量标准。

图（h）检查范围及质量标准如图 5-2-31 所示。该处的安全风险点：折角塞门手把关闭，提钩杆及座脱落。折角塞门手把关闭、提钩杆及座脱落为拦停故障，要立即通知检车组长。

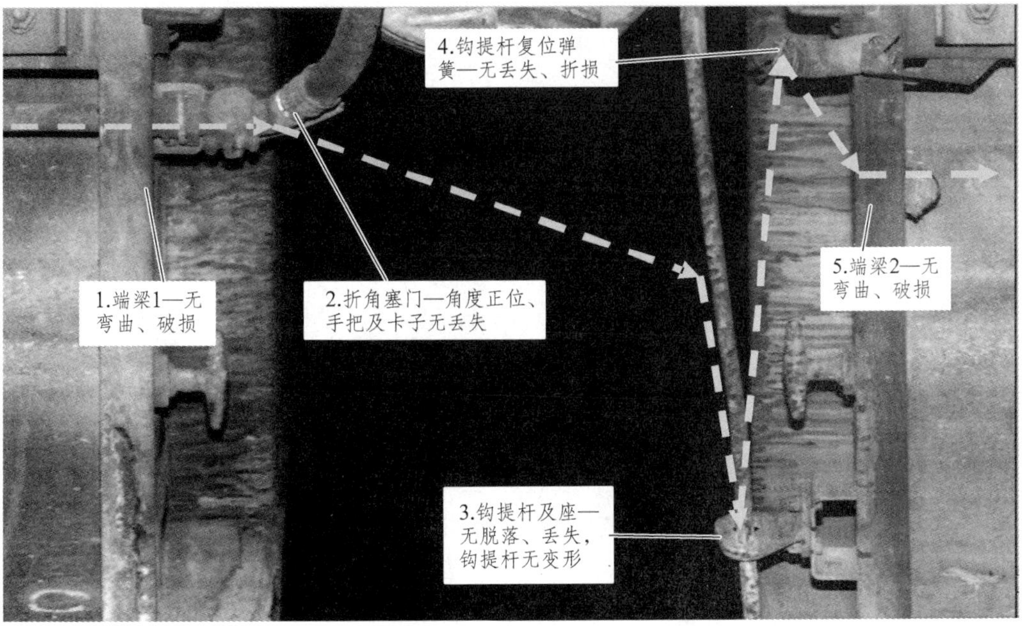

图 5-2-31　图（h）检查范围及质量标准

⑨ 图（i）检查范围及质量标准。

图（i）检查范围及质量标准如图 5-2-32 所示。

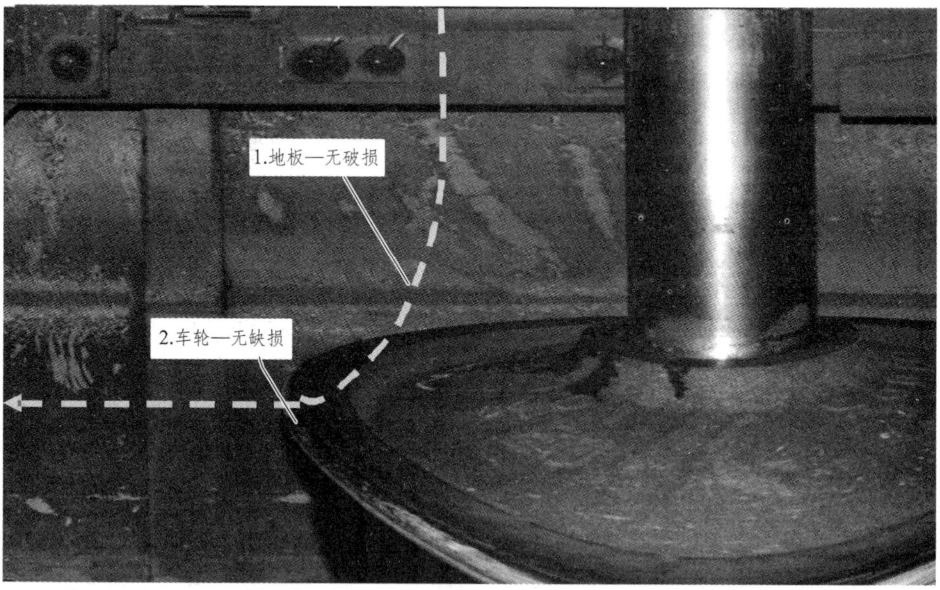

图 5-2-32　图（i）检查范围及质量标准

6. 车钩互钩差检查

（1）17 型车钩互钩差作业流程。

车钩互钩差部位采用“V”字检查法，如图 5-2-33 所示，图（a）为前车与本车互钩差处左侧图片，图（b）为前车与本车互钩差处右侧图片，虚线为鼠标运行轨迹。

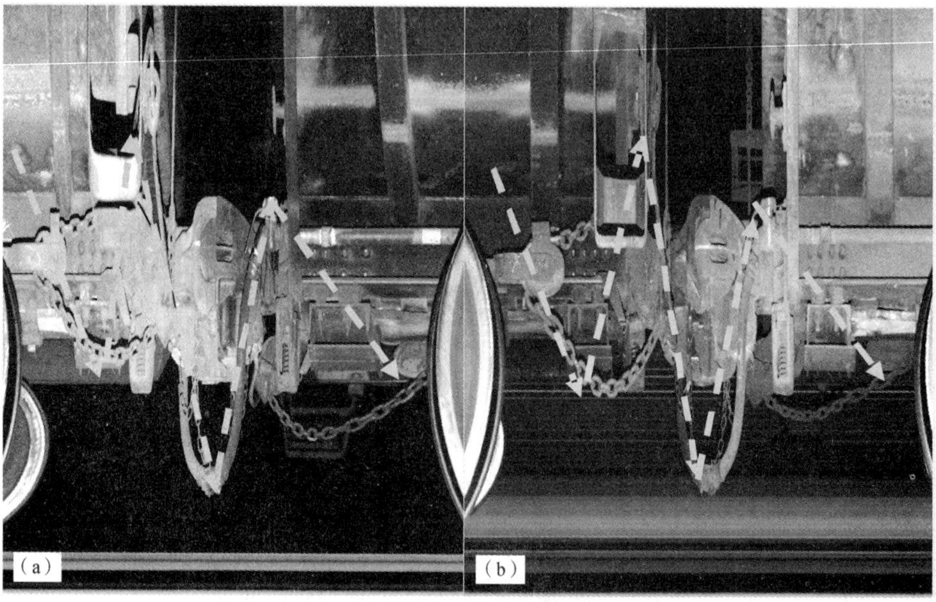

图 5-2-33　车钩互钩差检查方法

互钩差左侧作业流程（右同左）：人力制动机制动链 1→钩提杆及座→车钩→17 型防跳插销及链→制动软管连接器→折角塞门→人力制动机制动链 2。

（2）检查范围及质量标准。

车钩互钩差部位合计由两张小图片组成。

① 图（a）检查范围及质量标准。

图（a）检查范围及质量标准如图 5-2-34 所示。该处的安全风险点：人力制动机制动链脱落，钩提杆及座脱落，折角塞门手把关闭。折角塞门手把关闭、人力制动机制动链脱落、钩提杆及座脱落为拦停故障，要立即通知检车组长。

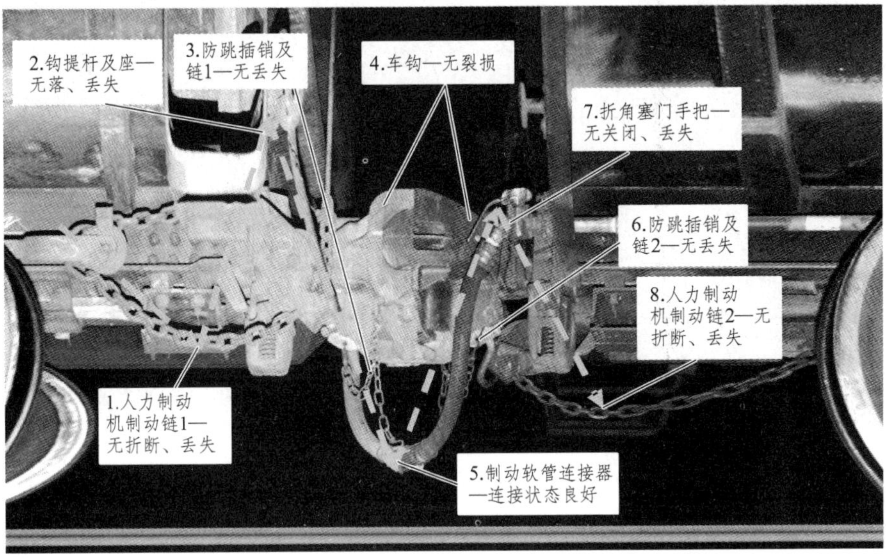

图 5-2-34　图（a）检查范围及质量标准

② 图（b）检查范围及质量标准。

图（b）检查范围及质量标准如图 5-2-35 所示。该处的安全风险点：人力制动机制动链脱落，钩提杆及座脱落，折角塞门手把关闭。折角塞门手把关闭、人力制动机轴链脱落、钩提杆及座脱落为拦停故障，要立即通知检车组长。

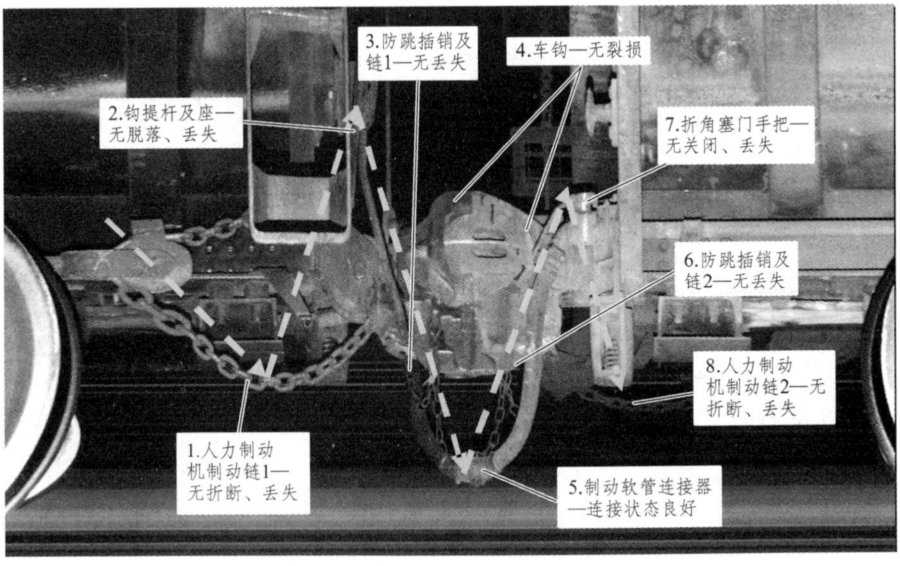

图 5-2-35　图（b）检查范围及质量标准

7. 中间部Ⅰ检查

（1）120-1 型制动阀中间部Ⅰ作业流程。

中间部Ⅰ采用“三”字检查法，如图 5-2-36 所示，上部为运行方向左侧车底架，下部为运行方向右侧车底架，中部为底架中梁部，虚线为鼠标运行轨迹。

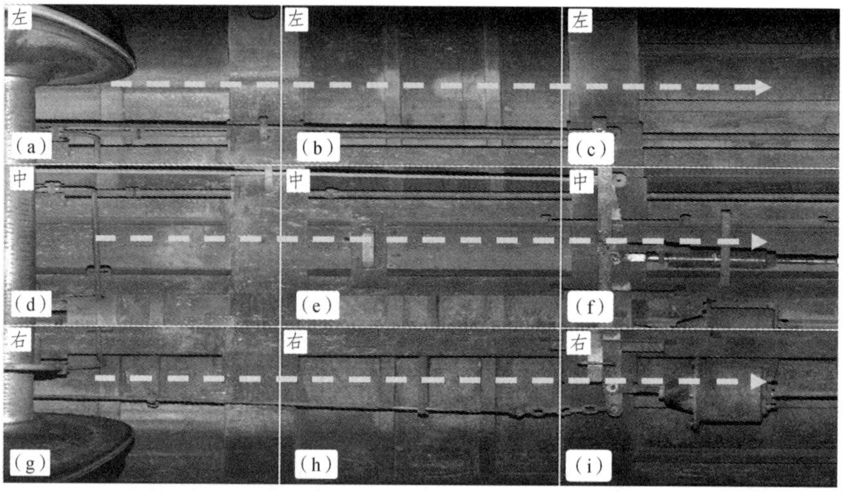

图 5-2-36　120-1 型制动阀中间部Ⅰ检查方法

中间部Ⅰ作业流程：车轮→地板→上拉杆吊架→上拉杆→车号自动识别标签→车地板2→制动缸前杠杆组成→闸调器→地板 3→车轮→地板 4→人力制动机拉杆及吊架→车地板5→人力制动机拉杆及链→制动缸活塞推杆→制动缸→地板 6。

（2）检查范围及质量标准。

中间部Ⅰ合计由 9 张小图片组成。

① 图（a）检查范围及质量标准。

图（a）检查范围及质量标准如图 5-2-37 所示。该处的安全风险点：重车地板破损时，易发生货物脱出，脱出严重危及行车安全的，按拦停故障处理。

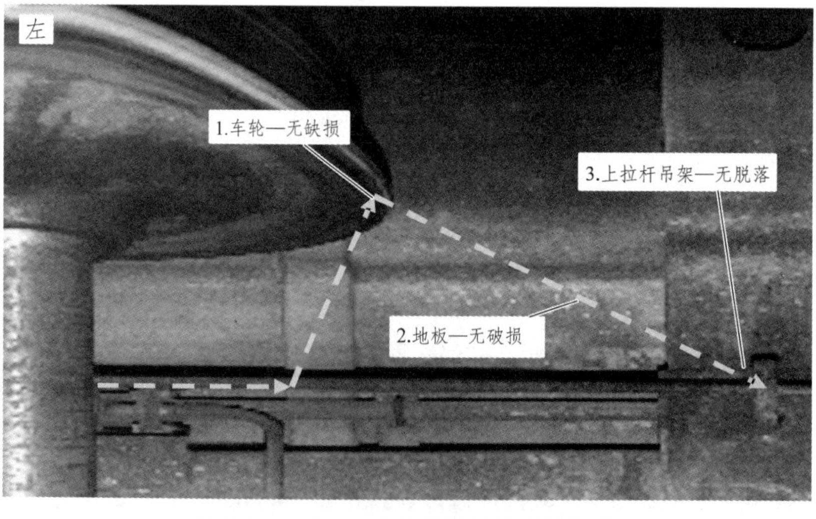

图 5-2-37　图（a）检查范围及质量标准

② 图（b）检查范围及质量标准。

图（b）检查范围及质量标准如图 5-2-38 所示。该处的安全风险点：重车地板破损时，易发生货物脱出，脱出严重危及行车安全的，按拦停故障处理。

图 5-2-38　图（b）检查范围及质量标准

③ 图（c）检查范围及质量标准。

图（c）检查范围及质量标准如图 5-2-39 所示。该处的安全风险点：重车地板破损时，易发生货物脱出，脱出严重危及行车安全的，按拦停故障处理。

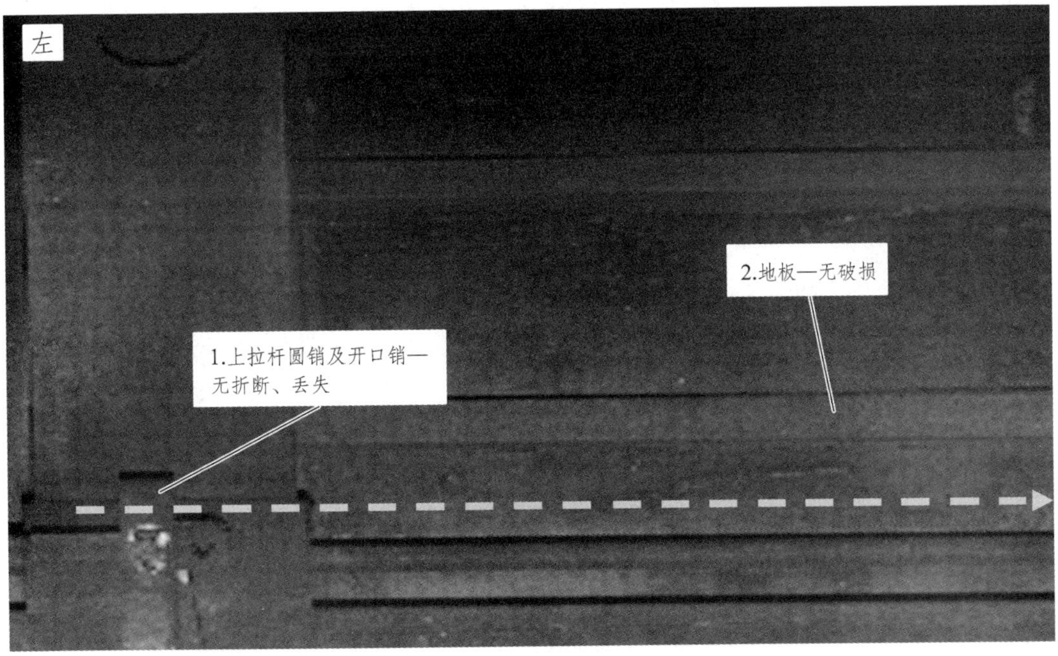

图 5-2-39　图（c）检查范围及质量标准

④ 图（d）检查范围及质量标准。

图（d）检查范围及质量标准如图 5-2-40 所示。

图 5-2-40　图（d）检查范围及质量标准

⑤ 图（e）检查范围及质量标准。

图（e）检查范围及质量标准如图 5-2-41 所示。

图 5-2-41　图（e）检查范围及质量标准

⑥ 图（f）检查范围及质量标准。

图（f）检查范围及质量标准如图 5-2-42 所示。该处的安全风险点：闸调器破损脱落，脱落危及行车安全。

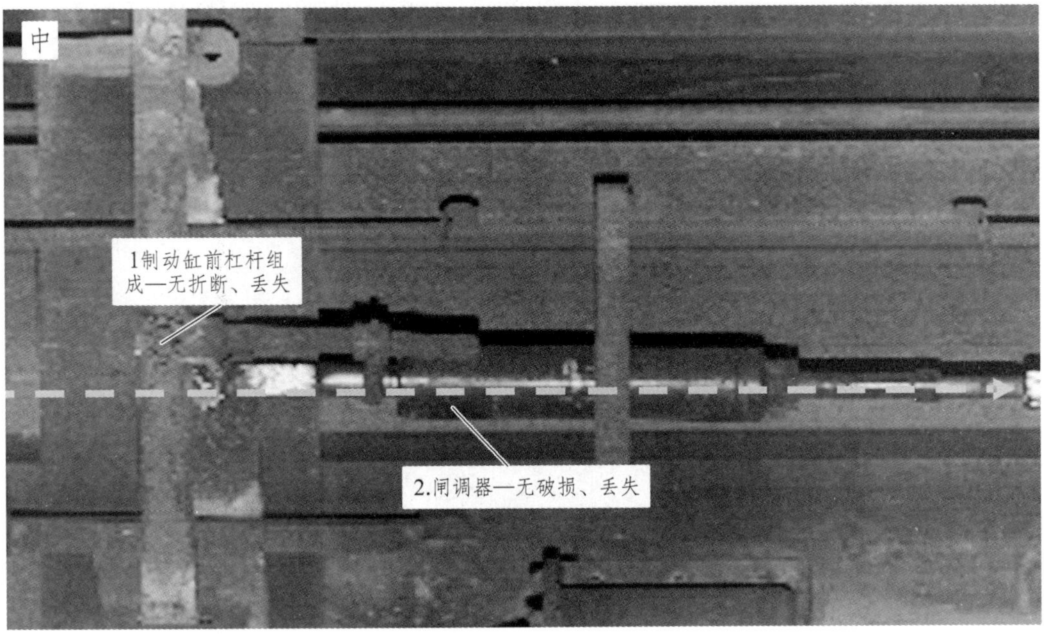

图 5-2-42　图（f）检查范围及质量标准

⑦ 图（g）检查范围及质量标准。

图（g）检查范围及质量标准如图 5-2-43 所示。该处的安全风险点：脱轨自动制动装置拉环脱落，重车地板破损时，易发生货物脱出，脱出严重危及行车安全的，按拦停故障处理。

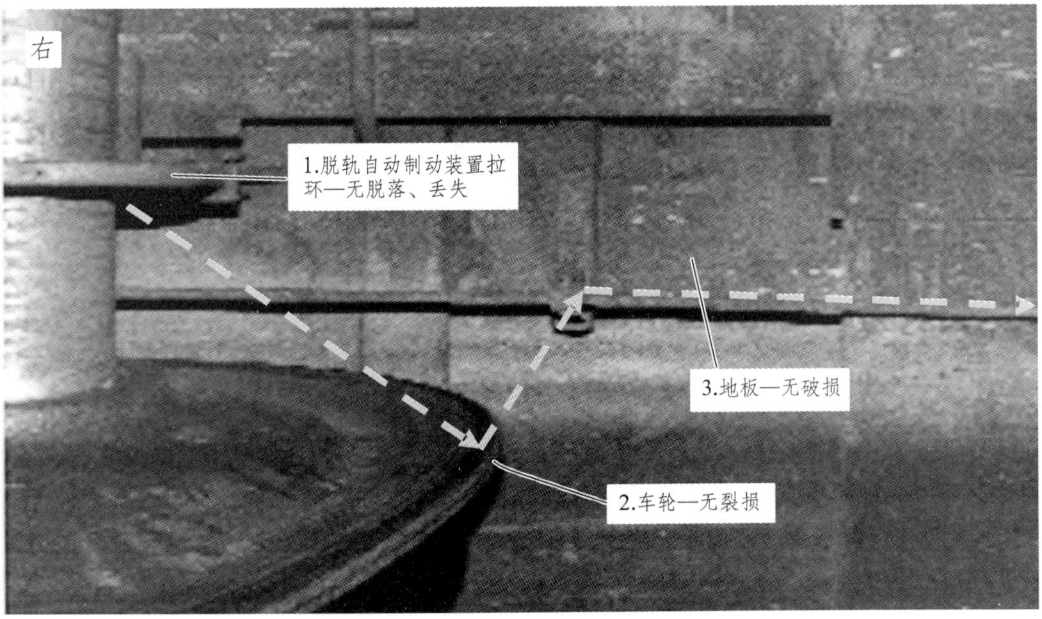

图 5-2-43　图（g）检查范围及质量标准

⑧ 图（h）检查范围及质量标准。

图（h）检查范围及质量标准如图 5-2-44 所示。该处的安全风险点：重车地板破损时，易发生货物脱出，脱出严重危及行车安全的，按拦停故障处理。

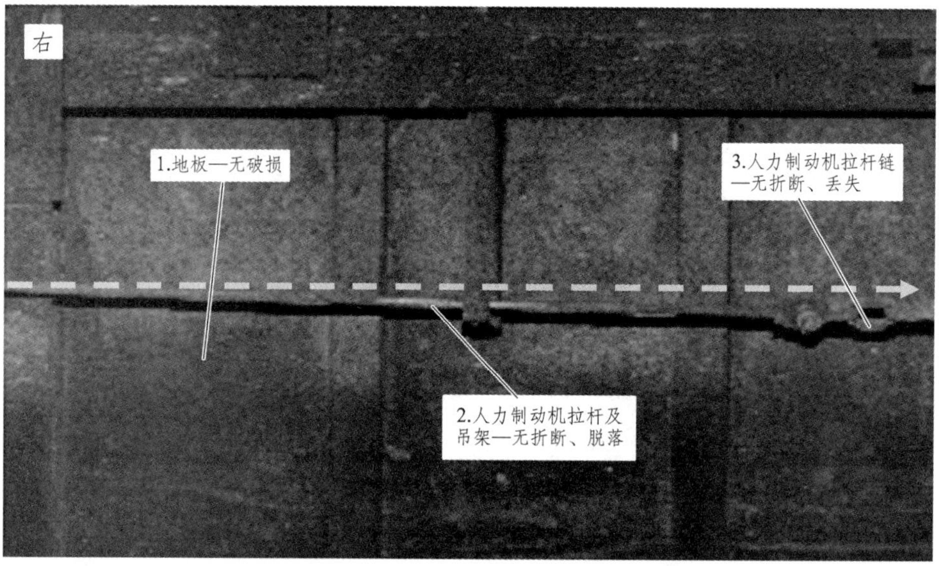

图 5-2-44　图（h）检查范围及质量标准

⑨ 图（i）检查范围及质量标准。

图（i）检查范围及质量标准如图 5-2-45 所示。该处的安全风险点：制动缸及吊架脱落，配件脱落危及行车安全。制动缸脱落为拦停故障，要立即通知检车组长。

图 5-2-45　图（i）检查范围及质量标准

8. 中间部Ⅱ检查

（1）120-1 型制动阀中间部Ⅱ作业流程。

中间部Ⅱ采用“三”字检查法，如图 5-2-46 所示，上部为运行方向左侧车底架，下部为运行方向右侧车底架，中部为底架中梁部，虚线为鼠标运行轨迹。

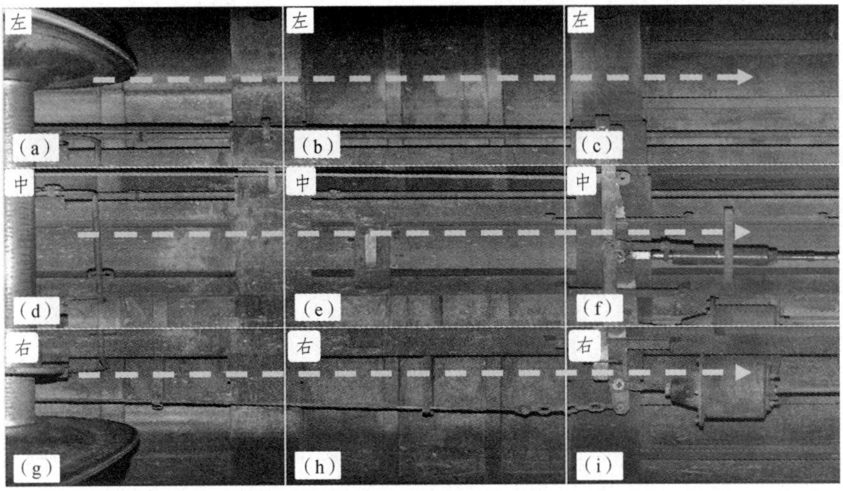

图 5-2-46　120-1 型制动阀中间部Ⅱ检查方法

中间部Ⅱ作业流程：上拉杆圆销及开口销→地板 1→连接管 1→缓解阀拉杆 1→副风缸→上拉杆及吊架→制动主管→地板 2→车轮→闸调器圆销及开口销→制动缸后杠杆组成→制动支管→截断塞门→组合式集尘器→连接管 2→地板 3→调整阀→120-1 型控制阀→缓解阀拉杆 2→防盗罩→组合风缸→地板 4→车轮。

（2）检查范围及质量标准。

中间部Ⅱ合计由 9 张小图片组成。

① 图（a）检查范围及质量标准。

图（a）检查范围及质量标准如图 5-2-47 所示。该处的安全风险点：连接管折断、缓解阀拉杆脱落，连接管折断会导致漏风抱闸，配件脱落危及行车安全。重车地板破损时，易发生货物脱出，脱出严重危及行车安全的，按拦停故障处理。

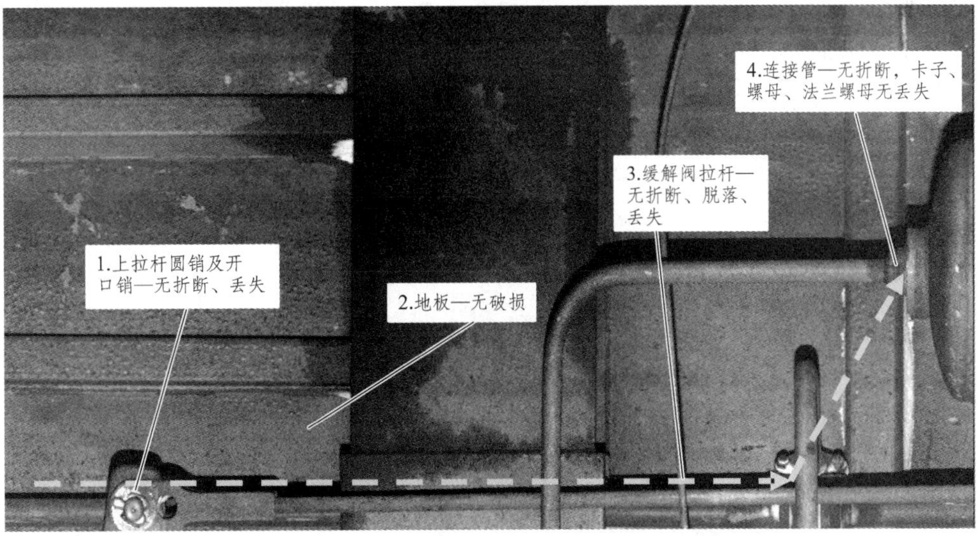

图 5-2-47　图（a）检查范围及质量标准

② 图（b）检查范围及质量标准。

图（b）检查范围及质量标准如图 5-2-48 所示。该处的安全风险点：副风缸及吊架脱落，配件脱落危及行车安全。副风缸脱落为拦停故障，要立即通知检车组长。

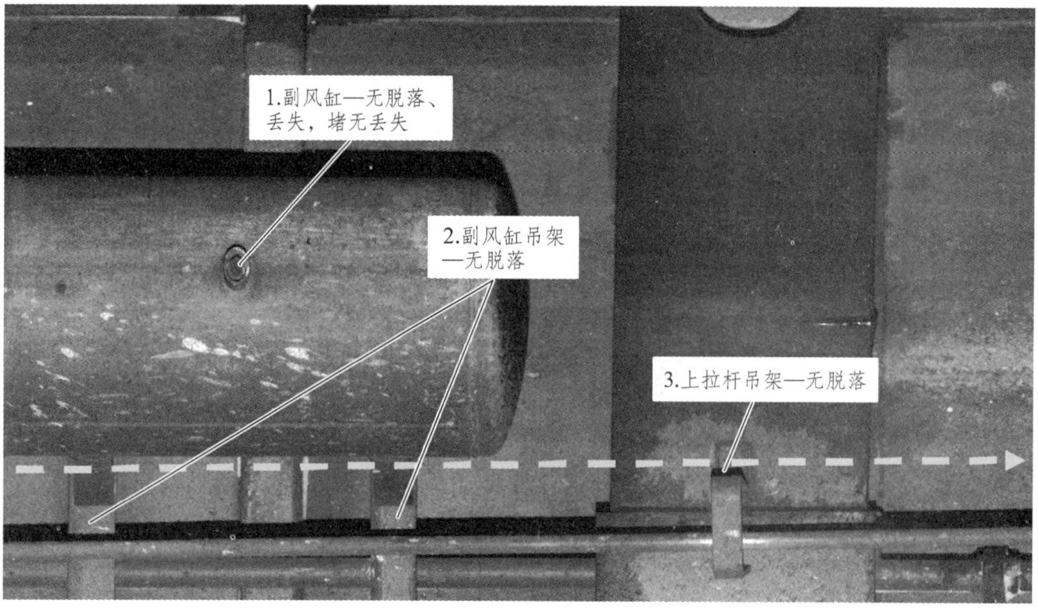

图 5-2-48　图（b）检查范围及质量标准

③ 图（c）检查范围及质量标准。

图（c）检查范围及质量标准如图 5-2-49 所示。该处的安全风险点：重车地板破损时，易发生货物脱出，脱出严重危及行车安全的，按拦停故障处理。

图 5-2-49　图（c）检查范围及质量标准

④ 图（d）检查范围及质量标准。

图（d）检查范围及质量标准如图 5-2-50 所示。该处的安全风险点：制动主管、支管、连接管折断，折断引起漏风抱闸。

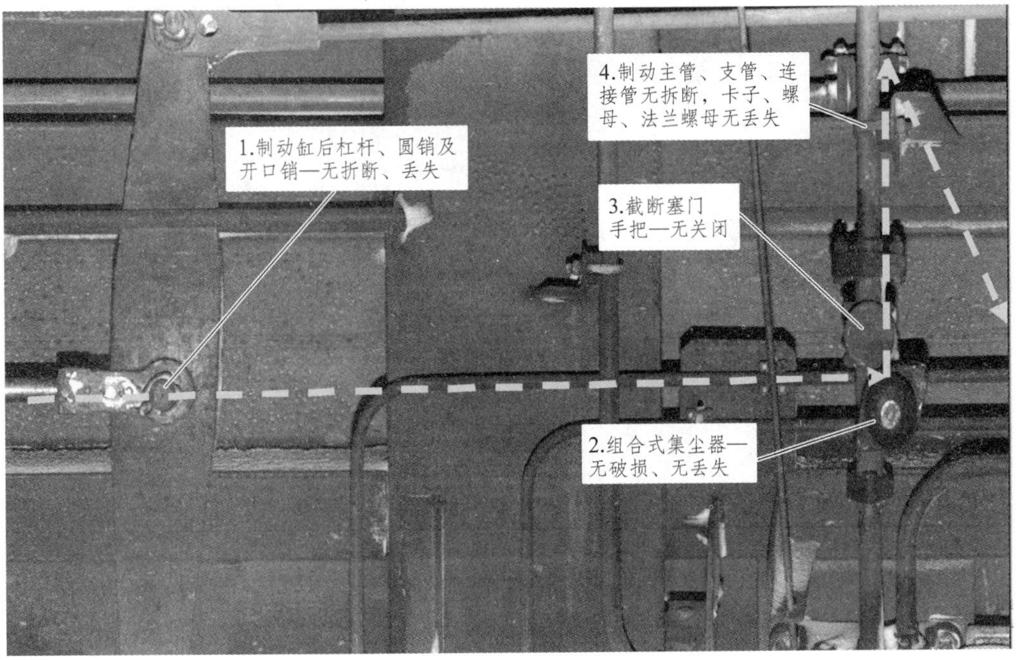

图 5-2-50　图（d）检查范围及质量标准

⑤ 图（e）检查范围及质量标准。

图（e）检查范围及质量标准如图 5-2-51 所示。

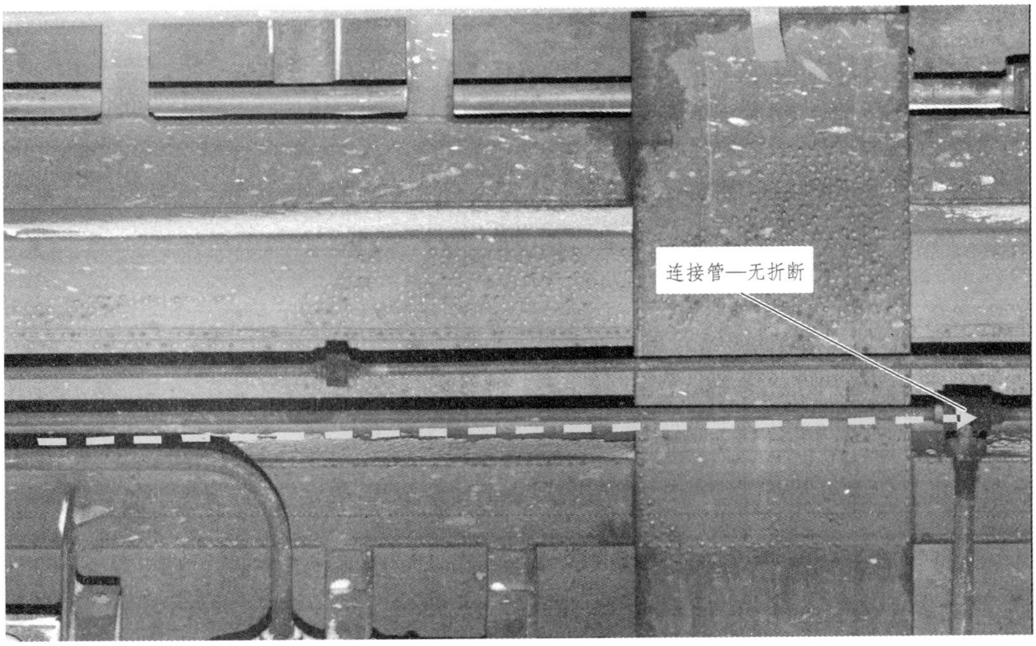

图 5-2-51　图（e）检查范围及质量标准

⑥ 图（f）检查范围及质量标准。

图（f）检查范围及质量标准如图 5-2-52 所示。

图 5-2-52　图（f）检查范围及质量标准

⑦ 图（g）检查范围及质量标准。

图（g）检查范围及质量标准如图 5-2-53 所示。该处的安全风险点：120 阀破损，防盗罩、缓解阀拉杆脱落，配件脱落危及行车安全。重车地板破损时，易发生货物脱出，脱出严重危及行车安全的，按拦停故障处理。

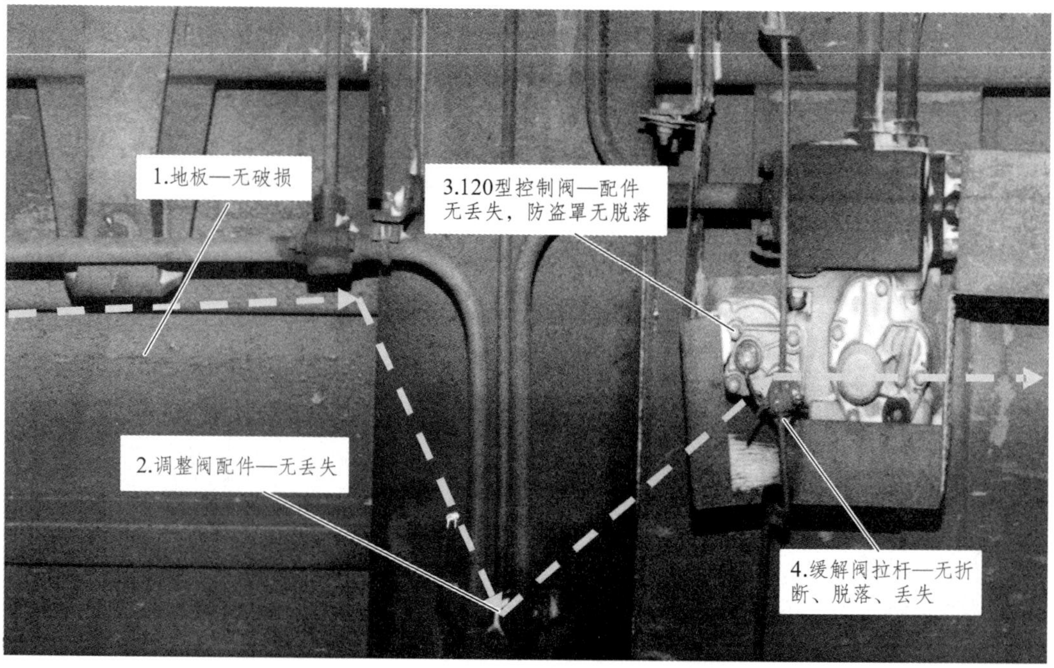

图 5-2-53　图（g）检查范围及质量标准

⑧ 图（h）检查范围及质量标准。

图（h）检查范围及质量标准如图 5-2-54 所示。该处的安全风险点：降压风缸、加速缓解风缸及吊架脱落，配件脱落危及行车安全。降压风缸、加速缓解风缸脱落为拦停故障，要及时通知检车组长。

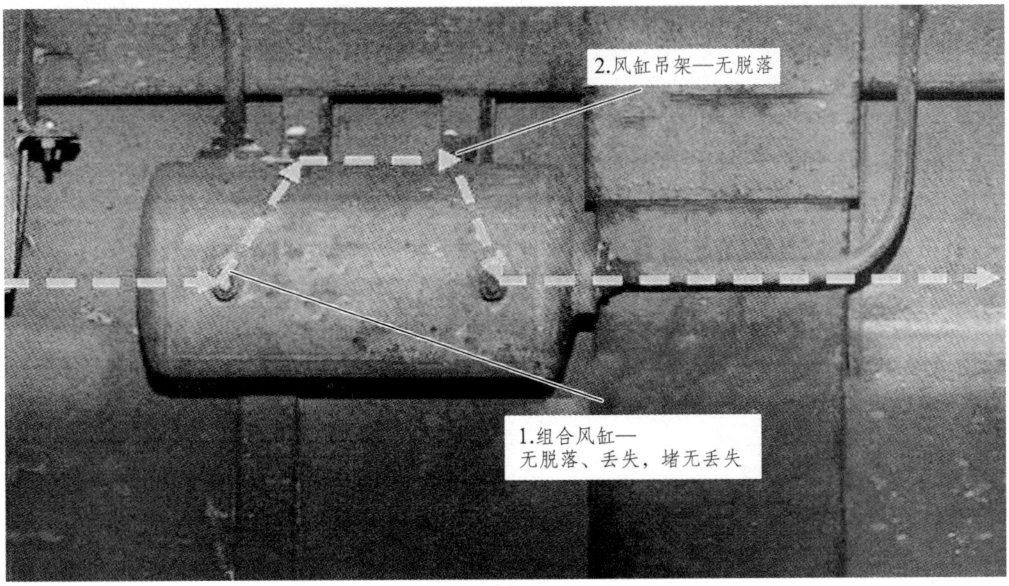

图 5-2-54　图（h）检查范围及质量标准

⑨ 图（i）检查范围及质量标准。

图（i）检查范围及质量标准如图 5-2-55 所示。该处的安全风险点：脱轨自动制动装置拉环脱落，配件脱落危及行车安全。重车地板破损时，易发生货物脱出，脱出严重危及行车安全的，按拦停故障处理。

图 5-2-55　图（i）检查范围及质量标准

9. 中间部侧部Ⅰ检查

（1）120-1 型制动阀中间部侧部Ⅰ作业流程。

中间部侧部Ⅰ采用“二”字检查法，如图 5-2-56 所示，上部为运行方向左侧车底架侧部，下部为运行方向右侧车底架侧部，实线为鼠标运行轨迹。

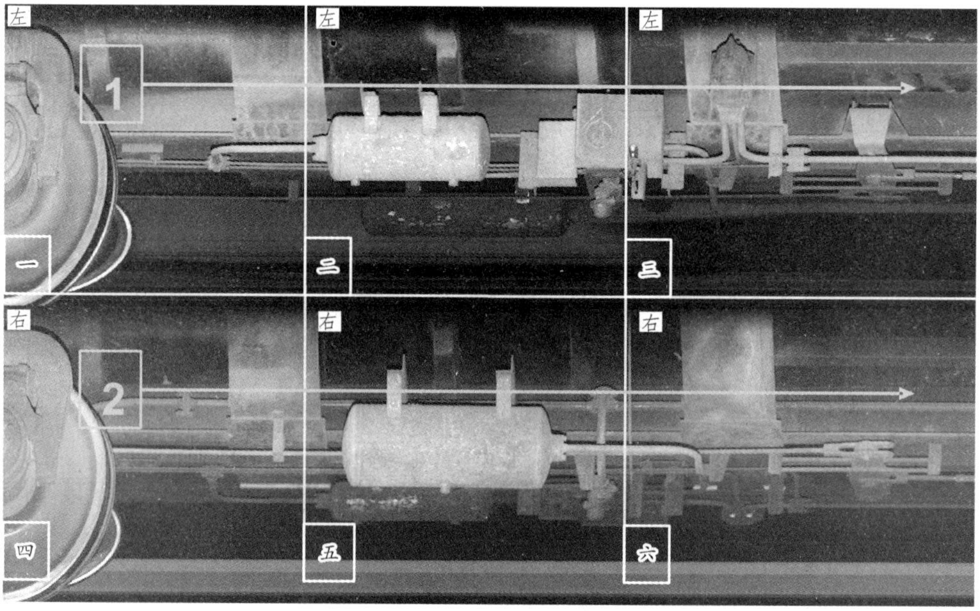

图 5-2-56　120-1 型制动阀中间部侧部Ⅰ检查方法

中间部侧部Ⅱ作业流程：车地板 1→小梁 1→大横梁 1→制动缸吊架及螺栓→制动缸前盖螺栓→制动缸活塞推杆→人力制动机拉杆链→人力制动机拉杆→闸调器控制杠杆托架→车地板 2→小梁 2→大横梁 2→人力制动机拉杆吊架→车地板 3→小梁 3→大横梁 3→闸调器→闸调器托架→主管→主管法兰→上拉杆→上拉杆托架→车地板 4→小梁 4→大横梁 4。

（2）检查范围及质量标准。

检查范围及质量标准为地板无破损，制动缸及吊架螺母无脱落、丢失，人力制动机拉杆及吊架无折断、脱落、丢失，拉杆链级圆销、开口销无折断、丢失。

该处的安全风险点为易发生配件脱落，脱落危及行车安全。

二、TFDS 动态检查一列作业标准

1. 过车提示

（1）TFDS 动态检车组长实时查询列车运行图监控软件，及时准确掌握作业列车开行计划，如图 5-2-57 所示。

（2）TFDS 动态检车组长根据列车运行图实时监控软件显示的列车运行情况，在 TFDS 集中作业平台“TF 工长管理”菜单下的“列车信息”栏，确定作业列车，双击进入修改“车次”“编组类型”信息，如图 5-2-58 所示。

（3）TFDS 动态检车组长在 TFDS 集中作业平台“TF 工长管理”菜单下的“智能分车”栏，选定作业列车，并划分作业组别，如图 5-2-59 所示。

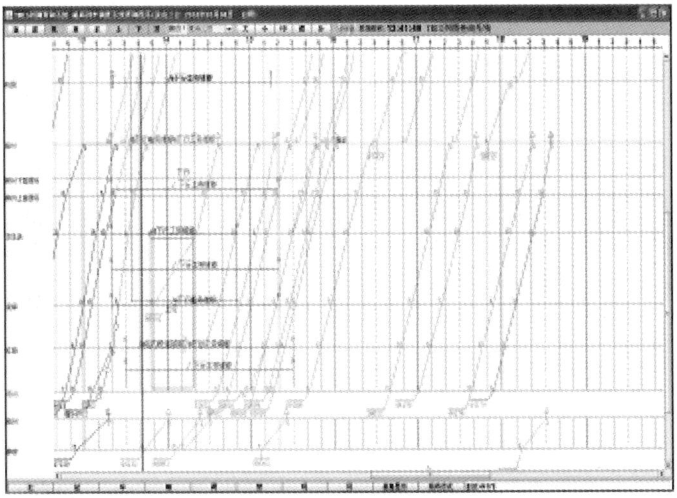

图 5-2-57　列车运行图

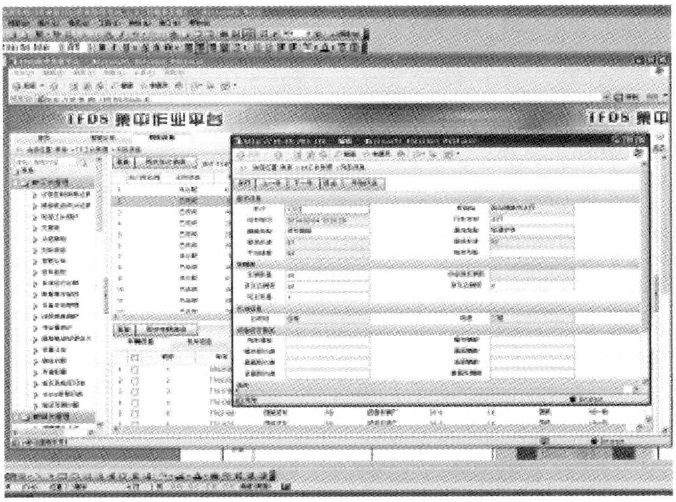

图 5-2-58　TFDS 集中作业平台

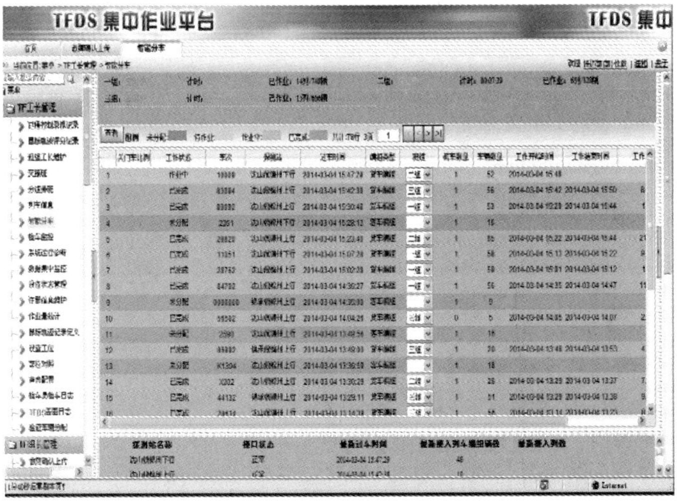

图 5-2-59　智能分车

2. 开始作业

（1）TFDS 动态检车组长下达“×组×行××次，编组××辆，准备作业”口令，并提示各工位核对列车车次和编组辆数。

（2）各工位检车员等待接车，如图 5-2-60 所示，接到组长发布的准备作业口令后，打开“过车详细信息”界面，核对列车车次和编组辆数，如图 5-2-61 所示，确认准确无误后，依次回答“×号准备完毕”。

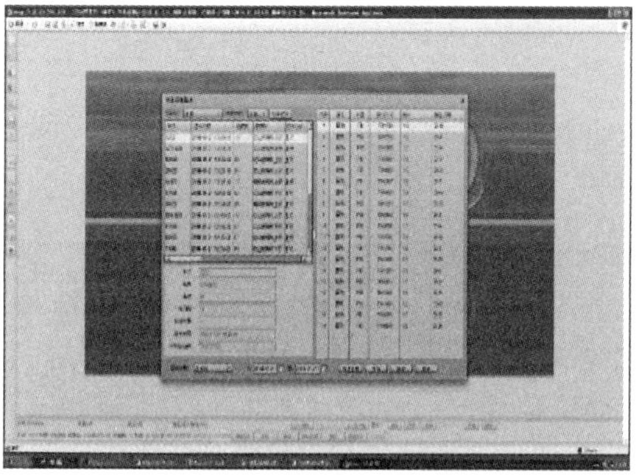

图 5-2-60 等待接车

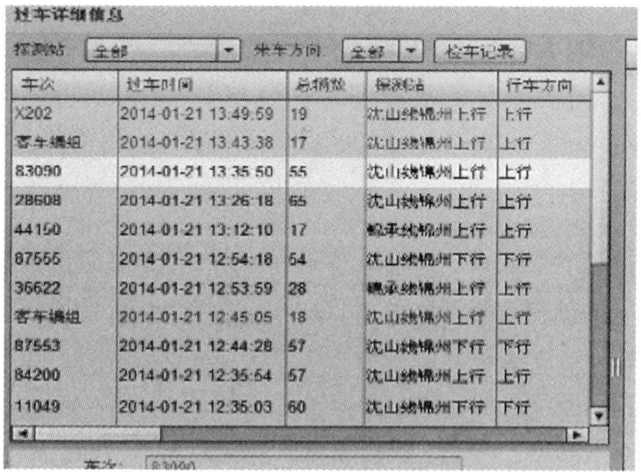

图 5-2-61 核对信息

（3）待各工位核对完毕并回复准备完毕后，TFDS 动态检车组长下达“××（探测站），××次，开始作业”指令，根据作业列车来车方向，编组及装载等情况，对易发车辆故障进行重点提示，并将作业状态显示屏操作至“作业中”显示位置，如图 5-2-62 所示。

（4）各工位接到动态检车组长发布的开始作业口令后，使用鼠标左键单击“过车详细信息”界面下方“确定”按钮进入作业界面。执行同步开始作业要求，全组作业开始时间相差不得超过 1 min。每列车技术作业时间原则上 50（辆）/10 min。

图 5-2-62 显示“作业中”

3. 浏览图片

（1）TFDS 动态检车员确认显示图片清晰、拼接完整无异常，点击“后一幅”逐辆进行分析。

（2）浏览图片过程中，发现图片不清晰影响分析时，点击客户端主界面左边的图像调整工具栏，调整图片的亮度、对比度，如图 5-2-63 所示。

图 5-2-63　图像调整工具栏

（3）当发现局部丢图、窜图、曝光等异常情况时，报告给动态检车组长，动态检车组长应在“TFDS 设备运行状态记录”中做好信息记录，并及时通知列检值班员，由列检值班员通知故障专修检车员对到达解体作业列车的相应车辆、部位进行人工检查，故障专修检车员在检查后将确认结果反馈至室内作业组。

安全风险点：TFDS 图片无法正常分析时，通知列检值班检车员要求现场检车员进行人工检查。

（4）当 TFDS 设备发生故障、停电、设备检修等情况造成无法进行检测时，TFDS 动态检车组长应立即通知动态检车工长启动非正常情况下作业预案，同时向动态监测车间反馈报修。

安全风险点：设备发生故障时，未按报修流程及时通知动态检测车间维修人员进行故障处理，延误 TFDS 正常作业。

4. 分析图片

按照动态检查一列作业程序及标准进行分析。

5. 故障加载

（1）TFDS 动态检车员接车作业浏览图片中发现车辆故障时，双击该图片，放大进行分析，确认故障后压住鼠标左键拖动，在故障部位处画上红框，如图 5-2-64 所示。

（2）TFDS 动态检车员在故障图片上单击右键，弹出“提交故障”对话框，如图 5-2-65 所示。

（3）TFDS 动态检车员在“提交故障”对话框中，正确选择故障部位、具体故障名称、严重程度，有需要时调节右上角“亮度”和“对比度”按钮，使显示图片清晰，点击“提交”按钮，将发现故障信息保存到系统故障数据库中。

（4）TFDS 动态检车员发现系统故障库中无故障名称的故障时，应按段、车间制订的《TFDS 动态检查预报范围及质量标准细化措施》的故障加载规则，加载故障。

（5）分析作业中，TFDS 动态检车员检查发现符合 TFDS 重点预报及拦停范围内的故障时，立即口头通知 TFDS 动态检车组长“车次、机次位数、车号、故障部位及名称”，然后加载故障，TFDS 动态检车组长接到信息快速判断确认后，立即启动 TFDS 拦停故障应急处置预案。

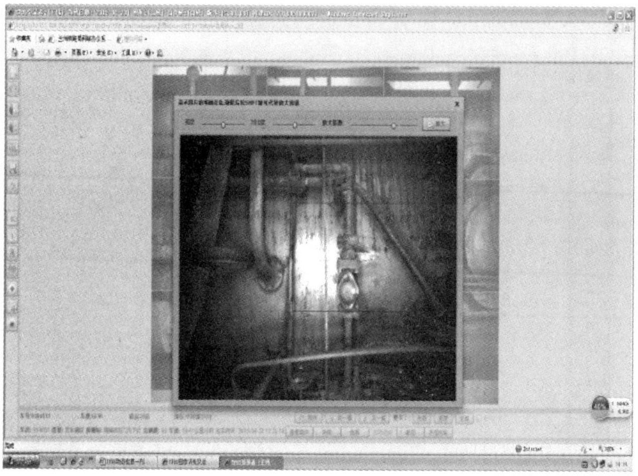

图 5-2-64　故障加载

图 5-2-65　提交故障

安全风险点：TFDS 动态检车员在作业过程中，对于拦停故障，未执行“先报告后提交”的规定，易造成事故。

（6）TFDS 动态检查发现进入国铁运行的非提速货车，TFDS 动态检车员要及时汇报 TFDS 动态检车组长，TFDS 动态检车组长要核实该非提速货车进入国铁运行是否经过批准，未批准的按以下要求办理：

① 对停车且有人工技术检查作业的列车，TFDS 动态检车组长及时通知列检值班员。

② 对不停车或无人工技术检查作业的列车，TFDS 动态检车组长要立即使用直通电话将非提速货车所在列车的车次、非提速货车编挂位置和车种、车型、车号等信息通知铁路局监测站红外线调度员。

6. 故障确认

（1）TFDS 动态检车组长点击作业平台“TF 组长管理”菜单下的“故障确认上传”栏，选定作业列车，实时查看 TFDS 动态检车员提报的车辆故障信息，如图 5-2-66 所示。

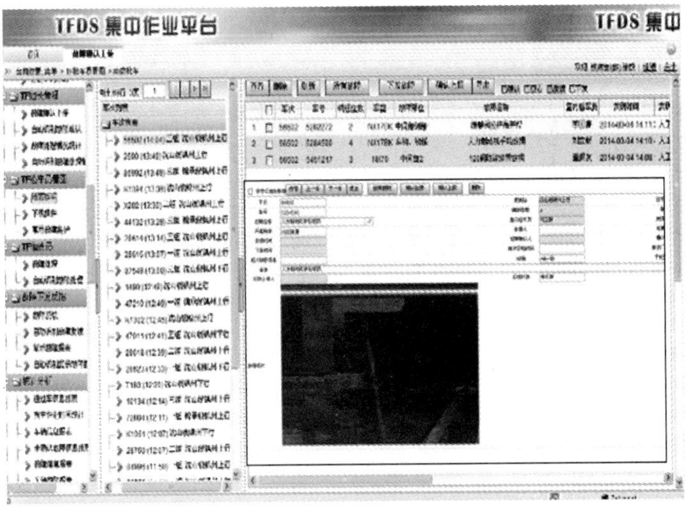

图 5-2-66　故障确认上传

（2）TFDS 动态检车组长发现各工位误上报故障后，在故障确认上传界面下，点击“删除”按钮完成对误报故障的删除。

7. 图像分析完毕

TFDS 动态检车员图像分析完毕后，使用标准用语依次汇报作业完毕，等待动态检车组长指示。标准用语为“×号作业完毕”。

8. 列车信息填报

待全组各工位对本列车作业完毕后，动态检车组长应在《5T 技术作业管理系统》中“TFDS 作业信息管理系统”的“TFDS 通过列车信息”页面中录入相关作业列车信息，如图 5-2-67 所示。

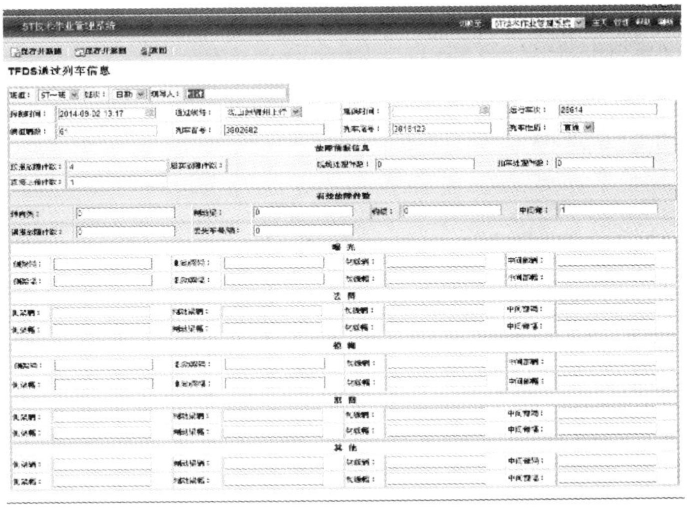

图 5-2-67　检查组长录入相关作业列车信息

9. 故障信息预报

（1）对于实行室外故障专修组故障确认作业方式的列车，组长应将检查范围内的故障全数下发。在 TFDS 集中作业平台“TF 组长管理”菜单下的“故障确认上传”栏，选定作业列车，勾选全部应下发故障，点击“下发故障”按钮，如图 5-2-68 所示。

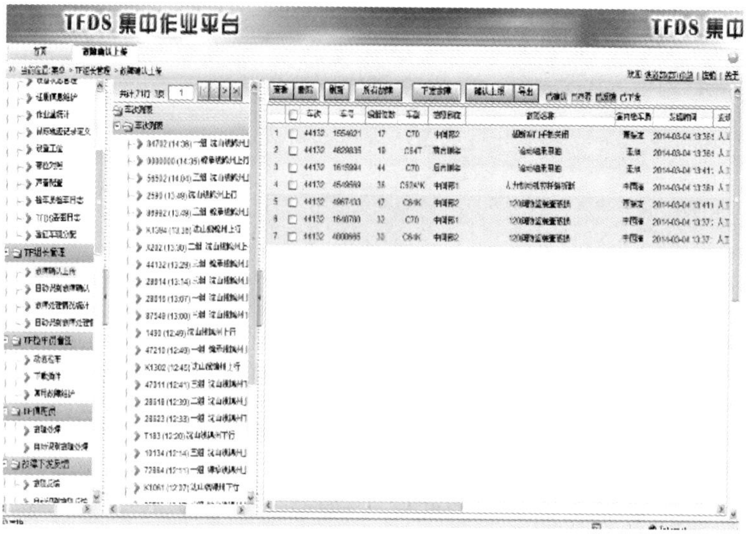

图 5-2-68 下发故障

（2）故障下发完毕后，电话通知列检值班员“××次故障已下发”。

10. 故障信息检查确认处理反馈

当 TFDS 预报故障下发后，列检值班员向现场检车员做出提示，由现场检车员负责对 TFDS 预报故障的现车确认及处理，并在作业完毕后及时反馈相应信息。

11. 故障信息收集上传

现场检车员对 TFDS 预报故障反馈完毕后，通知列检值班员进行复核，并由列检值班员负责通知 TFDS 动态检车组长，由动态检车组长勾选符合上传要求的全部故障，点击“确认上报”按钮，将故障上传至三级联网，如图 5-2-69 所示。

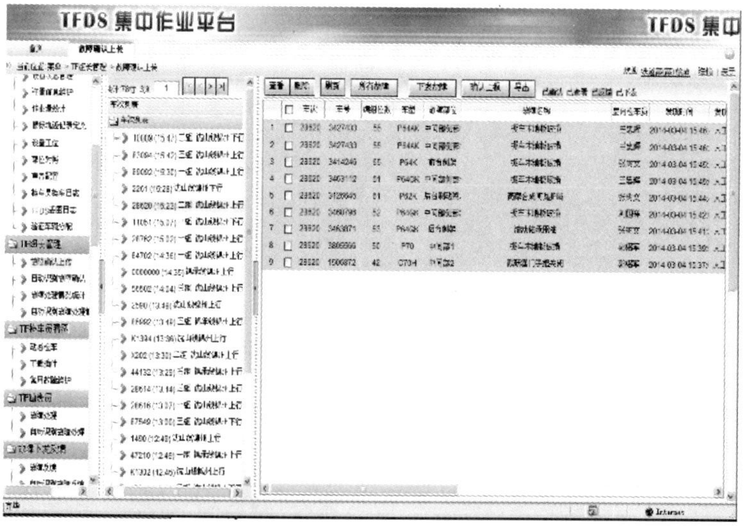

图 5-2-69 确认上报

12. 作业完毕

待本组各工位 TFDS 动态检车员报告作业完毕后，TFDS 动态检车组长应将作业状态显示屏操作至“待检中”显示位置，如图 5-2-70 所示；监视作业列车预报情况，组织动态检车员进行质量互检、班中待检等活动。

图 5-2-70　显示“待检中”

任务检查单

任务编号	5-2	任务名称	TFDS 运用与管理		
序号	检查内容			是	否
1	熟练掌握 TFDS 动态检查方法				
2	熟练掌握 TFDS 动态检车程序				
3	能够在 2 min 时间内独立完成一辆车动态检车作业				
评语					
评分					

任务 5-3　TFDS 设备检修

任务书

任务编号	5-3	任务名称	TFDS 设备检修
任务目标			
【知识目标】 掌握 TFDS 设备检修的基本流程； 掌握 TFDS 各设备的检修方法； 掌握 TFDS 各设备的检修标准。 【技能目标】 具备 TFDS 设备检修的基本能力。			

续表

【素质目标】 培养学生严谨认真的工作作风
知识图谱
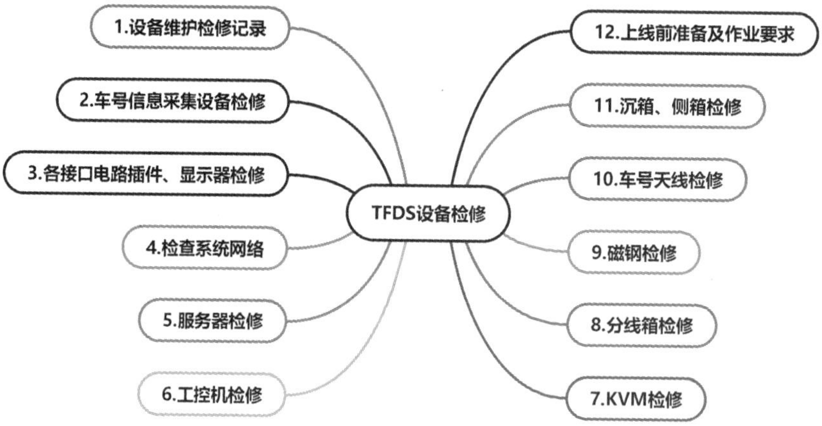
任务描述
本次任务是对 TFDS-3 型设备进行检修作业，以小组为单位对 TFDS 设备进行检修作业
实施说明
（1）以小组为单位认真学习任务 5-3 的引导材料，做好知识准备； （2）结合知识准备和小组作业情况，教师填写“任务检查单”

引导材料

TFDS 设备检修

TFDS 设备检修作业过程如下。

1. 上线前准备及作业要求

（1）作业前，必须逐人检查上线作业人员劳动保护服装及安全防护用具的着用情况，发现异常立即停止其作业资格；同时将维修人员手机统一存放管理。

（2）上线作业必须按规定设置驻站防护员和现场防护员，驻站防护员提前达到车站值班室登记、确认作业命令。

（3）现场防护员在得到驻站防护员可以开始作业通知后，通知动态车间复示值班员设定检修标记，1 min 后再次确认检修标记是否设定。

（4）现场防护员、驻站联络员、现场负责人做好沟通与联控，及时准确的向复示值班员传递现场作业信息，动态车间复示值班员提示上线人员作业安全注意事项，检查安全防护用具是否齐全、完好。

（5）严格执行“双通知，双确认，三方控”及现场安全作业制度，接到驻站防护员通知可以上道命令后，现场作业人员统一回答“命令已下，可以上道，天窗时间××时××分。”

（6）横越线路严格执行“一站、二看、三确认、四通过”制度，同时执行肢体语言动作，听从现场负责人指挥。

2. 沉箱、侧箱检修

（1）检查清理外观。

直观检查箱体，保证箱体清洁、无破损，箱内无异物。

（2）用棉布、镜头纸擦拭摄像机镜头保护罩防护玻璃。

（3）紧固、检查连接件（见图 5-3-1）。

① 使用扳手固定摄像机保护罩，保证其无松动现象。

② 检查各连接、转动部位，保证转动灵活。

③ 使用扳手校核紧固各连接部、螺丝及接线端子，保证各连接部、螺丝紧固，接线端子插头无松动。

（4）检查保护门。检查保护门开关状态，确保保护门开关正常。

图 5-3-1　紧固、检查连接件

3. 车号天线检修

（1）使用毛刷、棉布等工具擦拭天线，保证天线各部位清洁无尘，如图 5-3-2 所示。

（2）检查车号天线固定状态是否良好。

（3）直观检查天线外壳有无裂损。

图 5-3-2　车号天线检修

4. 磁钢检修步骤

（1）检查清理外观。使用毛刷、棉布清洁磁钢及卡具，直观检查磁钢及卡具，保证其无破损。

（2）紧固连接件。

使用扳手紧固磁钢及卡具，保证其无松动。

（3）磁钢尺寸测量。

① 磁钢间距测量：用计量尺测量 2#与 3#、3#与 4#磁钢中心距。保证磁钢安装距离符合要求：1#与 2#磁钢中心距（270±2）mm；2#与 3#磁钢中心距 80 mm；3#与 4#磁钢中心距（270±2）mm。

② 单个磁钢尺寸参数测量：用计量尺测量磁钢顶面与轨平面距离。磁钢外沿与轨头内侧距离，确保其符合规定：磁钢顶面与轨平面距离应为 37 mm±2 mm；磁钢外沿与轨头内侧距离应为 88^{+2}_{-3} mm，如图 5-3-3、图 5-3-4 所示。

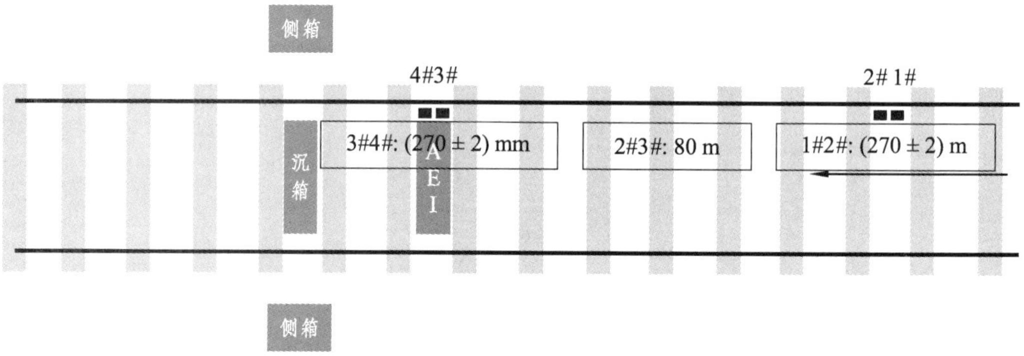

图 5-3-3　磁钢尺寸参数

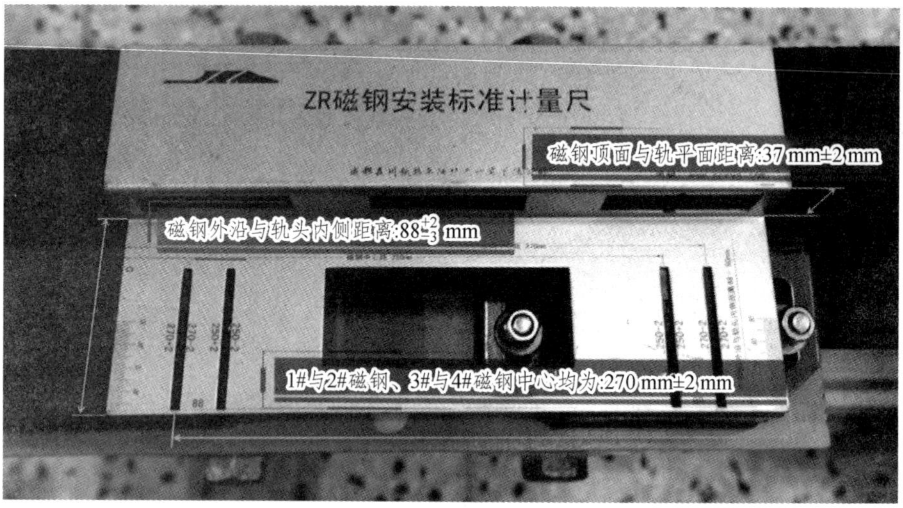

图 5-3-4　磁钢尺寸参数

5. 分线箱检修

（1）清理外观：用毛刷清洁分线箱。

（2）紧固连接件：手动校核各接线端子无松动，如图 5-3-5 所示。

图 5-3-5 分线箱检修

（3）检查激光发生器：检查激光发射器工作是否正常。

（4）检查风机：直观检查风机运行是否正常。

6. KVM 检修

（1）手动切换 KVM 并直观检查转换功能是否正常。

（2）手动推拉 KVM，保证其推拉、伸缩正常。

7. 工控机检修

（1）直观检查各工控机前、后面板及网络设备硬件指示灯工作状态是否正常。

（2）检查各工控机图像采集程序是否启动。

（3）检查各采集软件工作状态是否正常，调取图像直观检查采集图像是否正常。

（4）检查网络是否畅通。

8. 服务器检修

（1）用毛刷对主、从服务器、机柜进行清洁。

（2）直观检查主、从服务器及磁盘阵列前、后面板硬件指示灯状态是否正常。

（3）检查主、从服务器系统运行状态。

9. 检查系统网络

直观检查各光纤收发器、交换机指示灯显示是否正常。

10. 各接口电路插件、显示器检修

（1）直观检查、手动校核各接口接插件有无脱落、松动。

（2）检查显示器显示是否正常。

11. 车号信息采集设备检修

（1）直观检查指示灯工作是否正常。

（2）用标签检测车号读取是否正确，如图 5-3-6 所示。

12. 设备维护检修记录簿

检修作业完毕后，确认设备运行状态，填写设备维护检修记录簿（见图 5-3-7），报告设备检修结束。

图 5-3-6　车号标签检测

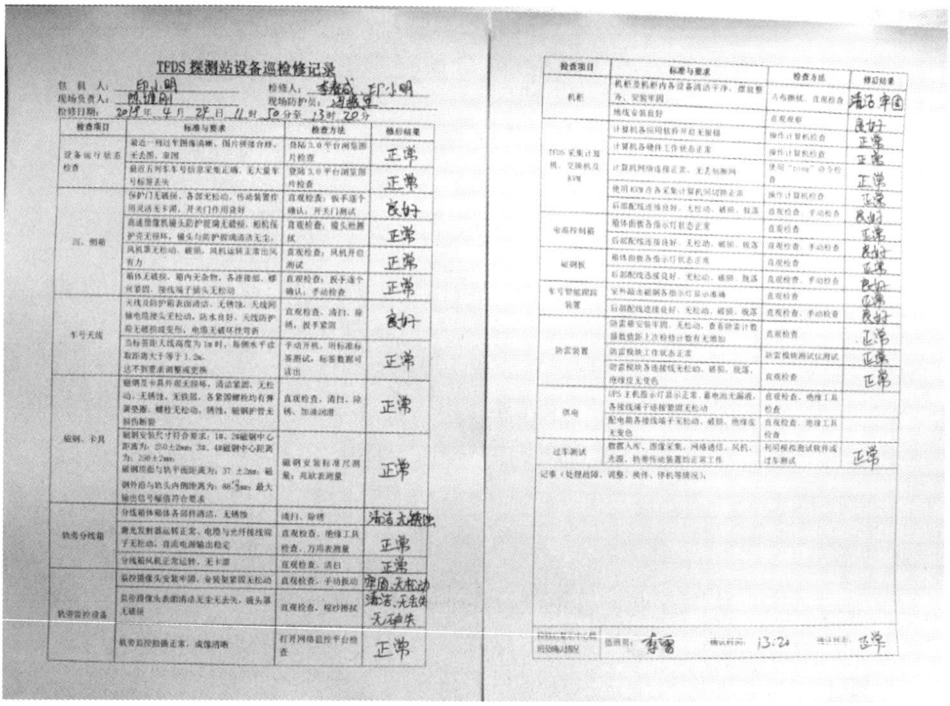

TFDS 探测站设备巡检修记录

图 5-3-7　备维护检修记录簿

任务检查单

任务编号	5-3	任务名称	TFDS 设备检修		
序号	检查内容			是	否
1	熟练掌握 TFDS 设备的检修作业过程				
2	熟练掌握 TFDS 各设备的检修方法				
3	熟练掌握 TFDS 各设备的检修标准				
评语					
评分					

项目六　车辆运行品质轨边动态监测系统（TPDS）

随着铁路的不断提速，空载货车脱轨事故频频发生，尤其是在提速初期，由于我国货车采用转 8 A 式三大件转向架，空车抗菱刚度低、回转阻尼矩不足，加上踏面磨耗等原因，车辆的临界速度在 70 km/h，状态不良的车辆甚至在 60 km/h 左右，货车超过临界速度运行就会出现以下蛇行失稳的特征：轮轨间横向相互作用明显增大、左右轮有明显的增减载现象、车体横向加速度大增。蛇行失稳增加了直线脱轨的可能性，加剧车辆零部件的磨耗，加剧对轨道结构的磨损。

由于车辆自身运行状态仅凭人工和车辆静检难以得到准确判断，货车装载情况在各种称量设备未完全投入运用的条件下还不能得到有效控制。因此，迫切需要研制开发一种能将货车超偏载、车辆运行状态检测、车号自动识别及信息传输集成在一起的车辆运行状态安全检测装置。基于上述原因，中国铁道科学研究院历经近十年探索与试验，研制出多功能全自动、实时的车辆运行品质轨边动态监测系统（Truck Performance Detection System，TPDS）。

该系统利用设在轨道上的检测平台，实时在线监测运行中货车轮轨间的动力学参数，并对其运行状态进行分级评判，在此基础上各 TPDS 探测站联网识别运行状态不良车辆。通过对运行状态不良车辆预警、追踪、处理，车辆运行品质轨边动态监测系统 TPDS 可以减少货车提速后空车脱轨事故的发生。同时，TPDS 兼有货车超偏载报警和踏面损伤报警功能。

知识图谱

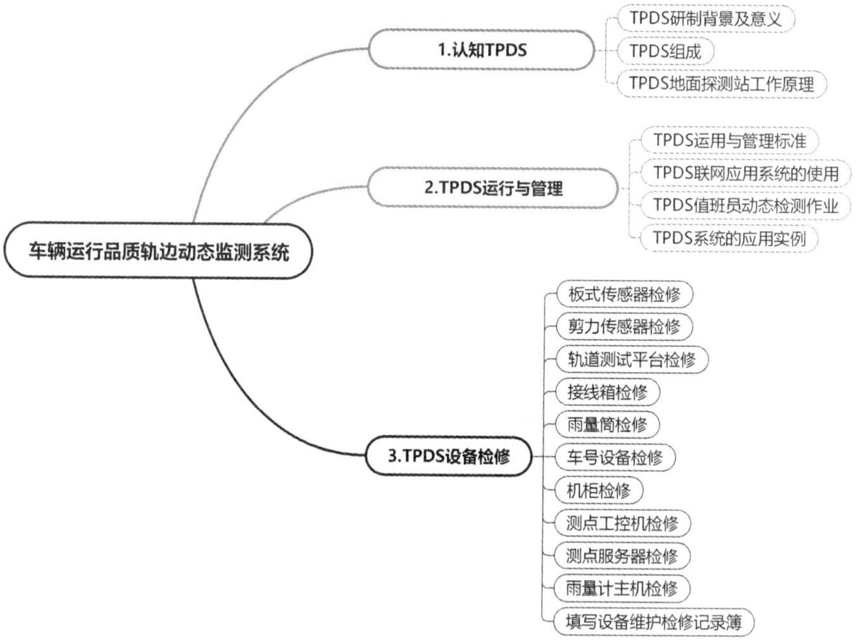

学习目标

【知识目标】

掌握 TPDS 功能、原理及构成；

掌握 TPDS 动态检车方法；

掌握 TPDS 常见设备检修方法。

【技能目标】

具备 TPDS 运用与检修能力。

【素质目标】

培养学生严谨认真的工作作风。

课程思政

事故案例

1996 年 4 月 22 日 3 时 50 分，一列货物列车正以 60 km 的时速行驶在浙赣线杨溪站至余江站区间段上行方向的正线上，该列车执行的是 1106 次货物列车的运行任务，装载的货物为水渣。行进至浙赣线杨溪—余江区间段 K513+250 处时，位于机后第 3 位的 C50-4019567 号敞车车厢的前部台车突然发生脱轨，机车司机下车查看后发现：机后第 3 位 C50-4019567 号敞车车厢前部台车的滑动轴承轴箱发生跌落，摇枕弹簧脱离转向架。目的：引导学生树立安全责任意识和标准作业意识。

通过上述案例，应树立标准作业意识、安全责任意识。

企业标准

某车辆段 TPDS 设备检修作业：检修过程应严格执行下列流程进行检修作业，并做好安全防护，树立标准作业意识和安全责任意识。

图　某车辆段 TPDS 设备检修作业

任务 6-1　认知 TPDS

任务书

任务编号	6-1	任务名称	认知 TPDS
任务目标			
【知识目标】 掌握 TPDS 组成； 掌握 TPDS 网络结构； 掌握 TPDS 地面探测站工作原理。 【技能目标】 具备识别 TPDS 各组成部分的能力。 【素质目标】 培养学生严谨认真的工作作风			
知识图谱			

续表

任务描述
本次任务是全面了解 TPDS 的组成和工作原理，以小组为单位汇报 TPDS 组成、TPDS 网络结构、TPDS 地面探测站工作原理，为后续任务的实施奠定理论基础
实施说明
（1）以小组为单位认真学习任务 6-1 的引导材料，做好知识准备； （2）结合知识准备和小组汇报情况，教师填写“任务检查单”

引导材料

认知 TPDS

一、TPDS 研制背景及意义

近年来，世界各国都在研制各种检测装置以期对车辆超偏载、车轮踏面擦伤、车辆运行状态进行监控，但迄今还没有一种功能完备、能在较高行车速度条件下稳定可靠准确地进行检测的系统。其根本原因在于：

（1）在设置测量区的普通轨道上，难以消除轨道维修规范允许存在的轨道高低、水平等不平顺，这些不平顺势必引起被测车辆产生浮沉、点头、侧滚等振动，使轮载、轴载、转向架载荷本身都偏离静载值而增减变化，产生“附加动荷增量”。行车速度越高，引起的附加动荷增量就越大，“附加动荷增量”造成的误差也随之增大。当速度为 20 ~ 80 km/h 时，普通轨道上养护维修标准允许存在的轨道不平顺引起的“附加动载荷”可达静轮载的 5% ~ 40%，因此，即使测量传感器和二次仪表等的误差为零，也不可能测出准确的静轮载数值。

（2）设置测区的普通轨道难以构成真正的支撑平面，不可避免地存在维修规范允许的轨道扭曲，即使当速度为零时，也会使转向架的 4 个车轮不在同一个轨道平面内而产生“轮重转移”，造成测得的轮载较实际静轮载有较大差异，可达 3% ~ 10%，使测量精度大幅度降低。由于以上原因，设置在普通轨道上的传统检测装置由于有效检测长度短（300 mm 左右），只能检测出瞬时动载荷，因而得不出准确的静轮重，也不可能测得精度满足要求的偏载、减载率、平均轴重、通过总重，检测得到的超载值也必然含有很大的动载荷成分。

为提高检测精度，通常采用增加有效检测区长度来实现，增加测区长度的方法一般有两种：一是增大轨枕间距来增长测区，这种方法在日本、美国和德国得到较普遍的应用。但轨枕间距不可能大幅度增加，因而测区长度也不可能大幅度延长，并且枕距增大后，人为地造成轨道不平顺，会直接影响检测结果的准确度（精度）和列车通过测试区的运行状态，该方法对车轮踏面擦伤的捕获率仍然较低。第二种改进方法是在多跨轨枕间距内设置多个测区，以增多检测区的数量，但检测区只可能断续设置，因而无法获得连续的车辆动态运行状态参数。

20 世纪 90 年代初，中国铁道科学研究院找到了国外超偏载检测装置在较高行车速度条件下，精度不能满足要求的根本原因和解决问题的技术关键，开发研制了“轨道负荷、车辆状态安全监测系统”，克服了国外已有检测装置的不足，大幅度提高了检测精度，并实现了车辆超偏载、车轮踏面擦伤和轮重减载检测等功能集于一体的新系统。但这一检测装置在识别车辆运行状态方面还存在欠缺，主要不足表现为无法获得车辆在走行过程中各车轮作用于轨道的横向力，不能评价车辆横向运动性能。

基于对保障铁路行车安全的需要，铁道科学研究院在已完成的“轨道负荷、车辆状态安全监测系统”基础上，不断扩充监测功能，并经过多年探索与试验，研制了新一代的实时多功能全自动车辆运行品质轨边动态监测系统，简称 TPDS。该监测系统主要用于监测直线段货车运动稳定性，兼有车轮踏面擦伤和车辆超偏载监测功能，通过对轮轨垂直力和横向力的连续测量获得轮轨相互作用变化特征，结合美国 FRA 关于车辆安全评定的动力学指标，基于网络综合评判来识别运动状态不良的车辆。车轮踏面擦伤识别是基于踏面擦伤车轮在轮轨间产生的冲击载荷大小，并修正不同行车速度和轴重所产生的影响。车辆超偏载测量是基于移动垂直力测量的新方法。采用高平顺性整体框架式测试平台，在测试平台上安装二维板式压力传感器、在钢轨轨腰处安装剪力传感器，组合成一个长度为 4.8 m 的轮轨垂直力和横向力的连续综合测区，从而获得通过车辆各车轮在钢轨上产生的连续的轮轨力及其变化特征。监测系统集成铁路车号识别系统 AEI 的车号信息，输出结果中各种数据与车号完全匹配。对车辆运行状态的评判采用多点综合、网络评判策略，所有探测站检测信息通过网络传至基层、路局和中国铁路信息管理服务器，服务器专用软件完成统计分析、综合评判、结果查询和显示、列车跟踪、信息报警等工作。

二、TPDS 组成

TPDS 主要由地面探测站、列检复示系统、路局/分局监控中心、中国铁路查询中心组成。下面分别介绍各个组成部分。

1. TPDS 地面探测站

地面探测站是车辆运行状态的地面安全检测装置，实时检测通过车辆的运行状态。下面以 GCU-100Bb 型车辆运行品质轨边动态监测系统为例进行介绍，如图 6-1-1 所示。地面探测站设备主要包括轨道测试平台与传感器、车号自动识别装置、测试间、监测工控机、测点服务器、不间断电源、网络设备、雨量计。其中，轨道测试平台与传感器、车号自动识别装置为室外设备，监测工控机、测点服务器、不间断电源、网络设备、雨量计为室内设备。

（1）轨道测试平台。

为了实现 TPDS 的检测功能，尤其是能够识别车辆自身运行状态的功能，要求测试区轨道结构能大大提高轨道的平顺性（即轨道长期保持高平顺性），才能确保测量数据准确、装置稳定可靠；同时，在识别车辆运行状态时，应消除轨道方面的影响因素，才能保证测试结果真正反映车辆自身的动力学特征。为此，本 TPDS 采用了带有 3 条纵向梁的框架结构式测试平台，框架主体为轨枕，轨枕间相互连接，如图 6-1-2 所示。轨道测试平台包含 22 根轨枕，其中 A 型轨枕 6 根、B 型轨枕 16 根。轨枕间距为 760 mm，台面总长 16.72 m，轨枕长 2.6 m。框架式轨道测试平台纵向连接如图 6-1-3 所示。

从测试区轨道结构可以看出，纵向除了轨枕以外还有 3 条纵向梁，使结构的整体性和抗扭曲的性能都大大提高，当测试区内某一轨枕出现吊板时，相邻的轨枕通过纵向梁承担部分吊板轨枕的载荷，使吊板引起的线路不平顺减小到最低水平。这样的整体结构可以保证测试区内轨道的高平顺性和长期稳定性，从而可以保证检测系统的可靠性。同时，框架式轨道测试平台安装在普通碎石道床上，具有安装方便、养护维修方便灵活的优点。

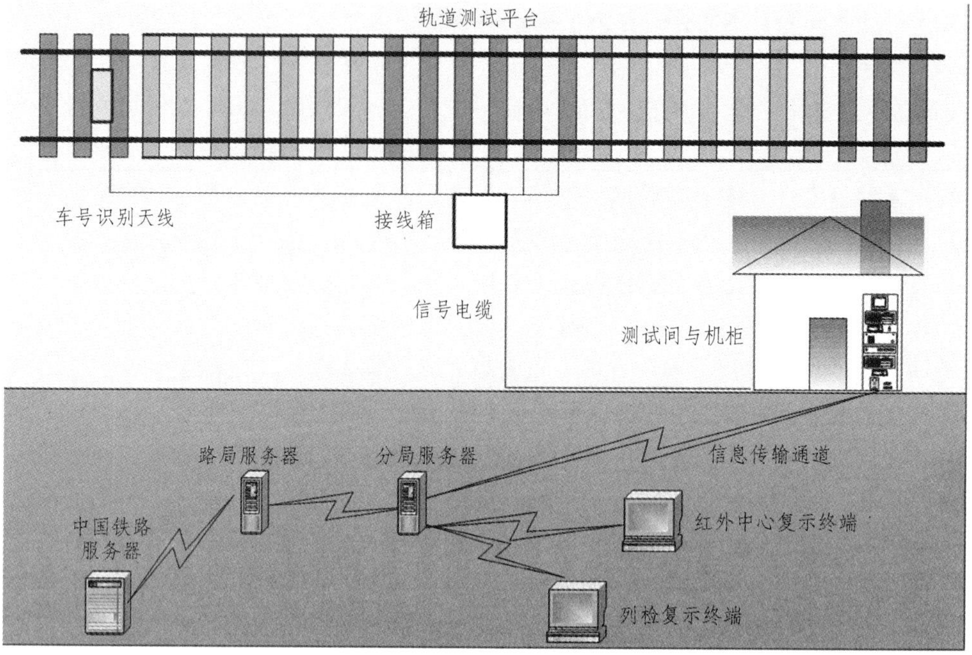

图 6-1-1　GCU-100Bb 型 TPDS 系统构成示意图

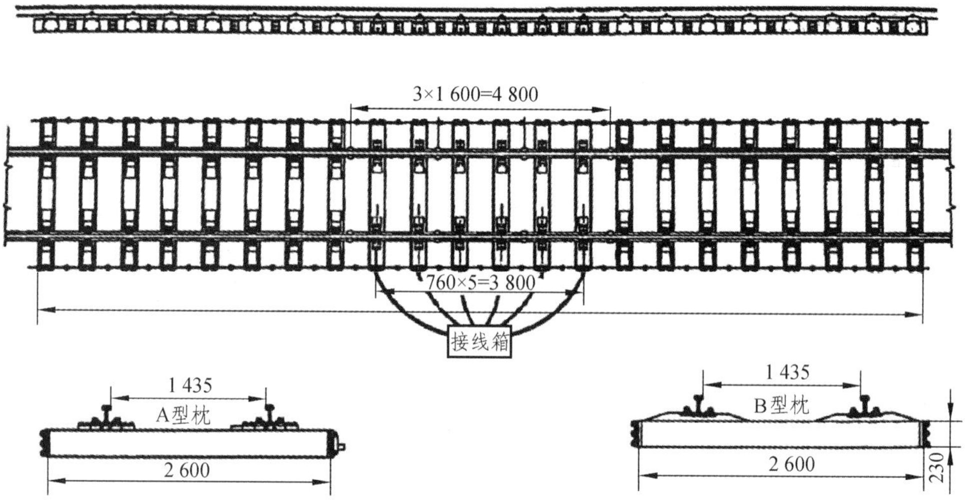

图 6-1-2　框架式轨道测试平台总图

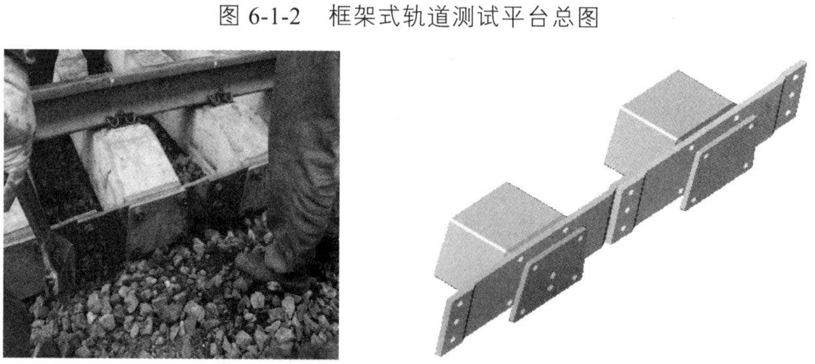

图 6-1-3　框架式轨道测试平台纵向连接

采用框架式测试平台还可以使连续有效检测区的长度根据需要设置（目前标准设置长度为 4 800 mm），一方面大幅度提高检测精度，另一方面大幅度加长连续测量区，从而可捕获车辆蛇行失稳波长的信息（测区长度还可根据需要加长或分区）。从试验效果来看，采用这一轨道测试平台可保证在 60 km/h 速度条件下超偏载检测精度满足中国铁路有关规程的要求，在 40 km/h 速度条件下称重计量可达到低速动态轨道衡的精度要求，同时显著提高了车轮踏面擦伤的捕获率，在识别车辆运行状态方面可捕获车辆走行性能的主要特征。

测试平台的主要技术指标如下：

① 测试平台具有足够的强度、刚度和良好的稳定性；

② 测试平台设计荷载单台面为每节车辆 1 000 kN，最大每节车辆 2 000 kN；

③ 测试平台在制造过程中需要经过大型回火炉处理，有效地消除了因钢板焊接产生的内部应力，防止设备产生变形，确保了产品长期使用的稳定性；

④ 钢轨和机械平台部分之间需要安装绝缘防护装置，除了适用于有轨道电路线路的功能外，还对传感器防止雷击损害起到一定的保护作用。

（2）传感器。

① 二维板式传感器。

检测方法要求在有效测试区内安装若干个同时测量轮轨作用垂向和横向载荷的传感器，且传感器还必须是一个轨道部件，以保证对钢轨几何形位的控制和约束。TPDS 系统采用二维板式传感器来实现测力和保持轨道的几何形位。

二维板式传感器是一种上部与钢轨紧固、下部与轨枕紧固、上下都有约束的新型传感器，它可同时测量轮轨相互作用的垂向和横向载荷，且具有对钢轨的扣压力。二维板式传感器在保持轨道几何形位方面与普通轨道部件的作用相同，从而实现了对钢轨小翻、上浮及轨距扩大的控制，不用安装轨距拉杆和限位装置，二维板式传感器本身就是极好的限位装置。二维板式传感器的这些特点使监测系统能安装在行车密度高、运行速度快的铁路正线，并能长期保持结构的稳定性和行车安全。测试平台具有 12 只二维板式传感器，分布在 6 根 A 型轨枕上，如图 6-1-4 所示。

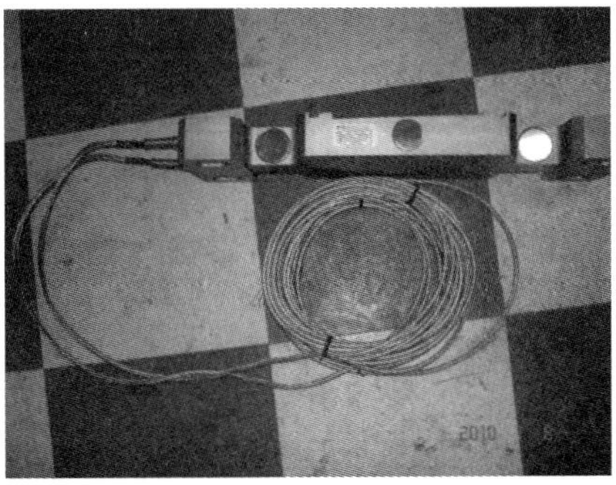

图 6-1-4　二维板式传感器

② 不打孔式剪力传感器。

8 只剪力传感器，每股钢轨 4 只，传感器结构如图 6-1-5 所示。

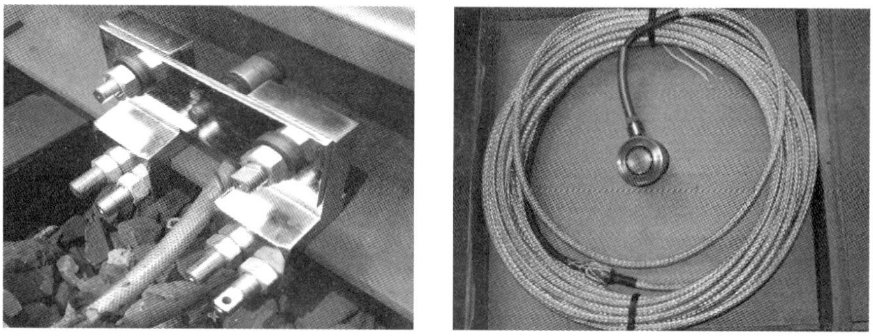

图 6-1-5　不打孔式剪力传感器

③ 传感器编号。

如图 6-1-6 所示，以行车方向为准，左轨上的传感器以两位数表示，右轨上的以 3 位数表示。编号的首数字代表传感器的类型：0—水平力；1—剪力；2—压力。尾数代表列车通过传感器的顺序。因此，共 32 个测试通道。

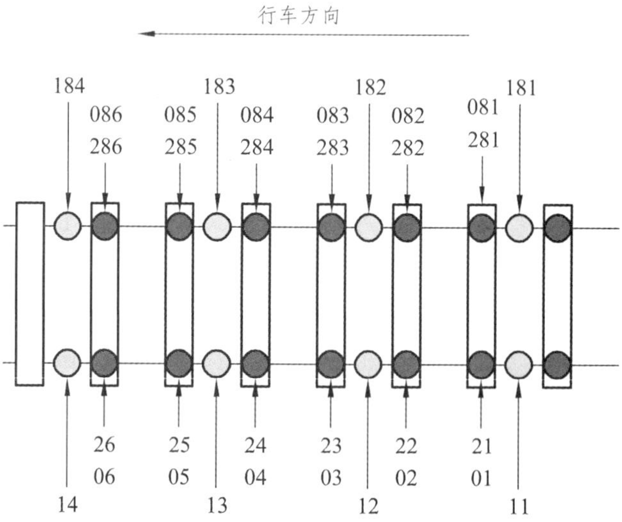

图 6-1-6　传感器编号

（3）车号识别装置。

车号识别装置主要包括 AEI 设备天线、开关磁钢、计轴测速磁钢、电缆等。AEI 设备天线和计轴测速磁钢如图 6-1-7 所示。

（4）探测站控制机柜。

探测站控制机柜内设备主要有显示器（KVM）、测点服务器、测试工控机、键盘、鼠标、数据采集仪、数据远传单元、雨量计主机、车号识别主机、不间断电源等，如图 6-1-8 所示。

当正常的供电电源停电时，不间断电源为设备临时供电，使设备在停电期间能够继续工作，保证了设备的正常运行。车号识别主机主要是自动识别列车的车次、车号信息，计轴、计辆、测速，并将有关信息数据提供给 TPDS 设备，完成对预报的故障轴承车号和轴位的自动定位。数据采集仪用于采集室外传感器的信号数据。测试工控机用于对采集的信号数据进行处理。测点服务器主要功能有将测点数据加入数据库、根据评分标准进行评分、问题车辆数据上传（实时生成标准接口并自动传输）、一般通过信息上传（车次、测点、通过时间、车号、车型、速度、天气）。

图 6-1-7　AEI 设备天线和计轴测速磁钢

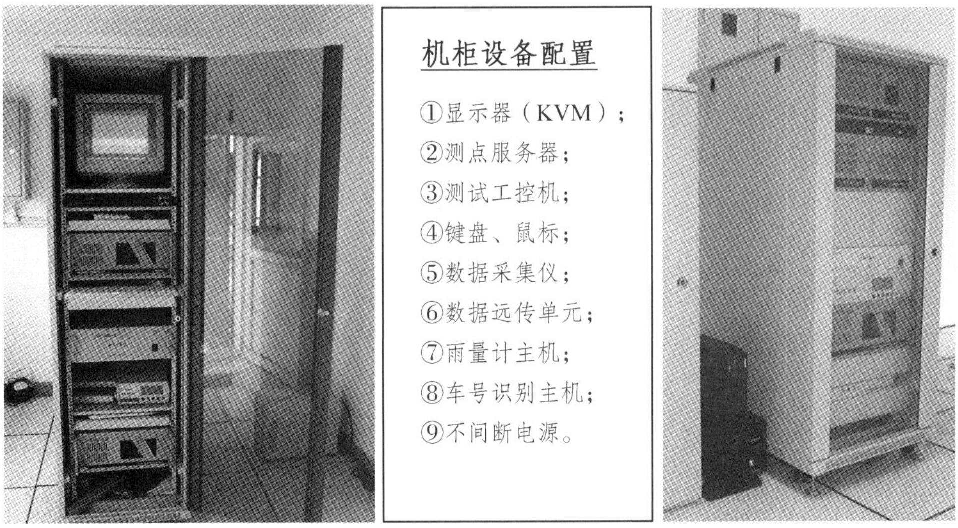

图 6-1-8　探测站控制机柜

探测站控制机柜内设备连接情况如下：

① 测点服务器通过串口电缆与雨量计主机连接；

② 测点服务器通过网线经交换机或 HUB 将监测结果传至节点服务器或路局服务器；

③ 测试工控机通过网线经交换机或 HUB 与测点服务器连接；

④ 测试工控机通过串口电缆与车号主机连接（Com1）；

⑤ 测试工控机通过专用串口电缆与不间断电源 UPS 连接（Com3）；

⑥ 数据采集仪与测试工控机通过专用并口电缆连接。

探测站控制机柜内设备电源连接如图 6-1-9 所示。

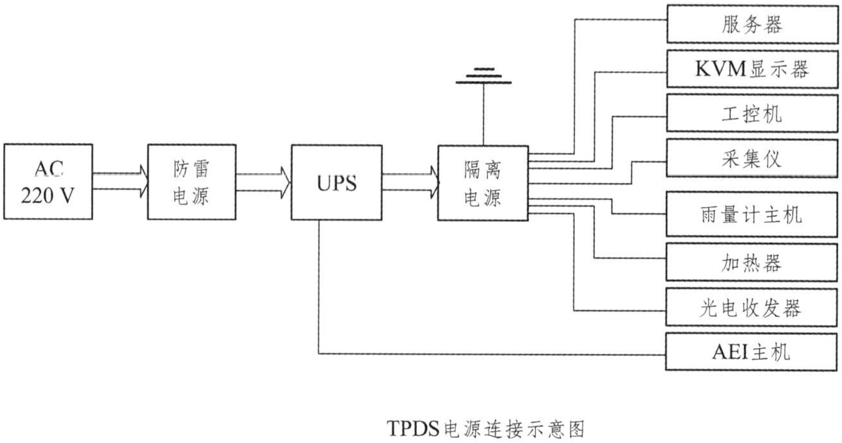

图 6-1-9　电源连接

2. 列检复示系统

列检复示系统对相关探测站检测的车辆运行状态信息进行实时监控，掌握状态不良车辆信息，对危险车辆自动报警，负责对危险车辆重点检查，并将检查结果上报分局监测中心；提供监测数据查询，可根据时间、地点、车次、车号、不良车辆状态类别或等级等进行分类查询或组合查询；提供日常统计报表。

3. 路局/分局监控中心

路局/分局监控中心接收探测站上报的车辆运行安全监测数据，建立分局/路局多测点状态不良车辆数据库；对分局/路局管内车辆运行状态进行实时监控，对危险车辆自动报警（声音、短信息、动态画面等），显示报警类别、等级、来源和发生时间，负责对管内监控名单上危险车辆的监控；提供监测数据查询；实现统计报表的自动汇总；将状态不良车辆的有关数据以及一般通过信息传输至上级监控中心；分局监测中心负责对探测站设备工作状态进行远程监视，并组织人员对设备进行维修；接收 TMIS 确报、HMIS 车辆定检等信息，与监测信息进行匹配，获得车辆装载货物情况和车辆运用与维修记录。

4. 中国铁路查询中心

中国铁路查询中心接收路局监控中心上报的车辆运行监测数据，建立全路状态不良车辆数据库；对全路车辆运行状态进行实时监控，显示状态不良车辆信息，并对危险车辆自动报警，负责对全路各类状态不良车辆的跟踪监控；根据全路 TPDS 监测数据，对状态不良车辆进行多点综合评判，根据评判结果，自动生成危险车辆名单并逐级下发；提供监测数据查询，可根据时间、地点、车次、车号进行多角度的分类查询或组合查询；实现统计和报表自动化和智能化；利用地理信息系统技术，实现监控数据显示的直观可视化；接收 TMIS 确报、HMIS 车辆定检等信息，与监测数据进行匹配，获得车辆装载货物情况和车辆运用记录。

三、TPDS 地面探测站工作原理

TPDS 是利用设在轨道结构中的测试系统对过往车辆进行轮轨力检测，根据检测结果判定车辆的运行状态、超偏载、车轮擦伤等。传统轮轨力测试方法——钢轨剪力法，一般有效检测区长度只有 300 ~ 400 mm，行车速度较高时，轮轨间垂直力和横向力的检测精度、车轮踏面擦伤的检测率都很低。TPDS 采用移动垂直力测试、板式传感器等新技术，实现了轮轨垂直力和横向力的连续测试，再加上高平顺测试平台、状态不良车辆识别技术、车号自动识别技术等，不但大幅度提高了较高速度条件下垂直力的检测精度，增长了测量区，还可对车轮全周长范围内的踏面擦伤进行检测，提高踏面擦伤的检测率；最重要的是增加了车辆横向性能测试功能。该装置安装在直线段，可准确地识别货车是否蛇行失稳及失稳的严重程度。

1. 车辆运行安全性

车辆运行安全性只有在轮轨处于正常接触状态时才能得到保证。车辆在线路上运行时受到各种力的作用，在最不利的组合情况下，可能破坏车辆正常运行的条件，使轮轨分离，从而造成车辆脱轨或倾覆事故，这就称为车辆失去运行安全性。

在通常情况下，当车辆在直线上运行时，车轮的踏面和钢轨顶面相接触。当车辆通过曲线时，轮对将承受着车体传来的侧向力，它是由离心力、侧向风力及横向振动惯性力等引起的。在侧向力作用下，前轮对的外侧车轮轮缘紧靠钢轨，并在导向力的作用下，引导着前轮对连同整个转向架沿着曲线方向运行。这时，前轮对的外侧车轮在侧向力 Q_1 作用下，可能形成轮缘根部的圆弧与轨头侧面的圆弧部分接触，出现爬轨趋势，如图 6-1-10（a）所示。如果侧向力 Q_1 大到一定程度，使作用于车轮上的垂直力 P_1（简称轮重）不足以阻止车轮上爬时，踏面逐渐抬起，爬轨趋势越来越大，此时轮缘将沿着钢轨侧面滚动。如果轮缘与轨头接触点达到轮缘圆弧面上拐点，即轮缘根部圆弧与顶部圆弧半径方向改变的那点时，就出现了临界状态，如图 6-1-10（b）所示。如此时轮重较大，则随着车轮的转动，轮对仍有可能下滑而恢复稳定状态。如此时轮重还不够大，则在侧向力 Q_1 作用下，车轮在转动的同时继续往上爬，超过临界状态后，轮缘顶部的圆弧部分和轨头顶面接触，直至车轮完全爬上钢轨，如图 6-1-10（c）所示，并使车轮落出轨外，形成轮缘在轨枕上滚切的脱轨现象。

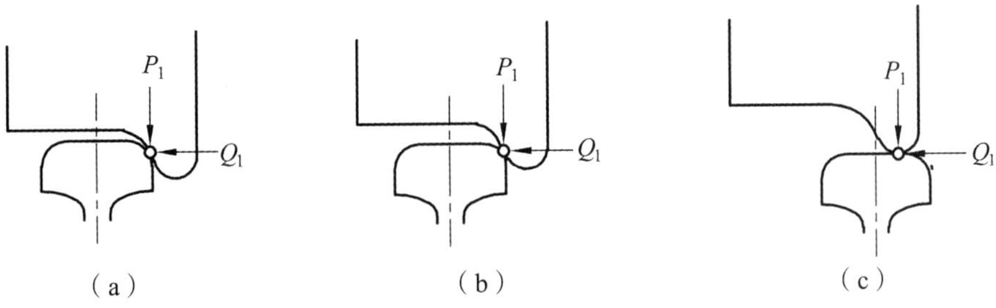

图 6-1-10　车轮脱轨过程

上述那种随着车轮的转动使轮缘逐渐爬上轨头而引起的脱轨，称为爬上钢轨。当车轮承受过大的冲击载荷时，还有可能使车轮跳离钢轨而引起脱轨，这种脱轨称为跳上钢轨。爬上钢轨多数发生于低速通过小半径曲线时，跳上钢轨则多数发生于高速运行时。

车辆在线路上运行时，如果它对钢轨的侧向力过大，还有一种可能是使钢轨横向移动，引起轨距扩大，从而使车轮掉入轨道内侧，造成车辆脱轨事故。特别是车辆在不良线路上高速运行和长大货物车通过曲线时，会有这种情况发生。

为了鉴别车辆脱轨的安全性，就要分析车辆脱轨时的受力情况，并找出其临界条件。评定脱轨的指标很多，目前我国车辆部门主要采用脱轨系数和轮重减载率两项指标。

（1）脱轨系数。

脱轨系数是轮轨间横向水平力 Q 与垂直力 P 的比值，是要求车辆在任何速度任何状态（直线线路、桥梁或曲线线路）下都不超过的规定值。脱轨系数临界值越大，说明脱轨的危险性越大。脱轨系数计算公式为

$$\frac{Q}{P}=\frac{\tan\delta-\mu}{1+\mu\tan\delta} \tag{6-1-1}$$

其中，μ 为轮轨间的摩擦系数；δ 为轮轨接触角。

国际铁路联盟 UIC 规定 $Q/P\leqslant1.2$。德国 ICE 高速列车在进行高速试验中采用 $Q/P\leqslant0.8$。日本新干线提速时也将判别标准定为 0.8。我国标准：优良为 0.6；良好为 0.8；合格为 0.9。

（2）轮重减载率。

对于车轮脱轨安全性来讲，只研究脱轨系数还不够。因为有时轮重 P 较小，如果这时横向力 Q 也小，受到横向力测量误差的影响就大，此时求得的脱轨系数就不能很好地反映车轮脱轨的安全性。另外，当一侧车轮减载而剩余轮重变小时，由于产生与其成比例的较小横向力，导致脱轨系数很容易达到脱轨限界值。同时，当一侧车轮轮重减载时，另一侧的车轮轮重将增大，有可能在很小的冲角变化下产生很大的横向力，增大脱轨的危险性。因此，必须对轮重的减载量加以限制。轮重减载率定义为轮对垂向减载量与垂向力之比。建议采用轮重减载率安全指标允许限度为轮重减载率不大于 0.6；危险限度为轮重减载率等于 0.65。

2. TPDS 地面探测站的功能

（1）识别运行状态不良车辆。

近年来，在我国铁路干线列车的全面提速中，发现有为数不少的货运车辆在空载状态、运行速度达 70 km/h 左右时出现蛇行失稳现象，并导致多次列车脱轨事故，车辆蛇行失稳已成为我国干线提速危及行车安全的严重隐患。TPDS 采用了较长的高平顺性测试平台和连续测量轮轨垂直、横向载荷技术，从测试的轮轨力波形、量值大小可捕获蛇行失稳车辆的主要动力学特征，如蛇行失稳导致车轮侧摆和车辆侧滚引起轮载交替增减载变化、车辆侧摆引起的横向力增大等，可为监视和控制蛇行失稳车辆提供重要信息。由于本系统已把轨道不平顺对车辆振动的激扰作用降低到最低水平，测试结果能较真实反映车辆自身的动力学特性，使检测结果的可靠性大大提高。通过对测试数据的处理分析，对动力学指标出现超限的车辆进行报警，有关部门可采取扣车修整处理等措施制止超标车辆在线路上运行或限速运行，确保铁路行车安全。此外，由于车辆零部件的磨耗程度与车辆的动力学性能有很强的相关性，通过地面安全监测装置可以监测到磨耗严重的车辆。

（2）监测车辆总重、前后转向架重、轴重、轮重和车辆超偏载。

货车偏载是造成列车在曲线圆缓点区等轨道扭曲较大的部位脱轨的重要原因。货车超

载、偏载会加剧轨道结构和车辆损坏，降低轨道部件和车辆的使用寿命，严重时将危及行车安全。为保障行车安全，必须对货车的装载情况进行监测管理，识别偏载、超载车辆，纠正严重偏、超载状态。在列车运行过程中实时获得车辆总重、前后架重、轴重和车辆超偏载情况，并将监测信息及时传递给铁路货运管理部门，控制严重的装载超偏载，减少对车辆、线路、桥梁等基础设施的破坏。

（3）识别车轮踏面擦伤。

监测系统由于采用了长测量区，可对车轮全周长范围内的踏面擦伤进行检测，踏面擦伤捕获率较已有检测设备高。又由于是直接测量踏面擦伤引起的轮轨冲击力（而非一般测加速度）通过数据处理可以采用当量概念来量化车轮踏面擦伤的严重程度，当量值的大小可作为对有严重踏面擦伤车辆报警的依据。建立车轮踏面擦伤的数据库可得到车辆现状分析和铁路安全管理的重要信息。

（4）统计轨道负荷当量通过总重。

监测系统可将具体线路通过的列车数量、列车总重等基础数据进行统计，并将车轮踏面擦伤冲击力换算为当量通过重力，从而为铁路部门获得准确的通过总重、当量通过总重、平均轴重等重要信息提供手段，为线路的科学管理、养护维修投入、工务计费收费等提供必要的技术依据。

3. TPDS 地面探测站安全监测实现方法与测试原理

（1）安全监测实现方法。

车辆运行状态识别，通过检测轮重减载系数、轴横向力/垂直力比值、轴横向力大小及变化特征实现。车轮踏面擦伤识别，通过检测踏面擦伤车轮引起的冲击载荷大小识别；超偏载检测，通过检测车辆各轮轮载、轴载、转向架载荷大小与分布实现；当量累计通过总重，通过列车总重与累计通过列车总重累加得到。

（2）测试原理。

① 垂直力测试原理。

为了满足检测要求，克服目前国内外检测装置的缺点，TPDS 采用了在较高速度条件下提高检测精度的技术措施和一种全新的“移动垂直力综合检测”的新方法，如图 6-1-11 所示。

技术措施：大幅度加长连续测量区，用长测量区内轮载波动变化曲线的平均值代替瞬时值；大幅度降低附加动载荷误差的影响，从而大大提高检测精度，并提高识别车轮踏面擦伤的准确性。用整体性和抗轨道扭曲能力更强、平顺性和稳定性更好的特殊框架式轨道结构取代测试区的普通轨道结构，进一步减小、控制测量台体内轨道扭曲、高低和水平不平顺，尽可能消除造成动载荷增量误差的根源，提高测试区和测区前后 50 ~ 100 m 范围轨道的平顺性；用花岗岩等硬质道砟更换石灰岩道砟，尽可能振动压实道床后再铺轨枕，提高轨道的铺设精度，更严格地控制轨道不平顺，减小车辆的振动，降低附加动荷增量。

移动垂直力综合检测方法的特点：在不增大轨枕间距、不恶化轨道平顺性的条件下即可大幅度增加有效检测区长度。其基本原理：在两剪力传感器之间设置若干个轨下垂直压力传感器，组成一个综合检测区，两种传感器采集的数据通过计算机合成处理，从而得到测试区内的垂直力之和，由于有较长的连续检测区，便能测得一段较长时间内车轮垂直力增减变化过程数据的平均值，而不是波动过程的某个瞬时值。这不仅提高了检测精度，还大大提高了检测装置适用的速度范围，同时，这一新方法还彻底打破了常规检测装置的检测功能单一性，使得同时测量车辆超载、偏载、平均轴重、通过总重、车轮踏面擦伤成为可能。

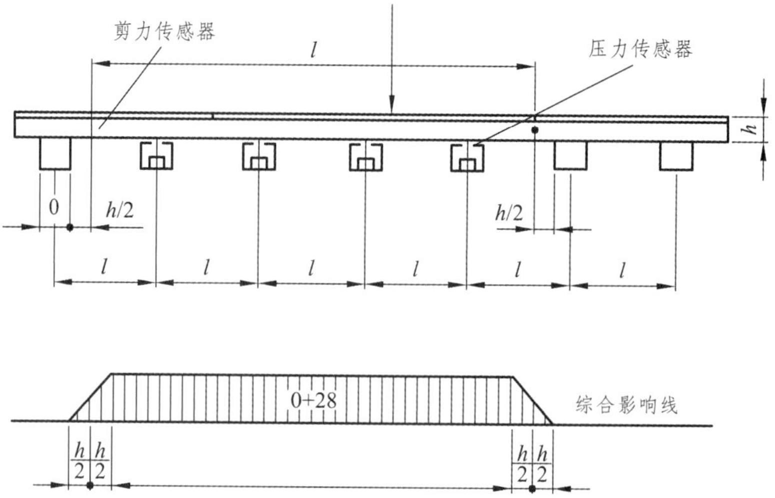

图 6-1-11　移动垂直力综合检测方法

② 横向力测试原理。

轮轨之间横向作用力的测试是 TPDS 实现评判车辆自身横向运动状态的重要方面。具有代表性的传统测试轮轨横向载荷的方法是剪力法和轨腰弯矩差法。这两种方法都是通过在钢轨上粘贴应变片来实现的，其共同特点是在钢轨上测量，且需在钢轨上粘贴应变片。这样，钢轨的轨型、磨耗情况必然会对测量结果带来影响。同时，其使用寿命也远远达不到检测系统长期稳定可靠工作的要求。因为钢轨上粘贴应变片测量轮轨横向载荷难以解决连续、高精度测量的问题，同时钢轨上粘贴的应变片也难以保证测试的长期稳定性（或寿命）。在保持系统稳定的灵敏度，不受外界电磁场、温度、湿度等方面均没有可靠的保证，导致整个系统的稳定性无法保证。此外，剪力法是在两轨枕之间的钢轨上一个长度范围内测量横向力，属于有效长度很短的间断测量；轨腰弯矩差法虽然被认为是横向力连续测量法，但实际上仍是间断测量，只是采用了多点横向力测量的组合，近似连续测量。即便如此，这种测量方法中，横向力标定困难，数据处理繁琐，测试精度远远达不到检测系统的精度要求，且占用数据采集通道多，不利于较长测试区段连续测量横向力，更不适合在要求长期稳定可靠工作的 TPDS 中应用。

由于识别车辆横向动力学性能需要获得反映车辆横向运动状态的横向轮轨作用力的主要特征，即需要检测到足够长时间的轮轨横向载荷。因此，实现轮轨横向力连续测量是 TPDS 完成车辆自身横向运动状态评判的技术关键。

TPDS 采用了在较高速度条件下检测精度高、适应长期稳定可靠工作要求的可实现横向力连续检测的技术措施和测试原理。

技术措施是摒弃传统的在钢轨上粘贴应变片测量轮轨横向载荷的方法，充分利用框架式轨道测试平台的结构特点，并考虑轮轨横向载荷在轨道部件间的传递特性，借用测试轮轨垂向载荷方法的基本思想，将钢轨视为传递轮轨横向载荷的载体，而在钢轨的支承点上测量钢轨受车辆作用施加在框架结构中轨枕上的作用力大小。测量钢轨支承点处横向载荷与测量垂向载荷的位置相同，采用能同时测量垂向载荷和横向载荷的传感器，从而保证横向载荷的测试具有与垂向载荷测量相同的相位和长期稳定性。

测试原理是根据轮轨作用横向载荷在钢轨上的受力影响线，通过标定获得钢轨支承点处实际承受横向载荷的比例，再依据车轮在测试区的位置，由钢轨支承点处承受横向载荷的组合而得到车轮在整个测试区的连续横向载荷及变化情况。

任务检查单

任务编号	6-1	任务名称	认知 TPDS	
序号	检查内容		是	否
1	能够掌握 TPDS 组成			
2	能够掌握 TPDS 网络结构			
3	能够掌握 TPDS 地面探测站工作原理			
评语				
评分				

任务 6-2　TPDS 运用与管理

任务书

任务编号	6-2	任务名称	TPDS 运用与管理
任务目标			
【知识目标】 掌握 TPDS 运用与管理标准； 掌握 TPDS 联网应用系统的使用； 掌握 TPDS 值班员作业程序； 掌握 TPDS 报警的典型故障。 【技能目标】 具备 TPDS 值班员的实际工作能力。 【素质目标】 培养学生严谨认真的工作作风； 树立安全责任意识			

续表

知识图谱
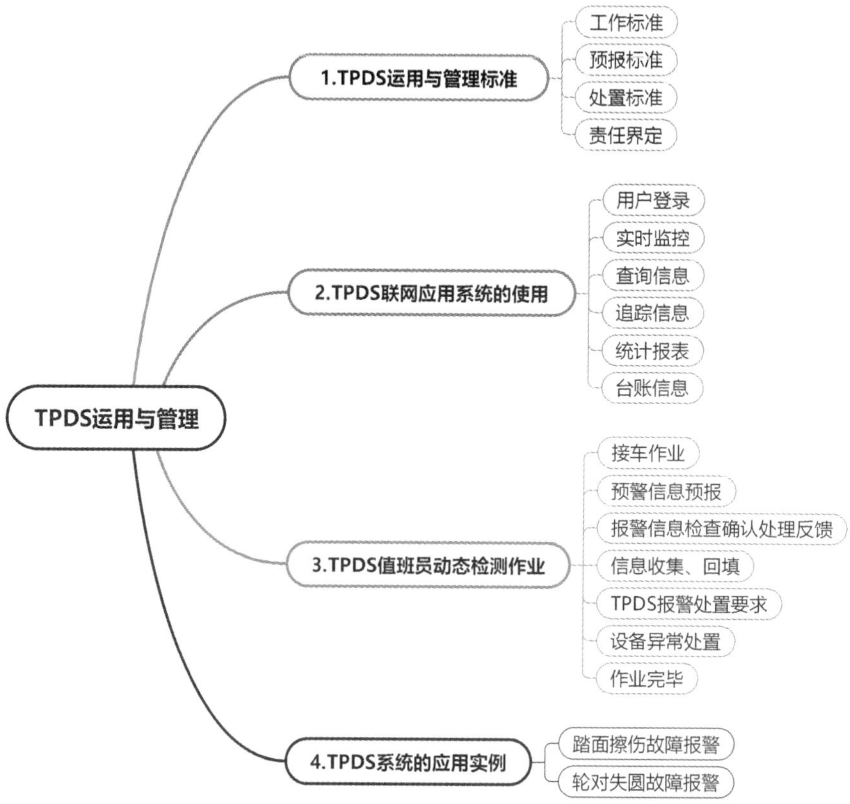
任务描述
本次任务是全面了解 TPDS 系统运用与管理，以小组为单位汇报 TPDS 运用与管理标准、TPDS 联网应用系统的使用、TPDS 值班员作业程序、TPDS 系统报警的典型故障，为后续任务的实施奠定理论基础
实施说明
（1）以小组为单位认真学习任务 6-2 的引导材料，做好知识准备； （2）结合知识准备和小组汇报情况，教师组织课堂教学内容，填写“任务检查单”

引导材料

一、运用与管理标准

TPDS 运用与管理

1. 工作标准

TPDS 值班员交班时应认真填写《货车安全防范系统动态检车组交接班记录簿》；接班人员应确认设备状态良好，向交班人员了解设备使用情况及系统网络运行情况，检查记录台账，交接班人员共同在交接班记录簿上签字。TPDS 值班员负责监测 TPDS 系统运行状态，并负责传输通道故障的监测，要将 TPDS 故障情况及时上报车辆段进行处理。当 TPDS 客户端计算机无法正常工作时，要立即向列检值班员报告，由列检值班员通知该班现场检车工长，由现场检车员按技检标准对列车进行人工检查。

2. 预报标准

TPDS报警标准由车轮踏面损伤报警标准、超偏载报警标准和运行品质不良联网报警标准组成。报警等级使用颜色区分，一级为红色，二级为橙色，三级为黄色。

（1）车轮踏面损伤报警标准。

根据车轮踏面损伤的当量值确定报警等级，按 3 个等级报警，由高到低分别为一级、二级、三级。车轮踏面损伤当量等于或大于 23 为一级报警，等于 21 或 22 为二级报警，等于 19 或 20 为三级报警。

（2）超偏载报警标准。

根据超载吨数、偏载尺寸、偏重吨数确定报警等级，按 3 个等级报警，由高到低分别为一级、二级、三级。具体报警标准如表 6-2-1 所示。

表 6-2-1　TPDS 报警标准

报警等级	一级报警	二级报警	三级报警
超载	等于或大于货车容许载重 10 t	等于或大于货车容许载重 5 t 且小于 10 t	等于或大于货车容许载重 2 t 且小于 5 t
偏载	货车（包括货物）总重心投影与车辆纵向中心线距离等于或大于 150 mm	货车（包括货物）总重心投影与车辆纵向中心线距离等于或大于 100 mm 且小于 150 mm	货车（包括货物）总重心投影与车辆纵向中心线距离等于或大于 75 mm 且小于 100 mm
偏重	货车前后两转向架架重之差等于或大于 15 t	货车前后两转向架架重之差等于或大于 10 t 且小于 15 t	货车前后两转向架架重之差等于或大于 8 t 且小于 10 t

（3）运行品质不良联网报警标准。

在探测站单次运行品质评分的基础上，实行运行品质不良联网综合评判。

探测站单次运行品质评分标准：根据货车横向晃动或减载情况确定运行品质评分等级，分为 1 ~ 6 级，1 级代表货车横向晃动或减载严重，2 ~ 5 级依次变化，6 级代表货车未见明显横向晃动或减载。运行品质状态积分根据运行品质评分等级进行换算，1 级 30 分，2 级 1 5 分，3 级 10 分，4 级 5 分，5 级及以下 0 分。

全路联网综合评判报警标准：TPDS 从 HMIS 中取得货车最近的厂、段修日期。从货车最近的厂、段修日期开始，将货车在空车状态下以 50 km/h 以上的速度通过 TPDS 探测站定为有效通过，累计最近 7 次有效通过的单次运行品质评分，当累计评分大于或等于 110 分时，评判为运行品质不良。

3. 处置标准

（1）超偏载一级预报、处置程序。

一级超偏载报警的处理：铁路局监测站 TPDS 调度员对一级超载、偏载、偏重报警的货车，须立即将探测站名称、列车通过时间、车次、运行方向、编组辆数、编挂位置、车种、车型、车号、超载、偏载、偏重报警、报警等级等，用录音电话通知列车调度员和车辆调度员，并填写《超偏载货车通知卡》送列车调度员签字。列车调度员通知列车运行前方车站值班员将报警货车摘下，由车站值班员安排对报警货车装载情况进行检查、确认和处理；车辆调度员通知车辆段派员对报警货车的车体、枕簧、旁承等技术状态进行重点检查后，将检查结果报车站值班员。车站值班员将检查和处理情况电话通知列车调度员，并书面通知铁路局 TPDS 调度员，TPDS 调度员将检查处理情况录入 TPDS。

（2）超偏载二级、三级预报、处置程序。

二级、三级超偏载报警的处理：铁路局监测站 TPDS 调度员对二级超载、偏载、偏重报警的货车，须立即将探测站名称、列车通过时间、车次、运行方向、编组辆数、编挂位置、车种、车型、车号、超载、偏载、偏重报警、报警等级等，用录音电话通知列车调度员。列车调度员通知列车运行前方车站值班员，车站应记录二级超偏载报警货车的车种、车型、车号、发到站、货物品名、发收货人等，并及时通知发、到站，电报通知下一区段站或编组站按有关规定处理，通知卸车站值班员，同时在 24 h 内将信息报铁路局货运主管部门，并反馈到铁路局计量部门、铁路局监测站。

三级超载、偏载、偏重报警货车的处理办法由铁路局制定。

（3）TPDS 车轮踏面损伤预报、处置程序。

车轮踏面损伤报警的处理：列检作业场 TPDS 动检值班员对车轮踏面损伤报警货车，须立即将探测站名称、列车通过时间、车次、运行方向、编组辆数、编挂位置、车种、车型、车号、运行方向左/右侧、轮位、车轮踏面损伤当量及报警等级等，通知列检值班员，由列检值班员通知现场检车员对报警货车的车轮踏面损伤情况进行检查确认，车轮踏面损伤达到或超过运用限度的，应扣车处理。工长要对未扣车处理的一级、二级报警的车轮踏面进行复核检查确认。现场检车员将检查处理情况报列检值班员，列检值班员复核后通知 TPDS 动检值班员将一级、二级报警货车的检查和处理结果录入 TPDS。

三级车轮踏面损伤报警货车的处理办法由铁路局制定。

（4）TPDS 运行品质不良预报、处置程序。

运行品质不良联网报警的处理：列检作业场 TPDS 动检值班员对运行品质不良联网报警货车，应立即将探测站名称、列车通过时间、车次、运行方向、编组辆数、编挂位置、车种车型车号、累计运行品质评分值、报警等级等，通知列检值班员，由列检值班员通知现场检车员对报警货车进行检查确认，重点检查轮对、侧架导框、侧架立柱磨耗板、斜楔及主摩擦板、摇枕斜楔摩擦面磨耗板、常接触式旁承或间隙旁承、承载鞍及与承载鞍接触的有关零部件、枕簧和心盘螺栓等技术状态，确认有故障或异状时扣车入车辆段处理。现场检车员须将检查、处理情况报列检值班员，列检值班员复核后通知 TPDS 动检值班员将检查和处理结果录入 TPDS。

运行品质不良车辆扣车入段后，车辆段主管安全副段长组织有关车间主任、检修专职、安全专职、5T 运用专职等相关人员进行技术鉴定、综合分析，提出运行品质不良诊断综合分析报告，车辆段自车辆摘下之日起，10 日内将分析报告报铁路局车辆处。具体《运行品质不良诊断综合分析报告》格式、内容由铁路局制定。

4. 责任界定

TPDS 未对车轮踏面损伤进行一、二、三级预报的轮位，现场作业人员可以不对其进行技术检查。TPDS值班员未及时将系统预报故障信息向列检值班员报告，未做系统预报记录及现场处理情况记录，未将处理结果及时录入系统，销毁、涂改和丢失记录，违章操作造成人为设备故障，在计算机上使用无关软件发生病毒感染，因系统故障未及时通知维修人员，因系统无法接车或图像不清晰而未向列检值班员报告的，列为 TPDS 值班员责任。动态检车组长未及时将拦停信息通过录音电话通知车辆运行安全监测站值班员的，列为动态检车组长责任。

列检值班员未及时将 TPDS 值班员的报告信息通知现场检车组及通知信息错误的，列为列检值班员责任；车辆运行安全监测站值班员（调度员）未按规定程序办理拦停手续、迟办或错办的，列为值班员（调度员）责任。

每班列检作业组均包含现场检车组和动态检车组，共同组成一个质量责任主体，由现场检车组工长统一管理。接到列检值班员的故障通知后，未做确认处理、未做现场处理情况记录和未向动态检车组反馈处理情况、销毁、涂改和丢失记录的，预报的车号或故障与现场不符而没有向列检值班员核实的，列为现场检车人员责任。

当TPDS预报重大故障，需要对货物列车进行拦停、甩车处理的，不列为行车事故；未按预报信息进行检查确认和扣车处理，排到邻局后被邻局做扣车处理的，列为该铁路局责任。

发生热轴拦停甩车、经分解轴承存在故障时，经查该轮踏面损伤超限，TPDS 对该位车轮进行过三级及以上预报、检查确认局无反馈确认记录或有反馈确认记录但无 HMIS 更换车轮记录的（直通车除外），追究该铁路局责任。

发生热轴拦停甩车、经分解轴承存在故障时，经查该轮踏面损伤超限，但 500 km 区段内，该铁路货车途经的 TPDS 未对该位车轮进行过三级及以上预报，经分析，属于 TPDS 存在漏报的，根据修程，加列为 TPDS 系统供应商或系统检修、维护单位责任。

未经中国铁路批准，车辆处、车辆段不得允许任何单位及个人随意修改 TPDS 系统软件，凡发生上述情况的，追究车辆处或车辆段管理责任。

二、TPDS 联网应用系统的使用

从整体上讲，TPDS 联网应用系统功能包括了相关基础数据的维护与管理（局/原分局/站名、车种车型及相关铁路货运规章等），监测信息的实时监控及处理，设备运行状态的监测及维修管理，监测信息的综合查询及安全监测统计分析等信息服务，应用系统运行参数、权限、数据传输监控等管理，以及一系列后台支撑软件管理。针对不同用户和各级应用，其功能组成和侧重点将有所不同。如图 6-2-1 所示。

1. 用户登录

在系统登录窗口，输入用户名、密码，单击确认按钮，进入系统初始界面—测点布局页面。左侧 5 个菜单项，分别是“当日信息浏览”“报警车查询”“分类查询”“近期追踪信息”“过车查询”“统计报表”。

2. 实时监控

中国铁路实时监控系统主界面如图 6-2-2 所示。主要功能如下：

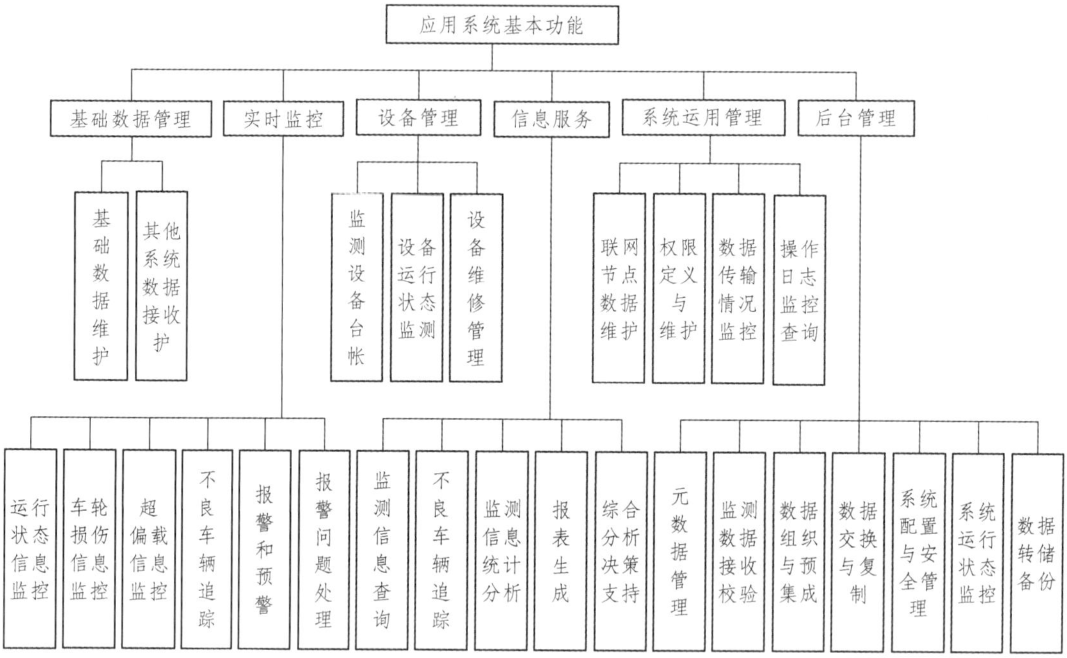

图 6-2-1　TPDS 应用系统功能框架示意图

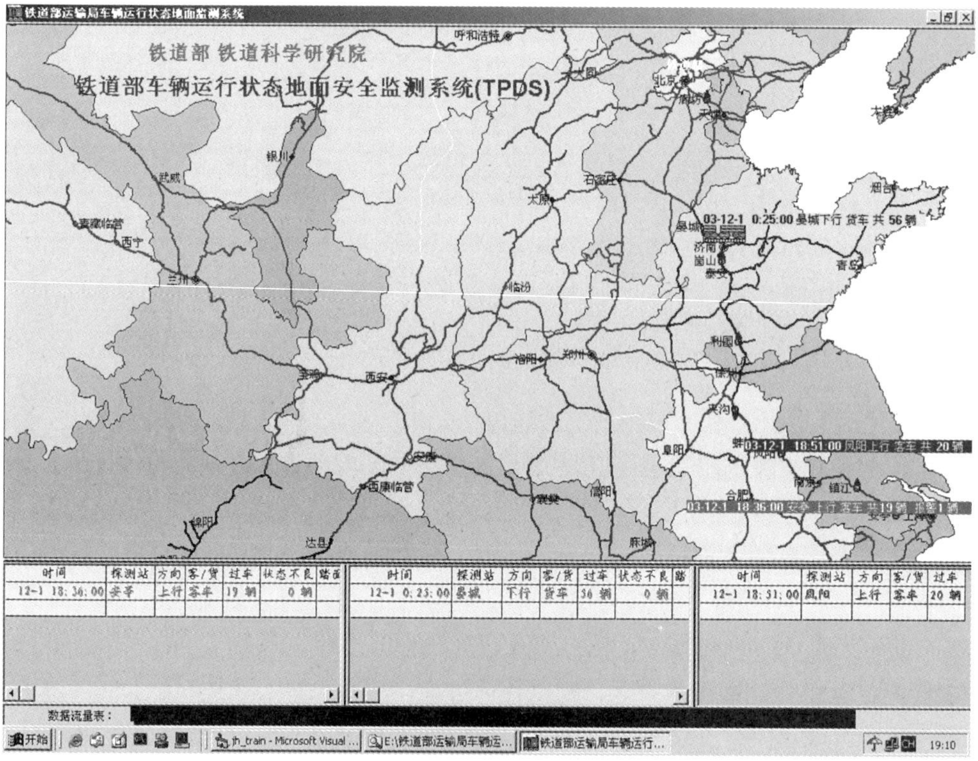

图 6-2-2　中国铁路实时监控系统主界面

（1）实时过车（所有用户）。

以列车为单位，按照通过时间逆序显示当日 TPDS 系统探测站检测到的通过列车概要信息，在最高报警级别单元格里用颜色对各级别报警加以显示。

① 实时报警（列检用户）。

如果实时检测到报警车，系统自动弹出报警提示框。

② 辆数超链接页面（列检用户）。

链接到相应类型车辆数具体检测信息页面。可以查看相关车次的通过时间、路局、级别、探测站、方向、速度、总辆数、报警辆数、最高报警级别以及该车车辆详细信息。

③ 踏面反馈（列检用户）。

在过车监控页面，单击“反馈”列的超链接，进入踏面损伤车辆信息反馈页面。将列检踏面检查的反馈信息，按复核情况如实回填在相应的区域。

（2）报警车辆。

报警车辆实时监控页面中，报警单元格的颜色如果为红色，表示本次列车有严重报警信息，橙色则表示本次列车有一般报警信息，否则表示本次列车无报警信息。

（3）系统状态。

系统状态实时监控页面展示了系统设备各组件的具体状态，对出现问题的设备组件进行动画闪烁显示，并对其发生异常的具体时间列表显示，如图 6-2-3 所示。

（4）监测网络。

监控网络页面中，分视窗显示登录用户所管辖的探测站信息、探测站过车信息、综合网络图。

3. 查询信息

（1）车次查询。

在车次查询条件选择页上，按照路局、探测站、方向、查询类型、报警类型、起始时间、结束时间进行查询。查询结果以表报形式显示。

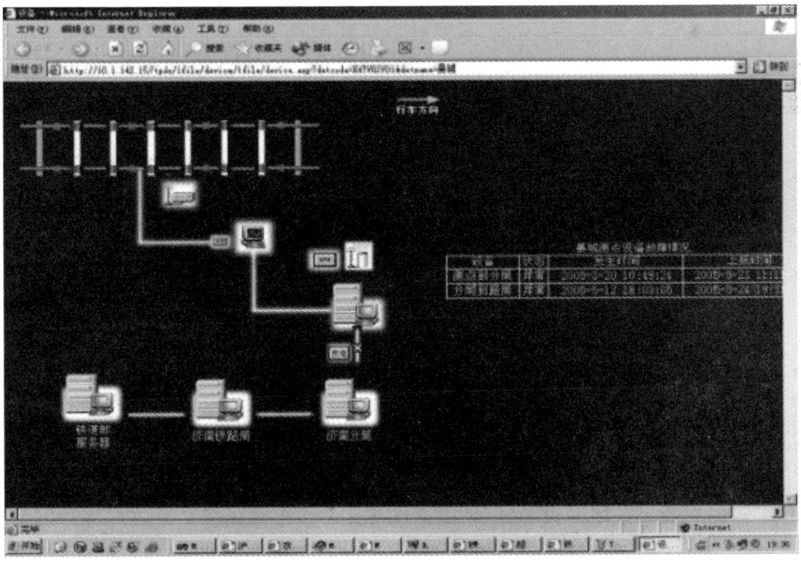

图 6-2-3　测点设备运行状态监控

（2）车辆查询。

在车辆查询条件选择页上，按照路局、探测站、方向、车辆信息、查询方式、报警类型、起始时间、结束时间进行查询。查询结果以表报形式显示。

（3）设备故障查询。

在设备故障查询条件选择页上，按照路局、探测站、故障类型、起始时间、结束时间进行查询。查询结果以表报形式显示。

（4）踏面反馈查询。

在踏面反馈查询条件选择页上，查询类型、车号、处理情况、到达情况、起始时间、结束时间进行查询。查询结果以表报形式显示。

4. 追踪信息

（1）车辆追踪。

按照车号、追踪范围、起始时间、结束时间对车辆探测信息进行追踪。

（2）轮位追踪。

按照车号、轮位、追踪范围、起始时间、结束时间对车辆探测信息进行追踪。

5. 统计报表

（1）统计分布。

在统计分布页面，按照统计方式、路局、探测站、报警类型、报表类型和日期范围进行报表统计，结果以表报形式显示。

（2）时段汇总。

在时段汇总页面，按照统计范围、统计分类、报表类型、起始时间和终止时间进行报表统计，结果以表报形式显示。

（3）每日简报。

在每日简报页面，按照路局、车辆段、列检所、起始时间和终止时间进行报表统计，结果以表报形式显示。

（4）设备故障。

在设备故障页面，按照路局、探测站、报表类型和日期范围进行报表统计，结果以表报形式显示。

（5）踏面 5 率辆次。

在踏面 5 率辆次页面，按报表类型和日期范围进行报表统计，结果以表报形式显示。

（6）踏面 5 率辆数。

在踏面 5 率辆次页面，按查询级别和日期范围进行报表统计，结果以表报形式显示。

6. 台账信息

（1）过车台账。

在过车台账页面，按路局、车辆段、列检所、起始时间、结束时间进行查询，结果以表报形式显示。

（2）反馈台账。

在反馈台账页面，按路局、车辆段、列检所、起始时间、结束时间进行查询，结果以表报形式显示。

三、TPDS值班员动态检测作业

1. 接车作业

（1）TPDS动态值班员实时监控TPDS系统，注意监控TPDS系统复示终端（见图6-2-4）。

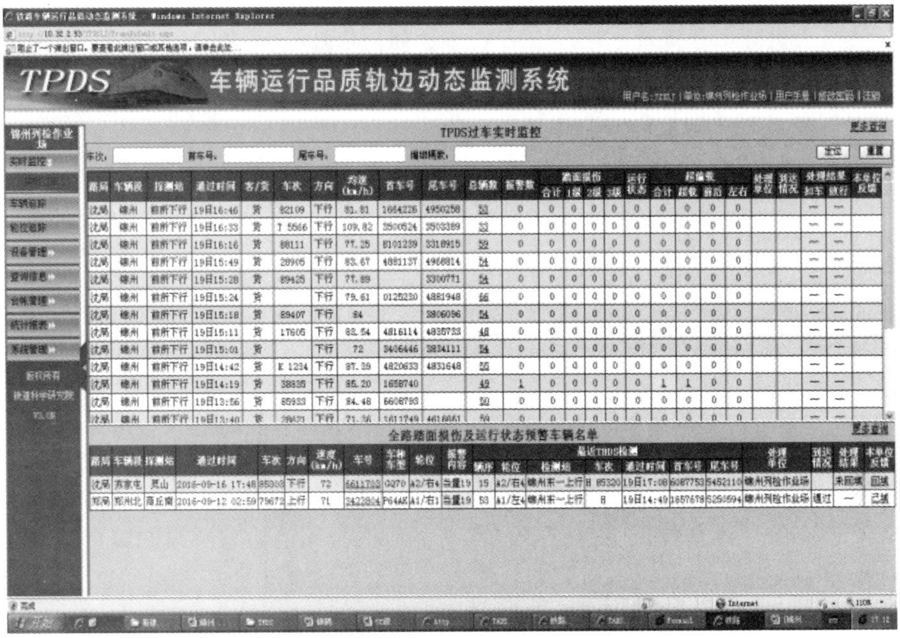

图 6-2-4　TPDS 系统复示终端

（2）当列车通过探测站，监控“TPDS过车实时监控”实时过车刷新数据，TPDS动态值班员认真观察系统探测及预警情况（见图6-2-5）。

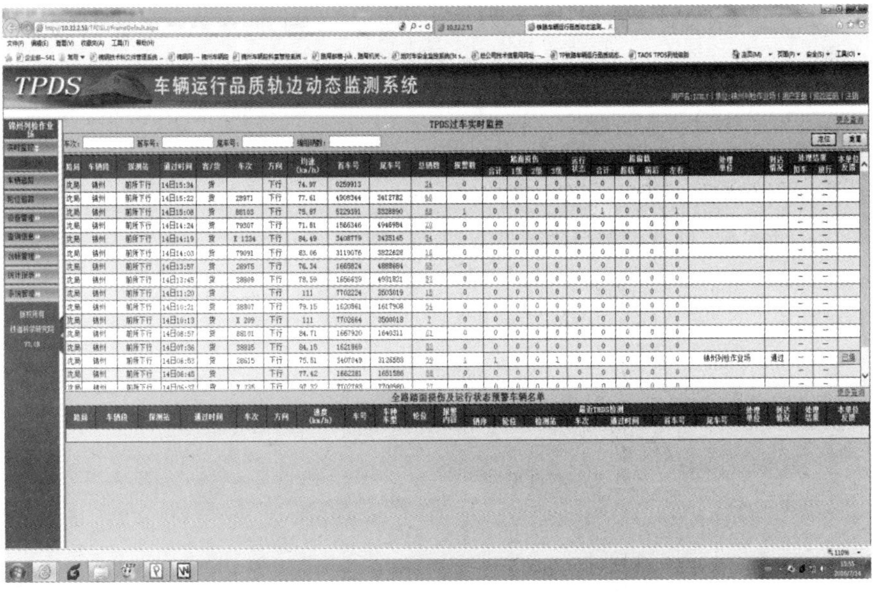

图 6-2-5　过车刷新数据

（3）TPDS 动态值班员将系统探测列车预警车辆相关信息录入作业管理系统的“TPDS

通过列车信息表单”中。

2. 预警信息预报

（1）列车通过探测站后，系统自动弹出“报警提示框”窗口及出现报警声音提示时，TPDS 动态值班员点击“确认”按钮确认，检查系统预警车辆情况。

（2）采取人机分工检查或人工检查方式进行列检作业的到达、中转列车，TPDS 动态值班员须将踏面损伤一级、二级、三级预警及运行品质预警列车的车次、故障车顺位、车号、轮位、预报等级、冲击当量等信息通知列检值班员，由列检值班员通知检车员进行处理。

3. 报警信息检查确认处理反馈

（1）TPDS 动态值班员接到列检值班员反馈信息后，将预警铁路货车的检查和处理结果录入 TPDS 和作业管理系统（见图 6-2-6）。

（2）TPDS 动态值班员对交接班前报警信息现场未反馈检查处理情况的要在交接班时进行交接。

4. 信息收集、回填

（1）TPDS 过车实时监控（本地探测）信息收集、回填。

① 对通过列车中系统预报踏面损伤或运行品质预警货车，TPDS 动态值班员点击“TPDS 过车实时监控”的“本单位反馈”链接，弹出本地报警车辆信息反馈回填页面，在“到达情况”项中点击选择“未人工作业”后，点击“保存”按钮，完成数据回填。

② 对采取人机分工检查或人工检查方式进行列检作业的踏面损伤或运行品质预警货车，TPDS 动态值班员点击“TPDS 过车实时监控”的“本单位反馈”链接，弹出本地报警车辆信息反馈回填页面，在“到达情况”项中点击选择“到达”或“中转”后，分别在“踏面损伤处理信息”或“运行状态预警处理信息”填报故障详细信息。

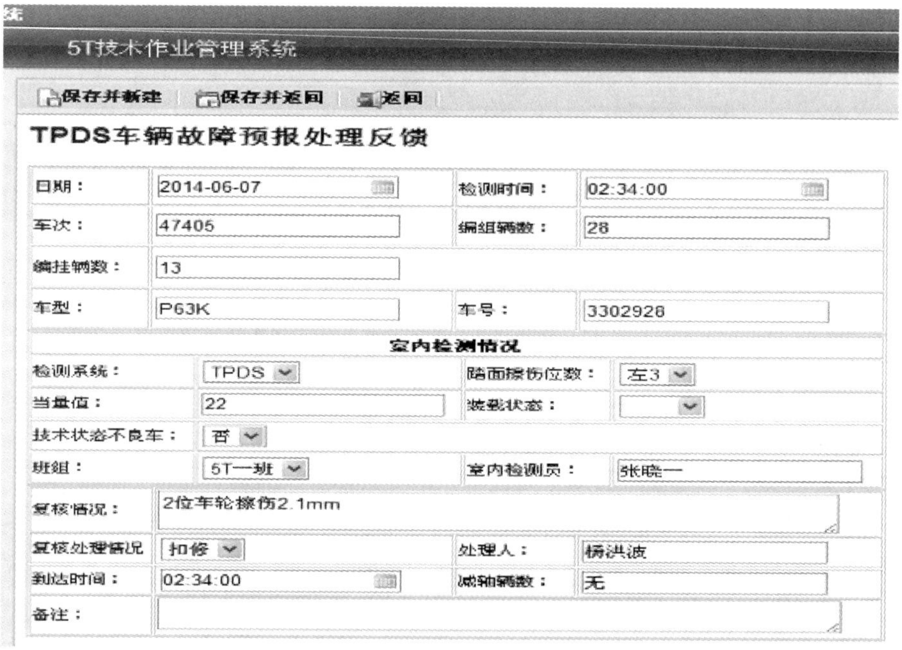

图 6-2-6　TPDS 作业管理系统

对 TPDS 踏面损伤一级、二级或运行品质预警货车，TPDS 动态值班员应对“踏面损伤处理信息”中的“到达情况”“复核人”“处理”或“运行状态预警处理信息”中的“到达情况”“检查情况”“处理”等信息做好回填。

对 TPDS 踏面损伤三级预警货车，TPDS 动态值班员只需在“踏面损伤处理信息”中“是否过限”和“处理”中回填反馈信息，不需回填具体擦伤或剥离数值。

③ TPDS 动态值班员应在过车 10 h 内完成回填，反则“保存”按钮不可用。

（2）TPDS 过车实时监控（联网推送）信息收集、回填。

① 对通过列车中系统联网推送预报的踏面损伤或运行品质预警货车，TPDS 动态值班员点击“全路踏面损伤及运行状态预警车辆名单”的“本单位反馈”链接，弹出联网报警处理回填界面，在“到达情况”项点击选择“未人工作业”后，点击“保存”按钮，完成数据回填。

② 对采取人机分工检查或人工检查方式进行列检作业的列车中系统联网推送预报的踏面损伤或运行品质预警货车，TPDS 动态值班员点击“全路踏面损伤及运行状态预警车辆名单”的“本单位反馈”链接，弹出联网推送报警车辆信息反馈回填页面，在“到达情况”项中点击选择“到达”或“中转”后，分别在“踏面损伤处理信息”或“运行状态预警处理信息”填报故障详细信息。

③ TPDS 动态值班员应在过车 4 h 内完成回填，反则“保存”按钮不可用。

（3）对 TPDS 踏面损伤一级预警及运行品质预警信息，TPDS 动态值班员还需查询列车终到站是否为高天运用车间管内技术交接作业场（点），如果是，则 TPDS 动态值班员在反馈信息中填写“未人工作业”。

5. TPDS 报警处置要求

（1）对到达列车中踏面损伤一级预警或到达、中转列车中运行品质预警的铁路货车，须立即扣车。

（2）对到达列车中踏面损伤二、三级报警及中转列车中踏面损伤一、二、三级报警的铁路货车须加强对货车车轮的检查，发现车轮踏面擦伤、剥离、局部凹下、缺损超限或车轮辐板、轮辋裂损、车轮踏面碾堆的，须扣车处理。

6. 设备异常处置

设备运行异常影响正常探测时，TPDS 动态值班员立即通知列检值班员，同时通知段工作站监测值班员（动态监测车间值班员）处理，并《铁路货车运行安全监控系统故障报修记录簿》中做好记录；同时在《列检、动态检查作业场班组交接班记录簿》“铁路货车运行安全监控系统设备故障报修情况”栏内做好记录。

7. 作业完毕

TPDS 动态值班员作业完毕后将系统返回接车界面，等待接车。

四、TPDS 应用实例

1. 踏面擦伤故障报警

（1）车轮踏面损伤当量 30（擦伤深度 1.6 mm），如图 6-2-7（a）所示。

（2）车轮踏面损伤当量 27（擦伤深度 2.2 mm），如图 6-2-7（b）所示。

（3）车轮踏面损伤当量 24（擦伤深度 1.2 mm），如图 6-2-7（c）所示。

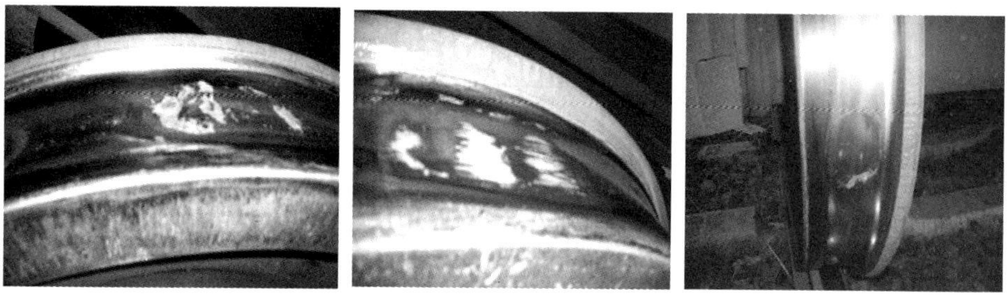

（a）　（b）　（c）

图 6-2-7　踏面擦伤

2. 轮对失圆故障报警

踏面损伤一级报警，有时不一定是踏面擦伤或踏面剥落等典型故障，而有可能是轮对失圆引起的。如图 6-2-8 所示为某一轮对几次通过探测站的监测波形，监测波形稳定，不论是什么运行方向，该报警轮对均发生长时间大幅减载及有规律（等间隔）的强烈冲击（200 kN 左右），其过程应为单侧轮对腾空、砸下冲击，疑为严重轮对失圆所致。如图 6-2-9 所示为该轮对的具体故障，其中图（a）故障为顶部踏面圆周磨耗 13 mm 左右，图（b）故障为明显碾边和缺失，图（c）故障为轮径较小处明显砸痕及裂纹。

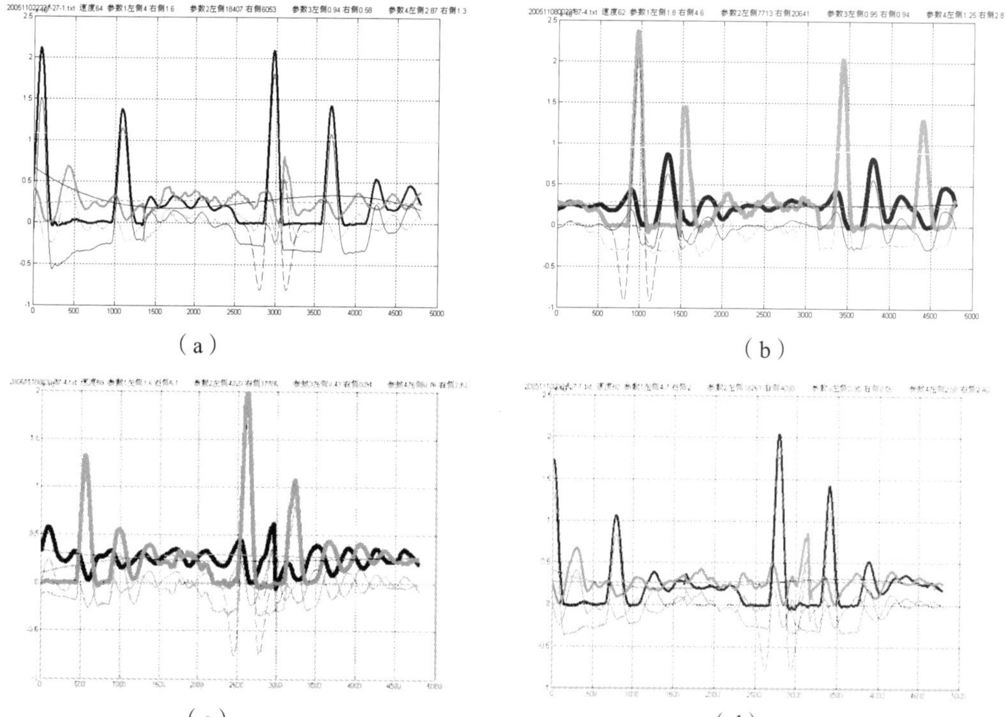

（a）　（b）

（c）　（d）

图 6-2-8　监测波形

（a）　　（b）　　（c）

图 6-2-9　轮对失圆

任务检查单

任务编号	6-2	任务名称	TPDS 运用与管理	
序号	检查内容		是	否
1	能够掌握 TPDS 系统运用与管理标准			
2	能够掌握 TPDS 联网应用系统的使用			
3	能够掌握 TPDS 值班员作业程序			
4	能够掌握 TPDS 系统报警的典型故障			
评语				
评分				

任务 6-3　TPDS 设备检修

任务书

任务编号	6-3	任务名称	TPDS 设备检修
任务目标			
【知识目标】 掌握 TPDS 设备检修作业流程； 掌握 TPDS 各设备的检修方法和标准； 掌握框架式轨道测试平台的养护维修要求； 掌握 TPDS 设备一般故障的处理方法。 【技能目标】 具备 TPDS 设备检修与维护管理的能力。 【素质目标】 培养学生严谨认真的工作作风			

续表

知识图谱
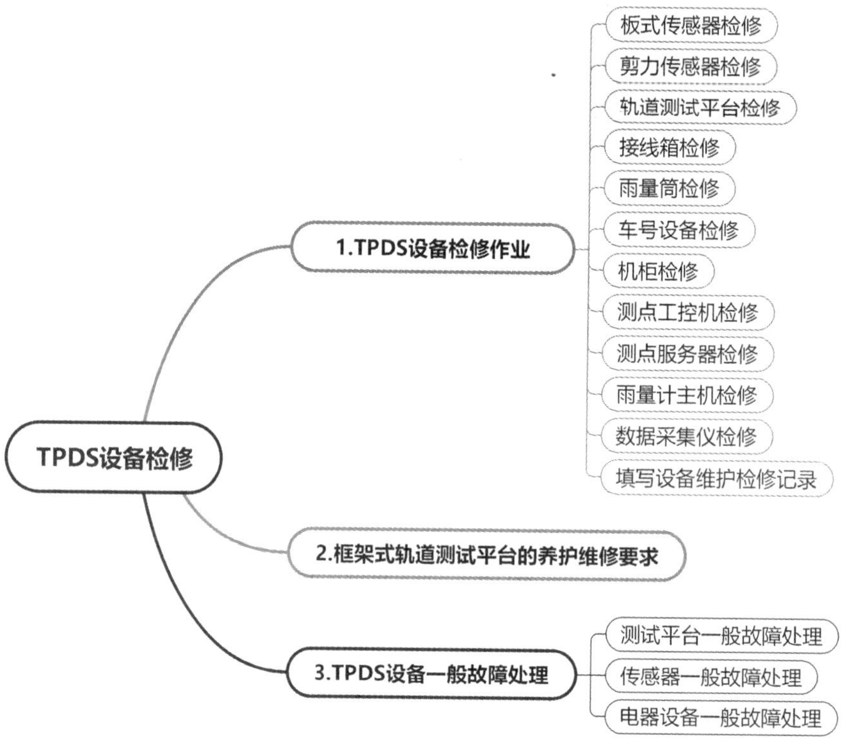
任务描述
本次任务是全面了解 TPDS 设备检修与维护管理，以小组为单位汇报 TPDS 设备的检修流程、框架式轨道测试平台的养护维修要求、TPDS 设备一般故障的处理方法，为后续任务的实施奠定基础
实施说明
（1）以小组为单位认真学习任务 6-3 的引导材料，做好知识准备； （2）结合知识准备和小组汇报情况，教师填写“任务检查单”

引导材料

TPDS 设备检修

一、TPDS 设备检修作业

1. 板式传感器检修

（1）检查清理外观。

① 直观检查绝缘胶块有无窜出、破损情况；传感器与钢轨间有无砟石挤压，如图 6-3-1 所示。

② 用毛刷、棉布等对板式传感器进行清洁，传感器需清洁、无锈蚀、无破损。

（2）紧固、检查连接件：用扳手校核扣件弹条紧固。

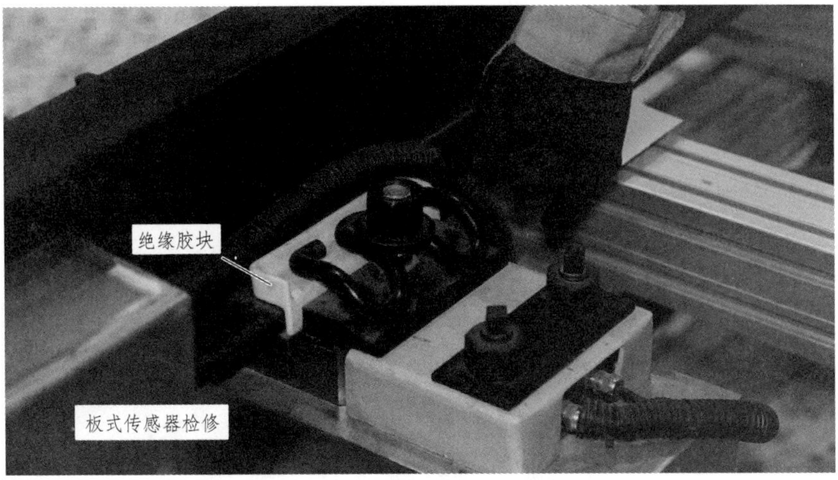

图 6-3-1　板式传感器外观检查

（3）查看传感器零点在室内测试工控机上的 Jcxt 监控软件中显示，传感器零点范围为 −6 000 ~ 10 000。

2. 剪力传感器检修

（1）检查清理外观。

① 直观检查卡轨器是否受碎石挤压。

② 用毛刷、棉布等对剪力传感器进行清扫，除锈；保护罩清洁、无锈蚀、无破损。

（2）紧固连接件：用扳手校核紧固卡轨器，如图 6-3-2 所示。

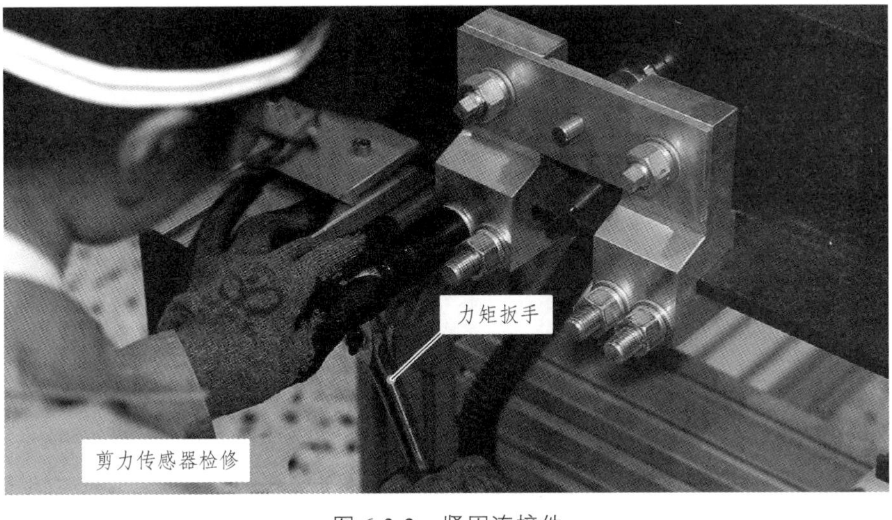

图 6-3-2　紧固连接件

（3）查看传感器零点在室内测试工控机上的 Jcxt 监控软件中显示；传感器零点范围为 13 000 ~ 17 000。

3. 轨道测试平台检修

（1）外观检查。

直观检查测试平台绝缘胶块有无窜出破损；道床稳定无空吊、道砟饱满，发现问题及时通知工务部门处理，如图 6-3-3 所示。

图 6-3-3　轨道测试平台检修

（2）紧固、检查连接件：用扳手对扣件弹条进行紧固。

4. 接线箱检修

（1）检查、清理外观。

① 直观检查接线箱埋设是否牢固；埋设牢固、无破损。

② 用毛刷、棉布、吹尘器对接线箱进行清扫，紧固；内部清洁、接线紧固、接触良好。

（2）配线检查。

① 用螺线刀校核并直观检查信号线无虚接及保护管无破损，如图 6-3-4 所示；

图 6-3-4　接线箱配线检查

② 信号线引入、引出保护管无破损。

5. 雨量筒检修

（1）外观检查：外观检查雨量筒有无破损。

（2）配线检查：信号线连接护管有无老化、破损。

6. 车号设备检修

（1）外观检查。

① 直观检查天线外壳有无裂损。

② 用毛刷、古布等清洁天线；各部须清洁无尘。

（2）紧固连接件：使用螺丝刀、扳手检查、校核车号天线固定是否良好，如图 6-3-5 所示。

图 6-3-5　紧固连接件

7. 机柜检修

（1）外观检查：用毛刷、棉布清扫机柜；清理灰尘。

（2）风扇检查：直观检查机柜风扇运转状态；风扇运转正常、无异响，如图 6-3-6 所示。

图 6-3-6　风扇检查

8. 测点工控机检修

（1）外观检查：用毛刷或除尘器清洁主机、显示器、键盘、鼠标。

（2）键盘、鼠标及软件检查。

① 检查鼠标、键盘工作状态。

② 键盘各键动作可靠，接触良好，鼠标工作正常。

③ 软件运行正常。

9. 测点服务器检修

（1）外观检查：用毛刷或吹尘器清扫主机、键盘、鼠标；确保清洁无尘，如图 6-3-7 所示。

（2）软件检查：软件运行正常。

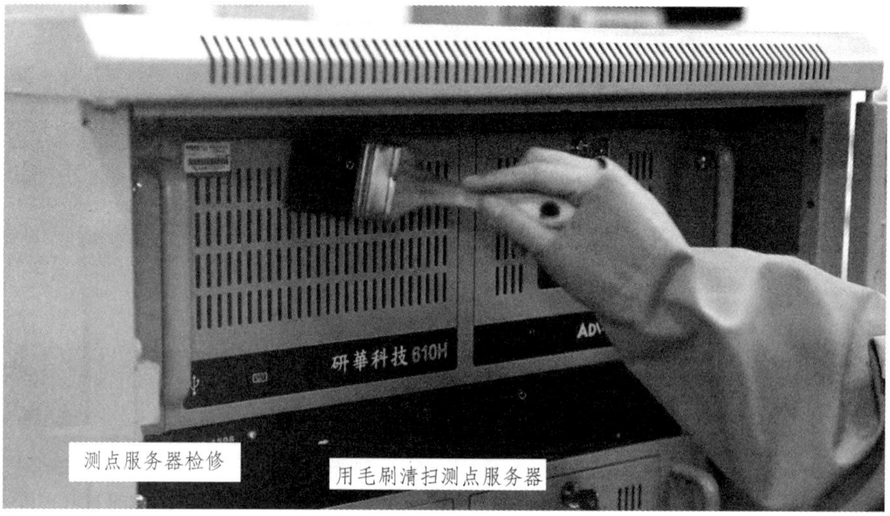

图 6-3-7　测点服务器外观检查

10. 雨量计主机检修

（1）外观检查：用毛刷、吹尘器清洁雨量计主机，如图 6-3-8 所示。

图 6-3-8　雨量计液晶显示屏检查

（2）液晶显示屏检查：直观检查液晶显示屏显示状态。

11. 数据采集仪检修

（1）外观检查。

① 直观检查电源指示灯状态，如图 6-3-9 所示。

② 电源指示灯状态正常。

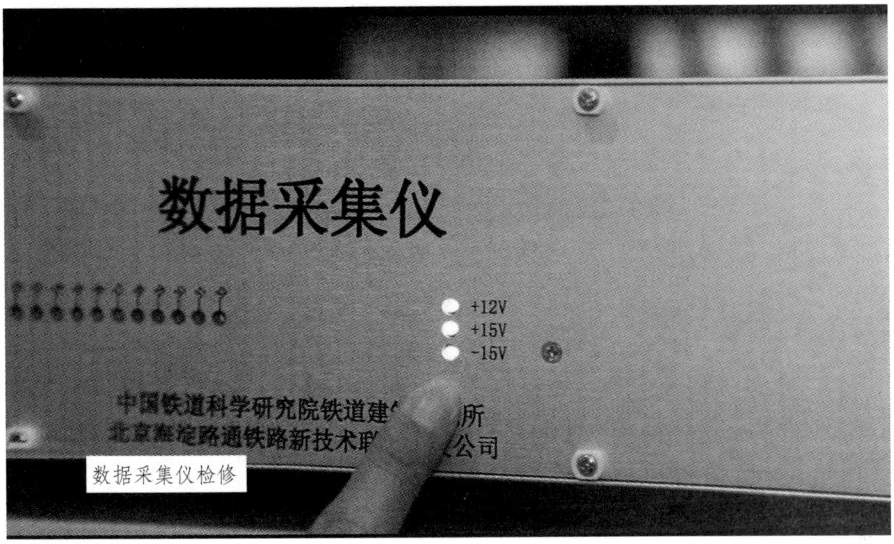

图 6-3-9　数据采集仪外观检查

③ 用毛刷、吹尘器清扫数据采集仪。

（2）通道零漂检查：通道零漂通过调整零漂电位器恢复至正常状态。

12. 填写《设备维护检修记录簿》

检修作业完毕后，确认设备运行状态，填写《设备维护检修记录簿》，报告设备检修结束，如图 6-3-10 所示。

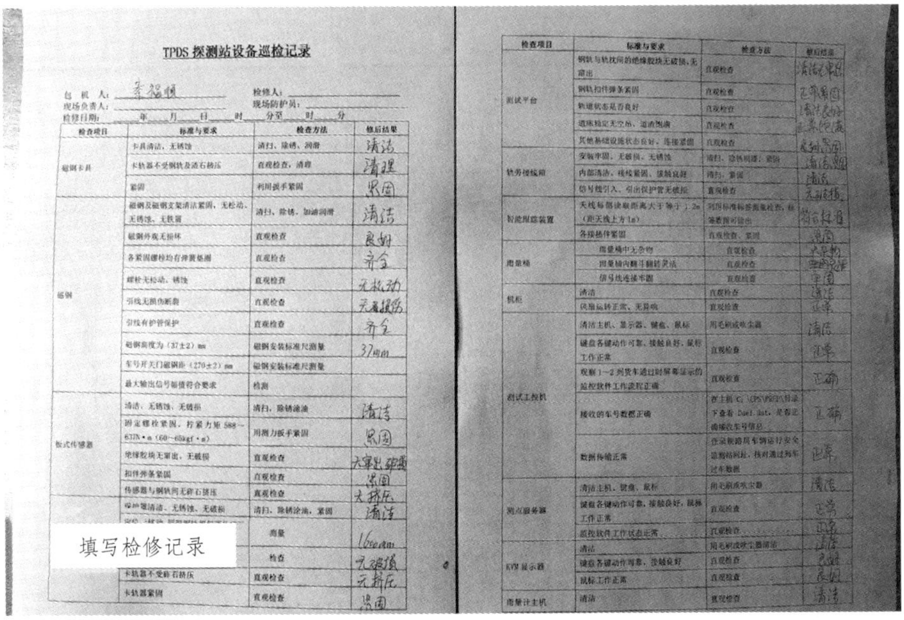

图 6-3-10　设备维护检修记录簿

二、框架式轨道测试平台的养护维修要求

（1）保持板式传感器与钢轨连接的可靠。在结构中部的测力轨枕地段，车辆负荷通过钢轨、垫板传递给传感器，再传递给轨枕，传感器与轨枕间是通过高强度的传感器螺栓连接的。在运用中必须定期检查，一旦发现连接螺栓有松动现象，应立即按照以下要求加以紧固：传感器连接螺栓的紧固力矩要求为 550 ~ 600 kN · m。在结构安装的初期，设备之间的连接没有完全匹配磨合到最佳位置，应定期重点检查。

（2）保持框架结构间的连接可靠。必须保证整个结构的高强度、刚度及高平顺性，同时应保证结构部位与两端线路的轨道平顺性、刚度一致。在轨道平台的结构设计中，已经考虑了以上内容，运用维护中只需保证框架结构的连接可靠即可。

（3）保持扣件对钢轨有足够的扣压力。保持扣件对钢轨有足够的扣压力对防止钢轨内倾外翻和爬行至关重要，必须保持弹条对钢轨有足够的扣压力。应定期检查弹条是否保持足够的扣压力，保证弹条前端中间部位与钢轨绝缘垫板处于密贴接触状态，即所谓 5 点着地。

（4）定期清除结构上的污物，减轻对结构的腐蚀，确保轨道电路畅通，延长监测系统结构的使用寿命。

（5）应定期进行除污、喷涂油漆等防腐蚀工作，以延长结构的抗腐蚀能力和使用寿命，并保持外观清洁。周期长短可根据地区不同、环境污染程度不同及使用条件不同而定。特别应对所有连接螺栓、螺母等进行涂油防锈处理。

（6）维修中注意对传感器信号线的保护。系统剪力传感器和压力传感器的输出线一般从钢枕端头结构侧面通过穿线管引出。进行养护维修或其他作业时，务必注意对传输导线的保护。

三、TPDS 设备一般故障处理

1. 测试平台一般故障处理

通过清筛、换砟、捣固等作业，及时整治道床板结、道砟粉化，保证道床状态良好、轨枕无悬空；所有高强螺栓、普通螺栓出现锈迹应及时进行涂油或其他防锈处理，螺栓扭矩失效（扭矩低于设计扭矩 80%）时，应及时用专用工具拧紧至设计要求的扭矩；钢轨垂直磨耗大于 5 mm、侧磨大于 6 mm 时，应考虑换轨；钢枕失效时应及时更换，更换完毕后，将轨道平台结构的纵向连接板连好，进行捣固作业，待轨道平台地段的线路稳定、轨道平顺性达到要求后，用电动扭矩扳手将连接板连接螺栓拧紧至设计扭矩；运用中发现钢轨有爬行时应及时检查弹条的扣压力（包括线路两端各 50 m 线路的弹条）；弹条扣件、绝缘橡胶块破损、失效时应及时更换；轨道平台结构出现锈蚀时应进行除污、喷涂油漆等防腐蚀工作，以提高结构的抗腐蚀能力和延长使用寿命并保持良好的外观；轨道几何状态超限、测试平台位置移动时，应及时进行线路养护作业，确保轨道几何状态满足工务维修规程要求，测试平台中心与线路中心偏差应小于 3 mm。钢轨与钢枕之间绝缘电阻小于 300 Ω 时应及时更换胶垫，并确保白色绝缘橡胶块无移位、脱落、破损，钢轨与轨枕间无杂物短接。

2. 传感器一般故障处理

传感器零点偏移过大时，用万用表直流电压毫伏挡测量接线盒传感器信号端，若信号

电压超过 50 mV，可能传感器出现故障，此时，将传感器电缆从接线板取下，用万用表电阻挡测试传感器阻抗是否在额定范围，若超出范围，表明传感器失效，应更换传感器；若信号电压和传感器阻抗均不超限，则表明二次仪表相应通道存在故障，此时应通知厂商解决；白色绝缘块破损失效应及时更换，扣件扣压力不足应及时拧紧；固定板式传感器底高强螺栓松动应用专用工具拧至规定扭矩；板式传感器外观破损应及时更换新传感器；剪力传感器保护罩松动、移位后应及时恢复原位并拧紧；剪力传感器信号线防护管破损时应用胶带封好，破损严重时更换新防护管。

3. 电器设备一般故障处理

如由于无供电导致数据采集仪电源指示灯不亮，通电后应先关闭测试主机，再重新开启主机，才能进行正常监测工作，否则数据采集仪不能初始化，测试主机无法从数据采集仪取得数据；任何情况下，关闭数据采集仪电源或因各种原因导致数据采集仪无电源供电，恢复供电后，若要进行监测工作都必须进行测试主机的重启；测试工控机和测点服务器的监测软件因意外情况停止运行时（屏幕会显示出错信息），先记录出错信息，然后关闭监测软件，重新启动测试主机；若监测软件仍不能正常工作，关闭测试主机，联系专业维护人员或与生产厂商联系。雨量计的安装状态不良时应立即修正，工作状态不良时要及时清扫飘落进雨量桶中的杂物。

任务检查单

任务编号	6-3	任务名称	TPDS 设备检修		
序号	检查内容			是	否
1	能够掌握 TPDS 设备的检修流程				
2	能够掌握 TPDS 各设备的检修标准和方法				
3	能够掌握框架式轨道测试平台的养护维修要求				
4	能够掌握 TPDS 设备一般故障的处理方法				
评语					
评分					

项目七　车辆滚动轴承故障轨边声学诊断系统（TADS）

列车运行中的轴承故障易引发燃轴、切轴、脱轨等事故，是影响列车行车安全的最大隐患。目前，运行在我国铁路干线上的铁道车辆几乎都采用滚动轴承。滚动轴承的一个显著特点，就是其寿命的离散性很大，即同一批加工制造出来的轴承，在运行工况差别不太大的情况下，有的轴承还远未达到设计寿命就出现了各种故障。

为预防由轴承故障引发的行车事故，我国铁路主要干线上安装了大量的车辆轴温智能探测系统，并形成探测网络。车辆轴温智能探测系统在防止燃轴、切轴和脱轨事故上，取得了很好的效果。但滚动轴承从出现故障到轴承发热需要一个过程，从发热到热切却非常快。而车辆轴温智能探测系统是利用轴承发热后的红外线辐射来探测轴承故障的，因此不能在轴承故障的早期进行发现和预防。从全路的统计数据看，每年都有相当数量的轴承处于“带病服役”阶段，对行车安全构成较大的、潜在的威胁。

车辆滚动轴承故障轨边声学诊断系统（TADS）作为 5T 系统的组成之一，通过对运行中的铁路货车车辆轴承噪声信号进行采集和分析，识别轴承的工作状态，判断和预报轴承的早期故障。与车辆轴温智能探测系统相比，将车辆轴承故障的防范关口提前了一个阶段。但滚动轴承的失效模式是多样的，且声学诊断系统的准确性也易受背景噪声的干扰，因此，声学诊断系统不能识别全部的轴承故障。在对车辆轴承故障的判断、预报和防范上，TADS 系统和 THDS 系统需要相互配合，共同为铁路运输安全提供保障。

知识图谱

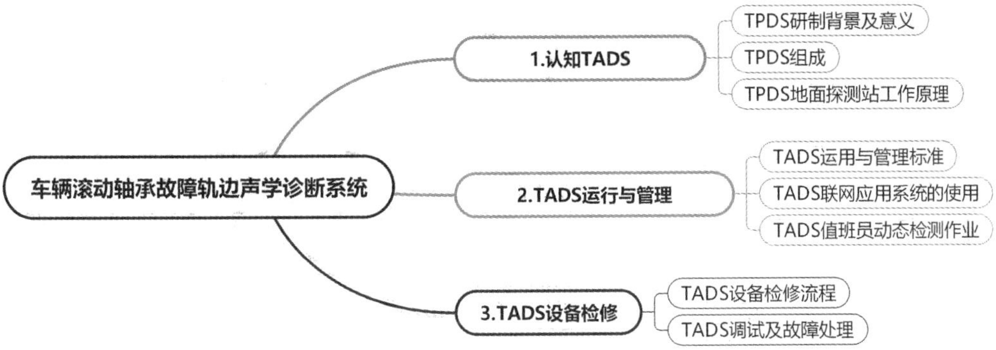

学习目标

【知识目标】

掌握 TADS 功能、原理及构成；

掌握 TADS 动态检车方法；

掌握 TADS 常见设备检修方法。

【技能目标】

具备 TADS 运用与检修能力。

【素质目标】

培养学生严谨认真的工作作风。

课程思政

事故案例

1 月 15 日，由湖东下下行场列检始发的 71019 次货物列车，编组 120 辆，该车于 11 时 04 分经过涿鹿红外线探测站，预报左一激热，调度员立即拦停。机后 82 位前台车第一条轴左侧轴头热切轴停车，前台车脱轨，构成险性事故。目的：对比 TADS 与 THDS，强调热切轴事故的危害性，引导学生树立安全责任意识。

通过上述案例，应树立标准作业意识、安全责任意识。

神州高铁获美轨道安检技术 将拥有 TADS 全部知识产权

神州高铁技术股份有限公司（神州高铁）日前与美国交通技术中心有限公司（TTCI）在北京举行签约仪式，根据协议，TTCI 将其轨旁声学探测系统（TADS）的全部知识产权转让给神州高铁。

TADS 系统利用声发射技术检测滚动轴承故障，防止脱轨事故，确保运行安全，是铁路高速和普速车辆安全检测监测的重要技术手段，在中国铁路市场拥有良好认可度。

通过此次合作，神州高铁将拥有 TADS 的全部知识产权，通过消化吸收再创新，实现高速动车、普速客货车和城轨车辆市场的快速落地，为中国铁路安全可靠运营提供有力保障，同时向海外输出，把高质量的运维服务推向世界。

任务 7-1 认知 TADS

任务书

<table>
<tr><td>任务编号</td><td>7-1</td><td>任务名称</td><td>认知 TADS</td></tr>
<tr><td colspan="4">任务目标</td></tr>
<tr><td colspan="4">【知识目标】
掌握 TADS 组成；
掌握 TADS 网络结构；
掌握 TADS 地面探测站工作原理。
【技能目标】
具备识别 TADS 各组成部分的能力。
【素质目标】
培养学生严谨认真的工作作风</td></tr>
<tr><td colspan="4">知识图谱</td></tr>
<tr><td colspan="4">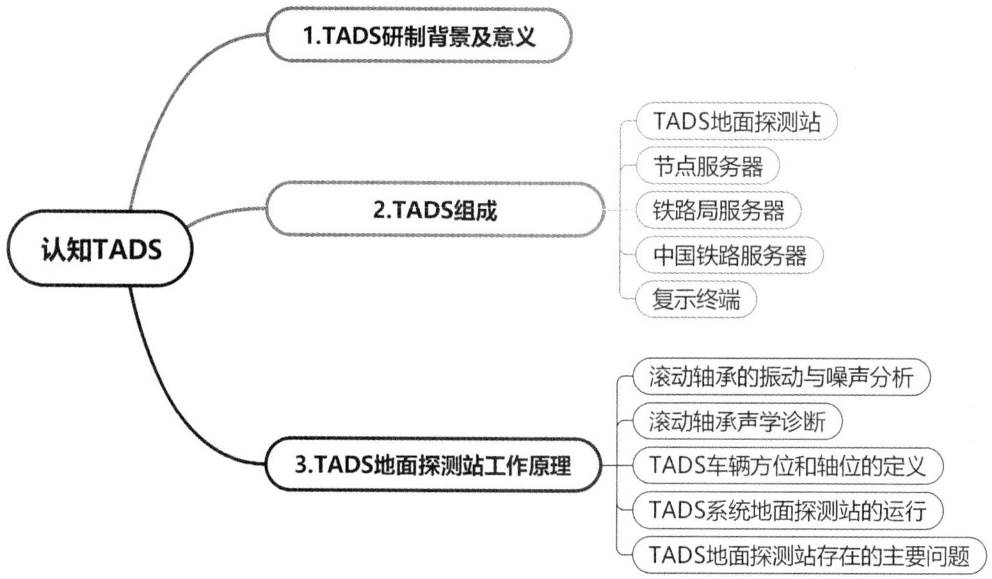
</td></tr>
<tr><td colspan="4">任务描述</td></tr>
<tr><td colspan="4">本次任务是全面了解 TADS 的组成和工作原理，以小组为单位汇报 TADS 组成、TADS 网络结构、TADS 地面探测站工作原理，为后续任务的实施奠定理论基础</td></tr>
<tr><td colspan="4">实施说明</td></tr>
<tr><td colspan="4">（1）以小组为单位认真学习任务 7-1 的引导材料，做好知识准备；
（2）结合知识准备和小组汇报情况，教师填写“任务检查单”</td></tr>
</table>

引导材料

认知 TADS

一、TADS 研制背景及意义

随着信号分析技术和计算机技术的进步，20 世纪 60 年代以来机械故障诊断技术得到了迅速的发展，目前滚动轴承早期故障的诊断主要采用振动或声学的方法。声学诊断方法具有早期发现故障、非接触测量等优点，特别适用于通过式在线监测和诊断，因此很快受到铁路部门的重视。20 世纪 80 年代，以美国 TTCI 研究院为代表的几家国外公司，开始研究利用声学诊断原理，检测运行中车辆的滚动轴承故障。在 90 年代 TTCI 对传感器进行了改进，设计了多个传感器的声学阵列，2000 年以后，才达到了实用程度。TTCI 首先把这一产品在美国、澳大利亚、南非 3 个国家进行了推广使用，具体情况如图 7-1-1 ~ 图 7-1-3 所示。

图 7-1-1　美国 BNSF 铁路轨边检测设备

图 7-1-2　澳大利亚昆士兰州铁路轨边检测设备

图 7-1-3　南非铁路轨边检测设备

澳大利亚 VIPAC 公司（Vipac Engineers SL Scientists Ltd.）自 1991 年起开始研究铁道车辆轴承声学诊断技术，推出了声学监测系统——RailBAM（Railway Bearing AcousticMonitoring System），该系统采用声音传感器阵列提取轴承和车轮故障的声音特征，可早期发现轴承和车轮故障，提高列车安全性。此后，VIPAC 公司对该系统的性能和处理速度等又进行了改进，集成了车号识别功能，从 2001 年起，新系统在澳大利亚铁路投入现场使用，取得了很高的故障诊断准确率。目前，该系统主要在澳大利亚的南部铁路网上安装使用，效果良好。

哈尔滨铁路科研所在 20 世纪 80 年代末，根据国外的资料，也开始研究声学滚动轴承诊断系统，当时与哈尔滨船舶学院水声工程系合作，首先在理论上进行了研究，计算出轴承内圈、外圈、滚子故障的基本频率，然后设计出了方向性能好的声呐传感器，并利用计算机进行了信号采集、滤波、分析处理。但也由于采集信号短，故障判断的可靠性不高，一直进展不大。2003 年，哈尔滨铁路科研所与 TTCI 合作，引进了他们的产品，并安装在大秦线进行试验。在试验过程中，我们对 TTCI 产品的硬件进行了全面消化吸收，对软件进行了分析，对系统的组网方式进行了改进，经过 1 年的运用，取得了良好效果，适合在中国推广，为保证大秦线行车安全起到了很大作用。我国建立 TADS 的重要意义如下。

1. TADS 为我国铁路货车检修修制改革提供了技术手段

我国传统的铁路车辆检修方式有两种：一种是列车到达有列检所作业的车站停车，由列检作业人员对车辆各部件进行检查修理；另一种是定期将车辆进厂、段进行辅修、段修、厂修等。列检作业采用“七字检查法”，即采用敲、听、看、摸、捻、闻、转等方法对车辆各部件进行检查。由于人员素质的差异，检查的结果也不尽相同，存在漏掉故障隐患的可能。列检作业需要停车检查，必然对运输效率有一定影响，增加了列车的停车次数和停车时间，作业人员钻、爬车下劳动强度大，工作环境十分危险。定期修就是车辆运行达到一定时间周期后，进厂、段对其进行全面整修。有些部件本身没有故障，仍对其进行拆卸检查，必然会造成大量的人力、物力、财力的浪费。由于各个厂、段维修车辆的技术水平、维修质量不同，很难保证维修后的车辆性能处于最佳工作状态，存在一定的安全隐患，特别是有些车辆在一个检修周期内使用率并不高或闲置，到期后仍然对该车辆检修，明显是不科学、不合理的。为了解决这一问题，中国铁路提出铁路车辆检修体制由定期修向状态修、走行公里修转变。滚动轴承早期故障轨边声学系统可为车轴检修的工作部门提供车辆轴承的运行状态、故障数据，为车轴检修由定期修到状态修、走行公里修提供可靠的技术手段。

2. TADS 为我国铁路生产力布局调整提供了帮助

为了适应我国铁路现代化建设的需要，完成铁路生产力布局的合理调整，我们采用先进的检测检修装备——TADS，打破传统机车车辆界限，逐步整合铁路机车车辆运用和检修布局，实行长交路、轮乘制，逐步取消列检所，可大幅度减少机构设置和人员占用，提高设备的检修水平和运用质量，为生产力布局调整提供基础条件。

3. TADS 可综合评价各类轴承性能，对货车轴承发展决策提供科学依据

在全路建立滚动轴承早期故障轨边声学系统，形成网络化管理，设立全路车辆轴承运用状态动态数据库，一方面可对轴承故障进行早期预报、早期处理；另一方面，通过建立轴承运用状态档案，对各类轴承运用性能进行统计，综合评价各类轴承的使用寿命、运用性能的可靠性，可为今后轴承的发展提供科学、合理、可靠的决策依据。

综上所述，在我国铁路建立滚动轴承早期故障轨边声学诊断系统，实现网络化管理，不仅对防止列车脱线、切轴事故的发生起着非常重要的作用，而且通过现代化的技术装备

对列车轴承进行在线检测，对铁路车辆检测修配改革由定期修到状态修、走行公里修及生产力布局调整提供了可靠的技术保障。经过多年的发展，TADS 已经由只能检测货车滚动轴承故障的单一系统演化成了既能检测货车轴承故障，又能检测客车、动车组滚动轴承故障的多功能复合系统，为我国的铁路安全运行提供保障。

二、TADS 组成

TADS 主要由地面探测站、节点服务器、铁路局服务器、中国铁路服务器、复示终端组成。下面分别介绍各个组成部分。

1. 地面探测站

TADS 系统地面探测站可以分为室外、室内两大部分，室外部分主要由 TADS 轨边设备和 AEI 设备组成，该部分主要是采集通过的列车轴承声音信号，并进行计轴、计辆、采集车辆信息。室内部分主要由机柜和 UPS 电源组成。机柜里有防雷箱、AEI 主机、远近端放大器、KVM 箱、HUB 箱、远程电源控制箱、SIPS 箱、三台工控机。整体布局如图 7-1-4 所示。

（1）室外设备。

TADS 探测站的室外设备主要包括保护箱（声音传感器阵列）、车轮传感器和 AEI 地面天线等设备。

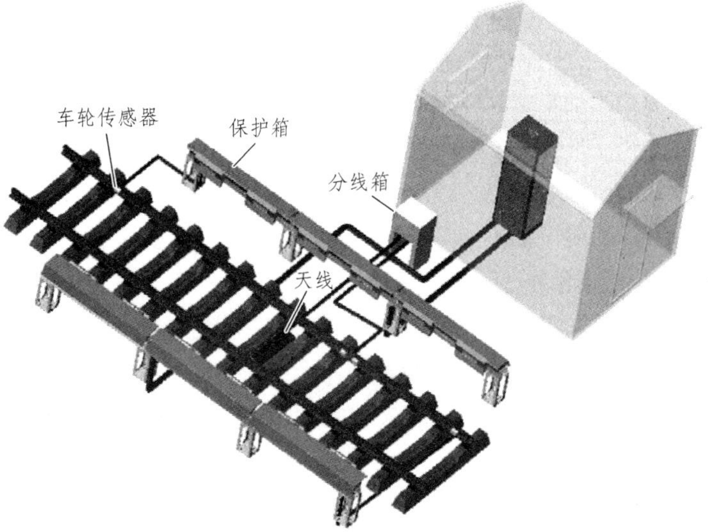

图 7-1-4　TADS 地面探测站设备的整体布局

① 保护箱。

保护箱（见图 7-1-5）主要是保护声学传感器。保护箱是具有抗振性能的箱体，设有保护门。保护门受保护门传感器（见图 7-1-6）控制，通常当没有列车通过时，保护门处于关闭状态。当有列车通过时，保护门传感器打开保护门，并使其处于打开状态，这时声学传感器将对通过的列车进行声音采集工作。列车通过后，保护门传感器将关闭保护门，使保护门处于关闭状态。

图 7-1-5　保护箱和声学传感器

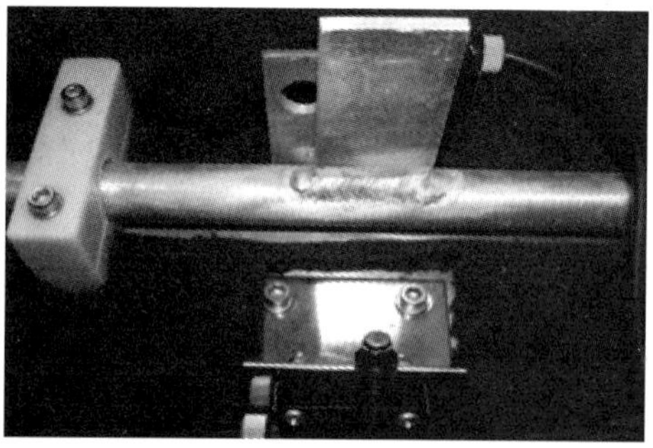

图 7-1-6　保护门传感器

保护箱安装在钢轨的两侧，每侧有 3 个，每个保护箱内有两个声学传感器，共 6 个声学传感器，用于采集车辆轴承运转产生的声音信号。它采用指向性设计，具有很好的声学波瓣图，直接朝向轴承，能够减少噪声影响。

② 车轮传感器。

车轮传感器用磁钢卡具固定在钢轨上。当列车接近时，自动启动 TADS，用于轴承的定位、计轴和测速等。车轮传感器如图 7-1-7 所示。

图 7-1-7　声学车轮传感器

③ AEI 设备。

AEI 设备包括 AEI 车轮传感器、分线箱和天线，主要是对通过的列车进行车次、车号、车速等车辆信息进行采集，给声学设备提供所需要的车辆信息。

AEI 车轮传感器，包括开机车轮传感器和开关门车轮传感器（测速、计轴判辆）。开机车轮传感器一般距离天线中心线 50 m，具体视车速而定。开关门车轮传感器一般安装在距天线 1 000 ~ 1 500 mm 的地方。AEI 车轮传感器主要作用是列车接近时自动启动 AEI 系统的采集程序，打开 AEI 设备天线，进行 AEI 系统的计轴计辆、车轮定位等。它们都用卡具固定在钢轨上，用高压胶管引入 AEI 分线箱内，与其他信号一起引入轨边机房内。AEI 地面天线用卡具固定在枕木上，用高压胶管引入 AEI 分线箱内，与已经引入 AEI 分线箱内车轮传感器信号一起引入轨边机房内。车轮传感器和 AEI 天线如图 7-1-8 所示。

图 7-1-8　车轮传感器和 AEI 天线

（2）室内设备。

TADS 的室内设备包括 UPS 电源和设备机柜。设备机柜为各个工控机和设备提供安放位置和配线走线槽，使设备合理的安放，达到设备排列有序、美观，如图 7-1-9 所示。

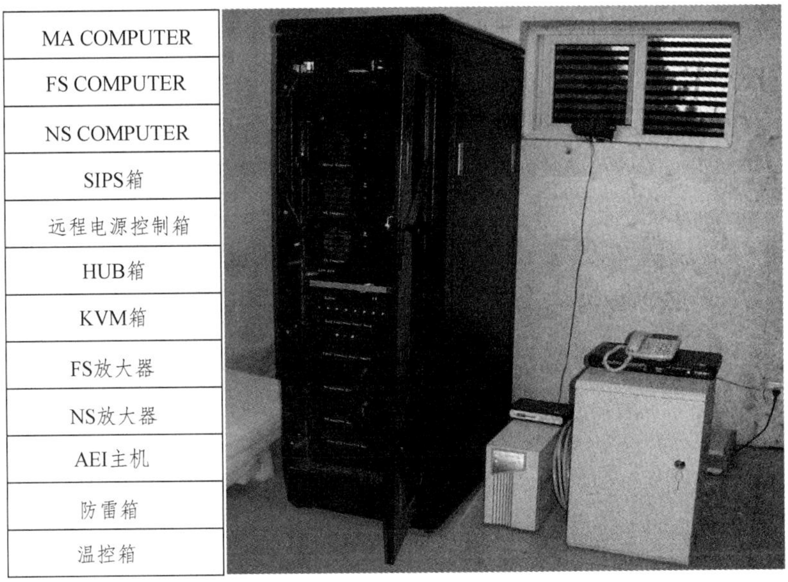

图 7-1-9　室内设备

① UPS 电源。

UPS 电源为在线式，当正常的供电电源停电时，UPS 电源将为设备临时供电，使设备在停电期间能够继续工作，保证了设备的正常运行。当来电后自动切换到电源供电方式，设备使用正常的供电方式。

② 主处理计算机（MA）。

主处理计算机是与两台远、近端信号采集处理工业控制机协同同步工作，接收远、近端信号采集处理工业控制机采集的数据，接收 AEI 数据，并对判别的轴承故障数据进行综合判断分析，通过与 AEI 数据的结合，确定故障轴承的位置并存储数据，通过网络向上一级服务器发送采集到的过车数据。主处理计算机采用研华工控机，如图 7-1-10 所示。

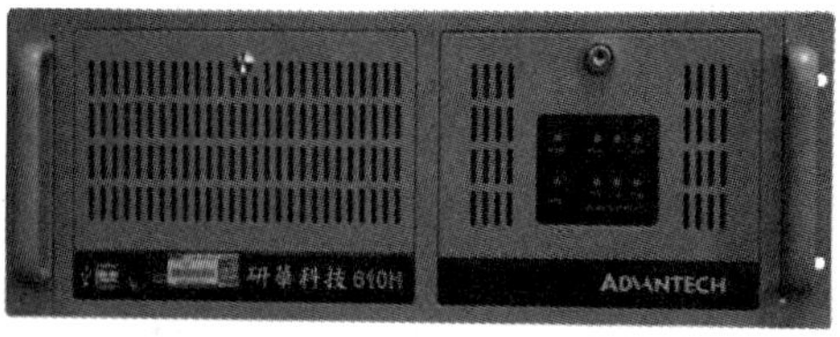

图 7-1-10　主处理计算机

③ 远、近端信号采集处理工业控制机（FS、NS）。

远、近端信号采集处理工业控制机用来采集声音信号，并对采集上来的信号进行判断处理的计算机系统，是 TADS 中重要的组成部分。远、近端信号采集处理工业控制机接收到室外设备采集到的轴承噪声信号，通过安装在计算机上的软件进行处理，完成轴承的诊断判别工作，并把处理后的数据传送给主处理计算机。远、近端信号采集处理工业控制机还可以对室外的声学传感器和声学磁钢进行检测，通过检测可以判断室外的声学传感器和声学磁钢的工作状况。远、近端信号采集处理工业控制机采用研华工控机，面板如图 7-1-11 所示。

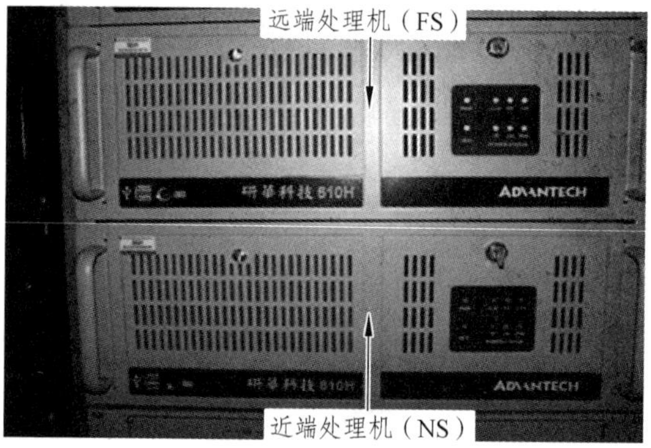

图 7-1-11　远、近端信号采集处理工业控制机

在远、近端信号采集处理工业控制机里分别装有两个 PCI 卡（见图 7-1-12），一个是 I/O 卡，一个是 A/D 卡。I/O 卡控制保护门的开启和关闭，A/D 卡处理室外设备采集的声音信号和磁钢控制信号，A/D 采集卡除了具有数据采集的功能之外，还拥有专用的数据处理系统，包括两个 DSP 处理器和一个具有专用的 32 位板上操作系统的计算机系统，根据要求可以完成声音信号的抗混叠滤波、声音处理等高级功能。

④ 电源信号分配箱（SIPS 箱）。

电源信号分配箱（SIPS 箱）是对各种信号提供接口电路的机箱，通过 SIPS 箱对室外设备进行控制信号分配，并且控制声学传感器阵列箱保护门开启或关闭以及室外风扇的开关，如图 7-1-13 所示。

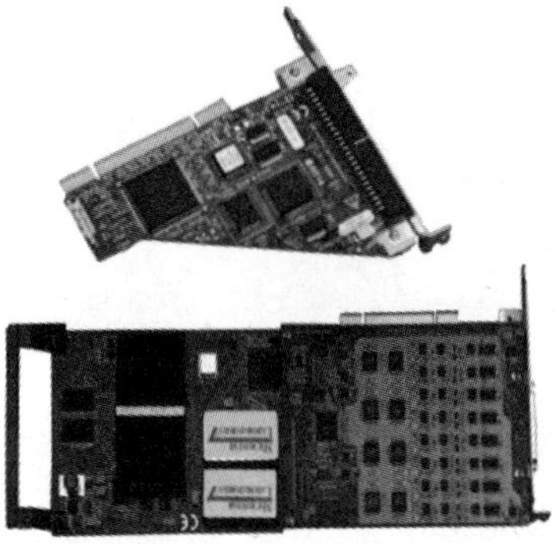

图 7-1-12　I/O 卡和 A/D 卡

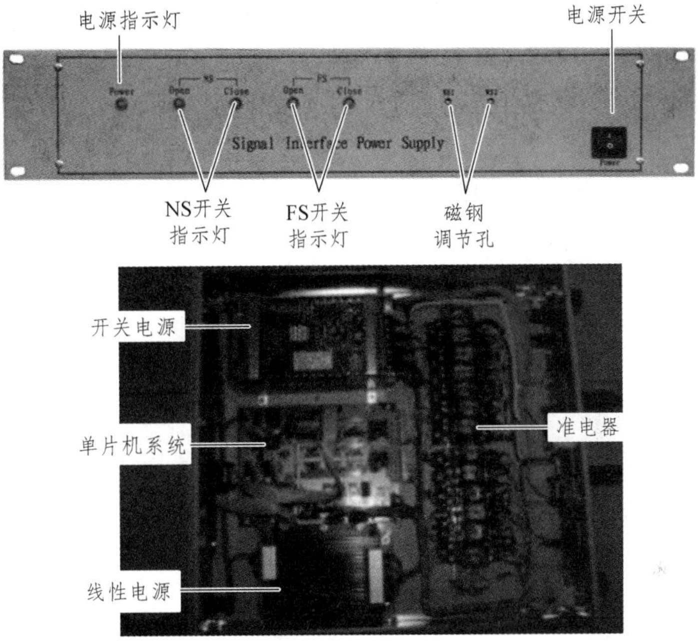

图 7-1-13　电源信号分配箱（SIPS 箱）及内部结构

内部结构包括开关电源、单片机系统、线性电源。开关电源为保护门电机/风扇提供 12 V 直流电源，单片机系统实现的磁钢信号的放大滤波及保护门开关的控制逻辑，并与数据采集计算机进行通信。线性电源为单片机系统和继电器提供工作电源。

⑤ 远程电源控制箱。

远程电源控制箱是向车号地面 AEI 主机、探测站主计算机、NS/FS 数据采集计算机、SIPS 箱、HUB 箱、NS/FS 放大器箱等设备提供电源输出。它通过电话线与室内电话直接连接，可以在其他地方通过拨打电话方式，远程控制各个机器设备的电源开或关。远程电源控制箱面板如图 7-1-14 所示。

⑥ HUB 箱。

HUB 箱将主、从 3 台计算机联网，构成网络化连接，提高轨边设备综合处理数据能力及数据的高速交换能力，并且提供向上传输数据的通道；同时为 KVM 转换器提供电源。HUB 箱面板如图 7-1-15 所示。

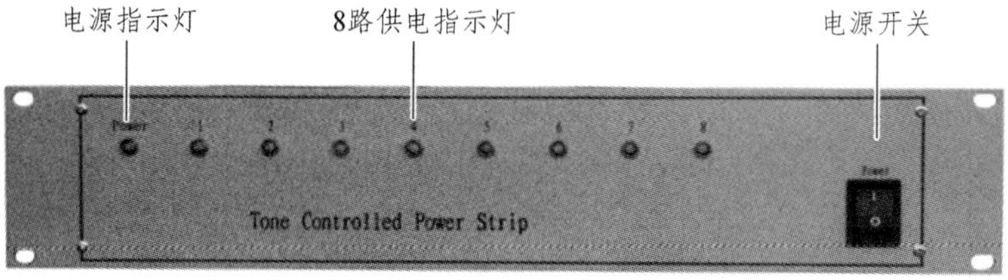

图 7-1-14　远程电源控制箱面板

图 7-1-15　HUB 箱面板

⑦ KVM 转换器箱。

KVM 是提供 3 台计算机的显示界面和控制操作的显示器，通过它可以方便的操作任意一台计算机，可以提供快捷方便的显示操作工作，如图 7-1-16 所示。3 台计算机和 KVM 转换箱通过 HUB 组成轨边设备的局域网系统，如图 7-1-17 所示。

图 7-1-16　KVM

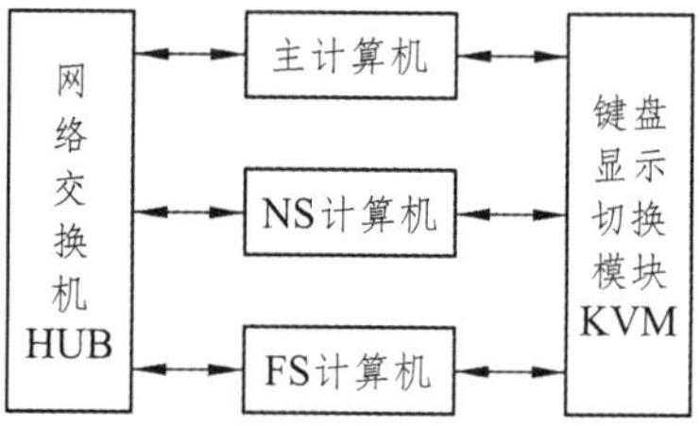

图 7-1-17　轨边设备的局域网系统

⑧ FS、NS 放大器。

放大器包括远、近端放大器组，如图 7-1-18 所示。每组 6 个通道，接收声学传感器阵列信号，并对室外声学传感器阵列信号进行滤波和高保真放大处理，是采集轴承声音的重要组成部分。放大器的主要技术指标如下：

a. 供电：110 ~ 200 V，50 Hz；
b. 最大允许输入电压：21.6 V 峰值；
c. 通道数：4 个；
d. 工作频率范围：0.3 Hz ~ 1 MHz；
e. 输出接口：Q9 插头；
f. 放大倍数：−20 ~ +60 dB；
g. 输入阻抗：1 MΩ/300 pF；
h. 输出阻抗：50 Ω/500 pF。

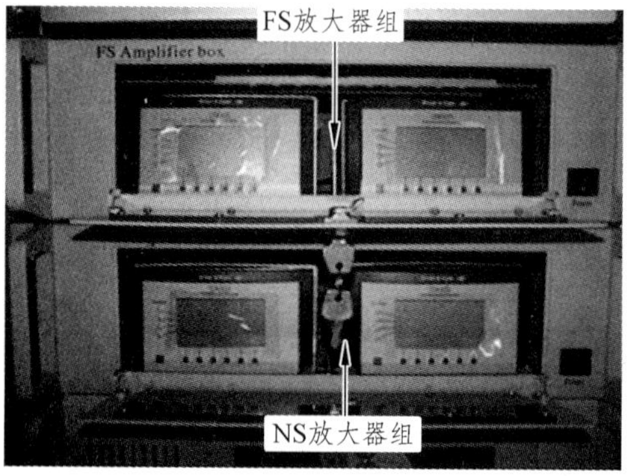

图 7-1-18　远、近端放大器

⑨ AEI 主机。

AEI 主机主要是自动识别列车的车次、车号信息，计轴、计辆、测速，并将有关信息数据提供给TADS设备，完成对预报的故障轴承车号和轴位的自动定位。AEI主机如图7-1-19所示。

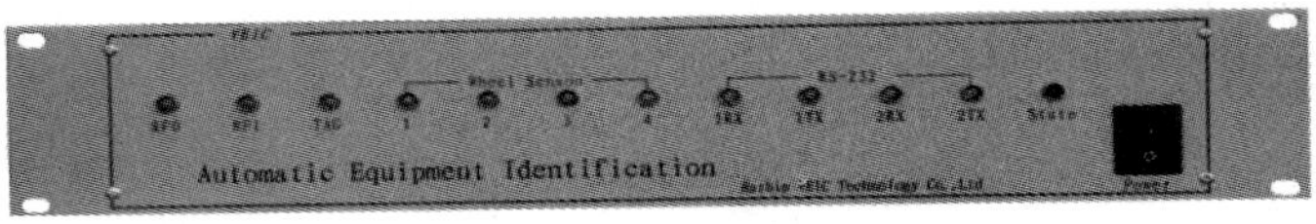

图 7-1-19　AEI 主机

⑩ 防雷箱。

防雷箱是对除声学传感器外的各种传感器信号、通信信号、控制电源信号进行抗雷电冲击及抗浪涌保护的装置，是保证设备安全的必要设备，可以对防止设备遭受雷击起到很好的作用。轨边设备的防雷如图 7-1-20 所示。

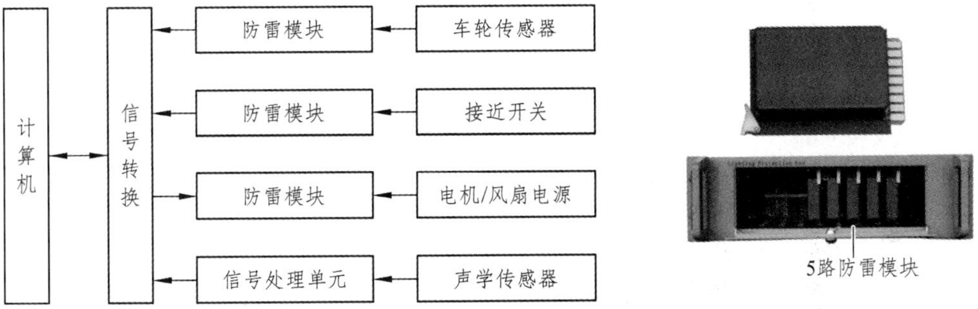

图 7-1-20　轨边设备的防雷（防雷箱和防雷模块）

2. 节点服务器

节点服务器完成基本的数据处理及接口报文形成等功能，并上传数据报文给铁路局服务器，对系统数据传输进行实时监控。节点服务器也可以不设置，数据直接传送给铁路局服务器。

3. 铁路局服务器

铁路局服务器是 TADS 网络的关键部分。服务器采用具有 NT 内核的 Win 2000 操作系统，采用 Oracle 8i 大型数据库，负责接收节点服务器发来的接口报文（包括数据、声音和自检信息等），创建数据库和监控管理网站，并对轴承状况进行跟踪评判，对故障轴承进行报警。

铁路局服务器实现的主要功能如下。

（1）实时显示、接收并处理 TADS 探测站的数据报文，建立数据库，将探测站数据进行入库，对故障轴承进行跟踪对比、预报。

（2）对处理结果上传中国铁路系统。

（3）查询、统计、打印通过列车的轴承声学检测信息。

（4）追踪故障轴承的发展过程。

4. 中国铁路服务器

中国铁路服务器是数据库的中心，它建立全路车辆滚动轴承运行状态数据库和各种轴承故障档案数据库，通过收集大量的数据，建立滚动轴承早期故障诊断系统，自动调整系统判别模型，综合评价各种轴承运行状态和质量，为铁路车辆制造和检修提供科学、合理依据。

5. 复示终端

复示终端包括红外中心复示终端、车辆段复示终端、列检所复示终端和其他复示终端，各复示终端通过访问各级服务器管理网站，实现对 TADS 探测数据的实时监控，对故障轴承进行报警，并可以对历史探测数据进行查询和统计。其主要功能如下。

（1）实时复示相关 TADS 处理的过车报文和轴承故障报警信息，并进行处理、显示、打印、存储、汇总、统计分析。

（2）实时对 TADS 设备状况进行监视，打印显示地面设备故障等信息。

（3）准确监测地面 TADS 设备预报的轴承故障情况，实现故障轴承的报警、跟踪。

（4）各复示终端通过 TADS 轴承声音图谱播放软件还可以在线收听故障轴承和正常轴承的声音并观看声音图谱（正常轴承和故障轴承声音的三维图谱）。

三、TADS 地面探测站工作原理

TADS 就是利用声学传感器阵列，采用现代声学诊断技术，对运行列车的车辆滚动轴承所发出的故障信号（声学噪声）进行实时的拾取、滤波、采集，并经过后台分析处理，从而达到对故障轴承进行预报的目的。TADS 系统采用了声学传感器阵列技术和多传感器信号合成及定位技术保证了系统对故障轴承诊断的可靠性和准确性。利用故障轴承信号拾取技术和系统降噪技术及频谱分析和小波形分析技术使得系统对故障轴承缺陷程度具有极高预报精度。该系统与车号自动识别系统结合，从而实现故障轴承的车号和轴位的自动定位。TADS 系统地面探测站组成如图 7-1-21 所示。

1. 滚动轴承的振动与噪声分析

滚动轴承主要由内圈、外圈及滚动体组成，如图 7-1-22 所示。

滚动轴承在旋转时必然会发生振动，这种振动是由几种振动合成的，它主要与轴承转动体的固有振动和轴的振动等有关。当轴承无故障时，轴承在旋转时表现出来的振动主要是由转动面的光洁度和波纹度引起的；当轴承发生故障时，转动面劣化，转动体通过损伤部分，由于冲击现象而发生极快速的冲击振动。我们通过检测这样的振动声音信号，便可对故障的滚动轴承进行早期诊断。一般来说，轴承产生振动和噪声的原因是多方面的，主要与外部振源的激励、轴承自身的结构特点、制造和装配误差、内部缺陷或故障 4 种因素有关。

（1）外部激励引起的振动和噪声。

与轴承接触的其他振源（如传动轴、壳体等）对轴承产生激振力，引起轴承的振动和噪声。这种振动和噪声以低频周期成分为主，一般在轴承总的振动能量中所占比例不大。

（2）轴承的结构特点引起的振动和噪声。

滚动轴承承载时，由于滚动体的公转，使轴承负荷区的滚动体数目不断变化，滚动体在不同位置时受力的大小也不一样，因而承载刚度发生变化，引起轴心的起伏波动，产生振动和噪声。在一定的转速下，这一振动或噪声具有确定的性质，频率较低。

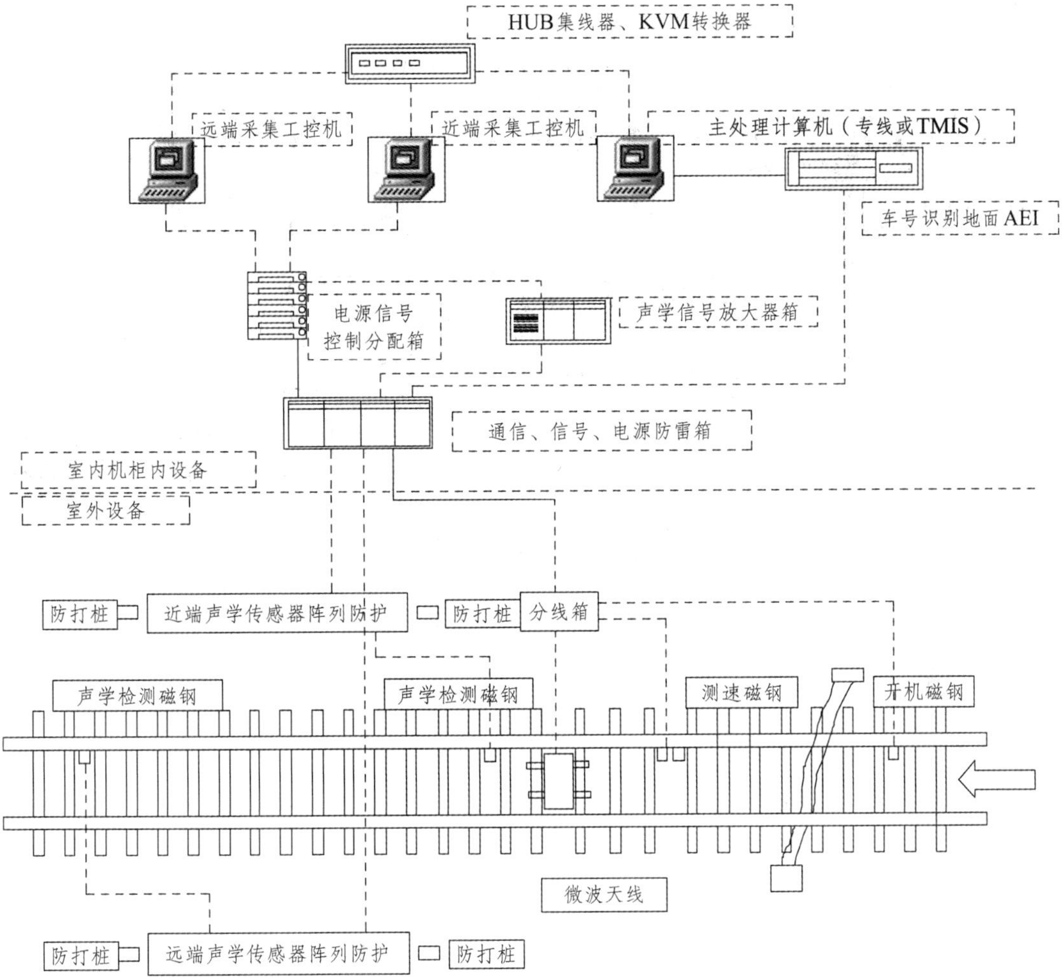

图 7-1-21　TADS 系统地面探测站组成

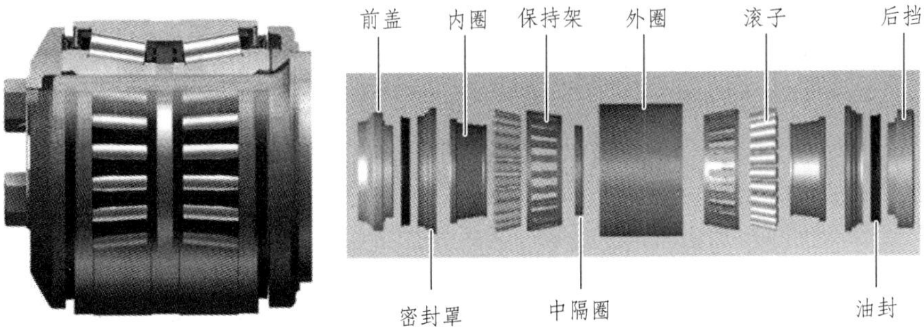

图 7-1-22　铁路货车滚动轴承

（3）轴承的制造和装配误差引起的振动和噪声。

正常状态下，可以说这部分因素造成的轴承振动和噪声占主导地位。制造方面包括轴承零件加工面（内、外圈滚道面和滚动体工作面）的波纹度、形位公差、滚动体直径误差等，装配方面包括轴承偏心、转子不平衡、轴弯曲等，都将引起轴承的振动和噪声。这些制造和装配因素造成的激振力大都具有周期性，但由于实际情况下各因素之间的关系十分复杂，所以总的激振力随机性较强，频率成分较多，从而正常轴承在这些激振力的联合作用下所产生的振动和噪声也呈现出较强的随机性，含有多种频率成分。

（4）轴承的内部缺陷或故障引起的振动和噪声。

当轴承零件的滚动工作面上出现故障（如剥离、碎裂、点蚀、塑性变形等）时，在轴承运转中滚动体碾压到故障部位，就会产生冲击振动，这种冲击振动与正常情况下的振动有所不同，具有很宽的频率范围，常能激起轴承零件的共振，引发异常声响。这种信号的特点是每个冲击的作用时间很短，时域能量不大，但频谱丰富，且冲击具有周期性。

综上所述，正常状态的轴承在运转中也有十分复杂的振动和噪声，其信号总体上表现出随机特性，虽含有周期成分，但频率较低，能量较弱。一旦轴承内部出现局部损伤，则振动和噪声信号的结构将发生变化，出现周期性的冲击脉冲，引起轴承系统的高频共振响应，如图 7-1-23 所示。

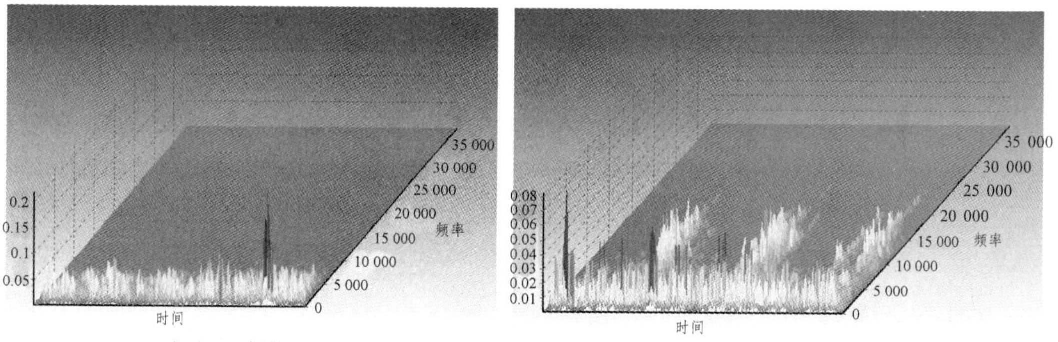

（a）正常轴承　　（b）故障轴承

图 7-1-23　正常轴承与故障轴承声音图谱

2. 滚动轴承声学诊断

利用声传感器拾取轴承的声音信号，采用特定的信号分析技术，可以从时域、频域或幅域提取出轴承的故障特征，再应用各种模式识别方法，就能够实现滚动轴承的故障诊断。幅域特征可以反映故障的严重程度；频域特征则可以反映故障的部位，因为故障部位不同，其产生的重复冲击频率是不一样的。根据轴承运动学原理，如果已知轴承的几何参数和转速，就可以计算出各个轴承零件产生故障时的特征频率。对实测信号进行分析，查找特征频率成分，即可判别故障所在。轴承声学诊断的关键技术如下。

（1）声学信号的采集与合成。

根据铁路车辆轴承的运行机理及轴承的尺寸，车轮旋转两周、轴承滚动体旋转 1 周的特点，轴承内部任何部位发生故障产生缺陷时，都要全面、准确地拾取故障轴承所产生的振动声音。声学传感器的指向区域大约在 6.5 m。若采用单独的声学传感器，在这么大的指向区域内保持接收信号灵敏度的一致性是不可能的，从而难于对轴承故障进行准确判断。为此，TADS 采用单侧 6 个声学传感器阵列，每个声学传感器指向性设计的有效区域约为 1.1 m，并相互交叉，保证了某一个轴承在探测区域内传感器接收的轴承振动信号是连续的。由于采用 6 个传感器，就要求 6 个声学传感器接收信号的灵敏度一致，因此系统在每个传感器与放大器之间采用了自适应校准技术，保证了 6 个声学传感器接收信号灵敏度的一致性。由于采用 6 个传感器对于某一个轴承来说需要将 6 个传感器接收的信号进行合成，这种信号合成技术也是此系统的关键技术。对于相邻轴承同时进入声学传感器阵列探测区，该系统采用测速、测距等技术来区分不同轴承信号。由于采用了传感器阵列技术，使得系统对轴承信号拾取更加全面和准确，保证了系统对故障轴承诊断的可靠性和准确性。如图7-1-24所示为某一个轴承通过声学传感器MC1～MC6时的时间及波形，将每个传感器的声音信号分成T1到T6段，则该轴承的合成信号为MC1～MC6所对应的时间段T1～T6的合成。

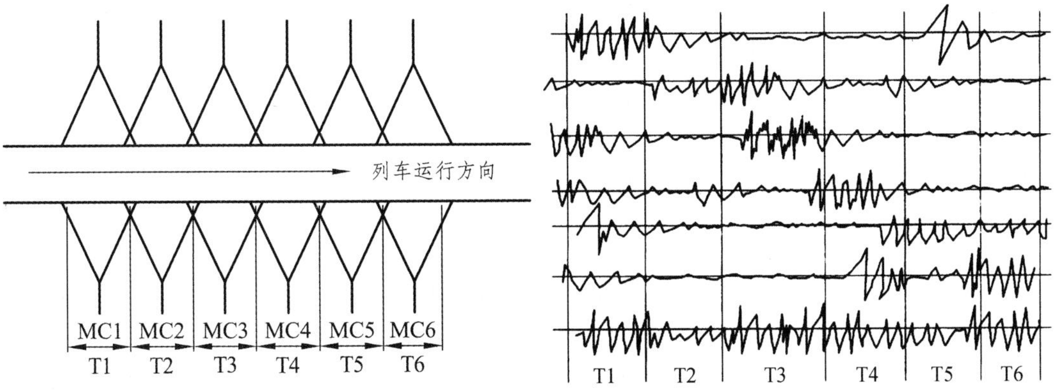

（a）传感器位置布置　　（b）噪声信号合成

图7-1-24　某一轴承的噪声信号合成

（2）滚动轴承状态识别。

滚动轴承状态识别是根据轴承的运行信息对其状态进行分类。由于运行过程与环境的复杂性，一般来说所采集的信号与状态之间并不存在一一对应的关系，这就需要应用各种模式识别方法来进行诊断。常用的方法主要有简单对比分析法、逻辑判别法、贝叶斯分类法、信息距离判别法、模糊诊断法、灰色系统、专家系统、神经网络，以及上述几种方法的相互结合。

3. TADS车辆方位和轴位的定义

（1）按照运行方向定义。

按照运行方向，列车运行方向的左端依次定义为左1～左4，列车运行方向的右端依次定义为右1～右4。

（2）按照标签位置定义。

将车辆距离标签安装位置近的一侧定义为A端，另一侧为B端，需要与列车运行方向区别开。从B端看向A端，距离A端较近的第1个车轴的右侧定义为A1轴承，另一端即左端定义为A2，第2个车轴的右侧定义为A3轴承，另一端为A4，以此类推如图7-1-25所示。

4. TADS地面探测站的运行

参见图7-1-21，列车从右侧驶入TADS探测站，车轮经过开机磁钢，使车号自动识别系统开机运行。车轮经过测速磁钢时，通过公式$v=s/(t_1-t_2)$、$L=v(t_n-t_1)$便可计算列车的运行速度和轴距、定距等信息。其中，t_1为车辆一位轮对压过测速磁钢1的时间、t_2为车辆一位轮对压过测速磁钢2的时间、t_n为车辆n位轮对压过测速磁钢1的时间、s为测速磁钢1和测速磁钢2的距离。

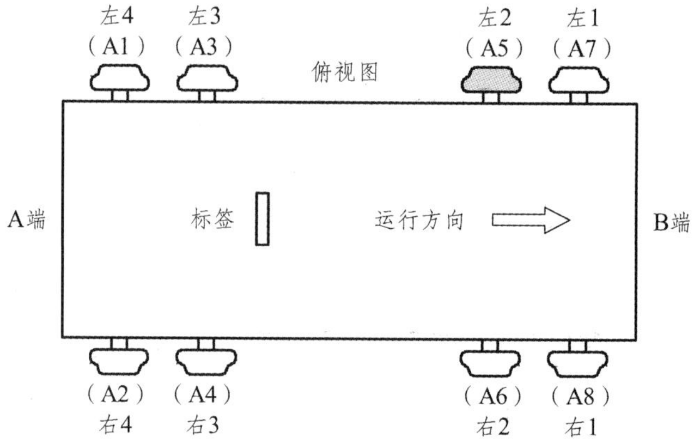

图 7-1-25　TADS 系统车辆轴位定义图

当车辆通过地面 AEI 天线时，室内 AEI 设备主机通过车辆标签读取车辆信息，用于对轴承噪声信号采集时进行车号和轴位的匹配。当车轮通过声学检测磁钢时，TADS 系统的室外探测设备的保护箱打开，进行轴承噪声信号的采集。列车通过后，TADS 系统关闭、车号自动识别系统关闭。轴承噪声信号通过防雷箱、声学信号放大器箱、远近端采集工控机传入主处理计算机进行轴承故障的判断，并结合车辆信息，对故障轴承进行预报。

5. TADS 地面探测站存在的主要问题

（1）由于列车运行的环境噪声来自多种声源，如轮轨噪声、空气动力噪声等，对测量结果均有较大影响，背景异常复杂，且受空气的温度、湿度、污染和风、雨的影响，信噪比很低，因此，声学诊断技术应用于车辆轴承，要解决的最关键技术就是设法提高信噪比，开发具有优良指向特性和低噪声级的传声器。

（2）在复杂的背景噪声条件下提取轴承的状态特征，需要有效的信号分析方法。

（3）系统的实用性应满足不同车速和载荷的运行条件，在工况不一致的前提下识别轴承的故障是困难的，需采用先进的模式识别方法，并用大量的实测数据进行调整和训练。

（4）传感器及其他附属设施需要在野外环境下全天候工作。因此，装置的环境适应性及工作可靠性都将面临挑战。

任务检查单

任务编号	7-1	任务名称	认知 TADS		
序号	检查内容			是	否
1	能够掌握 TADS 组成				
2	能够掌握 TADS 网络结构				
3	能够掌握 TADS 地面探测站工作原理				
评语					
评分					

任务 7-2　TADS 运用与管理

任务书

<table>
<tr><td>任务编号</td><td>7-2</td><td>任务名称</td><td>TADS 运用与管理</td></tr>
<tr><td colspan="4">任务目标</td></tr>
<tr><td colspan="4">【知识目标】
掌握 TADS 运用与管理标准；
掌握 TADS 联网应用系统的使用；
掌握 TADS 值班员动态检测作业程序。
【技能目标】
具备 TADS 值班员的实际工作能力。
【素质目标】
培养学生严谨认真的工作作风；
树立安全责任意识</td></tr>
<tr><td colspan="4">知识图谱</td></tr>
<tr><td colspan="4">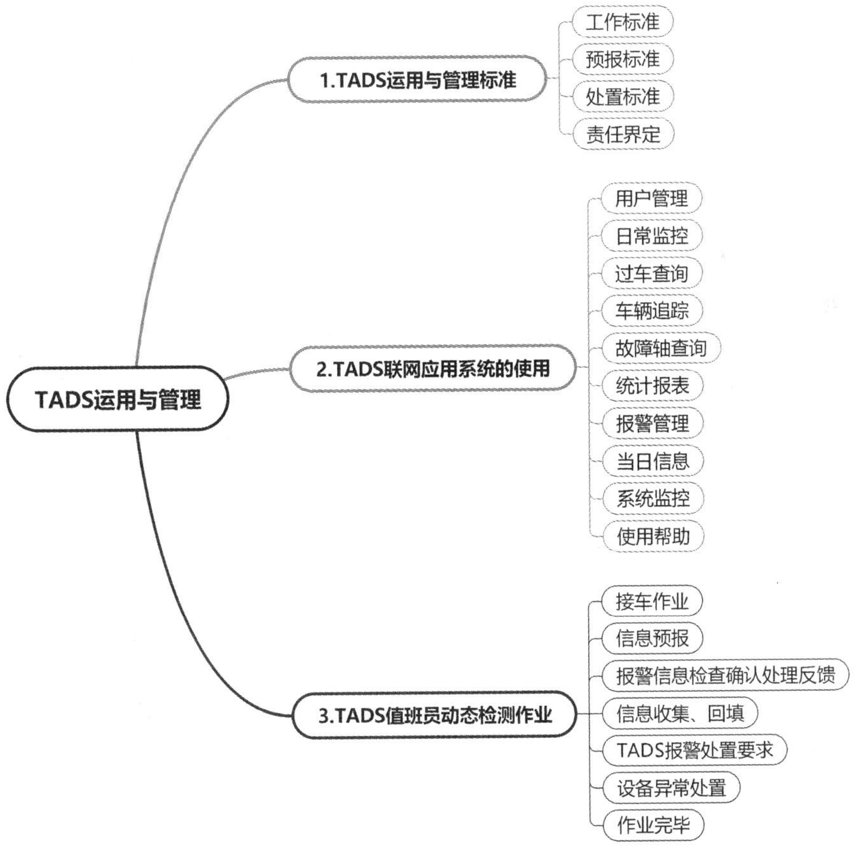</td></tr>
</table>

续表

任务描述
本次任务是全面了解 TADS 运用与管理，以小组为单位汇报 TADS 运用与管理标准、TADS 联网应用系统的使用、TADS 值班员作业程序，为后续任务的实施奠定理论基础
实施说明
（1）以小组为单位认真学习任务 7-2 的引导材料，做好知识准备； （2）结合知识准备和小组汇报情况，教师组织课堂教学内容，填写“任务检查单”

引导材料

TADS 运用与管理

一、运用与管理标准

1. 工作标准

TADS 交班人员应认真填写《货车安全防范系统动态检车组交接班记录簿》。接班人员应确认设备状态良好，向交班人员了解设备使用情况及探测网络运行情况，检查记录台账，交接班人员共同在交接班记录簿上签字。TADS 动态检车组长负责监测 TADS 系统运行状态，并负责传输通道故障的监测，要将 TADS 故障情况及时上报车辆段进行处理。当 TADS 客户端计算机无法正常工作时，要立即向列检值班员报告，由列检值班员通知该班现场检车工长，由现场检车员按技检标准对列车进行人工检查。

2. 预报标准

（1）故障类型。

货车滚动轴承早期故障主要分为外圈故障、内圈故障、滚子故障和未知故障 4 类。

（2）单次预报标准。

故障预报等级分为一级报警（严重、红色）、二级报警（一般、橙色）和三级报警（用于 5 T 系统追踪、黄色）。

（3）扣车预报标准。

TADS 在单次报警的基础上，实行全路联网综合评判，综合评判报警标准如下：

① 轴承连续经过 3 次探测，3 次一级报警的；

② 轴承连续经过 5 次探测，其中有 3 次一级报警的；

③ 轴承连续经过 6 次探测，其中有 3 次二级及以上报警的；

④ 轴承连续经过 8 次探测，其中有 5 次三级及以上报警的。

达到上述标准之一时，铁路局监测站的监测终端和列检复示站的复示终端自动显示扣车信息。

3. 处置标准

（1）TADS 预报及处置。

TADS 单次一级报警或综合评判报警时，TADS 动检值班员须通知列检值班员，由列检值班员通知现场检车员对报警轴位进行轴承转动检查。对无故障的轴承，工长须进行复核，现场检车员将确认信息和处理结果报告列检值班员，由列检值班员复核后反馈 TADS 动检值班员，录入 TADS 系统。

对有故障的轴承，工长须进行确认，确认后在轴承外圈的正下方粘贴不干胶标志，注明“TADS 故障”字样，并将有关信息报告列检值班员。列检值班员复核后办理扣车，并将现场确认和处理信息反馈 TADS 动检值班员，录入 TADS 系统。故障车辆送站修作业场更换轮轴后，须及时将故障轮轴送至车辆段，由车辆段主管安全副段长应组织有关车间主任、轮轴专职、安全专职、5 T 运用专职等相关人员对故障轴承进行退卸，分析判断轴承故障，形成《TADS 报警轴承故障诊断分析报告》，妥善保存轴承故障损品，并将退卸和分析结果、故障数码照片反馈 TADS 列检复示站，由 TADS 动检值班员自系统报警之日起 15 日内录入 TADS 系统。

（2）直通列车 TADS 预报及处置。

有 TADS 复示站的列检作业场，因列车通过或停车时间不能满足检查要求等运输组织原因，对 TADS 单次一级报警和综合评判报警车辆无法进行检查处理的，须预报给前方站或列车到达站的列检作业场按相关规定进行检查处理。具体预报和检查处理办法由铁路局制定。

4. 责任界定

（1）TADS 未对轴承故障进行一级预报及扣车预报的轴位，现场检车人员只进行轴承外观检查。

（2）TADS 值班员未及时将系统预报故障信息向列检值班员报告、未做系统预报记录、未将处理结果及时录入系统、销毁，涂改和丢失记录、违章操作造成人为设备故障、在计算机上使用无关软件发生病毒感染、因系统故障未及时通知维修人员，由动态检车员负责。

（3）列检值班员未及时将 TADS 值班员的报告信息通知现场检车组及通知信息错误的，由列检值班员负责；车辆运行安全监测站值班员（调度员）未按规定程序办理拦停手续、迟办或错办的，由值班员（调度员）负责。

（4）每班列检作业组均包含现场检车组和动态检车组，共同组成一个质量责任主体，由现场检车组工长统一管理。接到列检值班员的故障通知后，未做确认处理、未做现场处理情况记录和未向动态检车组反馈处理情况、销毁，涂改和丢失记录的，预报的车号或故障与现场不符而没有向列检值班员核实的，由现场检车人员负责。

（5）当铁路货车安全防范系统预报重大故障，需要对货物列车进行拦停、甩车处理的，不列行车事故；未按预报信息进行检查确认和扣车处理，排到邻局后被邻局做扣车处理的，由该铁路局负责。

（6）发生热轴拦停甩车、经分解轴承存在故障时，经查 TADS 对该位轴承进行过一级预报或扣车预报、检查确认局无反馈确认记录或有反馈确认记录但无 HMIS 更换车轮记录的（直通车除外），追究该铁路局责任。

（7）发生热轴拦停甩车、经分解轴承存在故障时，经查 500 km 区段内，该铁路货车途经的 TADS 未对该位轴承进行过一级预报或扣车预报（不包括轴承保持架故障），经分析，属于 TADS 系统存在漏报的，根据修程，由 TADS 系统供应商或系统检修、维护单位负责。

（8）未经中国铁路批准，车辆处、车辆段不得允许任何单位及个人随意修改 TADS 系统软件，凡发生上述情况的，追究车辆处或车辆段管理责任。

二、TADS 联网应用系统的使用

TADS 联网应用系统主要包括两个应用级：铁路局应用级和中国铁路应用级。在各级服务器上，创建 ASP.NET 架构网站，通过访问后台 Oracle 数据，向各个查询、统计、监控、复示终端提供相应的各项功能，主要包括用户管理、实时监控、系统监控、当日信息、数据查询、详细信息显示、报警轴承管理、统计报表、信息维护和使用帮助等功能。其中铁路局应用级相对于中国铁路应用级，增加报警轴承确认、检查结果反馈、分解结果反馈 3 项功能，如图 7-2-1 所示为网站功能结构。

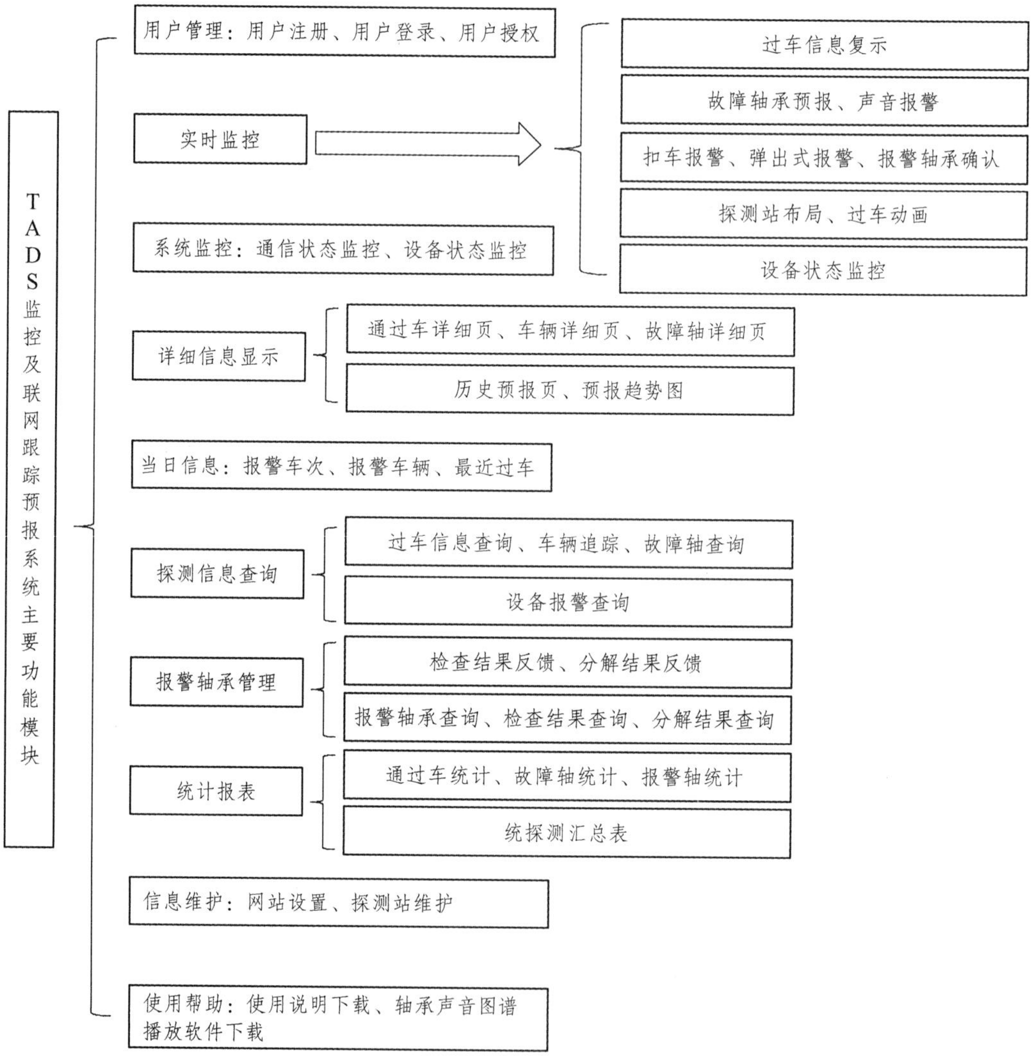

图 7-2-1　网站功能结构示意图

1. 用户管理

用户登录和注册如图 7-2-2 和图 7-2-3 所示。用户管理员负责管理在网站中注册的所有用户，可以为每个已经注册的用户分配相应的权限，也可以注销某个用户使其无法登录网站。用户分配的权限说明如下。

（1）未授权用户：没有任何权限的用户。

（2）普通用户：一般的浏览用户。

（3）值班员：动态检车员、列检所值班人员，除具有浏览权限外，还具有报警轴承确认、检查结果反馈、分解结果反馈权限。

（4）管理员：用户管理员。

图 7-2-2　用户登录

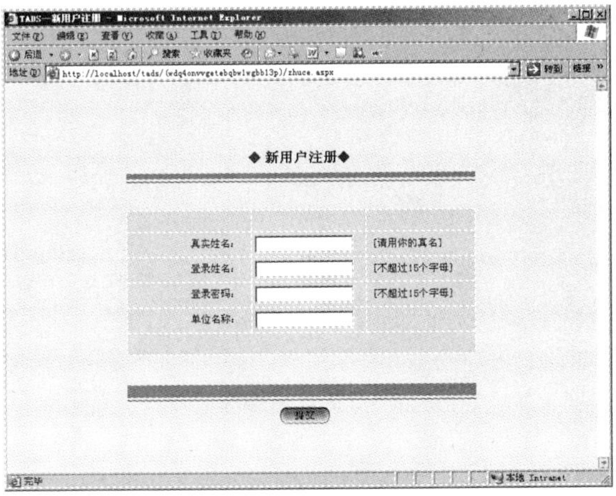

图 7-2-3　用户注册

在登录页面使用已注册的用户名和密码进行登录，即可进入本管理系统，界面如图 7-2-4 所示。

2. 日常监控

日常监控时可以使用“实时监控”功能或“当日信息”中的“复示监控”功能。

（1）实时监控。

实时监控功能界面如图 7-2-5 所示，主要有以下几个模块。

① 绿色通道：显示最近通过的正常列车信息（10 列）。

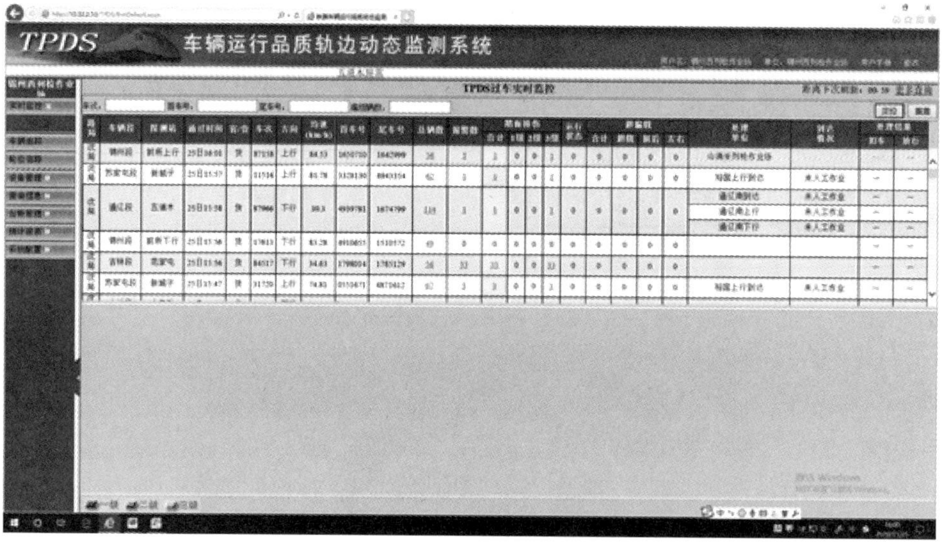

图 7-2-4　TADS 网页

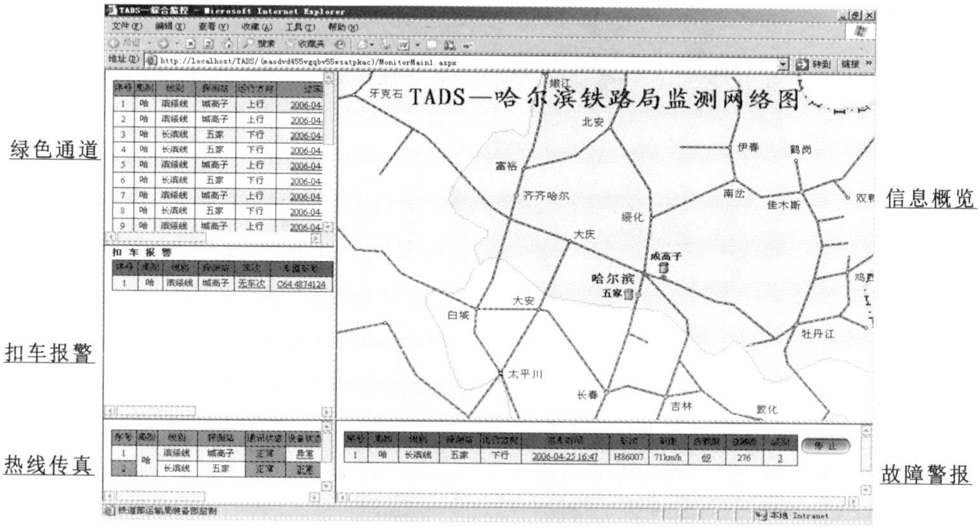

图 7-2-5　实时监控

② 扣车报警：显示当日所有的符合扣车标准的和一个月内未确认过的扣车报警轴承信息，对于符合扣车标准的故障轴承还会在屏幕上方弹出扣车报警窗口。

③ 热线传真：显示所有 TADS 探测站的运行状况，包括“通信状态”和“设备状态”。

④ 信息概览：显示 TADS 探测站的安装位置，并能够实时动态显示过车信息。

⑤ 故障警报：显示最新的含有故障轴承的列车警报信息，能够进行声音报警。

（2）复示监控。

复示监控功能界面如图 7-2-6 所示。在复示监控的“过车信息”窗口中显示最近通过的列车信息，包括正常列车和有预报的故障轴承的列车信息，点击某列过车信息，可以在“详细信息”和“故障信息”窗口中显示该列车的车辆信息和故障轴承信息。

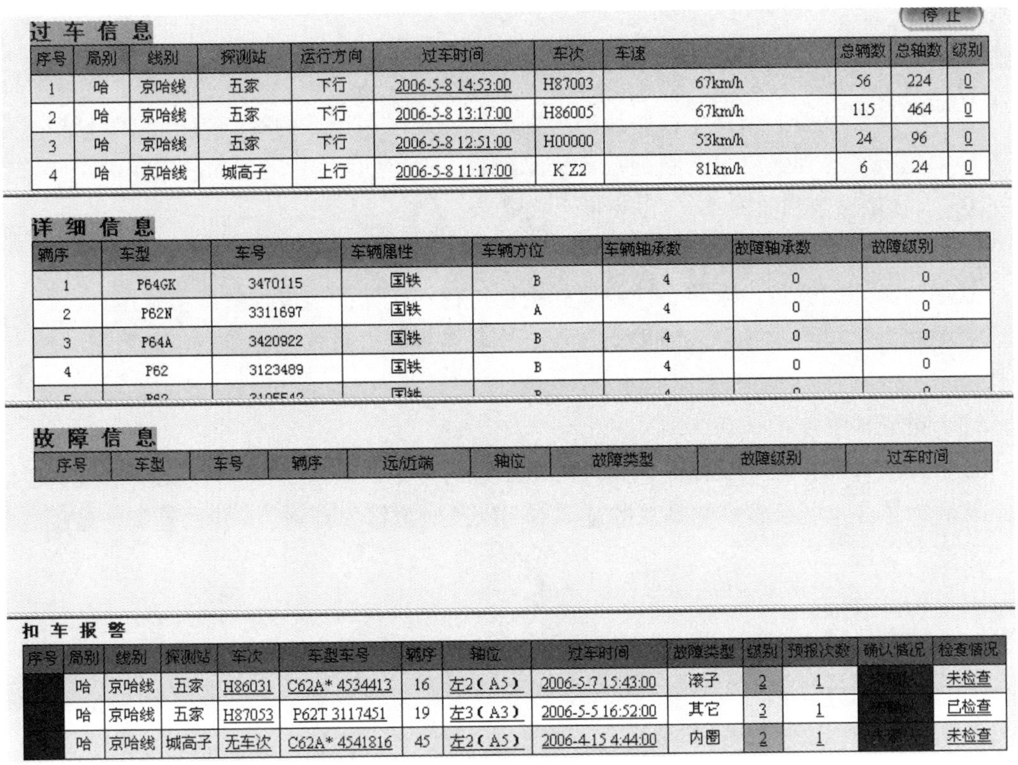

图 7-2-6　复示监控

（3）查看详细信息。

网页中的各个功能页面采用统一风格，页面中带有下划线的内容具有超链接功能，即可以通过点击该内容，打开其他功能页面查看详细信息。一般约定："过车时间"为打开通过车详细信息页；"车号、辆序"为打开车辆详细信息页；"轴位"为打开故障轴详细信息页；"预报次数"为打开故障车辆或故障轴承历史预报页。

3. 过车查询

过车查询能够按照通过车时间范围（起始时间和终止时间）、铁路局、探测站等条件进行单一或联合查询。查询结果有局别、线别、探测站、运行方向、过车时间、车次、车速、总辆数、总轴数、级别（本列内所有故障轴承的最高级别）和处理端等信息，以表报形式显示。

4. 车辆追踪

车辆追踪是指对一定时间范围内的某一个货车车号进行追踪。车辆追踪结果包括过车时间、探测站、辆序、车辆方位、车辆轴数、故障轴承数和车辆最高故障级别等信息，以表报形式显示。

5. 故障轴查询

故障轴查询能够按照通过车时间范围（起始时间和终止时间）、铁路局、探测站、故障类型、故障级别和预报次数等条件进行单一或联合查询。查询结果有车种车型、车号、辆序、远/近端、轴位、故障类型、故障级别、过车时间、预报次数和是否报警等信息，以表报形式显示。

6. 统计报表

（1）过车统计。

过车统计能够按照全路、铁路局的级别进行一定时间范围内过车统计。统计结果以探测站为单位有车辆列数信息（总列数和故障列数）、辆信息（总辆数和故障辆数）、轴信息（总轴数、故障轴数和故障率），以表报形式显示。

（2）故障轴统计。

故障轴统计能够按照全路、铁路局的级别进行一定时间范围内故障信息统计。统计结果以探测站为单位包括各个故障类型、各个故障级别的故障轴承数量及汇总数量，以表报形式显示。

（3）报警轴统计。

报警轴统计能够按照全路、铁路局的级别进行一定时间范围内报警信息统计。统计结果以路局为单位包括所辖探测站总的监测情况以及对报警的类别、车辆的检查与处理结果，以表报形式显示。

（4）探测汇总。

探测汇总能够按照全路、铁路局的级别进行一定时间范围内报警信息统计。统计结果以探测站为单位包括各个探测站的监测情况以及各个故障级别、各个故障类型的故障轴承数量及汇总数量，以表报形式显示。

7. 报警管理

报警管理中的各项功能只针对达到扣车报警标准的报警故障轴承，主要包括：

（1）报警轴承查询。

报警轴承查询可以按照通过车时间范围（起始时间和终止时间）、铁路局、探测站、故障类型、故障级别、确认情况、检查情况等条件对 TAD 预报的符合扣车标准的报警轴承进行单一或联合查询。查询结果有序号、线路、探测站、车次、车型车号、辆序、轴位、过车时间、故障类型、故障级别、预报次数、确认情况、检查情况和分解情况等信息，以表报形式显示。

（2）报警轴承确认。

在日常使用中，由于某些原因，致使报警提示框没有及时弹出进行确认的情况，网页还提供了报警轴承确认功能。点击“报警管理”下的“报警轴承确认”按钮即可对未经确认的报警轴承进行确认。

（3）检查结果查询。

点击主页面左侧功能选择区“报警管理”下的“检查结果查询”按钮，进入报警轴承检查结果查询条件页。检查结果内容包括检查人、检查时间、辆序、车号、过车时间、轴位、轴号、轴承位置、是否甩车、是否换轮等信息，以表报形式显示。

（4）检查结果反馈。

对于扣车报警和单次预报一级的故障轴承，值班员在进行确认，并通知现场人员进行检查后，还需要填写列检的实际检查情况，并上报中国铁路（相关人员操作要求参照中国铁路公布的“运规”）。

（5）分解结果查询。

点击“报警管理”下“分解结果查询”按钮进入分解结果查询条件页。分解结果查询内容包括探测站、辆序、车号、轴位、过车时间、轴承编号、故障类型、故障缺陷、照片数量、分解单位等信息，以表报形式显示。在查询结果页点击“照片数量”链接可以打开故障轴承分解照片信息页。

（6）分解结果反馈。

在检查结果反馈信息中填写为“换轮”的故障轴承，需要在15日内填写车辆段（检修车间）的分解结果反馈信息。

8. 当日信息

（1）报警车次。

点击“当日信息”下的“报警车次”按钮可以进入页面，显示结果为线路名称、探测站名称、运行方向、过车时间、车次、车速、总辆数、总轴数和故障级别。

（2）报警车辆。

点击“当日信息”下的“报警车辆”按钮可以进入页面，显示结果为本铁路局范围内当日（按18点计）探测到的含有故障轴承的车辆信息，显示内容包括线路名称、探测站名称、过车时间、辆序、车辆方位、车辆轴数、故障轴承数和故障级别。

（3）最近过车。

点击“当日信息”下的“最近过车”按钮可以进入页面。显示结果为线路名称、探测站名称、运行方向、过车时间、车次、车速、总辆数、总轴数和故障级别。

9. 系统监控

点击主页面左侧功能选择区的“系统监控”按钮，进入到网站TAD设备监控查询页，通过选择铁路局来确定监控范围，还可以选择TADS设备告警内容（包括全部、告警设备、正常设备）进行查询，显示结果如图7-2-7所示。

序号	局别	线别	探测站	通讯状态	设备状态	最近过车	最近上传	告警设置
1	哈	滨绥线	城高子	正常	正常	2007-06-04 10:51	2007-06-04 11:19	4小时
2	哈	京哈线	五家	正常	正常	2007-06-04 10:08	2007-06-04 10:39	4小时
3	沈	沈山线	锦州	正常	正常	2007-06-04 10:42	2007-06-04 11:12	4小时
4	沈	沈山线	万家营	正常	正常	2007-06-04 10:20	2007-06-04 10:59	4小时
5	京	京广线	涿州	正常	正常	2007-06-04 10:28	2007-06-04 11:02	4小时
6	京	京山线	廊坊	正常	正常	2007-06-04 10:47	2007-06-04 11:24	4小时
7	太	大秦线	卢龙北	正常	正常	2007-06-04 10:32	2007-06-04 11:09	4小时
8	太	大秦线	下庄	正常	异常	2007-06-04 10:45	2007-06-04 11:15	4小时
9	郑	京广线	广武	正常	正常	2007-06-04 10:57	2007-06-04 11:25	4小时
10	郑	京广线	谢庄	正常	正常	2007-06-04 10:48	2007-06-04 11:22	4小时
11	郑	京九线	商丘北	正常	正常	2007-06-04 10:51	2007-06-04 11:26	4小时
12	郑	京九线	商丘南	正常	正常	2007-06-04 10:54	2007-06-04 11:21	4小时

图7-2-7　TADS系统设备监控情况

10. 使用帮助

点击“其他功能”下的“使用帮助”菜单可以进入帮助页面，在该页面中可以下载轴承声音播放软件和最新的TADS网站使用说明书。

三、TADS值班员动态检测作业

1. 接车作业

（1）TADS 动态值班员实时监控 TADS 系统，注意监控 TADS 系统复示终端（见图 7-2-8）。

（2）TADS 动态值班员听到系统接车声音提示，通过接车“动画图标”监控本探测站过车情况，并通过运行图查询列车的作业性质。待列车通过后，开始作业（见图 7-2-9）。

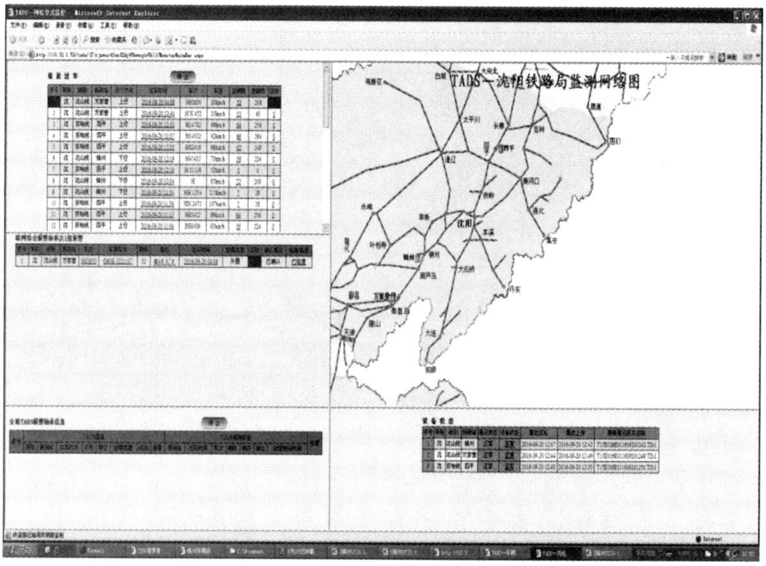

图 7-2-8　TADS 系统复示终端 1

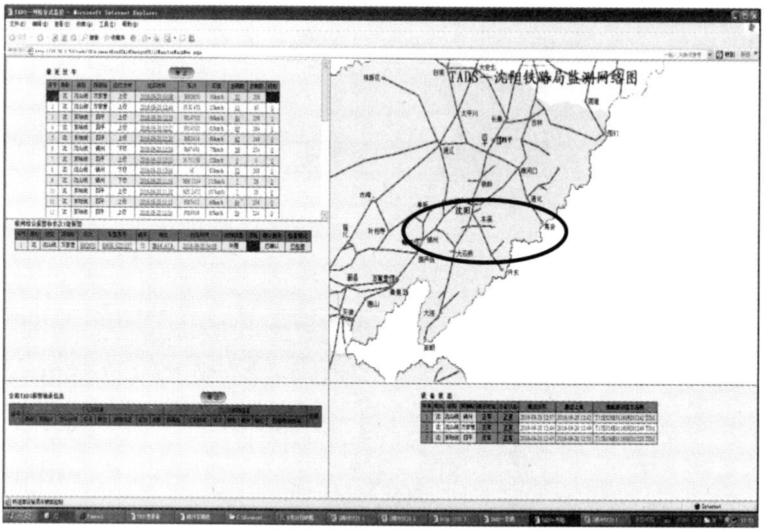

图 7-2-9　TADS 系统复示终端 2

（3）TADS 动态值班员将通过列车相关报警信息录入技术作业管理系统“TADS 通过列车信息表单”中。

2. 信息预报

（1）列车通过探测站后，系统自动弹出“报警提示框”窗口及出现报警声音提示时，TADS 动态值班员点击“确认”按钮确认，检查系统预警车辆情况。

（2）对采取人机分工或人工检查方式进行列检作业的到达、中转列车，TADS 动态值班员须查看该列车 TADS 预警信息，将一级预警或联网预警信息报文内容（见图 7-2-10）通知列检值班员，由列检值班员通知检车员进行处理。

安全风险点：在“扣车报警”窗口点击“关闭”按钮，易造成“扣车报警”信息漏报。

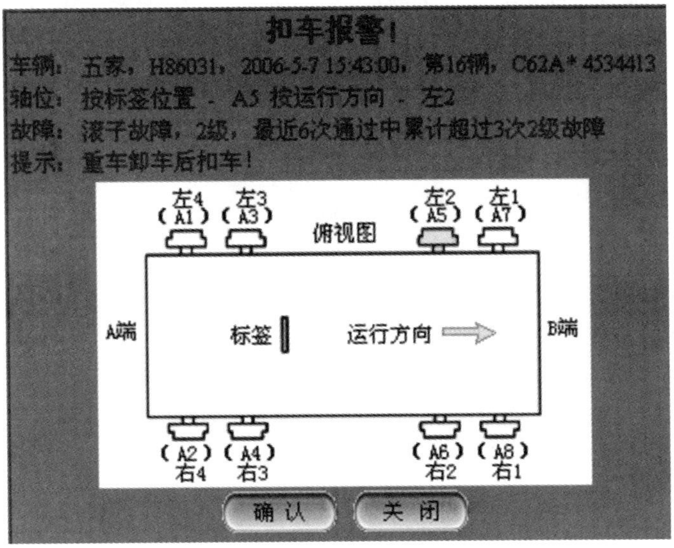

图 7-2-10　扣车报警窗口

3. 报警信息检查确认处理反馈

（1）TADS 动态值班员接到列检值班员反馈信息后，将预警铁路货车的检查和处理结果录入 TADS 和作业管理系统（见图 7-2-11）。

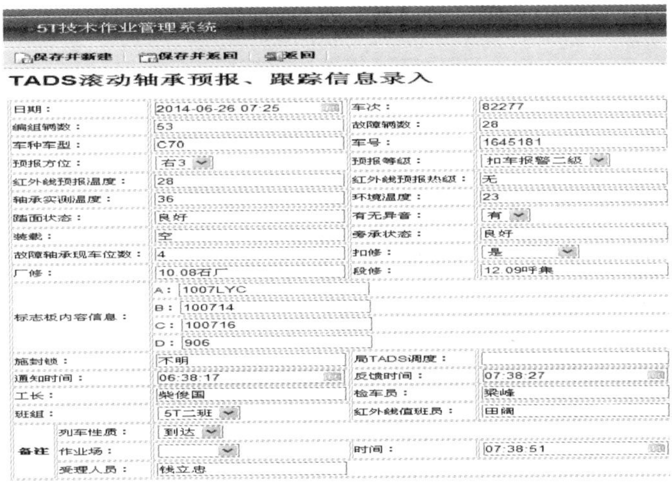

5T技术作业管理系统

保存并新建　保存并返回　返回

TADS滚动轴承预报、跟踪信息录入

日期：	2014-06-26 07:25	车次：	82277
编组辆数：	53	故障辆数：	28
车种车型：	C70	车号：	1645181
预报方位：	右3	预报等级：	扣车报警二级
红外线预报温度：	28	红外线预报热级：	无
轴承实测温度：	36	环境温度：	23
踏面状态：	良好	有无异音：	有
装载：	空	旁承状态：	良好
故障轴承现车位数：	4	扣修：	是
厂修：	10.08石厂	段修：	12.09呼集
标志板内容信息：	A：1007LYC B：100714 C：100716 D：906		
施封锁：	不明	局TADS调度：	
通知时间：	06:38:17	反馈时间：	07:38:27
工长：	柴俊国	检车员：	梁峰
班组：	5T二班	红外线值班员：	田阔
备注　列车性质：	到达		
备注　作业场：		时间：	07:38:51
备注　受理人员：	钱立忠		

图 7-2-11　TADS 作业管理系统

（2）TADS 动态值班员对交接班前报警信息现场未反馈检查处理情况的要在交接班时进行交接。

4. 信息收集、回填

（1）对系统单次一级预警和联网预警信息的收集、回填。

① 对 TADS 单次一级预警或联网预警信息（见图 7-2-12），TADS 动态值班员在同填处置信息时应点击“报警管理”下的“检查结果反馈”按钮（见图 7-2-13）。

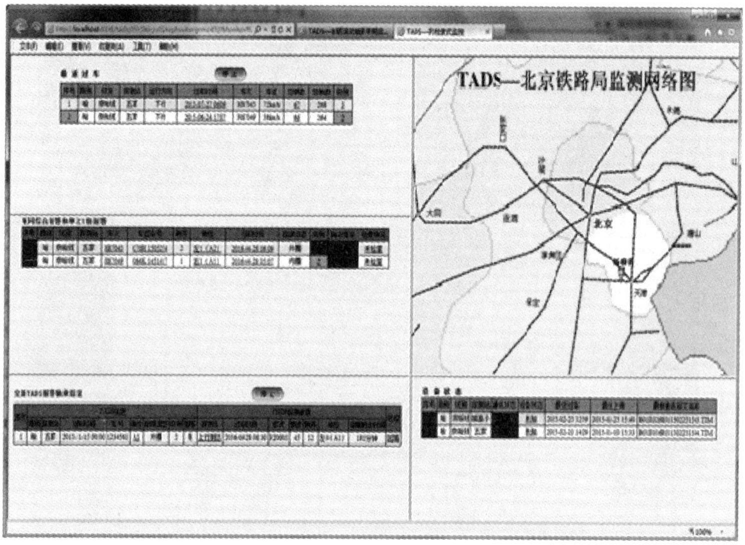

图 7-2-12 TADS 联网预警信息

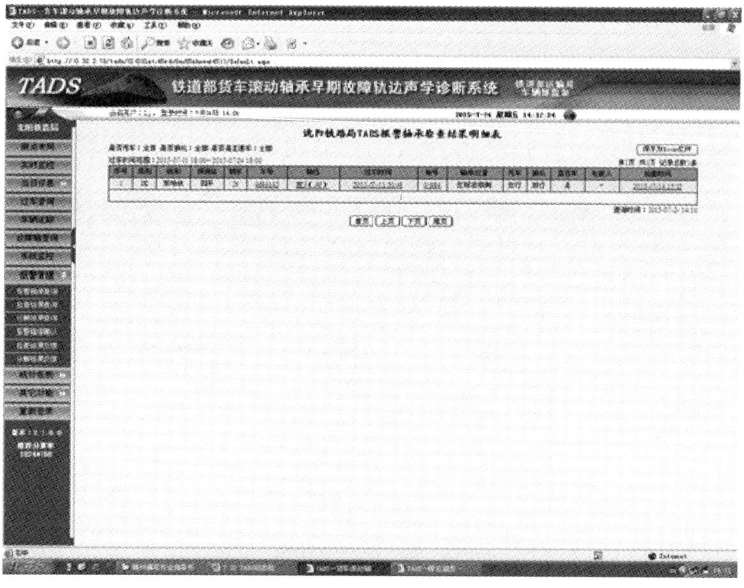

图 7-2-13 检查结果反馈

② 选择“显示所有待反馈轴承”项分时间段或“按车号查询报警轴承”输入车号，点击“查询”按钮。

③ 点击“填写”按钮，在“检查情况登记”表中填写或选择“直通车”“轴承位置”“是

否甩车”“是否换轮”“轴承型号”“检查人”“检查时间”和“故障轴承标志板 A、B、C、D 栏”“轴号”等信息（其中带“*”标识的为必须填写项）；当选择“非直通车”时，还需选择“故障轴承所在侧标志板内容”“有无轴箱”选项，填写完毕，确认信息完整、准确后，点击“提交”。

（2）对系统单次一级预警和联网预警（联网推送）信息的收集、回填。

① 对 TADS 单次一级预警或联网预警信息（联网推送），TADS 动态值班员应在“全路 TADS 报警轴承信息”页面的“处理”栏中点击“回填”按钮（见图 7-2-14）。

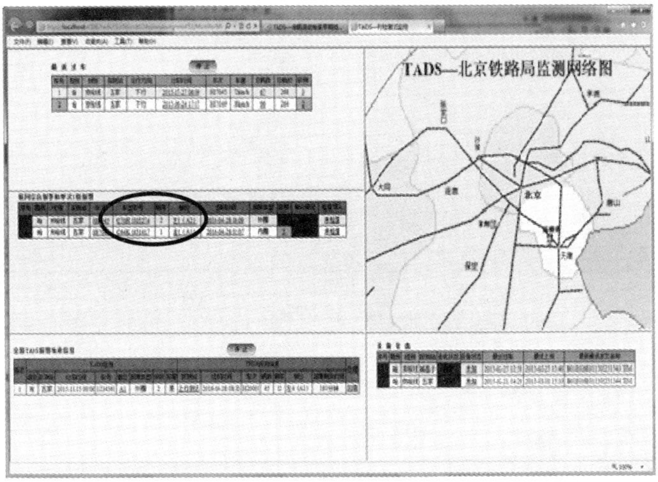

图 7-2-14　TADS 报警轴承信息回填

② 点击“回填”按钮后，在系统自动弹出的“检查情况登记”表中填写或选择“直通车”“轴承位置”“是否甩车”“是否换轮”“轴承型号”“检查人”“检查时间”和“故障轴承标志板 A、B、C、D 栏”“轴号”等信息（其中带“*”标识的为必须填写项），当选择“非直通车”时，还需选择“故障轴承所在侧标志板内容”“有无轴箱”选项，填写完毕，确认信息完整、准确后，点击“提交”（见图 7-2-9）。

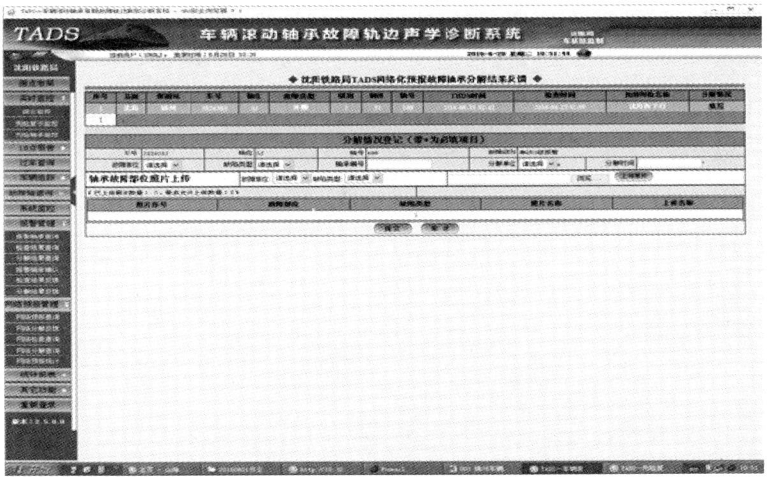

图 7-2-15　TADS 报警轴承信息回填

5. TADS 报警处置要求

（1）对到达列车中一级预警或联网预警铁路货车须立即扣车。

（2）对中转列车中一级预警或联网预警铁路货车的预警轴承进行转动检查，确认有故障时应扣车处理。

6. 设备异常处置

设备运行异常影响正常探测时，TADS 动态值班员立即通知列检值班员，同时通知段工作站监测值班员（动态监测车间值班员）处理，并在《铁路货车运行安全监控系统故障报修记录簿》中做好记录；同时在《列检、动态检查作业场班组交接班记录簿》“铁路货车运行安全监控系统设备故障报修情况”栏内做好记录。

7. 作业完毕

TADS 动态值班员作业完毕后将系统返回接车界面，等待接车。

任务检查单

任务编号	7-2	任务名称	TADS 运用与管理	
序号	检查内容		是	否
1	能够掌握 TADS 运用与管理标准			
2	能够掌握 TADS 联网应用系统的使用			
3	能够掌握 TADS 值班员动态检测作业程序			
评语				
评分				

任务 7-3　TADS 设备检修

任务书

任务编号	7-3	任务名称	TADS 设备检修
任务目标			
【知识目标】 掌握 TADS 设备的检修流程； 掌握 TADS 各设备的检修方法及标准； 掌握 TADS 设备的调试及故障处理。 【技能目标】 具备 TADS 设备检修与维护管理的能力。 【素质目标】 培养学生严谨认真的工作作风			

续表

知识图谱
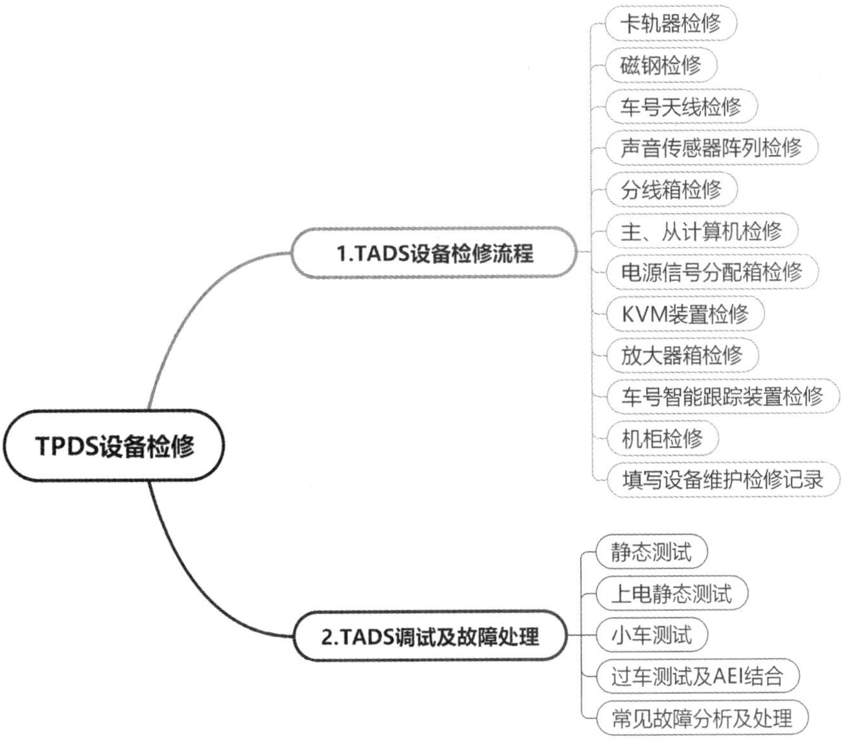
任务描述
本次任务是全面了解 TADS 设备的检修方法，以小组为单位对 TADS 设备进行检修作业，为后续任务的实施奠定基础
实施说明
（1）以小组为单位认真学习任务 7-3 的引导材料，做好知识准备； （2）结合知识准备和小组作业情况，教师填写“任务检查单”

引导材料

TADS 设备检修

一、TADS 设备检修流程

1. 卡轨器检修

（1）检查清理外观：用毛刷、钢丝刷、棉布等对磁钢夹具进行清扫、除锈，保证卡轨器清洁，无锈蚀，无破损。

（2）紧固连接件：用板手紧固磁钢、卡轨器螺栓。

2. 磁钢检修

（1）外观检查：用毛刷等对磁钢进行清扫、紧固，如图 7-3-1 所示。

（2）磁钢尺寸测量。

① 磁钢间距测量。

用计量尺测量 1#与 2#、2#与 3#磁钢中心距。保证磁钢安装距离符合要求：1 号与 2 号磁钢距离应为 50 m 以上；2 号与 3 号磁钢中心距在（270±2）mm，如图 7-3-2 所示。

用卷尺测量 ws1 与 ws2，ws1 与 MIC1，ws2 与 MIC6 的距离与 TADS 从机中设置的数值是否一致，出现偏差及时调整参数，如图 7-3-3 所示。

图 7-3-1　磁钢检修

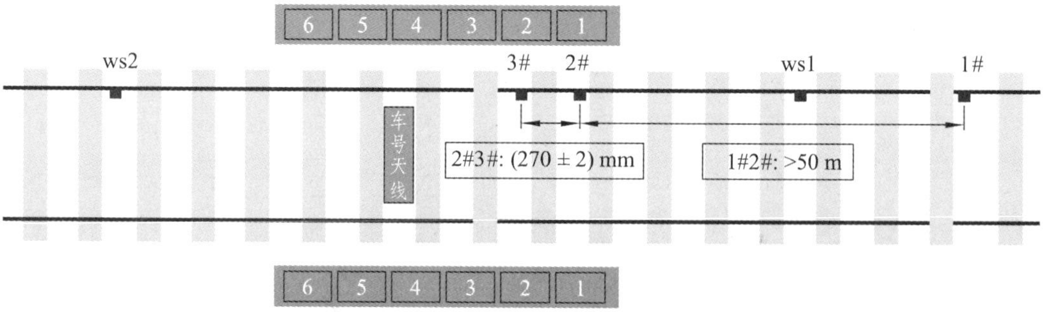

图 7-3-2　磁钢间距要求

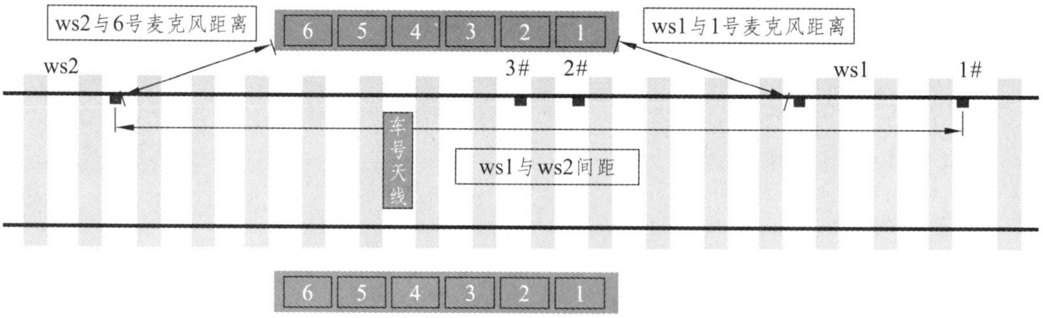

图 7-3-3　声音传感器与磁钢距离要求

② 单个磁钢尺寸参数测量。用计量尺测量磁钢顶面与轨平面距离，磁钢外沿与轨头内侧距离，确保其符合规定：磁钢顶面与轨平面距离应为（37±2）mm；磁钢外沿与轨头内侧距离应为 88^{+2}_{-3} mm，如图 7-3-4 所示。

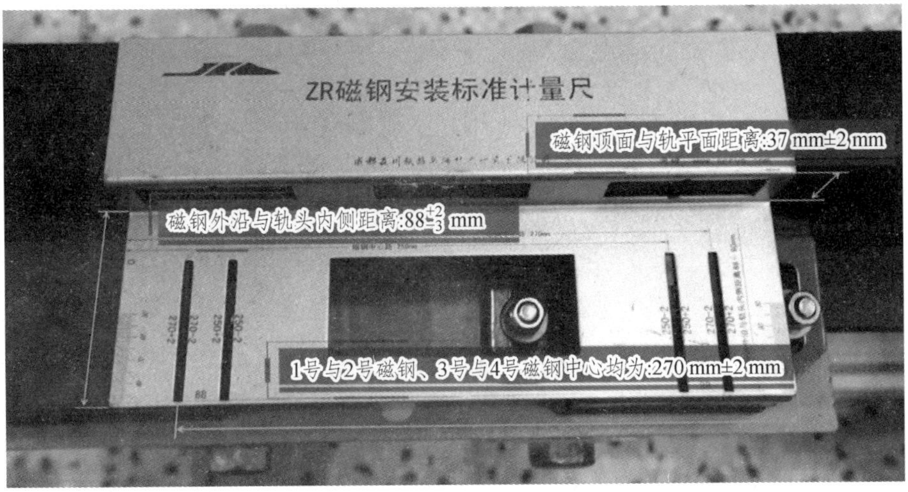

图 7-3-4 单个磁钢尺寸要求

3. 车号天线检修

（1）检查清理外观：用棉布、毛刷对车号天线进行清扫、除锈。保证其表面清洁、无锈蚀。观察车号天线是否有破损情况，如有破损进行更换，如图 7-3-5 所示。

图 7-3-5 车号天线检修

（2）紧固连接件：用扳手对车号天线进行校核，确保其不受挤压，紧固。

（3）测试天线读取距离：手动打开天线用测试标签测试天线作用范围，读取距离应符合规定：在天线上方大于等于 1 m，天线每侧读取距离大于等于 1.2 m，超标更换。

4. 声音传感器阵列检修

（1）阵列箱外观检查：用毛刷、棉布等对传感器阵列进行清扫，保证其清洁干净。

（2）阵列箱紧固件检查：用扳手校核螺帽是否紧固，接触良好。

（3）风扇检查：听风扇声音是否正常。

（4）保护门试验：检测远近端保护门动作是否同步，有无卡滞，保护门关闭是否紧密。

（5）阵列箱内检查：用毛刷清洁箱内，勿用鼓风机，检查箱内螺帽是否紧固，电缆接头有无松动，如图 7-3-6 所示。

图 7-3-6 阵列箱内部清理

（6）传感器位置测量：用卡尺调整声音传感器的位置，确保声音传感器的位置正确。

5. 分线箱检修

（1）检查清理外观：用毛刷、棉布等清扫分线箱。

（2）紧固连接件：用扳手校核分线箱螺栓，确保紧固，接触良好。

（3）电缆检查：直观检查电缆及护管，保证其没有老化破损。检查电缆松紧是否适度。直观检查配线接触是否良好。

6. 主、从计算机检修

（1）外观检查：用毛刷等工具清扫主计算机外观，并直观检查主、从计算机风扇运转情况，运转不正常、异音更换风扇。直观检查工控机前面板各硬件指示灯是否正常。

（2）电缆及接插件检查：检查主、从计算机后面板配线、插头、插座连接是否紧固、有无氧化。

（3）TADS 软件程序检查：直观检察 TADS 所用软件程序是否正常运行。

7. 电源信号分配箱检修

（1）外观检查：用毛刷、棉布、吹尘器清扫分配箱。确保箱内清洁，无尘。

（2）电缆及接插件检查：检查电源信号分配箱后面板配线、插头、插座连接是否紧固、有无氧化。

（3）电源信号分配箱前面板指示灯试验。

① 敲击 ws1 和 ws2 磁钢，观察检查前面板相应的指示灯是否亮。

② 手动打开阵列箱保护门，观察 power、NS_open、FS_open 指示灯是否亮。关闭阵列箱保护门，观察 power、NS_close、FS_close 指示灯是否亮。

8. KVM 装置检修

（1）外观检查：用毛刷、棉布、吹尘器清扫 KVM，保证其清洁，无尘。

（2）KVM 切换功能试验：手动切换 KVM 并直观检查转换功能是否正常。

（3）电缆及接插件检查：检查配线状态，检查接插件是否连接紧固。

9. 放大器箱检修

（1）外观检查：用毛刷清扫放大器箱。

（2）放大器信道参数检查：按《放大器操作说明》查看前面板指示对比每个信道的参数是否正常，如有信道参数与其他不同，手动恢复参数。

10. 车号智能跟踪装置检修

（1）外观检查：用毛刷清洁车号识别装置，并直观检查各板件指示灯状态是否正常。

（2）前面板指示灯试验：用测试标签在车号天线上方读取距离内晃动，观察车号智能跟踪装置前面板指示灯是否亮。

（3）电缆及接插件检查：检查配线、插头、插座连接是否紧固、有无氧化。

11. 机柜检修

（1）外观检查：用毛刷、棉布清扫机柜，保证其清洁，周围无杂物。

（2）柜门锁闭装置检查：观察机柜门锁无破损，且开关正常。

12. 填写《设备维护检修记录簿》

检修作业完毕后，确认设备运行状态，填写《设备维护检修记录簿》，如图 7-3-7 所示，报告设备检修结束。

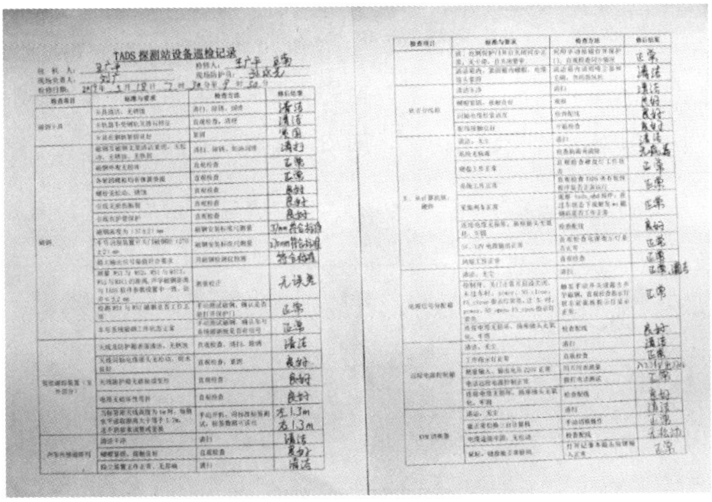

图 7-3-7　《设备维护检修记录簿》

二、TADS 调试及故障处理

1. 静态测试

（1）检查电源及电源连接线。

用万用表测量外线电压的幅值是否在允许的范围内，电压幅值允许范围可查看 UPS 的电压输入指标，但最好为 220 V，如满足要求，可将电源接入 UPS，否则在未满足要求之前，决不能将电源引入 UPS 或直接引入设备。查看各电源连线是否有松动，插座上的插头是否牢固。

（2）磁钢配线检查。

① 在防雷箱后面板用万用表测量磁钢的阻值。

万用表测得的电阻值均约为 1 200 Ω，说明磁钢到主机箱之间连通的是通常测量值为磁钢直流内阻 1 200 Ω 加上磁钢到设备之间的电缆阻值，五型磁钢直流内阻为 1.2 kΩ，三型磁钢内阻为 1.8 kΩ，磁钢出厂时内阻值及正负极性标注在磁钢上。

② 校验磁钢的极性。

用示波器或指针式万用表测量磁钢的正负极性，将示波器表笔的探针和地分别接 AEI 磁钢正和负（在机箱后面板端子上测量），万用表的红表笔接磁钢正、黑表笔接磁钢负，示波器电压幅值调到 5 V，万用表用直流 30 V 挡。用扳手或其他金属物体轻敲击相对应的磁钢，示波器显示先正后负的波形为正确，先负后正说明极性反了，万用表指针先右后左为正确，否则极性反了，查找原因重测。需注意 TADS 的磁钢极性与 AEI 磁钢的极性相反，即示波器显示应为先负后正，否则先正后负说明极性反了。

2. 上电静态调试

先打开 UPS 的电源开关，再开设备开关。系统的调试主要分为两部分：一是 AEI 设备的调试，二是 TADS 系统的调试。

（1）AEI 设备的调试。

观察主机板、键盘板指示灯状态和键盘显示，如果键盘板灯全亮、主机板灯快速闪亮、键盘显示“CH-SYS-O”或“CH-SYS-4”，则为正常状态。用键盘命令读取站名看设置是否正确；并通过键盘命令打开天线，将标签放到天线上方 1 m 处，前后移动标签，测量读取范围是否符合要求（两边均应大于 1.2 m），如图 7-3-8 所示。

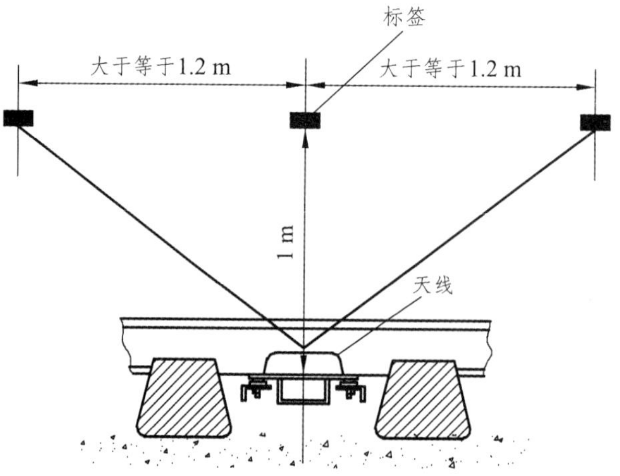

图 7-3-8　天线的作用距离

（2）放大器箱的设置。

① 放大器的设置：316 mV/Pa（10 ~ 20 Hz）。

② 传感器的设置：根据厂家提供的资料对麦克风的灵敏度进行设置。

③ 传感器的供电设置：供电电压 40 V，极化电压 200 V，电缆长度根据实际长度以 4 m 为单位进行设置。

④ 输入/输出设置：选择 YES。

⑤ 存储设置：对每个麦克风的设置进行存储。

（3）保护门的测试。

利用 I/O 卡测试软件，对保护门、风扇进行开/关控制，并检查保护门、风扇状态，测试接近开关的状态是否正确，I/O 卡的输入是否正确。其目的主要是检查保护门控制系统的配线连接是否正确，I/O 卡测试完成，关闭测试程序。用铁制扳手划磁钢模拟过车，保护门应该打开，风扇停止转动，从机软件 ABD 应该处于接车状态（如果 ABD 软件没有运行的话 SIPS 箱前面板的 OPEN 指示灯不亮，室外的保护门也不会打开）。当开门之后，过一段时间，系统应该自动复位。用手动按钮直接测试室外保护门的打开和关闭，按一次打开、再按一次关闭。保护门的打开和关闭是直接由 SIPS 箱供电，与上位机运行的程序无关。

（4）磁钢的测试。

用 A/D 卡所带的 DSCVIEW 软件检查磁钢的波形是否正常，要求磁钢的输出波形光滑无波纹，其 20 km/h 速度下输出幅度必须大于 1.5 V，否则应调整 SIPS 箱前面板的放大器放大倍数（一般不用调整）。磁钢输出的模拟信号必须是先负后正的。当测试磁钢的时候，就会出现波形，波形在 20 km/h 速度下输出幅度必须大于 1.5 V。波形应该为先负后正。否则应调整 SIPS 箱前面板的放大器放大倍数。

（5）声学传感器的测试。

用 TTCI 提供的 Miccheck.exe 软件检查 12 个传感器在一个标准信号源下的输出，用以检查传感器及放大器的设置等情况。要求 12 个传感器输出信号一致，其幅值输出误差为 5%～7%，波形光滑无波纹。用随机声源测试单个通道的输出幅值；用声源套在一个 MIC 上，运行 Miccheck，当声源到位之后，按 Collect 开始收集，当波形稳定之后，按停止按钮，把 12 个 MIC 的测试结果按编号保存好。如图 7-3-9 所示为测试 NS 第 5 通道时的输出波形（单频正弦波），其他通道暴露在空气中，其输出波形为背景噪声波形。

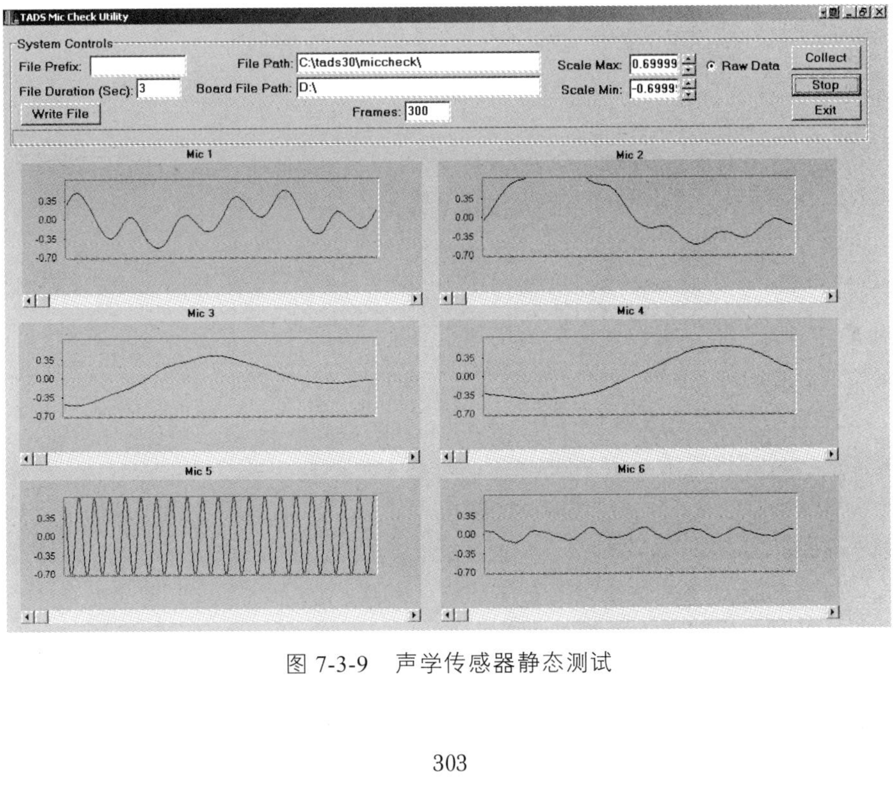

图 7-3-9　声学传感器静态测试

3. 小车测试

弹簧小车架设完毕后，需室内、外的工作人员互相配合；当小车准备好等待发射的时候，在室内的调试人员按下 TPin 按钮，打开室外保护门；这时，释放小车，等小车通过麦克风阵列之后，松开 TPin 按钮；从机生成数据的声音报文之后，把各个声音信号保存好，完成数据的收集，如图 7-3-10 所示。

图 7-3-10　小车测试

4. 过车测试及 AEI 结合

当列车通过后检查通过车报文，检查接受的数据是否正常，同时，检查通过车的标签安装位置与 AEI 报告的方向是否一致，如果正常，设备即调试完毕。

5. 常见故障分析及处理

（1）开关门不关或不开故障。

检查保护箱里的保护门传感器是否失灵，如失灵则进行更换，如果没有失灵，则检查室内防雷箱上的接线头是否松动，如果检查都完成后，在检查防雷箱里的防雷模块是否有损坏的，最后检查 SIPS 箱里的继电器工作是否正常。

（2）没有过车信息。

检查是否磁钢松动，磁钢线连接是否牢固，室内防雷箱上的接线头是否松动，如果检查都完成后，在检查防雷箱里的防雷模块是否有损坏的，如没有看计算机里的软件是否工作正常。

（3）没有远、近端数据采集计算机软件的过车序号。

检查主处理计算机里的 C:\TADS30\SyncFiles\TrainID.txt 文件是否丢失，如果丢失，则新建一个该 TXT 文件，并打开该文件配置相应的参数。里面的参数配置为下列格式：03 L0001GWFl。03 代表年 L 代表月份，相应的月份定义如表 7-3-1 所示，0001 代表该月内的过车流水号。注意此处应当查询以前过车的流水号后，添加一个比以前过车流水号大的数字，GWFl 代表该站的站号和设备编号。

表 7-3-1　相应的月份定义

月份	1月	2月	3月	4月	5月	6月	7月	8月	9月	10月	11月	12月
字母	C	D	E	F	G	H	I	J	K	L	M	N

（4）整列车或整列大部分车辆都预报轴承故障。

检查放大器工作是否正常，是否断电，数据采集计算机上的 AD 卡是否有问题，室外的 MIC 连接是否有问题，MIC 是否损坏，MIC 到室内机柜的 MIC 线是否损坏。

任务检查单

任务编号	7-3	任务名称	TADS 设备检修	
序号	检查内容		是	否
1	能够掌握 TADS 设备的检修流程			
2	能够掌握 TADS 各设备的检修方法及标准			
3	能够掌握 TADS 设备的调试及故障处理			
评语				
评分				

项目八　车辆轴温智能探测系统

THDS 通常称为车辆轴温智能探测系统，是利用安装在轨边的温度探测装置，采用辐射测温技术，实时检测运行状态下的列车轴承温度，发现车辆轴承故障隐患，保证铁路运输安全的车辆安全防范系统。

轴承是铁道车辆转向架的关键部件，其状态直接影响行车安全。轴承在运转过程中由于材料缺陷、加工或装配不当、润滑不良、水分和异物侵入、腐蚀剥落以及过载等原因都可能导致损坏。当然，即使在安装、润滑和使用维护都正常的情况下，经过一段时间的运转，轴承也会出现疲劳剥落和磨损等现象，影响轴承的正常工作。如果不及时对这些轴承故障发出警告、采取措施，最终会导致燃轴或切轴，从而发生严重的列车安全事故。铁路车辆轴承温度过高是车辆轴承出现故障的一个重要表征，而且轴承故障的严重程度与轴承温度的高低有着复杂而密切的关系。车辆轴温智能探测系统通过装设在轨道两侧的感温探头准确测量轴承温度，科学、合理地对异常轴温进行判别，并与其他车辆安全防范系统配合使用，可以更准确地发现轴承早、中期故障。THDS 对轴承温度的监测是发现车辆轴承后期严重故障，防止热切轴的重要手段和最后关口。

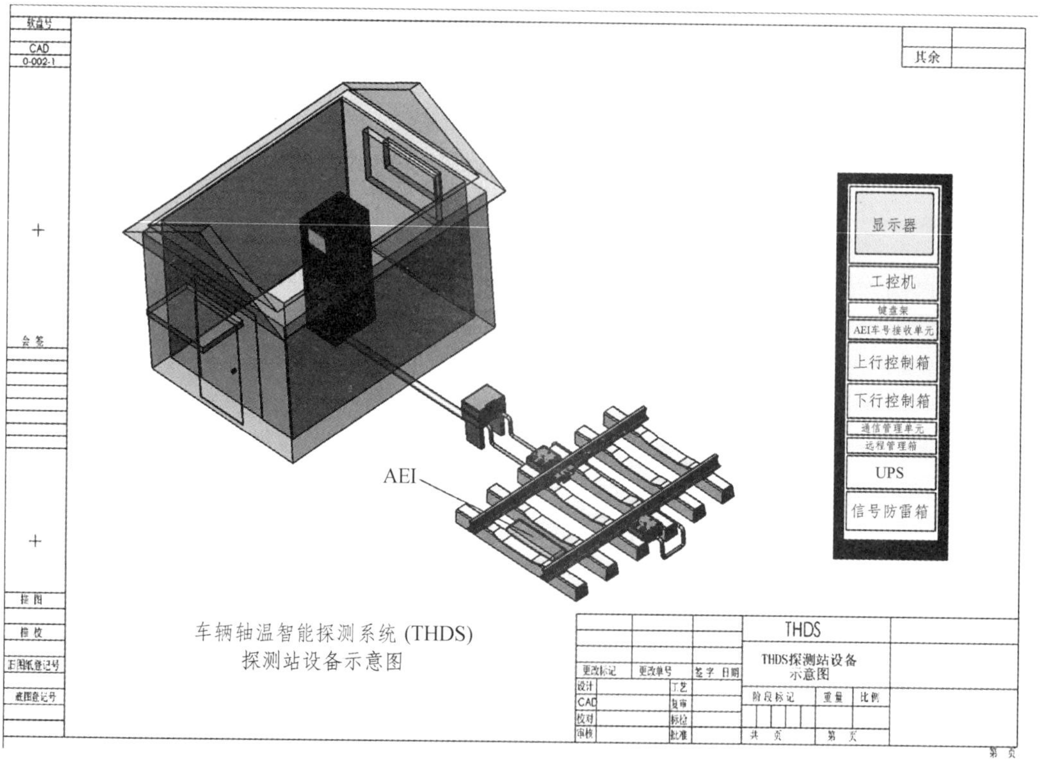

车辆轴温智能探测系统 (THDS)
探测站设备示意图

知识图谱

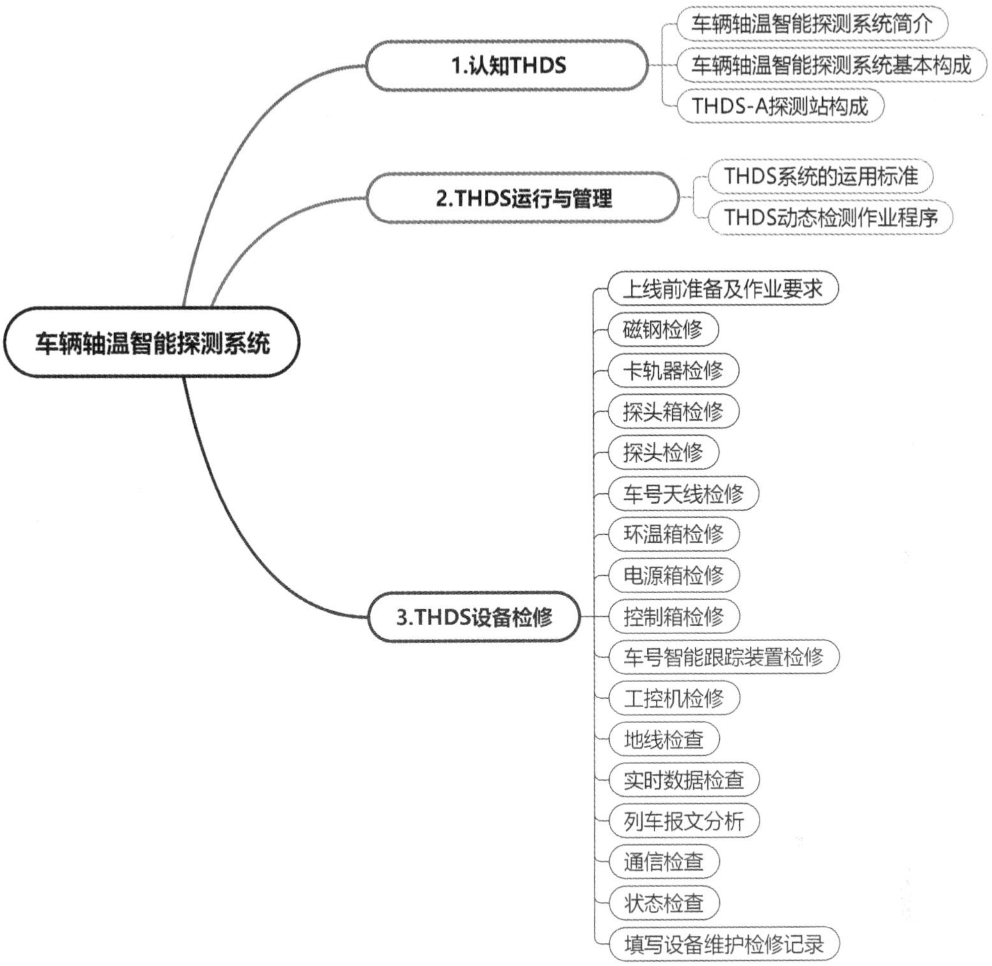

学习目标

【知识目标】

掌握 THDS 功能、原理及构成；

掌握 THDS 动态检车方法；

掌握 THDS 常见设备检修方法。

【技能目标】

具备 THDS 运用与检修能力。

【素质目标】

培养学生严谨认真的工作作风。

课程思政

为铁路安全运行植入“科技芯”

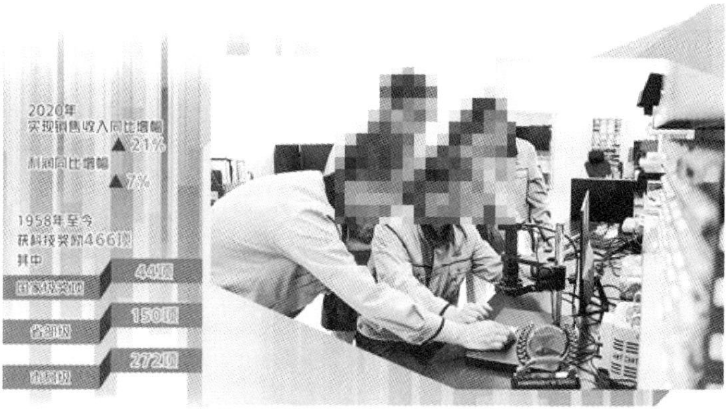

图 1　在嵌入式实验室，哈尔滨国铁科技公司的科研团队正在进行新型 THDS 设备的研发

2021 年 6 月 28 日，哈尔滨国铁科技集团股份有限公司正式创立，这是国铁企业加快推进所属企业股份制改革的又一重大成果。哈尔滨国铁科技集团股份有限公司前身是哈尔滨铁路科研所科技有限公司，始建于 1958 年，是国家级高新技术企业，拥有基础、通用、专业三大类、27 个实验室，涵盖光学测量、光子探头、热成像、声学技术、微波检测、视频分析和综合检测等多个专业技术方向，其产品广泛应用于全国铁路及城市轨道交通领域，并远销全球 20 余个国家。

公司科技信息化部经理宋范忠向记者介绍，“每天，在全国铁路线上，运行中的列车数量众多，这个数据中心能实现对它们的实时远程监测。无论火车走到哪里，我们都为它保驾护航。”THDS 系统是哈尔滨国铁科技集团股份有限公司自主研发的红外线轴温探测系统，安装在铁路线的两侧。当火车驶过，系统就能够检测出轴温，从而通过温度的高低判断轴承是否有故障。作为一家科技型企业，哈尔滨国铁科技集团股份有限公司依托股份制改造契机，着力构建现代化科学治企组织架构，提出“打造国内一流、全路领先的科研企业”的工作目标，稳步实施创新驱动战略，在科研领域围绕人工智能、5G、北斗应用等前沿领域实现突破。

任务 8-1　认知 THDS

任务书

任务编号	8-1	任务名称	认知 THDS
任务目标			
【知识目标】 掌握 THDS 的基本原理； 掌握 THDS 的基本构成； 掌握 THDS 探测站的构成。			

续表

【技能目标】 具备车辆轴温智能探测系统的应用能力。 【素质目标】 培养学生严谨认真的工作作风
知识图谱
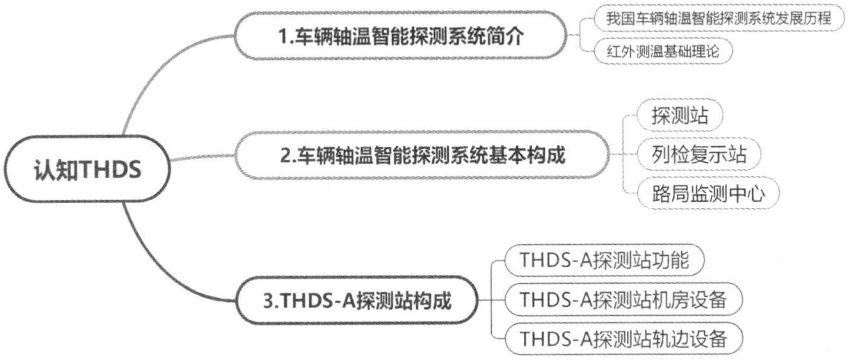
任务描述
本次任务是为了全面了解 THDS 系统的相关基础知识，以小组为单位汇报 THDS 的基本原理、系统构成、探测站的构成，为后续任务的实施奠定理论基础
实施说明
（1）以小组为单位认真学习任务 8-1 的引导材料，做好知识准备； （2）结合知识准备和小组汇报情况，教师填写“任务检查单”

引导材料

认知 THDS

一、车辆轴温智能探测系统简介

THDS 是利用安装在轨边的温度探测装置，采用辐射测温技术，实时检测运行状态下的列车轴承温度，发现车辆轴承故障隐患，保证铁路运输安全的车辆安全防范系统。

1. 我国车辆轴温智能探测系统发展历程

车辆轴温智能探测系统先后经历了一代机、二代机、三代机和四代机 4 个阶段。20 世纪 70 年代我国开始研制一代机，采用热敏电阻测温，交流放大，不定量测温，描笔式记录仪输出，人工判断热轴。铁路内外有关科研人员的共同努力，于 1973 年试制出了第 1 台样机。1977 年中国铁路完成对 HZT-1 型描笔式车辆轴温智能探测器的技术鉴定，1978 年全路推广运用。HZT-1 型描笔式车辆轴温智能探测器一般由安装在进站咽喉区外边的探头、探头附近的发送端机和列检所内的接收端机组成，由接收端机的描笔式记录仪根据轴温信号绘出轴温波形，供值班员判别后通知列检人员处理。探测器不具备数据处理和储存记忆功能，以探测滑动轴承为主，适应的列车速度为 5 ~ 70 km/h。

1985 年后，研制了二代机早期产品，采用热敏电阻测温，直流放大，定量测温，计算机进行数据采集和处理，自动判别预报热轴。20 世纪 90 年代，大面积推广使用二代机，探测站无人值守，实现分局中心、复示站、探测站的网络连接。主要代表机型有哈科所（威克）HTK-391、广汉厂（科峰）HTZ-2000、航天部 502 所（康拓）HBDS-Ⅱ。HBDS-Ⅱ型车辆轴温智能探测系统（简称二型机）是红外线设备代表机型之一，经历了单点就地复示和联网监测两个阶段，并最终形成了以模拟网为主干网的综合预报网络系统，1993 年通过了中国铁路技术评审。

1998 年以后，采用光子器件，研制推广适应高速列车的探测系统。主要代表机型有哈科所（威克）HTK-499、广汉厂（科峰）HTZ-2000+、航天部 502 所（康拓）HBDS-Ⅲ。HBDS-Ⅲ型车辆轴温智能探测系统（简称三型机）是为适应我国铁路逐步提速的形势，探测快速列车、高速列车轴温的需要而开发的新型红外轴温探测系统，可满足探测以 360 km/h 速度运行的列车轴温和热轴报警的需要，2000 年通过了中国铁路技术评审。

列车提速，以及铁路装备“跨越式发展”的部署和实施，对车辆轴温智能探测系统提出了新的要求。特别是随着车速的提高，用户对列车运行安全更加重视，铁路运营管理部门对探测站的测量精度、信息采集的广度、热轴预报兑现率、探测站设备维护的方便性、无故障运行时间、故障排除时间等指标提出了更高的要求。针对这些要求，必须开发新一代的热轴探测站设备，达到红外线轴温探测的智能化、网络化、信息化和标准化的要求。随着计算机技术和传感器技术的发展，为发展新一代车辆轴温智能探测系统提供了技术基础。新型探测站根据中国铁路指定的标准，命名为 THDS-A 型车辆轴温智能探测系统（简称四型机），并在 2006 年通过了中国铁路技术评审。本项目主要以该型号进行讲解。

2. 红外测温的基础理论

（1）什么是红外线。

红外线是一种不可见光，是位于可见光中红色光以外的光线，故称红外线。它的波长范围大致在 0.76 ~ 1 000 μm，红外线在电磁波谱中的位置如图 8-1-1 所示。工程上把红外线所占据的波段分为 4 个部分，即近红外、中红外、远红外和极远红外。红外光的本质与可见光或电磁波性质一样，具有反射、折射、散射、干涉、吸收等特性，它在真空中也以光速传播，并具有明显的波粒二相性。近年来，红外线技术已经成为一门发展迅速的新兴学科，广泛应用于生产、科研、加工、军事、医疗等领域。

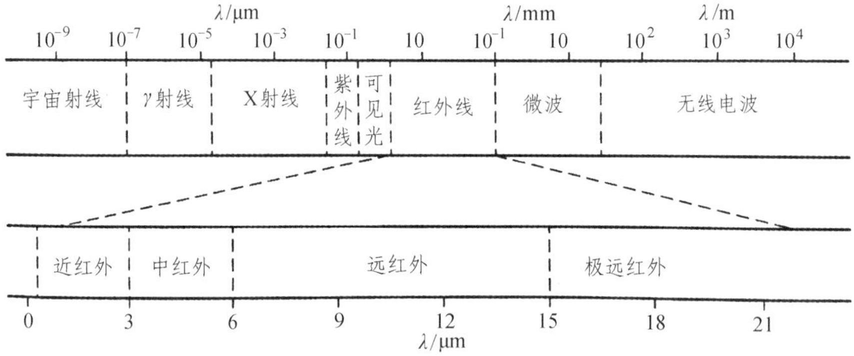

图 8-1-1　电磁波谱图

（2）红外线辐射。

在自然界中，所有温度高于绝对零度（–273.15 °C）的物体，由于自身分子的热运动，都在不停地向周围空间辐射包括红外波段在内的电磁波，而且通过一定的设备可以检测到这些不同波段的电磁波。不同波段的电磁波，它的能量也是不同的。物体的红外辐射能量大小和波长的分布与它表面的温度有着十分密切的关系，因此，通过对物体自身辐射的红外线能量的测量，就可以准确地测出物体表面的温度。这也就是我们所说的红外测温理论的依据。

（3）红外线探测器。

红外线是一种看不见的电磁波，它不像可见光那样容易被人们发现。为了能够探测红外线的存在而制成的探测装置便是红外线探测器。红外线探测器一般由光学系统、红外探测器、信号放大及处理电路等部件组成，某些探测器需要在低温条件下工作，因此有的红外线传感器还包括探测器的制冷装置。红外线探测器基本上是一个光学——电子系统，将接收到的红外辐射转换为电信号，让人们间接地感知红外线的存在，并测出红外线的波长和强度，再通过后续处理和计算，达到测温的目的。

红外线探测器按其作用原理一般可以分为两大类，即热探测器和光子探测器。按照放大电路的种类区分：直流探头，其放大电路为直流放大电路；调制探头，其放大电路为交流放大电路。

① 热探测器。

当入射的红外线能量使得探测器温度升高，而导致探测器的某些物理性质发生变化，并进而转化成可测量的信号，就可确定入射红外线能量的大小。热探测器主要有 4 类：热释电型、热敏电阻型、热电阻和气体型。因铁路车辆轴温智能探测系统中主要应用热敏电阻型热探测器，我们重点介绍该类型。热敏电阻探测器是利用某些金属或半导体材料的电阻率随温度有较大变化而制成的探测器。当热敏电阻吸收红外线辐射而温度变化时，其电阻率也发生变化。将热敏电阻串联在恒流电路中，电阻率的变化可转化为电压的变化，此时红外线辐射能量可转化为电压输出。由于热探测器温度变化后才会导致其物理性质变化，因此热探测器的响应速度较慢。热敏电阻的响应时间常数为毫秒级。采用该种探头的车辆轴温智能探测系统适应车速较低，一般在 160 km/h 以内。

② 光子探测器。

光子探测器是利用入射的红外线光子流与探测器材料（如碲镉汞材料）中的电子直接相互作用，物质内部的电子会被光子激发出来而形成电流，使得探测器的电子能量状态发生变化，从而导致各种电学现象，称为光电效应。由于光电效应中没有热探测器温度变化的过程，所以光子探测器的响应速度比热探测器快很多，响应时间常数为微秒级。采用该种探头的车辆轴温智能探测系统适应车速较高，可以达到 360 km/h。

光子探测器的一个特性就是需要在低温条件下工作，以降低噪声，以此保证探测器的灵敏度。因此采用碲镉汞器件制作的光子探头要对碲镉汞进行致冷，降低器件温度，确保获得比较高的响应率和信噪比。由于碲镉汞器件的响应率随器件温度变化，因此在实际应用中，既要使器件温度尽可能低，又要在一段时间内使器件温度保持稳定，因此要对器件温度进行控温，将碲镉汞的温度控制在设置温度上。当环境温度变化过大而使器件温度不能稳定在该温度时，再重新设置器件温度。这样，使探测器件的响应率在一段时间内保持稳定不变。

二、车辆轴温智能探测系统的基本构成

车辆轴温智能探测系统的基本组成及其各部分的作用如图 8-1-2 所示。

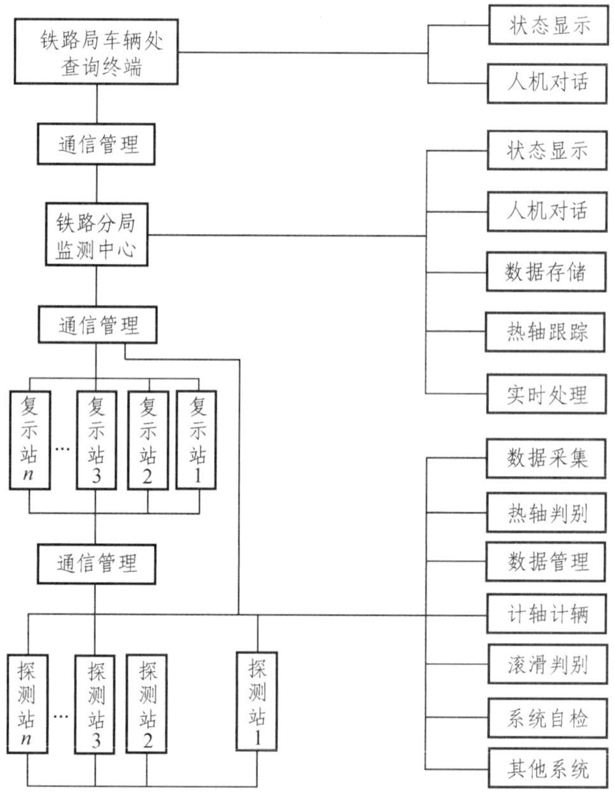

图 8-1-2　车辆轴温智能探测系统的基本构成框图及各部分功能

1. 探测站

红外线轴温探测站是整个系统的基础，通过轨边装设的红外线探测器对通过车辆的每个轴承温度进行实时检测，并将检测信息实时上传，进行实时报警。通过配置故障智能跟踪装置，实现车次、车号跟踪和热轴货车车号的精确预报，重点探测车辆轴承温度，对热轴车辆进行跟踪报警，重点防范热切轴事故。

2. 列检复示站

复示站可根据需要设置，一般设置在列检所或通信线路条件较差的区段。复示站管理若干个探测站。复示站的功能是在日常状态下，负责各探测站与监测中心之间通信通道的汇集和分配，接收和处理所管辖的探测站传输来的数据，并具有打印和报警的功能；一旦远程话路通信中断时，它自动承担起对探测站的控制任务，与探测站构成一个独立的子系统，使轴温监测工作不中断。待通信恢复后，又可以将复示站所缓存的数据重新发往局监测中心。

复示站的设备包括计算机终端、打印机、红外线调度电话、不间断电源及电源防雷设备、红外线监测中心。计算机应设置两台，以保障系统能不间断地工作，其中一台计算机作为冷备份或热备份。

3. 路局监测中心

路局监测中心设于铁路局调度楼内，人员编制归调度所，业务工作归车辆处负责，负责管内车辆轴温智能探测系统的管理和区间车辆热轴监测、预报、日常数据的统计分析和汇总、信息反馈，不间断掌握管内车辆轴温智能探测系统的工作及运用情况、车号地面识别 AEI 设备的监控以及即将投入使用的车辆“5T 设备”的运行监控工作，及时向有关部门通报系统及有关设备故障。

三、THDS-A 探测站的构成

THDS-A 型车辆轴温智能探测系统探测站由轨边设备和轨边机房内设备组成。轨边设备包括探头箱（内装探头）、卡轨器、车轮传感器（又称磁头，磁钢）及支架、环境温度传感器及环温箱等；机房内设备安装在机柜中，包括主机、显示器、键盘鼠标、控制箱、车号智能跟踪装置、远程管理机、电源箱、防雷设备等。轨边设备和机房内设备之间由电缆连接。

探测站设备构成示意图如图 8-1-3 所示。

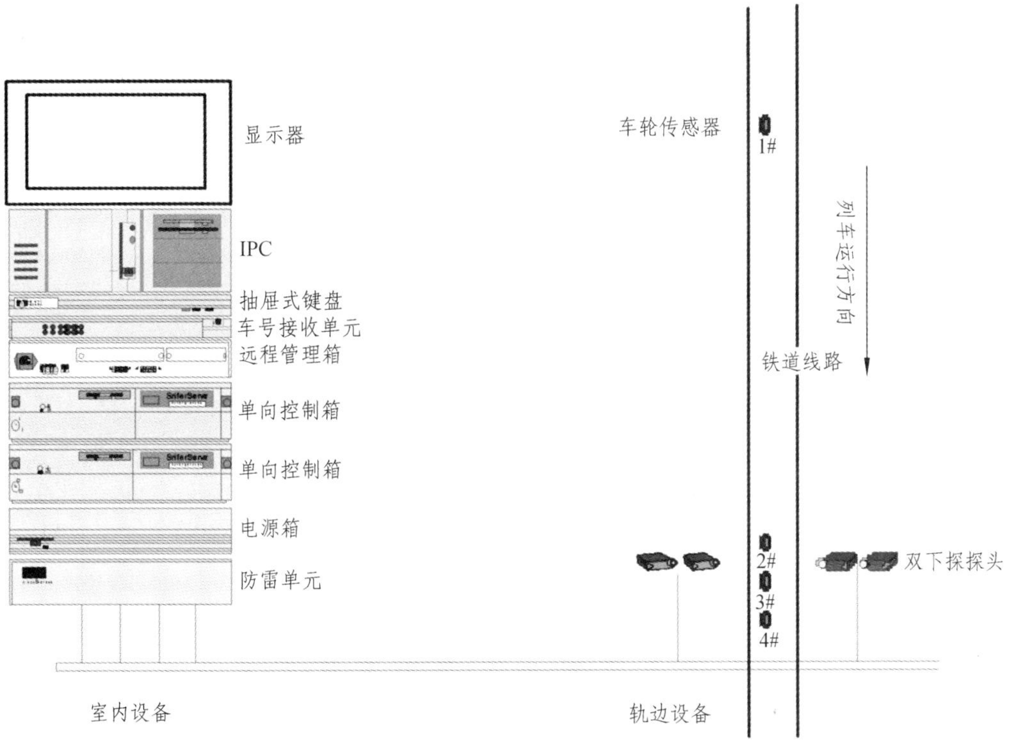

图 8-1-3 THDS-A 探测站设备构成示意图

1. THDS-A 探测站的功能

（1）探测站采用光子探头与热敏探头相结合的双下探方式，自动探测客、货车辆的热轴故障。系统测温精度：静态标定在温升 40 °C 时，误差不大于±2 °C，温升 70 °C 时，误差不大于±3 °C。

（2）自动识别机车、客车、货车及动车组。

（3）自动识别滑动轴承和滚动轴承。

（4）自动测速。

（5）自动判别列车运行方向。

（6）自动计轴、计辆。

（7）具有双向同时接车的功能，可探测最大编组为 400 辆的列车。

（8）数据自动存储：探测站主机存储容量，保存不少于 30 天的原始列车数据。保存不少于 30 天的设备自检故障信息。

（9）配备车辆智能跟踪装置，自动采集车号信息，准确跟踪列车，对热轴进行智能跟踪和预报。

（10）具有系统自检功能。

2. 探测站机房内设备

探测站机房内设备包括探测站机柜、电源防雷箱、通道防雷箱、UPS 不间断电源等。探测站机柜中配置有探测站主机、键盘、鼠标、显示器、控制箱、远程管理机、智能跟踪装置、电源箱、通信单元等。

（1）机柜。

机柜外形尺寸（宽×深×高）：600 mm×650 mm×1 800 mm；符合 19 英寸插箱的安装要求，如图 8-1-4 所示，并具有以下功能：

① 机柜加热：北方寒冷地区配置机柜加热装置。

② 机柜散热：机柜顶部设有风机，强制通风散热。机柜底部设有通风孔。

图 8-1-4　机柜

（2）探测站主机。

THDS-A 采用工控机作为探测站主机，主机标准配置为 CPU P4 3.0 GHz/CORE2 双核 2.4 GHz，内存 1 G，硬盘 160/250 GB，满足双向双探 8 个探头、两套智能跟踪装置的控制和实时采集同时工作的要求，如图 8-1-5、图 8-1-6 所示。

图 8-1-5　工控机和键盘鼠标

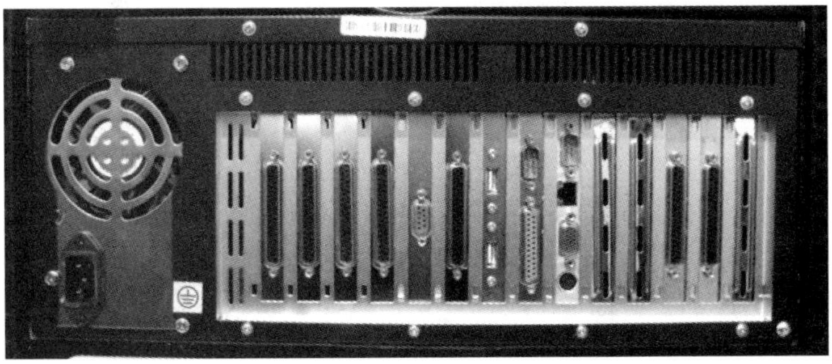

图 8-1-6　工控机后面板

（3）控制箱。

控制箱接收轨边信号，包括探头信号、磁头信号和各种温度信号，在控制箱内处理后传输到主机。控制箱还接收主机传输过来的控制信号，控制轨边设备，控制探头箱大门开闭、调制盘电机运转、器件致冷、热靶加热、挡板开闭、校零，如图 8-1-7 所示。

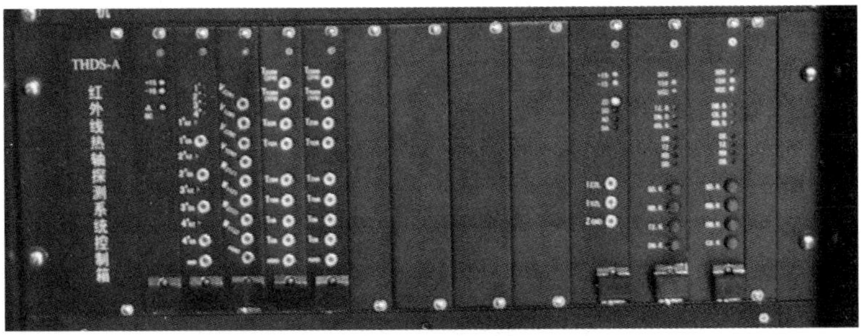

图 8-1-7　控制箱

控制箱机箱采用 19 英寸 4U 机箱，总线式结构，从机箱前插拔电路板，采用信号、功率双总线结构。功能强大，结构简洁，可靠性高，便于生产调试和现场维修测试。

① 控制箱电路板。

控制箱由机箱、母板、转接板、后面板、电子线路板组成。电子线路板包括磁头板（1块）、测温板（内探1块、外探1块）、模拟信号调理板（1块）、温控板（1块）、校零板（1块）和功放板（内探1块、外探1块）。每块线路板都有1个小面板，包括电源指示、工作状态、测试端子。

a. 磁头板：当列车车轴压过磁头时产生交流信号，其幅度与车速有关。磁头信号经电缆送到控制箱，经过磁头信号处理板的处理送到主机，进行车速、轴距、车辆数等计算。磁头信号处理板完成一个方向 4 路磁头信号的滤波、整形；面板上有门槛电压测试端、门槛电压调整电位计、磁头信号指示灯。

b. 测温板：测温板处理温度传感器输出的信号，处理后送至主机。温度传感器包括盘温（板温）传感器、热靶温度传感器、制冷器件温度传感器、环温传感器、柜温传感器。电路板上的调零和调增益电位计出厂时已调好，不要随意调整。

c. 模拟信号调理板：实现 4 路轴温信号的滤波、4 路调制信号的整形，以及电网电压信号、稳压电压信号的调理。面板上有轴温信号、调制信号、挡板信号测试端子，包括内探左轴温信号、内探右轴温信号、外探左轴温信号、外探右轴温信号、内探左调制信号、内探右调制信号、外探左挡板信号、外探右挡板信号。

d. 温控板：是控制碲镉汞光子器件温度的电路板，实现对左右两个光子探头的制冷温度控制；具有自动恒温控制、恒流控制两种模式；面板设置有状态指示灯和测试端子。

e. 校零板：实现对两个直流热敏探头的校零。面板设置有+15 V、−15 V、校零、保持指示灯。+15 V、−15 V 电源指示灯常亮，在探头进行校零时，校零指示灯亮，过车时保持指示灯亮。电路板上的有 5 组跳线，插在内探上时，选择内探，插在外探上时，选择外探。

f. 功放板：工业计算机通过功放板，实现对大门电机、挡板电机、调制盘电机、热靶、除雪装置等部件的电源控制。功放板包括内探和外探两种，前面板设有手动控制按钮和控制状态指示灯。

② 控制箱后面板。

控制箱后面板装有与轨边设备连接的电缆插座，以及与工业计算机连接的电缆插座和与电源箱连接的电缆插座，分别是扫描器控制插座、扫描器信号插座、辅助信号插座、电源插座、探头信号插座，通信、模拟信号和数字信号等插座，如图 8-1-8 所示。

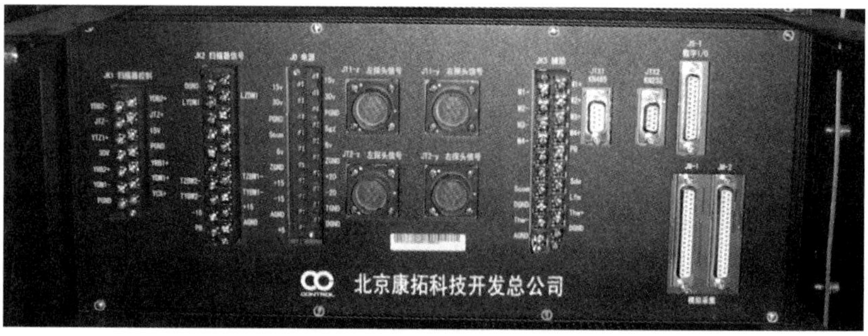

图 8-1-8　控制箱后面板

（4）远程管理机。

远程管理机是探测站主机的辅助设备，通过监测探测站主机的远行状态和探测站的电源供电情况，自主对主机进行复位、断电、重新通电操作。它能自主排除主机软件或操作系统死机等故障，同时也具备远程通信能力。

远程管理机具有以下功能。

① 记录探测站通信、电源状态的历史数据；监测探测站主机的运行状态，当探测站主机软件运行发生故障时复位探测站主机。

② 内置后备充电电池，工作时间 2 h 以上。

③ 具备远程通信能力。通过音频拨号网与远端连接，执行远端操作命令，实现探测站主机的远程启动、复位、关停等操作。

（5）电源箱。

电源箱为一个 19 英寸 4U 机箱，为上、下行控制箱和轨边设备提供电源，电源箱由前面板、后面板、箱体、电源组成，如图 8-1-9 所示。包括如下电源。

逻辑电源：+5 V，1.2 A，纹波＜200 mV。

制冷电源：+6.5：5 A，纹波＜60 mV。

信号电源：+15 V，1.5 A，纹波＜30 mV；

−15 V，1.0 A，纹波＜30 mV。

探头电源：±20 V，1 A，纹波＜50 mV。

调制电源：+15 V，1.2 A，纹波＜200 mV。

功率电源：+30 V，8 A，纹波＜200 mV。

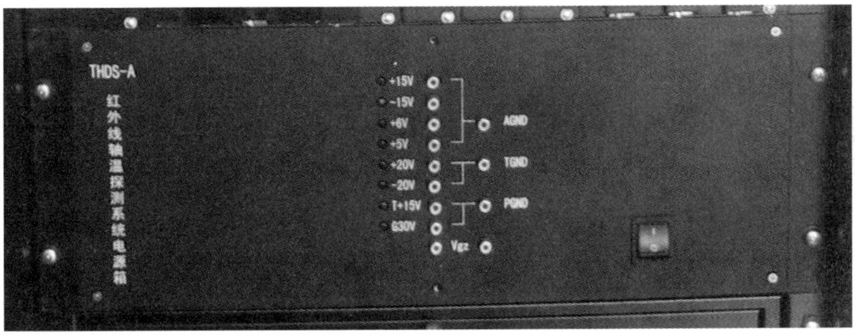

图 8-1-9　单向电源箱

（6）防雷设备。

① 作用。

防雷设备分为电源防雷和信号防雷，它是 THDS 设备雷电综合防护设施的一部分，其作用是当探测站设备遭受雷击时将雷电的大电流接地，避免设备被大电流损坏，如图 8-1-10、8-1-11 所示。

② 系统地线和防雷要求。

a. THDS 设备应配备雷电综合防护设施，设置共用接地系统并设地线标志桩。接地电阻不大于 4 Ω；在土壤电阻率大于 500 Ω · m 时，接地电阻值应不大于 10 Ω。THDS 接地系统 20 m 范围内如有其他接地系统，应与其进行等电位连接。

图 8-1-10　电源电涌保护箱

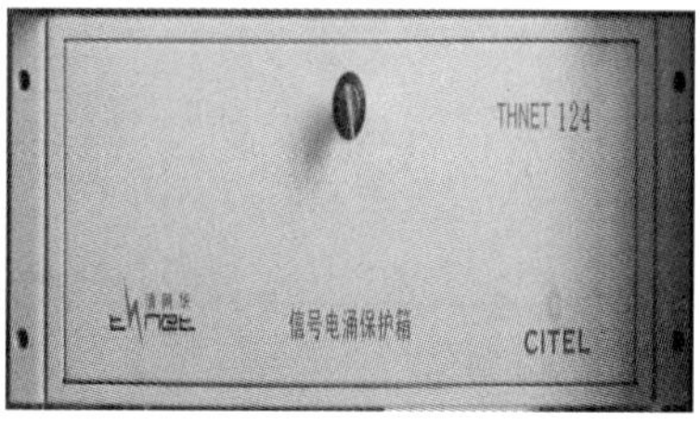

图 8-1-11　信号电涌保护箱

b. 室内防雷和防电涌保护箱应尽量靠近被保护设备和接地排安装，配线应符合标准。设备所有连接线在室内未屏蔽裸露部分须穿金属线槽，线槽要与等电位连接箱进行可靠电气连接。

c. 钢轨边的金属设备接线盒应与等电位连接箱进行等电位连接，磁钢信号须安装与其耐压等级相适应的 SPD。

d. THDS 配车辆智能跟踪装置的同轴信号须安装与其耐压等级相适应的高频同轴 SPD。

（7）车号智能跟踪装置。

系统配置智能跟踪装置一套，采用经过中国铁路评审认可的产品，输出数据格式应符合《车辆轴温智能探测系统智能跟踪装置接口规范》的要求。

车号智能跟踪装置前面板有 5 组灯，分别是正常、发送、错码、接收和发射。平时在侦听的时候，正常灯常亮，发送灯微微闪烁；接车的时候或者通过 IPC 软件点击了车号控制按钮，这时发射灯常亮，表示有微波信号发出，无标签时，错码灯亮，接收灯灭，有标签时，错码灯灭，接收灯亮。所以过车时，错码灯和接收灯是交替闪烁的。

（8）UPS 不间断电源。

① UPS 电源作用。

探测站须配备在线式 UPS 不间断应急电源，如图 8-1-12 所示，具备二路电源的探测站配备 2 h 在线式 UPS 不间断应急电源，单路电源的探测站须配备 8 h 在线式 UPS 不间断应急电源。在线式 UPS 电源是市电输入 UPS 电源后经过稳压再给用电器，并在突然掉电时有效地保护计算机的工作现场不被破坏，防止数据和程序丢失。

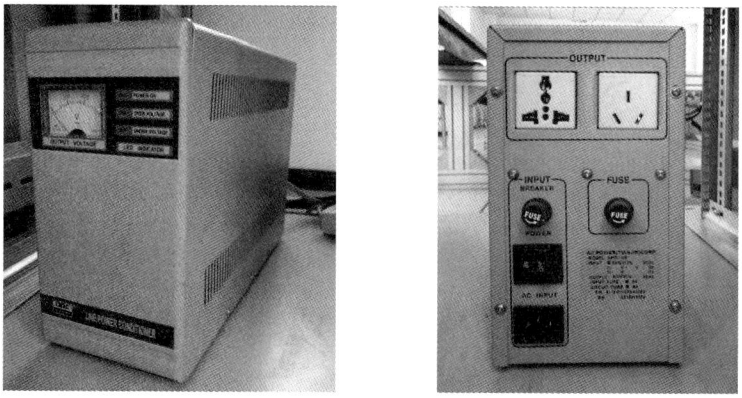

图 8-1-12　UPS 不间断电源

② UPS 电源使用注意事项。

a. 开关机顺序：为了避免负载在启动瞬间产生的冲击电流对 UPS 造成损坏，在使用时应首先给 UPS 供电，使其处于旁路工作状态，然后再逐个打开负载。关机顺序可以看作是开机顺序的逆过程，首先逐个关闭负载，再将 UPS 关闭。

b. 开机之前：首先需要确认输入市电连线的极性是否正确，以确保人身安全。注意负载总功率不能大于 UPS 的额定功率。应避免 UPS 工作在过载状态下，以保证 UPS 能够正常工作。

c. 关机之后：在市电中断，UPS 由电池组供电并自动关机后，不要再利用 UPS 电池组供电开机，以避免电池因过量放电而损坏。当市电发生异常而转为 UPS 电池组供电时，应及时关闭负载并关机，待市电恢复正常再开机使用。

d. 使用环境：要求清洁、少尘、干燥，通常在 0 ~ 40 °C 都能正常工作。不应把强磁性物体放在 UPS 上，否则会导致 UPS 工作不正常或损坏机器。

e. 电池维护：UPS 的电池组需要定期进行充放电，一般 2 ~ 3 个月进行一次。如果发现电池组有鼓胀、变形、漏液甚至破裂等现象，应立即更换电池组。

f. 注意安全：UPS 的电池组电压很高，在装卸导电连接条和输出线时应具有安全保障，采用的工具应绝缘，特别是输出接点更应该有防止触电的设置。

g. 放电深度：使用时应避免电池的深度放电。如果 UPS 处于轻载放电或空载放电的情况下，会让电池深度放电，从而影响电池组的使用寿命。

h. 负载大小：如果负载只是 UPS 额定的 30%甚至更少会造成 UPS 过渡放电，一般负载为 UPS 额定的 50% ~ 70%为最佳。

3. 探测站轨边设备

探测站轨边设备包括探头箱（内装探头）、卡轨器、车轮传感器（又称磁头）、环境温度传感器、车号天线等。探测站轨边设备如图 8-1-13 所示。

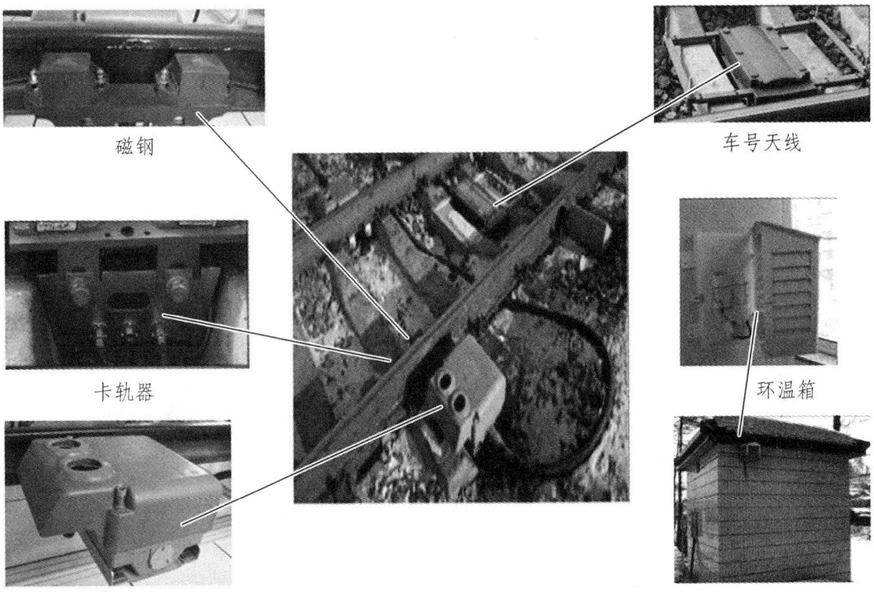

图 8-1-13　探测站轨边设备

（1）磁钢（车轮传感器）。

磁钢（车轮传感器）的作用是将车轮通过磁钢位置时的信息传递给控制电路，使设备完成计轴计辆及测速等功能，如图 8-1-14 所示。

图 8-1-14　车轮传感器

THDS-A 设备每台安装 4 个磁钢，1#磁钢安装在距离下探探测器（来车方向）前 50 m 以外，主要提供开机信号，使设备进入接车状态。2#、3#、4#磁钢用于计算车速和轴距，其中 4#磁钢为冗余磁钢，若 2#、3#磁钢坏掉其中的一个也不影响计轴和测速的计算。

① 开机信号。

当车轮压上 1#磁钢时，探测站信息处理计算机首先判断是车轮信号还是干扰信号，当磁钢有效信号大于 3 次时，认为是来车信号，此时探测站信息处理计算机系统向上位机发送一次正在过车报文，然后进入中断子程序，即系统停止自检和对上位机通信联络，探测站系统准备接车，处理来车的各种信息，为轴温采集做好准备工作。

② 测速。

当列车第一轮压上 2#磁钢时，探测站计算机记下该时刻 t_1；该轮压上 3#磁钢时，记下该时刻 t_2，所以当同一轮从 2#到 3#时所需的时间为 $\Delta t = t_2 - t_1$。又由于 2#到 3#之间的距离已经设定为 s=270 mm，因此，该轮通过 2#、3#时的速度为 $v = \dfrac{s}{\Delta t} = \dfrac{270\ \text{mm}}{(t_2 - t_1)}$。这样就测出了该车轮通过探测点时的速度，系统显示的是通过车最低、最高速度，即全列轴中通过的最低速度和最高速度。

③ 测距。

测出列车速度以后，我们可以进一步来测轮与轮之间的距离。

当下一轮压至 2#磁钢时，记下该时刻 t_3，即可计算出车轮与车轮之间的距离 $L = v \times (t_3 - t_1) = \dfrac{270 \times (t_3 - t_1)}{t_2 - t_1}$，即轴距。

④ 车轮传感器安装及维修的一般要求。

a. 磁钢一般安装在靠近探测站机房一侧的钢轨上，在电气化区段必须装在非电网回路一侧的钢轨上。

b. 1#磁钢安装在距离下探探测器（来车方向）前 50 m 以外，开机磁钢连线必须敷设地下铠装电缆或穿金属护管埋地引入室内，如图 8-1-15 所示。

图 8-1-15　1#磁钢

c. 2#、3#磁钢间距为 270 mm±2 mm，3#、4#磁钢间距 400 mm±2 mm。2#、3#、4#磁钢安装要求磁钢型号一致、灵敏度一致。磁钢线应加防护管引入探头箱内，要求管内无接头、无硬弯，如图 8-1-16 所示。

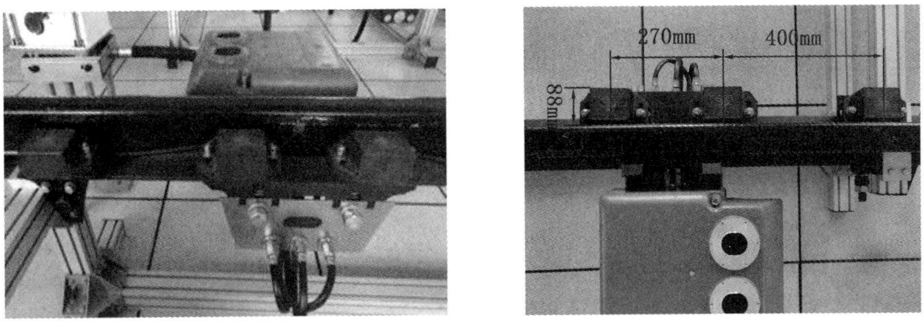

图 8-1-16　2#、3#、4#磁钢

d. 磁钢安装还应注意钢轨的型号，磁钢顶面与轨面距离：37 mm±2 mm。

如磁钢顶面距钢轨面距离偏低，则导致磁钢输出信号偏低，引起丢轴、计轴计辆出错；如偏高，则导致车轮压伤磁钢，在雨天或其他情况引起短路或抗干扰性能下降，致使计轴计辆出错。

e. 磁钢外沿与钢轨内侧距离 88_{-3}^{+2} mm，磁钢安装时可用磁钢安装标准计量尺校对位置。

f. 磁钢线与进入室内的连接电缆连接前应先判别磁钢极性，按极性对应连接，否则会引起计轴计辆故障。

（2）卡轨器（卡具）。

卡轨器分为探头箱卡轨器和磁钢卡轨器，如图 8-1-17 所示。

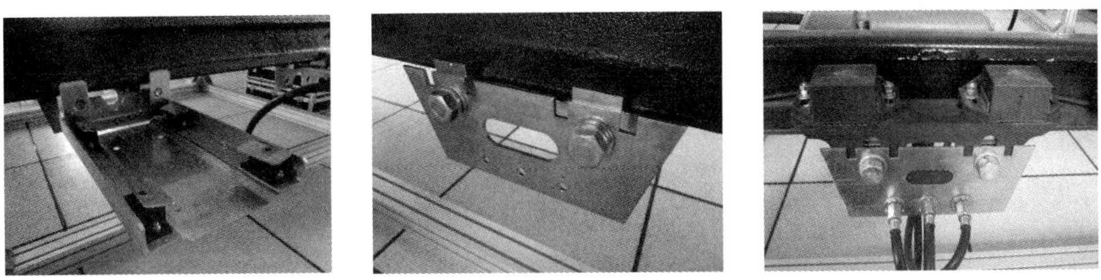

（a）探头箱卡轨器（钢轨外侧）　（b）探头箱卡轨器（钢轨内侧）　（c）2#、3#磁钢卡轨器

（d）1#、4#磁钢卡轨器（钢轨内侧）　　（e）1#、4#磁钢卡轨器（钢轨外侧）

图 8-1-17　探头箱卡轨器和磁钢卡轨器

卡轨器的安装要求如下。

① 探头箱卡轨器是探头箱（轴温扫描器）的安装承载平台，要求卡爪与钢轨之间可靠连接，并保证一定的安装精度和稳定度；同时要求为轴箱扫描器提供一级减振。以便保证轴箱扫描器具有较为一致和稳定的安装角度及位置，为探头瞄准提供稳定的平台，同时减缓钢轨振动对扫描器的冲击。在安装探头箱后，探头能够沿钢轨方向、垂直钢轨方向进行直线移动。

② 磁钢卡轨器为车轮传感器（磁钢）提供了安装基面，其中 1#和 4#磁钢卡轨器相同可单独安装，2#、3#磁钢共用一个卡轨器并与探头箱卡轨器配合安装。

③ 卡轨器部件结构紧凑，安装时操作简单，拆卸方便，满足捣固清筛等轨边作业要求。并且能够满足在 50 kg/m 轨、60 kg/m 轨、75 kg/m 轨等不同轨型上安装的需要。

④ 安装时应先清除枕木空下的道砟石，防止道砟石挤压卡轨器。先安装带有 2#、3#磁钢的卡轨器，然后以此侧为基准校对另一侧卡轨器位置，左、右卡轨器中心应在与钢轨垂直的同一直线上。如果左、右探头箱卡轨器安装不对称，会造成两侧探头采集点起始位置不同，动态监测数据表现为左、右侧第一峰值不一致。

（3）探头箱（轴箱扫描器）。

① 箱体结构及作用。

探头箱是轴温探头的安装平台，具有绝缘、防尘、防雨雪、防阳光辐射等特点。箱体分为上箱体、下箱体两部分。如图 8-1-18 所示。

探头箱　　上箱体内部　　下箱体内部

图 8-1-18　探头箱

下箱体由壳体、第二级减振器、探头安装架组成。上箱体由壳体、隔热保护罩、排风扇、热靶大门组件、大门电机、除雪装置（选配）组成，上箱体除了为轴温计算提供温度基准外，还要在列车到达前、后将红外轴箱扫描器封闭，保护内部清洁，并避免某些外界因素损坏内部部件。

探头箱外形尺寸：436 mm×441 mm×263 mm（长×宽×高）。

② 探头箱内主要器件。

a. 保护门总成。

保护门总成由转角电机、保护门及自锁机构等组成。其作用：（a）保护门在列车到达前、后将红外轴箱扫描器封闭，保护内部清洁；（b）对探头进行保护，防止石子或其他硬物对探头镜片造成的伤害；（c）在未过车时，探头以保护门为背景进行校零，抑制探头器件的漂移。

保护门由安装在上箱体内的转角电机带动完成开启和关闭的动作。当电路或机械部分发生故障时会造成保护门不开或保护门不关故障。当保护门不开时，探头无法探测到轴温信号；当保护门长时间不关时，探头对天空校零，当天空温度低于保护门温度时，输出的轴温的绝对温度会偏高；否则，输出的轴温的绝对温度会偏低。

b. 热靶组件。

热靶组件主要由印刷电路板、加热膜、均热板、铂电阻等组成。热靶是光子探头系统中对探头进行标定的一种热标准，标定时光子探头读取热靶不断均匀上升的温度，使光子探头得到一条与热靶温度相对应的电压幅值曲线。热靶为探头提供校对曲线的基准温度，它的好坏直接影响到探测精度。如图 8-1-19 所示。

（a）热靶正面

（b）热靶背面

图 8-1-19　热靶组件

热靶标定是保证轴温计算准确的条件之一。光子探头采用碲镉汞器件作为探测器，碲镉汞器件在不同温度下的输出特性不同，因此若探测器的工作温度发生变化，轴温计算所采用的温度-电压曲线也应随之改变，这一特点决定了以这种方式工作的光子探头难以采用固定的温度-电压曲线进行轴温计算。另外，四型机光子探头采用调制盘对光学信号进行调制，使得调制盘的温度（盘温）也影响探测器的输出。以探测温度不变的对象为例，探测器件的工作温度变化，会使探测器的响应特性发生变化，而调制盘温度的变化使对象和测温背景之间的温差发生变化，两者都会使探头的输出电压发生变化。因此，四型机采用热靶标定的自适应温度标定方法，实时获得轴温计算标准，使系统能够自动适应探头工作状态的变化，使轴温计算准确。

热靶大门组件除为轴温计算提供温度基准外，还要在列车到达前、后将探头箱封闭，保护内部的清洁，并避免某些外界因素损坏内部部件。热靶大门组件由力矩转角电机驱动，热靶结构简单可靠、易于维护，且在掉电状态下能够保持自锁状态，有效避免人为破坏。

主要技术参数。

最高温度：120 °C。

升温速率：1 °C/（1.8 ~ 2）s。

测温元件：PT1000 铂电阻，B 级。

（4）轴温探头。

① 探头的分类。

轴温探头是轴温探测的核心部件，按测温元件不同划分：

热敏探头——敏感元件采用双浸没热敏电阻，如图 8-1-20 所示。

图 8-1-20　热敏探头

光子探头——敏感元件采用碲镉汞光子器件，如图 8-1-21 所示。

图 8-1-21　光子探头

按工作方式，划分为调制探头和直流探头两种。THDS-A 型轴温探测设备使用的热敏探头和光子探头均为直流探头。安装好的探头如图 8-1-22 所示。

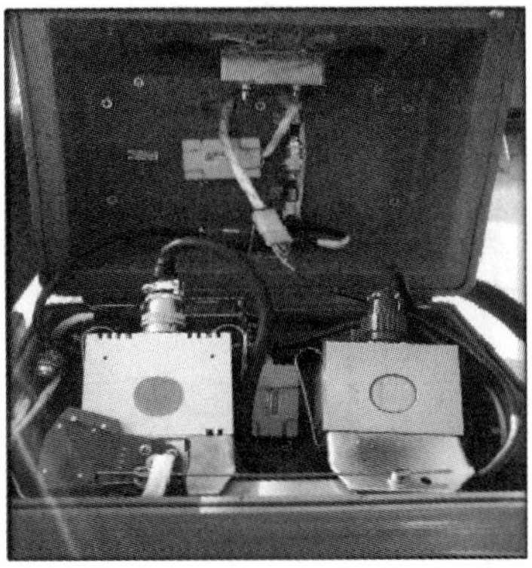

图 8-1-22　安装好的探头

热敏探头：热敏探头主要由光学系统、热敏电阻、直流放大器、跟踪电源和自稳零电路组成。当热敏元件接收到外界物体所释放的辐射能量时，其自身温度将发生变化，接着导致自身电阻的变化，而另外一个平衡电阻因为被遮盖，输出端失去原平衡，产生电压信号输出。

光子探头：主要由光学系统、传感器、桥电路、桥电源、前置放大器、半导体制冷器的控温电路、电源电路等组成。探头工作时，经光学系统聚焦，车轴红外辐射能量被聚焦到探头的敏感元件上，从而引起 HgCdTe 元件的电阻变化。通过桥电路将电阻变化量转化成电压变化量，经放大后，输出一个与红外辐射成比例的电压信号，以达到测温目的。控制电路对于 HgCdTe 器件进行制冷控制，使其工作在稳定低温状态，以提高探测器的灵敏度、探测率和稳定性。

② 探测方位。

探测方位的确定是探头箱设计的关键问题。经对多种车辆车型轴箱位置的分析和现场试验论证，结合各种车辆特点，最终确定了探头箱的最佳安装方位：采用“双下探”的探测方式。探头位于探头箱内，探头元件中心低于轨面 160 ~ 180 mm。内探元件中心距钢轨内侧 260 mm±5 mm，仰角 45°，与钢轨水平夹角 0°；外探元件中心距钢轨内侧 415 mm±5 mm，仰角 45°，与钢轨水平夹角 3° ~ 6°，如图 8-1-23、图 8-1-24 所示。该角度既可以应用于 HTK-499 设备，更是 THDS-A 型红外线设备的标准探测角度。

内探：由于探头光学中心距钢轨内侧距离较近，探头光学路径主要扫描轴承中隔圈附近。内探的优点是探测位置为滚动轴承中间，中隔圈的位置距离轴承两排滚子比较近，平均温升略高，探测充分，不会受到列车运行中的摆动影响，因此内探对于轴承正常运转热的探测精度更为精确。内探的缺点是 X1K 型车和长大货车等带轴箱套的轴承由于遮挡而导致无法直接探测到轴承表面，造成漏探。

外探：由于探头光学中心距钢轨内侧距离较远，探头光学路径主要扫描轴承端盖密封罩附近，距离滚子比较远，因此外探的轴温应比内探的轴温略低。外探的优点是兼容滚动轴承与滑动轴承，不受车种、车型的限制。存在的问题是对探头角度要求严格，由于货车晃动或探测角度偏差易产生漏探。同时外探无法滤除由于轴承密封罩与密封座之间的摩擦热或密封罩脱出与其他配件摩擦而导致的假热轴而误报热轴。

THDS-A 采用内探、外探相结合的双探形式，集合内、外探的优点，实际探测中以内探为主，外探为辅，能够更准确地探测轴承故障。

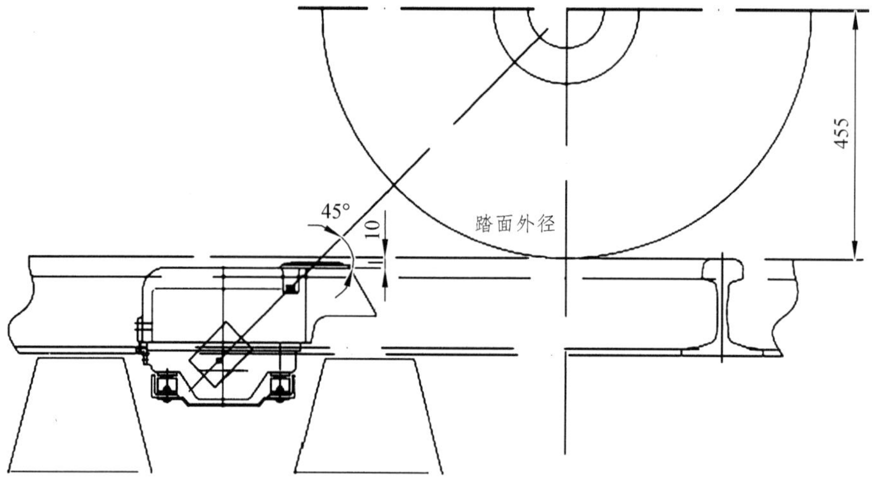

图 8-1-23　双下探探头的探测方位（一）

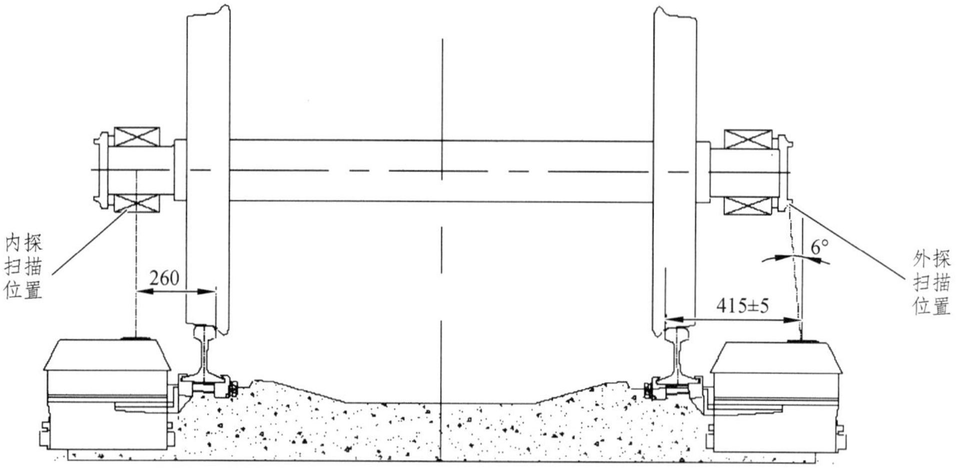

图 8-1-24　双下探探头的探测方位（二）

无论内探、外探还是双探，通常采用沿着列车运行方向探测，即探测位置是轴承的背风面，而非迎风面。这样做的主要原因：轴承的背风面，温度比较稳定，受到车速风速的影响较小，温度较真实；受车上坠物的影响较小。当然，迎着列车运行方向探测，在技术上也是可以实现的，例如在青藏线有些探测站就是采用的单个探测站双向探测。

任务检查单

任务编号	8-1	任务名称	认知 THDS		
序号	检查内容			是	否
1	能够掌握 THDS 的基本原理				
2	能够掌握 THDS 的基本构成				
3	能够掌握 THDS 探测站的构成				
评语					
评分					

任务 8-2　THDS 运用与管理

任务书

<table>
<tr><td>任务编号</td><td>8-2</td><td>任务名称</td><td>THDS 运用与管理</td></tr>
<tr><td colspan="4">任务目标</td></tr>
<tr><td colspan="4">【知识目标】
掌握 THDS 预报标准；
掌握 THDS 热轴预报及处理的程序；
掌握 THDS 动态作业检测程序。
【技能目标】
具备 THDS 运用与管理的基本能力。
【素质目标】
培养学生严谨认真的工作作风；
树立安全责任意识</td></tr>
<tr><td colspan="4">知识图谱</td></tr>
<tr><td colspan="4">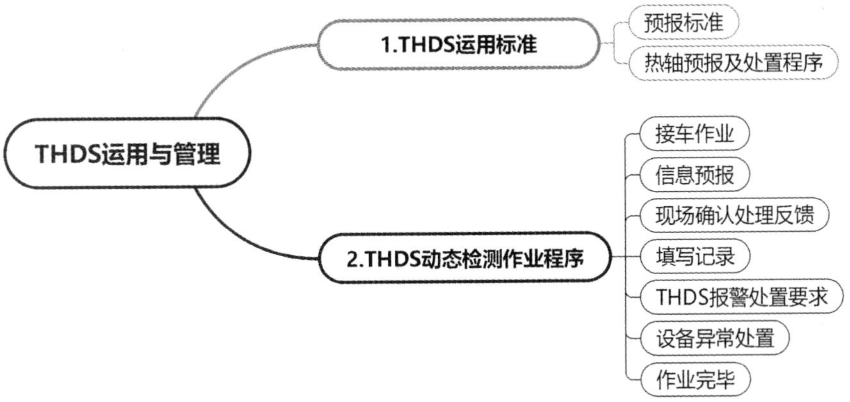
</td></tr>
<tr><td colspan="4">任务描述</td></tr>
<tr><td colspan="4">本次任务是全面了解 THDS 运用与管理的相关知识，以小组为单位汇报掌握 THDS 预报标准、THDS 热轴预报及处理的程序；掌握 THDS 动态作业检测程序，为后续任务的实施奠定理论基础</td></tr>
<tr><td colspan="4">实施说明</td></tr>
<tr><td colspan="4">（1）以小组为单位认真学习任务 8-2 的引导材料，做好知识准备；
（2）结合知识准备和小组汇报情况，教师组织课堂教学内容，填写“任务检查单”</td></tr>
</table>

引导材料

THDS 运用与管理

一、THDS 系统的运用标准

1. 预报标准

热轴预报标准规范为微热、强热、激热 3 挡。预报标准如下。

（1）预报微热时跟踪，微热设置为多级系统，即当车辆通过第一个探测站并预报某一轴位轴承微热时，由系统自动跟踪，如若该车辆通过第二个探测站时仍预报微热但未有热升级时，各个铁路局的处理措施不同，一部分路局要求按照强热对待，前方站拦停车辆，现场检查，另一部分路局规定继续跟踪，如若没有热升级则不作处理。但如果该车辆通过第二个探测站时发生热升级，则各铁路局的处理措施相同，均按照强热对待。

（2）预报强热时，要求前方站停车，并进行车辆轴温检测处理。

（3）预报激热时，立即拦停列车，并进行检查处理。

具体预报标准由铁路局和红外线设备生产单位共同确定。红外线值班员要依据探测站所处地点预报标准对照热轴报文、波形后，按热轴等级和规定的预报内容进行热轴预报。

2. 热轴预报及处置程序

（1）强、激热预报程序。

对强热、激热报警信息，铁路局红外线调度员须立即进行分析和确认，经确认的强热、激热信息使用录音电话按标准用语通知列车调度员，明确处置要求，同时列车调度员应在行调复示终端上点击确认，并按处置要求及时进行相应的行车调度指挥。

红外线调度员电话通知列车调度员后，应填写《铁路货车安全防范系统拦停通知卡》，由列车调度员签字确认。同时，还应及时将热轴报警后的处置情况通知铁路局车辆调度员。铁路局车辆调度员及时安排车辆段按规定处理热轴铁路货车。

报警信息中列车车次和铁路货车车号不清的，由铁路局红外线调度员联系列车调度员确认车次和车号等信息。

（2）强热处置程序。

对铁路局红外线调度员预报的强热报警的列车，铁路局列车调度员要立即安排列车在前方站侧线停车并通知机车乘务员；机车乘务员采用常用制动停车。列车到达前方站后，由车站安排将该车从列车中摘下，停车车站有列检作业场的，由列检人员检查、处理；无列检作业场的，按规定通知车辆部门派员前往检查处理。

（3）激热处置程序。

对铁路局红外线调度员预报的激热报警的列车，铁路局列车调度员要立即呼叫机车乘务员就地停车；机车乘务员接到列车调度员的口头停车命令后，采用常用制动停车。

① 列车在区间停车时，由车辆乘务员负责检查、判断和处置，无车辆乘务员的由机车乘务员判断处置，确认能否继续安全运行。机车乘务员按规定对激热报警信息准确确定激热铁路货车编组位置和激热的轴位，并对轴承进行外观检查。当检查确认轴承外观无异状，可以继续运行时，应及时报告车站值班员并转报列车调度员，由列车调度员发布调度命令，限速不超过 25 km/h 就近运行到前方车站或限速不超过 15 km/h 退行至后方车站。当检查发现轴承变色（变蓝或变红）、冒烟、外圈破损或变形、前盖丢失或变形、外圈存在新圆周磨痕、密封罩脱出等异状时，及时报告车站值班员并转报列车调度员，启动区间激热拦停应急处理预案。区间拦停应急处理预案由铁路局制定。

② 列车在站内停车时，由车站安排将该车从列车中摘下，停车车站有列检作业场的，由列检人员检查、处理；无列检作业场的，按规定通知车辆部门派员前往检查处理。

（4）强热、激热故障信息反馈。

对无列检作业场的车站摘下的热轴铁路货车，列检人员应及时到达甩车车站进行热轴故障检查和图像采集，并将检查结果报车辆段调度员，车辆段调度员分别向铁路局红外线调度员、车辆调度员报告；铁路局红外线调度员须在发生时刻 24 h 内将检查处理结果录入 THDS。

对有列检作业场的车站摘下的热轴铁路货车，列检作业场应及时进行热轴故障检查和图像采集，并将检查结果报告车辆段调度员，车辆段调度员分别向铁路局红外线调度员、车辆调度员报告。铁路局红外线调度员须在发生时刻 6 h 内将检查结果报录入 THDS。

（5）换轮处理要求。

列检人员对车站摘下的 THDS 预报热轴铁路货车，须进行更换轮轴处理；对不具备更换轮轴条件的车站，车辆段须在确保安全的前提下制定铁路货车限速运行方案，运行到就近地点进行更换。

（6）热轴轴承分解及分析。

热轴铁路货车更换轮轴后，须在规定的时间内将热轴轮轴送车辆段检修车间进行轴承退卸、分解，形成《THDS 热轴轴承故障诊断分析报告》，并妥善保存轴承故障损品。有关退卸和分析结果、故障数码照片自系统预警之日起 10 日内录入 THDS。《THDS 热轴轴承故障诊断分析报告》格式、内容由铁路局制定。

（7）轴温检查规定。

人工轴温检查须使用具备数据存储功能的便携式红外线测温仪。检查部位：无轴箱滚动轴承为轴承外圈底部、前后排滚子所处外圈相应部位的运行方向后侧；有轴箱滚动轴承为轴箱前盖里侧轴箱体上部。发现轴温异常或外观异状，应转动检查。

（8）设备故障轴温检查规定。

THDS 值班员（动态检车员）遇以下非正常情况时，须立即通知列检值班员，由列检值班员安排现场检车员对未正常探测的铁路货车进行人工轴温检查。

① THDS 发生临时故障时。

② THDS 受到干扰出现异常时。

③ 列车在 THDS 探测站调速或停车影响探测时。

④ 因停电、维修、线路施工及其他因素等造成 THDS 无法探测时。

二、THDS 动态检测作业程序

1. 接车作业

（1）THDS 动态值班员实时监控 THDS 系统，通过“探测站状态视窗”观察系统接车状态（见图 8-2-1），当列车通过探测站，探测站状态视窗显示绿色图标。

2. 信息预报

（1）列车通过后，双击过车信息，系统弹出“数据分析”界面，选择“波形表”，显示车辆轴温波形图。

（2）对照热轴报文，确认波形和数据后，对微热车辆进行预报（见图 8-2-2）。

安全风险点：THDS 动态值班员未及时报告微热信息，易造成热切轴事故。

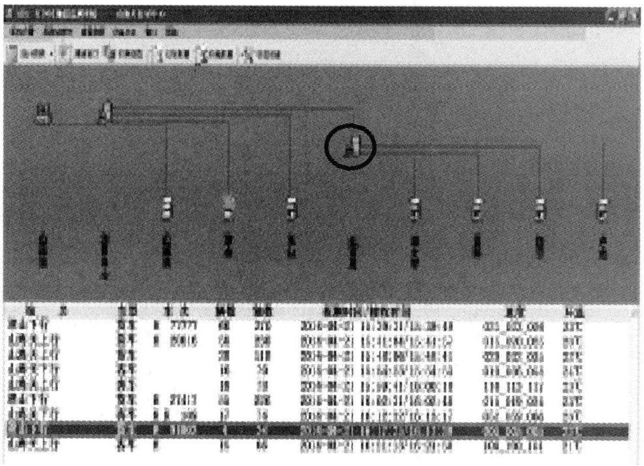

图 8-2-1　探测站状态视窗

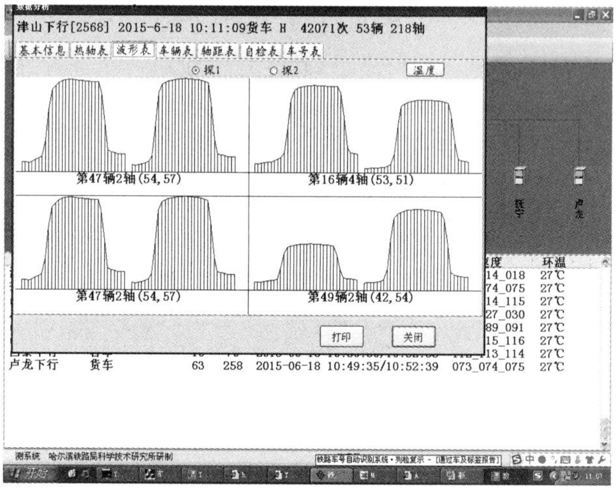

图 8-2-2　热轴报文

（3）对采取人工检查或人机分工检查方式进行列检作业的到达、中转列车中 THDS 系统预报微热时，THDS 动态值班员要将列车车次、行别、编组辆数、热轴车位数、轴位等微热预警信息立即通知列检值班员，由列检值班员通知检车员进行处理。

3. 现场确认处理反馈

微热预警车辆处理完毕后，列检值班员应将处理情况向 THDS 动态值班员反馈。

4. 填写记录

对扣修换轮的微热故障信息，THDS 动态值班员须在《THDS 铁路货车热轴故障信息记录簿》中做好记录，并粘贴热轴轴温波形的打印记录。

5. THDS 报警处置要求

（1）对到达列车中微热预警车辆，须扣修处理。

（2）对中转列车中微热预警车辆，现场检车员应对微热报警的轴承进行轴温测量和起轴转动检查，对温升超过规定或转动检查有问题的铁路货车须扣修。

6. 设备异常处置

（1）当列检作业场入口 THDS 系统出现因故障、检修等原因造成无法正常探测或上传报文时，THDS 动态值班员须按照《铁路货车运行安全监控系统非正常状态下作业管理办法》规定处置。

（2）设备发生故障及异常情况影响正常探测时，THDS 动态值班员应通知段工作站监测值班员（动态监测车间值班员）处理，并《铁路货车运行安全监控系统故障报修记录簿》中做好记录；同时在《列检、动态检查作业场班组交接班记录簿》“铁路货车运行安全监控系统设备故障报修情况”栏内做好记录。

7. 作业完毕

THDS 动态值班员作业完毕后将系统返回接车界面，等待接车。

任务检查单

任务编号	8-2	任务名称	THDS 运用与管理		
序号	检查内容			是	否
1	掌握 THDS 预报标准				
2	掌握 THDS 热轴预报及处理的程序				
3	掌握 THDS 动态作业检测程序				
评语					
评分					

任务 8-3　THDS 设备检修

任务书

任务编号	8-3	任务名称	THDS 设备检修
任务目标			
【知识目标】 掌握 THDS 设备的检修流程； 掌握 THDS 各设备的检修方法； 掌握 THDS 各设备的检修标准。 【技能目标】 具备 THDS 检修的基本技能。 【素质目标】 培养学生严谨认真的工作作风			

续表

知识图谱
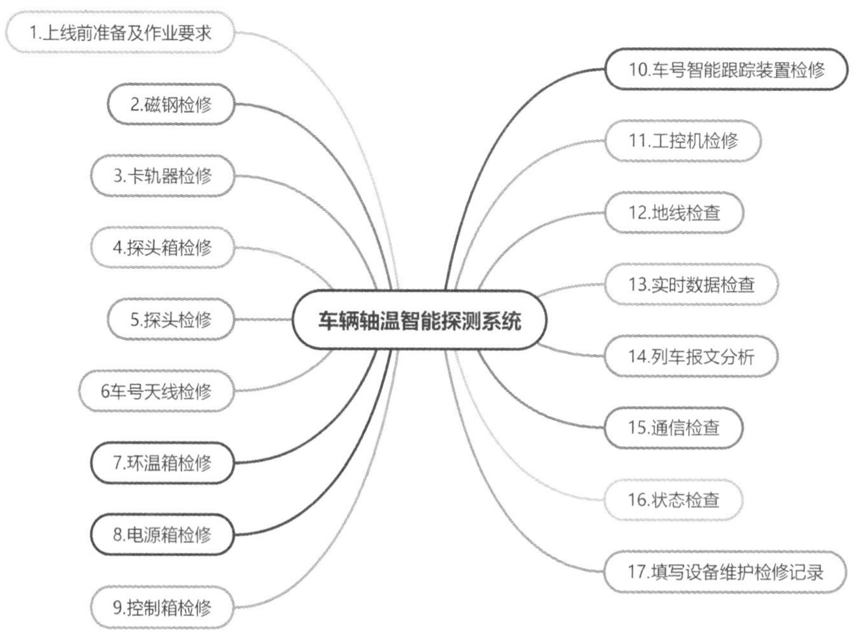
任务描述
本次任务是全面了解 THDS 检修的相关知识，以小组为单位对 THDS 各设备进行检修，为后续任务的实施奠定基础
实施说明
（1）以小组为单位认真学习任务 8-3 的引导材料，做好知识准备； （2）结合知识准备和小组作业情况，教师填写“任务检查单”

引导材料

THDS 设备检修

一、上线前准备及作业要求

（1）维修人员携带检修作业包（内含：防护服、对讲机、手机、防护喇叭等）检修所需配件、仪器仪表。

（2）作业前，必须逐人检查上线作业人员劳动保护服装及安全防护用具的着用情况，发现异常立即停止其作业资格；同时将维修人员手机统一存放管理。

（3）上线作业必须按规定设置驻站防护员和现场防护员，驻站防护员提前达到车站值班室登记、确认作业命令。

（4）现场防护员在得到驻站防护员可以开始作业通知后，通知动态车间复示值班员设定检修标记，1 min 后再次确认检修标记是否设定。

（5）现场防护员、驻站联络员、现场负责人做好沟通与联控，及时准确地向复示值班员传递现场作业信息，动态车间复示值班员提示上线人员作业安全注意事项，检查安全防护用具是否齐全、完好。

（6）严格执行“双通知，双确认，三方控”及现场安全作业制度，接到驻站防护员通知可以上道命令后，现场作业人员统一回答“命令已下，可以上道，天窗时间××时××分。”

（7）横越线路严格执行“一站、二看、三确认、四通过”制度，同时执行肢体语言动作，听从现场负责人指挥。

（8）作业过程中所测量数据填记到《THDS 探测站设备维护检修记录簿》中。

二、磁钢检修

（1）检查清理外观：用毛刷清洁磁钢及磁钢支架，保证外观无锈蚀，无损坏。

（2）紧固连接件。

① 使用扳手紧固磁钢及卡具上的螺栓，保证其无松动。

② 直观检查磁钢及磁钢支架上的紧固螺栓，保证其均有弹簧垫圈。

（3）电缆及护管检查：检查电缆，确保其有护管保护，无损伤断裂。

（4）磁钢尺寸测量。

① 磁钢间距测量：用计量尺测量 1#与 2#、2#与 3#、3#与 4#磁钢中心距。保证磁钢安装距离符合要求：1#与 2#磁钢距离在 80 m 以上；2#与 3#磁钢中心距（250±2）mm；3#与 4#磁钢中心距（400±100）mm，如图 8-3-1 所示。

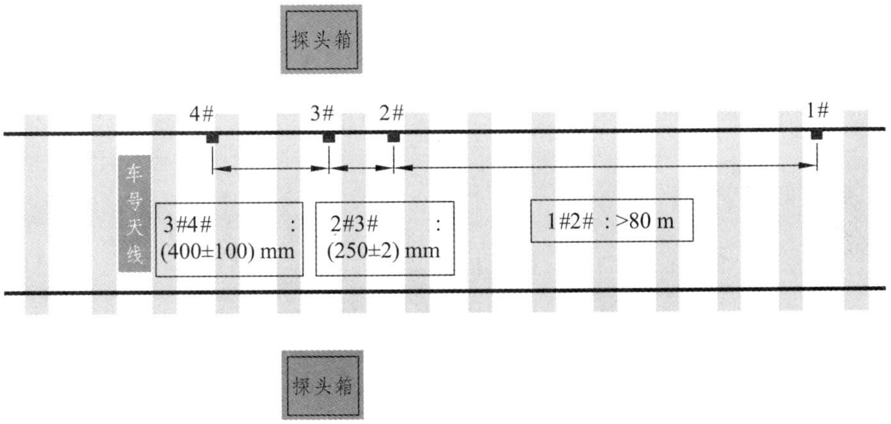

图 8-3-1　磁钢尺寸要求

② 单个磁钢尺寸参数测量：用计量尺测量磁钢顶面与轨平面距离、磁钢外沿与钢轨内侧距离，确保其符合规定，如图 8-3-2 所示。

磁钢顶面与轨平面距离：37 mm±2 mm；

磁钢外沿与轨头内侧距离：88_{-3}^{+2} mm。

三、卡轨器检修

（1）用毛刷、清洗剂清洁卡轨器，保证其清洁无锈蚀。

注意事项：重点检查卡轨器拐角处状态（裂纹、变形）。

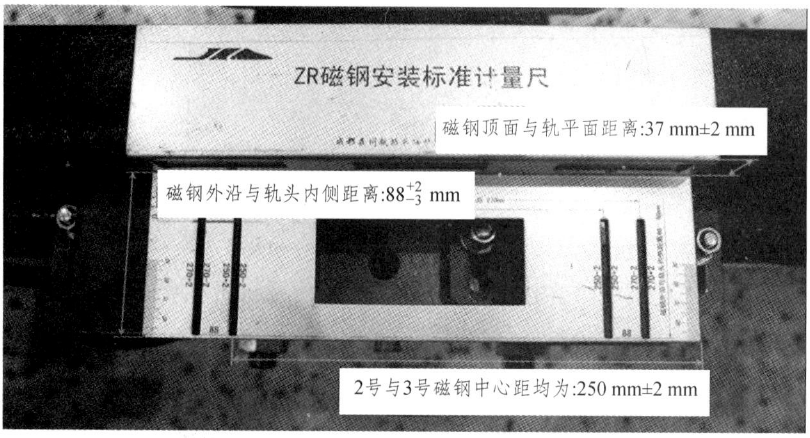

图 8-3-2　单个磁钢尺寸要求

（2）用扳手紧固卡轨器，确保螺钉紧固无松动，无锈蚀，螺母均有弹垫，如图 8-3-3 所示。

图 8-3-3　卡轨器检修作业图

四、探头箱检修

（1）检查清理外观：用毛刷清扫探头箱表面和内部，保证箱体清洁。用抹布擦拭探头箱顶面和窗口四周，保证顶面和窗口四周清洁，无杂物，不挡探头视场。用镜头纸擦拭镜头，保证镜头清洁、无裂痕。

（2）紧固连接件：紧固箱体螺栓，保证螺栓无松动，如图 8-3-4 所示。

图 8-3-4　紧固连接件

（3）电缆及护管检查：直观检查电缆及护管，保证电缆及护管没有老化损伤。

（4）探头箱防护大门试验：检查大门开关状态。主机界面控制开关大门开启、关闭，保证能够完全打开，无异物遮挡探头视场。能够完全关闭，开关过程无阻滞。

（5）用 IPC 软件读取探头保持状态下的输出电压。静态电压：1 V±1 V，超标换修。

（6）进入系统维护状态，用 IPC 软件测量 5 min 漂移。5 min 漂移应小于 150 mV，超标换修。

五、探头检修

（1）探头角度校准：用激光瞄准器和校准架校准内外探头方位。将激光瞄准器和校准架放置在相应位置，观察激光瞄准器光点从校准架前靶中心穿过，打在后靶中心竖线处。若光点偏离中心点，则需调整探头安装架上的螺栓进行调整，直至符合要求，如图 8-3-5 所示。

图 8-3-5　探头角度校准

（2）热靶标定：从主界面操作进行热靶标定。用探测站软件校曲线功能手动生成一条曲线，检查是否报错。

（3）探头精度校验：用黑体对探头精度进行校验，将黑体温度设置为比环温高 40 °C（如：环境温度为 24 °C，则需要设置黑体温度为 64 °C）。用探头对黑体测温，用测得温度与黑体设定温度对比，看两者差值，即测温误差，测温误差应在±2 °C，如不符合要求应对探头进行换修。

六、车号天线检修

（1）检查清理外观：对车号天线进行清扫，除锈，保证外观无破损，无锈蚀。检查天线防护箱，有无破损变形。

（2）紧固连接件：使用工具紧固连接件，保证其无松动。

（3）电缆检查：直观检查同轴电缆接头有无松动、死弯。

（4）测试天线读取距离：用测试标签测试天线读取距离，观察车号智能跟踪装置指示灯状态。读取距离应符合规定：在天线上方大于等于 1 m，天线每侧读取距离大于等于 1.2 m，超标更换。

七、环温箱检修

（1）环温箱外观及环温头检查：检查确认环温箱箱体清洁，无破损。环温头不受日光照射和雨淋，绝缘良好，各线连接牢固。

（2）环温头测温准确性检查：用点温枪测试温度对比测量环温输出值，确定环温误差。环温误差绝对值应≤2 °C，超标换修，如图 8-3-6 所示。

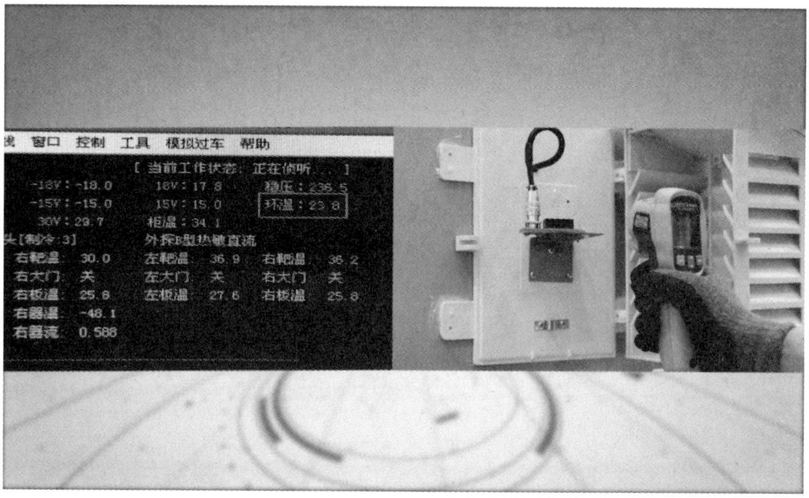

图 8-3-6　环温箱检修

八、电源箱检修

（1）外观检查：用毛刷、吹尘器清洁电源箱，检查各电源板外观有无损伤，氧化。

（2）电缆及接插件检查：总线及接插件接触是否良好紧固，如图 8-3-7 所示。

（3）输出电压测量。

图 8-3-7　电源箱检修

用万用表测量电压并做好记录，电源电压须保证输出电压符合标准，具体要求如表 8-3-1 所示。

表 8-3-1　电源箱输出电压标准　　单位：V

+5±0.2	+6±1	+7±1	+15±2
−15±2	+18±2	−18±2	+30±2

九、控制箱检修

（1）外观检查：用毛刷清洁控制箱。直观检查各面板外观有无损坏。

（2）电缆及接插件检查：检查控制箱后面板各电缆总线接插接触是否良好。

（3）控制箱大门灯试验：手动划试 1、2、3#磁钢，观察控制箱上对应的大门灯是否亮，如图 8-3-8 所示。

图 8-3-8　控制箱大门灯试验

十、车号智能跟踪装置检修

（1）外观检查：用毛刷清洁车号智能跟踪装置，保证其表面无灰尘。

（2）电缆及接插件检查：直观检查后面板端子、插头及配线接触是否良好。

（3）前面板指示灯试验：用测试标签在车号天线上方读取距离内晃动，观察车号智能跟踪装置前面板指示灯是否亮，如图 8-3-9 所示。

图 8-3-9　车号智能跟踪装置检修

十一、工控机检修

（1）外观检查：用毛刷、吹尘器清洁工控机。直观检查机箱风扇运转是否良好，清扫风扇滤网；检查机箱内面板外观有无损坏。

（2）电缆及接插件检查：检查工控机后面板各电缆总线接插接触是否良好。

十二、地线检查

外观检查：直观检查地线连接是否牢固，接触良好。

十三、实时数据检查

在主界面调阅相应功能按钮，观察环温、柜温、电网电压；盘温、靶温、器件温度等各项数据显示是否正常，是否有报警。

十四、列车报文分析

在工控机上调阅观察全列报表、静态数据、轴距表、速度表、轴温波形观察是否正常。

十五、通信检查

（1）检查网卡插座：观察工控机后部网卡 RJ45 插座收发指示灯显示是否正常。

（2）检查数据上传情况在工控机显示器 Netrans 软件界面上检查自检和列车数据能否正常上传。

十六、状态检测

主机界面点击上电控制按键后，依次点击大门、热靶、挡板按键并确认状态正常。

十七、填写《设备维护检修记录簿》

检修作业完毕后，确认设备运行状态，填写《设备维护检修记录簿》（见图 8-3-10），报告设备检修结束。

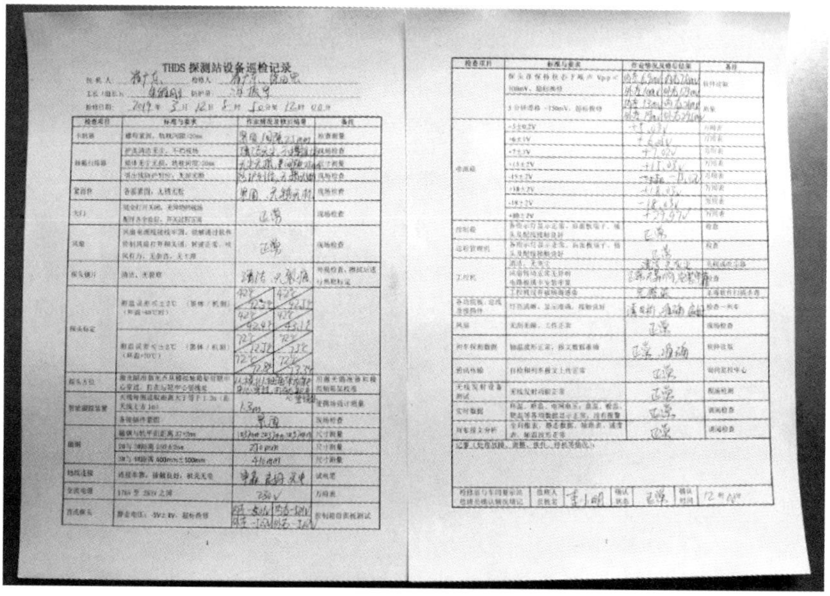

图 8-3-10　《设备维护检修记录簿》

任务检查单

任务编号	8-3	任务名称	THDS 设备检修		
序号	检查内容			是	否
1	能够掌握 THDS 设备的检修流程				
2	能够掌握 THDS 各设备的检修方法				
3	能够掌握 THDS 各设备的检修标准				
评语					
评分					

项目九　客车及动车组动态监测系统

客车及动车组动态监测系统主要包括动车组运行故障动态图像检测系统（TEDS）、客车运行故障动态图像检测系统（TVDS）和客车运行状态安全监测系统（TCDS）。其中客车运行故障动态图像检测系统简称为TVDS，是货车运行故障动态图像检测系统（TFDS）的一个重要补充，其原理和操作方式与TFDS类似，在本项目中不做赘述。

知识图谱

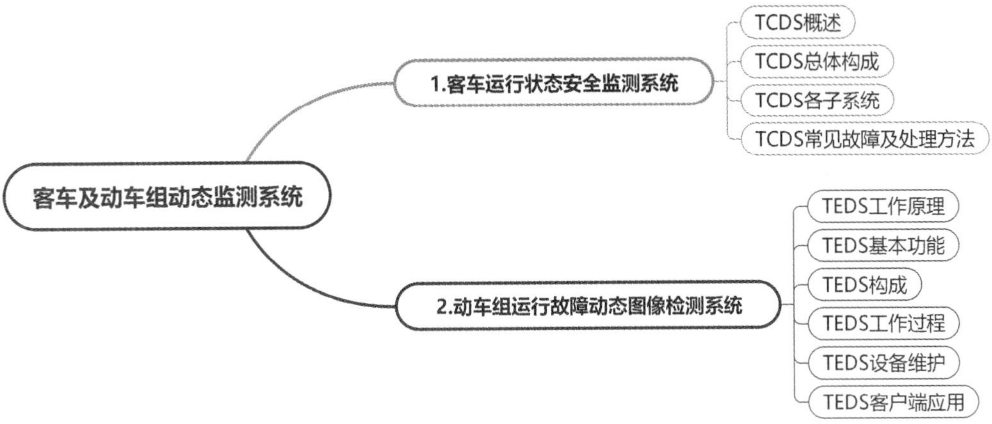

学习目标

【知识目标】

掌握 TCDS 功能、原理、构成；

掌握 TEDS 功能、原理、构成；

掌握 TCDS、TEDS 动态检车方法及常见设备检修方法。

【技能目标】

具备 THDS 运用与检修能力。

【素质目标】

培养学生严谨认真的工作作风。

课程思政

守卫动车组安全的“TEDS 分析员”

布满行车路线图的大屏幕下一片安静，气氛略显紧张，分析员们眼盯屏幕，细致迅速地浏览探测设备传回的一张张复杂的机械部件图片——这并非科幻电影中的战斗场景，而是高铁 TEDS 分析员们正在实时监控运行中的动车组。

TEDS 是指“动车组运行故障动态图像检测系统”，即用激光成像设备扫描高速运行中的动车组，经计算后拼接出完整动车图像，再通过远程对比分析查找列车运行中存在的安全隐患。

进入 10 月以来，国铁郑州局集团郑州动车段 TEDS 集中监控中心平均每天需监控动车 185 列，每天超过 74 万张动车组的动态图像被实时传回，海量的数据正考验着分析员们。

在监控中心，记者看到，随着鸣笛声响起，一批新的动车图像到达人工终端。屏幕前，分析员王伍豪的神情瞬间紧张起来，面对几千张图片拼接好的连贯图像，他用鼠标在屏幕上划规定的字形线开始检查。

“一颗螺栓的松动、一丝细小的裂纹都不能放过。”TEDS 集中监控中心工长牛乐介绍，一列 8 辆编组的动车组，通过 TEDS 探测站时间大约需 12 秒，包括动车组的底部、侧部裙板、连接装置、转向架等可视部位都会被拍照，拍摄照片多达 2474 张，然后通过人工复示终端，在电脑屏幕前检车。

“十一”期间，郑州动车段每天经过探测站的动车组数量比平时增加 30%。“我们是三班倒，没有节假日，执行 24 小时的上班制。平时每天的工作量大概是 230 组，‘十一’期间，每天检测的动车组达到了 301 组。”牛乐说，“能确保高铁运行安全，这些辛苦都值得。”

任务 9-1　客车运行状态安全监测系统（TCDS）

任务书

任务编号	9-1	任务名称	客车运行状态安全监测系统（TCDS）
任务目标			
【知识目标】 掌握 TCDS 监控内容； 掌握 TCDS 总体构成及数据传输过程； 掌握 TCDS 各子系统； 掌握 TCDS 常见故障及处理方法。 【技能目标】 会根据故障提示信号判定故障并对常见故障进行应急处理。 【素质目标】 培养学生严谨认真的工作作风			

续表

<table>
<tr><td>知识图谱</td></tr>
<tr><td>
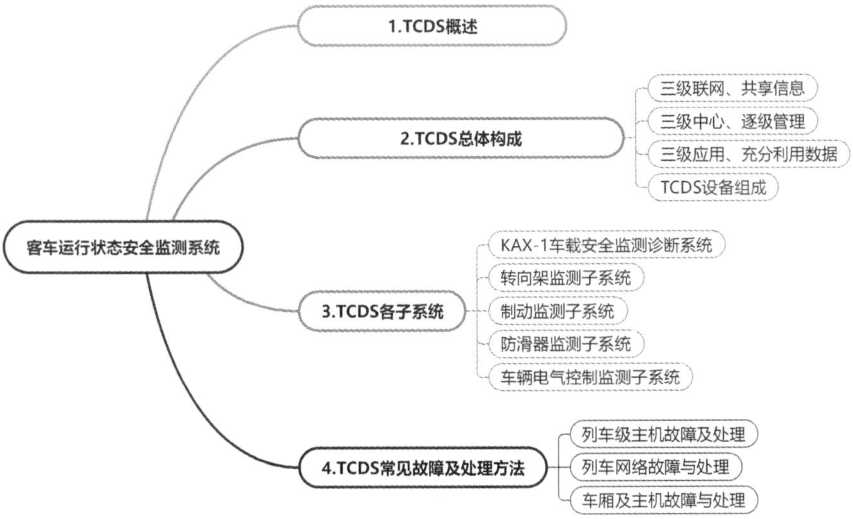

</td></tr>
<tr><td>任务描述</td></tr>
<tr><td>本次任务针对客车运行状态安全监测系统（TCDS）设置，通过对此次任务学习需要掌握TCDS相关知识，以小组为单位汇报TCDS监控内容、TCDS数据传输过程、TCDS各子系统故障点，重点汇报TCDS系统常见故障及处理方法</td></tr>
<tr><td>实施说明</td></tr>
<tr><td>（1）以小组为单位认真学习任务9-1的引导材料，做好知识准备；
（2）结合知识准备和小组汇报情况，教师组织课堂教学内容，填写“任务检查单”</td></tr>
</table>

引导材料

一、概　述

随着我国铁路六次全面提速，旅客列车运行速度越来越高，途中停靠站少，因此，在运行中及时发现和防止故障的发生和扩大，并采用相应信息化检修作业，成为保证旅客列车运行安全急需解决的问题。车辆运行中基础制动系统作用是否良好，车辆转向架性能是否恶化，车辆供电系统是否处于安全状态，防滑器工作状态是否正常，运行中有无车轮擦伤，空气弹簧的工作状态，轴承温度是否超限报警，配电室等重点防火部位有无火灾险情等，这些涉及列车运行中的安全问题，都必须在运行状态下及时发现并采取相应对策，才能使旅客列车运行安全得到保证。

TCDS是一个覆盖客车、客列检、客整所（整备所）、车辆段、铁路局、中国铁路的计算机网络信息系统。TCDS系统将货车的4T功能集于一身并直接随车运行，实时监测车辆运行状态，属于车载监控系统。TCDS针对车辆关键部件进行实时监测并对数据进行存储和诊断，同时通过无线网络及有线网络，将监控信息同步传回地面，保证车辆系统各级管理部门及时掌握车辆运行状态，实现专家远程指导乘务员采取紧急措施保障运行安全，停车时通过地面下载数据指导维修，对车辆进行质量动态控制。

现在我国国内客车运行状态安全监控系统实现了对大部分影响列车运行安全的车上设备的监控，主要包括供电系统、空调系统、车下电源、车门、烟火报警、轴温报警器、防滑器、制动系统、车体、转向架动力学性能、轮对状态等，对这些设备进行状态实时监控、故障实时报告、故障车辆长期跟踪观察，对于车辆部门制订车辆维护计划、设备故障检修、保证运输安全具有重大意义。

二、TCDS 的总体构成

TCDS 是由三级联网、三级中心、三级应用组成的总体系统。三级联网是指中国铁路与路局联网、路局与车辆段联网、车辆段与配属客车联网。三级中心是指中国铁路查询中心、路局监控中心、车辆段监控中心。三级应用是指车辆段级应用、路局级应用和中国铁路级应用。TCDS 系统结构如图 9-1-1 所示。

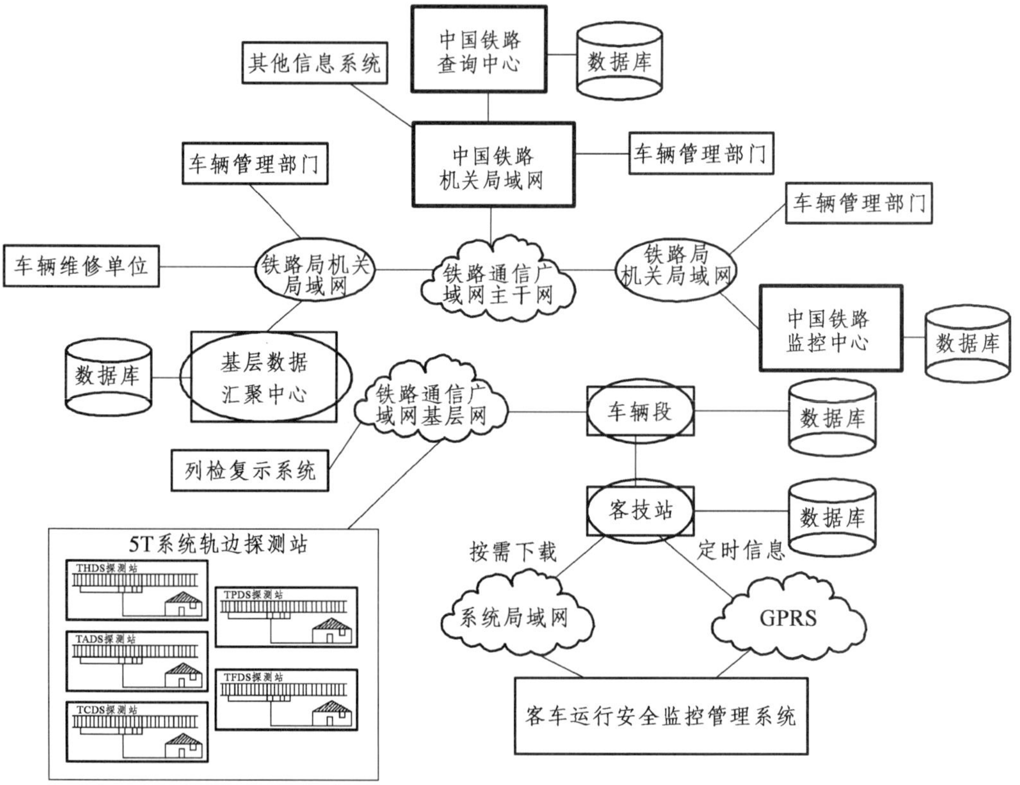

图 9-1-1　TCDS 系统结构示意图

1. 三级联网、共享信息

在 TMIS 的全国铁路通信网络的基础上，利用网络数据传输平台，TCDS 将中国铁路查询中心、铁路局监控中心、车辆段监控中心联系起来；在实时数据采集的基础上，利用现代无线通信技术，将车辆段与配属客车联系起来，实现客车与地面的有机结合。

车地无线联网实现列车和地面间的数据传输，地面信息网络实现各级中心间的数据传输。在三级联网的基础上，所有数据统一格式、统一标准，实现客车安全信息完全共享。

2. 三级中心、逐级管理

TCDS 系统由中国铁路查询中心、路局监控中心、车辆段监测中心三级中心组成。中国铁路作为决策指挥中心，充分利用安全监控数据的分析结果，调整优化客车制造技术，把握铁路发展大方向，制定战略性决策和技术政策。铁路局作为运用管理中心，需要随时了解管内发生的重大事故，针对问题，做出正确的列车调度、车辆运用、故障处理的指导意见。对下属车辆段工作进行监督管理，对客车安全信息查询、汇总上报，对危险车辆报警，跟踪数据传输，执行中国铁路下发的任务。车辆段作为基层数据中心，首先要安排完成对管内车辆的日常维护、检修工作，需要对发生故障的车辆做出正确的处理，监督检修作业质量，还需要维护管内车辆的所有安全监控数据，向上级车辆部门及时反馈有效的车辆运用信息。

3. 三级应用、充分利用数据

车辆段级应用包括车地数据无线传输系统、地面专家系统、地面网络数据传输系统、数据中心后台支撑系统、数据中心控制台系统、客车运行状态电子地图实时跟踪系统、客车运行安全信息查询与统计报表支持系统等一组应用软件。路局级应用和铁道部级应用的应用软件构成和功能框架基本相似，只是后台软件的传输处理信息量和前台应用提供的各类可访问信息的范围、级别存在差异。已开发和部署的软件包括地面网络数据传输系统、数据中心后台支撑系统、数据中心控制台系统（C/S 模式）、客车运行状态电子地图实时跟踪系统（C/S 模式）、客车运行安全信息查询与统计报表支持系统（B/S 模式）等一组应用软件。

车地数据无线传输系统实现客车运行监测数据的落地，包括报警、列车 GPS 定位、速度、编组、设备状态等信息的实时发送，还包括到站后将客车在本次运行中所产生的所有监测数据进行批量下载。

地面专家系统以监测数据为依据，对客车状态进行评价、对设备的状态进行分析，发现并提示客车在运行中出现的问题或安全隐患，提供车辆检修建议，提高车辆检修效率。通过长期监测数据的积累，还可以形成对某类设备、某种型号客车的全面而客观的统计与评价，对于车辆部门制定车辆维护计划、设备故障检修、保证运输安全等具有重大意义。

地面网络数据传输系统建立在网络传输中间件的基础上，负责提供地面三级中心间可靠的数据传输服务。

数据中心后台支撑系统由一组后台数据处理模块构成，完成数据的装载、校验、数据重组、统计信息抽取等数据处理任务，为前台应用提供便于访问、查询效率高的数据环境。

数据中心控制台系统通过集成化的中心系统管理操作界面，提供系统基础数据维护、系统配置、运行参数设置、用户和权限管理等系统管理配置功能。

客车运行状态电子地图实时跟踪系统，主要以直观的电子地图形式提供客车运行状态实时信息动态跟踪和运行轨迹历史回放，使车辆主管部门随时掌握在线运行客车状态，重演客车动态运行过程。

客车运行安全信息查询与统计报表支持系统主要为车辆管理部门提供全面、真实、可靠的实时信息、下载故障信息和相关基础数据查询，提供科学、直观、多角度透视的故障统计分析报表。在此基础上，车辆部门可以有针对性地实现配件储备，合理地安排检修人员，了解故障检修重点，并提出客车设备的科学的改进意见，促进车辆制造与运用技术的发展。

4. TCDS 设备组成

TCDS 系统设备包括车载安全监控系统、车载无线发射装置、客列检 WLAN 联网设备、客车整备所、车辆段、铁路局、中国铁路 TCDS 设备。

三、TCDS 各子系统

1. KAX-1 车载安全监测诊断系统

系统由车载实时监测诊断、车地无线通信（或移动存储器下载）、地面数据库与专家系统 3 部分组成，包括两级网络结构和两级诊断子系统，车厢级网络系统，车厢级主机，列车级主机以及各功能诊断子系统，如图 9-1-2 所示。

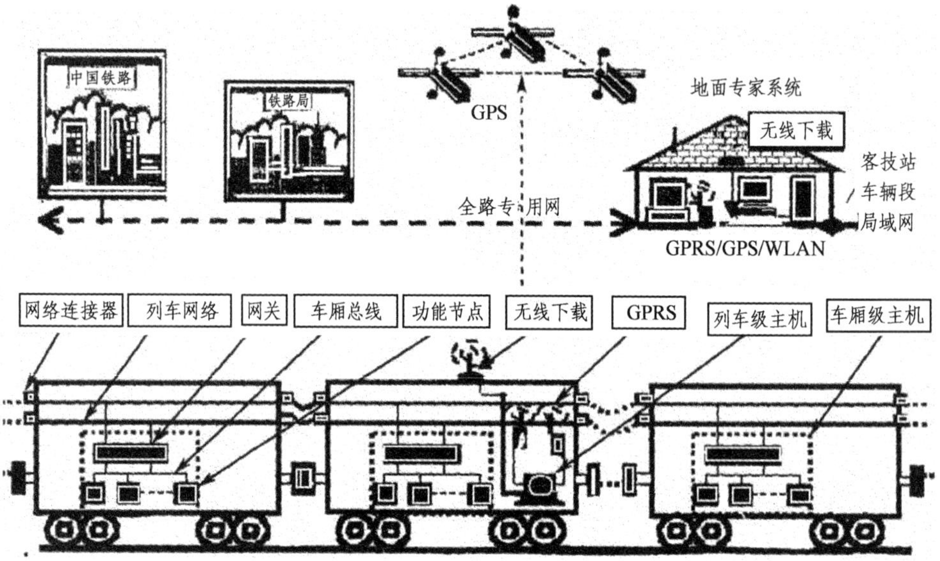

图 9-1-2 KAX-1 车载安全监测诊断系统

车载实时安全监测诊断系统为两级总线式网络结构的列车通信网络系统，由连接同一列车上不同车厢的列车网络（列车总线）TBUS 和连接同一车厢内不同功能级监测诊断子系统的车厢网（车厢总线）VBUS 所组成。TCDS 系统分为功能级监测诊断子系统和列车级综合监测诊断系统两级监测诊断（见图 9-1-3、图 9-1-4），由列车级给出实时诊断报告。

车厢级网络系统采用背板式 LonWorks 现场总线技术，由 3 个功能级监测诊断子系统、1 个显示节点和车厢网关通过 LonWorks 车厢总线组成。各功能级子系统诊断报告与过程数据通过显示节点显示，并通过车厢级网络变量传输到车厢级网关。每辆车的车厢级网关将本车的监测诊断报告和过程数据通过列车总线传送到列车级主机。列车级主机实现全列车综合诊断、集中显示、报警、记录和车-地通信，如图 9-1-4 所示。

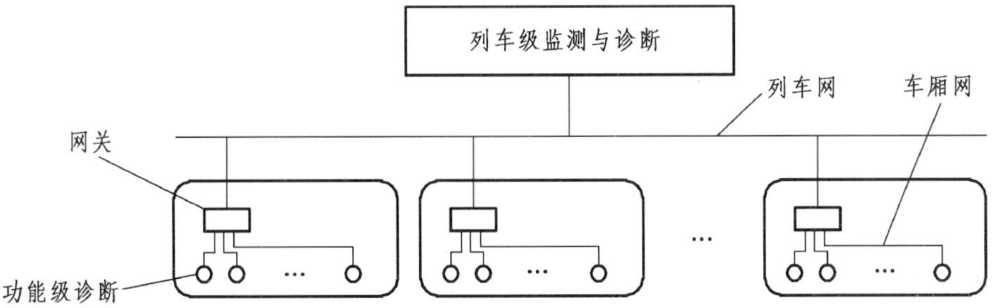

图 9-1-3　系统两级网络、两级监测示意图

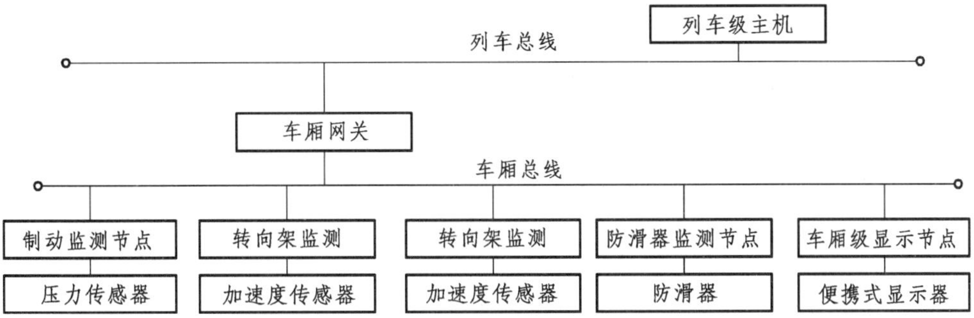

图 9-1-4　系统两级网络、两级监测诊断功能框图

车厢级各监测诊断子系统集中安装在一台 6 英寸高、19 英寸宽的机箱内，机箱内每一个模盒结构的板卡担负某一个独立监测诊断功能，它通过车厢级专家下面的端子排与外围设备、传感器、列车网连接，如图 9-1-5 所示。

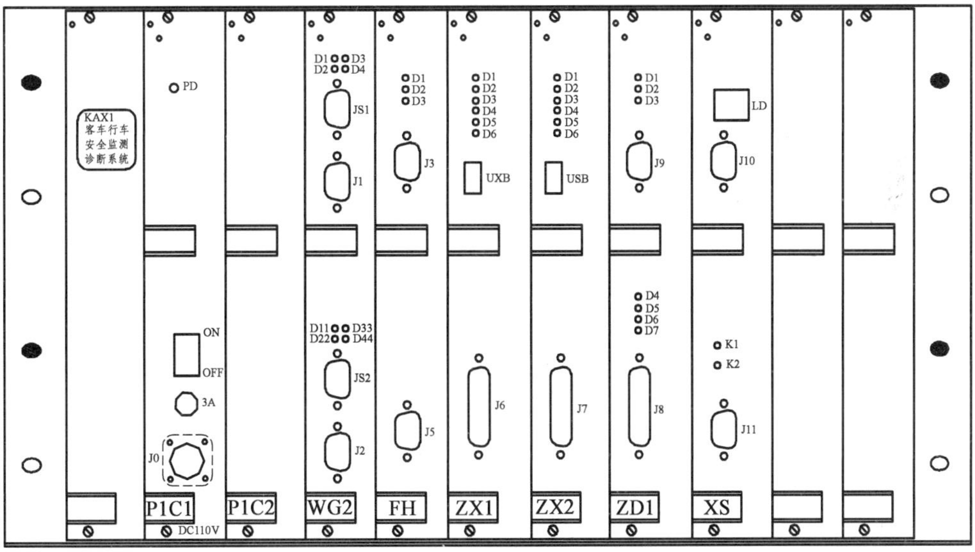

J0—110 V/48 V 电源输入连接器；J1—车辆一、三角列车网络线连接器；J2—车辆二、四角列车网络线连接器；
JSl—一、三角自动组网线连接器；JS2—二、四角自动组网线连接器；J3—国产防滑器联网连接器；
J5—进口防滑器通信连接器；J6—一端转向架与车体传感器连接器；J7—二端转向架与车体传感器连接器；
J8—制动监测传感器连接器；J11—用于车厢级调试外接口；PW 卡—车厢级主机电源板卡；
WC2 卡—车厢级网关；FH 卡—防滑器接口板；ZX1 卡—一转向架监测诊断板卡；
ZX2 卡—二端转向架监测诊断板卡；ZD1 卡—制动监测诊断板卡；
XS 卡—车厢级调试显示、车号修改板卡。

图 9-1-5　一般车厢级主机的布局图

工程师车厢级主机比一般车厢级主机多两块板卡（WLAN 和 GPRS），担负车-地无线通信。GPRS 板卡接受列车级主机和 GPS 卫星定位信息，列车运行中实时向地面监控终端传送监测诊断报告、列车运行速度等信息；WUN 板卡接收列车级主机记录的数据，在列车进入客技站（车辆段）时，通过地面建立的无线局域网自动下载数据。工程师车车厢级主机上这两块板卡和工程师车的 3 根天线（车顶上的 WIAN 和 GPS 天线，车厢内的 GPRS 天线）组成 TCDS 客车运行安全监控系统的无线发送设备。WLAN 板卡是无线下载通信板卡；其余板卡与插座和一般车厢级主机相同。工程师车厢级主机布局如图 9-1-6 所示。

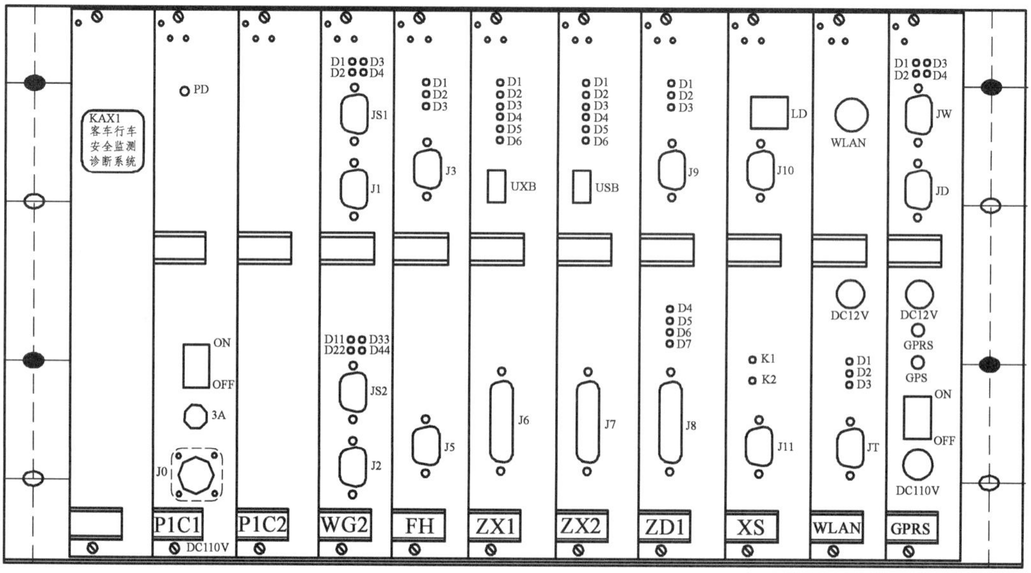

JT—与列车级 CPU 通信（WUN）；JW—与列车级 CPU 通信（GPRS）；JD—与列车级 CPU 通信（GPS）；
GPRS—外接 GPRS 天线；GPS—外接 GPS 天线；JWX—外接 110 V 直流电源；
DCl2V—GPRS 板卡送给 WUN 板卡 DC 12 V 电源；
GPRS 板卡—GPRS 与 GPS 通信板卡。

图 9-1-6　工程师车厢级主机布局

列车级主机是一台 3U 结构壁挂式机箱，外接带电阻式触摸显示屏的工业级专用装置。由 5 块板卡组成。它担负安全监测诊断系统双列车通信网络的运行管理、列车级双向数据通信、列车级综合诊断、集中显示与报警、各功能节点诊断报告和过程数据的记录，人-机交互，并完成车-地无线通信、无线下载和移动存储器下载功能。其面板布局如图 9-1-7 所示。

车地数据通信子系统有两种数据传输方式：一是以 GPRS 方式传输实时数据，二是以 WLAN 方式完成所有监测数据的批量下载。

为了保证车辆运用部门及时掌握客车实际运行状态，避免和防止重大安全事故，在客车运行过程中，以 GPRS 方式将少量必要的监测数据发送到地面，如图 9-1-8 所示。

GPRS（General Packet Radio Service）是采用分组数据传输的 GSM 核心网的增强技术。GPRS 技术是目前使用最广的能够解决移动通信与 IP 结合的技术方案，它可以充分利用现有 GSM 网络，使运营商在 GSM 全国范围内推出移动分组数据业务。GPRS 作为一种向 3G 网络过渡的技术，正在积极引导移动用户使用无线数据业务的兴趣。

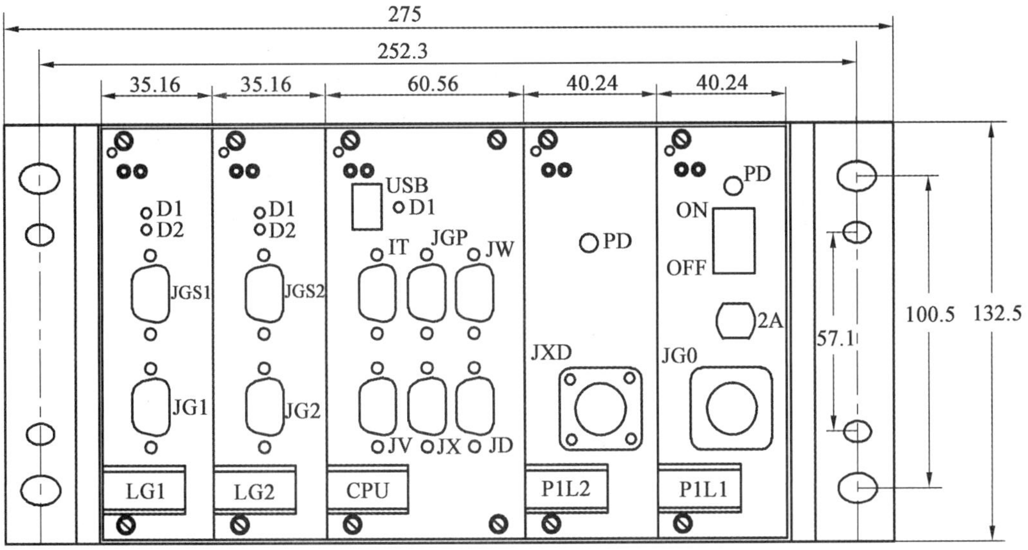

PWI 卡：JG0—DC 110V/DC 48 V 电源输入，24 V 输出；PW2 卡：JXD—DC 24 V 输出给显示器，主机内部 5 V 电源；LG2 卡：JG2—第二条列车网（B 线）接口；JGS2—第二条组网线接口；CPU 卡：JX—外接列车级触摸屏显示器；JT—无线下载 WLAN 接口；USB—数据下载接口；JW—GPRS 无线通信接口；JD—GPS 无线通信接口；JGP—与列车级 PLC 网关通信接口；V—调试接口；LG1 卡：JC1—第一条列车网（A 线）接口；JGS1—第一条组网线接口。

图 9-1-7　列车级主机布局图（2005 年现场加装）

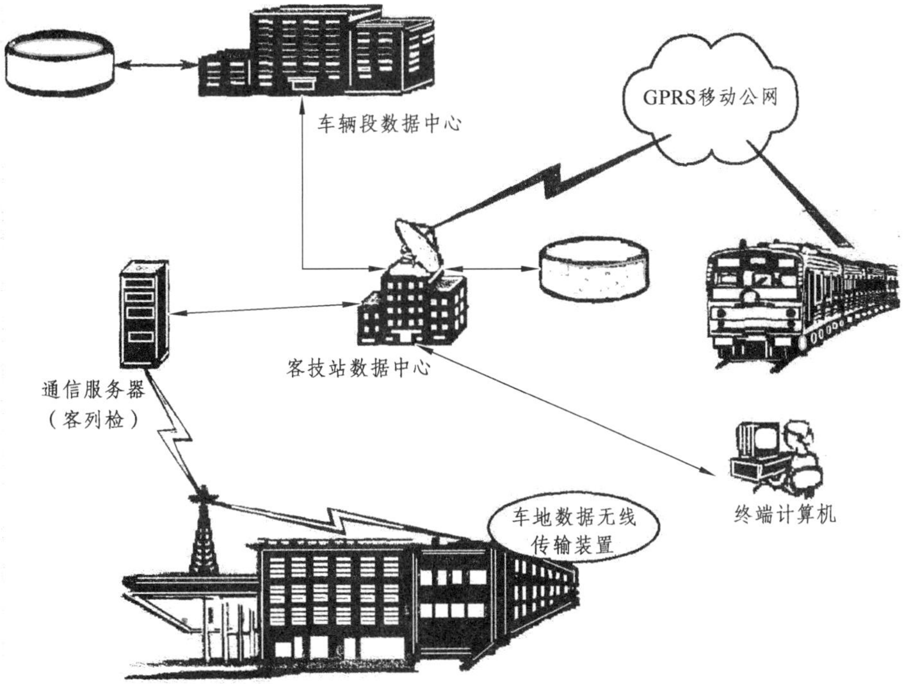

图 9-1-8　车地数据通信的总体方案

终端用户丰富多彩的数据应用也对 GPRS 这一数据承载网络提出了更高的要求，相比传统的 GSM 语音业务而言，GPRS 数据业务更加讲求服务质量，对网络性能的分析应更贴近终端用户的实际感受。

GPRS 的出现提供了一种高效、低成本的无线分组数据业务，特别适用于间断的、突发性的和频繁的、少量的数据传输，也适用于偶尔的大数据量传输。

当车载安全监测设备在监测到车辆设备的异常或故障报警时，自动启动报警实时发送机制，将此信息通过 GPRS 实时发送出去。信息内容包含发生故障列车的车次、车厢号、车号、故障发生时间、故障级别、发生故障设备类型、故障描述等故障相关数据。

当系统工作正常时，系统主机定时通过无线 GPRS 接口向地面发送各系统状态信息和 GPS 定位信息，信息内容还包括列车的车次、车厢号、车号、时间、监测项类型、监测项状态。

WLAN（Wireless Local Area Network，无线局域网）是采用无线传输介质的计算机局域网，它的标准是 IEEE 802.11，该标准定义了物理层和媒体访问控制（MAC）层的规范。到站后以 WLAN 方式实现车地联网。为了支持地面专家数据库对过程数据进行分析和故障诊断，以便于分析和查找事故原因，并进一步诊断数据和故障预警，车载安全监测系统实时记录的过程数据通过 WLAN 传输至地面服务器，如图 9-1-9 所示。

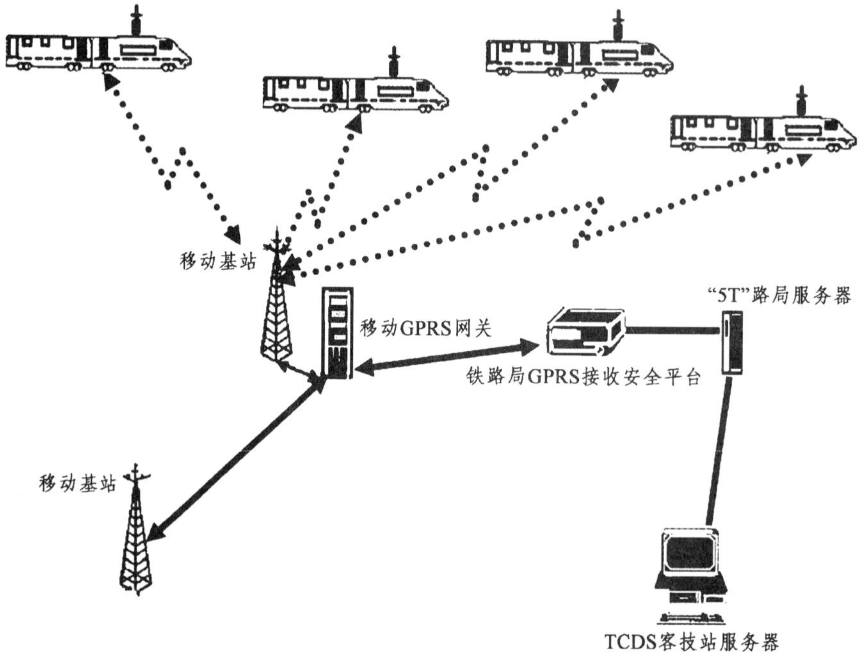

图 9-1-9　以 WLAN 方式实现车地联网

无线局域网是实现移动计算机网络的关键技术之一，它是实现移动计算机网络中移动站的物理层和链接层功能，为移动计算机网络提供必要的物理接口的网络。无线局域网是计算机网络与无线通信技术相结合的产物。从专业角度来讲，无线局域网利用无线多址信道的一种有效方法来支持计算机之间的通信，并让通信的移动化、个性化和多媒体应用得以实现。

近年来，无线局域网因其可实现移动办公，具有较好的保密性、抗干扰性、架设与维护容易等特点，已经在欧美国家的无线市场取得成功，随着 802.11 性价比的提高，人们对移动性访问和存储信息的需求愈来愈多，无线局域网在办公、生产和家庭等领域不断获得更广泛的应用，甚至在某些情况下取代有线局域网。

2. 转向架监测子系统

（1）概述。

对运营的铁道车辆转向架状态进行监测是我国现阶段铁路发展的需要，也是未来高速铁路发展的趋势。自 1997 年 4 月 1 日提速以来，全路运营的提速客车遇到了各种各样的问题。对管理方面而言，大量的“夕发朝至”客车的运营为我国铁路部门创造了经济效益的同时，也给原来的运营维修体系带来了新的问题。大量的客车白天同时进段而又要求晚上很快地投入运营，列车在开行的过程中速度快、停靠车站少（如 25K 型车）或不停靠站（如 25T 型车）连续快速运行的时间长，车辆各种部件的使用寿命都受到很大的影响，经常出现各种故障。较常遇到的故障有车辆运行中的轮对故障、空气弹簧系统故障、转向架构架以及中央悬挂装置的故障等，这些故障均会影响车辆的状态。而车辆状态的恶化危及列车运行安全，并会产生一系列的后果，如动力学性能恶化的结果使得转向架所受动态交变载荷增大，各种疲劳现象会对转向架安全运行带来巨大的隐患。

同时，对于大量新造的各种高速与准高速动车组，生产厂家和管理部门也开始密切关注其车辆的状态问题。在这种情况下，对关乎车辆运行安全的转向架状态进行监测与诊断具有非常现实的意义。

对运营的铁道车辆转向架状态进行监测并对车辆运行状态进行评估，是对车辆实行质量控制与动态管理的重要举措。车辆的转向架状态只有通过动态过程中记录与评估，才能发现关系到车辆运行安全的转向架的维修与养护情况是否良好，而结合动态的记录与评估建立的专家系统，可以对车辆动力学系统的性能变化态势进行预测，实行基于定量分析的质量控制与动态管理，从根本上防止动力学问题及相关问题的产生，实现车辆的无病态或微病态运行，从防止故障出现的源头做起。

实行质量控制与动态管理又可减少车辆系统磨耗，使得整个车辆运营的力学环境更加符合要求，降低车上各种设备的事故发生率，提高旅客运营的舒适性，为整个铁路的运营带来综合的经济效益与社会效益。

车辆转向架监测传感器的安装方式如图 9-1-10 所示。

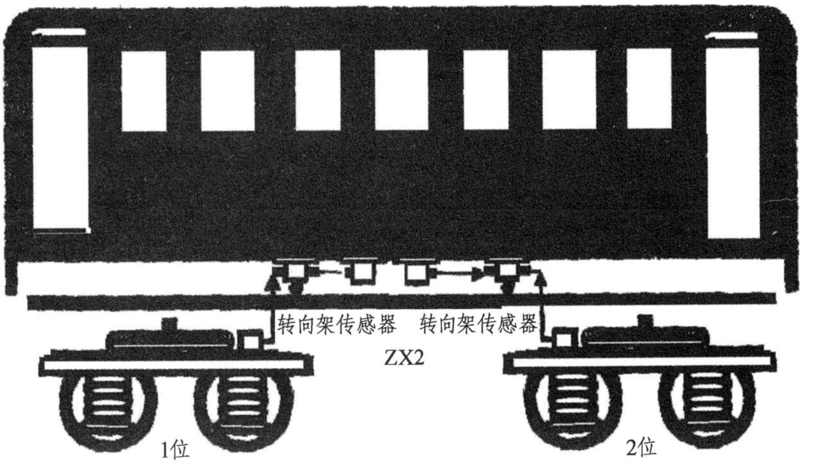

图 9-1-10　转向架监测传感器的安装示意图

其中，测试的信号为转向架侧架的垂向和横向加速度以及车体的横向和垂向加速度，一节车厢前后两个转向架及车体都装有加速度计，共计 8 个通道。上述安装方式是在充分考虑性价比的前提下进行的。构架上加速度计的安装位置如图 9-1-10 及图 9-1-11 所示，车体上加速度计安装在枕梁上。

图 9-1-11　25T 客车构架上加速度传感器的安装示意图

车辆转向架状态监测子系统的工作流程是这样的：车体和构架加速度信号通过加速度传感器感知，经过调理，包括滤波与放大、模数转换，通过 FIFO 到达 DSP，采得的信号在 DSP 内完成信号的时域分析、频域分析、各种特征抽取以及各种模式识别的工作，诊断结果通过 Lonworks 网卡送达监测系统的列车级管理器，同时任何一节车厢皆可以通过车厢级管理器观察到有关车辆诊断信息的内容，如图 9-1-12 所示。

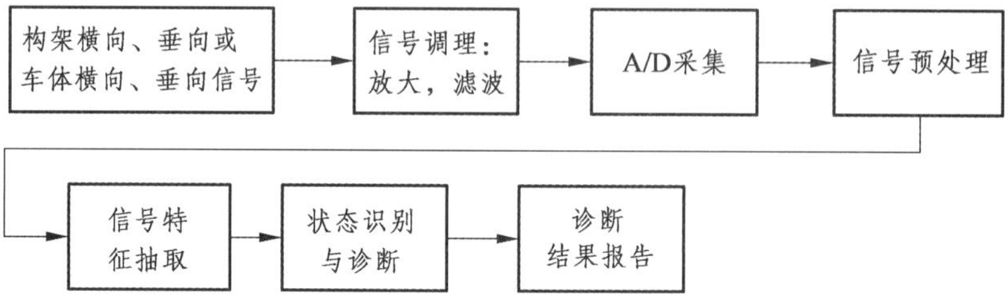

图 9-1-12　车辆转向架状态监测子系统的工作流程图

3. 制动监测子系统

制动监测子系统是客车安全监测诊断系统中的一个关键组成部分。该系统采用单片机的智能监测诊断技术、列车网络技术，实现了客车空气制动系统的故障实时在线监测诊断，经过长期的运行考核改进，诊断的可靠性和准确性都达到了较高的水平。制动监测子系统的研究工作经过方案论证、现场调查研究、方案修改、科研开发、装车考核试验、推广装车等阶段，目前实现的制动监测子系统可监测的项目涵盖了制动系统的各种常见故障，实现了制动故障的实时报警，特别是缓解作用不良、自然制动、异常制动等的报警，解决了困扰我国铁路多年的意外制动等制动系统的故障问题，对防止列车拦停等事故的发生、保证列车正点运行意义重大。

（1）概述。

车辆制动系统故障在行车过程中经常发生，由于列车速度的提高，制动系统故障已成为危及行车安全的重大隐患。引起制动系统故障的因素较多，经过调研，以下的故障发生情况较多见。

① 在现场运用中，一些偶然因素使列车制动管的压力产生了较大的波动，当这种压力波动超过车辆分配阀的稳定性时，则出现司机未施行制动却出闸的不正常现象。列车在山区中运行，由电力机车牵引列车，意外抱闸问题时有发生，而且有些分配阀制动后长时间不缓解。当列车速度较高、制动缸压力较高、抱闸时间过长时，会造成制动盘冒烟起火，严重危及列车运行安全。此问题是在列车运行的过程中出现的，车上的司乘人员很难察觉，有关部门对此虽然进行过多次试验和调查，但始终未能得到圆满的解决。

② 即使是列车制动管的压力变化正常时，车辆制动系统有时也会出现作用异常，这种情形往往在车辆运行中偶然出现。而在停车后，按规范做单车制动试验或列车制动试验又复现不出来。

③ 折角塞门、截断塞门和制动缸排气塞门的误关，也是产生制动事故的原因之一。为此，有些运用部门采用铁丝捆绑塞门的方式来解决，但误关塞门现象仍时有发生。

因此，对旅客列车制动系统在运行状态下采用实时安全监测诊断技术，不但对确保列车运行安全、实现库检作业信息化的动态质量控制和检修管理具有现实必要性，而且具有推动客车检修体系网络化、信息化的深远意义。

对自动式空气制动机的故障进行实时在线监测诊断，是铁路不断提高客车行车速度的迫切需要，也是我国铁路客车运用条件下的特殊问题。在无法借鉴国外资料的条件下，我国铁路相关专题组自主设计了一套全新的采用单片机的智能监测诊断方案，实现了客车空气制动系统的故障实时在线监测诊断，经过长期的运行考核改进，诊断的可靠性和准确性都达到了较高的水平。

（2）制动监测子系统的设计目标。

① 识别车辆制动系统故障，通过列车网络系统将故障报警信息和过程数据集中显示，对危及行车安全的严重故障给予警示，以防止行车事故的发生。

② 对车辆制动实行车厢级、列车级二级在线实时诊断报警，记录行车过程的制动数据，并通过地面分析系统进行历史数据显示回放。

③ 系统提供的制动系统的监测数据信息应包括列车运行全过程的列车制动管、制动缸压力数值。制动诊断系统在监测过程中作出的实时诊断报告，应包括列车制动管、制动缸压力随时间变化的压力曲线及实时列车速度曲线。

（3）各级监测子系统需完成的功能。

车厢级：

① 传感器数据的采集；

② 制动系统工作状态判断；

③ 列车制动管指令状态判断；

④ 制动系统故障的自动识别；

⑤ 监测系统自检；
⑥ 通过网络通信线向列车级发送数据和故障报告。
列车级：
① 显示车厢级上传的数据和报警信息；
② 判断制动系统的严重故障；
③ 判断列车制动管管系的故障；
④ 全程记录车厢级上传的数据和报警信息。
地面制动监测分析系统：
① 显示下载的制动监测数据和报警信息；
② 报表生成打印；
③ 故障查询统计。
（4）制动监测子系统传感器的安装位置。

对于车辆制动监测子系统的监测成本和监测效果应进行综合考虑，用尽量少的传感器解决问题。通过反复论证和试验，比较优化的方案是在车辆制动系统中安装两只压力传感器，即列车制动管压力传感器和制动缸压力传感器，如图 9-1-13 所示。列车制动管压力传感器安装在截断塞门与分配阀间的管路上，监测列车制动管压力。制动缸压力传感器安装在制动缸排气塞门与防滑排风阀间的管路上，监测制动缸压力。这两个测点的压力，反映了制动系统的输入与输出特性，可用最少的传感器达到监测的目标。通过在大量装车现场中的运用证明，此方案是合理的。目前，提速客车的空气制动系统的常见故障都能通过车厢级和列车级两级诊断准确报警。

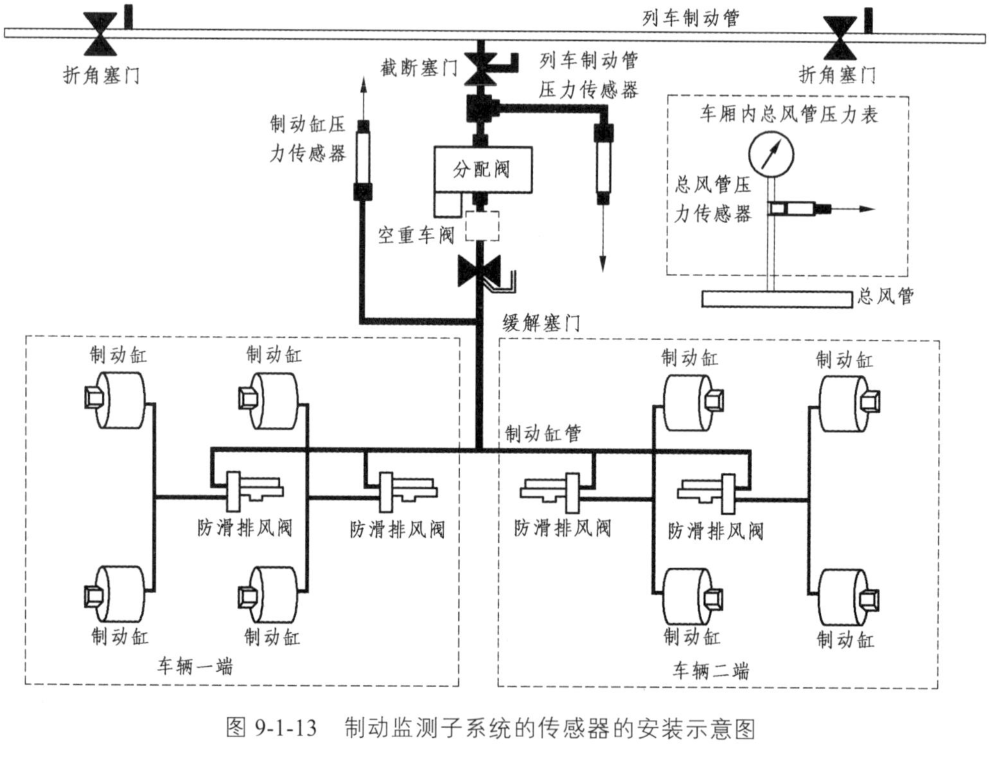

图 9-1-13　制动监测子系统的传感器的安装示意图

4. 防滑器监测子系统

（1）概述。

防滑器在车辆运行的制动过程中适时地调节制动力，使制动力不超过当时的黏着力，达到既避免车轮踏面擦伤，又能利用当时的最大黏着力而得到当时黏着状况下的较短的制动距离的目的，是保护客车轮对踏面在制动过程中不被擦伤的重要安全保证设备。防滑器的工作正常与否关系到车辆能否正常运行。

按现行车辆运行标准，防滑器发生故障的车辆不允许出库，因此，防滑器发生故障后能否及时排除，对保证车辆安全准时出库起到重要的作用。在没有安装客车安全监测诊断系统之前，只能靠人工逐辆检查、排除故障。安装客车行车安全监测诊断系统之后，防滑器监测子系统实现了联网，可报告本车厢防滑器执行防滑保护动作的情况和工作状态，若有故障，则指出故障部位。这样，一方面全列车的防滑器信息能实时地反映到列车级主机，集中显示报警，大大方便了检修人员的工作，减轻了车辆运行中列检人员的工作量；另一方面通过列车级主机的实时记录，将数据下载到地面数据库、专家诊断系统进行查询，客观地对防滑器的工作情况进行评价。

由于防滑器具有来自轮对转动的脉冲信号，所以，利用防滑器可以将车厢的运行速度（参考速度）通过网络变量传送给其他子系统作为故障判断的输入条件之一，并通过车厢网关传输到列车级，由列车级主机综合计算出列车运行速度。

防滑器监测子系统是客车行车安全监测诊断系统的主要组成部分。一方面，客车行车安全监测诊断系统的列车级主机对全列车的防滑器工作状态进行监测，另一方面，防滑器为客车行车安全监测诊断系统中的其他子系统提供速度、里程等公共信息。防滑器监测子系统能满足 TFKI 型防滑器和进口防滑器两种防滑器的接口与通信要求。

（2）防滑器监测子系统应完成的功能。

TEXl 型防滑器是由我国铁道科学研究院机车车辆研究所研发的产品。在客车安全监测诊断系统的网络通信中，该子系统与车厢级网络的通信是通过读写双口 RAM 来完成的。

车厢级主机内网关通过 LonWorks 总线与国产防滑器联网，车厢网络变量将防滑器状态信息传送到车厢级网关；进口防滑器则通过 RS 485 串行口与车厢级主机联网。

① 报告各车厢防滑器的各轴速度传感器、防滑排风阀有无故障，若有故障，则指出故障部位。

② 实时报告各车厢防滑器执行防滑保护动作的情况。

③ 向车厢总线发送本车车辆速度和每 100 m 里程信号。

④ 向车厢总线发送允许车门关闭以及防滑器当前的命令状态信息。

⑤ 防滑器与车厢级主机和列车级主机通信是否正常。

⑥ 通过列车级主机综合计算列车当前运行速度。

⑦ 实现防滑器全列车联网，列车级主机屏幕上实时报告全列车车厢防滑器系统的工作情况，并且实时记录。

5. 车辆电气控制监测子系统

25T 型空调客车的车电综合监控系统能够自动监测车厢的各种参数，以确保设备和车辆运行安全。车电综合控系统由位于各个车厢的综合控制柜、智能节点和位于随车工程师办公席的主控站以及通信网线组成。综合控制柜主要由供电控制、空调控制、防滑器、轴温报警器等组成。智能节点主要有烟火报警器、车门控制器、逆变器、充电机等部件。监控网络主要由与相应控制器连接的网关组成。

TCDS 车电综合监控系统针对所有故障区分了故障等级及信息共享等级，并采用车厢的触摸屏、控制柜的指示灯、主控站、车电地面专家系统、网页等手段分级提示故障信息，提醒随车人员和地面检修人员关注。TCDS 车电综合监控系统的构成框图如图 9-1-14 所示。

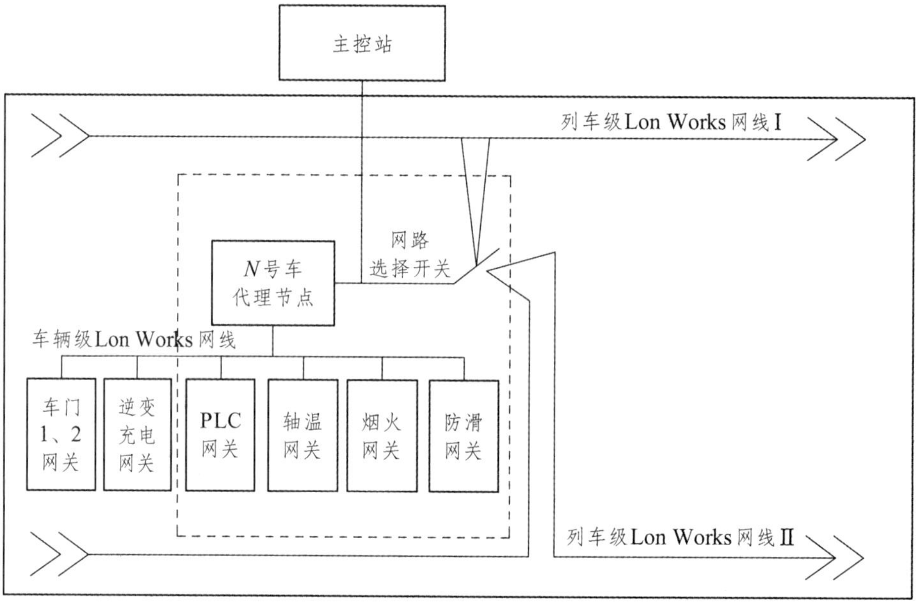

图 9-1-14 车电综合监控系统的构成框图

（1）车门系统。

车门系统监测主要是检测车门是否关闭或关闭是否到位，防范列车在运行过程中由于车门未关闭（到位）引起的安全问题。

车门系统的报警包括 5 km/h 速度信号故障、左门未关闭到位、右门未关闭到位、左门未锁闭、右门未锁闭、左门 98% 开关故障、右门 98% 开关故障、左门锁闭机构故障、右门锁闭机构故障、左门开门故障、右门开门故障、左门门供气压力 < 450 kPa、右门门供气压力 <450 kPa、左门防挤压压力开关故障、右门防挤压压力开关故障、左门外操作开关故障、右门外操作开关故障、左门内紧急锁被操作、右门内紧急锁被操作、左门内操作开关未复位、右门内操作开关未复位、集控开门信号故障、集控关门信号故障、左门隔离锁故障、右门隔离锁故障。

车门检测的原理如图 9-1-15 所示。

（2）空调系统。

空调系统的监测和报警内容包括制冷Ⅰ-1 故障、制冷Ⅰ-2 故障、制冷Ⅱ-1 故障、制冷Ⅱ-2 故障、制暖Ⅰ-1 故障、制暖Ⅰ-2 故障、制暖Ⅱ-1 故障、制暖Ⅱ-2 故障、冷凝风机Ⅰ故障、冷凝风机Ⅱ故障、强风机故障、弱风机故障。

空调系统的检测原理如图 9-1-16 所示。

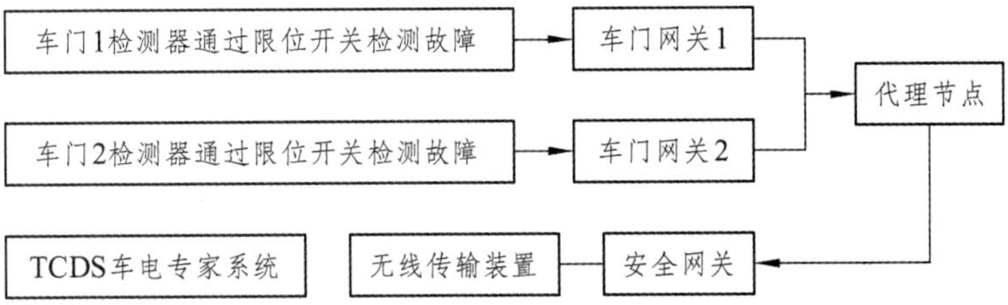

图 9-1-15　车门检测的原理示意图

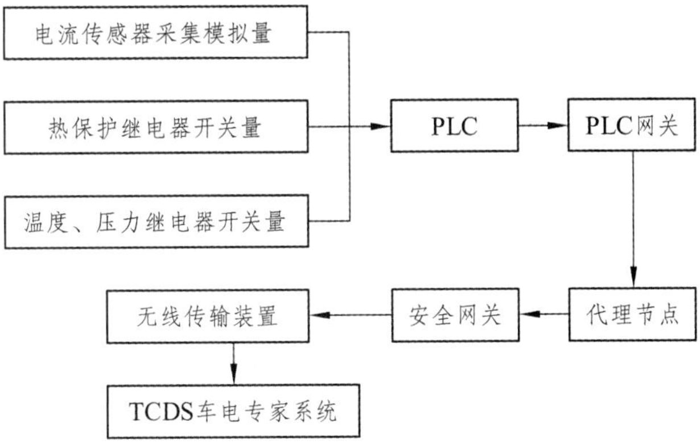

图 9-1-16　空调检测的原理示意图

（3）供电系统。

供电系统的报警包括Ⅰ路供电故障、Ⅱ路供电故障、漏电故障、600 V 过压、运行过程中 DC 600 电压等于 0 的时间持续 5 min 以上。

供电系统的检测原理如图 9-1-17 所示。

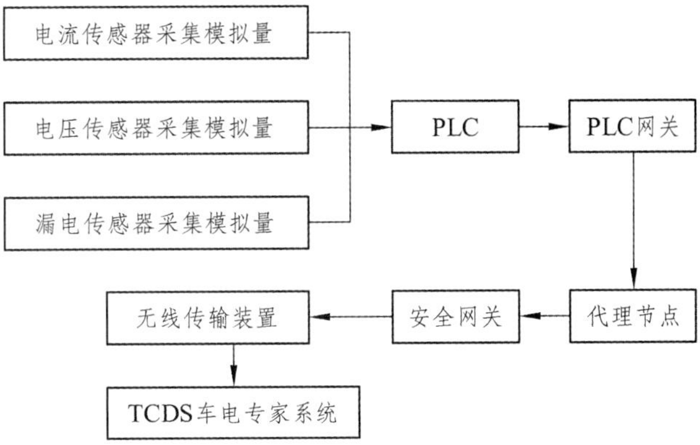

图 9-1-17　供电检测的原理示意图

（4）车下电源系统。

车下电源的报警包括输入过压、输入欠压、输出过压、输出欠压、输出过流、输出过载、IGBT 故障、散热器超温、限流充电失效、温度补偿、传感器故障、预充电故障、内部故障、输入输出接触器故障。

车下电源系统的检测原理如图 9-1-18 所示。

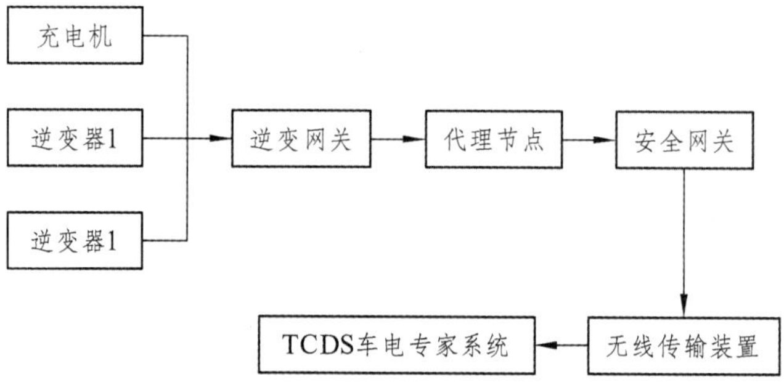

图 9-1-18　车下电源检测的原理示意图

（5）火灾探测系统。

烟火报警器的报警包括火警、传感器故障，重点防范火灾事故。

火灾探测系统的检测原理如图 9-1-19 所示。

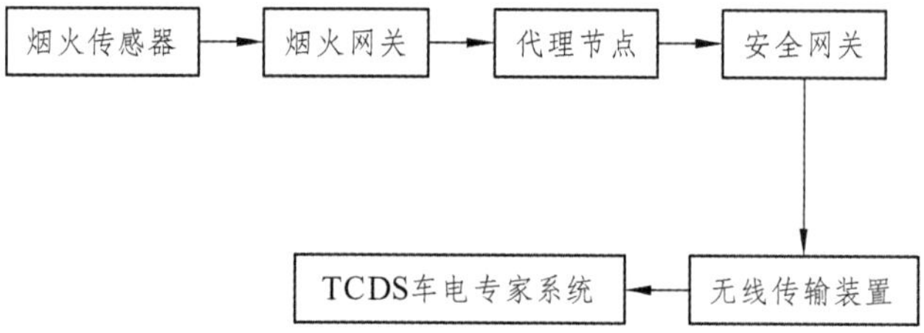

图 9-1-19　火灾探测检测的原理示意图

（6）轴温探测系统。

轴温探测系统的报警包括超温报警、传感器故障，重点防范热轴事故。

轴温探测系统的检测原理如图 9-1-20 所示。

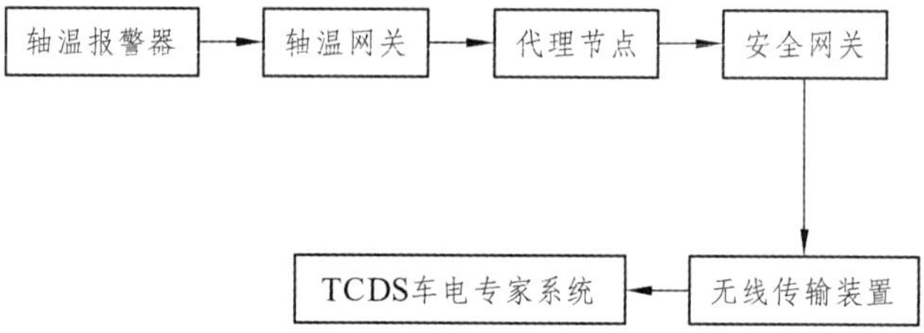

图 9-1-20　轴温探测检测的原理示意图

（7）防滑器系统。

防滑器的报警包括速度传感器故障、排风阀故障。

防滑器系统的检测原理如图 9-1-21 所示。

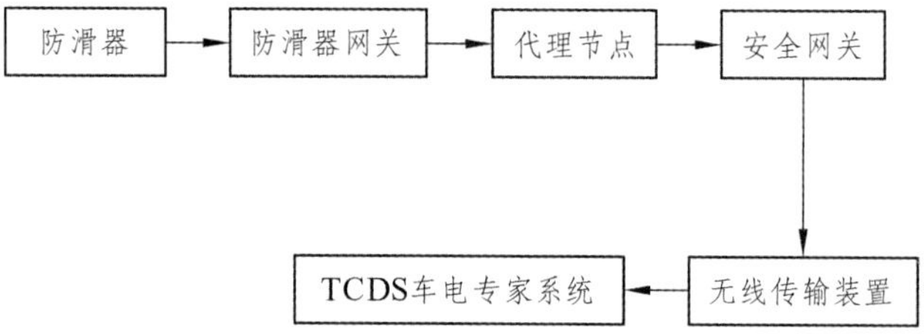

图 9-1-21　防滑器检测的原理示意图

四、TCDS 常见故障及处理方法

1. 列车级主机故障及处理

（1）列车级主机 PW 卡电源故障。

故障现象：指示灯，“ON-OFF”灯点亮而“PD”不亮。

处理方法：首先，检查电源线是否已经正确接入，主机输入电压应在 48 V（行李、邮政车）或 110 V（25T）的规定范围之内，对应线号为+123B 和-111B；若以上正常而故障仍存在，检查电源开关是否已经打开，电源开关打开后若故障仍然存在，检查主机 PW1、PW2 模块上保险管是否已经熔断，如果已经熔断就更换保险管，主机保险管规格为 48 V/3 A（行李、邮政车）或 110 V/2 A（25T）；经上述处理后故障仍然存在，更换主机电源卡。

（2）列车及主机与显示屏之间通信中断故障。

故障现象：列车运行过程中通信突然中断，主机显示屏上部中间的时钟不再喘息时间，或在显示屏启动时通信中断，显示屏长时间提示正在初始化。

处理方法：首先检查主机与显示屏之间的通信线是否已经正确连接，正确的连接方法是主机侧接在接 JX 端口上，显示屏测接在 COM1 端口上。如果正确连接故障仍然存在，则检查通信线是否正常，如果通信线正常，而且已经正确连接，而故障仍然存在，则检查主机供电是否正常，若主机供电正常，仍然存在故障，这检查主机 CPU 卡是否正常工作。在主机供电正常的情况下，把主机校验仪插入主机 CPU 卡的 JT 端口，如果 LED 灯闪烁说明主机仍然在工作，如果 LED 灯不闪烁，说明主机停止工作，此时可以关闭电源后再重新开机。重启后如果故障仍然存在，说明 CPU 卡已经发生故障，则关断主机电源后更换 CPU 卡。

2. 列车网络故障与处理

故障现象：从列车及显示器上看不到任何车厢或看到的车厢数目比实际的少。

处理方法：首先，检查主机工作是否正常，如果主机工作正常，说明网络有故障可能的原因是列车及主机箱内网卡 LG1、LG2 有故障，可关断主机电源后更换网卡 LG1、LG2；列车网络终端为接入，正确接入网络终端；列车网网线有断点或车厢间网络连接电缆为连挂；车厢及网关 WG 卡故障，关断电源后更换 WG 卡。

3. 车厢及主机故障及处理

（1）车厢及主机电源故障。

车厢及主机的 PW 从端子排的+123A 和−111A 输入 110 V 或 48 V 电源，经过干扰处理及 DC/DC 转换后，为主机内部各板卡提供 24 V 电源。一个板卡，在经过 DC/DC 便化为内部电源。PW 卡的“ON-OFF”是带来电显示功能的电源开关，来电时点亮，如果该灯熄灭，表示车厢及端子排未送电，“PD”显示灯亮表示 PW 卡已送出 24 V 电源。如果“PD”等熄灭，“ON-OFF”灯点亮，说明 PW 卡电源有故障，可检查卡上保险丝（110 V/2 A；48 V/3 A），如果保险丝已断，检查输入电源是否在波动范围之内，如果电源正常，可更换保险丝。经上述检查处理后，如果“PD”灯仍不亮，应更换 PW 卡。

（2）故障指示灯指示故障。

各个功能板卡均有故障指示灯指示故障信息，常见指示灯显示故障信息如表 9-1-1 所示。

表 9-1-1　车厢及主机板卡的功能和指示灯

板卡代号	板卡功能	指示灯代号	意义	正常状态	故障状态
PW1	DC110 V/48 V 电源转换为 24 V	“ON-OFF” “PD”	“ON-OFF”：来电 “PD”：24 V 正常	“ON-OFF”：亮 “PD”：亮	“ON-OFF” 不亮：未来电 “PD”
FH	进口防滑器联网接口	D1 D2	D1：板卡电源指示 D2：进口防滑器接收数据状态显示	D1：一直点亮 D2 点亮：接收进口防滑器数据有效	D1 熄灭：板卡电源故障 D2 长灭：与进口防滑器通信故障
WG1	网关，实现列车网络与车厢网络之间的数据交换	D1	电源状态指示灯	开机后常亮	熄灭，板卡电源故障
		D2	运行状态指示灯	开机后连续闪烁	熄灭，板卡通信故障
		D3	列车网 SP 灯	开机后闪烁一下就灭	开机不闪烁或连续闪烁
		D4	车厢网 SP 灯	开机后闪烁一下就灭	开机不闪烁或连续闪烁
		D11	电源状态指示灯	开机后长亮	熄灭，说明无电源
		D22	运行状态指示灯	开机后连续闪烁	熄灭，板卡通信故障
		D33	列车网 SP 灯	开机后闪烁一下就灭	开机不闪烁或连续闪烁
		D44	车厢网 SP 灯	开机后闪烁一下就灭	开机不闪烁或连续闪烁
ZX1 （ZX2）	1 端转向架系统监测（2 端转向架系统监测）	D1	电源状态指示灯	主机电源打开后，D1～D6 全部闪烁，然后 D1 点亮 D2～D6 熄灭	D1 熄灭：板卡电源故障 D2～D5 点亮：板卡故障 D6 点亮：传感器故障
		D2	存储区指示灯		
		D3	先进先出存储区指示灯		
		D4	网卡指示灯		
		D5	电子盘指示灯		
		D6	传感器指示灯		

续表

板卡代号	板卡功能	指示灯代号	意义	正常状态	故障状态
ZD	制动系统监测	D1	运行/传感器/诊断报告功能指示灯	1 s 间隔连续闪烁	0.5 s 间隔连续闪烁为传感器故障 0.2 s 间隔连续闪烁为诊断报警 不亮和常亮不闪烁为板卡故障
XS	车厢及调试用显示模块	LD	显示车厢顺位号	显示车厢顺位号	熄灭无显示或显示非法代码

任务检查单

任务编号	9-1	任务名称	客车运行状态安全监测系统（TCDS）	
序号	检查内容		是	否
1	掌握 TCDS 系统监控内容			
2	掌握 TCDS 总体构成及数据传输过程			
3	掌握 TCDS 各子系统			
4	掌握 TCDS 系统常见故障及处理方法			
评语				
评分				

任务 9-2 动车组运行故障动态图像检测系统（TEDS）

任务书

任务编号	9-2	任务名称	动车组运行故障动态图像检测系统（TEDS）
任务目标			
【知识目标】 掌握 TEDS 工作原理； 掌握 TEDS 构成； 掌握 TEDS 运用与管理方法及流程； 掌握 TEDS 设备维修方法及流程。 【技能目标】 具备 TEDS 的运用与检修能力。			

续表

【素质目标】

培养学生严谨认真的工作作风；

树立安全责任意识

知识图谱

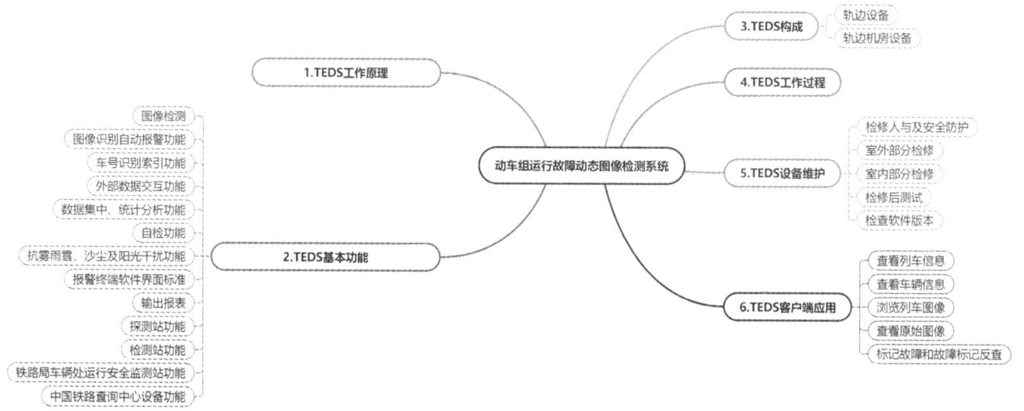

任务描述

本次任务是为了全面了解 TEDS 的工作原理、设备构成、运用管理以及设备维修等知识，以小组为单位学习 TEDS 的基础知识，并围绕 TEDS 系统的运用管理、设备维修进行汇报

实施说明

（1）以小组为单位认真学习任务 9-2 的引导材料，做好知识准备；

（2）结合知识准备和小组汇报情况，教师组织课堂教学内容，填写“任务检查单”

引导材料

一、TEDS 工作原理

动车组运行故障图像检测系统（TEDS）利用轨边安装的高速摄像头，采集动车组底部及侧部可视部件的外观图像，采用图像自动识别技术，对采集到的图像进行比对分析和故障分级预警，并将车辆、信息、图像信息及报警信息传送室监测站，并通过监测终端平台进行报警提示，由人工对预警信息进行确认并处理，从而实现动车组的动态监测，加强了动车组的监控，更好的保障了行车安全。

二、TEDS 基本功能

1. 图像检测

图像检测范围主要包括底部可视部件（车体底部及转向架制动装置、传动装置、牵引装置、轮轴、车钩装置、电务车载设备车底部件及车底部其他可视部位）、侧部可视部件（侧部裙板、转向架及轴箱、车端连接部等可视部位）。

2. 图像识别自动报警功能

系统能够自动对采集到的动车组图像进行分析和故障识别，对图像中异常的部位进行分级报警提示，对重复报警进行跟踪辨识。

3. 车号识别索引功能

系统能够自动识别动车组车组号，实现车组号与动车组车次自动索引及车辆部件图像与车辆号及位置的对应关系。

4. 外部数据交互功能

系统能够根据需要与其他信息系统进行信息交互。

5. 数据集中、统计分析功能

系统能够实现中国铁路、铁路局、动车段各级管理部门对系统采集的数据进行查询、分析和统计。能够实现多台设备集中复示功能。

6. 自检功能

系统定时对轨边设备和专用通道进行自检，记录自检信息并及时进行故障报警。

7. 抗雾雨雪、沙尘及阳光干扰功能

在雾雨雪、沙尘及强烈阳光条件下，系统能正常进行图像采集。

8. 报警终端软件界面标准

TEDS 系统终端软件界面应包含报警图像信息、部件图像信息、车号信息、用户管理信息、统计报表。

9. 输出报表

TEDS 设备自动统计输出通过车信息报表、车辆信息报表、故障信息报表、车辆故障报告、车辆运行班志报表、系统发现故障排名报表、检修日志报表、车辆运行故障日报表和故障按部件统计报表等，对 TEDS 系统的运行情况进行统计分析。

10. 探测站功能

探测站对通过的动车组进行探测，能够自动计轴计辆、测速，自动屏蔽客车，自动采集车号、车次信息，自动拍摄动车组底部及侧下部的部件图像，采集的动车组车辆、车号及图像信息通过光纤通道传输至检测站服务器。

11. 检测站功能

检测站存储探测站所采集的动车组、车号及图像信息，并显示在部件信息浏览终端，值班人员通过对动车组分级报警图像异常部位进行分析和故障识别，判断动车组故障，故障信息能够自动存储到服务器并上传到基层节点、铁路局、中国铁路双机集群服务器，系统能够自动生成、存储、打印相关台账报表。

12. 铁路局车辆处运行安全监测站功能

实时接收并存储全局 TEDS 探测设备探测的动车组车辆信息、车号信息及车辆故障信息，以网页形式实时显示，能够对存储的信息进行查询、统计、分析，实时监控全局 TEDS 探测设备运行状态，能够反查 TEDS 探测设备存储的动车组图像信息。

13. 中国铁路查询中心设备功能

系统实时接收并存储全路 TEDS 探测设备探测的动车组信息、车号信息及动车组故障信息，以网页形式实时显示，能够对存储的信息进行查询、统计、分析，实时监控全路 TEDS 探测设备运行状态，能够反查 TEDS 探测设备存储的动车组图像信息。

三、TEDS 构成

TEDS 主要由探测站设备和动态检车中心设备两部分组成，由光纤通道相连接。下面主要介绍探测站设备。

探测站设备有轨边设备和机房设备两部分，主要由图像采集计算机、车辆信息采集计算机、控制箱、高速图像采集设备、车轮传感器（磁钢组）、光源补偿设备、轨边设备防护装置和网络传输设备组成，如图 9-2-1 所示。

图 9-2-1　TEDS 探测站轨边设备

1. 轨边设备

轨边设备主要包括轨边设备防护箱体、分线箱、高速图像采集设备、光源补偿设备、车轮传感器、除尘风机、轨边配套电缆等。

（1）轨边设备防护箱体。

防护设备由一个沉箱、两个侧箱构成，包括保护门、风机除尘装置、相机保护盒等，对相机和补偿光源起防护作用，只有在列车通过时才打开，防护设备具有抗振性，具有防水和防尘功能，适应铁路轨边环境，如图 9-2-2 所示。

（2）分线箱。

TEDS 设备的分线箱主要用于摆放激光器、穿接光纤及轨边配套电缆。分线箱分为上、下两层，下层为 4 个 DC 15 V 的直流开关电源和 2 个 DC 7.5 V 的直流开关电源，上层为 11 个激光器和两个散热风扇，如图 9-2-3 所示。

（3）高速图像采集设备。

高速图像采集设备由两部分组成，包括线阵相机部分及 3D 相机部分。

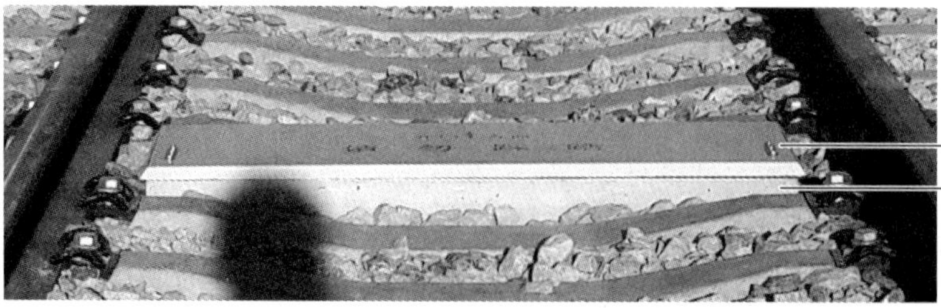

侧箱

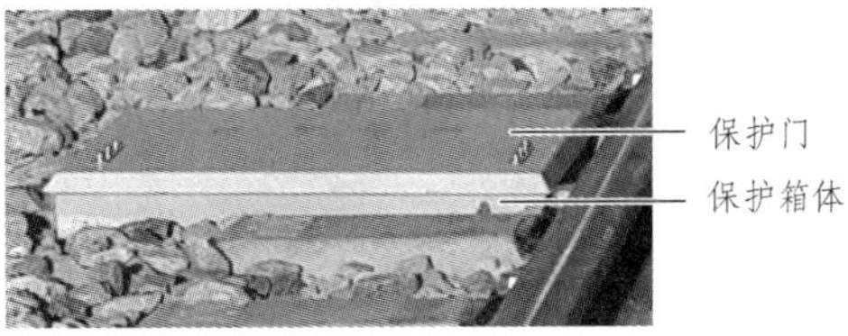

轨外小沉箱

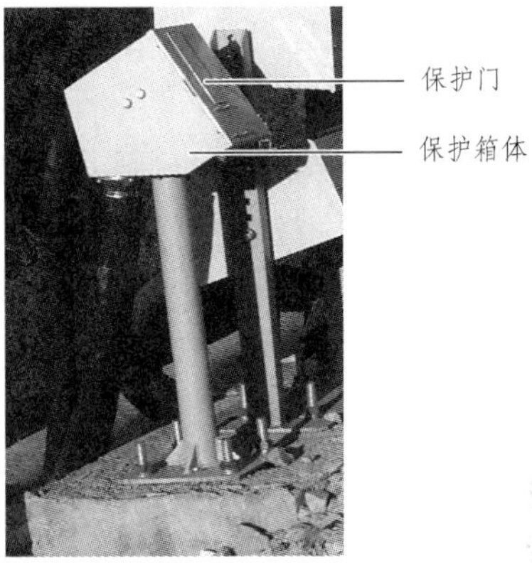

车号箱

图 9-2-2　防护设备

图 9-2-3　分线箱

① 线阵相机部分。

工业线阵相机、镜头及光源镜头 3 部分组成，其中工业线阵相机主要完成对运行中的列车扫描拍摄；光源镜头配合红外线性激光光源为线阵相机提供稳定的拍摄所需光源。

② 3D 相机部分：由 3D 相机、镜头及补偿光源 3 部分组成，其中 3D 相机与补偿光源采用结构光扫描拍摄的方式，将运行中的列车侧部、底部形成 3D 图像，可供图像自动识别使用。

高速图像采集设备主要采集以下部位的图像信息。

① TEDS 设备在动车组侧部可识别的部位，包括过分相感应接收器排障挡丢失、停放制动拉手脱挂扎带、注水口盖板未关闭、裙板脱落、跨接电缆连接线断裂和抗蛇行减振器螺栓脱落等。

② TEDS 设备在动车组底部可识别的部位，包括辅助变流器 M30 风扇底板脱落、牵引拉杆挂异物、闸片丢失、齿轮箱漏油、轴身脱漆和齿轮箱排油堵丢失等。

③ TEDS 设备在动车组轨外部可识别的部位，包括闸片丢失、轴箱漏油、跨接电缆连接线断裂、过分相感应接收器连接线断裂、注油管部件脱落、抗蛇行减振器螺栓丢失和停放制动拉手脱挂扎带等。

（4）光源补偿设备。

线阵相机补偿光源，采用红外线性激光光源，其发出光线与线阵相机每线拍摄区域重合的一条直线，对线阵相机进行光源补偿，如图 9-2-4 所示。

光源补偿设备的工作原理：由于线阵相机只有一行感光元件，每次只拍摄一条线，因此采用红外线性激光光源将更好地提高光利用率，红外线性激光光源的光照范围示意图如图 9-2-5 所示，补偿光源发出光为一条与线阵相机的每线扫描区域（约 1 mm）重合的直线，其照射宽度略大于线阵相机的每线扫描区域，采用这种线性光源可实现光源能量的最大利用率。另一方面，由于红外线性激光光源方向性强，发射光束扩散角很小，发出光能量高度集中，光能量衰减很小，当拍摄远处物体时，仍能够提供与近处位置同样的光照度，这样可保证拍摄图片在近处与远处亮度基本一致，在降低功耗的同时提高补偿光源利用率。

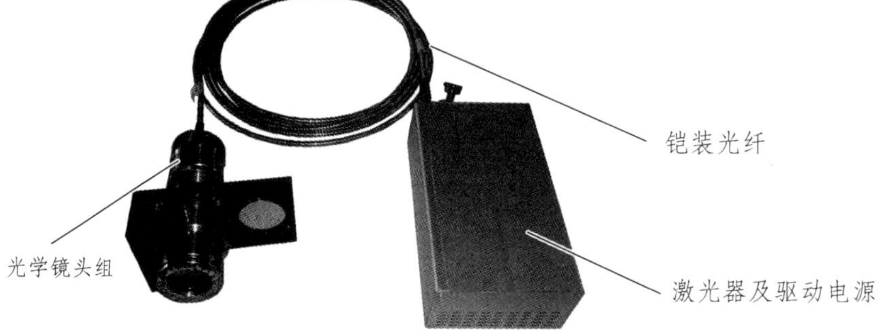

光纤耦合式红外线性激光光源

图 9-2-4　光源补偿设备

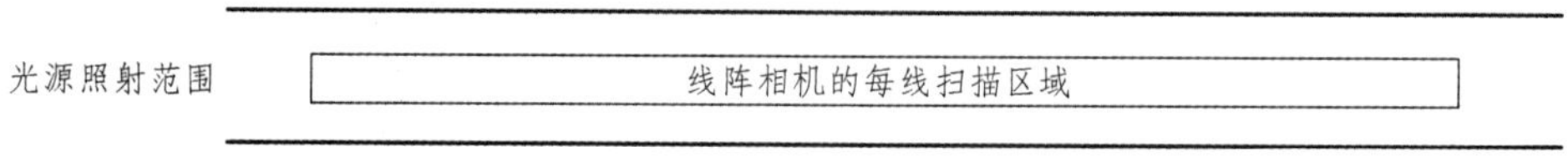

图 9-2-5　红外线性激光光源的光照范围示意图

（5）车轮传感器。

车轮传感器（即磁钢）是系统实现接车、测速、计轴计辆、图像定位等功能的基本设备，共 4 个磁钢，分为 2 组，远端功能等同为开机磁钢，近端磁钢为定位拍摄，每组磁钢间距 270 mm。

每个来车方向均有两组磁钢工作，分别为近端磁钢和远端磁钢。其中，远端磁钢距离采集系统约 80 m，用于列车探测，当列车经过远端磁钢时，系统进行接车准备，进入接车状态，进行车型匹配，匹配成功后，系统开门；近端磁钢距离采集系统约 5 000 mm，系统根据近端磁钢信号对列车进行测速、计轴计辆、车辆信息采集、补偿光源控制、相机拍摄时机及扫描速率控制。

（6）除尘风机。

除尘风机主要用于清理相机盒玻璃遗留的异物，如灰尘、雨雪等，保证相机可以在恶劣的室外环境中正常工作。

（7）轨边配套电缆。

轨边配套电缆主要包括电机电缆、风机盒电缆、相机电源及触发线电缆。根据箱体在轨边的不同位置，其长度是不同的。

2. 轨边机房设备

如图 9-2-6 所示，轨边机房设备包含图像采集计算机、控制计算机、KVM 切换器、控制箱、网络设备、信号防雷、服务器等，安装于两个机柜内。

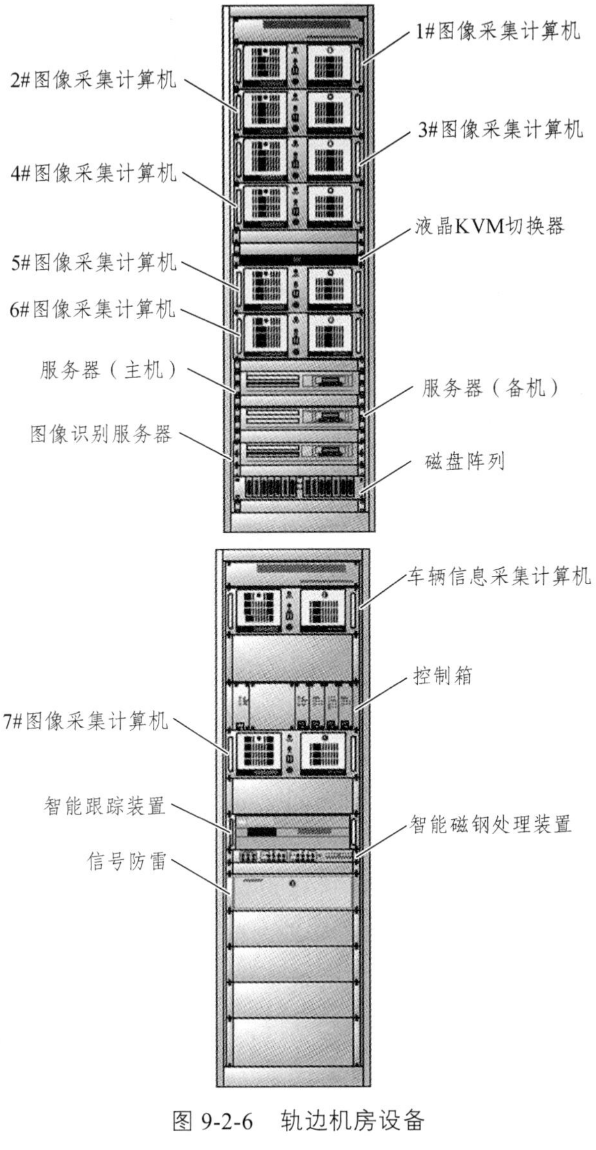

图 9-2-6　轨边机房设备

（1）图像采集计算机。

TEDS 系统共有 7 台图像采集计算机，都为研华工控机。每个采集计算机配备了多个千兆网口，每台计算机的 1 个网口用来连接交换机组网，其余千兆网口每个连接 1 台相机。图像采集计算机操作系统选用 Windows XP，计算机内安装有图像采集软件和相机驱动程序，用来完成接收高速相机采集的图像信息、相机拍摄参数的设置、图像信息的处理和传输等工作，如图 9-2-7 所示。

图 9-2-7　图像采集计算机

（2）车辆信息采集计算机。

车辆信息采集计算机主要用于接受车轮传感器的信号，计轴、计辆、测速，控制补偿光源和保护门的开启和关闭，由一台高性能工业控制计算机构成及 3 块 NI 采集控制板卡组成，完成图像信息的采集控制、计轴计辆、测速等功能。

（3）液晶 KVM 切换器。

KVM 是 Keyboard（键盘）、Video（显示器）、Mouse（鼠标）的缩写。KVM 切换器的正式的名称为多计算机切换器或 KVM SWITCH。KVM 切换器简单地说，就是让系统管理员可以通过一组键盘、显示器和鼠标，控制多台服务器或计算机主机的计算机外围设备。

（4）控制箱。

系统配置控制箱一套，主要用来控制室外防护设备、探测设备的各种动作，配合采集设备完成图像和车号信息的采集，控制面板上的手动控制按钮可以单独控制相应设备的动作。

四、TEDS 工作过程

（1）设备开机、等待接车状态。

（2）列车经过时，收到远端磁钢信号，设备开始计轴计辆并判断车型，车型匹配成功后，开始接车。

（3）打开鼓风机、保护门、风机除尘、补偿光源。

（4）列车经过近端磁钢，车辆采集软件计算轴距及车速，根据车速确定线阵相机扫描频率，同时根据车型及拍摄部位确定变频时机，控制相机扫描拍摄。

（5）图像采集计算机采集图片，进行压缩并传送至服务器。

（6）车辆信息采集计算机同时上传车辆信息至服务器。

（7）服务器根据图片来源将各部件图片进行转换拼接，并将车辆基本信息入库，自动识别车号信息。

（8）浏览终端显示车辆信息以及图像信息。

（9）最后一辆车通过近端磁钢后超过延时时间，系统认定过车完毕，停止拍摄，关闭补偿光源、除尘风机、保护门等设备。

（10）重新进入等待接车状态。

TEDS 系统工作流程如图 9-2-8 所示。

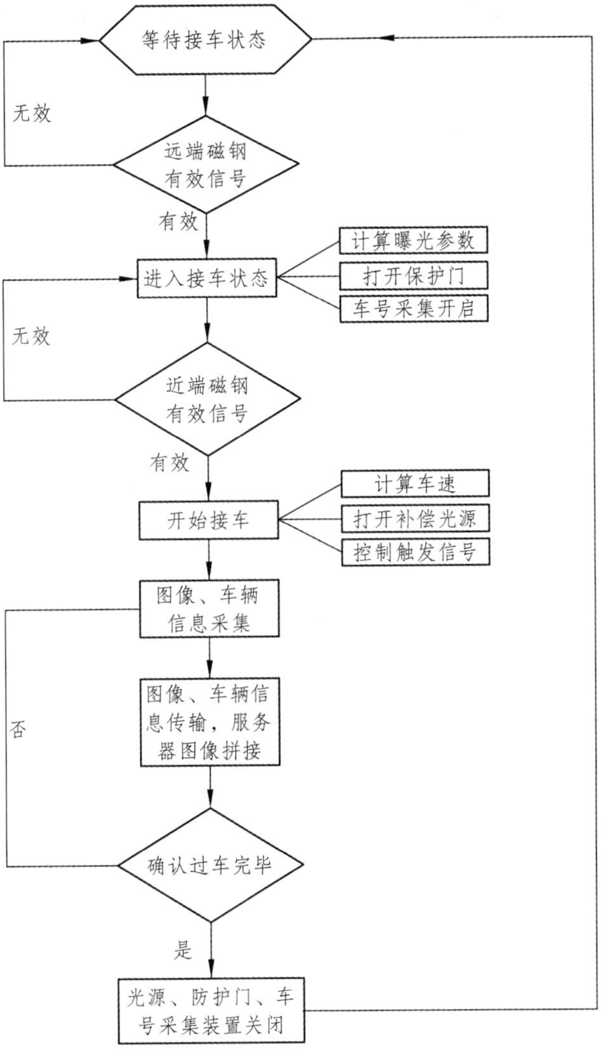

图 9-2-8　TEDS 系统工作流程图

五、TEDS 设备维护

TEDS 设备在正常使用过程需由专人进行定期检修，检修作业内容主要包括以下各项内容。

1. 检修人员及安全防护

TEDS 探测站轨边设备检修应多人作业，穿防护服（黄马夹，电气化区段必须穿绝缘鞋），设专人负责安全防护，站在便于瞭望上下行列车的安全地点。

2. 室外部分检修

（1）沉箱、侧箱。

a. 清洁相机盒防护玻璃及箱体表面；

b. 检查沉箱、侧箱有无破损，保护门开关是否正常，各转动部件转动是否灵活；

c. 检查各连接电缆有无损坏，插头有无氧化，是否牢固；

d. 检查箱体内部各个部件是否牢固。

（2）磁钢及夹具。

a. 清洁磁钢及磁钢架，用布擦拭干净，无铁屑；

b. 检查磁钢外观无缺损、无裂纹、磁钢输出线根部无裂纹老化；卡轨器、磁钢托架受力均匀，无裂纹、损伤；磁钢线的防护蛇皮管或高压胶管良好，无损坏；

c. 各螺栓紧固无松动、丢失，磁钢的顶丝有备母；

d. 核查安装尺寸：磁钢中心距（270±2）mm。

（3）分线箱。

a. 清洁分线箱；

b. 检查分线箱内接线端子是否松动；

c. 检查分线箱内温度有无异常，检查散热风扇与加热器工作是否正常；

d. 检查光纤与激光器连接是否紧固；

e. 检查激光器表面温度有无异常。

3. 室内部分检修

（1）设备外观。

清洁设备，检查机柜及各部件外观有无破损。

（2）工控机。

检查系统工作是否正常，控制软件及图像采集软件运行是否正常。

（3）控制箱。

a. 检查控制箱各航空插头、电源连接是否牢靠；

b. 通过在控制计算机上手动或过车检查控制保护门、补偿光源、风机工作是否正常。

（4）系统网络。

a. 检查光纤收发器、交换机指示灯显示是否正常；

b. 用“ping”命令测试网络传输是否畅通。

（5）接口插件、显示器。

a. 检查各接口插件有无脱落、松动；

b. 检查显示器工作是否正常。

（6）信号防雷箱。

a. 箱体牢固，配线端子接触良好；

b. 防雷器件安装牢固，外观无损坏、氧化。

4. 检修后测试

（1）所有检修结束后，检查设备状态。

（2）查看过车设备状态，确认通信是否良好。

（3）填写检修记录，字迹清晰、格式正确，检修人员签字确认。

（4）锁好门锁，维修人员方可离开。

5. 检查软件版本

（1）图像采集软件版本为 TF_Camera_SV1.0.0.40。

（2）车辆信息采集软件版本为 TF_Main_SV1.0.1.43。

六、TEDS 客户端应用

打开浏览器，输入访问地址后，即进入登录界面，如图 9-2-9 所示。输入用户名和密码后点击“登录”即可进入最后一次过车的底部线阵整辆异常图，如图 9-2-10 所示，点击左下角返回按钮即可进入主界面，如图 9-2-11 所示。

图 9-2-9　登录界面

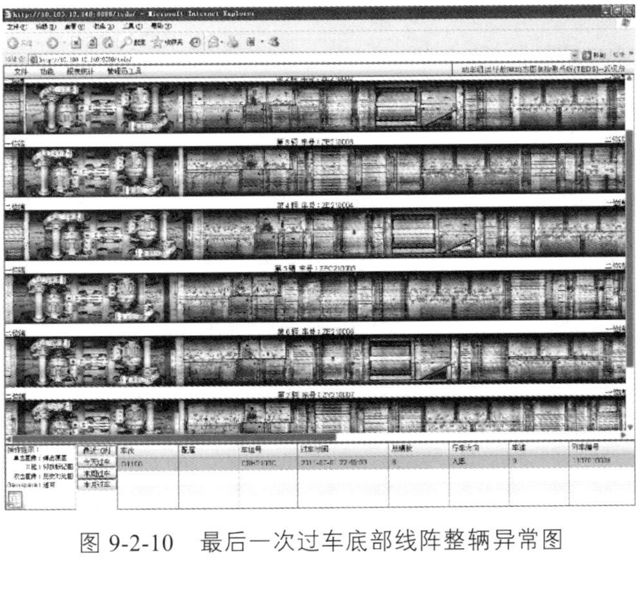

图 9-2-10　最后一次过车底部线阵整辆异常图

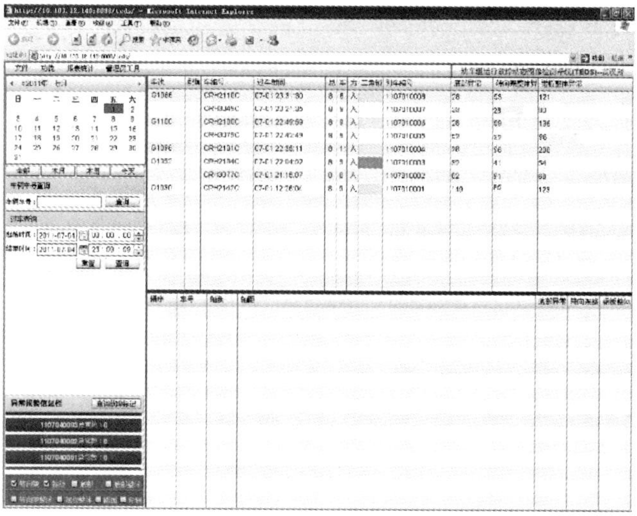

图 9-2-11　主界面

1. 查看列车信息

通过单击左上角的日期选择框中相应日期，或者点击日期下方按钮，或者选择查询相关条件后单击“查询”按钮，都可以查询相应的列车信息，列车信息将出现在右侧上方的列表中，如图 9-2-12 所示。

图 9-2-12　查询列车信息表

2. 查看车辆信息

点击列车信息列表中相关列车数据行，对应的车辆信息就会出现在右侧下方的车辆信息列表，如图 9-2-13 所示。

辆序	车号	轴数	轴距	底部异常	转向架整	裙板整体
第1辆	ZE211001	4	0 2484 14614 2506			
第2辆	ZE211002	4	5020 2490 15013 2484			
第3辆	ZE211003	4	5039 2484 14943 2488			
第4辆	ZE211004	4	4997 2488 14975 2488			
第5辆	ZEC211005	4	5001 2467 15050 2460			
第6辆	ZE211006	4	4995 2493 14916 2489			
第7辆	ZY211007	4	4992 2486 14922 2480			
第8辆	ZE211000	4	5056 2493 14934 2470			

图 9-2-13　查看车辆信息

3. 浏览列车图像

先从左侧底部的部位选项中选择所需要查看的部位，如图 9-2-14 所示。

图 9-2-14　选择查看部位

然后单击车辆列表中数据行，即进入列车图片浏览界面，如图 9-2-15 所示。

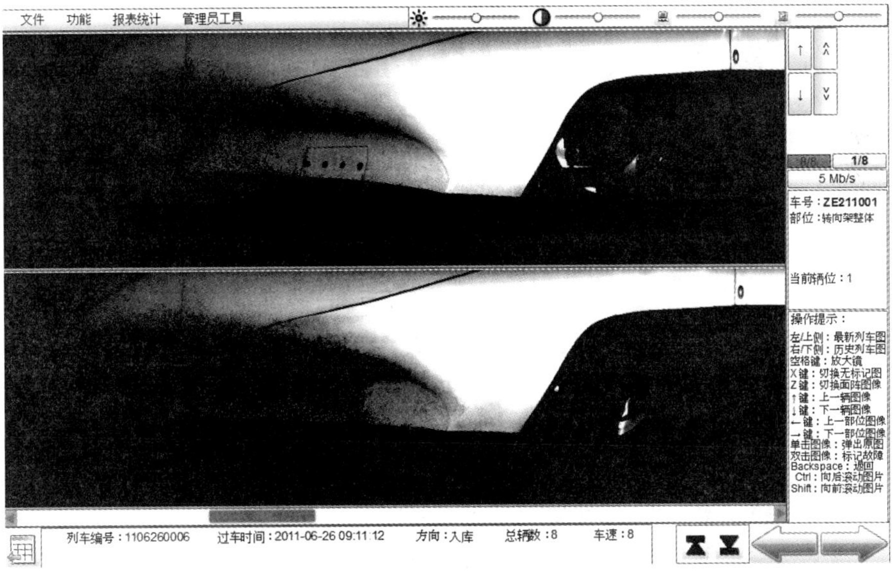

图 9-2-15　图片浏览界面

点击右下角左右按钮浏览上一组和下一组图像，当到达本辆车最后一组图像，会自动跳转到下一辆车的图片；点击上下按钮浏览上一辆或者下一辆的第一组图像。

在浏览图片过程中，7/16 表示当前图片缓存到第几辆，1/16 表示当前辆位，部位：转向架整体 表示当前查看部位。还可以拖动如图 9-2-16 所示滚动选项调节亮度、对比度、饱和度和色调。点击按钮将返回列车信息主界面。

图 9-2-16　亮度、对比度、饱和度、色调调节

4. 查看原始图像

双击列车浏览图片，将弹出该图的原始图像，再次双击图片即可返回，如图 9-2-17 所示。

5. 标记故障和故障标记反查

在查看原始图的界面中，勾选☑标记故障，然后将鼠标移动到图片区域，鼠标变成绿色十字形状，按住鼠标左键不放，移动鼠标将拖动出一个红色故障标记框，放开鼠标左键，一个完整的故障框标记即告完成，如图 9-2-18 所示。

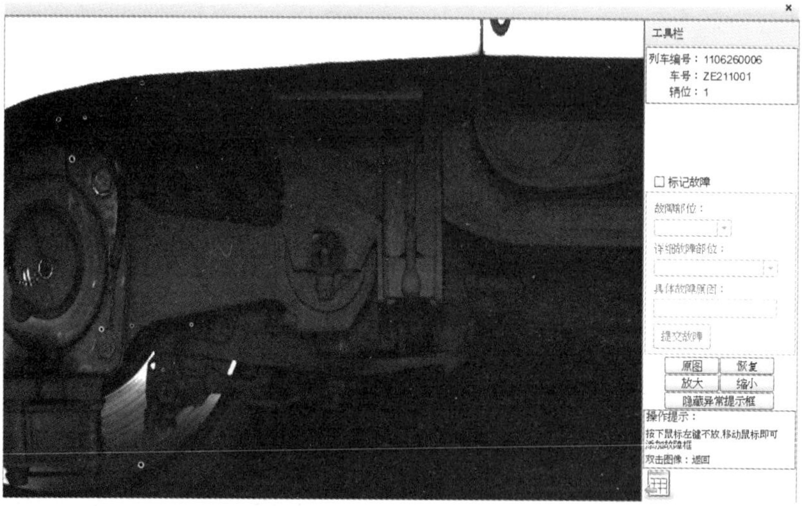

图 9-2-17　浏览图片

图 9-2-18　标记故障

然后填写故障部位、详细故障部位和具体故障名称，如图 9-2-19 所示。

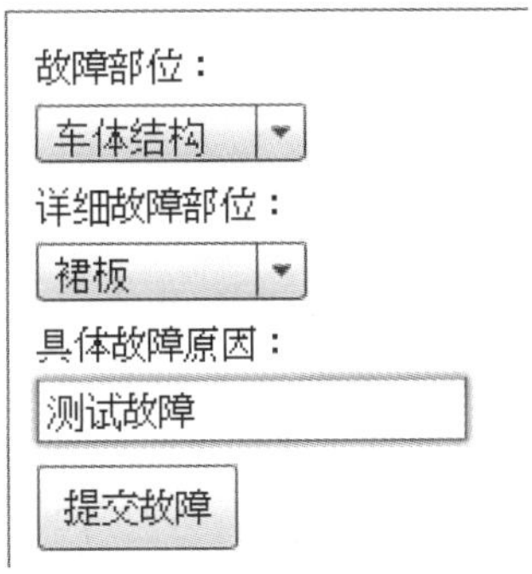

图 9-2-19　填写故障信息

最后点击 提交 按钮提交故障标记，故障提交成功后，会出现故障提交成功提示。当需要反查故障标记时，可以在菜单项“功能”中选择“查询故障标记……”，将会弹出故障标记查询界面，填写故障名称或者时间段查询条件后点击对应的查询按钮，将显示对应条件的故障数据，如图 9-2-20 所示。

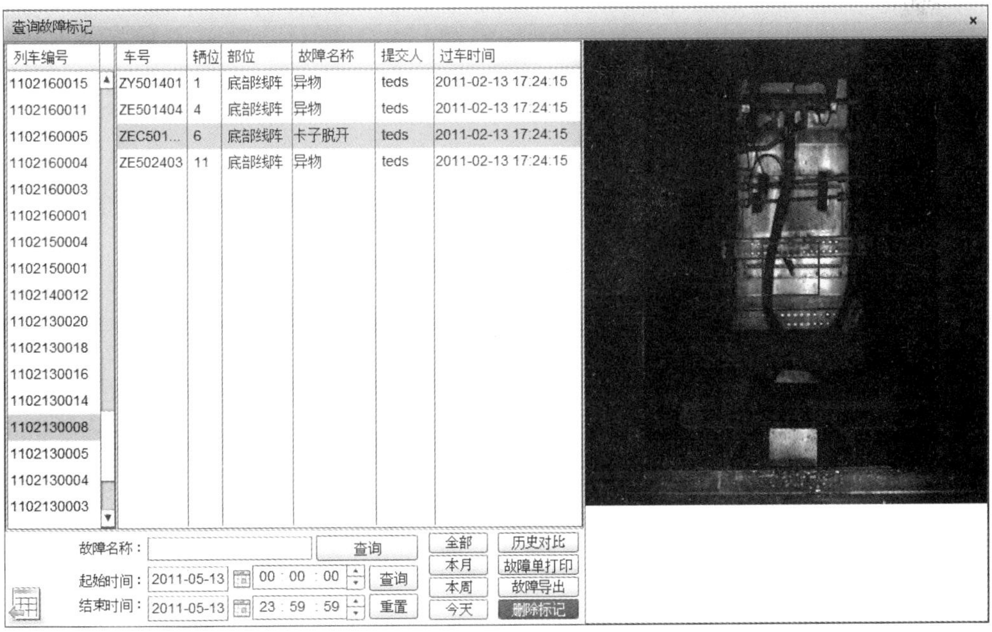

图 9-2-20　查询故障标记

点击“列车编号”列表，会显示该车对应的所有故障标记信息，点击对应的故障信息，将还原故障标记框，点击 历史对比 按钮，可以查看该故障的历史对比图片，点击 故障单打印 可以打印故障单，点击 故障导出 ，可以导出当前故障，点击 删除标记 按钮，可以删除该故障标记。

任务检查单

任务编号	9-2	任务名称	动车组运行故障动态图像检测系统（TEDS）		
序号	检查内容			是	否
1	能够掌握 TEDS 原理、功能及构成				
2	能够掌握 TEDS 设备维护				
3	能够掌握 TEDS 客户端应用				
评语					
评分					

参考文献

[1] 熊小青，张维. 车辆检测技术[M]. 北京：中国铁道出版社，2011.

[2] 铁路职工岗位培训教材编审委员会. 铁路探伤工（车辆探伤）[M]. 北京：中国铁道出版社，2014.

[3] 张维，李新东，于文涛. 铁路无损检测与地面安全监测技术[M]. 成都：西南交通大学出版社，2008.

[4] 王婷，赵柏阳，翟士述. 车辆检测技术[M]. 成都：西南交通大学出版社，2017.

[5] 王婷，翟士述. 车辆检测与监控技术[M]. 北京：中国铁道出版社，2018.